MUTAÇÕES FONTES PASSIONAIS DA VIOLÊNCIA

SERVIÇO SOCIAL DO COMÉRCIO
Administração Regional no Estado de São Paulo

Presidente do Conselho Regional
Abram Szajman
Diretor Regional
Danilo Santos de Miranda

Conselho Editorial
Ivan Giannini
Joel Naimayer Padula
Luiz Deoclécio Massaro Galina
Sérgio José Battistelli

Edições Sesc São Paulo
Gerente Marcos Lepiscopo
Gerente adjunta Isabel M. M. Alexandre
Coordenação editorial Clívia Ramiro, Cristianne Lameirinha, Francis Manzoni
Produção editorial Ana Cristina Pinho
Coordenação gráfica Katia Verissimo
Produção gráfica Fabio Pinotti
Coordenação de comunicação Bruna Zarnoviec Daniel

David Lapoujade • Eugène Enriquez • Eugênio Bucci • Francisco Bosco • Franklin Leopoldo e Silva • Frédéric Gros • Frédéric Worms • Gilles Bataillon • Guilherme Wisnik • Isabelle Delpla • Jean-Pierre Dupuy • Luiz Alberto Oliveira • Marcelo Coelho • Marcelo Jasmin • Maria Rita Kehl • Newton Bignotto • Olgária Matos • Oswaldo Giacoia Junior • Pascal Dibie • Pedro Duarte • Vladimir Safatle

MUTAÇÕES
FONTES PASSIONAIS DA VIOLÊNCIA

ADAUTO NOVAES (ORG.)

Preparação
Silvana Vieira

Revisão
Sílvia Balderama
Rayssa Ávila do Valle

Capa
Rita da Costa Aguiar

Diagramação
Negrito Produção Editorial

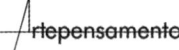

Diretor
Adauto Novaes

M98 Mutações: fontes passionais da violência / Organização de
Adauto Novaes. – São Paulo: Edições Sesc São Paulo, 2015.
540 p. il.: Fotografias.

ISBN 978-85-69298-11-3

1. Filosofia. 2. Mutações. 3. Violência. I. Título. II. Subtítulo.
III. Novaes, Adauto.

CDD 121

© Adauto Novaes, 2015
© Edições Sesc São Paulo, 2015
Todos os direitos reservados

Edições Sesc São Paulo
Rua Cantagalo, 74 – 13º/14º andar
03319-000 São Paulo – SP – Brasil
Tel.: (55 11) 2227-6500
edicoes@edicoes.sescsp.org.br
sescsp.org.br/edicoes
 /edicoessescsp

Agradecimentos

José Jacinto de Amaral, Danilo Santos de Miranda, Jean-Paul Rebaud, Celise Niero, Hermano Taruma, Pedro Hasselmann, Thiago Hasselmann, Ricardo Bello, Agostinho Resende Neves, Andre Scoralick, Clauir dos Santos e Luis Eguinoa.

Os ensaios deste livro foram originalmente produzidos para o ciclo de conferências *Mutações – fontes passionais da violência*, concebido e realizado pelo Centro de Estudos Artepensamento, em 2014. O ciclo aconteceu no Rio de Janeiro, São Paulo, Brasília e Curitiba com o patrocínio da Petrobras e apoios culturais da Caixa Econômica Federal, Sesc São Paulo, Sesc Paraná, Embaixada da França e Fundação Biblioteca Nacional. O curso foi reconhecido como Extensão Universitária pelo Fórum de Ciência e Cultura da Universidade Federal do Rio de Janeiro.

Obras organizadas por Adauto Novaes

Anos 70 (1979)
O nacional e o popular na cultura brasileira – música, cinema, televisão, teatro, literatura e seminários (1982)
Um país no ar – televisão (1986)
Os sentidos da paixão (1987)
O olhar (1988)
O desejo (1990)
Rede imaginária – televisão e democracia (1991)
Ética (1992)
Tempo e História (1992)
Artepensamento (1994)
Libertinos libertários (1996)
A crise da razão (1996)
A descoberta do homem e do mundo (1998)
A outra margem do Ocidente (1999)
O avesso da liberdade (2002)
O homem-máquina (2003)
A crise do Estado-nação (2003)
Civilização e barbárie (2004)
Muito além do espetáculo (2004)
Poetas que pensaram o mundo (2005)
Anos 70 (segunda edição – 2005)
Oito visões da América Latina (2006)
O silêncio dos intelectuais (2006)
L'autre rive de l'Occident (2006)
Les aventures de la raison politique (2006)
Ensaios sobre o medo (2007)
O esquecimento da política (2007)
Mutações – Ensaios sobre as novas configurações do mundo (2008)
Vida vício virtude (2009)
Mutações – A condição humana (2009)
Mutações – A experiência do pensamento (2010)
Mutações – A invenção das crenças (2011)
Mutações – Elogio à preguiça (2012) / Ganhador do Prêmio Jabuti
Mutações – O futuro não é mais o que era (2013)
Mutações – O silêncio e a prosa do mundo (2014)

Sumário

09 Apresentação: Itinerário da insignificância
   DANILO SANTOS DE MIRANDA

11 Onze notas sobre as *Fontes passionais da violência*
   ADAUTO NOVAES

35 Violência e sociedade do espetáculo
   FRANCISCO BOSCO

59 Violência na mudança e mudança na violência
   PEDRO DUARTE

79 Fundar a violência: uma mitologia?
   DAVID LAPOUJADE

95 Civilização e barbárie
   OSWALDO GIACOIA JUNIOR

111 Terror, violência e política
    NEWTON BIGNOTTO

147 Qual "crise do espírito", de 1914 até hoje?
    FRÉDÉRIC WORMS

159 A guerra mecânica
    MARCELO COELHO

177 Matar sem culpa: algumas reflexões sobre os assassinatos coletivos
    EUGÈNE ENRIQUEZ

203 A negação do sujeito
    FRANKLIN LEOPOLDO E SILVA

221   A ética da obediência
      FRÉDÉRIC GROS

237   A Guerra de Troia não acontecerá: *pathos* antigo e tecnologia moderna
      OLGÁRIA MATOS

271   Os homens que amam a guerra
      MARCELO JASMIN

299   Violência sem paixão?
      ISABELLE DELPLA

323   A violência da vida: Georges Canguilhem e a reconstrução da biopolítica
      VLADIMIR SAFATLE

347   Do desejo à violência e reciprocidade
      JEAN-PIERRE DUPUY

371   Violência do pai, violência dos irmãos
      MARIA RITA KEHL

387   Urbanidade, fonte de violência?
      PASCAL DIBIE

409   Violência na linguagem: a forma bruta dos protestos
      EUGÊNIO BUCCI

439   As formas da violência mexicana no século XXI
      GILLES BATAILLON

469   Mundo, obsolescência programada
      GUILHERME WISNIK

487   A razão e suas vicissitudes
      LUIZ ALBERTO OLIVEIRA

517   Sobre os autores
527   Índice onomástico

Apresentação: Itinerário da insignificância
Danilo Santos de Miranda
Diretor Regional do Sesc São Paulo

Os esforços para a compreensão da violência não estão circunscritos aos pesquisadores dedicados à questão. Assim como a morte, o amor e a velhice, este tema interessa à humanidade que, por diferentes caminhos, procura compreendê-lo. É possível situar a sua intensificação nos conflitos bélicos do século XX, em razão do desenvolvimento técnico e científico voltados para a destruição em massa. Paul Valéry verifica na Primeira Grande Guerra uma mudança radical na ideia de violência, apontando para a transformação da "sensibilidade ética dos indivíduos", o que equivale a uma mudança nas formas de percepção do outro.

O extermínio entre os países europeus, com base em ideais de civilização, evidenciou contradições como a manutenção da riqueza e o refinamento do "espírito", sustentados pela exploração colonialista. A formulação do conceito de contemporaneidade não logrou apagar um século de destruição e, tampouco, pode limitar a hegemonia da tecnociência sobre o campo do sensível. Entre o passado e o presente encontra-se a fera imaginada por Giorgio Agamben em seu ensaio sobre o contemporâneo: "O seu dorso está fraturado e nós nos mantemos exatamente no ponto da fratura".

Além das lutas armadas, outras formas de conflito passaram a fazer parte do presente, abrigando-se na "insignificância" das relações. Nos grandes centros urbanos, a insegurança vem acompanhada pela intolerância e pelo declínio nos vínculos de convivência entre as pessoas. Um dos efeitos deste processo é o desgaste nas relações de solidariedade e a exposição dos indivíduos à própria sorte. Neste caso, entende-se por violência o próprio isolamento a que estão sujeitas milhões de pessoas, cuja proteção e bem estar dependem, cada vez menos, de seus círculos de convivência.

Em que tempos e sob quais condições intensificou-se a banalização da vida? Quais parâmetros separam o estado de guerra dos períodos de tranquilidade? De que forma somos afetados pelos conflitos em regiões que, ao menos geograficamente, parecem distantes? Essas e outras questões levaram à realização do ciclo de conferências *Mutações: fontes passionais da violência* em 2014, com o objetivo de aprofundar o conhecimento sobre as ideologias, as crenças e os propósitos capazes de arregimentar legiões e indivíduos para o conflito armado e para toda a sorte de crimes passionais.

O estreitamento das comunicações pela internet não foi acompanhado pela melhoria do diálogo entre culturas e países beligerantes. São inegáveis as contribuições da tecnologia para a agremiação de esforços diante de problemas internacionais, todavia, é preciso avaliar permanentemente o seu impacto sobre a qualidade da vida humana. Nesse sentido, é possível questionar em que medida o conhecimento inicialmente desenvolvido para as guerras do século xx estaria associado à disseminação da violência.

Os autores participantes dessa edição do ciclo de conferências *Mutações* discutem a violência a partir de razões passionais, perscrutando o terreno das ideias que seduzem e orientam pessoas para o extermínio alheio, acompanhando as condições em que emergiram algumas dessas tendências e buscando elucidar quais seriam as alternativas à barbárie e ao jugo dos projetos civilizatórios. Buscando ampliar as reflexões sobre o tema em questão, o Sesc traz a público este livro. Quiçá encontre leituras tão fecundas quanto o olhar dos autores aqui reunidos.

Onze notas sobre as *Fontes passionais da violência*
Adauto Novaes

> *L'homme, cette aventure.*
> Paul Valéry

1. Os textos deste novo livro da série *Mutações* pretendem responder à velha questão: qual o papel das violências passionais nos destinos da humanidade? Em geral, as análises tendem a pensar a violência apenas como o efeito de causas objetivas, atribuídas quase sempre a razões econômicas e sociais. É isso, mas é mais que isso: sabemos que a violência é parte do humano, aquilo que alguns teóricos chamam de dialética da criação e da destruição virtualmente presentes nas convenções sociais (que procuram esconder) e na política (que procura racionalizar), como bem lembra Franklin Leopoldo e Silva. Eis a questão: seria a violência a *forma* das relações humanas? É certo que somos seres passionais e a violência é uma espécie de força apaixonada.

Para discutir os deslimites da violência passional hoje, propomos breve recuo no tempo. Tomamos a guerra de 1914 como emblema de mutação da própria ideia de violência, quando surge o que pode ser definido como o domínio da técnica e o advento da civilização tecnocientífica. Foi nessa época que Paul Valéry escreveu a célebre frase, síntese de um dos grandes problemas da humanidade: "Temo que o espírito esteja se transformando em coisa supérflua". É certo que o mundo dominado pela tecnociência tende a dificultar o trabalho do espírito, que é fundamental no controle da violência. Lemos ainda em Valéry que, através desse trabalho, o homem adquire a capacidade de afastar-se por momentos de tudo o que existe, inclusive da própria personalidade. Assim, o "homem pode observar-se; pode criticar-se, controlar-se". As novas formas da violência técnica limitam, pois, o trabalho do espírito, o que quer dizer que as deliberações humanas acontecem a despeito da capacidade de reflexão e discernimento. Mais: o homem perde o controle das paixões violentas. A ciência e a técnica dominam não apenas nossa vida material, mas também as coisas do espírito.

Se o espírito se retira deste novo mundo – ou melhor, se, no mundo dominado pela técnica, não há mais espaço para o trabalho do espírito –, é porque existem forças instintivas em nós que trabalham contra ele. Valéry pergunta, em breve ensaio sobre a virtude, se nós nos tornamos piores ou apenas mais verídicos. Eu tenderia a dizer que a técnica nos deu mais força e potência para nos tornarmos mais violentos. A difusão universal da técnica, através dos novos meios de comunicação, alimenta um gozo insaciável da violência: no cinema, nos jornais, na televisão e agora no celular, nos locais públicos ou em casa, os olhos parecem absorver sem emoção notícias abomináveis de mortes e massacres. É o alimento da violência interior. Assim, o ensaio de Valéry sobre o fim da ideia de virtude impressiona pela atualidade:

> Nosso século teria trazido, entre tantas outras novidades excessivas, às vezes desumanas, uma modificação tão grande e tão detestável naquilo que chamaria de "sensibilidade ética" dos indivíduos, na ideia que fazem de si mesmos e de seus semelhantes, no valor que eles dão à conduta e às consequências dos atos, que se deve admitir que a era do bem e do mal é uma era superada.

George Steiner dá razão a Valéry ao dizer que nosso "limiar de apreensão foi formidavelmente rebaixado". Steiner dá um exemplo ao dizer que pouca gente acreditou quando foram divulgados os primeiros relatos dos campos de extermínio da Polônia: tais coisas não podiam acontecer na Europa civilizada do século xx. Hoje, a violência tornou-se tão banal que "é difícil imaginar uma bestialidade, uma sandice de opressão ou de súbita devastação que não seja crível, que não encontre logo um lugar na ordem dos fatos. Moral e psicologicamente, é terrível que tenhamos ficado tão desassombrados".

Mas atenção: ao tomarmos a guerra de 1914 como ponto de partida, não queremos dizer, com isso, que a violência de massa começa aí. Lembremos, a título de exemplo, dos massacres ocorridos a partir dos descobrimentos e da ação das colonizações da África e América Latina. Não temos a ingenuidade de nos limitarmos a um *contexto histórico* para tratar das fontes passionais da violência. Ao privilegiarmos 1914, tendemos a afirmar que essa guerra é o signo de uma mutação. O que acontece com a Primeira Guerra não é propriamente uma crise, suspensão da paz, passível de ser superada, a guerra como um parêntese na paz. Vemos, ao contrário, como escreve Heidegger, a abolição da diferença entre guerra e paz. Para ele, "as guerras mundiais constituem a forma preliminar que toma a supressão da diferença entre guerra e paz, supressão tornada necessária a partir do momento em que o ente é abandonado longe de toda a verdade do ser e que assim o 'mundo' tornou-se um não mundo". As guerras mundiais são o signo de uma mudança de era. Pode-se nomear essa nova realidade, como bem definiu Hans Magnus Enzensberger, de *guerras civis mundiais*. Lemos no ensaio publicado na França – "*Vues sur la guerre civile*" (Perspectivas da guerra civil) – que a carnificina do século XIX era, de certa maneira, racionalizada: "de um lado, a instauração do serviço militar para todos e o progresso técnico deram-lhe enorme extensão; de outro, os Estados se esforçavam em submeter suas guerras às regras de direito internacional". Passadas as duas grandes guerras e com o fim da Guerra Fria, vivemos o momento das guerras civis, "de 30 a 40, que acontecem neste momento através do mundo". No capítulo intitulado "*Guerre civile moléculaire, absence de convictions*" (Guerra civil molecular, ausência de convicções), Enzensberger descreve a nova forma de violência de hoje:

> Vemos o mapa do mundo. Localizamos as guerras em regiões distantes, de preferência no Terceiro Mundo. Falamos de subdesenvolvimento, decalagem histórica, fundamentalismo. Temos a impressão de que o combate incompreensível se dá longe de nós. Mas nós nos iludimos. Na realidade, há muito a guerra civil entrou nas grandes metrópoles. Suas metástases fazem parte da vida cotidiana das grandes cidades, não apenas em Lima e Johanesburgo, Bombaim e Rio, mas também em Paris e Berlim, Detroit e Birmingham, Milão e Hamburgo. Ela não é promovida apenas por terroristas e serviços secretos, mafiosos e

skinheads, gangues de droga e esquadrões da morte, neonazistas e xerifes negros, mas também cidadãos que do dia para a noite transformam-se em *hooligans*, em incendiários, loucos furiosos cometendo mortes em série [...]. E se nós acreditamos que reina a paz sob o pretexto de que ainda podemos comprar nossos *croissants* sem sermos abatidos por atiradores emboscados, estamos iludidos [...]. Nossas guerras civis não ganharam até agora as massas, elas são moleculares [...]. A violência está completamente livre das justificativas ideológicas.

No polêmico texto *"L'esprit du terrorisme"* (O espírito do terrorismo), publicado originalmente no jornal francês *Le Monde*, no dia 3 de novembro de 2001, Jean Baudrillard faz diversas análises sobre o espírito da violência atual. Entre tantas interpretações, ele fala de uma "guerra fractal de todas as células, de todas as singularidades que se revoltam sob a forma de anticorpos" contra a ordem mundial única instaurada pela mundialização e pelo pensamento único. É o próprio sistema que cria as condições objetivas desta *contorção brutal*: "Guardando para si todas as cartas, o sistema força o Outro a mudar as regras do jogo. As novas regras são ferozes porque o jogo é feroz". Eis a mutação das formas da violência.

2. Jacques Bouveresse dá o seguinte título a um dos seus incontornáveis ensaios sobre Karl Kraus: "O fim da Primeira Guerra Mundial ou por que nada acabou e tudo começa". Bouveresse cita o biógrafo de Kraus, Edward Timms, para evidenciar seu lado *profético* dos aforismos publicados em 1915 em suas análises da militarização das sociedades ocidentais. Nas 75 páginas de *Nachts* lemos, por exemplo, este impressionante fragmento de Kraus:

> Apesar de tudo, o soldado que volta para casa não se deixa reintegrar facilmente à vida civil. Ele criará uma cisão no país e é aí então que a guerra vai começar. Ele toma para si os sucessos que lhe foram negados e a guerra fora um brinquedo de criança comparada à paz. Deus nos livre da ofensiva que nos espera! Uma atividade terrificante, que não será mais controlada por nenhum comando, vai pôr ao alcance das mãos as armas e os prazeres em todas as situações da vida; haverá no mundo mais mortes e doenças jamais exigidas pela guerra.

Os soldados buscavam o sucesso que lhes havia sido negado nos campos de batalha do exterior – escreve Bouveresse – "criando a necessidade de uma nova guerra, ainda mais terrível do que a que acabava, contra a população civil do próprio país e, mais precisamente, contra todos os inimigos do interior". Isso seria apenas o ensaio da cultura do ressentimento na qual judeus, comunistas, ciganos e tantos outros seriam os objetos mais visíveis.

3. A Primeira Grande Guerra faz cem anos. Mas podemos afirmar, sem risco de erro, que ela não acabou. Vivemos em estado permanente de guerra. Mais precisamente, o *espírito* e a essência da guerra permanecem e, desde então, foram mais de 190 milhões de mortes em massacres e violências sem que se possa distinguir com clareza a guerra da paz: Primeira Grande Guerra, que gerou a Segunda Grande Guerra, que gerou a Guerra Fria, que gerou as guerras civis mundiais: da Indochina, Coreia, Vietnã do Norte, Vietnã do Sul, Espanha, Argélia, Bálcãs, Sri Lanka, Líbano, Revolução Russa de 1917, Saara Ocidental, Chade e Sudão, Sérvia, Etiópia, Kuwait, Kosovo, Afeganistão, Iraque; além da ciberguerra contra o Irã, a Guerra dos Seis Dias, as guerras coloniais, a Guerra das Malvinas, ditaduras militares na América Latina, fanatismo religioso, genocídios em Ruanda, sem nos esquecermos da diária guerra urbana que, só no Brasil, segundo as últimas estatísticas, chega a 50 mil mortes por ano. Vive-se, pois, na insegurança permanente, e não seria exagero dizer que em breve seremos levados a novo tipo de *clandestinidade a céu aberto*, já que entramos na sociedade de controle absoluto do Estado, das instituições civis e militares, do domínio do digital. Tudo isso em nome da liberdade, da democracia e da civilização.

Ao dizer que a guerra não acabou, queremos propor neste livro uma reflexão sobre o que acontece hoje em dois sentidos precisos:

- procurar definir quais foram as grandes transformações surgidas a partir de 1914, das quais a guerra é o ponto de partida e o exemplo mais emblemático, que culminaram na sociedade do controle industrial e militar. Isto é, no mundo dominado pela ciência e pela técnica, as ciências passaram a desenvolver poderes de destruição e manipulação sem precedentes. Mais: as relações entre conhecimento

científico e ética tornaram-se cruciais, uma vez que, como observa Edgar Morin, a capacidade ética de regular a ciência está longe de ser estabelecida;
- discutir um dos aspectos essenciais da guerra, as paixões, que são causas permanentes da violência. Esse outro lado da guerra é, de maneira geral, tido como irrelevante e relegado ao esquecimento.

Ao pôr em evidência os maléficos papéis da ciência e da técnica no desenvolvimento da violência, gostaríamos de deixar clara nossa distância em relação à tecnofobia. Como não reconhecer os grandes avanços da ciência em domínios essenciais da existência? Ainda assim, resta a pergunta: para que serve tanta ciência quando se trata da constituição do sujeito moral, do sujeito político e da própria constituição do humano? Lembremos mais uma vez Valéry: "Pode-se dizer que *tudo o que sabemos,* isto é, *tudo o que podemos,* acabou por opor-se *ao que somos*". Vivemos esse duplo trazido pela tecnociência, como observa Jean-Luc Nancy em um de seus inúmeros comentários sobre Heidegger: a enorme parafernália técnica, sem a qual não podemos hoje mais viver, é, também, o testemunho de uma "remodelagem completa do mundo". Essa aparelhagem, completa Nancy, "não é apenas o conjunto de catástrofes como o via Heidegger – o que o é realmente –, mas manifesta ainda essa capacidade humana de se dar um outro mundo".

4. Relembremos a grande ruptura: em um ensaio clássico, publicado em 1915, Valéry faz uma síntese do que poderia vir a ser o Ocidente. Lemos em *Une conquête méthodique* (Uma conquista metódica), texto no qual ele analisa as origens do grande salto alemão antes da Primeira Guerra, que tudo pode se resumir a três pontos: estratégico pela forma, econômico como fim e científico na preparação. O *made in Germany* é o emblema do Ocidente a partir de então: ponto de partida para a grande transformação tecnocientífica. A partir daí, a Alemanha torna-se comercial, industrial e militar: "Lutamos contra este exército (econômico) como bandos selvagens contra uma tropa organizada. Esta ação não é, como as nossas, feita ao acaso. Ela é científica. Todas as ciências estão inclinadas a servi-la. Ela é guiada por uma cuidadosa psicologia e faz mais do que se impor: ela se faz desejar". Todos conhecem o destino dessa concepção

de mundo ocidental desenvolvido. Basta citar outro grande pensador do período para deixar mais evidente ainda sua atualidade. A partir de 1914, escreve Robert Musil, surge uma massa impressionantemente maleável, coisa que, em geral, não se admitia antes. A própria guerra confirmou isso sob a forma de uma impressionante experimentação de massa. Com o desenvolvimento da ciência e da técnica, a guerra passa a ter outra forma com a invenção de novas armas: carros de combate, aviação militar, armas químicas contra a população civil. Mas o que mais nos interessa neste livro, como já dissemos, é a discussão sobre um dos aspectos mais importantes para se entender a guerra – a mobilização das paixões. A participação, muitas vezes voluntária, de grandes humanistas e pensadores em uma guerra que produziu milhões de mortes é sempre um enigma que talvez possa ser explicado através das paixões. É difícil imaginar que apenas *causas objetivas* – interesses militares ou a expansão econômica de uma nação – mobilizem milhares de cidadãos. O que levou, por exemplo, Péguy, Wittgenstein, Alain e tantos outros a se alistarem? Espíritos formados nos valores de um mundo que se desfazia, talvez fossem movidos pelo *nacionalismo*, pela *nostalgia* de um mundo em desaparecimento, pelo *heroísmo*, pela *coragem*, pelo desejo de ser reconhecido (o reconhecimento nos leva sempre a sentimentos excessivos), de vencer o medo ou mesmo de construir outro mundo, ou ainda pela luta contra o repentino esvaziamento dos valores clássicos: "Saibamos admirar e saibamos desprezar" essas virtudes, escreveu Alain em plena guerra. Havia, certamente, outros motivos, como os *deuses exteriores* que se chamam Pátria, Direito, Civilização. Sabemos que é sempre o homem que "carrega nos ombros os seus deuses". De qualquer maneira, eram tempos trágicos. Recorramos também ao famoso diálogo *Por que a guerra?* entre Einstein e Freud, então aterrorizados com os acontecimentos de 1914-1918. Os dois buscam uma explicação para tanta violência:

> Parece que uma resposta óbvia a esta pergunta [escreve Einstein na primeira carta] seria que a minoria, a classe dominante atual, possui as escolas, a imprensa e geralmente também a Igreja sob seu poderio. Isso possibilita organizar e dominar as emoções das massas e torná-las instrumento dessa minoria. Ainda assim, nem sequer essa resposta proporciona uma resposta completa. Daí surge uma nova questão:

como esses mecanismos conseguem tão bem despertar nos homens um entusiasmo extremado, a ponto de sacrificarem suas vidas? Pode haver apenas uma resposta. É porque o homem encerra dentro de si um desejo de ódio e destruição.

A resposta de Freud não é menos trágica:

> O senhor expressa surpresa ante o fato de ser tão fácil inflamar nos homens o entusiasmo pela guerra e insere a suspeita de que neles existe em atividade alguma coisa – um instinto de ódio e de destruição – que coopera com os esforços dos mercadores da guerra. Também nisso apenas posso exprimir meu inteiro acordo. Acreditamos na existência de um instinto dessa natureza e, durante os últimos anos, temo-nos ocupado realmente em estudar suas manifestações.

Freud termina o diálogo de maneira um pouco otimista: ele acredita no fortalecimento do intelecto, "que está começando a governar a vida do instinto", e na internalização dos impulsos agressivos, "com todas as suas consequentes vantagens e perigos". Freud esclarece ainda seu otimismo: "Isso não é apenas um repúdio intelectual e emocional. Nós, pacifistas, temos uma intolerância constitucional à guerra, digamos, uma idiossincrasia exacerbada no mais alto grau".

Mas não se pode esquecer a paixão religiosa. Assim, ao propor a análise do que move as guerras, queremos mostrar a permanência dessas paixões nas nossas vidas em tempos não menos trágicos: *coragem, medo, honra, ódio, egoísmo, mentira para si mesmo, fatalismo, fanatismo, intolerância, cólera, vingança, violência* e outras paixões. Alain observa que não existem duas, três guerras, "existe a guerra e é sempre paixão galopante; contra a guerra é ainda a guerra. Vivo em um tempo que me esclarece. Veja a quantidade de ingênuos que fazem a guerra para que não haja mais guerra. O erro das paixões não pode ir mais longe". Tentemos entender o funcionamento dessas paixões uma vez que é um erro acreditar que elas têm sua causa nos acontecimentos exteriores, como nos diz ainda Alain: "Qualquer paixão justifica-se por ela mesma. A verdadeira causa do ódio é, apesar de tudo, o ódio; ele cresce no próprio movimento [...] odeio, e tudo me prova que tenho razão de odiar; sem contar que o ódio engendra o ódio no outro, o que aumenta ainda mais o meu". Como escreve o filósofo François Foulatier, no prefácio a um dos mais importantes livros sobre a guerra, *Mars ou la guerre jugée* (Marte ou a guerra julgada), de Alain: "Comecemos parafraseando um fragmento da *Ética* de Espinosa: 'Um homem livre só pensa na guerra; sua sabedoria não é uma meditação sobre a guerra, mas sobre a paz'".

5. De agosto de 1914 a outubro de 1917, Alain lutou no *front* e lá escreveu um dos mais impressionantes ensaios sobre a guerra, publicado em 1916 com o título *De quelques-unes des causes réelles de la guerre entre nations civilisées* (Algumas causas reais da guerra entre nações civilizadas). Para falar da origem das guerras, além dos clássicos motivos econômicos, Alain apresenta noções sobre a história, a revolta, o poder, até chegar às paixões no ensaio "Causas permanentes e causas acidentais". As causas acidentais são os acontecimentos, e as causas permanentes, as instituições, entendendo por instituições o armamento, a organização da guerra e os costumes, e entre os costumes estão as formas dadas às paixões em cada sociedade: "É preciso dizer também que, para pôr em movimento todo um povo armado, são necessários motivos que o emocionem como o Direito, a Civilização, a legítima resposta a uma agressão brutal [...]. Daí uma violência dos movimentos humanos que sem dúvida espantaria as legiões romanas se elas voltassem". Mas devemos dar atenção também à *ordem mecânica*.

> O que vemos aqui? A Liberdade de fazer fortuna que torna engenhosos: o desenvolvimento da instrução pública; a mina, a fábrica, a oficina tão bem preparadas para produzir armas; a indústria especial das armas, naturalmente excitada pelos lucros seguros, que, por sua vez, levará à guerra indiretamente e diretamente. Enfim, a miséria proletária que forma os corpos para a violência e os espíritos para a ideia da violência e não sem disciplina. Essa é a descrição mais ou menos completa das condições que fazem da guerra moderna uma explosão de males, não a despeito da civilização, mas graças à civilização, tanto mais terrível quando sabemos que os povos em conflito são os mais civilizados, por conseguinte os mais semelhantes e os mais próximos de serem amigos. Mas o que quero dizer com isso? O primeiro efeito das

paixões guerreiras é o de fazer acreditar dos dois lados que o outro é injusto, bárbaro e inimigo da humanidade. Se as paixões são, pois, sem remédio, é preciso que a civilização morra pelas próprias virtudes. Mas não acredito nisso.

A conclusão de Alain possivelmente seria outra se ele visse para onde nos levaram as virtudes tecnocientíficas da civilização:

> *Estamos numa época na qual a civilização está arriscada a morrer pelos meios da civilização.*
>
> NIETZSCHE

> *Nós, civilizações, sabemos agora que somos mortais.*
>
> PAUL VALÉRY

6. Acontecimentos recentes mostram de que maneira a civilização técnica passa a dominar o mundo. Como em 1914, mais uma vez é a guerra que se torna o emblema mais evidente dessa mutação. James Bamford, autor do primeiro livro sobre a Agência de Segurança Nacional dos Estados Unidos (a famosa NSA), alerta para o poder americano de lançar ciberguerras. Mas isso já está acontecendo na realidade. Em recente entrevista, Bamford diz:

> Além de comandar a maior e mais secreta agência de inteligência do mundo, há uma adição à NSA, o Comando Cibernético dos EUA, que é capaz de lançar ciberguerras. Não só pode espionar, mas comanda uma organização que pode atacar e destruir sistemas de computadores e infraestrutura física de outros países. Nenhum outro país fez isso até hoje – só os EUA (interferência nas centrífugas nucleares do Irã). É uma quantidade enorme de poder, e quase todo sob segredo.

O que mais impressiona nas revelações de Bamford é o poder que a NSA tem de penetrar no pensamento de qualquer cidadão:

> A NSA [diz ele] pode praticamente entrar na mente de alguém monitorando o que você está digitando no Google [...]. A NSA só tem 75 mil

funcionários, não pode ouvir todo mundo o tempo todo ao mesmo tempo. O que a NSA faz é colocar um filtro eletrônico ou computacional nos principais pontos de conexão global e deixar os computadores decidirem o que capturar ou não.

As declarações de Bamford confirmam duas suspeitas: 1) a guerra é permanente, muda apenas de forma; 2) para os fins da guerra, cada vez mais brutal, a inteligência humana torna-se coisa supérflua: as máquinas comandam. Os drones são também uma nova realidade: aviões não tripulados, comandados a distância por computador, matam milhares de pessoas de maneira indiscriminada – civis, crianças e até militares. Enfim, a guerra é o exemplo mais evidente do comando da civilização técnica. Começamos a reconhecer que nos aproximamos de transformações extremas que subvertem não apenas o mundo, mas principalmente o homem e suas relações com o mundo. O que resta para o trabalho do espírito em tudo isso?

De repente, descobrimos que as formas gerais de vida mudaram de maneira radical com as redefinições da política, da guerra, da paz, da liberdade, das mentalidades, das afetividades, do próprio corpo. Descobrimos, por exemplo, que as noções de público e privado são coisas do passado e que a internet é um espaço de visibilidade indiferente a essa oposição. Descobrimos que o amor tornou-se *coisa líquida*, como escreveu Bauman, com tendências efêmeras a se desfazerem rapidamente, fruto de um narcisismo extremo e de um *egoísmo organizado*. Descobrimos que a política se alimenta da espionagem cotidiana nos *"googles"* e nos *sites* e que talvez estejamos saindo da sociedade de vigilância e entrando na sociedade do controle absoluto. Controle tão mais perverso quando sabemos que ele é exercido e desejado voluntariamente. Novas formas de controle que são, como escreveu Frédéric Gros, "reticulares, participativas e privadas", produzidas por nós mesmos a cada momento através do celular, do GPS e dos componentes eletrônicos adicionados ao nosso próprio corpo. O totalitarismo desses novos meios sabe quem somos, onde estamos, o que fazemos, para onde vamos. Eis um mundo que, ao anunciar a emancipação e autonomia do homem, fabrica principalmente controle e homens-massa, verdadeiros *buracos negros* que engolem a política, a ordem social, a cultura, tudo o que constitui nossa civilização, como analisou Jean Baudrillard: "[...] a ideia de liberdade, ideia nova e recente, está em vias de ser apagada dos costumes e das consciências [enquanto] a mundialização liberal está a caminho de se realizar sob a forma exatamente inversa: a de uma mundialização policial, de um controle total, de um terror sectário". É a permanência da guerra com outros meios. Descobrimos que há uma tendência ao enfraquecimento dos partidos e dos sindicatos como corpos intermediários da política: políticos buscam relação direta com os eleitores através do Facebook, do Twitter e dos blogues. Descobrimos, enfim, que as grandes manifestações tendem a se transformar em puro acontecimento espetacular porque querem abolir os partidos, os ideais políticos, a organização e novas estratégias. Movimento que não dissimula uma *imobilidade agitada*, que pode pôr tudo a perder se nada for feito "para que se articulem até a ruptura os conflitos que a sociedade moderna sempre abortou e que a partir de agora são realidade pública cotidiana", como escreveu Maurice Blanchot a propósito de outro movimento de rua – o Maio de 68. "A fraqueza do movimento é também o que foi sua força, e sua força foi ter tido êxito prodigiosamente nas condições que tornaram seu sucesso impressionante, mas sem os meios políticos de futuro, sem poder de instituição." O que Blanchot disse não tenderia a se repetir com maior força em movimentos de redes sociais que buscam abolir os partidos e as organizações, pura *imobilidade agitada*? Que paixões regem esses movimentos?

Mais do que especular, portanto, sobre o desenvolvimento técnico, a proposta do livro *Mutações – Fontes passionais da violência* consiste em pensar o homem e suas paixões neste novo mundo. Reconhecer que a técnica tornou-se uma paixão cega. Ou mais do que isso: tentar esclarecer pelo menos alguns aspectos da caminhada do homem por esse grave enigma da passagem de um tempo a outro. Como dar forma a tendências que, muitas vezes, se apresentam vagas, mas latentes? As dificuldades são evidentes. Lembremos de um dos mais impressionantes fragmentos escritos por Karl Kraus: o progresso técnico inventou a moral e a máquina "para expulsar da natureza e do homem a própria natureza". Sabemos desde Montaigne que o espírito é a parte mais nobre da natureza humana. Perguntemos pois: o que é feito hoje da natureza humana? Que papel tem hoje o espírito – entendendo o espírito não como entidade metafísica, mas como inteligência ou potência de transformação criadora? Assim, a nova realidade exige de nós o pensamento sobre as novas mentalidades, as percepções do mundo, a refundação da ética e da política, as novas relações afetivas etc. Tentar, enfim, responder à questão: o que é feito do homem diante da revolução tecnocientífica, biotecnológica e digital? O que se entende por *civilização técnica*? Tentamos ir além do que foi escrito por Hannah Arendt em *A condição humana*. Novos problemas como a experiência e o pensamento objetivo, a sensação, o corpo, o outro e o mundo humano, a coisa e o mundo natural, temas trabalhados pelo filósofo Maurice Merleau-Ponty na *Fenomenologia da percepção,* pedem nossa atenção. É de Merleau-Ponty a célebre afirmação: "A ciência manipula as coisas e renuncia a habitá-las". Lemos também no prefácio da *Fenomenologia*:

> [...] não me posso pensar como uma parte do mundo, como o simples objeto da biologia, da psicologia e da sociologia, nem fechar sobre mim o universo da ciência [...]. As visões científicas segundo as quais sou um momento do mundo são sempre ingênuas e hipócritas, porque elas subentendem, sem a mencionar, esta outra visão, aquela da consciência pela qual inicialmente um mundo se faz em torno de mim e começa a existir para mim.

Eis a questão central que nos mobiliza: por que os fenômenos morais, sociais e políticos não acompanharam os progressos técnicos e científicos? No ensaio "A concepção apocalíptica do mundo", o filósofo Jacques Bouveresse cita a interrogação feita por Condorcet:

> Da mesma maneira que as ciências matemáticas e físicas servem para aperfeiçoar as artes empregadas para nossas necessidades mais simples, não é igualmente da ordem necessária da natureza que os progressos das ciências morais e políticas exerçam a mesma ação sobre os motivos que dirigem nossos sentimentos e nossas ações?

7. Eis uma interrogação necessária para entender a falta de uma reflexão profunda sobre as fontes passionais da violência: por que, de maneira geral, os intelectuais recusam um julgamento explícito do mundo contemporâneo e fazem poucas alusões aos fundamentos do que acontece?

Não seria evidente o declínio – e mesmo o fim – de uma civilização, como podemos ler em Wittgenstein, Robert Musil, Martin Heidegger, Ernest Jünger, Karl Kraus, Stefan Zweig, Spengler, Kierkegaard, Paul Valéry e tantos outros? O fim da civilização ocidental não seria o advento da civilização técnica e científica como enunciaram esses pensadores? Quando, por exemplo, Kraus e Wittgenstein falam de uma *concepção apocalíptica do mundo* não estariam se referindo ao fim de *um* mundo que o Ocidente e a modernidade acreditaram perene? Wittgenstein escreve em 1947:

> A concepção apocalíptica do mundo é aquela, propriamente falando, segundo a qual as coisas não se repetem. Não é desprovido de sentido, por exemplo, acreditar que a época científica e técnica é o começo do fim da humanidade; que a ideia do grande progresso é uma ilusão que nos cega, como aquela do conhecimento finito da verdade; que, no conhecimento científico, nada há de bom e desejável e que a humanidade, que se esforça em alcançá-lo, cai numa armadilha. Não é claro que isso não seja o caso.

Kraus escreve no mesmo sentido no pequeno ensaio *Apocalipse*:

> A minha religião leva a acreditar que o manômetro está em 99. Por todos os lados saem os gases do doentio cérebro mundial, a cultura não tem nenhuma possibilidade de soprar e, no fim, resta uma humanidade morta ao lado de suas obras que lhe custaram tanto espírito para serem inventadas [...]. Fomos muito complicados para construir a máquina e somos muito primitivos para nos servirmos dela.

Assim, Kraus conclui: "O verdadeiro fim do mundo é a destruição do espírito. O outro está condicionado pela experiência que consiste em saber se o mundo subsistirá depois da destruição do espírito". Nenhuma das duas possibilidades propostas por Kraus é confortável. A perspectiva de um progresso ilimitado da ciência e da técnica parece confirmar a previsão da destruição do espírito ou, no mínimo, que ele se transforme em *coisa supérflua*, como escreveu Paul Valéry. Parece certo que, para destruir um mundo, deve-se começar por destruir o espírito desse mundo. O mundo é sempre *mundo do espírito,* escreveu Heidegger. Para ele, se houve uma decadência da civilização foi porque a época "não era bastante forte para permanecer na medida de sua grandeza, da amplitude e da autenticidade original deste mundo espiritual". Ora, o que se entende por *espírito?* Valéry define-o como potência de transformação, e devemos acrescentar a essa definição um complemento que sempre a acompanhou nos escritos do poeta: espírito "é o que sempre diz não", inicialmente a si mesmo, e que, portanto, "por essência, não cessa de se dividir contra si mesmo". Jacques Derrida interpreta essas definições de Valéry como uma economia negativa do espírito, que não é senão "a origem de sua liberdade que opõe o espírito à vida e faz da consciência um 'espírito do espírito'. Mas este espírito permanece sempre *do homem*". Assim, Valéry esclarece o que quer dizer:

> [o homem] age pois *contra a natureza* e sua ação é daquelas que opõem o *espírito* à *"vida"*. [...] Ele adquiriu em diferentes graus a "consciência de si", esta consciência que faz com que, afastando-se por momentos de "tudo o que existe", pode até mesmo afastar-se da sua personalidade; o "eu" pode às vezes considerar a própria pessoa como um objeto quase estranho. O homem pode observar-se (ou acredita podê-lo); pode criticar-se, pode contrariar-se; isto é uma criação original, uma tentativa de criar o que ousaria chamar de "espírito do espírito".

Como definir o espírito e qual a importância que ele tem em nossos propósitos sobre a civilização técnica? Recorramos a Montaigne e às interpretações dadas pelo filósofo Bernard Sève no livro *Montaigne: des règles pour l'esprit* (Montaigne: regras para o espírito). Sève começa pondo em evidência a diferença entre razão e espírito. "A razão é sempre apresentada por Montaigne como uma 'faculdade' de segundo tempo: a razão trabalha sobre coisas que já estão aí, apoiando-se em princípios que ela mesma não estabeleceu". Isso porque, diz Montaigne, "cada ciência tem seus princípios pressupostos através dos quais o julgamento humano é preso de todos os lados". Em oposição, o espírito aparece, em Montaigne, como uma *potência* que trabalha *ex nihilo*, sem princípio estabelecido. Sève nota que os termos usados por Montaigne são de grande precisão e impressionante constância: a razão é flexível, e o espírito é volúvel.

A flexibilidade é essencialmente segunda, ela é capacidade de resposta e de adaptação a um dado do exterior. A volubilidade é essencialmente primeira, princípio de ampla mobilidade e de expansão para si [...] ela é uma agitação desordenada e originária [...]. O espírito jamais se põe a serviço do que quer que seja; ele é essencialmente insubmisso. Por sua volubilidade e dissolução, ele escapa de todos os laços.

Sève relata, por fim, as quatro operações próprias do espírito: "inventar, formular problemas, interpretar e crer". É certo que, para analisar a crise do espírito, poderíamos compará-la a essas quatro operações e chegaríamos facilmente à conclusão de que o que falta hoje são a invenção (no sentido original, e não apenas técnico), a formulação de problemas, a interpretação do que acontece e a crença (no futuro, por exemplo). A raiz comum para as quatro operações seria algo como um *fabular* originário, escreve Sève: "A fabulação do espírito segundo Montaigne é anterior a qualquer situação: ela não é uma resposta ou uma reação, mas um gesto absolutamente primeiro". É assim que lemos em Valéry a ideia que define de maneira precisa nosso tempo e que transforma o espírito em coisa supérflua. Ele escreve que a barbárie é a era dos fatos e que nenhuma sociedade se organiza, estrutura-se sem as *coisas vagas*. O termo *coisas vagas* pode ser traduzido, sem risco de erro, por fabulação originária. "Que seríamos nós sem a ajuda do que não existe?", pergunta Valéry em um pequeno texto sobre os mitos. "Pouca coisa, e nossos espíritos absolutamente desocupados feneceriam se as fábulas, as abstrações, as crenças e os monstros, as hipóteses e os pretensos problemas da metafísica não habitassem com seres e imagens sem objetos nossas profundezas e nossas trevas naturais."

8. No ensaio *En lisant Dickens* (Lendo Dickens), Alain segue a mesma linha de pensamento de Valéry ao definir o imaginário e as abstrações como um gesto originário em contraposição ao desenvolvimento monótono das imagens ordinárias que hoje nos dominam. Para falar da criação, Alain inverte o que se tende a pensar:

> Penso que a imaginação de Dickens funciona em contato com a percepção [...]. Ela vai do fantástico ao real [...]. Dir-se-ia que existem dois movimentos, um que vai da experiência à forma abstrata e que se pode

nomear imaginação reprodutora; e o outro que, ao contrário, vai da forma abstrata à experiência, que é construtiva. O primeiro vai das formas sensíveis à geometria; o segundo desce das formas geométricas (ou análogas) e circunscreve os objetos percebidos.

Ora, hoje a situação é mais precária: mesmo a experiência que busca formas abstratas encontra pouca coisa, quase nada, uma vez que há o predomínio quase absoluto dos fatos no campo da percepção. Eis a pergunta: que abstrações podem nos orientar hoje na criação de obras de arte e obras de pensamento?

Ora, se o espírito é essa consciência que se pensa, por que ele corre hoje o risco de se transformar em coisa supérflua? Derrida, em seu ensaio *Do espírito: Heidegger e a questão*, aponta como sintomas a ausência de questionamento originário, a metodologia científica, o predomínio do quantitativo: "Tudo isso, que se acomoda à mentira e à destruição, é o mal: é o estranho ao espírito *no* espírito". Há ainda, escreve Derrida, renúncia do espírito na inteligência, no entendimento, no cálculo, na vulgarização maciça, na *literatice* e nos esteticismos, no sentido do *bel esprit* e do *avoir-de-l'esprit*. Por fim, o que nos interessa mais de perto: a instrumentalização do espírito, "a transformação do espírito em intelecto superestrutural e impotente ou, simetricamente, se se pode dizer assim, a organização do povo como massa viva ou como raça". Esse é, certamente, o ponto de partida para a *razão instrumental*.

9. Repensar a ideia de civilização? Foi no final do século XIX e, com maior insistência, depois da Primeira Guerra Mundial que surgiu o tema do fim da civilização. Historiadores e filósofos apontam causas diversas para esse fim – perda da supremacia mundial da Europa, crise dos fundamentos das ciências etc. –, mas certamente a mais determinante foi o progressismo difundido pela ciência e pela técnica, a junção da tríade *progresso*, *ciência* e *técnica*. É comum ler nos pensadores da época termos como apatia, incerteza, decadência, pessimismo, fim dos ideais humanistas. Depois de expressar a dificuldade de entender o que acontecia pela falta de conceitos apropriados, restava apenas, escreveu Musil no ensaio *Das hilfsole Europa* (A Europa desamparada), um mal-estar cheio de estupor,

como se as vias nervosas traçadas pelo acontecimento tivessem sido prematuramente cortadas [...]. Muitos pretendem que perdemos a moral. Outros dizem que perdemos a inocência para sempre ao ingerir, com a maçã, o demônio da intelectualidade. Outros defendem ainda que deveríamos superar a civilização para chegar à "cultura" tal como a conheceram os gregos.

Musil toma a Primeira Guerra como ponto de partida, essa "enorme experimentação de massa" na qual o homem oscila entre extremos "sem mudar sua substância". Ou seja, grande amplitude do mundo exterior, fraca amplitude no seu interior. O que impressiona é que essa massa se revela espantosamente maleável e se transforma naquilo que ela faz. Podemos ler o *sem mudar sua substância* como a permanência das paixões tristes que participam da guerra.

Como acontece com todas as coisas, abre-se, a partir daí, um processo de contradições insuperáveis. A guerra de 1914 inaugurou um mundo inteiramente outro, dominado pela ciência e pela técnica, um novo universo humano. O espírito científico impõe-se pouco a pouco a todos sem que as normas morais, a política, os costumes, as mentalidades, as afetividades estejam em harmonia com a nova realidade. Qualquer pessoa mais ou menos instruída, escreve Valéry, reconhece que não existem mais "noções, princípios, *verdade*, como antes se dizia, que não estejam sujeitos à revisão, à refundação". Eis a grande novidade: a guerra de 1914 não foi apenas um acontecimento trágico; foi um acontecimento *fundador* que reconfigura o mundo que se anunciava através de falas nebulosas e confusas de toda uma geração de grandes intelectuais, artistas e pensadores – um mundo desconhecido e cheio de terríveis promessas que, por certo, ajudaram a definir o engajamento deles na guerra.

Para Musil, a guerra se dá, entre outras causas como a política e a economia, no vazio do espírito. A guerra e o declínio que se segue, escreve ele, jamais teriam tido tanta extensão se houvesse um princípio de ordem espiritual. A saída foi, segundo Musil, buscar refúgio no *romantismo intelectual*:

Foge-se do presente para se refugiar em qualquer passado em busca da flor azul de uma segurança perdida [...], mas o estado atual do espírito europeu não é, para mim, a decadência, mas uma transição ainda em curso; não um excesso, mas uma insuficiência de maturidade.

É a não forma de sua natureza que obriga o homem a aceitar formas, adotar caracteres, costumes, uma moral, um estilo de vida e todo um aparelho de organização. Cada um de nós pôde ouvir dizer que, na nossa época de maquinismo, são as máquinas que comandam o homem: explicaram-se assim os horrores da guerra e da política. É verdade: vê-se aí a combinação da potência e da impotência.

Ciência, técnica e progresso provocam mal-estar e suspeita entre os pensadores:

> A melhor maneira de fazer aparecer o caráter específico desta grande catástrofe [escreve Ernst Jünger] consiste, sem dúvida, em mostrar que ela foi para o gênio da guerra e o espírito de progresso a ocasião de concluir uma aliança estreita [...]. Ora, a firmeza com que, e isso é significativo, certos movimentos de progresso conduzem a resultados contrários às próprias intenções faz logo pressentir que aqui se impõe, como aliás em todo o mundo da vida, menos esse tipo de intenções do que outros poderes, mais secretos.

Mais ou menos no mesmo momento, Valéry escreve:

> Nós, civilizações, sabemos agora que somos mortais [...] o número e a importância das novidades introduzidas em tão poucos anos no universo humano quase que aboliu toda possibilidade de comparar o que se passava há cinquenta ou cem anos com o que se passa hoje. Introduzimos poderes, inventamos meios, ganhamos hábitos inteiramente diferentes e imprevistos. Anulamos valores, dissociamos ideias, arruinamos sentimentos que pareciam inquebrantáveis por terem resistido a vinte séculos de vicissitudes e, para exprimir um tão novo estado de coisas, temos apenas noções imemoriais.

Ao fim dessa grande mutação, resta a pergunta: a ideia de refundação refere-se a quê? À tradição grega, à fé na razão estabelecida pelos antigos ou pelos ideais iluministas? Ou às duas concepções de mundo ao mesmo tempo? Por fim, no texto clássico *La politique de l'esprit* (A política do espírito), Valéry indica, com extrema clareza, a grande questão das mutações e o que é necessário à *refundação:*

> O mundo moderno em toda sua potência, de posse de um capital técnico prodigioso, inteiramente penetrado de métodos positivos, não soube criar uma política nem uma moral, um ideal, nem leis civis ou penais que estivessem em harmonia com os modos de vida que ele criou e mesmo com os modos de pensamento que a difusão universal e o desenvolvimento de certo espírito científico impõem pouco a pouco a todos os homens.

10. Entendemos o termo *refundação* não como restauração, mas como abertura para o novo a partir dos fundamentos da política, da liberdade, das normas antigas.

Mais ou menos na mesma época, Husserl escreve em *A filosofia como ciência de rigor* que "o infortúnio intelectual da nossa época tornou-se intolerável, se o que perturba nossa quietude fossem apenas estas obscuridades teóricas [...]. Mas sofremos, ao contrário, do mais radical infortúnio da *vida,* infortúnio que não poupa nenhum aspecto de nossa existência". Muitos comentadores afirmam que neste como em muitos outros textos, Husserl vê nas *filosofias da decadência* o sintoma mais característico da crise da razão. Mas o que tende a desaparecer, a perder-se na crise não é propriamente a razão, esta sim um dos *fundamentos,* mas a crença na razão. Essa descrença, para Husserl, tem nome – ceticismo: "Estamos diante do maior perigo: naufrágio no meio do dilúvio cético e deixar assim nos escapar nossa própria verdade".

Ou seja, as grandes transformações produzidas pela ciência e pela técnica levam o homem à necessidade de pensar – e praticar – uma nova política, novas normas morais, novas mentalidades, novas sensibilidades, enfim, aquilo que define o homem. O primeiro passo na direção de um novo pensamento consiste, pois, em reconhecer que o objetivo da filosofia é diferente do da ciência, que se preocupa apenas com o *progresso* material. Talvez devêssemos pensar a *refundação* como um aprofundamento do que já está conhecido, do que é dado, no lugar da *invenção* de novos conceitos. Não há *progresso* de pensamento, como diz Wittgenstein: "Se, para chegar aonde quero, só fosse possível subindo uma escada, certamente renunciaria a chegar lá. Porque, lá aonde quero ir, já devo, na verdade, estar. O que se pode atingir servindo-se de uma escada não me interessa".

No plano das mentalidades, dos costumes, da política, das afetividades – enfim, no universo da relação do homem com a vida –, os problemas se apresentam talvez de forma mais intensa. Não é apenas, como foi ao longo de toda a modernidade, um mundo de ambiguidades que designavam realidades completamente diferentes – visões contraditórias que habitavam a mesma cabeça. Uma palavra podia designar coisas diferentes e até contrárias e essas ambiguidades e incompletudes estavam inscritas, como escreveu Merleau-Ponty, "na própria textura da nossa vida coletiva e não somente nas obras dos intelectuais", ou seja, nos conceitos. As contradições estavam nas próprias coisas. Eis o espírito do *homem moderno*: "cheio de pensamentos e tendências que se ignoram". Víamos a cada instante, em uma mesma família – escreveu Valéry –, "muitas religiões praticadas, muitas raças unidas, muitas opiniões políticas e, no mesmo indivíduo, todo um tesouro de discórdias latentes". Hoje, tendemos a pensar que essa multiplicidade de tendências perde espaço e somos governados por um único *valor*, o *valor monetário*.

Pouco antes da guerra, Musil nota as intensas atividades ética e estética, a crença em um futuro social e em uma arte nova. É verdade, escreve ele, que a arte apresentava aspectos mórbidos e decadentes,

> mas esses dois aspectos negativos eram apenas a tradução circunstancial de uma vontade de ser outro e de agir de maneira diferente do homem do passado; acreditava-se no futuro, mesmo quando se entregava voluptuosamente à ideia de que a virada do século seria o começo do apocalipse [...]. Comparemos essas ideias com nosso atual clima de apocalipse: é o acinzentado, as cinzas, a desmoralização, a tristeza. E o que distingue esse período do nosso é o movimento vivo, a vontade, a esperança, um sentimento metade real, metade imaginário de força.
>
> Essa mesma época era, além do mais, internacionalista: rejeitava-se em bloco Estado, nação, raça, família e religião [...] acreditava-se no progresso, na vida do espírito [...] e no valor de suas obras: essas épocas são

sempre internacionalistas [...] o capitalismo começa a invadir o domínio do espírito sob suas formas mais grosseiras enquanto os conceitos críticos e as tomadas de posição ideológica se esvaem.

O nacionalismo guerreiro integrava tudo.

11. Civilização sem espírito? Os teóricos costumam dizer que uma das particularidades da civilização – conceito novo que surge em fins do século XVIII – é que ela não é apenas um estado de fato, mas também um estado de ideia. O que ela pensa exerce influência determinante sobre o que ela é. A civilização *se pensa* e, ao se pensar, ela se abre a uma aventura do espírito sem exemplo nem fim. Assim, lidando no campo das ideias divergentes e contraditórias – *espírito contra espírito* –, a civilização está sujeita a riscos incontornáveis. Isso porque a civilização compõe-se de noções discordantes e instáveis na política, na justiça, nas normas morais, nos hábitos, nas mentalidades... Uma das dificuldades da própria civilização está no fato de ela englobar todos os domínios da atividade humana, tanto do sujeito quanto da sociedade. Ela pode, portanto, não apenas voltar-se contra ela mesma mas também deixar aflorar o que há nela de mais violento e destruidor.

Mas, para analisar de maneira mais precisa a civilização ocidental, Nietzsche e Valéry recorrem a dois pontos predominantes: a ciência e a técnica. Nietzsche vê o *espírito científico* como uma forma de distanciar o homem da própria vida que o lança "em um mar do vir-a-ser reconhecido vibrante em ondas luminosas sem fim nem limite". Ele se priva da intimidade das coisas vivas, comenta Édouard Gaède no livro *Nietzsche et Valéry: essai sur la comédie de l'esprit* (Nietzsche e Valéry: ensaio sobre a comédia do espírito), para exilar-se no "deserto da ciência, este grande *columbarium* dos conceitos, a necrópole das imagens e sensações". Gaède resume assim o espírito científico descrito por Nietzsche:

> Ele [o espírito científico] só leva em conta os valores humanos a título de pretextos para pesquisas. O próprio homem, medida de todas as coisas, torna-se para a ciência um objeto de estudos como os outros. Nem o amor, nem a esperança têm lugar: apresentam-se como anomalias, fenômenos escandalosamente irracionais [...] em síntese, a ciência

é uma atividade extra-humana, supra-humana. Toda a humanidade é sacrificada por sua irresponsável curiosidade.

Para melhor caracterizar o predomínio da ciência e da técnica e o advento de outra civilização – que ele não nomeia –, Valéry trabalha de maneira insistente as dualidades ciência/saber e ciência/poder. A ciência/saber está no campo do conhecimento teórico, e a ciência/poder, nas possibilidades da aplicação prática, mais próxima, portanto, das normas técnicas. Ora, técnica e *Estado de fato* surgem hoje nos Estados bem organizados e racionalmente estabelecidos. É assim que Valéry vê essa nova civilização: "As máquinas mais temíveis não são talvez aquelas que rodam, que transportam ou que transformam a matéria ou energia. Existem outros engenhos, não de cobre ou de aço, mas de indivíduos muito especializados: organizações, máquinas administrativas, construídas à imagem de um espírito naquilo que há de impessoal".

Nessa forma de organização da sociedade, a conclusão de Valéry é evidente: nesse mundo, o espírito tornou-se impossível – impossível porque *supérfluo*. Uma das razões desse declínio pode ser atribuída à queda dos valores morais e políticos. Com ironia, Valéry vincula o espírito moderno à produção material que, como todas as coisas, participa do grande mercado com suas flutuações na Bolsa: os valores sobem e descem, dependendo da conjuntura: "Há um valor chamado 'espírito' [...] como há um valor petróleo, trigo, ouro" e infelizmente ele não cessa de baixar.

Violência e sociedade do espetáculo
Francisco Bosco

*Sobre a carne que falta a vocês na cozinha /
não se decide na cozinha.*

BERTOLT BRECHT

RECONHECIMENTO E VIOLÊNCIA

A relação entre reconhecimento e violência está bem fundamentada pela filosofia, pela psicanálise e pelas ciências sociais; encontra ainda dramáticas formulações na literatura e demais artes. Partindo do concreto rumo ao abstrato, comecemos a conhecê-la pela literatura.

Em seu clássico *Invisible Man* (Homem invisível), o escritor negro norte-americano Ralph Ellison descreve um episódio que tem início quando seu narrador esbarra com um homem na rua. Esbarrar, ou melhor, ser esbarrado pelos outros é uma constante na vida do narrador, um homem negro e pobre nos Estados Unidos dos anos 1940, anterior portanto à década dos *civil rights*. Um *homem invisível* – é como ele se define. Nessa ocasião, ao esbarrar no desconhecido, é insultado por ele, um sujeito alto, louro e de olhos azuis. Imediatamente, o narrador pega-o pelo colarinho e exige que se desculpe. Mas o outro continua a xingá-lo. O narrador então lhe desfere cabeçadas, joga-o no chão, chuta-o repetidamente, mas ainda ouve insultos da boca já sangrenta do homem branco. Tomado pelo ódio, o homem negro, ainda invisível apesar de toda a violência, puxa uma faca e se prepara para cortar a garganta do outro. Mas de repente se dá conta do que acontecera. "Aquele homem não tinha me visto, realmente"[1], ele pensa. Tinha visto apenas projeções de suas próprias ideias a respeito de quem ele era. "Estava caído, gemendo no asfalto; um homem quase assassinado por um fantasma"[2], conclui o narrador.

Não é difícil compreender o que aconteceu nesse episódio. O homem negro não foi *reconhecido* pelo outro. Sistematicamente ignorado, o narrador com frequência duvida de sua própria existência. Esbarrado pelos outros, como se não existisse, passa a esbarrar de volta. Nesse dia, insultado, reage na mesma moeda agressiva. O sentido de sua violência inicialmente é claro: obrigar o outro a reconhecê-lo. Exigir que se retrate por não o ter reconhecido. Não o conseguindo e ameaçado no cerne de seu ser pela invisibilidade a que o outro insiste em condená-lo, tem o ímpeto de assassiná-lo, para fazer cessar a fonte de onde emana sua angústia de inexistência, ou para vingar-se dele, não o reconhecendo também, não reconhecendo nem sequer seu direito à vida, condenando-o assim à invisibilidade suprema, a morte. A compreensão do sentido dessa relação – a capacidade de sair do movimento imaginário, passional do desrespeito causado pela invisibilização – impede que ele leve a cabo o homicídio. Como se sua inteligência tivesse ali lhe fornecido um reconhecimento de si mesmo, um autorreconhecimento, ao poder separar sua autoimagem da imagem opaca, preconceituosa, que lhe oferecia o outro[3].

Na época moderna, a primeira formulação sistemática sobre o caráter intersubjetivo da experiência humana e o lugar fundamental que nela ocupam os processos e instâncias de reconhecimento foi dada por Hegel. Sigamos, primeiro, a seminal leitura de Kojève sobre a dialética entre o senhor e o escravo, quanto aos passos decisivos para o interesse dessa argumentação. A proposição primordial é que o desejo humano,

---

1. Ralph Ellison, *Invisible Man*, New York: Random House, 1952. (Kindle Edition, Prologue).
2. *Ibidem*.
3. Com efeito, o grande conflito psíquico do narrador, ao longo do livro, será decifrar o enigma deixado pelas últimas palavras de seu avô ("[...] *our life is a war and I've been a traitor all my born days* [...]" [nossa vida é uma guerra, e vivi como um traidor]; cf. Ralph Ellison, *op. cit.*, cap. 1), em seu leito de morte. Enigma que pode ser decifrado, nos termos da psicanálise, como a necessidade de tomar consciência da dominação sofrida pela naturalização de um *ideal do eu* do homem branco, introjetado pelo homem negro, condenando este último à subserviência, logo, à manutenção do *status quo*. A ruptura com esse ideal do eu será, como se sabe, um dos maiores esforços do movimento negro norte-americano; ruptura sintetizada na expressão afirmativa *Black is beautiful* (Negro é bonito), pela qual se procura fundar todo um novo ideal do eu, baseado nas culturas e nos fenótipos dos povos negros.

antropogênico, difere do desejo do animal e, logo, se caracteriza por não se relacionar, por não ter como objetivo um "objeto real, positivo, dado"[4], e sim outro desejo. Segue daí a frase lapidar: desejar, na experiência humana, é "desejar o desejo do outro"[5]. A frase é pertinente em seu duplo sentido. No primeiro, deseja-se o que o outro deseja e porque ele deseja. O exemplo de Kojève é simples e claro quanto a essa natureza a um tempo abstrata e mediada do desejo humano: "Um objeto perfeitamente inútil do ponto de vista biológico (tal como uma decoração ou a bandeira do inimigo) pode ser desejado por ser o objeto de outros desejos"[6]. Não se deseja sozinho. O desejo se dá em rede, necessariamente mediado pelo desejo do outro, e segundo lógicas (esse complemento interpretativo já é de minha responsabilidade) de identificação e valor em jogo nessa rede desejante[7].

Mas é o segundo sentido o mais fundamental. Desejar é desejar capturar o desejo do outro, atraí-lo para si, isto é, tornar-se o objeto do desejo do outro; numa palavra, ser *reconhecido* pelo outro: "Desejar o desejo do outro é então, em última análise, desejar que o valor que eu sou, que eu 'represento', seja o valor desejado por esse outro: quero que ele 'reconheça' meu valor como o seu valor, quero que me 'reconheça' como um valor autônomo"[8].

Assim, o sentido último do processo desejante é o reconhecimento. Se eu desejo o objeto do desejo do outro é porque, de antemão, reconheci o outro. E, se reconheço o outro, desejo ser reconhecido por ele.

Sem o reconhecimento do outro – dos outros – um ser humano não se sente plenamente *realizado*, em um sentido radical: não se sente real. Pois a realidade da experiência humana é intersubjetiva. A natureza me-

---

4. Alexandre Kojève, *Introduction à la lecture de Hegel*, Paris: Gallimard, 1947, p. 13. Edição brasileira: *Introdução à Leitura de Hegel*, Rio de Janeiro: Contraponto, 2002.
5. *Ibidem*, p. 14.
6. *Ibidem*, p. 13.
7. A psicanálise mostra que o desejo tem uma dimensão particular, oriunda da história específica de um sujeito, mas tem também uma dimensão intersubjetiva, influenciada pelo desejo do outro (a depender do valor que se atribui a esse outro), e ainda uma dimensão mais amplamente coletiva, determinada pelo desejo do outro, isto é, pelas identificações e valores vigentes numa certa cultura. Assim, respectivamente, um sujeito qualquer pode ter seu desejo mobilizado de forma particular por traços simbólicos e físicos específicos, ao mesmo tempo deseja por identificações com o desejo de outros (desejar, por exemplo, o objeto do desejo de uma pessoa que se admira) e, finalmente, deseja por identificação com o desejo do outro (quem, hoje, pode-se dizer completamente alheio aos objetos do desejo da cultura, como o dinheiro, a visibilidade e mesmo a magreza?).
8. Alexandre Kojève, *op. cit.*, p. 14.

diada, intersubjetiva da realidade humana pode ser bem descrita por meio da conhecida *boutade* de Lacan: "Um louco que se acredita rei não é mais louco do que um rei que se acredita rei". Um louco – é isso o que define a estrutura psicótica para a psicanálise lacaniana – é aquele, justamente, que possui uma *realidade* autônoma, isto é, que não participa da construção simbólica, coletiva, da realidade. Acreditar-se rei é tomar como verdadeira uma crença particular, que não encontra qualquer respaldo na construção compartilhada pela coletividade. Ora, um rei que acredita em um estatuto, digamos, imanente (ou transcendental, dá no mesmo) de sua realeza não é menos louco do que o louco. A realeza do rei é um fenômeno intersubjetivo, nada mais que uma crença compartilhada. Essa é a sua realidade[9]; essa e qualquer outra. Portanto, assim como não se deseja sozinho, não há realidade autônoma. Para ser humanamente real, para se sentir parte constitutiva da realidade humana, para ser humano enquanto tal, o indivíduo deve ser reconhecido pelos outros.

O "primeiro" homem que encontra pela primeira vez outro homem já se atribui uma realidade e um valor autônomos, absolutos: pode-se dizer que ele acredita ser um homem, que ele possui a "certeza subjetiva" de ser homem. Mas sua certeza não é ainda um saber. O valor que ele se atribui pode ser ilusório; a ideia que faz de si mesmo pode ser falsa ou louca. Para que essa ideia seja uma verdade, é preciso que ela se revele como uma *realidade objetiva*, isto é, uma entidade que vale e existe não apenas para si mesma, mas também para realidades outras além dela.[10]

É por isso, para que se realize objetivamente, isto é, para que tenha a segurança objetiva de seu ser, que um homem precisa ser reconhecido, precisa "impor a ideia que faz de si mesmo aos outros"[11]. O valor e a realidade humana de um indivíduo dependem do reconhecimento dos outros indivíduos. É por essa razão que o narrador negro e pobre do romance de Ralph Ellison, um homem socialmente invisibilizado, chega a dizer: "Você muitas vezes duvida de que realmente existe"[12]. Sendo a

---

9. Por isso Kojève afirma que, na dialética do reconhecimento, "o mestre só é mestre pelo fato de haver um escravo que o reconhece como mestre" (*op. cit.*, p. 23), ou seja, a qualidade de mestre é uma crença social (isso não significa, claro, que a mera iniciativa do escravo de deixar de reconhecê-lo como tal seja capaz de anular essa construção, que está amparada por condições objetivas de dominação).
10. Alexandre Kojève, *op. cit.*, p. 18.
11. *Ibidem*.
12. Ralph Ellison, *op. cit.*, "Prologue".

falta de reconhecimento uma ameaça ao sentimento de si, à segurança sobre a própria existência objetiva, compreende-se que Hegel defina a experiência humana como a da luta por reconhecimento. Mais: como uma luta mortal por reconhecimento, uma vez que, por um lado, a ausência deste implica uma espécie de morte e, por outro, o que se deseja na luta é matar o outro como entidade autônoma, isto é, que não reconhece o semelhante. A luta mortal por reconhecimento não almeja destruir o outro, literalmente, ou seja, matá-lo (pois, morto, o adversário não poderia mais reconhecer quem reivindica reconhecimento e que, assim, permaneceria na instância da certeza subjetiva, sem aceder à realidade objetiva), mas sim "suprimi-lo dialeticamente", isto é, "resguardar-lhe a vida e a consciência, e destruir apenas sua autonomia"[13]. Busca-se suprimir o outro *enquanto oponente*; numa palavra, *submetê-lo*[14]. A relação de reconhecimento é constitutivamente uma luta e potencialmente violenta: nos casos em que é negado o reconhecimento àquele que o reivindica, sua reação pode sempre ser a de suprimir *realmente* o outro que é a fonte de sua angústia de inexistência objetiva.

A leitura de Hegel por Kojève é, como se sabe, um dos elementos fundamentais para a formulação das ideias de Lacan sobre a formação do ego. Para o psicanalista francês, "a grande contribuição de Hegel foi ter revelado como cada ser humano está no ser do outro"[15]. Com efeito, essa ideia reaparece no texto seminal "O estágio do espelho", em que Lacan desenvolve a noção de que o ego é constitutivamente alienado, ou seja, é feito de identificações com outros, não tendo uma essência positiva prévia. Relembremos como isso se dá.

Entre os 6 e os 18 meses, o *infans* começa a reconhecer a sua imagem por meio de um reflexo. Esse reflexo não precisa ser necessariamente um espelho, mas tudo aquilo que lhe devolve a sua imagem (pode ser a interação com outras pessoas, por meio das quais ele começa a perceber que não se confunde com elas e com o meio em geral). Por meio dessas imagens dos outros – e do outro que é a sua própria imagem no espelho – a criança vai formando uma noção de totalidade da sua forma, do seu corpo. Esse senso de controle e unificação por meio das imagens é

---

13. Alexandre Kojève, *op. cit.*, p. 21.
14. *Ibidem*, p. 21.
15. *Apud* Sean Homer, *Jacques Lacan*, New York: Routledge, 2005, p. 24.

anterior ao domínio total da motricidade; nesse momento a criança sente seu corpo fragmentado, e é só por meio das identificações com as imagens dos outros que tem uma primeira experiência de unificação. É portanto o ego – formado pela identificação com imagens alheias (em torno de um vazio), por meio das quais o *infans* reconhece a própria imagem – o lugar psíquico onde se instaura a percepção de unificação, de distinção e de completude do indivíduo. O ego é efeito de imagens; daí Lacan chamá-lo de *imaginário*. Ele é constitutivamente alienado – uma vez que formado pelas imagens alheias –, mas sua função é manter uma ilusão de coerência e unificação, como se tivesse uma essência positiva e autônoma. Sua verdade, entretanto, é o vazio fundamental de onde se origina.

Essas ideias permitem compreender não só o papel central do reconhecimento na formação do ego humano, pois o *infans* só pode identificar-se com sua própria imagem refletida no outro por meio desse outro, ou seja, se este o reconhecer e interagir com ele, como também a violência potencialmente contida em tudo o que diz respeito aos processos de reconhecimento. Se o ego é parte fundamental, estruturante do eu e se é feito por imagens (reflexos de si nos outros, com os quais o ego compõe sua autoimagem), sua sustentação se baseia na confirmação dessas imagens. Desde a origem, e para sempre, a autoimagem de um sujeito, isto é, a sustentação de seu ego, é feita por meio dos outros, e depende deles. Assim, tudo o que ameaçar a unificação, a coerência dessas imagens – da imagem que um sujeito faz de si mesmo – será experimentado como sofrimento narcísico e, dependendo do grau com que esse ego seja decomposto, desfigurado, poderá revelar a sua origem vazia e ser experimentado angustiadamente como uma espécie de morte, uma espécie de inexistência (como aquela de que fala o narrador de Ralph Ellison).

Compreende-se então a violência nos dois polos da luta por reconhecimento. Um sujeito cujo ego é demasiadamente coeso, isto é, apoiado em determinadas identificações que não podem ser questionadas, sob o risco de se revelarem inconsistentes, ameaçando a sua estrutura geral – um sujeito assim tenderá a não reconhecer o outro cuja mera existência seja percebida por ele como uma ameaça às identificações que formam seu ego. Se a tarefa do ego, segundo Lacan, é tentar produzir uma síntese egoica, imaginária, "podemos pensar que esta, encarregada de determinações que impõem uma unificação, procura deixar de lado, por princípio, a relação com o que é desconhecido"[16], observa a psicanalista Maria Izabel Szpacenkopf. O mecanismo do ego seria assim, por definição, alienado e alienante, ou seja, formado por imagens alheias, procura compor uma imagem unificada de si por meio delas, mas se vê exposto à angústia diante de imagens diferentes que possam revelar sua natureza inconsistente, frágil, no limite: vazia. A reação a essa angústia é negar a existência do outro, negar, digamos, sua legitimidade, em suma, não o reconhecer:

> por não poder suportar o estrangeiro que não corresponde às determinações egoicas prévias, e não se resolver a abandonar sua imagem unificada e unificadora, investe contra o outro recusando sua possibilidade de desejo e, sobretudo, de reconhecimento[17].

Trocando em miúdos, pensemos, por exemplo, num sujeito monoteísta, que tem na lógica monoteísta – a de haver um fundamento positivo do mundo – o eixo central de suas identificações, logo, de seu ego. Para um tal sujeito, a mera existência de ateus, ou de sujeitos cujas práticas e crenças por si sós desmentem a existência de um fundamento positivo do mundo (e de toda a normatividade por ele implicada), representa uma ameaça a seu ego. Daí sua negação ao reconhecimento do outro, que tende a se dar de forma violenta (por exemplo, a homofobia e as agressões cometidas contra homossexuais). Por outro lado, os sujeitos que sofrem a falta de reconhecimento estão sempre lutando para formar um ego minimamente consistente, seguro de si, e o reflexo opaco que o mundo lhes devolve pode melancolizá-los (situando-os na proximidade do vazio) ou torná-los violentos, a fim de obter à força o reconhecimento que lhes é negado[18].

16. Maria Izabel Szpacenkopf, "Patologias do social, sofrimento e reconhecimento", 2013. (Apresentação de trabalho/conferência ou palestra.)
17. *Ibidem*.
18. Diferentemente do que se poderia pensar a princípio, um ego forte não é um ego sólido. Ao contrário, os sujeitos que têm uma relação mais segura com a sua autoimagem são aqueles que a têm leve, arejada, inconsistente, *frágil*. Lembremos que "estereótipo" vem do grego *stereos*, que quer dizer sólido. Um sujeito que estereotipa o outro é ele mesmo, quanto a seu ego, estereotipado (*et pour cause*). Um ego sólido é frágil porque depende todo o tempo da confirmação de sua autoimagem. Já um ego frágil é, ao contrário, forte, porque não se abala facilmente com os reflexos distorcidos que o outro lhe apresenta. Aqui, a sabedoria – ou a saúde – imaginária é dada pela autodefinição de Andy Warhol: "*I never fall apart, because I never fall together*" (em tradução livre, "nunca me fiz em pedaços, porque nunca me fiz inteiro"). Traduzindo para os termos da psicanálise lacaniana: "O imaginário é essencial ao funcionamento psíquico. Por outro lado, também não é possível viver sob o domínio absoluto de seu efeito totalizador", resume Maria

Num livro hoje bastante conhecido e influente, o professor da Universidade de Frankfurt Axel Honneth faz uma leitura da obra de Hegel centrada na evolução, nela, da questão do reconhecimento e a elabora, por sua vez, em sua relação com o problema das lutas sociais. Honneth observa, por um lado, que para Hegel o crime tem sua motivação no desrespeito moral causado pela falta de reconhecimento, e seu sentido é, para além de interesses materiais imediatos, o fazer-se reconhecido pelo outro: "[...] Hegel atribui a origem de um crime ao fato de um reconhecimento ter sido incompleto"[19]. Nesse caso, "o motivo interno do criminoso é constituído pela experiência de não se ver reconhecido de maneira satisfatória na etapa estabelecida de reconhecimento mútuo"[20]. Sendo a origem psíquica do crime a falta de reconhecimento, seu objetivo, ainda que inconsciente, é a obtenção dele: "[...] já no próprio ato de ofensa do criminoso reside o propósito de chamar a atenção publicamente para a integridade da própria pessoa e reclamar assim seu reconhecimento [...]"[21].

Entretanto, uma vez bem fundamentado o papel decisivo do reconhecimento para a dinâmica social, bem como para a autorrealização de todo sujeito, o horizonte principal de problematização do autor é a relação entre falta de reconhecimento e lutas sociais para ampliação de direitos. Essa relação também foi abordada por Hegel:

> Hegel não quer apenas expor como as estruturas sociais do reconhecimento elementar são destruídas por atos de exteriorização negativa da liberdade; ele quer, além disso, mostrar que só por tais atos de destruição são criadas as relações de reconhecimento eticamente mais maduras, sob cujo pressuposto se pode desenvolver então uma "comunidade de cidadãos livres" efetiva[22].

Ou seja, estabelece-se aí a diferença entre a criminalidade (a violência em geral) irrefletida, na qual ocorre uma reivindicação inconsciente de

---

Rita Kehl (cf. Maria Rita Kehl, "Imagens da violência e violência das imagens", portal Artigos e Ensaios, disponível em: <www.mariaritakehl.psc.br/conteudo.php?id=5>. Acesso em: out. 2014).
19. Axel Honneth, *Luta por reconhecimento: a gramática moral dos conflitos sociais*, São Paulo: Editora 34, 2003, pp. 52-3.
20. *Ibidem*.
21. *Ibidem*, p. 55.
22. *Ibidem*, p. 56.

reconhecimento, e aquela estratégica, organizada, coletiva, que almeja consequências efetivas, isto é, ampliação de direitos, reconhecimento social. Assim, na gramática moral dos conflitos sociais, a violência pode desempenhar o papel de motor da conquista de reconhecimento.

Meu interesse direto aqui é, entretanto, apenas fundamentar bem o papel do reconhecimento nas dinâmicas sociais e demonstrar sua relação com o problema da violência. Essa relação aparece claramente formulada por Honneth, por exemplo neste trecho:

> Para chegar a uma autorrelação bem-sucedida, ele [qualquer sujeito] depende do reconhecimento intersubjetivo de suas capacidades e de suas realizações; se uma tal forma de assentimento social não ocorre em alguma etapa de seu desenvolvimento, abre-se na personalidade como que uma lacuna psíquica, na qual entram as reações emocionais negativas, como a vergonha ou a ira[23].

Pode-se dizer que o sentido geral do trabalho de Honneth é a afirmação da importância primordial – em muitos casos, se não em sua totalidade – da dimensão imaginária, narcísica da violência social. No fundo de toda a sua argumentação está a compreensão do homem como ser intersubjetivo, e a relativização dos interesses sensíveis, materiais, mesmo em sociedades plutólatras e materialistas. Como observa E. P. Thompson, citado por ele:

> A rebelião social nunca pode ser apenas uma exteriorização direta de experiências da miséria e da privação econômica; ao contrário, o que é considerado um estado insuportável de subsistência econômica se mede sempre pelas expectativas morais que os atingidos expõem consensualmente à organização da coletividade[24].

Dito de outro modo, não é a *miséria objetiva* que produz violência social, mas a *miséria relativa*, efeito das diferenças sociais. Aqui, mais uma vez, ouve-se a proposição fundamental do Hegel de Kojève: "É humano desejar o que os outros desejam, e porque desejam"[25].

---

23. *Ibidem*, p. 220.
24. *Ibidem*, p. 263.
25. Alexandre Kojève, *op. cit.*, p. 13.

Na esteira das ideias de Hegel e Herbert Mead, Honneth estabelece três instâncias sociais produtoras de reconhecimento: o amor, o direito e a solidariedade. O amor designa todas as relações primárias, na medida em que elas consistem em ligações emotivas fortes entre poucas pessoas (pais e filhos, relações eróticas entre duas ou mais pessoas, amizades, ou seja, relações de âmbito privado). O direito é o âmbito formal, o reconhecimento firmado em lei, que tem como objeto a pessoa, compreendida em sua dimensão universal, (in)diferente. Por solidariedade, entendo que se refira ao reconhecimento, por parte de cada indivíduo da sociedade, ao sujeito, isto é, ao indivíduo compreendido em sua particularidade concreta, em sua diferença (o racismo social, por exemplo, ou qualquer tipo de preconceito são uma falha de reconhecimento nessa instância).

Aqui começa propriamente a minha questão. Sabemos que, a partir dos anos 1950, quando a televisão começa a se popularizar e os avanços tecnológicos permitem a produção de imagens em escala industrial, configura-se o que Debord viria a chamar de *sociedade do espetáculo*, uma nova esfera pública, cuja lógica é a do capitalismo de consumo e a matéria estruturante é a *imagem*. Nas últimas décadas, essa esfera pública imagética se agigantou a ponto de não apenas duplicar a vida social concreta como substituí-la, no sentido de impor-se como mais importante do que esta. A hipótese que quero defender aqui é a de que o espetáculo pode ser considerado uma quarta instância de reconhecimento social. Meu objetivo será elucidar o seu funcionamento relativamente ao problema do reconhecimento, e as consequências desse funcionamento relativamente ao problema da violência.

SOCIEDADE DO ESPETÁCULO

Preciso antes de tudo o mais fundamentar minha afirmação de que o espetáculo impôs-se como uma nova esfera pública e, retomando a tipologia de Honneth, uma quarta instância de reconhecimento social. Comecemos pela pergunta: como se formou a sociedade do espetáculo? Penso que essa história envolve a articulação de diversos fatores: a passagem do capitalismo de produção para o capitalismo de consumo; a deflação do espírito público ou, inversamente, a formação de uma cultura mais individualista (e ao mesmo tempo de massa); e a evolução das tecnologias da imagem.

O sociólogo alemão Wolfgang Streeck observa que, no começo dos anos 1970, em seguida às décadas *idílicas* do pós-guerra, o capitalismo se deparou com uma crise estrutural. Os bens duráveis, padronizados, produzidos em massa, já haviam sido consumidos e, uma vez atendidas as necessidades básicas dos consumidores (e uma vez que se tratava, na época, literalmente de bens duráveis), essa forma de produto e produção revelou-se incapaz de sustentar taxas altas de crescimento econômico. Afinal, "se a máquina de lavar continua funcionando", diz Streeck, "para que comprar outra"[26]? A resposta do capitalismo a essa estagnação econômica foi transformar os bens padronizados em produtos diversificados. Essa transformação teve profundas consequências, como veremos.

Christopher Lasch, num livro influente, *The Culture of Narcissism* (A cultura do narcisismo), publicado no fim dos anos 1970, observa, no mesmo sentido de Streeck, que a economia americana, "tendo alcançado o ponto em que sua tecnologia era capaz de satisfazer as necessidades básicas materiais, se apoiava agora na criação de novas demandas de consumo"[27]. Nos primórdios do capitalismo industrial, comenta Lasch, "os patrões viam os trabalhadores como nada mais que burros de carga"[28]. Não se interessavam pelas atividades de seus empregados em suas horas de lazer (que de resto quase não havia). Com a estagnação econômica, tratava-se agora de convencer os trabalhadores a comprar produtos de que em princípio eles não tinham necessidade. O capitalismo se estendia agora à totalidade da vida humana, extrapolando os limites de tempo e espaço do mundo do trabalho. Já se pode perceber aqui o discurso que entrará em cena, como veículo por excelência da ideologia do capital[29]: a publicidade.

26. Wolfgang Streeck, "O cidadão como consumidor", *Piauí*, São Paulo: abr. 2013, n. 79.
27. Christopher Lasch, *The Culture of Narcissism: American Life in an Age of Diminishing Expectations*, New York: Warner Books, 1980, p. 72.
28. *Ibidem*, p. 71.
29. Digo que a publicidade é o discurso ideológico do capital porque ela, para além da venda explícita de produtos particulares, naturaliza e consolida implicitamente o modo de vida do consumo, ou seja, o consumo como modo de vida. Conforme escreve Lasch: "*Advertises serve not so much to advertise products as to promote consumption as a way of life*" ("Os anúncios publicitários prestam-se mais a promover o consumo como estilo de vida do que anunciar produtos") (*op. cit.*, p. 72). Ou, na formulação de Maria Rita Kehl: "Na sociedade contemporânea, a estreita ligação entre o mercado e os meios de comunicação de massa é evidente, e necessária (...). A mídia produz os sujeitos de que o mercado necessita, prontos para responder a seus apelos de consumo sem nenhum conflito, pois o consumo e – e, antecipando-se a ele, os efeitos fetichistas das mercadorias – é que estrutura subjetivamente o modo de estar no mundo dos sujeitos" (Maria Rita Kehl, "Fetichismo", em: Eugênio Bucci e Maria Rita Kehl, *Videologias: ensaios sobre televisão*, São Paulo: Boitempo, 2004, Kindle Edition).

A passagem do capitalismo de produção para o de consumo e a concomitante entrada em cena do discurso da publicidade, respaldado em seu papel de motor do desenvolvimento econômico, têm implicações profundas. O que está em jogo aí é o início de um processo de *socialização pelo consumo*, propiciado pelos mecanismos de identificação com a mercadoria e seu valor social (estabelecido pela publicidade). Por meio da aquisição de determinados produtos, os indivíduos passam a se diferenciar de grupos sociais e se unir a outros. Esse processo esvazia instâncias de identificação social comunitárias, como o bairro ou a nação. O sentido mais amplo desse processo é o esvaziamento progressivo do espírito público, que tinha uma base mais forte de sustentação por meio das identidades coletivas e mesmo dos bens duráveis de massa. Como nota Streeck:

> Conforme a classe média e as gerações pós-fordistas transferem suas expectativas de ter uma boa vida do consumo público para o consumo privado, aqueles que, por falta de poder aquisitivo, continuam dependentes do provimento público também são afetados. O desgaste da esfera pública os priva do seu único meio potencialmente eficaz de se fazerem ouvir, desvalorizando a moeda política por meio da qual eles poderiam compensar sua falta de moeda comercial[30].

Ora, o enfraquecimento do espírito público significa o enfraquecimento da instância de reconhecimento jurídica (já que é na política que se definem os processos de ampliação de direitos), contribuindo para a ascensão do espetáculo como instância de reconhecimento. Instância cuja lógica é privada, já que é uma espécie de emanação do capital, como veremos melhor adiante.

Lasch interpreta essa retração do espírito público, como uma *"retreat of politics"*, um abandono, após os politizados anos 1960, dos engajamentos e empreendimentos coletivos, em privilégio de um individualismo cuja especificidade ele caracteriza como *cultura do narcisismo*. Para ele, tendo perdido as esperanças de transformarem coletivamente suas vidas, os americanos voltaram-se para si mesmos, dedicando-se a diversas práticas de *"self-improvement"*: "Entrando em contato com seus sentimentos,

---

30. Wolfgang Streeck, *op. cit.*

comendo alimentos saudáveis, fazendo aulas de balé ou dança do ventre, mergulhando na sabedoria do Oriente, correndo, aprendendo a se relacionar, superando o 'medo do prazer'"[31]. É importante para os interesses desse texto que um tal movimento individualista seja caracterizado como narcisista. Conforme pude explicar nas páginas anteriores sobre a formação do ego segundo Lacan, o narcisismo designa um imaginário frágil, exageradamente dependente de reconhecimento, de confirmação. Como escreve Lasch: "O narcisista depende [intensamente] dos outros para validar sua autoestima"[32]. Essa necessidade imperiosa de reconhecimento permanente do sujeito narcisista está vinculada, como vimos, ao esvaziamento da esfera pública e seus mecanismos coletivos mais estáveis de identificação e vai ao encontro da natureza do espetáculo, que se apresenta como uma instância que faz apelo todo o tempo a essa fome de reconhecimento.

Sintetizando, o quadro amplo de um abandono dos engajamentos coletivos após os utópicos anos 1960, o início de um capitalismo de consumo, apoiado no discurso publicitário, e a evolução tecnológica relativa às possibilidades da imagem (tendo como marco a popularização dos aparelhos de televisão, a partir dos anos 1950-60) prepararam as condições para o surgimento dessa nova esfera pública, que Guy Debord chamou de *sociedade do espetáculo* e cujas definição e lógica devemos investigar agora, para compreender sua relação com a violência social.

Podemos definir a sociedade do espetáculo como a combinação do capitalismo de consumo – cuja propulsão é fornecida pela publicidade – com a capacidade tecnológica de produzir imagens em escala industrial e com difusão planetária. A imagem se tornou a maior produção humana, duplicando a vida social numa esfera de representação própria. Tecnologias como as da televisão e da internet produzem imagens ininterruptamente, num fluxo idêntico ao da vida social. O mundo das imagens acontece simultaneamente ao mundo real. Existem, hoje, dois mundos: o mundo concreto e o mundo das imagens. Entretanto, a natureza da imagem é tal

---

31. Christopher Lasch, *op. cit.*, p. 4.
32. *Ibidem*, p. 10. Entretanto, a frase é imprecisa, pois, como venho dizendo, todo sujeito depende dos outros, constitutivamente, para validar sua autoestima. A questão aqui é mais de grau. Daí eu me permitir colocar essa modalização em colchetes, como uma correção, no interior da frase de Lasch.

que o mundo concreto aspira a ela, tem seu sentido, sua legitimidade, sua existência atrelados a seu aparecimento na esfera das imagens.

Mas, antes de investigarmos a natureza da imagem e as consequências sociais de um mundo dominado por elas, é fundamental consolidar o entendimento de que a sociedade do espetáculo não é apenas um conjunto colossal de imagens. Debord insiste nesse ponto: o espetáculo é antes de tudo uma espécie de versão 2.0 da lógica da mercadoria. Não é uma mídia neutra, mas uma ideologia: "O espetáculo não pode ser compreendido como o abuso de um mundo da visão, o produto das técnicas de difusão maciça das imagens. Ele é uma *Weltanschauung* que se tornou efetiva, materialmente traduzida. É uma visão de mundo que se objetivou"[33].

Essa visão de mundo é a do capitalismo de consumo, objetivado em imagens. O espetáculo não é, portanto, apenas um conjunto de imagens, "mas uma relação social entre pessoas, mediada por imagens"[34]. Essa relação social é a do capitalismo, baseada em pressão concorrencial e na lógica excludente da distinção social pelo poder de consumo. O fato de que seja uma relação social capitalista mediada por imagens é que reconfigura amplamente o processo.

Vimos que o reconhecimento intersubjetivo é algo fundamental na experiência humana, uma exigência básica, que confere realidade objetiva à existência de todo indivíduo. Vimos também que o reconhecimento é, na evolução da vida do indivíduo, primordialmente um processo formado por imagens. Aparecer para o outro é ter a certeza de ter sido reconhecido por ele. A imagem, isto é, a *visibilidade* é a prova do reconhecimento intersubjetivo. Ora, uma esfera pública feita de imagens naturalmente se impõe como objeto fundamental do desejo dos indivíduos, ou melhor, como o desejo fundamental de que queremos ser o objeto: aparecer nela é garantia inequívoca de reconhecimento. Se existir é, antes de tudo, apresentar a própria imagem para o outro, o outro (ou o Outro, na acepção lacaniana) pelo qual se deseja ser reconhecido é, hoje, acima de tudo o espetáculo. Pois, sendo uma esfera social de enorme alcance, seu poder de atração é proporcional a essa extensão. Sendo "o setor que concentra todo o olhar"[35], uma majestosa máquina de reconhecimento, atrai para si

---

33. Guy Debord, *A sociedade do espetáculo*, Rio de Janeiro: Contraponto, 1997, p. 14.
34. Ibidem.
35. Ibidem.

o desejo de reconhecimento de todo indivíduo. O espetáculo não precisa, portanto, de argumentos para afirmar sua validade, para consolidar sua importância. Sua natureza é tal que os indivíduos não podem recusá-lo; ao contrário, lutando para existir nele, acabam por fazer triunfar sua existência. Como observa Maria Rita Kehl, "o espetáculo torna essa opressão desejável"[36]. É portanto da natureza imagética do espetáculo, matéria mesma do reconhecimento, que decorre o que Debord chama de seu "caráter fundamentalmente tautológico", que se origina do "simples fato de seus meios serem, ao mesmo tempo, seu fim" e no qual "o que aparece é bom, o que é bom aparece"[37]. Aparecer, independentemente dos conteúdos morais, estéticos, cognitivos do que aparece, é *bom*, isto é, representa um atestado de reconhecimento. Não é preciso muito esforço para vislumbrar, além das consequências sociais conflituosas, as consequências políticas e culturais rebaixadoras dessa lógica[38].

Com efeito, talvez ninguém no Brasil as tenha pensado tão precisamente quanto Maria Rita Kehl. Em diversos textos seus, encontramos um pensamento sobre a natureza da imagem e sua carga potencial de violência. Rita Kehl observa, em primeiro lugar, que, diferentemente de um signo, que representa uma coisa ausente, a imagem é uma presença. Logo, não admite dúvidas, é incontestável. É o campo das certezas e das ilusões totalizantes. Completa, fechada em si, a imagem não admite a falta, a ausência. Ora, a realidade humana não é feita apenas da matéria sensível e visível, mas do sentido que lhe subjaz. Um fenômeno visível – um olhar, um gesto, qualquer coisa – pode ter significados muito diferentes. A realidade é feita da articulação do visível com esses significados. E eles são invisíveis, são da ordem do símbolo, do que *não está* (estando, entretanto, em um âmbito superior e decisivo). A imagem, por sua própria natureza, exclui sua dimensão oculta constitutiva. Excluída essa dimensão, é a pró-

---

36. Maria Rita Kehl, "O espetáculo como meio de subjetivação", em: Eugênio Bucci e Maria Rita Kehl, *op. cit.*
37. Guy Debord, *op. cit.*, pp. 16-7.
38. Como observa Maria Rita Kehl: "Na sociedade do espetáculo, a visibilidade não se constrói na ação política (como na Antiguidade), nem pela delegação que os sujeitos concedem ao líder ou ídolo que melhor represente o conjunto de seus ideais (como nas sociedades de massa). A visibilidade, aqui, depende exclusivamente da aparição da imagem corporal no campo do Outro, imaginariamente representado pela televisão" (cf. Maria Rita Kehl, "Visibilidade e espetáculo", em: Eugênio Bucci e Maria Rita Kehl, *op. cit.*). O reconhecimento é assim, em larga medida, dissociado do mérito, da emulação, em suma, de qualquer contribuição coletiva.

pria compreensão da realidade que se obscurece. Veremos isso em maior profundidade ao analisar casos concretos.

Podemos então dizer que o funcionamento do espetáculo envolve, de início, dois aspectos: a própria natureza da imagem (imaginária, totalizante, avessa ao pensamento, à falta, em suma, ao que não está nela) e o motor capitalista da produção dessas imagens, os processos de reconhecimento submetidos aos mesmos princípios excludentes da lógica da mercadoria. Essas duas características são fonte inequívoca de intensificação da violência social. A produção de imagens completas, logo, opacas, obscurece a compreensão das causas estruturais da violência e estimula reações puramente imaginárias, ou seja, *rivalitárias*, contra-agressivas; ao mesmo tempo, a esfera do espetáculo duplica os mecanismos de exclusão do capitalismo, em seus termos próprios, quais sejam, o *deficit* de reconhecimento, a distribuição desigual do narcisismo.

A diferença é a seguinte. Segundo a lógica do capitalismo de consumo, a aquisição da mercadoria promove uma identificação do consumidor com o valor social dela (como relembra Debord, é "o princípio do fetichismo da mercadoria, a dominação da sociedade por coisas suprassensíveis, embora sensíveis"[39]). Ocorre que apenas alguns podem realizar essa identificação, comprando a mercadoria. A todos os demais, a mercadoria faz apelo como objeto de desejo inalcançável, que não os reconhece. Já na esfera do espetáculo, é o eu que se torna mercadoria e se oferece à identificação aos outros[40]; mas, assim como a mercadoria não reconhece a todos, o espetáculo também não o faz: só alguns podem adquirir a mercadoria e só alguns podem *se transformar* nela. No espetáculo, a mercadoria, circulando no reino onipresente das imagens, é fetichizada ao grau máximo. Como observa Rita Kehl, a "aura dos objetos da indústria cultural é efeito dos milhares, milhões de olhares que esses objetos atraem"[41]. Um tal objeto "nos remete diretamente ao espaço onde 'todos' estão. O valor de uma imagem é diretamente proporcional a esse efeito de covalidação social de seu poder de verdade"[42]. O espetáculo tem o efeito de tornar

---

39. Guy Debord, *op. cit.*, p. 28.
40. A figura da *celebridade* é precisamente o fetiche da mercadoria transportado para o indivíduo.
41. Maria Rita Kehl, "Imagens da violência e violência das imagens", 2004, disponível em: <http://www.iar.unicamp.br/lab/luz/ld/Linguagem%20Visual/imagens_da_violencia_e_violencia_das_imagens.pdf>. Acesso em: jun.2015.
42. *Ibidem*.

estratosfericamente desigual a economia imaginária social: nele, uma única mercadoria – ou um indivíduo-mercadoria, uma *celebridade* – atrai milhões de olhares (pelo mero fato de aparecer em sua esfera), cada um dos quais jamais receberá de volta um olhar de reconhecimento.

A propósito, pode-se interpretar uma tendência recente do espetáculo, a da interatividade generalizada, como uma tentativa de criar válvulas de escape para essa pressão da desigualdade imaginária (pois, como sabemos desde Marx, o acirramento das contradições internas tende a produzir crises estruturais e a transformação do modelo). *Reality shows* como o *Big Brother* promovem *supostamente*[43] uma igualdade imaginária, ao abrir a esfera da intensa visibilidade para o indivíduo qualquer. Com efeito, o espetáculo passou a sistematicamente abrir-se – em certa medida, claro – ao indivíduo comum, numa aparência democratizante perfeitamente análoga aos mecanismos pelos quais o capitalismo procura atenuar suas contradições: refiro-me a todo tipo de ação distributiva e assistencialista que em nada altera as condições estruturais da desigualdade. Podemos portanto falar, sem exagero, numa *democracia espetacular*, em que as astúcias de acomodação das democracias capitalistas são reproduzidas e ajustadas para o domínio da imagem.

É oportuno nos mantermos agora no registro concreto para tornar mais palpável todo o esforço de abstração feito até aqui. Vejamos então como se dão, efetivamente, as relações entre imagem, reconhecimento e violência na sociedade do espetáculo.

O documentário *Um dia na vida* (2010), de Eduardo Coutinho, nos permite compreender o funcionamento das imagens na sociedade do espetáculo. Eis a forma do filme: durante 19 horas seguidas, num dia qualquer de outubro de 2009, Coutinho gravou programas e comerciais – dos canais de televisão SBT, Band, Record, RedeTV!, Globo, MTV e TV Brasil – e os expôs no filme tais e quais, sem comentários, sem metalinguagem, sem outra interferência que a seleção, o corte e a montagem dos programas[44].

---

43. *Supostamente*, porque é óbvia a existência de um filtro no processo de seleção, a escolher indivíduos conformes a determinados padrões culturais.
44. A forma do filme se inscreve no que teóricos contemporâneos chamam de "pós-produção" (Bourriaud) ou "escrita recriativa" (minha tradução para a *uncreative writing*, de Kenneth Goldsmith): práticas artísticas que operam a partir de formas já existentes, ressignificando-as por meio de montagens, sobreposições, edições. Em diversas ocasiões critiquei certa ideologia que identifico nos argumentos com que esses teóricos defendem tais práticas (uma concepção equivocada das relações entre arte

O resultado é como uma sessão de noventa minutos de TV aberta sob o registro do *zapping*. Trata-se de uma verdadeira aula de sociedade do espetáculo à brasileira.

Durante as 19 horas, há desenho animado, constantes apelos ao consumo, estímulos sensíveis gritantes, infantilização, *fait divers*, muita violência, sexualização generalizada da mulher, programas religiosos, novelas românticas, confissões emocionais, humor, colunismo social, euforia nacionalista e exibição de intimidades.

O cardápio é só superficialmente variado, pois é a mesma lógica da imagem que o organiza. Essa lógica possui duas características fundamentais: a produção do que chamo de *imagens imaginárias* e a produção de imagens superexcitantes, comprometidas primordialmente com a captura da atenção do espectador, por meio de pequenas doses ininterruptas de estímulos sensoriais.

Comecemos pelas imagens imaginárias. Chamo assim aquelas imagens que reproduzem o modo de funcionamento do imaginário: imagens completas, que excluem a falta, a dimensão do sentido, do que não está na imagem, logo, obscurecendo a compreensão da realidade; imagens que apelam à identificação, atraindo o espectador para uma relação nos termos imaginários, rivalitários, conflituosos, impedindo assim um recuo, um passo para fora da identificação, capaz de propiciar a compreensão da própria estrutura das relações; imagens que se oferecem como microfragmentos de gozo, isto é, que acenam com a sua completude para o descanso psíquico do espectador, liberado assim da errância constitutiva do símbolo, da falta e instaurado na perfeita letargia de um gozo ininterrupto.

Quanto às imagens superexcitantes, elas devem ser compreendidas no interior de uma história da aceleração da imagem, de uma progressiva fragmentação da percepção dos indivíduos, em decorrência do assédio permanente de múltiplos e simultâneos estímulos sensoriais. Tudo isso causado pela pressão concorrencial do capitalismo e, em seguida, do capitalismo espetacular, em que os signos (sobretudo as imagens, por razões

---

moderna e democracia), mas jamais confundindo as críticas com as próprias práticas, *a priori*. Obviamente, podem-se produzir coisas excepcionais operando no registro da pós-produção. É o caso desse filme. (Cf. Francisco Bosco, "O futuro da ideia de autor", em: Adauto Novaes (org.), *Mutações – O futuro não é mais o que era*, São Paulo: Edições Sesc, 2013.)

já analisadas) devem capturar a atenção do espectador a todo custo, sob a égide do implícito *slogan* "*attention is money*" – todo o processo submetido, portanto, à lógica da publicidade e do consumo. Ninguém historiou e interpretou melhor essa *sociedade excitada* do que o filósofo alemão Christoph Türcke.

Ele lembra que, num livro dos anos 1950, Günther Anders já chamava a atenção para uma cena que, então, indicava um novo tipo de organização da percepção: "O homem tomando banho de sol, que bronzeia suas costas, enquanto seus olhos passeiam por uma revista ilustrada, seus ouvidos participam de uma partida esportiva, suas mandíbulas mascam uma goma"[45]. De lá para cá, essa descentralização, essa desconcentração da percepção intensificou-se, e se pode falar, sem exagero, num *horror vacui*, numa compulsão à ocupação que não se limita ao tempo do trabalho, mas se estende ao tempo ocioso, submetendo-o igualmente a uma experiência frenética, que exclui as formas do vazio, da lentidão, da duração.

É exatamente segundo o princípio desse horror ao vazio que operam as imagens na sociedade do espetáculo. Desde que Walter Benjamin observou o *efeito de choque* produzido pela "contínua mudança de lugares e ângulos" das imagens, "que golpeiam intermitentemente o espectador"[46], fazendo com que suas ideias sejam a todo tempo interrompidas, a velocidade dessas mudanças só fez aumentar. Com a invenção da internet e sua confusão com o plano do trabalho, esse regime fragmentado, distrativo se tornou onipresente na vida humana. As imagens são o lugar de fragmentação e estimulação máximas de uma lógica que dominou também outras linguagens e atividades. Capas de livro devem ser chamativas, manchetes de jornal são garrafais, o tempo das canções no rádio foi encurtado – em suma, toda a vida social e subjetiva foi submetida a esse processo de fragmentação, insensibilização e perda progressiva da capacidade de concentração.

Podemos e devemos tornar tudo isso ainda mais concreto. Vejamos alguns pontos do discurso ininterrupto da tv. A publicidade – que é na verdade o eixo visível e oculto do sistema – oferece, por definição, mercadorias, numa promessa de gozo ao espectador, preenchendo o seu *horror*

---

45. Christoph Türcke, *Sociedade excitada: filosofia da sensação*, São Paulo: Editora da Unicamp, 2010, p. 43.
46. Walter Benjamin *apud* Christoph Türcke, "Cultura do *deficit* de atenção", *Serrote* (Instituto Moreira Salles), n. 19, 2015.

vacui subjetivo. Desenhos animados hipnotizam o público infantil por meio de cortes rápidos de imagens, preparando uma organização perceptiva viciada nesses estímulos, logo incapaz da concentração necessária, por exemplo, para a reflexão crítica[47]. As inúmeras telenovelas, bem como os igualmente inúmeros programas de auditório instauram o registro da identificação, imaginário por definição, ao lançar mão da exibição de intimidades, confissões, dramas emocionais, sejam reais ou ficcionais. Em programas jornalísticos *populares* (como os apresentados por Datena, Wagner Montes etc.) a violência é tratada de forma puramente imaginária, sem jamais ser remetida a causas estruturais, tendendo a produzir respostas violentas no espectador, muitas vezes explicitamente estimuladas pelos apresentadores. Mesmo a linguagem verbal, nesses casos, é *imaginarizada*. Tudo isso, claro, numa mistura de estímulos sensoriais apelativos: sons de sirenes, cortes abruptos de imagens, violência explícita, andamento acelerado. Com efeito, no documentário de Michael Moore sobre o massacre em Columbine[48], no qual o cineasta tenta compreender as causas da violência social americana, o produtor de um programa de grande audiência da TV (*Cops*), ao ser perguntado "por que não fazer um programa que foque nas causas da criminalidade", responde, francamente: "Porque raiva vende bem, ódio vende bem, violência vende bem; tolerância, compreensão, tentativa de aperfeiçoamento não vendem tão bem". E arremata: *"It's not exciting television"*. Exemplo perfeito, portanto, da sobreposição de imagens imaginárias e superexcitantes, com suas doses viciantes de *gozo do sentido* e *gozo da identificação*[49].

Cabe ainda acrescentar que, em programas de entretenimento, ideologias e preconceitos são reproduzidos de forma naturalizada, e assim se perpetuam (como a sexualização da mulher e sua vinculação a normatis-

---

47. Como tem observado Türcke, o famigerado transtorno do *deficit* de atenção e hiperatividade (TDAH) é apenas o ponto mais irradiante – o excesso que permite caracterizar uma patologia – de *toda* uma cultura com *deficit* de atenção, viciada em estímulos sensoriais cada vez mais fortes e múltiplos.
48. *Tiros em Columbine*, Michel Moore, EUA: MGM Home Entertainment, 2002, 119 min.
49. Para Maria Rita Kehl, o gozo do sentido "se dá no momento em que a errância do significante se detém no encontro com a imagem da coisa" (Maria Rita Kehl, *op. cit.*, 2004). Numa cultura da imagem espetacular isso condiciona, no meu entender, o psiquismo a procurar repetir a experiência nos termos do vício, isto é, necessitando de doses cada vez maiores, chegando, no limite, ao estado letárgico permanente de uma longa sessão de *zapping*. Já o gozo da identificação se dá quando a imagem oferece "um campo de identificações estável" que resolve, "ainda que precariamente, nossas interrogações sobre o ser" (*ibidem*).

mos estéticos opressivos). E mesmo programas jornalísticos tidos como mais sérios são também submetidos ao mesmo princípio de aceleração, sendo o seu objetivo último capturar a atenção do espectador (*"attention is money"*), interrompendo sucessivamente sua reflexão e assim a impedindo. Como nota Maria Rita Kehl:

> Na sociedade do espetáculo toda imagem, mesmo a imagem jornalística, mesmo a informação mais essencial para a sociedade, tem o caráter de mercadoria, e todo acontecimento se reduz à dimensão do aparecimento. O imperativo da novidade, ao apagar a história dos acontecimentos e os jogos de força e de interesse que o determinam, não produz o novo: produz a repetição renovada do mesmo[50].

Tudo somado, podemos definir a televisão aberta brasileira como um fluxo permanente de *imagens imaginárias* e superexcitantes, estimulando respostas rivalitárias, violentas, obscurecendo a dimensão estrutural dos conflitos sociais, produzindo letargia psíquica e impedindo a concentração e o recuo necessários para a instauração da reflexão.

Ao contrário, imagens que desarmam o mecanismo imaginário da violência são aquelas que abrem em si um espaço para a falta, para o que não está na imagem, para o que a imagem, em suma, não pode conter, uma vez que a imagem é um duplo do real, não da realidade (esta tem, repito, uma dimensão invisível). Esse regime de imagens dificilmente será encontrado, exceto na arte. Aí, as imagens podem acolher uma dimensão simbólica, "não são compostas de acordo com as leis da plena visibilidade"; realizam, assim "uma outra ética da imagem", como observa ainda Kehl[51].

De novo, devemos nos servir de um exemplo para iluminar essa noção de imagens com função simbólica. O documentário *Ônibus 174*[52], de José Padilha e Felipe Lacerda, nos ajuda a compreender essa articulação entre *deficit* de reconhecimento, sociedade do espetáculo e violência, bem como a desarticulação das imagens imaginárias, em privilégio de imagens que desarmam a lógica rivalitária das identificações.

50. Maria Rita Kehl, "Visibilidade e espetáculo", *op. cit.*
51. Maria Rita Kehl, *op. cit.*, 2004.
52. *Ônibus 174*, José Padilha e Felipe Lacerda, Rio de Janeiro: Paris Film, 2002, 118 min.

O filme reconstitui a trajetória de Sandro Barbosa do Nascimento, o homem preto e pobre que em junho de 2000 tomou de assalto um ônibus na zona sul do Rio e fez 11 reféns. Sandro teve, ao longo de sua história, seu reconhecimento precarizado ou anulado pelas três instâncias sociais que Honneth, conforme vimos, estabelece como responsáveis pela produção de reconhecimento: a família (seu pai era *desconhecido* e sua mãe foi assassinada, a facadas, na sua frente quando tinha apenas 6 anos de idade); a lei (nenhum direito, nem os mais elementares, o protege, mas todos os deveres o punem); e o olhar social (preto, pobre, menino de rua, é daqueles que só encontram sua imagem refletida nos vidros dos carros que se fecham para eles no sinal vermelho). Foi testemunha de um dos maiores massacres de nossa história recente, o da Candelária, quando policiais assassinaram oito moradores de rua (entre eles, seis crianças) e feriram outros tantos. Vagou pelas instituições prisionais, para menores e adultos (o olhar do Estado, para ele, é um reconhecimento às avessas: tem sempre o objetivo de suprimi-lo do convívio social). Em suma, foi, em sua curta vida, uma espécie de alma penada. Ou um corpo penado, a que logo a alma era negada.

No dia em que tudo isso se reverte, no dia em que, como observa o antropólogo Luiz Eduardo Soares, ele *impõe* sua visibilidade (da única maneira possível a ele), toda essa história vem à tona, contada por ele mesmo, numa crítica social em ato absolutamente impressionante. De repente, uma voz do porão emerge em plena visibilidade, ao modo do real, mas também do simbólico: Sandro tem plena consciência da causa e dos efeitos de sua vida. E provavelmente também de seu destino inevitável, de sua obsolescência programada. No fim, quando morre, asfixiado por PMs na mala do camburão (o lugar real do recalque), e não sem antes assassinar uma refém, o círculo se completa da forma mais previsível – e ao mesmo tempo mais surpreendente, porque o processo inteiro, o arco dramático inteiro se oferece com uma clareza sem qualquer aresta. Morre o culpado, que antes de tudo é vítima, e morre a vítima, que expia a culpa do todo.

Justamente, o filme realiza aquela "outra ética da imagem", de que fala Maria Rita Kehl: é ele que dá, enfim, reconhecimento àquele que nunca o teve e, ao fazê-lo, explicita a dialética entre invisibilidade e violência, recalque e retorno no real. Recuando um passo da lógica sensacionalista e excitante, e também da lógica identificatória e imaginária, confere ao episódio uma ampla dimensão narrativa, polifônica, abrindo-o à compreensão de seus sentidos, de sua estrutura. Não é menos que um feito civilizatório. Revela, para quem quiser ver, que a defesa da ampliação radical de direitos a todos é o único caminho para o esvaziamento da violência.

Entretanto, na sociedade do espetáculo, o pior cego é *aquele que tudo vê*.

Violência na mudança e mudança na violência
Pedro Duarte

Diante do desafio de pensar as fontes passionais da violência, farei uma exposição histórico-filosófica. Vou adiantá-la, embora abruptamente, pedindo a companhia de vocês para o trajeto a seguir. Empregando livremente conceitos do filósofo Baruch de Spinoza[1], do século XVII, considero duas etapas históricas na abordagem da violência: uma antiga, que a atrelou a paixões tristes, pois ela separaria uma coisa de sua potência natural, mudando a identidade da coisa; e outra moderna, quando ela foi atrelada a paixões alegres, pois aproximaria as coisas de sua potência ainda não desenvolvida, através de mudanças. Por fim, destacarei uma terceira etapa contemporânea, quando a violência conheceu a sua forma desapaixonada, nem triste nem alegre: só banalizada e técnica.

★ ★ ★

Somos violentos. É preciso começar assim. Mais do que assumir que há violência na sociedade, no mundo e na história, como se estes fossem distintos do próprio homem, precisamos enunciar na primeira pessoa do plural que nós mesmos somos violentos. Talvez até isso seja pouco, e tenhamos que enunciar a sentença, cada um de nós, na primeira pessoa do singular, a fim de evitar sua queda na generalidade abstrata da qual nos excluiríamos como particularidade concreta. Eu sou violento. Reconhecê-lo está distante de qualquer confissão de culpa moral. Pois a violência,

---

1. Baruch de Spinoza, *Ética*, Belo Horizonte: Autêntica, 2007, pp. 181-99.

em pelo menos um sentido, não é uma opção, não é um arbítrio moral, mas constitui ontologicamente o modo de ser do homem. Na medida em que somos, nós somos violentos. Podemos tentar sê-lo o menos possível, mas estamos, aí, assumindo a necessidade de contrariar algo que há em nós. Não é essa a sabedoria do coro da tragédia *Antígona*, de Sófocles?

> Há muitas maravilhas, mas nenhuma
> é tão maravilhosa quanto o homem.
> Ele atravessa, ousado, o mar grisalho,
> impulsionado pelo vento sul
> tempestuoso, indiferente às vagas
> enormes na iminência de abismá-lo;
> e exaure a terra eterna, infatigável,
> deusa suprema, abrindo-a com o arado
> em sua ida e volta, ano após ano,
> auxiliado pela espécie equina.
> Ele captura a grei das aves lépidas
> e as gerações dos animais selvagens;
> e prende a fauna dos profundos mares
> nas redes envolventes que produz,
> homem de engenho e arte inesgotáveis[2].

Os versos iniciais anunciam que o homem é o mais maravilhoso, porém o que se segue é uma enumeração das violências desse ser maravilhoso, como se justamente elas explicassem tal maravilha. Ele captura e prende, atravessa e exaure. Ele modifica tudo à sua volta. Nada fica como estava. Ele perturba o que seria uma ordem diferente na sua ausência. Por isso, já se traduziu a definição do homem como *to deinotaton* não apenas por maravilhoso, mas por espantoso e estranho. Diante da familiaridade quieta da natureza guardada em si própria, o homem insere uma estranheza, na medida em que, para viver, ele a domina e a altera. Isso é o espantoso – para o bem e para o mal. Isso é o maravilhoso, é o extraordinário. Rompe a monotonia cíclica da repetição ordinária. É ainda, em mais uma outra tradução, o simplesmente digno de temor. Essa

---

2. Sófocles, "Antígona", *A trilogia tebana*, Rio de Janeiro: Zahar, 2006, p. 215.

ambivalência é a dificuldade de se tratar da violência. Ela é maravilhosa e terrível.

No coro de Sófocles, a violência da presença humana na Terra é oriunda de seu próprio ser. Não é dada uma fonte passional específica para justificar tal presença. Implicitamente, contudo, é oferecida uma definição da violência. Ela é perturbação. O homem perturba a natureza, ou seja, altera o seu destino, nela intervém. Sófocles está então "evocando atividades humanas propositadas que violentam a natureza por conturbarem o que, na ausência dos mortais, seria a eterna quietude do ser-para-sempre", observou a filósofa Hannah Arendt, "que descansa ou oscila dentro de si mesmo"[3]. Independentemente de paixões específicas, o homem seria violento, só pelas empreitadas de sua vida mortal na Terra.

Na filosofia grega, Aristóteles cunhou um conceito de violência no qual ecoa a passagem de Sófocles (e no qual, como ocorre com a tragédia, fica fora a dimensão social do assunto). Foi ao tratar da física que o pensador tematizou a violência. Haveria um primeiro tipo de movimento, que ele chama de *natural*: é quando uma pedra se desprende e cai para baixo ou o fogo queima e a fumaça sobe. Nesses casos, tais coisas ocuparam os lugares que lhes correspondem: o pesado foi à terra e o leve foi ao ar. No segundo tipo de movimento, ocorre algo distinto: por exemplo, quando atiramos uma pedra com a mão para o alto. Esse tipo de movimento é qualificado por Aristóteles como *violento*, porque faz a pedra seguir um curso diferente do que seria o da sua natureza. Ou seja, aqui, a violência é, mais uma vez, perturbação, alteração da natureza[4].

Violento é, na origem da tradição ocidental, o que contraria a natureza, portanto. Seja no âmbito simplesmente físico, como tratado por Aristóteles, ou no âmbito mais amplo do homem, como tratado por Sófocles, a violência é uma oposição à organização natural de um indivíduo ou da totalidade cósmica. Em suma, a violência é considerada um abalo que desarranja certa configuração já dada, chamada de natureza. O seu agente por excelência é o homem. Mesmo a pedra tem seu movimento natural violentado pela ação humana. Entretanto, há algo curioso aí. O

---

3. Hannah Arendt, "O conceito de história – antigo e moderno", em: *Entre o passado e o futuro*, São Paulo: Perspectiva, 1997, p. 71.
4. Aristóteles, *Física*, Madrid: Editorial Gredos, 1995, p. 215a. Edição brasileira: *Física I e II*, Campinas: Editora da Unicamp, 2009.

homem é responsável pela violência à natureza só na medida em que a violência constitui a sua própria natureza. É como se o homem fosse, paradoxalmente, um violento desvio natural diante da natureza.

Mais importante que o agente da violência, contudo, é a identificação, aí feita, da violência com a mudança. Violência seria transformar a terra e alterar o movimento da pedra. O homem, se é um ente violento, o é na medida em que colide com uma ordem estática ou repetitivamente cíclica. Houve, entretanto, um grande pensador, ainda na Grécia antiga, que concebeu a própria natureza – tudo o que existe – governada por um tipo de violência. "De todas as coisas a guerra é pai, de todas as coisas é senhor"[5], escreveu Heráclito. Noutros termos, o combate (em grego, o *polemos*, de onde vem polêmica) é o princípio de todo ser. Tudo o que existe já obedece à tensão de contrários em movimento, sendo qualquer harmonia oriunda disso, não de um ideal estático. Por isso, Heráclito pôde acolher a mudança em seu pensamento, o que era quase um tabu para o pensamento grego, voltado para a eternidade imóvel.

Na filosofia antiga hegemônica, a associação entre violência e mudança achava sua confirmação no repúdio a ambas. Platão tinha horror à mudança, já que ela denunciaria a falta de identidade fixa do que quer que fosse. Mudando, uma coisa deixa de ser o que é e passa a ser outra. Logo, a verdade escaparia de nós quando há mudança, uma vez que essa verdade não é mais do que o ser de alguma coisa. Daí que Platão a procure em um céu de ideias eternas, e nunca no mundo empírico onde o tempo corrói a estabilidade e a consistência do ser das coisas, a começar pela morte do próprio homem. Ora, a violência, se atrelada à mudança, faz parte do mundo passageiro, por isso nem sequer tem relevância ontológica maior para Platão, sob esse aspecto tão diferente de Heráclito e mais próximo, como se sabe, de Parmênides, entre os pré-socráticos.

Nesse contexto, os gregos costumaram conceber que violentariam, sem problemas, a natureza e mesmo os bárbaros estrangeiros e os escravos, porém nunca os próprios gregos. No contato com a alteridade, fosse ela a natureza em relação ao homem ou outra cultura em relação à grega, a violência seria aceita. Já no contato com a identidade de si mesmo, a violência seria interditada. Isso, em última instância, suscitou o nascimen-

---

5. Emanuel Carneiro Leão (org.), "Heráclito", *Os pensadores originários*, Petrópolis: Vozes, 1999, p. 73.

to da política e da metafísica gregas, da democracia e da filosofia. Em um caso a persuasão argumentativa do debate público e no outro caso a autoridade autoimpositiva da verdade eram, ambas, alternativas à prática violenta no convívio dos gregos com os próprios gregos. Conforme anotou Hannah Arendt:

> Quando Platão começou a considerar a introdução da autoridade no trato dos assuntos públicos na pólis, sabia que estava buscando uma alternativa para a maneira grega usual de manejar os assuntos domésticos, que era a persuasão, assim como para o modo comum de tratar os negócios estrangeiros, que era a força e a violência[6].

Vê-se que, na origem da nossa cultura ocidental, a política e a filosofia nasceram como formas de evitar a violência, uma pela discussão persuasiva entre iguais via linguagem e a outra pela descoberta de um ideal regulatório universal verdadeiro para todos.

Embora haja, desde o próprio Platão aliás, um conflito entre a solidão do filósofo na procura da verdade teórica e a interação dos políticos na busca de decisões práticas, ambos fundamentam seus comportamentos na razão como a chance de evitar a violência da coerção física. No caso da filosofia, a desavença com a política vinha da ameaça de que ela ficasse refém da retórica dos sofistas – falseadora da verdade e por isso frágil para resistir à violência. Isto é: Platão, em especial após ver o mestre Sócrates condenado violentamente à morte pela cidade ateniense, descreu da justiça da razão política contra a violência. Seria preciso, então, um critério de verdade superior, mais consistente, permanente, a ser encontrado não no debate persuasivo, e sim na ideia absoluta através da razão filosófica. Por isso, ao imaginar a sua cidade ideal em *A república*, Platão exigiu que filósofos se tornassem reis e reis se tornassem filósofos[7]. O governo da cidade obedeceria à ideia e à verdade. Este seria o modelo metafísico para a organização do mundo comum, um padrão correto, eterno e imune à mudança para formar o Estado – a salvo, portanto, de manipulações efêmeras.

★ ★ ★

---

6. Hannah Arendt, "O que é autoridade?", *op. cit.*, pp. 130-1.
7. Platão, *A república*, Belém: Edufpa, 2000, p. 264 (473d).

Na era moderna, entretanto, a mudança experimentou uma valorização sem precedentes. Tradicionalmente, ela foi pensada como contrária à perfeição natural, que seria eterna ou cíclica. Era imperfeição, falta de acabamento final, uma incompletude no tempo – posta em contraste com a eternidade divina. Só que o século XIX depois de Cristo, frente ao que determinara a tradição forjada no século IV antes dele, mudou o valor da mudança. Ela deixou de ser contrária à perfeição e virou o modo pelo qual a humanidade poderia chegar à perfeição. Sim, nós seríamos imperfeitos e só por isso precisaríamos mudar. No entanto, esse seria justamente o caminho para passar da ignorância à verdade, ou seja, das agruras de um presente precário até um futuro utópico. O nome disso foi *história*. O cristianismo a concebera como queda na imperfeição mundana, já a modernidade viu nela uma chance para o homem erguer-se por suas próprias forças até a perfeição futura. O poeta mexicano Octavio Paz explicou a *revolta do futuro* pela qual a época moderna separava-se da época clássica.

> Subversão dos valores cristãos que foi também uma verdadeira conversão: o tempo humano para de girar em torno do sol imóvel da eternidade e postula uma perfeição que não está fora, mas dentro da história; a espécie, não o indivíduo, é o sujeito da nova perfeição, e a via que se oferece para realizá-la não é a fusão com Deus, mas a participação na ação terrestre, histórica. Pelo primeiro, a perfeição, atributo da eternidade segundo a escolástica, insere-se no tempo; pelo segundo, nega-se que a vida contemplativa seja o mais alto ideal humano e se afirma o valor supremo da ação temporal. Não a fusão com Deus, mas com a história: é esse o destino do homem. O trabalho substitui a penitência; o progresso, a graça; e a política, a religião[8].

É fácil adivinhar que a elevação moderna da mudança a motor na busca histórica da felicidade humana teria, como efeito, a transformação do valor da violência, já que as duas estavam atreladas em nossa tradição. O significado da violência, associado ao da mudança, passará a ser eminentemente criativo. Ou seja, a modernidade permanece atada ao vínculo

---

8. Octavio Paz, *Os filhos do barro*, Rio de Janeiro: Nova Fronteira, 1984, pp. 49-50.

tradicional entre mudança e violência, mas altera o valor filosófico desse vínculo, que passa de pejorativo a benéfico. Tal alteração é acompanhada por uma outra: a contemplação quieta e passiva da perfeição metafísica do ser eterno é substituída pela ação agitada e movimentada da história concreta do devir temporal. O pensamento, que um grego como Platão sonhara não ser violento, ameaçava tornar-se, pela primeira vez desde os antigos talvez, menos importante do que a ação violenta.

Karl Marx, no século XIX, é o pensador mais emblemático dessa inversão da hierarquia tradicional entre contemplação e ação. Segundo a tese final sobre Feuerbach, "os filósofos só interpretaram o mundo de diferentes maneiras; do que se trata é de transformá-lo"[9]. Contrariando a tradição que dera ao filósofo a tarefa suprema de pensar o mundo para conferir-lhe inteligibilidade através da verdade, Marx assevera que não é disso que se trata. Pois a tarefa realmente importante é outra: mudar o mundo. Ora, sua posição só faz sentido porque ele habita o horizonte moderno, no qual a mudança tem valor benfazejo, portanto, a ação que a traz também; enquanto pensar, sendo uma contemplação passiva, carece de tal dignidade histórica, pois deixa tudo como está. Filosofar carece do espírito revolucionário transformador de que estaria impregnado o agir.

Não deve espantar, sendo assim, que Marx tenha escrito, numa célebre passagem de seu *O capital*, que "a violência é a parteira de toda velha sociedade que está prenhe de uma nova"[10]. Se a tradicional vinculação entre a violência e a mudança continua válida na era moderna, então quando Marx afirma que se trata de transformar o mundo é muito coerente que, ao mesmo tempo, assuma a necessidade da violência em tal transformação. Mais ainda, a metáfora usada revela que o nascimento do novo, como o de qualquer criança que vem ao mundo, depende da violência, embora ela não seja sua causa. Ela é só a responsável por deixar vir ao mundo aquilo de que ele estaria grávido, mas que o seu equilíbrio pacífico postergaria. Em suma, a violência é destruidora na mesma medida em que é criadora: morre a velha sociedade e surge, no seu lugar, uma nova.

---

9. Karl Marx, *A ideologia alemã*, São Paulo: Martins Fontes, 1998, p. 103.
10. *Idem*, *O capital*, São Paulo: Nova Cultural, 1996, p. 370.

Evidentemente, essa violência seria, para Marx, específica, distinguindo-se daquelas, bem mais frequentes, que visam apenas a manter o mundo como ele está. Em *O capital*, são mencionadas "reacionárias medidas de violência"[11] e citadas condições violentas do trabalho assalariado. Destaca-se delas, porém, a violência revolucionária. Se aquelas são positivas, ou seja, confirmam os dados positivamente existentes da sociedade, esta é uma potência negativa, ou seja, uma força que criticamente negará tais condições instituídas. Foi assim que o capitalismo ultrapassou a etapa feudal no passado e apenas assim o socialismo poderia suplantar o capitalismo no futuro. Dialeticamente, a violência tem um papel presente de destruição negativa frente ao passado, mas porque é assim que se edificará o futuro, realizando-se a verdadeira humanidade.

Essa dinâmica moderna, a rigor, já havia sido diagnosticada por Hegel, o mestre de Marx. Ele via, em 1807, ao escrever a *Fenomenologia do espírito*, uma ruptura do presente moderno na história: o passado submergia e dava lugar ao "sol nascente, que revela num clarão a imagem do novo mundo"[12]. Haveria uma violência dialética no movimento progressivo do mundo em direção ao novo. O clarão da história depende da ruptura que o presente faz com o passado para o futuro emergir. Ruptura essa que não é pacífica, como a própria palavra sugere, mas violenta. São as contradições em luta que fazem a história avançar, evoluir, melhorar. O passado é a tese, é a tradição dada. O presente seria a antítese, que se opõe ao passado e é realizada concretamente pela revolução, cujo protótipo seria a França de 1789. O futuro seria a síntese conciliadora, utópica.

Na *Ciência da lógica*, Hegel definiria o papel da violência em seu sistema filosófico. Olhamos a violência, empiricamente, como a atividade de um sujeito sofrida passivamente por outro, tornado assim seu objeto passivo. Essa relação nem precisa ser entre pessoas. Por exemplo: na dinâmica histórica, caberia ao presente o papel de sujeito ativo a violentar o passado passivo. Reconhecemos, dessa maneira, que a violência é uma potência, mas falhamos em compreender que o presente e o passado são as partes de um mesmo processo total, que eles não são duas dimensões autônomas da realidade e do ser. Eles constituem uma unidade. Sem tal

---

11. *Ibidem*, p. 60.
12. G. W. F. Hegel, *Fenomenologia do espírito – parte I*, Petrópolis: Vozes, 2000, p. 26.

compreensão, enxergamos a violência como imposição de um indivíduo sobre outro estaticamente, quando ela é a maneira através da qual o processo de desenvolvimento da totalidade da verdade histórica se cumpre. Ou seja, a violência é a potência pela qual o próprio violentado pode deixar de ser o que ele, de todo jeito, não mais poderia continuar a ser, transformando-se no que ele tinha que vir a ser. O veredicto da lógica de Hegel é bem direto: "ao que padece da violência, não é apenas possível fazê-la a ele, senão que esta lhe deve ser aplicada"[13]. Em bom português, o violentado tem o que merece, para Hegel. O agente da violência impõe ao paciente somente o que necessariamente tinha que vir dali: sua transformação. Nesse sentido, a violência contra um objeto só é estranha a ele de uma perspectiva que não compreende a sua situação como parte de um todo que exige que ele fique para trás, que ele seja superado; esse é seu "destino"[14], afirma Hegel. Portanto, a negatividade violenta, ao matar uma parte, faz viver o destino necessário da totalidade verdadeira.

Nesse sistema, a violência aparece quando adotamos um ponto de vista relativo, seja o do sujeito que violenta, seja o do objeto violentado. Entretanto, o ponto de vista final do processo absoluto faz desaparecer a suposta violência, pois nada de estranho foi, na verdade, imposto pelo sujeito ao objeto[15]. Diga-se, aliás, que, para Hegel, a violência verdadeira, não apenas aparente, é a da cisão entre sujeito e objeto, entre o si mesmo e o outro, é a "separação mútua"[16]. Isso a tal ponto que o promotor da violência a faz pois, como o violentado, está em uma realidade contraditória, fissurada e cindida, na qual o outro aparece como a alteridade. Portanto, a violência destrói o outro (a tese), mas não pela vitória do destruidor (a antítese), e sim pela vitória da identidade universal dialética justa entre os dois (a síntese). Some o antagonismo.

Ideologicamente, esse esquema foi apropriado, várias vezes, pela direita e pela esquerda políticas durante a época moderna para justificar a violência[17]. Pois Hegel ofereceu a legitimação conceitual da violência

---

13. *Idem*, *Ciencia de la lógica*, Ciudad de México: Solar, 1982, p. 258. Edição brasileira: *Ciência da lógica*, São Paulo: Barcarolla, 2011.
14. *Ibidem*, p. 386.
15. *Ibidem*, p. 408.
16. *Ibidem*, p. 393.
17. O elogio à violência feito por Jean-Paul Sartre na segunda metade do século XX tem esse feitio, assim como, em menor grau, algumas considerações de Slavoj Žižek no século XXI.

prática (embora isso só valesse retrospectivamente, para ele, e não prospectivamente, isto é, valeria na compreensão do que já aconteceu, e não no planejamento do que ainda não aconteceu). Tal violência é como o espírito abole a contradição que o faz sofrer, alcançando, lá no fim, uma unidade pacífica consistente ideal. "Há uma fatídica monstruosidade nesse estado de coisas", acusou aí Hannah Arendt, "processos invisíveis engolfaram as coisas tangíveis e todas as entidades individuais", ela afirma, "degradando-as a funções de um processo global"[18].

Eis aí o problema. Hegel só enxerga o particular destruído pela violência com a perspectiva da ideia geral e, por isso, nada tem a lamentar da sua morte – ela é a vida do todo reconciliado. O idealismo reina absoluto. Nada vale por si. Tudo é submetido ao processo universal. Povos e culturas atrasados diante do *espírito do tempo* devem perecer, sofrendo, através da violência, a mudança que o progresso histórico exige para seu avanço. Na história universal, o direito à existência é exclusivo dos que com ela evoluem. Outros devem ser superados, pois representam uma etapa vencida da totalidade do processo global, segundo a descrição dos *Princípios da filosofia do direito*[19]. Conforme observou Vittorio Morfino, "estes, ao sofrer violência, não fazem outra coisa que tornar executiva a sentença do tribunal da história"[20]. Na medida em que a história é regida por uma lei necessária de mudança, a violência encarna essa lei.

Marx, por conta de seu enfático materialismo, é mais sensível à violência contra os particulares do que Hegel. É mais atento ao que é imediatamente por ela destruído. Contudo, por ainda endossar uma história concebida de maneira universal e progressiva, permanece próximo de Hegel quanto ao significado da violência. Ela tem uma dimensão libertadora e revolucionária, possui o papel decisivo de extrair o novo dialeticamente do velho, de parir da barriga grávida da antiga sociedade a nova gestada. O reconhecimento dessa violência marcou a modernidade no fim do século XVIII e no XIX, chegando até o XX.

O comentário corrente segundo o qual "dar esmola atrasa a revolução", por exemplo, finca raiz em uma interpretação, ainda que simplória,

---

18. Hannah Arendt, "O conceito de história – antigo e moderno", *op. cit.*, pp. 95-6.
19. G. W. F. Hegel, *Princípio da filosofia do direito*, São Paulo: Martins Fontes, 1997, p. 309.
20. Vittorio Morfino, "A sintaxe da violência entre Hegel e Marx", *Trans/Form/Ação*, São Paulo, 2008, vol. 31, n. 2, p. 28.

marxista. O que é atestado no comentário é que diminuir o sofrimento particular imediato do indivíduo que recebe a esmola – bem como o alívio da consciência moral do indivíduo que a oferece – somente postergaria o acirramento das contradições entre oprimidos e opressores, entre proletariado e burguesia, o que seria ruim, tendo em vista que tal luta entre a classe que vende a sua força de trabalho e a classe que é dona dos meios de produção levaria, ela sim, até uma verdadeira e violenta transformação na totalidade sistêmica do capitalismo.

Tanto para Hegel como para Marx, tudo se passa como se só através da violência pudéssemos mudar e só através da mudança pudéssemos obedecer a um destino teleológico que nos carregaria até o futuro no qual – finalmente – a violência cessaria, pois, sendo esse futuro um ideal utópico perfeito, nada mais precisaria ser mudado nele. Hegel o chama de *Estado da liberdade*, e Marx, de *sociedade sem classes*. Ora, se a história é, segundo Marx, a história da luta de classes, ou seja, da luta, da violência, é claro que, numa sociedade sem classes, tampouco há luta, já que os adversários em litígio – as classes – aí deixariam de existir. Conceitualmente, como preferiria expressar-se Hegel, isso significa que as contradições deixariam de existir, que alcançaríamos o fim da história, mas que isso é mais apoteótico que apocalíptico, já que então sim o espírito poderia seguir em paz, sem necessidade de violência e de mudança, em uma bem-aventurança idílica e divina – embora realizada na Terra. É como se a violência aparente se prestasse a solucionar a violência, mais profunda, da alienação cindida entre os homens, causa verdadeira de toda dor e de todo sofrimento.

★ ★ ★

No final do século XIX, encontramos em Friedrich Nietzsche ainda um canto de enaltecimento da violência como forma de movimento e mudança, embora em sentido muito diferente de seus predecessores Hegel e Marx. Ele declarava, diretamente, como era seu estilo, "não a satisfação, mas mais poder; sobretudo não a paz, mas a guerra"[21]. Inspirado na sabedoria antiga de Heráclito, como o próprio Hegel, aliás, Nietzsche via o combate como pai de todas as coisas, isto é, a guerra em tensão como princípio vital. Sua aprovação da guerra é aprovação da própria dinâmica

---

21. Friedrich Nietzsche, *O anticristo*, São Paulo: Companhia das Letras, 2007, p. 11.

que caracterizaria a vida, em oposição à morte – repare-se que até mesmo aí temos um contraste em guerra: entre vida e morte. Nietzsche chegou a escrever que "abster-se de ofensa, violência, exploração mútua" seria, se tomado como "princípio básico da sociedade", apenas "vontade de negação da vida, princípio de dissolução e decadência"[22]. É, como a passagem de *Além do bem e do mal*[23] esclarece, uma abstenção, uma negação, uma privação o que ocorre com a vida sem os movimentos que implicam violências. Tudo que vive, conclui Nietzsche, "terá de ser a vontade de poder encarnada, quererá crescer, expandir-se". Resumindo, a violência está do lado da vida e a tentativa de fazê-la desaparecer obedece ao niilismo de ideais ascéticos na história metafísica do Ocidente que sempre desqualificaram a vida, desde Platão. E até quando?

Segundo Nietzsche, até sua própria época. Nisso, ele se destaca, de uma vez por todas, de Hegel e de Marx. Se os acompanha no elogio à violência como forma de mudança, Nietzsche separa-se deles ao afirmá-la não somente como uma fase ainda menos evoluída da humanidade presente, que será superada ali adiante, em um futuro de perfeição e paz que nos aguarda. Tanto Hegel quanto Marx aprovavam a violência revolucionária porque, através das mudanças por ela trazidas, a humanidade escaparia de sua imperfeição até a perfeição. Logo, violência e mudança tinham um estatuto curioso: expunham a imperfeição da humanidade presente mas, ao mesmo tempo, eram as formas de superá-la. Não para Nietzsche. Sua aprovação da violência é autônoma de qualquer finalidade ulterior, é independente de qualquer ideal futuro de perfeição. Ela não tem fim, no duplo sentido do termo: nem tem objetivo nem acabará um dia. É apenas o modo de ser da vida. Movimento. Com Nietzsche, a violência e a mudança são, como para Platão, signos de imperfeição, mas isso é a própria vida, e portanto a sua negação futura, como Hegel e Marx pensaram, tampouco é viável.

> Em toda parte sonha-se atualmente, inclusive sob roupagem científica, com estados vindouros da sociedade em que deverá desaparecer o "caráter explorador" – a meus ouvidos isto soa como se alguém prome-

---

22. Idem, *Além do bem e do mal*, São Paulo: Companhia das Letras, 2002, p. 171.
23. Sou grato ao professor Oswaldo Giacoia Junior pela indicação da passagem aqui em questão.

tesse inventar uma vida que se abstivesse de toda função orgânica. A "exploração" não é própria de uma sociedade corrompida ou imperfeita e primitiva: faz parte da *essência* do que vive, como função orgânica básica, é uma consequência da própria vontade de poder, que é precisamente vontade de vida[24].

Esse clima passará ainda ao começo do século XX. Os desafios estéticos iconoclastas das vanguardas em relação à tradição clássica expressaram-se, muitas vezes, na apologia da violência. Leia-se o *Manifesto futurista*, de Marinetti. "Lançamos este manifesto de violência agitada e incendiária"[25], anuncia. Ele incita os seus leitores a, literalmente, meter fogo logo nas bibliotecas. O ímpeto é destrutivo. Toda beleza estaria na luta, e nenhuma obra-prima seria desprovida de caráter agressivo. O elogio da tecnologia e da indústria moderna acha-se na conjugação com o sentido criativo que exige a destruição da tradição. É a ambivalência da violência: aniquilação e invenção. O ideal clássico harmônico e equilibrado era deixado para trás, em prol de agilidade, estranheza e choque – os novos valores artísticos. No futurismo, isso ganha corpo no elogio da guerra. "Nós queremos glorificar a guerra"[26], grita Marinetti. Era 1909. E a guerra veio. Literalmente: a Primeira Guerra Mundial. Depois dela, o mundo não seria o mesmo. Nem a violência.

★ ★ ★

Ninguém expressou com mais força e eloquência o sentimento da época após a Primeira Guerra Mundial do que Walter Benjamin em um famoso texto de 1933, chamado "Experiência e pobreza". O crítico pensava em sua geração, que, entre 1914 e 1918, viveu uma das mais terríveis experiências da história. Nesse sentido, a guerra marcaria um limiar incontornável entre o período moderno e um outro, que poderíamos chamar de contemporâneo.

---

24. *Ibidem*, p. 171.
25. F. T. Marinetti, "Manifesto do futurismo", em: Gilberto Mendonça Teles (org.), *Vanguarda europeia e modernismo brasileiro*, Petrópolis: Vozes, 1997, p. 92.
26. *Ibidem*.

Nunca houve experiências mais radicalmente desmoralizadas que a experiência estratégica pela guerra de trincheiras, a experiência econômica pela inflação, a experiência do corpo pela fome, a experiência moral pelos governantes. Uma geração que ainda fora à escola num bonde puxado por cavalos viu-se abandonada, sem teto, numa paisagem diferente em tudo, exceto nas nuvens, e em cujo centro, num campo de forças de correntes e explosões destruidoras, estava o frágil e minúsculo corpo humano. Uma nova forma de miséria surgiu com esse monstruoso desenvolvimento da técnica, sobrepondo-se ao homem[27].

Eis aí a possível chave para abrir a compreensão da violência atual: seu caráter técnico. Digo "possível chave", pois, quanto à violência contemporânea, nosso pensamento não pode ser senão tateante. Nenhuma chave é garantia de abertura. Mesmo assim, arrisco dizer que – se a abordagem antiga da violência a atrelou a paixões tristes, pois ela perturbaria a ordem natural, e a moderna a atrelou a paixões alegres, pois sua perturbação nos levaria até uma ordem que ainda não existia – a singularidade da violência contemporânea foi ter passado a existir também de forma desapaixonada, banalmente técnica. Onipresente, tal violência, contudo, não é natural, orgânica e vital, como pensaram Heráclito ou Nietzsche. Sua essência é tecnológica, é a lógica da técnica (por isso, tampouco é a violência como *meio puro*, com legitimidade independente de fins, que o próprio Benjamin, uma década antes, identificou em greves gerais proletárias de caráter anárquico, desinteressadas do direito instituído e instituinte – e por isso revolucionárias[28]). Trata-se da violência fruto do citado desenvolvimento monstruoso da técnica que sobrepujou o homem, pois ela não serve mais a ele, como tradicionalmente. Ele é que serve a ela, engatado numa engrenagem que não pode parar, pois o movimento sem fim (sem *telos*) é sua lei tácita.

O problema da violência técnica é que ela nem se reconhece como tal nem é facilmente identificável. Totalmente aderida ao funcionamento da sociedade, é nova e discretamente insidiosa. "Hoje poderíamos acres-

---

27. Walter Benjamin, "Experiência e pobreza", em: *Magia e técnica, arte e política*, São Paulo: Brasiliense, 1994, p. 115.
28. Walter Benjamin, "Crítica da violência – Crítica do poder", em: *Documentos de cultura, documentos de barbárie*, São Paulo: Cultrix/Edusp, 1986, p. 169.

centar a última e mais formidável forma de tal dominação: a burocracia, ou o domínio de um sistema intrincado de departamentos nos quais nenhum homem", notou Hannah Arendt no seu *Sobre a violência*, "pode ser tomado como responsável, e que deveria mais propriamente chamar-se domínio de Ninguém"[29]. Escrito no fim da década de 1960, o ensaio é profético sobre a situação atual, ao comentar que, se a teoria política tradicional definira a tirania como um governo que não presta contas sobre si mesmo, o domínio abstrato da técnica no qual os sujeitos desaparecem é tirânico, já que não há alguém nele que possa ser questionado e responder sobre o que é feito. "É este estado de coisas, que torna impossíveis", conclui Hannah Arendt, "a localização da responsabilidade e a identificação do inimigo". No mais, *Sobre a violência* continuou preso à abordagem tradicional da violência como mero instrumento, como meio para um fim exterior[30].

Foi em outro momento que Hannah Arendt chegou perto de perceber a novidade da violência contemporânea. Quando tratou do julgamento de Adolf Eichmann, o responsável pela logística do transporte de judeus aos campos de concentração nazistas, ela constatou algo bem peculiar. Eichmann não parecia, ao falar da violência que perpetrara, tomado por paixão, nem mesmo por ódio. Responsável, junto a outros, pelo holocausto, ele desempenhava o seu papel ali só como funcionário, trabalhador, burocrata. Não parecia ser ideologicamente mais convicto dos mitos nazistas que outras pessoas. Nenhuma fonte passional ou compromisso com finalidade objetiva explicam o mal por ele praticado. Pelo contrário, o desligamento de paixões demoníacas e das responsabilidades pelo fim do processo ao qual estava atrelado determina sua mentalidade. Por isso, Eichmann, em sua defesa, alegou não que ignorava para onde os trens levavam os judeus, mas que ele apenas os colocava nos trens, sem ser responsável pelo destino e, portanto, culpado de tais mortes. Desligado de paixão ou teleologia, o mal estaria solto para ser cometido de forma banal, embora, em si mesmo, não fosse banal, e sim terrível[31]. Mais terrível por depender só da banalidade.

29. Hannah Arendt, *Sobre a violência*, Rio de Janeiro: Relume-Dumará, 1994, p. 33.
30. *Ibidem*, p. 37.
31. Hannah Arendt, *Eichmann em Jerusalém: um relato sobre a banalidade do mal*, São Paulo: Companhia das Letras, 1999.

Seria possível fazer uma analogia e afirmar que a banalização totalitária do mal tornou-se, contemporaneamente, a banalização técnica da violência. Ela desprendeu-se da necessidade de sujeitos e de emoções: das paixões que antes a moviam. Tornou-se independente e impessoal, via tecnologia. Os artefatos de guerra pós-modernos (que dão ao atacante-operador, mas não ao atacado, uma guerra limpa e distante, semelhante à dos jogos de *videogame*) alegorizam essa forma atual da violência. Se Eichmann não foi particular nem apaixonadamente mal ao trabalhar para o nazismo – o que não tira sua responsabilidade moral e legal –, nós não precisamos de fontes passionais intensas para a colaboração na violência técnica e sistemática ser efetiva. O paralelo tem lá suas imperfeições, mas auxilia a destacar a autonomia contemporânea da violência burocratizada perante as paixões, coisa que nem o racionalismo moderno de Hegel imaginou, pois, para ele, a violência de ação revolucionária acontecia com as paixões dos homens[32]. O domínio atual do Ninguém não é triste nem alegre, pois só Alguém poderia ser triste ou alegre. Esse domínio é desapaixonado, e daí a sua inaudita eficácia. Embora ainda haja a violência apaixonada, a especificidade da época é sua anônima liberdade das paixões humanas. Literalmente, é desumana.

★ ★ ★

Em nossa época, portanto, as respostas antigas (via política e filosofia) e moderna (via história) à violência parecem não dar mais conta do problema.

Os gregos acreditavam que a política conteria disputas pela força física entre cidadãos somente na medida em que usasse a linguagem persuasiva fundada na razão e na verdade. Contudo, há agora, como constatou o filósofo italiano Giorgio Agamben, "uma forma de violência – totalmente desconhecida na antiguidade – que consiste precisamente na introdução maciça da mentira na [...] política"[33]. Isso (cujo exemplo é a publicidade) destruiu a identificação da arena política à não violência. Hannah Arendt nota o mesmo problema na hipocrisia política[34]. Cabe acrescentar que,

---

32. G. W. F. Hegel, "Nada de grande acontece sem paixão", em: Jacques d' Hondt (org.), *Extratos selecionados de Hegel*, Lisboa: Edições 70, 1984, p. 104.
33. Giorgio Agamben, "Sobre os limites da violência", *Sopro*, out. 2012, n. 79, pp. 1-2.
34. Hannah Arendt, *op. cit.*, p. 49.

quando não é a mentira que corrompe o debate, há outro empecilho: a própria linguagem, submetida à técnica, tornou-se especializada e fechada, incapaz de fazer jus à vocação pública. Refém da linguagem técnica ao discutir o mundo técnico, a política foi reduzida ao gerenciamento competente da sociedade e à administração da vida (assim como a violência).

Se a política, no sentido grego, deixou de ser uma forma convincente de evitar a violência contemporaneamente, tampouco a filosofia, naquele sentido grego, o é. O problema, aqui, é a crise atual da autoridade, atestada por Hannah Arendt[35]. Pois a verdade foi sua vítima, já que foi posta em xeque a ideia de um princípio universal e racional, a servir de padrão para a organização comum e pacífica do mundo público, aceita por todo cidadão, como queria Platão. Não se trata, é claro, de lamentar nostalgicamente a falta da autoridade tradicional; só de reconhecê-la – e o seu efeito enquanto alternativa perdida à violência.

Essa situação histórica atual, que deixou de comportar as saídas antigas para o problema da violência, também não a redime pelo progresso da história, como a modernidade. É que a violência teria seu sentido modernamente salvo apenas porque contribuiria, dialeticamente, para a edificação de um futuro no fim dos tempos, no qual ela mesma deixaria de existir. Kant entendia a cobiça e o desejo de dominar, a *insociável sociabilidade* e antagonismos, como "passos que levarão da rudeza à cultura"[36]. Essas violências eram os instrumentos das mudanças necessárias para a humanidade evoluir até o futuro sonhado. Só que hoje o futuro não nos insufla esperança otimista, mas temor. Seu signo é a crise ecológica com as previsões de um fim, agora apocalíptico, da humanidade.

Nesse cenário, a Primeira Guerra Mundial, como se disse, foi um marco. Não por ter sido mundial somente, mas por ter atingido, como nunca antes, populações civis, borrando a fronteira que separava onde a violência era legítima, por estar na guerra, e onde não era, por estar fora dela. E mais: tal guerra foi baseada na técnica e na razão, em artefatos modernos e em planejamento. Os fundamentos da ciência e das luzes fugiam da conta original de progresso e paz do século XVIII, eram transportados para o lado oposto: da violência e da guerra do século XX.

---

35. Idem, "O que é autoridade?", *op. cit.*, p. 145.
36. Immanuel Kant, *Ideia de uma história universal de um ponto de vista cosmopolita*, São Paulo: Martins Fontes, 2003, p. 8.

Portanto, a sociedade que prometera evoluir pelo autoesclarecimento, e então construir um mundo justo e feliz no futuro, encontrou seu destino pelo avesso. Descobriu, como acusou Benjamin em 1940, que "nunca houve um monumento da cultura que não fosse também um monumento de barbárie"[37]. Sem objetivo e sem teleologia finalista, as violências e as guerras não teriam mais a redenção moderna futura. Eram só a barbárie, em vez de materialização da negatividade destruidora necessária para a criação progressiva. O otimismo iluminista virou pessimismo sombrio. Na Segunda Guerra Mundial, "gritos dos assassinados ecoaram a pouca distância das universidades", como observou o ensaísta George Steiner, "o sadismo aconteceu a uma quadra dos teatros e museus"[38].

Essas violências e guerras, entretanto, foram absorvidas como partes da técnica. É uma nova e perversa redenção do seu sentido, pois reduz tal sentido a uma função sem um futuro, diferente do que fazia a modernidade. O ponto é que, no horizonte da técnica, tudo não passa de fundo de reserva ou de energia para alimentar a sua própria engrenagem, o seu próprio processo – que apenas ideologicamente ainda recebe o nome de progresso, pois perdeu o horizonte de futuro ao qual estaria destinado, ficando sem *telos*, sem objetivo que não seja o de se manter funcionando. Ora, se tudo é fundo de reserva, o próprio homem o é também. Benjamin havia cantado a bola: a técnica sobrepujou o homem. Não deve espantar, nesse contexto, que o vocabulário contemporâneo se expresse, sem pudor, falando de material humano, capital humano e recurso humano. Ou seja, o humano está assumidamente a serviço da técnica que, certa vez, em um passado muito, muito distante, pensamos estar a nosso serviço. Tornamo-nos o material empregado para a técnica funcionar, o capital para o mercado jamais interromper seu fluxo, o recurso que mantém a máquina azeitada. Não surpreende que – cansados, exaustos – sintamos que não podemos parar.

Concluindo. Com a violência técnica, a guerra deixa de ser a continuação da política por outros meios, como queria a formulação clássica de Clausewitz, e é a política que passa a ser a continuação da guerra por outros meios. O fator que tornou possível essa inversão foi a diluição da

---

37. Walter Benjamin, "Sobre o conceito de história", em: *Magia e técnica, arte e política, op. cit.*, p. 225.
38. George Steiner, *Linguagem e silêncio*, São Paulo: Companhia das Letras, 1988, p. 15.

fronteira que diferenciava a violência da não violência. Martin Heidegger – que, na *Introdução à metafísica*, em 1935, enalteceu que a violência "é o caráter essencial do próprio vigor que impera"[39] –, ao interpretar os versos de Sófocles com os quais abri este ensaio, apontou a técnica como o horizonte histórico contemporâneo mais do que qualquer outro autor. Isso alterou seu diagnóstico sobre a violência. Pois a lógica técnica dilui a solidez da distinção tradicional entre presença e ausência da violência, alterando o que sabíamos dela. Desde que compreendemos o ser de tudo o que é a partir da técnica, então os entes (as coisas) tornaram-se, por sua vez, fundo de reserva para uma maquinaria infinita, inclusive nós mesmos. Nessa armadura, a diferença entre guerra e paz perdeu todo seu sentido, como Heidegger escreveu assustadoramente ainda na década de 1950.

> As guerras mundiais constituem a forma preparatória da marginalização da diferença entre guerra e paz [...]. Para além da guerra e da paz, existe apenas a errância do uso e abuso dos entes no autoasseguramento das ordens, oriundo do vazio propiciado ao se deixar o ser. Alteradas em desvio de essência, "guerra" e "paz" são absorvidas pela errância, desaparecendo no simples curso do fazer potenciador das atividades à medida que se tornam irreconhecíveis em sua diferença. A pergunta – quando haverá paz? – não pode ser respondida. Não porque não se possa prever a duração da guerra, mas porque a pergunta se faz sobre alguma coisa que não mais existe. A guerra não é mais aquilo que pode chegar à paz. A guerra tornou-se uma aberração do uso e abuso dos entes, que progride na paz e em paz. Contar com uma guerra de longa duração é somente uma forma antiquada em que se reconhece a novidade da era do abuso. Longa em sua duração, essa guerra não se encaminha lentamente para uma paz como nos tempos antigos, mas sim para uma situação em que não mais se faz a experiência da guerra como tal, e também tudo o que se refere à paz tornou-se sem sentido e inconsistente. A errância não conhece nenhuma verdade do ser[40].

---

39. Martin Heidegger, *Introdução à metafísica*, Rio de Janeiro: Tempo Brasileiro, 1978, p. 172.
40. Idem, "A superação da metafísica", em: *Ensaios e conferências*, Petrópolis: Vozes, 2002, pp. 80-1.

Fundar a violência: uma mitologia?[1]
David Lapoujade

Todos sabemos que a violência circula por todo o campo social sob as mais variadas formas, às vezes direta e explícita, outras vezes indireta, encoberta, implícita e sorrateira, às vezes física, outras vezes mental. Não vem ao caso descrever todas essas formas de violência, seria uma tarefa interminável. Tampouco tenho a pretensão de agrupar todas as suas manifestações sob uma definição geral que se pronunciaria sobre o que é *a* violência, em si e por si mesma. *A* violência não existe. A violência é sempre qualificada, nunca qualquer, sempre já tomada na percepção de um campo social que a codifica ou a qualifica, mas que sobretudo a distribui. Nesse sentido, as definições da violência são sempre já políticas e estratégicas.

Desse ponto de vista, podem-se distinguir dois aspectos da violência. De um lado, a violência enquanto exercício de uma relação de força, força física ou mental, a violência enquanto relações entre corpos (em todos os sentidos da palavra corpo, não apenas corpo físico, mas corpo social ou corpo coletivo). Esse aspecto diz respeito ao poder e às relações entre poderes. Mas há necessariamente um segundo aspecto: pois essas relações são sempre codificadas, submetidas a regras ou normas que distribuem esses poderes e essas relações de força num campo social dado. É sobretudo essa distribuição da violência através do campo social que eu gostaria de examinar, porque ela tem a ver com a maneira pela qual a violência é nomeada, qualificada, mas também percebida.

1. A tradução do presente ensaio, incluindo as citações de obras feitas pelo autor, é de Paulo Neves.

Por exemplo: como se pode dizer de um ato violento que ele é *legítimo*, enquanto outro ato, às vezes da mesma natureza, será considerado *ilegítimo*? Seria preciso fazer perguntas de criança: como explicar que o fato de agredir alguém na rua e de lhe roubar todos os seus bens seja considerado uma violência ilegítima, um ato criminoso? Como explicar, inversamente, o fato de que despedir alguém, levá-lo talvez à ruína e à miséria, a ele e a seus familiares, não seja considerado violência ilegítima e nem sequer violência? Não se trata de mergulhar na demagogia dessa questão, mas de ver que ela supõe necessariamente uma partilha, uma distribuição da violência social a que se dá o nome de direito. De um lado os poderes, de outro o direito que os distribui. Desse ponto de vista, é um erro opor sumariamente o discurso à violência, dizendo que a violência é o antilogos, a negação de toda forma de discurso. À forma pacificada, negociadora do discurso, pretende-se opor o mutismo dos corpos e a brutalidade dos golpes. Sabemos bem, no entanto, que os discursos podem servir para legitimar certas formas de violência e que constituem assim, eles próprios, uma forma de violência.

Pode-se dizer que eles buscam *explicar*, *legitimar* ou *justificar* os atos de violência. Justificar deve ser tomado aqui no sentido mais literal: é preciso tentar explicar o que um ato de violência contém de justiça. Nesse sentido, justificar deve ser compreendido como um verbo milagroso. Ele transforma em justiça aquilo que ele explica. Então se adivinha facilmente a finalidade desses discursos: eles querem fazer desaparecer a violência, requalificar a violência como *justiça*. Não há mais violência, há somente ações de justiça e operações policiais (a serviço da justiça). Em outras palavras, a violência nunca está do lado da violência *legítima*, mas sempre do outro lado – revolta, insubmissão, insubordinação, protesto –, razão pela qual, aliás, se deve exercer a justiça *legitimamente*. É o que vemos: a violência legítima é uma violência que busca desaparecer como violência. Os discursos buscam negar essa violência, pela simples e boa razão de que a violência nunca está do seu lado, é sempre atribuída ao outro lado. Essa é a lógica do Estado ou dos aparelhos de poder: não somos violentos, a violência vem sempre de fora.

Um grande número de filosofias procurou revelar essa violência oculta ou invisível. É o que mostra à sua maneira Nietzsche, na segunda dissertação da *Genealogia da moral*, quando diz que foi necessária uma quantidade inimaginável de sofrimentos, de torturas, para que os homens constituíssem os laços sociais que os vinculam, para que *obedecessem* a regras, para que se fizesse do homem um *animal capaz de prometer*. Se cabe fazer a genealogia disso, é precisamente porque tais violências foram esquecidas, como que dissimuladas por seu caráter *natural* e sua ancestralidade. É uma violência que sua repetição naturaliza e torna invisível. Reencontramos as mesmas observações em Marx, em *O capital*, acerca da extorsão da força de trabalho nos primeiros tempos do capitalismo. Ele mostra como a população dos campos, violentamente expropriada e reduzida à vagabundagem, primeiro foi submetida à disciplina que o sistema do assalariado exige "por leis de um terrorismo grotesco, pelo chicote, pela marca do ferro em brasa, pela tortura e a escravidão"[2]. Mas, acrescenta em seguida Marx,

> forma-se uma classe cada vez mais numerosa de trabalhadores que, graças à educação, à tradição e ao hábito, aceita as exigências do regime tão espontaneamente como a mudança das estações [...]. Às vezes ainda se recorre à coerção, ao emprego da força bruta, mas só excepcionalmente. No curso ordinário das coisas, o trabalhador pode ser abandonado à ação das "leis naturais" da sociedade, isto é, à dependência do capital, engendrada, garantida e perpetuada pelo próprio mecanismo da produção[3].

Assim como em Nietzsche, o modo de funcionamento capitalista tornou-se tão natural como a presença das árvores ou do céu, e mesmo suas extorsões fazem parte de um sistema legitimado por sua simples existência. A violência nunca está no seu campo, mas do lado dos que querem sabotar as máquinas, assaltar os depósitos de mercadorias, esvaziar as fábricas.

Não se trata de dizer que as sociedades *civilizadas* demonstram tanta selvageria e barbárie (ou até mais) quanto as sociedades ditas bárbaras ou selvagens. Desde muito tempo tem-se denunciado a violência das sociedades civilizadas. O que importa aqui é a escamoteação dessa violência,

---

2. Karl Marx, *Le Capital*, tome I, Paris: La Pléiade, 1969, pp. 1195-6. Edição brasileira: *O capital*, livro I, São Paulo: Boitempo, 2013.
3. *Ibidem*.

o que permitiu às sociedades *civilizadas* se acreditarem isentas de toda selvageria ou de toda barbárie. Não são somente as sociedades primitivas constroem mitos. Pois não é esta, de fato, a mitologia própria das sociedades *civilizadas*? Ao contrário das sociedades primitivas em que a violência encontra seu lugar no campo social, onde é ritualizada, encenada, como uma paixão entre outras, as sociedades modernas construíram a ficção de uma sociedade da qual toda violência – pelo menos teoricamente – está excluída. Não é essa uma das marcas da civilização? O etnólogo Pierre Clastres, num texto precisamente intitulado *Arqueologia da violência*, observa que, se os primeiros habitantes das Américas foram chamados de *selvagens*, foi em razão das guerras incessantes que faziam, porque sua organização social, desprovida de Estado, era constantemente agitada por violências sociais, cisão de grupos, guerras intestinas, oposições ou rivalidade entre clãs etc. Sinal, para os olhos dos *civilizados*, de que viviam próximos do estado de natureza.

Já as sociedades civilizadas possuem, ao contrário, uma organização social, um aparelho de Estado, um sistema econômico que as protege contra a violência de um estado de natureza no qual reina uma *guerra de todos contra todos*, segundo a fórmula de Hobbes. Elas baniram do campo social não somente o espetáculo da violência, mas o direito de exercê-la. É o que faz com que a violência seja sempre concebida como selvageria, barbárie, brutalidade, animalidade etc. Mas, para além desses qualificativos, o que importa compreender é *o confisco dessa violência* pelo aparelho de Estado. Pois desde sempre o Estado se concebe como aquilo que cria uma ordem política e social da qual, de direito, toda violência desapareceu. Essa é sua pretensão fundamental. E é o sentido mesmo de todos os discursos de que falávamos há pouco, já que eles buscam *justificar* certos atos de violência, transformá-los milagrosamente em atos de justiça. Todos os discursos equivalem a dizer: as desordens da violência vêm sempre de fora e, se devemos também ser violentos, é para restabelecer a ordem de um espaço sem violência.

O que eu gostaria de compreender com vocês é o confisco dessa violência, o fato de que somente o Estado (e mais tarde o capitalismo, secundado pelos Estados) tenha o direito de exercer uma violência (que logo não será mais nomeada violência, mas justiça ou ordem) e o fato de que qualquer outra forma de violência, todas as violências que não vêm do Estado, que vêm *de fora*, sejam justamente qualificadas como *violências*. Em suma, é essa cisão entre violência legítima e violência ilegítima que eu gostaria de tentar analisar e talvez modificar, retraçando as principais etapas, os grandes momentos de sua instauração.

Para isso é preciso remontar aos mitos indo-europeus estudados por Georges Dumézil (retomados e utilizados por Deleuze e Guattari em *Mil platôs*). Com efeito, vemos que é a captura da violência que constitui seu problema central. O que dizem esses mitos, encontrados tanto entre os germanos quanto entre os romanos, os hindus ou, mais tarde, os irlandeses? O problema deles é apropriar-se da violência dos homens de guerra. Como neutralizar a violência dos guerreiros ou do chefe de guerra? Esse será o problema central dos Estados e dos impérios: neutralizar o que Deleuze e Guattari chamam de *máquina de guerra*. Dumézil reconhece dois métodos complementares que não se opõem, mas ocorrem pareados e se verificam na maior parte das mitologias ou dos relatos pseudo-históricos. Eles remetem a duas figuras distintas, mas solidárias: o rei mago e o sacerdote jurista, cada um deles capturando à sua maneira a violência dos chefes de guerra.

Em primeiro lugar o rei mago. Como ele procede? O rei mago é caolho. Aceitou perder um olho em troca de um poder mágico de vidência. É uma espécie de pagamento feito aos deuses. Esse poder mágico lhe dá igualmente o poder de paralisar aqueles com cujo olhar ele cruza. Assim, quando se apresenta no campo de batalha, com um único olhar fulminante ele desarma instantaneamente todos os combatentes. Seu poder é tal que é como se privasse os outros de sua violência ou como se os outros já estivessem sempre privados dela. Eis que todos os combatentes estão *atados* ao rei mago, como se ele houvesse lançado uma rede que os mantém cativos. Acho que todos nós conhecemos indivíduos contra os quais, aterrorizados, nada podemos fazer. Esse primeiro vínculo social, esse vínculo originário é o que os romanos chamam de *nexum*, um dom sem contrapartida. O que faz a marca do rei ou do déspota são os sinais de *poder*.

Mas há um segundo tipo de vínculo, que nos é mais familiar. Ele não procede mais de maneira mágica, é um acordo obtido pela astúcia. Dessa vez entra em cena um sacerdote jurista. O que diz a lenda? Ela diz que um lobo que devia ser o flagelo dos deuses não quer se deixar prender a um fio de seda mágico (vejam aqui também o tema do vínculo), pois teme ser prisioneiro dele para sempre. Os deuses lhe dizem: se não conseguires romper esse fio, isso será a prova de que nada temos a temer de ti e te soltaremos. Mas o lobo, desconfiado, recusa e propõe: que um de vocês ponha sua mão na minha boca como caução de que não haverá falsidade. Nenhum deus quer fazer isso; é então um sacerdote que estende sua mão e a põe na boca do lobo. E, naturalmente, o lobo é capturado – até o fim do mundo – enquanto o sacerdote se torna maneta. O pacto divino seria uma pura fraude sem o sacrifício da mão do sacerdote. Isso reaparece em Nietzsche e em Marx: me dá tua força de trabalho e te darei um salário (como o fio de seda mágico). Eis aí, portanto, o segundo modo de apropriação da violência, que apela menos ao *mythos* que ao *logos* (astúcia e cálculo). Talvez já se tenha aqui uma primeira aproximação do que será chamado de teorias do *contrato* como explicação hipotética do vínculo social entre os homens, destinado a pôr fim à violência do estado de natureza. Pois esse segundo vínculo diz respeito não tanto ao poder, à relação entre os poderes e aos sinais de poder, como era o caso do rei mago, e sim ao *direito*. O acordo, o pacto ou o contrato são uma questão jurídica, conduzida por um sacerdote jurista.

Tal é a dupla pinça do aparelho de Estado ou do poder imperial, uma relativa ao poder, a outra, ao direito. Uma é manejada pelo rei mago, a outra, pelo sacerdote jurista. Em ambos os casos, trata-se de capturar a violência dos guerreiros ou do chefe de guerra. Percebe-se bem o que significa aqui capturar. Não se trata apenas de capturar o que já existe, como se capturam cavalos. Trata-se de assegurar o *monopólio* da violência. O déspota, o rei e o soberano são depositários de *toda* a violência social, de tal modo que ninguém mais tem o direito de exercê-la. É a própria definição da *soberania*. A violência não é mais um poder que cada um pode exercer, que pode circular entre indivíduos ou grupos em conflito. De direito, essa violência não mais lhes pertence; pertence agora ao déspota, o único a possuí-la legitimamente, a tal ponto que, se vierem a exercê-la, isso constituirá uma ofensa ao soberano. O Estado se funda sobre esse desapossamento da violência.

Mais ainda, o aparelho de captura *preexiste*, de certa maneira, àquilo que ele captura. Esse é o sentido particular que adquire a palavra *captura* em Deleuze e Guattari. O Estado não pode se contentar em capturar o que já existe. Pois de onde tiraria então sua legitimidade? Se uma coisa existe antes dele, é porque pode existir sem ele. É preciso então que o aparelho de captura *preexista* de direito àquilo de que se apropria. Sua pretensão última é preexistir a tudo o que existe (como se afirmassem que o cavalo doméstico preexiste teoricamente ao cavalo selvagem, e domesticá-lo é extirpar dele toda a violência, tudo que subsiste nele de seu pertencimento ao estado de natureza). Esse é o sentido mesmo da mitologia como relato das fundações, das origens. O Estado é primeiro, absolutamente primeiro. Todas as outras formas de existência não têm legitimidade alguma comparada à sua. Ele é o único fundamento, o princípio último. Precisamente, o discurso relativo ao que é primeiro é o discurso do *mythos* (a mitologia como relato das fundações, das origens remotas, das instaurações, das edificações primeiras) ou o discurso do *logos* (a filosofia como busca das razões primeiras, não as causas físicas, mas os princípios metafísicos). Ou seja, ou a ação mágica do rei, ou a ação lógica dos princípios ou das ideias, ou ainda as duas juntas.

A enorme pretensão do *mythos* e do *logos*, cada um à sua maneira, é criar um espaço-tempo ordenado em que a violência *natural*, passional esteja ausente. Esse espaço-tempo é o do Estado ou do império, um espaço de ordem no qual a violência vira sinônimo de desordem. Justamente, se os atos de violência do Estado cessam de ser vistos como violentos, é por serem atos de justiça que buscam restaurar uma ordem ameaçada. É sempre essa a pretensão do Estado e a razão de sua polícia: restabelecer a ordem da qual doravante são os únicos fiadores.

De certa maneira, o que está em questão aqui são os fundamentos da soberania política. Mas a questão nada tem de abstrata. A questão dos fundamentos não é uma questão teórica. Ao contrário, trata-se muito concretamente de impor um novo tipo de espaço-tempo. De fato, vê-se claramente que o tempo muda. É uma espécie de temporalidade dupla. De um lado, cada um de nós está sempre já despojado de seu poder, em conformidade com a instauração mitológica. Houve uma primeira vez fundadora, mas num tempo vertical, num tempo *anterior* ao tempo, um primeiro desapossamento, mas que se repete a cada dia no tempo cronológico e horizontal. O eixo temporal vertical continua a ressoar e a se repetir no eixo horizontal cronológico, como se cada Estado, mesmo moderno, continuasse a alimentar ambições imperiais arcaicas ou, pelo menos, a preservar uma forma de soberania. O Estado realiza esse prodígio que Nietzsche já indicava no cristianismo. Contraímos uma dívida antes mesmo de nascer, uma dívida de existência que faz com que sejamos sempre já devedores, já desapossados. Estamos no registro da dívida infinita como violência primeira fundadora.

Mas não é só o tempo que muda. Também o espaço organiza-se de outro modo. Quando o soberano reina numa terra, ele deve distribuí-la a seus súditos, cercando-a, demarcando-a, principalmente delimitando as fronteiras de seu império. No império romano, essa função primordial, quase sagrada, cabia ao agrimensor. Num belo texto sobre Kafka, Agamben lembra que o agrimensor do império era chamado de *juris auctor*, criador de direito. Cabia a ele a função de traçar os limites territoriais nos confins do império. Ultrapassar ou apagar esses limites podia ser passível de morte. O limite define aqui a forma de interioridade do Estado, a extensão de sua forma de soberania, na medida em que esta desempenha um papel separador; ela separa o interior do exterior. Mas esse limite não é apenas topográfico. Ele separa ao mesmo tempo a civilização da barbárie, a violência legítima da violência bárbara que vem de fora. A violência, a verdadeira violência vem sempre de fora.

Os aparelhos de Estado – arcaicos ou modernos – se definem por esse englobamento relativo, ao mesmo tempo temporal e espacial. Certamente os mitos invocados por Dumézil remetem a origens longínquas e fictícias. Mas estarão esses relatos remotos tão afastados de nós? Não se repete diariamente essa luta entre um aparelho de Estado organizador e a violência guerreira? Não há uma violência, sempre já feita, que se exerce continuamente sobre nós e contra a qual não dispomos de nenhum *direito*? Não há uma incessante repetição da mais velha mitologia na brutalidade ordinária da época, nos menores mecanismos de poder da época? Se, por uma razão ou outra, alguém não suporta mais a ordem social e seu espaço-tempo e sente toda a sua violência, ele será tomado pela cólera. De que é feita essa cólera? Todos nós conhecemos esses breves momentos de fúria: é uma violenta agitação de elementos afetivos quase incontroláveis. Gaguejamos, trememos. Somos tomados pela violência, é uma espécie de efervescência ou de onda que se apodera de nós e nos arrasta às vezes ao irreparável, ao gesto excessivo, à palavra excessiva, em suma, são forças que nos fazem ultrapassar um limite. Essa agitação nos faz sair de certo espaço-tempo organizado para entrar em outro espaço-tempo no qual nada está organizado da mesma maneira. É um poder de destruição, essa cólera, mas de destruição positiva, no sentido de que derruba os limites.

Não há mais o mesmo tipo de organização: já não se trata mais de uma espécie de aparelho de Estado que nos organiza interiormente, mas daquilo que Deleuze e Guattari chamam de *máquina de guerra*, que, de início, nos desorganiza, para depois nos organizar de outro modo. De certa maneira, o aparelho psíquico repete o conflito entre o aparelho de Estado e a máquina de guerra. De um lado, uma forma de interioridade organizada que distribui os meios e os fins em função das exigências sociais; de outro, forças que vêm de fora, uma *fúria* que desorganiza essa distribuição e arrasta o indivíduo para fora de suas territorialidades familiares, para fora dos espaços-tempos que ele conhece. São modos de funcionamento que atravessam cada um de nós, assim como atravessam amplos e espessos tecidos sociais de uma sociedade.

Um exemplo muito bom é a sequência de abertura do filme *Margin Call* (no Brasil, *O dia antes do fim*), de Jeffrey Chandor, que descreve uma cena de demissão numa empresa americana. Pratica-se uma violência contra um empregado, mas uma violência cheia de controle e fingida compaixão *"I'm so sorry", "nothing personal"*. Evidentemente o empregado mantém a calma, atordoado, sob o choque da notícia. Pega a pasta que contém todos os seus negócios e deixa a sede da empresa. Uma vez fora, quer dar um telefonema, mas cortaram a linha do aparelho. Ele o atira ao chão com força. Depois, ao cruzar com a mulher que considera responsável por sua demissão, insulta-a, *"fuck you"*, e logo é invadido por forças que vêm de fora (a *fúria* do homem de guerra que encontramos, por exemplo, em Aquiles ou em Ajax). Como se diz, ele está *fora de si*. Mas estar *fora de si* significa que o *si* designa uma forma de interioridade, ao passo que os afetos, o caráter passional da violência, se lançam num meio de exterioridade (o *fora de si*).

Isso remete a uma distinção, na vida passional, entre sentimento e afeto. Os sentimentos pertencem à vida interior da consciência; têm uma força de gravidade, uma duração, uma espécie de remanência que os inscreve na forma de interioridade do psiquismo (o *si*). Bem diferente é o afeto, violento, brusco, ao mesmo tempo pontual e intempestivo; ele vem sempre de fora e do mais longínquo de nós mesmos (já que põe *fora de si*). É o que dizem à sua maneira Deleuze e Guattari quando, em *Mil platôs*, distinguem sentimento de afeto. Eles veem aí uma distinção análoga à do trabalhador e do guerreiro (como os dois estados do empregado despedido de *Margin Call*).

> O sentimento implica uma avaliação da matéria e de suas resistências, um sentido da forma e de seus desenvolvimentos, uma economia da força e de seus deslocamentos, toda uma gravidade. Mas o regime da máquina de guerra é antes o dos afetos, que remetem apenas à motivação em si, a velocidades e composições de velocidade entre elementos. O afeto é a descarga rápida da emoção, a resposta pronta, enquanto o sentimento é sempre uma emoção deslocada, retardada, resistente. Os afetos são projéteis da mesma forma que as armas, enquanto os sentimentos são introspectivos como as ferramentas[4].

Assim se compreende talvez melhor o que está em jogo nos textos mitológicos, aparentemente tão distantes de nós, mas que nos concernem de perto. Compreende-se que as máquinas de guerra tenham sido a preocupação permanente dos aparelhos de Estado. O que pensar de forças que desorganizam a ordem, a composição do espaço-tempo deles? Quem contesta sua origem e a legitimidade de sua soberania? É o que se compreende ainda mais quando se sabe que grandes impérios foram riscados do mapa por prodigiosas máquinas de guerra nômades (sociedades sem Estado), como Tamerlão e Gengis Khan. Tais máquinas de guerra são poderosas máquinas destruidoras, ora positivas, ora negativas, que vêm sempre *de fora*. Convém distinguir aqui o fora de uma exterioridade qualquer. Quando dois Estados se enfrentam ou travam uma guerra, trata-se de uma questão de política externa. Mas as tribos ou as máquinas de guerra não têm lugar fixo algum; é como se viessem de parte nenhuma, fora das relações entre os Estados. Isso é tanto mais verdadeiro na medida em que elas contestam com toda a sua força os espaços-tempos englobantes dos Estados.

Contudo, essas grandes máquinas de guerra nômades desapareceram definitivamente por volta do século XVII. Como diz Fernand Braudel, "a pólvora de canhão triunfou sobre a rapidez delas", acrescentando que "as

---

4. Gilles Deleuze e Félix Guattari, *Mille plateaux*, Paris: Minuit, 1980, pp. 440 e 497-8. Edição brasileira: *Mil platôs*, São Paulo: Editora 34, 1995.

civilizações venceram, já antes de terminar o século XVIII, tanto em Pequim como em Moscou, tanto em Delhi como em Teerã"⁵. Mas a pólvora de canhão não basta para explicar esse desaparecimento. É que, paralelamente, a máquina de guerra deixa de ser exterior ao Estado, que consegue apropriar-se dela sob a forma da instituição militar ou do exército regular. Ele se apropria não só da violência, mas de uma capacidade de destruição guerreira permanente (da qual era desprovido, ele que precisou formar exércitos). Mas a função da máquina de guerra se modifica igualmente; ela não está mais a serviço de uma *fúria* sem objetivo. Daí por diante terá um único objetivo: a guerra e a destruição das forças inimigas. Se antes a máquina de guerra podia dar a impressão de estar a serviço de uma livre circulação dos nômades por uma terra sem limites, isso não mais acontece com sua integração no Estado; daí por diante ela estará a serviço exclusivo da guerra e das conquistas territoriais.

Essa história da violência nos é familiar, já que é a história moderna dos Estados-nações que não cessaram de fazer guerras entre si cada vez mais mortíferas, cada vez mais devastadoras, até as guerras ditas *totais* do século XX. É que as guerras, cada vez mais, revelam sua subordinação ao sistema capitalista: não se trata mais apenas de vencer o exército inimigo, é preciso destruir a economia, a infraestrutura do país, ocasionando sempre um número maior de mortos nas populações civis. Capturada pelos Estados, a máquina de guerra não tem mais a forma de exterioridade que tinha em sua primeira forma (embora tenha havido o retorno nazista, no qual a máquina de guerra se apoderou do aparelho de Estado para levá-lo a uma destruição suicida. É o que se lê numa estranha conversa mencionada por Borges⁶).

Em sua apresentação do ciclo de conferências deste ano, Adauto Novaes lembrou com razão que a grande guerra de 1914-18 não terminou, na medida em que é uma guerra que celebra a subordinação do Estado às exigências do capitalismo. Mas talvez se deva sublinhar a mutação que começou a se produzir no final da Segunda Guerra Mundial, quando

---

5. Fernand Braudel, *Civilisation matérielle, économie et capitalisme, XVᵉ-XVIIIᵉ siècle*, v. 3, Paris: Armand Collin, 1979, p. 71. Edição brasileira: *Civilização material, economia e capitalismo: séculos XV-XVIII – O tempo do mundo*, vol. 3, São Paulo: WMF Martins Fontes, 2009.
6. O autor provavelmente se refere ao conto "Deutsches requiem" de Jorge Luis Borges, publicado no livro *El Aleph*. [N.T.]

as grandes potências deixaram de fazer guerra diretamente entre si. É como uma nova mutação da máquina de guerra ou uma nova idade. Na primeira, a violência da máquina de guerra pertence antes de tudo aos nômades. Na segunda, os Estados se apropriam dela através da instituição militar e dos combates armados. Mas chega uma terceira idade em que o capitalismo, com o apoio dos Estados, deixa de fazer a guerra.

Claro, continuam existindo guerras locais, sempre devastadoras. As grandes potências guerreiam entre si através de países interpostos (como foi o caso do Vietnã); mas ao mesmo tempo se desenvolve uma estranha paz, fundada num poder de destruição sem precedente, como uma violência muda inédita: a da dissuasão nuclear. Pode haver guerras, mas elas se fazem no interior desse equilíbrio mortífero, como um novo fundamento e uma nova paz que faz de cada um de nós, desde o nascimento, um sobrevivente ou uma vida em *sursis*. Pode-se mesmo dizer, como o fazem Deleuze e Guattari, que as guerras locais que continuam a se produzir no globo são partes de uma paz global aterrorizante.

Reencontramos algo da mitologia inicial: uma espécie de fundamento que captura todos os poderes de guerra para fazer reinar uma estranha paz. Como o mostram Deleuze e Guattari, a nova máquina de guerra que se instaura e se desdobra após a Guerra Fria não tem mais a guerra como objeto ou objetivo, mas sim a paz, uma estranha paz de terror. É como uma terceira guerra mundial, mas concebida como paz perpétua, mediante a organização de uma segurança pública e de uma ordem policial inédita, ao mesmo tempo local e global. Nunca os homens foram tão vigiados, controlados, suspeitados, como se a cada passo que dessem estivessem transpondo um posto de fronteira. Trata-se de uma máquina de guerra ainda mais imperceptível porque ela não faz mais a guerra.

Como os novos poderes não são mais políticos e militares, de agora em diante importa menos investir no armamento ou na organização militar (embora isso sempre faça parte das prioridades) do que conduzir uma política policial e de segurança. As novas formas de violência se dão menos no confronto entre exércitos do que entre vastos mecanismos de segurança e de controle, de um lado, e populações quaisquer, de outro. O inimigo não é mais circunscrito, está potencialmente em toda parte. A paz substituiu a guerra e as operações de polícia substituem cada vez mais as operações militares – a menos que elas venham a se confundir.

Tudo se passa como se o capitalismo reencontrasse algo da ambição imperial de que falam os mitos. Não se trata mais de reinar sobre uma terra extensa e de traçar imperiosamente seus limites. Trata-se de englobar a terra inteira, de cingi-la para vigiar e controlar todas as suas partes. Se não há mais poder central, é precisamente porque se trata menos de reinar sobre *uma* terra limitada do que controlar os indivíduos que a povoam. Não se luta mais contra a população de um país, caçam-se indivíduos de um país a outro. O modelo que tende a se generalizar é o da luta antiterrorista. É o que mostra Grégoire Chamayou num livro notável, *Théorie du drône* (Teoria do drone). A ocupação da terra não importa mais, o que importa são os indivíduos, suas redes ou sua importância no seio dessa ou daquela rede submetida à vigilância. Tal é o novo englobamento: não mais circunscrever limites como fazia o agrimensor romano, não mais cercar ou demarcar o espaço, mas reconstituir um espaço liso englobante (que passa pelo mar, pelo céu ou pelos circuitos informáticos) capaz de envolver a terra e de controlar a circulação e a atividade das populações. Trata-se de englobar o espaço a fim de identificar os indivíduos criminosos que nele circulam (como fazem os drones).

Que o poder da nova máquina de guerra não mais se exerça de maneira visível, em relação a um território, significa igualmente que não se pode mais remontar a um poder central, por mais distante, por mais elevado que seja. Os centros de poder não são mais distantes, são inapreensíveis, fugazes. Há cada vez menos autoridades para (ou contra) as quais se voltar. Há antes uma multiplicidade de sistemas de controle contra os quais nada podemos, pois são automatizados e contêm de antemão todas as instruções às quais devemos nos submeter imperativamente; de modo que não sabemos mais contra quem dirigir nossa cólera. Lidamos com *uma cólera que não pode se organizar em conflito*, por falta de adversários, de inimigos ou de responsáveis. Que toda violência tenha se tornado impossível, eis aí uma forma de violência muito contemporânea, inseparável de uma política preventiva generalizada que busca se precaver contra todo risco, todo transbordamento, antecipando todo ato *criminoso*.

Então não é difícil ver qual violência se exerce e em que novo espaço-tempo estamos mergulhados. Um espaço cada vez mais fragmentado, um tempo sem duração, fluxo de presentes que se sobrepõem como outros tantos imperativos encadeados, uma espécie de aceleração que age como uma violência invisível, mas incessante. A ironia desse novo espaço-tempo é que ele repete, sob uma forma infelizmente rica de futuro, algo do mais longínquo passado. Ele perpetua a mitologia de um império do qual toda violência estaria ausente, conjurada, posta para fora – mas que fora? – por meio da violência que ele exerce sobre os indivíduos, uma violência que não se chama mais violência, mas *ordem* ou *justiça*. Sob muitos aspectos, a ausência de violência que nos impõem é um meio de nos privar de nossa capacidade de protesto. É o que eu gostaria de mostrar.

Não só não devemos mais nos opor ao sistema, mas devemos mostrar que estamos integrados nele, que aderimos a seus valores, a seu modo de funcionamento. O espaço-tempo no qual vivemos, as acelerações dos ritmos de vida a que somos submetidos, fazem que nossos espaços-tempos sejam cada vez mais sufocantes, não havendo lugar nenhum para nossas violências, de antemão desativadas. Desse ponto de vista, o trecho de *Margin Call* que mencionei não ilustra apenas uma espécie de conflito arcaico entre um aparelho de Estado que constitui o *si* e uma máquina de guerra que nos arrasta para o *fora de si*. Ele mostra também um mecanismo de poder que tenta controlar todas as reações possíveis do interlocutor, antecipar sua incompreensão, suas perguntas, que controla a duração da conversa, que o priva de suas redes (confisco do acesso ao computador e ao telefone), toda uma gestão do risco como atentado – ou violência – dirigido ao sistema em questão. É como uma tentativa de neutralizar toda violência.

Ora, são esses limites, justamente, que o personagem ultrapassa por um breve instante. Sua cólera faz com que por um instante ele passe para o outro lado. Não é nada de extremo, não se trata de uma *experiência limítrofe*. Só que ele não se alimenta dessa cólera, como também não dá a ela os meios de se organizar. E, quando novas forças se manifestam, ele não as reconhece. Elas não criam uma nova zona de direito para ele que, a seguir, abandonará essas forças para traí-las. Ele deveria tê-las organizado, dando-lhes uma consistência, uma forma, um prolongamento etc. Reconhecer essas forças de protesto não é contestar o direito, mas obrigá-lo a mudar para que as forças se redistribuam de outro modo. Pois uma força não pode organizar-se no campo social sem um direito do qual se valha; ela tem necessidade dele para construir um espaço de contestação. Inversamente, um direito sem poder, sem essas forças passionais, é vazio e abstrato, simples vestimenta ideológica (como os *direitos humanos*) sempre refugada pela inércia. Nesse ponto, certas violências devem ser vistas como extremamente preciosas; pois elas constituem verdadeiras forças de oposição, as únicas capazes de engendrar novos discursos e de instaurar – talvez – novos direitos, os novos modos de organização e os novos modos de existência do amanhã. Mas isso só é possível se a violência for vista não apenas como uma força, mas como uma expressão, a tarefa sendo então determinar o que, justamente, ela exprime com tanta força. É sob essa condição que a máquina de guerra volta a ser positiva, volta a ser uma força de destruição, de desorganização positiva.

Claro, as coisas continuam. Só que, com a Guerra Fria, desenvolveu-se outra coisa que indica uma mutação nesse confronto. Certamente prosseguem as guerras, sempre atrozes, embora ocorram noutras partes; aliás, elas se tornaram partes de uma nova paz mundial. A máquina de guerra não é mais a dos Estados, embora os Estados participem dela ativamente. Se a situação mudou, é também porque a soberania dos Estados agora está subordinada à expansão do capitalismo mundial.

A hipótese de Deleuze e Guattari é decisiva, desse ponto de vista: o objeto da nova máquina de guerra não é mais a guerra, é a paz, uma estranha paz de terror ou de sobrevivência, testemunhada pelo controle sempre crescente dos indivíduos. É que o inimigo não é mais o chefe de guerra, é potencialmente qualquer um. Assim como a paz substitui a guerra, a polícia substitui o exército. Trata-se de um novo espaço-tempo. Mas, se o Estado tinha ainda um fundamento, se era o fundamento da organização social, sabemos agora que não há mais fundamento.

A violência das guerras por muito tempo se associou a um espaço político no qual se disputavam territórios. Por muito tempo a ocupação constituiu um objetivo militar: ocupar o espaço, colonizá-lo para lutar contra populações insurrecionais. Mas o que importa agora não é lutar contra populações, mas contra indivíduos. O modelo não é mais o da contra-insurreição, mas o da luta antiterrorista. Como dizem Deleuze e Guattari em *Mil platôs*, "os alvos não são mais adversários, mas criminosos a eliminar."

Civilização e barbárie
Oswaldo Giacoia Junior

Num de seus cinco prefácios para cinco livros não escritos, Nietzsche observa, a propósito de nosso tema:

> Quando se fala em *humanidade* [*Humanität*], no fundo disso subjaz a representação de algo que *separa* e distingue o homem da natureza. Mas tal separação não existe na realidade [*Wirklichkeit*]: as propriedades ditas "naturais" e aquelas chamadas propriamente de "humanas" cresceram inseparavelmente entretecidas. Em suas forças mais elevadas e nobres, o homem é inteiramente natureza e carrega em si o inquietante duplo caráter desta. Suas temíveis [*furchtbar*] capacidades, tidas como não humanas, são talvez até mesmo o solo fecundo [*fruchtbar*] a partir do qual pode crescer toda humanidade, em impulsos, feitos e obras[1].

Essa linha de força, já presente em seus primeiros escritos, acompanha e determina todo o desenvolvimento de seu pensamento, em diferentes variantes e formulações. *Humanitas* é o selo da falsificação com o qual a filosofia clássica procurou justamente negar, no homem, seu passado e presente animais. Em oposição à *humanitas*, Nietzsche tenta um resgate

---

1. Friedrich Nietzsche, "Fünf Vorreden für fünf ungeschrieben Bücher. Homers Wettkampf" (Cinco prefácios para cinco livros não escritos. Competição de Homero), em: Giorgio Colli e Mazzino Montinari, *Friedrich Nietzsche: Sämtliche Werke. Kritische Studienausgabe* (Edição histórico-crítico-filológica dos escritos completos de Nietzsche, doravante KSA), vol. 1, Berlim/Nova York/Munique: de Gruyter/DTV, 1980, p. 783. Não havendo indicações em contrário, as traduções são de minha autoria.

do humano como *menschlich*, daí o título de sua obra: *Humano, demasiado humano*, no qual ele refuta a edulcorada versão de uma boa, digna e piedosa natureza humana, isenta de toda rudeza, desmesura, crueldade.

A refutação desse romantismo, encontramo-la por toda parte em Nietzsche:

> Tomar a seu serviço, a modo de tentativa, um por um e passo a passo, tudo aquilo que é terrível – assim quer a tarefa da cultura. Mas até que seja forte o suficiente para isso, ela tem que combater, moderar, velar, em certas circunstâncias, maldizer e destruir. Por toda parte onde uma cultura coloca seu mal, ela expressa com isso uma relação de temor: sua fraqueza se denuncia. Em si, todo bem é um mal de outrora tomado em serviço [...]. O domínio sobre as paixões, não seu enfraquecimento ou extirpação! Quanto maior é a força dominadora de nossa vontade, tanto mais liberdade pode ser dada às paixões. O grande homem é grande pelo espaço de liberdade de suas paixões: mas ele é suficientemente forte para fazer desses monstros seus animais domésticos [...][2].

A essa ideia Nietzsche relaciona a tarefa maior de uma *educação* (*Erziehung*) não castradora, que conduz à saúde tanto do indivíduo quanto da cultura. Uma possível *antropotécnica* nietzschiana não poderia se esgotar num código de operações biopolíticas; ela se inscreveria antes como proposta crítico-disruptiva de renaturalização (*Vernatürlichung*) do homem – transvaloração dos valores no nível da economia dos impulsos. O mesmo pensamento encontra-se na base das reflexões de Nietzsche sobre a gênese do processo civilizatório:

> No tocante à crueldade, é preciso reconsiderar e abrir os olhos; é preciso finalmente aprender a impaciência, para que deixem de circular, virtuosa e insolentemente, erros gordos e imodestos como, por exemplo, aqueles nutridos por filósofos antigos e novos a respeito da tragédia. Quase tudo o que chamamos "cultura superior" é baseado na espiritua-

---

2. Idem, "Nachgelassenes fragmen" (Fragmento póstumo), n. 16 [6 e 7], primavera-verão de 1888, *op. cit.*, vol. 13, pp. 484-ss.

lização e no aprofundamento da crueldade – eis a minha tese; "esse animal selvagem" não foi abatido absolutamente, ele vive e prospera, ele apenas – se divinizou[3].

Todo o processo de hominização tem por fonte e pressuposto a transfiguração da força telúrica das pulsões em sublimes florações culturais, como a arte, a ciência, a religião, a moralidade, a política. A própria filosofia, a forma mais espiritual da vontade de poder (para Nietzsche, filosofia é, propriamente, a *arte da transfiguração*), tem de ser uma reconstituição da pré-história desses processos de sublimação do *animal homem* em *zoon politikon*, ou seja, da divinização da violência. É nesse mesmo horizonte, então, que Nietzsche considera também a gênese do Estado.

> O mais antigo "Estado" apareceu como uma terrível tirania, uma máquina esmagadora e implacável, e assim prosseguiu seu trabalho, até que tal matéria-prima humana e semianimal ficou não só amassada e maleável, mas também *dotada de uma forma*. Utilizei a palavra "Estado": está claro a que me refiro – algum bando de bestas louras, uma raça de conquistadores e senhores, que, organizada guerreiramente e com forças para organizar, sem hesitação lança suas garras terríveis sobre uma população talvez imensamente superior em número, mas ainda informe e nômade. Desse modo começa a existir o "Estado" na terra: penso haver-se acabado aquele sentimentalismo que o fazia começar com um "contrato"[4].

Ao contrário do que pensam muitos de seus comentadores, Nietzsche não faz a apologia da força bruta, senão aponta na direção de sua inevitabilidade e da necessidade da sublimação de sua potência – aliás, esse é, inevitavelmente, segundo ele, o caminho da civilização. Sublimação é uma ideia cardinal na filosofia de Nietzsche, cujo desenvolvimento pode ser apreendido no conceito de autossupressão (*Selbstaufhebung*). De acordo com esse conceito, justiça, direito e Estado não são senão o resultado de uma *longa e penosa espiritualização da potência* – uma conquista humana

---

3. Idem, *Além do bem e do mal*, aforismo 229, São Paulo: Companhia das Letras, 2005, p. 121.
4. Idem, *Genealogia da moral*, Dissertação II, n. 17, São Paulo: Companhia das Letras, 1998, pp. 74-ss.

possível, cuja consequência extrema seria, paradoxalmente, a abolição da perspectiva da culpa e da necessidade de punição.

> Não é inconcebível uma sociedade com tal *consciência de poder* que permitisse o seu mais nobre luxo: deixar *impunes* seus ofensores: "Que me importam meus parasitas?", diria ela. "Eles podem viver e prosperar – sou forte o bastante para isso!" [...]. A justiça, que iniciou com "tudo é resgatável, tudo tem que ser pago", termina por fazer vista grossa e deixar escapar os insolventes[5].

Apesar da barbárie de sua pré-história, a genealogia do sentimento de justiça pode apontar, como resultado tardio, para a gestação de uma *boa vontade*, de um *espírito muito bom*, como predicados e virtudes do *homem justo*. São essas virtudes que animam a reconstituição de mais um percurso de autossuperação, que se desdobra a partir dessas virtudes, e que culminam na superação *da justiça pela graça*. Penso que essa figura corresponde à dissolução e à superação do vínculo mítico ancestral entre direito, justiça e violência, a partir de uma intensificação do sentimento de poder, que o altera substancialmente, transfigurando-o por sublimação. Antes, porém, é necessário reconhecer que o homem é tanto o animal quanto o além do animal, de modo que as duas coisas se interpenetram e exigem-se mutuamente: "Com todo crescimento do homem em grandeza e elevação, cresce ele também no profundo e no terrível: não se deve querer uma dessas coisas sem a outra – ou, o que é muito mais, quanto mais fundamentalmente se quer uma delas, tanto mais fundamentalmente se alcança justamente a outra"[6].

Como observou com toda a propriedade Michel Foucault, nos subterrâneos da ordem instituída permanece um combate ininterrupto a perturbar surdamente a paz, pois no fundo, na essência, nos mecanismos básicos de todo ordenamento social, jurídico e político, encontra-se sempre a ordem das batalhas, as relações de força e dominação: "Quem enxergou a guerra como filigrana da paz, quem procurou no barulho da confusão da guerra, quem procurou na lama das batalhas o princípio de inteligibi-

---

5. *Ibidem*, n. 10, p. 62.
6. *Idem*, "Nachgelassenes fragment" (Fragmento póstumo), n. 9 [154], outono de 1887, em: Giorgio Colli e Mazzino Montinari, KSA, *op. cit.*, vol. 12, pp. 426-ss.

lidade da ordem, do Estado, de suas instituições e de sua história?"[7]. Um daqueles que o fez foi, com toda certeza, Friedrich Nietzsche.

Por causa disso, em tempos de extensão global do *parlamentar-capitalismo*, quando a força do *império* institui-se como única potência dominante, convém revisitar os arquivos da filosofia de Nietzsche, inclusive, e talvez hoje, sobretudo, em termos de sua inédita contribuição para uma visão alargada do direito internacional público. "Assim nascem os direitos: graus de poder reconhecidos e assegurados. Se as relações de poder mudam substancialmente, direitos desaparecem e surgem outros – é o que mostra o direito dos povos em seu constante desaparecer e surgir.[8]"

Nietzsche reconheceu sem reservas que as relações de direito não são apenas expressões ideológicas de uma falsa consciência, mas a transcrição institucional de relações de força e poder, de domínio e sujeição, recolocando em novos termos a equação entre direito e força. Nesse particular, as noções de cálculo e equilíbrio desempenham um papel fundamental na instituição e no reconhecimento de direitos e obrigações, e a noção de justiça como *equilíbrio* adquire o *status* de princípio filosófico:

> *Equilíbrio* é, pois, um conceito muito importante para a mais antiga doutrina do direito e da moral; equilíbrio é a base da justiça. Quando esta diz, em tempos mais rudes, "olho por olho, dente por dente", ela pressupõe assim o equilíbrio alcançado e quer *mantê-lo* em virtude dessa retribuição: de maneira que, quando agora um atenta contra o outro, este não tira mais a vingança do cego amargor. Porém, em virtude do *jus talionis*, a perturbada relação de poder é *restabelecida*: pois um olho, um braço *a mais* em tais circunstâncias primevas é uma parte de poder, de peso a mais [9].

Ponderação de valores, estimativas de pesos, mensuração, fixação de equivalências e retribuições – todo um regime de quantificação e compensação com vistas a manter ou restabelecer o equilíbrio entre os dois pratos da balança da justiça.

---

7. Michel Foucault, *Em defesa da sociedade*, São Paulo: Martins Fontes, 2005, p. 54.
8. Friedrich Nietzsche, *Aurora*, aforismo 112, São Paulo: Companhia das Letras, 2004, pp. 82-ss.
9. *Idem*, "Menschliches allzuMenschliches", (Humano, demasiado humano II: o andarilho e sua sombra), aforismo 22, em: Giorgio Colli e Mazzino Montinari, KSA, *op. cit.*, vol. 2, pp. 555-ss.

Nossos deveres – são direitos de outros sobre nós. De que modo eles os adquiriram? Considerando-nos capazes de fazer contrato e de dar retribuição, tomando-nos por iguais e similares a eles, e assim nos confiando algo, nos educando, repreendendo, apoiando. Nós cumprimos nosso dever – isto é: justificamos a ideia de nosso poder que nos valeu tudo o que nos foi dado, devolvemos na medida em que nos concederam[10].

A relação entre direito e dever é, assim, mediada pelo conceito de poder, pois a necessária reciprocidade entre direitos e deveres só pode se referir ao que se encontra respectivamente em poder de cada um dos partícipes da relação. O mais interessante e realista nessa análise é que a equivalência entre poder e direito, poder e dever não se funda em qualquer elemento natural ou *objetivo*, mas em crença, representação, reconhecimento, naquilo que se *acredita* estar em poder de alguém:

Os direitos dos outros podem se referir apenas ao que está em nosso poder. Colocado de modo mais preciso: apenas ao que eles acreditam estar em nosso poder, pressupondo que acreditamos que seja o mesmo que esteja em nosso poder. O mesmo erro bem poderia se achar em ambos os lados: o sentimento do dever depende de partilharmos, nós e os outros, a mesma *crença* quanto à extensão de nosso poder[11].

Naturalmente, essa crença se desdobra no reconhecimento do respectivo grau de poder dos implicados na relação, em sua capacidade de mútua retribuição. Por sua vez, isso torna possível a conclusão de um contrato, com o devido cálculo de benefícios a auferir e prejuízos a evitar. Esse pacto institui um equilíbrio e

uma espécie de *paridade*, com base na qual pode-se [sic] estabelecer direitos. O *direito* vai originalmente *até onde* um *parece* ao outro valioso, essencial, indispensável, invencível e assim por diante. Nisso o mais fraco também tem direitos, mas menores. Daí o famoso *unusquisque tantum juris habet, quantum potentia vale* (cada um tem tanta justiça quanto

---

10. Idem, *Aurora, op. cit.*, p. 82.
11. *Ibidem.*

vale seu poder) (ou, mais precisamente, *quantum potentia valere creditur*) (quanto acredita valer seu poder)[12].

Assim, direitos e deveres se originam dos pactos, de tal maneira que, onde não existem os últimos, também inexistem os primeiros. Por outro lado, onde direitos e deveres são mantidos e predominam, isso ocorre com base no reconhecimento da manutenção dos graus de poder em que se funda a relação, rechaçando-se a hipótese de seu incremento ou diminuição. "Assim nascem os direitos: graus de poder reconhecidos e assegurados. Se as relações de poder mudam substancialmente, direitos desaparecem e surgem outros – é o que mostra o direito dos povos em seu constante desaparecer e surgir.[13]"

Por essa razão, escreve Nietzsche, o *homem justo* requer, permanentemente, "a fina sensibilidade de uma balança: para os graus de poder e direito que, dada a natureza transitória das coisas humanas, sempre ficarão em equilíbrio apenas por um instante, geralmente subindo ou descendo: – portanto, ser justo é difícil e exige muita prática e boa vontade, e muito *espírito* bom"[14].

Tendo em vista as linhas gerais dessa filosofia do direito, compreende-se melhor a acerba crítica nietzschiana da moderna doutrina da igualdade de direitos. Se a própria noção de direito implica a pretensão a prerrogativas especiais de ação no espaço social, pretensão fundada no reconhecimento diferencial de graus de poder consolidados e mantidos, então, do ponto de vista de Nietzsche, a desigualdade tem que ser pensada como uma das condições para que haja direitos, na medida em que não se poderia pressupor razoavelmente a condição ideal de uma sociedade em universal e constante paridade de forças, se o mundo é constituído por relações de poder e dominação. É nesse contexto que adquire sentido a tese de Nietzsche de acordo com a qual "a *desigualdade* de direitos é a condição para que haja direitos. – Um direito é um privilégio. Cada um tem, em sua espécie de ser, também seu privilégio"[15]. Tese essa que

---

12. *Ibidem*, aforismo 93, p. 71.
13. *Ibidem*, aforismo 112, p. 83.
14. *Ibidem*.
15. Idem, *O anticristo*, aforismo 57, São Paulo: Companhia das Letras, 2007, p. 72.

decorre diretamente daquela já sustentada em *Aurora*, de que a condição para que se possa conferir direitos é que se tenha *poder*[16].

A esse respeito, Nietzsche tem em elevada consideração o que denomina realismo de Tucídides em coisas de direito e política, que contrasta ao extremo com o que ele considera o mendaz idealismo de Platão. Uma ilustração cabal desse realismo pode ser encontrada na *História da guerra do Peloponeso*, no célebre diálogo entre os embaixadores atenienses e os medos:

> 89 – Atenienses: Pois bem; não faremos uma exposição extensa e pouco convincente, recorrendo a uma fraseologia decorativa, tal como a de que é justo que tenhamos um império, por ter destruído o império medo; ou que vos atacamos agora por termos sido vítimas de vossos agravos. Aspiramos também a que não creais convencer-nos alegando que não lutastes do nosso lado por ser colônia dos lacedemônios; ou que não nos tendes feito agravo nenhum; nós aspiramos a que se negocie o que seja possível, tendo por base aquilo que realmente pensamos cada um de nós: porque vós conheceis, e nós sabemos, que, de acordo com o modo de pensar dos homens, a justiça é concedida quando os condicionamentos são iguais, enquanto que o possível o realizam os fortes e os débeis o consentem[17].

Por isso, se nosso poder se debilita, extinguem-se nossos direitos e, se nos tornamos superpoderosos, os outros deixam de ter direito sobre nós, tal como reconhecíamos nós mesmos a eles tais direitos. Desse modo, a esfera normativa do direito não suprime o conflito efetivo ou latente nem a violência real ou virtual presente nas relações de dominação. Pelo contrário, ela as pressupõe, estabelece seus limites, como seu plano de regramento.

A existência de direitos depende, pois, do equilíbrio reconhecido entre múltiplas e variadas formas de correlação de forças. Ele não se efetiva na e pela representação de uma validade objetiva da lei ou da natureza cogente das disposições normativas, menos ainda por um pretenso consenso

---

16. Idem, *Aurora*, aforismo 437, *op. cit.* pp. 228-ss.
17. Tucídides, *História da guerra do Peloponeso*, livro v, São Paulo: Martins Fontes, 1999, pp. 84-116.

isento de coação – pactos são rituais que põem fim temporariamente a um conflito que permanece latente. Com base nisso, pode-se afirmar que, para Nietzsche, justiça é uma virtude que se funda numa perspectiva acurada para a detecção de graus de poder, assim como num senso cultivado para medir equivalências. Pois é justamente no equilíbrio de forças que se encontra, para ele, o pressuposto da justiça.

Com base no que foi desenvolvido até agora, penso poder afirmar que a principal estratégia de Nietzsche consiste em realizar um diagnóstico do presente por meio de um distanciamento crítico, de um afastamento reflexivo que viabiliza uma posição de extemporaneidade e autorreflexão. Paradoxalmente, ela permite aproximar Nietzsche, de maneira surpreendentemente fecunda, do importante debate atual sobre temas de filosofia política e de filosofia do direito, como aquele do estatuto e função dos direitos e garantias fundamentais do homem e do cidadão. Pois também a compreensão atual dos direitos humanos como medula ética do direito e ideia reguladora da política, bem como dispositivo histórico de consolidação do Estado democrático de direito, deve ser submetida ao escrutínio da crítica genealógica, que sempre se coloca na pista da gênese dos valores e do valor da gênese, de modo a detectar a *pudenda origo*, as inconfessáveis pretensões de domínio, cujas camuflagens ideológicas são colocadas a nu por uma verdadeira análise histórica das proveniências. Como bem reconheceu Michel Foucault, na esteira de Nietzsche:

> O sistema do direito e o campo judiciário são o veículo permanente de relações de dominação, de técnicas de sujeição polimorfas. O direito, é preciso examiná-lo, creio eu, não sob o aspecto de uma legitimidade a ser fixada, mas sob o aspecto dos procedimentos de sujeição que ele põe em prática. Logo, a questão, para mim, é curto-circuitar ou evitar esse problema, central para o direito, da soberania e da obediência dos indivíduos submetidos a essa soberania e fazer que apareça, no lugar da soberania e da obediência, o problema da dominação e da sujeição[18].

Podemos extrair dessas considerações um desdobramento metodológico interessante, de enorme utilidade. Com análises dessa natureza, cen-

---

18. Michel Foucault, *Em defesa da sociedade*, São Paulo: Martins Fontes, 2005, p. 32.

tradas nas relações de domínio e sujeição, podemos perceber com clareza que nenhuma relação de poder pode estabelecer-se e consolidar-se sem o desenvolvimento complementar da produção de discursos de verdade, isto é, sem instâncias simbólicas de legitimação. Por causa disso, em vez de insistir no problema das relações entre legitimidade e legalidade, de identificar direito, poder e Estado, mais produtivo seria investigar a cumplicidade sempre latente entre regimes de verdade e relações de domínio.

O que significa que o discurso sobre o direito deve ser examinado no contexto mais amplo dos dispositivos e operadores de dominação, isto é, daquelas instâncias sociais de produção das anormalidades e desvios, vinculando-se à história dos aparelhos sociopolíticos de produção sistemática de exclusões. Sobretudo em sociedades como as nossas, em que a produção da exclusão faz parte do funcionamento normal do subsistema econômico. Portanto, Nietzsche nos convida a pensar que o paradigma contratual do direito e da política – tal como podemos encontrá-lo em diferentes formulações, de Grotius a Rousseau e Locke, mas sobretudo em Hobbes – pode ser produtivamente substituído por uma genealogia crítica das categorias cardinais do direito e da política modernos.

> Em vez de orientar a pesquisa sobre o poder para o âmbito do edifício jurídico da soberania, para o âmbito dos aparelhos de Estado, para o âmbito das ideologias que o acompanham, creio que se deve orientar a análise do poder para o âmbito da dominação (e não da soberania), para o âmbito dos operadores materiais, para o âmbito das formas de sujeição, para o âmbito das conexões e utilizações dos sistemas locais de assujeitamento e para o âmbito, enfim, dos dispositivos de saber[19].

Na origem do direito está, para Nietzsche, a barbárie. Transfigurá-la em formações que estabilizem o humano, transitar da animalidade à humanidade é a tarefa de autoconstituição do humano na história, o que o filósofo denominou processo de internalização e espiritualização da crueldade. Nesse horizonte, o direito integra uma constelação cultural arcaica, na qual a sacralidade é mobilizada para tornar possível conter e dar forma social à violência. Nessas coordenadas, o elemento jurídico,

---

19. *Ibidem*, p. 40.

assim como as formas rituais, cultuais, sobretudo sacrificiais, faz parte do conjunto dos *media* inventados para manter sob controle a violência ínsita ao animal homem.

Como direito divino, ele é também o meio de assegurar a separação (violenta) entre as esferas do religioso e do profano:

> Em numerosos rituais, o sacrifício apresenta-se de duas maneiras opostas: ou como "algo muito sagrado", do qual não seria possível abster-se sem negligência grave, ou, ao contrário, como uma espécie de crime, impossível de ser cometido sem expor-se a riscos igualmente graves. É criminoso matar a vítima, pois ela é sagrada [...]. Mas a vítima não seria sagrada se não fosse morta. Existe aqui um círculo que receberá um pouco mais tarde, conservando-o até hoje, o sonoro nome de ambivalência[20].

Emancipado de seu enquadramento religioso, o direito torna-se meio violento para a realização da justiça, para o estabelecimento da paz, para delimitar e promover a organização institucional da sociedade política, pela via da constituição (jurídica).

> No final das contas, o sistema judiciário e o sacrifício têm a mesma função, mas o sistema judiciário é infinitamente mais eficaz. Só pode existir se associado a um poder político realmente forte. Como qualquer outro progresso técnico, ele constitui uma arma de dois gumes, servindo tanto à opressão quanto à libertação. É sob este aspecto que ele se mostra aos primitivos que, neste ponto, têm sem dúvida um olhar bem mais objetivo que o nosso. Por mais imponente que seja, o aparelho que dissimula a identidade real entre a violência ilegal e a violência legal sempre acaba por perder seu verniz, por se fender e finalmente por desmoronar. A verdade subjacente aflora e a reciprocidade das represálias ressurge, não apenas de forma teórica, como uma verdade simplesmente intelectual que se mostraria aos eruditos, mas como uma realidade sinistra, um círculo vicioso do qual se pensava ter escapado, e que reafirma seu poder[21].

---

20. René Girard, *A violência e o sagrado*, São Paulo: Editora Unesp, 1990, p. 13.
21. *Ibidem*, p. 37.

O sacrifício de seres humanos ou animais constitui o cimento da sociabilidade *primitiva*, assim como um poderoso fator determinante da evolução humana, que conserva os traços mais remotos de seu enraizamento biológico. Isso implica que, de certo modo, os primórdios da hominização se enraízam profundamente na violência sacrificial.

> Os procedimentos que permitem aos homens moderar sua violência são todos análogos: nenhum deles é estranho à violência. Poder-se-ia pensar que todos eles se encontram enraizados no religioso. Já vimos que o religioso propriamente dito identifica-se com os diversos modos de prevenção: mesmo os procedimentos curativos estão impregnados de religioso, tanto em sua forma rudimentar, que quase sempre é acompanhada de ritos sacrificiais, quanto na forma judiciária. Num sentido amplo, o religioso coincide certamente com essa obscuridade que envolve em definitivo todos os recursos do homem contra sua própria violência, sejam eles preventivos ou curativos, com o obscurecimento que ganha o sistema judiciário quando este substitui o sacrifício. Esta obscuridade não é senão a transcendência efetiva da violência santa, legal, legítima, face à imanência da violência culpada e ilegal[22].

Portanto, se temos dificuldade em perceber a transcendência e a teologia subterrânea que vincula antropologicamente o princípio da vingança e o princípio da justiça, a verdade dos deuses e a verdade dos sistemas judiciários; se permanecemos ignorantes da violência fundadora que se transfigura religiosamente no sagrado e evolui para as formas mais desenvolvidas e *racionais* dos modernos sistemas de prestação da justiça, isso não ocorre porque nos situemos hoje longe disso, no exterior do religioso e das formas sacrificiais, mas por permanecermos no interior delas, "ao menos no que se refere ao essencial"[23].

Assim, nos sistemas judiciais permanece o resíduo ancestral da violência sagrada e persiste a necessidade da vítima expiatória, como possibilitação da paz e unidade social; se a ciência mais avançada ainda conserva a essência metafísica da perseguição, ela também não pode prescindir

---

22. *Ibidem*, pp. 37-ss.
23. *Ibidem*, p. 38.

da violência sacrificial, de modo que persiste aqui também o emprego da violência alegadamente para fins não violentos, ou mesmo de eliminação da violência: violência santa (ou santificada) contra violência a ser proscrita, expiada.

Tudo se passa, portanto, no reino animal do *Homo sapiens*, como se o problema fundamental ainda fosse aquele de como lidar com a própria ferocidade, com a violência ancestral que, tendo liquidado o plano em que se situavam as antigas divindades, pôs-se no encalço de outra indispensável vítima sacrificial. De modo que nossa principal tarefa, no plano do pensamento filosófico, talvez consista em cauterizar os atavismos inconscientes da violência sangrenta em todas as formas contemporâneas. Formas que são modalidades variadas de nostalgia do absoluto, cuja extrema variante talvez seja a sacralização ético-jurídica da vida, como valor universal. Em todas essas figuras, sobrevivem os ritos sacrificiais, permanecendo ativa, embora latente, a operatividade que entretece causalidade e culpa. Podemos dizer, com Girard, que

> os debates grandiloquentes sobre a morte de Deus e do homem nada têm de radical; continuam sendo teológicos, e consequentemente, num sentido amplo, sacrificiais. Eles dissimulam a questão da vingança, desta vez complemente concreta, e em absoluto filosófica, pois, como já vimos, é a vingança interminável que ameaça retomar entre os homens após o assassinato da divindade[24].

Não havendo mais transcendência – religiosa, humanista ou qualquer outra – que defina uma violência legítima, a legitimidade e ilegitimidade da violência encontram-se definitivamente à mercê da opinião de cada um, condenadas a uma vertiginosa oscilação e ao desaparecimento.

> Há a partir de então tantas violências legítimas quanto violentas, ou seja, elas deixam completamente de existir. Somente uma transcendência qualquer, que faça acreditar numa diferença entre o sacrifício e a vingança, ou entre o sistema judiciário e a vingança, pode *enganar* duravelmente a violência[25].

24. *Ibidem*.
25. *Ibidem*.

Retomo, em conclusão, meu ponto de partida:

> Quando se fala em *humanidade* [*Humanität*], no fundo disso subjaz a representação de algo que *separa* e distingue o homem da natureza. Mas tal separação não existe na realidade [*Wirklichkeit*]: as propriedades ditas "naturais" e aquelas chamadas propriamente de "humanas" cresceram inseparavelmente entretecidas. Em suas forças mais elevadas e nobres, o homem é inteiramente natureza e carrega em si o inquietante duplo caráter desta. Suas temíveis [*furchtbar*] capacidades, tidas como não humanas, são talvez até mesmo o solo fecundo [*fruchtbar*] a partir do qual pode crescer toda humanidade, em impulsos, feitos e obras[26].

Com base nele, tentei esclarecer a relevância e a atualidade da filosofia de Nietzsche para o tratamento do problema com o qual nos defrontamos. A partir do cruzamento que promovi com as contribuições de Michel Foucault, de René Girard e de outros interlocutores explícitos ou implícitos, tentei lançar luz sobre a imensa produtividade das perspectivas paradoxais encontradas na crítica nietzschiana da cultura.

Trouxe à tona o aberto e probo reconhecimento, por Nietzsche, dos obscuros começos de todas as grandes coisas que existiram sobre a Terra, mas também de sua potência telúrica e abissal. Duas das principais dessas grandes coisas, talvez das mais belas e sublimes, sejam justamente a justiça e o direito. Mas, como em todas elas, "no começo era o ato, e o ato sangrento". No entanto, se a justiça se iniciou com a exigência de que *tudo tem seu equivalente, tudo deve ser pago,* ela pode culminar numa forma sublime de autossupressão por realização integral, ao longo de um lento e penoso processo de transformação, de sublimação. Já na Lei das Doze Tábuas, cortar um pouco mais, um pouco menos do corpo do devedor, para quitação da obrigação contraída, era considerado um ato de magnanimidade do credor.

Justamente no capítulo intitulado "Dos sublimes" de *Assim falou Zaratustra,* Nietzsche pinta em cores suaves o resultado final da transfiguração da brutalidade e da violência em beleza e graça, do épico, heroico pro-

---

26. Friedrich Nietzsche, "Fünf Vorreden für fünf ungeschrieben Bücher. Homers Wettkampf", em: KSA, *op. cit.* p. 783.

cesso de construção das formas elementares da justiça na misericordiosa presença radiante da graça: "Quando o poder torna-se misericordioso (*gnädig*) e vem cá para baixo, para o visível, esse vir-cá-para baixo, eu o denomino beleza. Esse é o segredo da alma; só quando a abandonou o herói, é que se aproxima, como em sonhos, o além-do-herói"[27].

---

27. Idem, "Dos Sublimes", *Also sprach Zarathustra* (Assim falou Zaratustra), KSA, v. 4, p. 150s. Edição brasileira: *Assim falou Zaratrusta*, São Paulo: Companhia das Letras, 2011.

Terror, violência e política
Newton Bignotto

Hobbes descreve no *Leviatã* a condição natural do homem como um estado no qual a violência impera. Sem os instrumentos de controle e coesão do Estado, vivemos sem esperança e em contínua tensão.

> Numa tal situação não há lugar para a indústria, pois seu fruto é incerto; consequentemente não há cultivo da terra, nem navegação, nem uso das mercadorias que podem ser importadas pelo mar; não há construções confortáveis, nem instrumentos para mover e remover as coisas que precisam de grande força; não há conhecimento da face da Terra, nem cômputo do tempo, nem artes, nem letras; não há sociedade; e o que é pior do que tudo, um constante temor e perigo de morte violenta. E a vida do homem é solitária, pobre, sórdida, embrutecida e curta[1].

Podemos não concordar com as conclusões do pensador, que o levam a preferir uma determinada organização da vida pública a outras; podemos até mesmo dar de ombros e dizer que essa é apenas a descrição de um estado de natureza hipotético, visando fundar a filosofia política do autor. Mas é inegável que o retrato da vida do homem entregue às suas paixões naturais se aproxima de forma inquietante de nossas vidas, quando estamos imersos num mar de violência, como nas guerras do século xx ou nas guerras civis que até hoje atormentam países espalha-

---

1. Thomas Hobbes, *Leviatã*, São Paulo: Abril, 1979, p. 76.

dos por todo o mundo. Se estamos longe de acreditar que vivemos num mundo próximo do estado natural descrito por Hobbes, pelo menos nos tempos de paz, também não podemos fugir do sentimento de insegurança que a presença da violência produz em nossas vidas. O homem contemporâneo vive num mundo mais seguro do que viveu em outras épocas, mas também sujeito a graus de violência e a um medo contínuo (que os meios de comunicação contribuem para exacerbar), desconhecido de outros momentos históricos[2]. A violência tem suas formas. Ela se exerce no privado e no público, ela concerne os indivíduos e os Estados, organizações amplas e pequenas comunidades, e, sobretudo, ela possui uma história. Está ligada a formas sociais concretas, a organizações políticas específicas e também a crenças quanto à natureza do homem e seus desígnios. Fenômeno universal, ela possui faces diversas, tantas quantas são as faces do humano.

Por isso, seria impossível, no espaço de um texto, abordar o fenômeno da violência em toda sua amplitude ou propor uma teoria geral sobre o problema. Na verdade, até mesmo a análise de um de seus aspectos – a relação entre política e violência – se mostra uma questão ampla demais para servir de objeto de uma investigação restrita. De alguma maneira, tratar dessa relação em sua totalidade corresponde a avançar uma teoria geral sobre a política, pois, independentemente das consequências que tira Hobbes de sua postulação da existência do estado de natureza, é inegável que a violência, desde a Antiguidade, faz parte dos problemas que um pensador político deve enfrentar para construir sua obra.

Para escapar do dilema provocado pela afirmação do caráter universal da violência, escolhemos tratar o problema em um momento específico da vida política, aquele da criação das leis, o momento que desde a Antiguidade intriga os pensadores, que se dão conta de que há um momento na vida de um corpo político em que a criação de novas regras e formas de contenção da violência se dá num universo desprovido de leis e de limites para o emprego da força. Na modernidade e na contemporaneidade, esse é o momento das revoluções. Elas servem de referência por expor não apenas o contraste entre o que é legal e o que está fora da lei mas, sobretudo, por não poder evitar inteiramente a questão da violência. É claro

---

2. Cf. Jean-Claude Chesnais, *Histoire de la violence* (História da violência), Paris: Robert Lafont, 1981.

que podem existir revoluções sem que haja a irrupção de atos violentos, mas nelas o problema da passagem de uma ordem legal para outra sempre está presente. De maneira ainda mais aguda, os processos revolucionários sempre se confrontam com a questão da contenção da violência, mesmo quando a transição entre regimes se dá sem uma confrontação direta entre ordens sociais diferentes. Para falar a linguagem de Hobbes, uma revolução é um momento de questionamento da soberania e de sua afirmação, o que implica responder à questão de quem deve ter o controle dos meios de repressão e do uso da força. Para ele, se ninguém for capaz de monopolizar o uso da força, estamos em pleno estado de natureza, quando todos representam uma ameaça para todos. O caráter complexo e radical dos fenômenos revolucionários faz deles um objeto privilegiado para pensarmos os problemas referentes à violência e suas fontes passionais.

Mas, antes de mostrar qual será nosso caminho neste texto, vale a pena precisar aspectos do território de encontro entre política e violência. Inspirando-nos em indicações de Yves Michaud[3], podemos apontar pelo menos três caminhos para pensar a relação entre política e violência. O primeiro é aquele da violência contra o poder. Essa é a forma por excelência das revoluções. Ela pressupõe a existência de um Estado, detentor de mecanismos legais de exercício da violência, que se deseja transformar. Nesse caso, a violência aparece como o instrumento necessário para exacerbar um conflito, que para muitos atores não pode ser resolvido por outros meios. Nesse sentido, ela é exercida por agentes, que reivindicam uma nova legitimidade, num contexto em que as leis parecem em contradição com os anseios de parte importante dos cidadãos, ou contrárias a projetos de novas formas sociais. Ela é exercida inicialmente em contraposição às leis, na medida em que quer não apenas modificá-las mas, sobretudo, deixá-las de lado em proveito de uma nova ordem legal. Como veremos, o grande problema está em como traçar a fronteira entre os atos violentos gratuitos, que existem no interior de qualquer corpo político, e a violência exercida em nome de uma nova visão do que é a política ou para resistir aos abusos do soberano. Classicamente, essa interrogação contém o problema dos limites do soberano e aquele do direito de resistência, presente em muitos pensadores políticos desde a Antiguidade.

---

3. Yves Michaud, *Violence et politique* (Violência e política), Paris: Gallimard, 1978.

A segunda forma de violência presente na cena contemporânea é aquela exercida pelo poder. Nesse caso, trata-se de consolidar um poder recentemente conquistado, fruto por vezes justamente do uso da violência contra os antigos governantes, ou de manter funcionando um Estado, que precisa contar com os meios legais de repressão para se manter vivo. Essa é a forma que nos interessa aqui, pois vincula violência, poder e terror. Em seu interior, no entanto, esse caminho possui mais de uma face. A mais corriqueira é aquela do Estado que se serve de meios violentos para garantir sua própria existência. Trata-se de uma forma controlada de violência e que permeia a vida de qualquer cidadão dos Estados modernos. Michel Foucault foi um dos pensadores mais atentos no século xx a essa dimensão do poder estatal e às formas utilizadas para exercê-lo[4]. Ao longo de toda sua obra, encontramos um vasto repertório de análises das formas variadas de controle exercidas por meio de instituições como as prisões e os manicômios. Ele nos levou a compreender como funciona de fato um dos pilares do Estado de direito na modernidade: o monopólio do uso da força. De maneira direta, ele nos ajudou a compreender algo que afirmamos antes: a violência tem uma história e ela diz muito da natureza humana e seus desvãos.

Esse poder exercido em nome da lei por instituições do Estado é uma das figuras da violência presentes em nossa vida, mas está longe de ser a mais radical. A forma mais extrema ocorre quando o Estado recorre a formas de violência que escapam ao quadro legal, que deveria servir de referência para o uso da força, para garantir sua sobrevivência em face de ameaças que ele acredita pairarem sobre a sociedade. Surgido no interior das revoluções modernas, o terror define assim um caso-limite do uso da violência no interior das sociedades atuais. Nesse caso, a violência é extrema porque a ameaça à sobrevivência do poder parece ser extrema, mas ela se exerce fora dos quadros legais, que parecem aos governantes incapazes de conter os perigos que rondam o poder instituído. Embora o recurso ao terror como forma de governo seja um caso particular no interior do território mais amplo do recurso à violência para a manutenção do Estado, ele nos ajuda a pensar o problema da relação entre política e violência.

---

4. Foucault se ocupou dessa questão ao longo de toda sua carreira. Apenas como exemplo vale a pena lembrar um de seus livros seminais sobre o problema: *Vigiar e punir*.

A terceira figura da relação entre política e violência é aquela da dissolução do poder e dos laços sociais: a guerra civil. Nesse caso, desaparecem as mediações, e a violência se torna o mecanismo por excelência de solução dos conflitos entre os indivíduos e os grupos. Temida desde a Antiguidade, como mostrou Nicole Loraux em um livro clássico[5], ela foi o pesadelo de pensadores como Hobbes, que viam nela a forma histórica do estado de natureza. A guerra civil marca uma espécie de vitória da violência, um colapso das mediações e, por isso, um limite intransponível para a própria política. Tudo se passa como se regredíssemos a uma época puramente passional de nossas relações. Nesse território, a violência é o produto direto das paixões; ela se mostra sem disfarces e proteções e, por isso, escapa ao esforço de teorização da filosofia política. As análises antropológicas e psicológicas continuam a valer, mas a guerra civil é a dissolução do objeto mesmo do filósofo político. Horizonte final das lutas entre os homens, ela acaba se situando fora do terreno no qual política e violência se relacionam dialeticamente.

Partindo do quadro que acabamos de apresentar, vamos concentrar nossa atenção na figura do terror, em particular em seu aparecimento no curso da Revolução Francesa. Mesmo que não defendamos a tese de que esse evento contém em germe toda a política contemporânea, ele nos interessa por permitir-nos ver em conjunto as três formas de manifestação da violência na vida política contemporânea. Uma análise mais detalhada permitir-nos-ia estudar o vínculo existente entre as diversas manifestações do fenômeno que nos interessa na cena pública, mas tornaria nosso objeto grande demais para um texto. Preferimos, assim, centrar nossa atenção em alguns aspectos do terror, sem pretender esgotar o assunto e nem mesmo propor uma hierarquia das formas de violência. Nossa escolha se justifica, no entanto, por considerarmos que o terror, tal como apareceu no curso da Revolução Francesa, foi um evento inaugural de um dos caminhos que seriam repetidamente seguidos na modernidade pelos diversos atores que, nos mais diversos contextos históricos, se propuseram a transformar a vida política. Ainda que devamos ser cuidadosos para não inferir dessa afirmação a ideia de que a Revolução Francesa contém o paradigma da relação entre política e violência de nosso tempo,

---

5. Nicole Loraux, *La Cité divisée* (A cidade dividida), Paris: Payot, 1997.

é inegável que seu estudo é uma ferramenta importante para tentarmos compreender a sedução que o uso de meios violentos na cena pública exerce sobre numerosos atores contemporâneos. O terror estabeleceu o império dos fins ideais e mudou para sempre a ideia do que deve ser a política em tempos de revolução e de como ela se relaciona com a vida pública em seus momentos de estabilidade e paz.

OS LIMITES DA VIOLÊNCIA

Para nossos propósitos, os acontecimentos mais importantes se desenrolaram no curso do segundo semestre de 1792 em Paris. No dia 10 de agosto, uma multidão cercou e atacou o Palácio das Tulherias, onde se encontrava a família real. Esse episódio marcou o fim da possibilidade de que a revolução terminasse com a instituição de uma monarquia constitucional parecida com a inglesa. Ele significou também o fim do grupo dos *feuillants,* que haviam defendido essa ideia ao longo dos anos anteriores. Esse foi um período marcado pela guerra com as potências estrangeiras, pela invasão do território francês por tropas mais ou menos próximas dos *exilados,* por uma série de boatos sobre complôs e assassinatos, que faziam reagir os membros da comuna de Paris de forma cada vez mais radical[6]. No dia 2 de setembro, a radicalização atingiu seu auge, depois que, na Assembleia, Danton preveniu a nação de que ela corria grande perigo. Uma multidão variada, composta por populares, bandidos e fanáticos, atacou as prisões improvisando tribunais populares, que determinaram o massacre de muitas centenas de prisioneiros. No dia 21 de setembro de 1792, a monarquia foi oficialmente abolida, pondo fim à primeira fase da revolução, durante a qual parecia que o processo revolucionário poderia terminar com a conciliação entre elementos do antigo regime com o novo poder criado com a queda da Bastilha em 1789. A execução de Luís XVI em 21 de janeiro de 1793 encerrou não apenas uma etapa da revolução, mas também "a mística da realeza sagrada"[7].

---

6. Cf. François Furet e Denis Richet, *La Révolution française,* Paris: Hachette, 1973; e Albert Soboul, *La Révolution française,* Paris: Gallimard, 1982. Edição brasileira do segundo livro. *A Revolução Francesa,* São Paulo: Difel, 2003.
7. François Furet e Denis Richet, *op. cit.,* p. 182.

Esse período ficou conhecido pelos historiadores como Primeiro Terror. Ele já foi estudado detalhadamente ao longo dos dois últimos séculos e não é nossa intenção retornar a ele, nem mesmo analisar o conflito de interpretações que opõe historiadores das mais variadas tendências. Ele importa por expor uma das figuras da violência à qual nos referimos: a violência contra o poder. Nesse sentido, mais do que tentar entender o sentido dos complexos acontecimentos que operaram uma guinada radical nos rumos da revolução, interessa-nos ver como alguns atores políticos do período compreenderam a irrupção da violência na cena pública e seu papel na definição dos rumos dos acontecimentos. É claro que todos sabiam que a violência tivera um papel importante no desenrolar dos eventos que se seguiram a 1789. Homens políticos de várias tendências viam que sem o uso de meios violentos talvez nada tivesse mudado na França. Mas o aprisionamento da família real e a execução do rei, a morte de prisioneiros sem julgamento regular, a guerra e suas infâmias haviam colocado a violência no centro da vida política e forçado todos a reagir a ela.

A irrupção da violência na cena pública e sua radicalização no curso da revolução podem ser analisadas por um recurso às suas fontes passionais, mas também pelo esforço de compreensão da natureza dos atos que acompanharam a série de eventos que culminou com a morte do rei. No tocante às paixões que estiveram na raiz dos acontecimentos, e que podem ser encontradas em vários momentos da história moderna e contemporânea, é muito difícil resumi-las a apenas uma, mas parece-nos que há um fator dominante que, se não unifica as paixões, dá-lhes uma direção e lhes serve de motor: o medo. Com efeito, no contexto de 1792 havia a raiva contra os que faziam os preços subirem e tornavam a vida miserável nas cidades, havia o desencanto com os que pareciam ter traído a pátria e, sobretudo, havia o medo, alimentado por fatos e boatos, de que todo o processo revolucionário pudesse ser tragado pelos que se opunham a ele e que terminariam por fazer voltar a vida ao que ela era antes de 1789, punindo os que haviam sonhado fazê-la diferente. Não surpreende, nesse sentido, que tenha sido o elemento popular, encarnado na comuna, que tenha estado à frente dos atos violentos que empurraram a revolução para o ponto de não retorno. Esfomeados, ameaçados pelas tropas estrangeiras que já ocupavam terras francesas, amedrontados pela série de boatos que multiplicavam os perigos, os *sans-culottes* compreenderam ao mesmo tempo o caráter radical de seus atos e o fato de que seriam os primeiros a perder sua liberdade de ação, caso a revolução fracassasse.

O medo é uma paixão que leva a agir, muitas vezes, de forma irrefletida e sem controle. Mas, ao colocar a violência como arma de combate, ele também gera novos sentimentos e clama por novas formas de compreensão do que se passou. No caso da Revolução Francesa, a violência contra o poder, que caracterizou o Primeiro Terror, fez surgir tanto um novo sentimento popular sobre o andamento do processo revolucionário quanto uma reflexão sobre o significado de praticar atos que não poderiam ser desfeitos, como foi a morte do rei.

Encontramos nos relatos de Restif de la Bretonne o testemunho mais valioso dos sentimentos despertados na população de Paris pelos atos violentos que haviam conduzido a revolução a um novo patamar. De origem camponesa, tipógrafo de profissão, esse escritor *sui generis* deixou um número impressionante de escritos contendo descrições da vida camponesa, relatos eróticos e projetos utópicos, que fazem dele o escritor popular mais prolífico do período. Para nós, interessam os relatos que ele fez ao longo dos anos revolucionários e que expõem o sentimento das ruas de um ponto de vista único. De fato, Restif circulava livremente pelas ruas de Paris nos anos tormentosos da revolução. Sem ter tido jamais um papel importante na marcha dos acontecimentos, ele testemunha o dia a dia da cidade, enxerga os movimentos das classes populares e procura compreendê-los à luz do que coleta com seus amigos e parceiros, bem como daquilo que ele mesmo pensa de seu tempo e do futuro.

Na véspera do dia 10 de agosto, Restif circula na região do jardim das Tulherias, sem realmente saber o que se passa nas ruas, mas intuindo que "uma crise violenta se preparava"[8]. Nas semanas anteriores, a interdição de circulação no jardim havia irritado o povo, mas o escritor estava longe de acreditar que esse fora o motivo da explosão de violência que iria levar a família real para a prisão. Misturando no meio de seu récito sobre os acontecimentos políticos a narrativa de uma série de incestos cometidos contra jovens belas e de baixa idade, Restif produz um relato inquietante de suas próprias paixões e mesmo de suas perversões, que tanto contribuíram para sua má fama como escritor. Mas é o fato de ele narrar os aconte-

---

8. Restif de la Bretonne, *Les Nuits révolutionnaires* (As noites revolucionárias), Paris: Le Livre de poche, 1978, p. 243.

cimentos do ponto de vista de um habitante das ruas de Paris, misturando seu gosto pelo sexo com sua curiosidade e por vezes horror pela violência, que torna seu testemunho tão importante. Ele pretende ao longo de sua narrativa ocupar o lugar do historiador imparcial, mas é produzido ao mesmo tempo a descrição dos fatos e uma tentativa de compreendê-los que ele acabou por nos legar um retrato vivo da intrusão crescente da violência na vida política da França e dos impactos que ela produziu, não apenas nos corpos mutilados mas também nas mentalidades da época.

Refletindo sobre os eventos do dia 10 de agosto, Restif é levado a pensar que todas as infelicidades vividas naquele dia foram provocadas pela resistência de alguns a aceitar a marcha da revolução. "Ó meus concidadãos," diz ele, "uma coisa que causa vossa infelicidade é a incerteza dos que temem os desdobramentos da revolução"[9]. A violência se justifica, assim, no interior de uma sociedade que não quer voltar a uma situação anterior, como uma ferramenta útil para o avanço da sociedade. Mas, além da constatação da necessidade de remover os obstáculos ao progresso da revolução, o escritor tipógrafo encontra uma justificativa de outra ordem: o enunciado de um princípio abstrato, que contém todos os outros e não apenas explica, mas exige que se atue na cena pública de forma determinada. Assim, afirma Restif: "Os refratários são todos dignos de morte, pois eles causam o maior dos males: a divisão"[10]. Poderíamos pensar que nosso autor reflete a posição dos homens políticos e pensadores que tentaram fazer e pensar a revolução ao mesmo tempo. Restif é um homem das ruas; ele procurava pensar seu tempo, mas queria antes de tudo vivê-lo, daí as contradições frequentes entre seus interesses pessoais, que são muitas vezes aqueles de um libertino, e suas formulações plenas de bom senso. Se a violência do dia 10 de agosto foi em parte fruto do medo e do rancor, ela também se originou da oposição que muitos atores faziam a uma outra paixão do período: a paixão pela unidade. Como veremos, com o progresso em direção ao terror, temia-se pelas vidas – e isso fica claro para Restif, que está longe de se lançar em combates de rua perigosos, apesar de sua imensa curiosidade –, mas temia-se também pelo fracasso das ideias que orientavam o processo de transformação radical

---

9. *Ibidem*.
10. *Ibidem*, p. 251.

pelo qual passava o país. Pensar a França como um corpo único era tão vital quanto pensar a sobrevivência no dia a dia.

A força dos relatos de Restif, no entanto, não está no fato de expor uma visão de mundo partilhada por muitos de seus contemporâneos. Ele aderia com força aos princípios revolucionários, mas o fazia de um ponto de vista externo ao poder. Por isso, pôde compreender os ataques à família real, que era um obstáculo à marcha da revolução, mas lamentou quando a violência tomou conta da cidade e levou à morte de prisioneiros sem defesa e sem julgamento. De forma lapidar, ele resumiu seu sentimento diante da catástrofe de setembro de 1792: "O dia 10 de agosto tinha renovado e terminado a revolução: os dias 2, 3, 4 e 5 de setembro jogaram sobre ela uma sombra de horror"[11]. Mais uma vez, Restif foi o espectador arguto de um cenário de devastação. No domingo, segundo ele, ainda era possível ver as pessoas dançando no Port au Blé em total alheamento do que se tramava em outros lugares da cidade. Mas esse clima de alegria rapidamente deu lugar ao temor, quando a notícia do massacre de prisioneiros se espalhou pelas ruas de Paris.

Acompanhado por um amigo, nosso escritor, apesar do medo, percorreu várias ruas e se dirigiu às prisões nas quais os massacres ocorriam. Na instituição que se chamava L'Abbaye, ele pôde testemunhar o funcionamento do mecanismo de extermínio que se implantou naqueles dias. Os prisioneiros eram *julgados* na própria cela, sem nenhum recurso de defesa. Restif relata o caso de um homem que fora acusado de ser um aristocrata. Em sua defesa ele disse: "Nada fiz, simplesmente suspeitaram de meus sentimentos e, depois de três meses que estou preso, não encontraram nada que pudesse me incriminar". Os juízes tendiam para a absolvição, até que alguém do grupo de assassinos gritou: "Um aristocrata, para a Force, para a Force!"[12]. A Force era uma outra prisão parisiense, mas, naquele contexto, o brado significava a morte, pura e simplesmente. Restif ouviu no mesmo dia ecoar um grito terrível, que ouviríamos mais tarde em pleno século XX nas ruas da Europa: "Viva a morte!"[13].

O escritor, que atravessava as ruas sorvendo a realidade alterada da cidade que aprendera a amar, acreditava na revolução. Como muitos

---

11. *Ibidem*, p. 259.
12. *Ibidem*, p. 261.
13. *Ibidem*, p. 262.

de seu tempo, queria que os padres refratários fossem punidos. Como defensor das conquistas recentes do povo afirmava: "Deus só ama uma coisa: a ordem; a ordem que é a perfeição nela mesma, e a ordem se encontra sempre de acordo com a maioria; a minoria é sempre culpada, repito, mesmo quando tem razão moralmente"[14]. Alguns meses depois, julgou necessário dizer que em seus escritos procurava expor "mais o sentimento público de então do que o seu"[15]. Diante da luta provocada pela posição cada vez mais dominante dos jacobinos no cenário político, ele não hesitou em dizer: "Acredito que a verdadeira representação nacional está na Montanha: que os jacobinos e os clubes patriotas vão na mesma direção e que os que pensam como eles são os verdadeiros patriotas"[16]. Esse escritor de origem camponesa, que fizera das ruas de Paris sua morada, soube ver, no entanto, que o uso puro e simples da violência não era revolucionário e que, em seus excessos, poderia corroer a revolução, como de fato mais tarde ocorrerá.

Nas noites terríveis de setembro de 1792, Restif enxergou a doença que poderia arruinar a força do elemento popular. Mesmo prisioneiro de sua crença no papel inelutável da maioria na condução do processo revolucionário, ele afirmou, referindo-se aos que sofreram a violência dos grupos que agiram naqueles dias: "Eles foram ilegalmente punidos. Isso não desculpa seus assassinos que, ao massacrá-los, subverteram todas as leis da sociabilidade". A violência empregada sem controle, em nome do povo, acaba subvertendo os princípios da soberania popular. "Era o povo que reinava naquela noite e que, por um horrível sacrilégio dos agitadores, se transformou em déspota e tirano"[17]. Praticada sem amparo legal, entregue aos agentes sem controle da rua, a violência poderia se tornar o instrumento de destruição da revolução. Observador das ruas, Restif soube compreender os mecanismos internos dessa violência praticada em nome do povo, mas que se alimentava de paixões comuns, que se encontram em todos os grupamentos humanos. Antecipando o que viria a ser em nosso tempo a ação dos agitadores e dos homens vazios de princípios e sentimentos, ele enxergou naqueles dias tumultuosos o resultado do

---

14. *Ibidem*, p. 263.
15. *Ibidem*, p. 380.
16. *Ibidem*.
17. *Ibidem*, p. 264.

casamento entre a violência sem sentido dos assassinos dos prisioneiros e o habitante assustado e perdido das ruas. Observando a tentativa de fuga de alguém que queria evitar a fúria dos assassinos, ele narra: "Um homem, que não fazia parte dos assassinos, mas era uma dessas máquinas sem reflexão como existem tantas, o deteve com sua lança"[18]. A violência se beneficia tanto do aguçamento dos conflitos, provocado pelo medo, quanto do vazio. As "máquinas sem reflexão" introduzem outra fonte na produção da violência: a paixão fria e vazia da ação sem sentido e integrada no simples fluxo da cidade enlouquecida por seus fantasmas. Certamente seria ir longe demais associar essas *máquinas* de Restif de la Bretonne com o *vazio de pensamento* de Hannah Arendt, mas é inegável que o escritor das ruas, à luz do terror que tomou conta de Paris, soube ver que havia um novo ator na cena, que atuava sem medidas e sem referências, respondendo ao simples grito da multidão enfurecida. Surgia ali o homem solitário das massas, num contexto ainda restrito e localizado. Para além da perplexidade que isso causou ao escritor camponês, podemos intuir que o homem de massas, a máquina vazia, que não se opõe nem compreende a violência que a circunda, mas que mesmo assim age e por vezes ajuda a propagar os atos mais terríveis, foi o momento inaugural de uma nova forma de violência política que, em nome de uma ideia supostamente associada aos progressos da razão, reduz o inimigo a uma coisa, que pode e deve ser esmagada.

O que chamou a atenção de Restif, lidando com os referenciais da época, foi o fato de que o povo podia se converter em tirano. Ora, isso era contrário à expectativa de que a revolução fosse o momento de retorno do homem à sua natureza boa, tal como fora descrita por Rousseau, e não sua perdição. Além do mais, o tirano era por excelência aquele que se servia da violência para fins próprios de simples manutenção de seu poder e não para servir ao interesse público. Como podia o povo agir como um tirano, o único governante que mesmo para os pensadores cristãos medievais podia ser morto legitimamente? Quem poderia agir contra esse novo tirano no qual se convertera a parte do povo que se dirigiu às prisões, como testemunhou Restif? Ele não tinha resposta para essas questões e acompanhou entre perplexo e assustado o desenrolar do processo revolucionário,

---

18. *Ibidem*, p. 265.

mas soube ver que havia uma questão que não podia ficar sem resposta: quando é lícito recorrer à violência? Quando o povo pode afirmar que agiu segundo os bons princípios e quando, ao agir, os perverte?

Colin Lucas, em um estudo dedicado ao problema da violência revolucionária, lembrou que as revoluções modernas parecem comportar dois traços dominantes: "a subversão da ordem social preexistente e a violência"[19]. Partindo desse pressuposto, ele mostra que os historiadores costumam se dividir entre os que veem a violência como consubstancial à Revolução Francesa – e que, por isso, dizem que o Terror[20] é uma etapa necessária das transformações ocorridas na França – e os que a enxergam como resultado de uma dinâmica que não pode ser compreendida sem uma análise dos acontecimentos sucessivos que, sem uma ordem prévia, conduziram os atores a radicalizar seus comportamentos, recorrendo aos atos violentos. Voltaremos mais tarde a essa polêmica. Por enquanto interessa-nos seguir com Lucas a disputa que se seguiu em torno dos acontecimentos de 1792. Como ele mostra, foi uma interpretação corrente a de que os acontecimentos radicais do segundo semestre representavam uma mudança em direção ao sonho revolucionário de uma sociedade nova. "A verdadeira sociedade, a verdadeira ordem era a sociedade da liberdade e da igualdade fundada pela revolução. O antigo regime era qualificado como uma antissociedade. Mais do que isso, a velha sociedade tirânica e opressiva era a sociedade da violência sistematizada."[21] A violência popular era definida por alguns como legítima por ser a única capaz de romper o círculo vicioso da antiga dominação pelos tiranos e déspotas. Marat foi um dos que mais estimulou o uso da violência popular, pois acreditava que ela era uma obrigação e um direito do povo soberano. Como resume muito bem Lucas, na esteira das considerações de Marat: "A violência revolucionária era a violência usada para atingir e preservar a liberdade contra a tirania"[22]. Esse foi um dos caminhos escolhidos para justificar os massacres de setembro, mesmo que

---

19. Colin Lucas, "Revolutionary Violence, the People and the Terror" (Violência revolucionária, o povo e o terror), em: Keith Baker, *The French Revolution and the Creation of Modern Political Culture. Volume 4: The Terror*, Oxford/Nova York: Pergamon, 1994, p. 57.
20. Usamos a palavra em maiúscula sempre que nos referimos aos acontecimentos de 1793 até a morte de Robespierre, em 1794. Quando em minúscula, a palavra se refere ao uso da violência na política de forma mais geral.
21. *Ibidem*, p. 65.
22. *Ibidem*, p. 67.

atores como Robespierre tenham sido muito cautelosos ao comentá-los, preferindo mudar o rumo da conversa no lugar de afrontar diretamente o problema que eles continham e que tinha a ver com a compreensão do lugar da violência espontânea na vida de uma cidade[23].

De maneira muito feliz, Lucas resume o problema da violência popular da seguinte maneira: "No coração do problema da violência na revolução reside o problema da dualidade da violência, seu duplo caráter de ser ao mesmo tempo algo que purifica e consolida e algo que contamina e dissolve"[24]. Os principais atores da Revolução Francesa tinham em grau variado a percepção da novidade do evento revolucionário. Já na Constituinte em 1789 imperava o sentimento entre seus membros de que estavam diante de um fato político novo e radical[25]. Ainda que num primeiro momento a ideia da maioria dos deputados fosse a de criar algo como a monarquia inglesa, não havia como desconhecer o fato de que eles estavam ocupando o lugar que pensadores como Rousseau designavam como sendo próprio dos legisladores. Ora, um legislador era para o pensador de Genebra alguém que tinha uma missão especial, que só podia ser exercida fora do tempo normal da política, por um ser extraordinário:

> Para descobrir as melhores regras de sociedade que convêm às nações, seria necessária uma inteligência superior, que visse todas as paixões do homem sem sentir nenhuma, que não tivesse nenhuma relação com nossa natureza e que a conhecesse a fundo; cuja felicidade fosse independente de nós e que no entanto se dispusesse a cuidar da nossa; enfim, que, preparando para si uma glória distante no desenrolar dos tempos, pudesse trabalhar num século e colher os frutos desse trabalho no outro. Seriam necessários deuses para dar leis aos homens[26].

A consciência do caráter excepcional dos tempos revolucionários se aguçou com o processo do rei. Antes de sua morte, subsistia algo da antiga monarquia, que servia de referência para a transição entre as duas épocas. O uso de meios violentos era tido como natural se servisse para evitar

---

23. *Ibidem*, p. 64.
24. *Ibidem*, p. 60.
25. Cf. Timothy Tackett, *Par La Volonté du peuple* (Pela vontade do povo), Paris: Albin Michel, 1997.
26. Jean-Jacques Rousseau, *Do contrato social*, São Paulo: Penguin-Companhia das Letras, 2011, p. 91.

a opressão. Aos olhos de muitos, "a insurreição era o ponto de encontro de dois princípios sagrados e mutuamente exclusivos: a monarquia e a soberania do povo"[27]. O problema estava em separar a violência popular endêmica nas cidades daquela exercida pelo povo, que fazia dele o legislador incumbido de criar novas leis e de evitar as paixões. Como bem vira Rousseau, essa era uma equação tremendamente difícil de ser resolvida, pois nem sempre era possível evitar que as decisões tomadas pelo povo, ou em nome do povo, estivessem de fato livres das paixões e orientadas para o bem comum. Em outra linguagem, a grande dificuldade diante da violência exercida contra o poder estava em saber quando ela era legítima e quando era a pura expressão de paixões como o medo ou a raiva.

Uma das estratégias para operar essa distinção (mas não a única) era mostrar que a violência praticada nas ruas, ou por atores isolados, dirigia-se na verdade contra um tirano ou contra quem aspirava a sê-lo. Ora, essa maneira de pensar a questão tem sua origem na condenação medieval da tirania e na autorização para matar o tirano, quando suas ações colocassem em risco a vida dos habitantes de uma cidade. A discussão sobre o tiranicídio era complexa e comportava muitas nuanças, como podemos ver em pensadores como Egídio Romano e Alberto Magno[28]. O importante, no entanto, estava no fato de que se buscava não apenas uma explicação para ações que pareciam exageradas e violentas na cena pública, mas, sobretudo, uma legitimação de atos que escapavam à normalidade das relações sociais. Um dos que lançou mão dessa estratégia retórica e política mesmo antes da revolução foi Marat. É preciso lembrar que, nos anos revolucionários, ele foi um dos que mais incentivaram a violência das classes populares, atribuindo-lhe um caráter purificador. Em seu célebre livro *Les Chaînes de l'esclavage* (Os grilhões da escravidão), escrito antes de 1789, ele afirma: "Se não ter uma ideia verdadeira da liberdade é uma das causas da servidão, não ter uma ideia verdadeira da tirania é outra"[29]. Para combater o despotismo da monarquia francesa era essencial, nessa lógica, descrevê-la como uma tirania. Essa caracterização permitia compreender as ações revolucionárias violentas contra o poder

---

27. Colin Lucas, *op. cit.*, p. 67.
28. Cf. Claudio Fiocchi, *Mala postestas. La tirania nel pensiero politico medioevale*, Bérgamo: Lubrina Editore, 2004.
29. Jean-Paul Marat, *Les Chaînes de l'esclavage* (Os grilhões da escravidão), Paris: Complexe, 1988, p. 180.

como justas, mesmo que não ficasse claro de que maneira elas podiam ser exercidas e por quem.

Essa questão apareceu com grande intensidade durante o processo do rei. Tratava-se em primeiro lugar de encontrar um assento jurídico para julgá-lo. Como não havia uma Constituição em vigor na qual a questão estivesse contemplada, o problema se mostrava de difícil solução, mesmo para os que desejavam a morte do rei[30]. Da parte dos girondinos, havia o desejo de que o rei fosse condenado, mas sem que se operasse uma ruptura total com o ordenamento jurídico anterior[31]. Já do lado dos jacobinos, Saint-Just foi o que levou mais longe a defesa de um processo extraordinário, sustentando que, de fato, o rei era estranho ao corpo político e devia ser julgado e condenado de forma extraordinária[32]. Pensando a revolução como a fundação de um corpo político inteiramente novo, o jovem jacobino acreditava que a monarquia devia ser posta abaixo por uma guerra revolucionária. "O espírito com o qual o rei será julgado será o mesmo com o qual a república será fundada"[33], dizia ele. A violência exercida contra a monarquia era, portanto, não só saudável, mas necessária no contexto revolucionário. Como mostra Walzer: "O que os revolucionários inventaram não foi o crime, mas a criminalidade do rei"[34].

Mesmo tendo suas teses derrotadas no processo do rei, os jacobinos contribuíram para a formulação de uma linguagem política que estará no centro da revolução em sua fase mais radical. Robespierre resumiu essa posição num discurso no dia 3 de dezembro de 1792. Ele lembrou, logo no início de sua fala, que era essencial não confundir "a situação de um povo em revolução com aquela de um povo cujo governo está estabelecido"[35]. Na "erupção vulcânica" que é uma revolução, a nação "entra em estado de natureza com relação ao tirano"[36]. À luz do que fora vivido nos meses anteriores, durante os quais o povo recorreu à violência de forma por vezes incontrolada, Robespierre lembrou o que lhe parecia um princípio re-

---

30. Cf. Michael Walzer, *Régicide et révolution. Le procès de Louis XVI* (Regicídio e revolução. O processo de Luís XVI), Paris: Payot, 1989, p. 101.
31. *Ibidem*.
32. *Ibidem*, p. 113.
33. Saint-Just *apud* Michael Walzer, *op. cit.*, p. 117.
34. *Ibidem*, p. 135.
35. Robespierre *apud* Michael Walzer, *op. cit.*, p. 220.
36. *Ibidem*, p. 221.

volucionário sagrado: "Os povos não julgam como as cortes judiciais, não dão sentenças, eles lançam o raio; não condenam os reis, eles os lançam no nada, e essa justiça é tão boa quanto a dos tribunais"[37]. Ao caracterizar o rei como um tirano, apesar de não apresentar elementos para justificar sua posição, baseando-se apenas na constatação de que muitos assim o consideravam, Robespierre cria não só uma retórica revolucionária da fundação – que já vinha sendo estabelecida desde 1789 –, mas inventa uma linguagem na qual a antiga condenação da tirania e a possibilidade do tiranicídio se incorpora ao discurso revolucionário. Ora, a argumentação dos autores medievais só parava de pé porque o fundamento do poder era transcendente. O soberano último sendo Deus, aqueles que infringiam suas leis podiam ser punidos. Do ponto de vista medieval, Luís XIV não seria considerado um tirano, pois não usurpara o poder, embora pudesse ser acusado por seus contemporâneos de exercê-lo de forma violenta. Ao chamá-lo de tirano e ao justificar sua condenação à morte, Robespierre introduz uma antiga tópica do pensamento político no seio de uma transformação radical de todos os parâmetros políticos. Pouco interessa, nesse contexto, que sua argumentação seja falha do ponto de vista da teoria à qual recorre para defender a revolução. O que importa é que ele oferece uma linguagem dentro da qual a violência das ruas podia ser compreendida e mesmo justificada. Alguns meses mais tarde, caberá a ele radicalizar essa tópica ao incorporar a violência nos atos de defesa do Estado e da revolução.

A VIOLÊNCIA SEM LIMITES: O TERROR

Dois acontecimentos servem de marco para nossas análises sobre o período de aparecimento da segunda forma de terror, que define uma nova maneira de fazer política no contexto revolucionário. O primeiro acontecimento foi a eclosão da guerra civil na Vendeia. Esse tipo de guerra é a terceira forma de relação entre política e violência citada anteriormente. Não vamos nos ocupar desse evento maior da Revolução Francesa, mas é fundamental termos em mente que ele influenciou diretamente o comportamento dos atores revolucionários. Em 1793 a França se via

---

37. *Ibidem*, p. 222.

ameaçada pelas forças externas que haviam penetrado seu território. No plano interno, o medo do chamado inimigo interno servia para aguçar o temor de que os antigos senhores retornassem ao país com toda a sede de vingança que haviam acumulado em seus anos de exílio[38].

O segundo acontecimento tem relação direta com o primeiro e será decisivo não apenas para os rumos da revolução, mas para o modo como a violência e a política vão se relacionar na cena contemporânea. Trata-se da Lei dos Suspeitos, promulgada no dia 17 de setembro de 1793. Segundo essa lei, podiam ser presos os que não possuíam um *certificado de civismo*, ou os que defendiam posições sediciosas. Um mandato de prisão expedido por sete membros de um dos comitês de vigilância era suficiente para levar um cidadão à prisão. Na verdade, essa lei fazia parte de um movimento mais amplo ocorrido a partir do início de 1793 e que fez a violência migrar daqueles que atacavam o poder para o próprio poder. Ameaçados, os órgãos governativos e legislativos procuravam criar mecanismos de defesa que os fizessem sobreviver às sucessivas crises pelas quais passava a França, que não conseguia estabilizar a revolução iniciada anos antes. Para alguns grupos políticos, como os girondinos, a promulgação de uma Constituição era o passo necessário para terminar a revolução, dando à nação quadros legais dentro dos quais a vida política passaria a ser regida depois da morte do rei. Para os jacobinos e seus aliados mais próximos, a revolução só deveria terminar quando todos os seus inimigos tivessem sido eliminados. Foi dentro dessa lógica de enfrentamento de visões diferentes da revolução que o terror se apresentou como forma de solucionar os conflitos que atravessavam o país.

No começo de 1793, a violência popular era o meio de pressão mais eficaz da população pobre das cidades, em especial da parisiense, para lidar com suas frustrações e necessidades. Continuamente as *sessões* parisienses, e de outras cidades, além da comuna abordavam, e por vezes ameaçavam, os membros da Convenção, que nem sempre tinham como atender às diversas reivindicações. Seria impossível listar todos os eventos que ajudaram a criar o clima tenso que reinava na França no começo daquele ano. É possível mostrar, no entanto, que mesmo entre os jacobinos, que se beneficiavam com frequência da agitação das ruas, crescia

---

38. Albert Soboul, *op. cit.*, pp. 286-9.

o sentimento de que acontecimentos como os de setembro de 1792 em nada contribuíam para assentar seu poder sobre a nação[39]. O Terror foi a resposta encontrada pelos jacobinos e seus aliados para lidar ao mesmo tempo com a guerra civil na Vendeia, com as invasões estrangeiras e com seus próprios fantasmas.

O debate sobre a natureza do Terror e do significado de suas diversas fases data do começo do século XIX. Com frequência os historiadores se dividiram entre girondinos e jacobinos, o que levou a uma polêmica sem fim sobre o significado dos acontecimentos que dominaram a França nos anos sombrios de 1793 e 1794. Mais recentemente, eles divergiram quanto ao início do Terror e seu vínculo com o processo revolucionário. De um lado, estudiosos como Patrice Gueniffey e, de maneira mais nuançada, François Furet tenderam a ver os eventos de 1793-1794 como uma continuação de 1789[40]. O Terror seria, nessa lógica, uma consequência da própria revolução, um desdobramento inscrito no começo do processo revolucionário. Já historiadores como Walzer e Baczko preferem ver o Terror como uma consequência desnecessária da revolução, embora explicável pelos rumos que tomaram os acontecimentos enquanto a revolução não se estabilizava[41].

Esses debates não nos interessam diretamente neste texto, embora tenhamos inclinação pelas teses de Walzer, pois, ao fazer do Terror uma consequência *natural* da revolução, como quer Gueniffey, corremos o risco de condenar o processo revolucionário como forma moderna de criação de novas instituições políticas em sua totalidade. Para nós, o mais importante é o fato de que o recurso ao terror marcou o nascimento de uma nova forma de relação entre política e violência. A Lei dos Suspeitos foi radicalizada pela lei de 22 Prairial (10 de junho de 1794)[42], que suspendeu até mesmo as garantias reduzidas de defesa que os acusados tinham nos processos do Tribunal Revolucionário. Essa fase é conhecida como Grande

---

39. A bibliografia sobre essa fase da Revolução Francesa é imensa e não para de crescer. Apenas a título de orientação, citamos o trabalho de Roger Dupuy, *La République jacobine* (A república jacobina) (Paris: Éditions du Seuil, 2005), que nos ajudou na compreensão da dinâmica dos acontecimentos do período.
40. Cf. Patrice Gueniffey, *La Politique de la terreur* (A política do terror), Paris: Gallimard, 2000; e François Furet, *Penser la révolution* (Pensar a revolução), Paris: Gallimard, 1978.
41. Cf. Michael Walzer, *op. cit.*; e Bronislaw Baczko, *Politiques de la Révolution Française* (Políticas da Revolução Francesa), Paris: Gallimard, 2008.
42. Cf. Roger Dupuy, *op. cit.*, p. 261.

Terror e custou a vida, em 47 dias, de 1.376 pessoas[43]. Ao convergir nosso olhar para o período entre a promulgação da Lei dos Suspeitos e a lei de 22 Prairial, não temos a intenção de sustentar uma tese de natureza historiográfica, mas apenas chamar a atenção para um período que é paradigmático da invasão da violência no terreno da política de Estado. O comportamento dos jacobinos já foi largamente criticado, mas também defendido. Ele nos interessa porque inaugura uma nova forma de violência estatal, que marca uma guinada na construção da modernidade política.

Antes, no entanto, de aprofundar o debate sobre a tese que acabamos de enunciar, gostaríamos de nos debruçar sobre o olhar daqueles que instituíram e defenderam o terror como forma de ação política. O grande nome desse período é indiscutivelmente Robespierre. Advogado de profissão, de temperamento recolhido, ele teve um início de carreira modesto e discreto no período revolucionário, quando comparado a figuras como Mirabeau e Danton. Foi o surgimento das grandes dificuldades no curso dos anos revolucionários que o propulsaram para a frente da cena política e fizeram dele uma das figuras maiores da revolução[44]. No começo de março de 1793, ele dizia para seus companheiros: "Eu tremo quando vejo a decadência do espírito público e quando, no lugar dessa união fraterna que deveria reunir todos os corações, só vejo intriga e má-fé"[45]. É difícil saber quais eram as paixões privadas desse homem fechado e austero, que procurou ao máximo esconder seus sentimentos, ao mesmo tempo em que recorria à retórica rousseauniana do *coração puro* e da *unidade do povo*. Foi no momento de crise e perigo que sua personalidade enigmática se impôs no seio dos jacobinos e ele se transformou, ao lado de Saint-Just e uns poucos, no ator principal de uma revolução que radicalizava seus caminhos.

Robespierre via a si mesmo, nesses anos, como alguém que tinha uma missão em um mundo convulsionado, que arriscava jogar fora as poucas conquistas alcançadas até então pela revolução. Ele queria combater a corrupção sob todas suas formas, inclusive aquela do ateísmo. Lutava para barrar a formação de facções no interior do Estado[46], em nome do

---

43. *Ibidem*, p. 264.
44. Sobre a vida de Robespierre, cf. Gérard Walter, *Maximilien de Robespierre*, Paris: Gallimard, 1989.
45. Robespierre *apud* Gérard Walter, *op. cit.*, p. 548.
46. Gérard Walter, *op. cit.*, pp. 550-1.

princípio da unidade do corpo político. Achava essencial evitar a calúnia[47], que segundo ele destrói a confiança dos cidadãos nas instituições e os leva à intriga e ao medo. "Pois", como resume Walter, "caluniadores, intrigantes, corrompidos, conspiradores – tal era o mundo das forças hostis que gravitavam em torno de Robespierre"[48]. Nesse universo turvo, ele via na virtude o eixo da vida política republicana e na corrupção, a força destrutiva, que devia ser combatida a todo custo. A linguagem na qual ele se exprimia – assim como muitos homens políticos de seu tempo – devia muito a Rousseau. Mas seus discursos portavam a marca dramática de um ator que acreditava que a revolução corria grande perigo[49].

Olhando as aspirações de Robespierre, seu diagnóstico das doenças de seu tempo e suas paixões públicas, é tentador identificá-lo com figuras religiosas de outras épocas, elas mesmas fanatizadas por seus ideais e visões de mundo. Seus partidários o chamavam de incorruptível e viam ares de santidade na maneira como ele levava a cabo o que acreditava ser sua missão. Seus detratores e os que sobreviveram ao Terror passaram a chamá-lo de tirano tão logo ele foi executado[50]. Tanto o elogio do ator revolucionário clarividente quanto as críticas ao *monstro*[51] que gerara um sistema *monstruoso* de governo pecam por deixar na sombra o caráter ao mesmo tempo radical e inovador do Terror – e como ele fez nascer uma nova forma de relação entre política e violência. É claro que num determinado momento histórico sempre nos servimos de uma linguagem já consolidada para tentar entender o que se passa. No caso da acusação de tirania que se sucedeu à morte do convencional, isso é tanto mais compreensível por ser esse um termo de uso comum que servira para os próprios revolucionários condenarem o rei e a monarquia. No que diz respeito à associação do Terror com uma missão sagrada, as coisas são um pouco mais complicadas, pois uma das consequências da revolução havia sido justamente o abandono das antigas crenças cristãs em nome de

---

47. *Ibidem*, p. 552.
48. *Ibidem*, p. 555.
49. Abordamos a questão do lugar da virtude no pensamento de Robespierre mais longamente em: Newton Bignotto, *As aventuras da virtude*, São Paulo: Companhia das Letras, 2010.
50. Bronislaw Baczko, *op. cit*. No capítulo IV, chamado justamente "Comment est fait un tyran?" (Como se faz um tirano?), o autor mostra como a imagem de Robespierre, depois de sua morte, foi associada às figuras mais terríveis da história europeia.
51. *Ibidem*, p. 149.

um modelo de vida ao mesmo tempo baseado na razão e na preservação da ideia de um ser transcendente, que Robespierre celebrou na estranha *festa do ser supremo*, que fez realizar em 1794[52].

Tanto no uso de referências à tirania como na *santificação* da missão de preservação da revolução, deixa-se de lado a reflexão sobre o significado da relação entre política e violência que estava sendo criada naqueles anos terríveis. Até hoje é comum chamar Robespierre de tirano, como se com isso se desvelasse o enigma de sua vida. Da mesma forma, historiadores contemporâneos procuram mostrar que em várias épocas se conviveu com formas extremas de violência na vida pública e que o Terror foi apenas mais uma delas. De fato, não há como esquecer, para ficar com eventos bem conhecidos, os massacres das guerras religiosas na Europa e como as ações do Tribunal Revolucionário lembravam a Inquisição em seus dias mais violentos[53]. Essas aproximações não são necessariamente falsas. Elas nos lembram que a política não pode ser dissociada da violência e que importa conhecer os mecanismos de uso da força para se desvendar o funcionamento dos regimes políticos. Por isso, o conceito de tirania tem uma história tão longa. Ele serve tanto para descrever quanto para denunciar um governante. Ele oferece uma ferramenta para a crítica moral e política e parece conter em si toda a explicação de que necessitamos para compreender os atos dos governantes que oprimem seus governados pelo uso da violência. Pouco importa, nesse caso, se o conceito de tirania sofreu muitas mudanças ao longo dos tempos e que nem sempre a questão da violência é a mais importante para se compreender o comportamento do tirano[54]. O recurso à imagem do tirano como governante violento e arbitrário tem uma eficácia simbólica que não se desmentiu até hoje. Nosso propósito não é, no entanto, fazer a crítica dos que recorrem a tópicas do passado para pensar a relação entre política e violência surgida com o Terror. Nossa preocupação central está em que esse recurso muitas vezes obscurece o fato de que o Terror é ao mesmo tempo uma continuidade da relação entre política e violência e a invenção de um novo território, que se nutre

---

52. Roger Dupuy, *op. cit.*, pp. 261-2.
53. Gérard Walter (Org.), *Actes du tribunal révolutionnaire* (Atos do tribunal revolucionário), Paris: Mercure de France, 1986.
54. Discutimos essa questão em: Newton Bignotto, *O tirano e a cidade*, São Paulo: Discurso Editorial, 1998.

de condições sociais e políticas que só conhecemos na modernidade e na contemporaneidade.

Deixemos, no entanto, que Robespierre fale de sua paixão e do recurso à violência para voltar a interpretá-la. São muitos os textos nos quais ele expõe sua visão de mundo e faz a defesa das ações levadas a cabo pela Convenção ou pelos jacobinos na cena pública, no período que se seguiu à morte do rei. Em agosto de 1793, ele afirma: "Que a espada da lei, planando com uma rapidez terrível sobre a cabeça dos conspiradores, encha de terror seus cúmplices [...]. Que esses grandes exemplos aniquilem as sedições pelo terror que inspirarão a todos os inimigos da pátria"[55]. Como afirma Walter, aos poucos o terror ocupa o centro de suas reflexões e passa a constituir o eixo do sistema de governo que ele julgava adequado para a França. Até o fim de sua vida, ele se guiará pela ideia de que a França e a revolução corriam grande perigo, e só o emprego do terror seria capaz de deter o processo de corrupção que se instalara na nação e se infiltrara até mesmo nos órgão de governo que deveriam defendê-la.

Em dezembro de 1793, a situação militar havia melhorado, mas Robespierre continuava a ver inimigos por toda a parte e a conclamar os poucos *puros de coração* a combatê-los. Em 25 de dezembro (5 Nivoso), mais uma vez ele reagiu de maneira enfática ao pedido de clemência e indulgência feito por Camille Desmoulins para dissidentes da Convenção: "O governo revolucionário deve aos bons cidadãos toda a proteção nacional; aos inimigos do povo, ele deve a morte"[56]. Para Robespierre, não se podia confundir um Estado democrático já fundado e vivendo em paz com um Estado em processo revolucionário e em plena fundação. A incapacidade de compreender a diferença entre essas duas formas de governo conduzia à covardia e à inação. O momento vivido então pela França é visto como aquele da fundação do corpo político; por isso, possui uma temporalidade própria e está preso à mais ineluctável das condições: a necessidade[57]. Não tendo ainda garantido sua existência plena no reino das nações, um governo revolucionário deve levar em conta todas as ameaças

---

55. Robespierre, "Discours du 12 août 1793" (Discurso de 12 de agosto de 1793), apud Gérard Walter, *Maximilien de Robespierre, op. cit.*, p. 557.
56. Robespierre, "Discours du 5 nivôse an II/25 décembre 1793, à la Convention" (Discurso de 5 Nivoso do ano II/25 de dezembro de 1793, à Convenção), *Pour Le Bonheur et pour la liberté* (Pela felicidade e pela liberdade), Paris: La Fabrique, 2000, p. 274.
57. *Ibidem*, p. 275.

que pairam sobre sua cabeça. Se não o fizer, conduzirá inevitavelmente o país à ruína. "Ao indicar os deveres do governo revolucionário", afirma ele, "marcamos suas etapas. Quanto maior é seu poder, mais sua ação é livre e rápida, mais ele deve ser dirigido pela boa-fé"[58].

Algumas semanas mais tarde, em 5 de fevereiro de 1794, mais uma vez ele se dirigiu à Convenção para defender seus princípios políticos e deixar claro qual caminho deveria ser seguido para garantir o sucesso da revolução. Robespierre parecia mais animado naquele momento, chegando a acreditar que talvez se pudesse finalmente pensar no tão desejado fim da revolução[59]. Logo no início de sua fala, ele se permite um momento quase lírico no qual expõe seu sonho em cores rousseaunianas: "Nós queremos, em uma palavra, preencher os votos da natureza, cumprir os destinos da humanidade, manter as promessas da filosofia, absolver a providência do longo reino do crime e da tirania"[60]. Para caminhar nessa direção o convencional lembra a seus auditores que o princípio fundamental da república é a virtude: "essa virtude que não é nada além do amor à pátria e a suas leis"[61]. Aqui é Montesquieu quem fala e inspira o discurso que visa afirmar os princípios da liberdade e da igualdade como o coração da república que está sendo fundada.

Essa primeira parte do discurso pode dar a impressão de que Robespierre se conciliou com seu tempo e finalmente aceitou o fato de que era preciso sair do torvelinho da fundação da república, no qual a única lei é a da necessidade da natureza, e passar para o tempo da política democrática, em que as leis regem as relações pacificadas entre os homens pela longa luta para o estabelecimento do corpo político livre da tirania e do despotismo. Mas ele ainda estava longe de acreditar que a guerra contra o inimigo interno estava ganha. Incapaz de se livrar da espiral que levara a luta política interna ao paroxismo, Robespierre não consegue sair da lógica da fundação e, por isso, não tem como desmontar a máquina do terror que ele ajudara a criar. Assim, ele chega a uma de suas formula-

---

58. *Ibidem*, p. 277.
59. Robespierre, "Sur les principes de morale politique qui doivent guider la Convention nationale dans l'administration intérieure de la République. 18 pluviôse an II/5 février 1794" (Sobre os princípios de moral política que devem guiar a Convenção nacional na administração interna da República. 18 Pluvioso do ano II/5 de fevereiro de 1794), *op. cit.*, pp. 287-8.
60. *Ibidem*, p. 290.
61. *Ibidem*, p. 291.

ções lapidares: "Se o fundamento do governo popular na paz é a virtude, o fundamento do governo popular na revolução é ao mesmo tempo a virtude e o terror. A virtude, sem a qual o terror é funesto; o terror, sem o qual a virtude é impotente"[62].

Ao relacionar a virtude e o terror, ele traz para o interior da vida política e une dois princípios que deviam estar separados. De fato, pensadores como Maquiavel falam do terror que preside a fundação de um corpo político e de como ele é importante para convencer os homens a aceitarem as leis que estão sendo propostas pelo legislador. Mas, assim como Rousseau, ele não concebe um tempo histórico no qual virtude e terror convivem, pelo simples motivo de que a virtude é um conceito da política, enquanto o terror existe fora da história[63]. Da mesma forma, Hobbes fala do medo primordial que preside nossas vidas no estado de natureza, mas a passagem para a política é pensada como uma forma de liberação desse medo e não como sua conservação. Robespierre opera uma inversão. A virtude é um princípio absoluto. Dela devem derivar todos os princípios que regem a vida em uma república. Por essa razão ele afirma: "O terror não é outra coisa senão a justiça pronta, severa, inflexível; ele é, pois, uma emanação da virtude; é menos um princípio particular do que uma consequência do princípio geral da democracia aplicado às necessidades urgentes da pátria"[64]. Visto desse ponto de vista, o terror passa a ser uma ferramenta do ator político, que reivindica para si o papel do legislador: "Domem pelo terror os inimigos da liberdade", diz ele, "e terão razão enquanto fundadores da República"[65]. O legislador não é para Robespierre aquele que propõe a lei para tirar os homens do reino da violência, mas o que se serve dela para separar os que desejam seguir sua vontade e os que a ela supostamente se opõem. Para ele: "Os únicos cidadãos em uma república são os republicanos"[66].

Tomando para si a tarefa de falar em nome do povo e de guiar as ações que fundam o novo corpo político, o convencional instala o terror no coração da vida republicana. "Punir os opressores da humanidade é

---

62. *Ibidem*, p. 296.
63. Maquiavel, "Discorsi sopra la prima deca di Tito Livio" [1518], *Opere*, vol. I, III, Torino: Einaudi-Gallimard, 1997, p. 1. Edição brasileira: *Discurso sobre a primeira década de Tito Lívio*, São Paulo: Martins Editora, 2007.
64. Robespierre, "Sur les principes de morale politique...", *op. cit.*, pp. 296-7.
65. *Ibidem*, p. 297.
66. *Ibidem*.

clemência; perdoar-lhes é uma barbárie"⁶⁷. O discurso, que começara parecendo indicar que a revolução estava por alcançar seus objetivos, termina no mesmo tom de outras falas, com a denúncia dos moderados, dos falsos revolucionários, dos conspiradores e dos ateus. Tudo se passa como se, uma vez instalado o terror, não houvesse como sair dele. Instrumento de fora do tempo da política, ele arrasta a vida comum para o abismo sem sentido da busca de uma nova forma de absoluto. Como resume Dupuy: "De fato, os patriotas de 1793 são prisioneiros de uma contradição profunda: o regime que eles contribuíram para impor e que pretende ser uma emanação do povo desconfia dele e se define contra ele"⁶⁸. O que pretendia ser o instrumento de criação de uma república popular acaba por ser o que a impede de tornar-se real.

Baczko procurou mostrar, na esteira de Edgar Quinet⁶⁹, que o Terror se instituiu como um verdadeiro sistema de governo. Para tanto, ele se apoiou em quatro eixos⁷⁰. O primeiro, ao qual já fizemos referência, foi a Lei dos Suspeitos, que se radicalizou com a lei do 22 Prairial. Ela permitiu a identificação dos *inimigos objetivos* da revolução tomando como referência critérios tão abstratos que tornavam todos os cidadãos passíveis de serem acusados e punidos. O caráter cada vez mais abstrato dos que deviam ser eliminados contribuiu para o estabelecimento do segundo eixo do terror: o medo. Pode parecer banal associar medo e terror, mas o que se deve ressaltar é o fato de que o medo, que foi instituído a partir de 1793, não era o fruto da insegurança do homem diante das forças que ameaçam sua vida, mas sim o fruto de uma história vivida, que não podia ser inteiramente compreendida pelos que dela participavam. Não havia balizas para a ação na cena pública e, por isso, tudo podia ser perigoso, tudo podia ter outro significado. O Terror não foi construído pela simples presença do medo na cena pública, mas pela infiltração dele em todos os poros da sociedade. Foi seu caráter ao mesmo tempo difuso e onipresente que fez dele uma ferramenta eficaz de governo. Os dois outros eixos são de natureza institucional. De um lado, está a institucionalização de um governo revolucio-

---

67. *Ibidem*, p. 300.
68. Roger Dupuy, *op. cit.*, p. 307.
69. Edgar Quinet, *La Révolution*, Paris: Bellin, 1987.
70. Bronislaw Baczko, "The Terror before the Terror? Conditions of Possibility, Logic of Realization", em: Keith Baker, *op. cit.*, pp. 25-32.

nário que prescinde de leis escritas e aceitas para agir; de outro lado, há a institucionalização da violência, que deixa de ser o resultado de uma ação irracional e passa a ser o caminho de realização de uma razão superior.

Embora não tenha sido a pretensão de Baczko, acreditamos que os traços que ele reconhece como constitutivos do Terror na França podem ser encontrados em várias experiências contemporâneas, que fizeram do recurso à violência de Estado uma forma de política e conduziram às práticas mais radicais de extermínio de parcelas significativas da população em algumas nações. Nesse sentido, tem razão Gueniffey quando diz que "o terror não é redutível à violência" e tem por "particularidade o fato de ser a aplicação deliberada da violência a uma vítima escolhida para se atingir um fim"[71]. Isso vale tanto para os *conspiradores*, que Robespierre enxergava em todos os lugares, quanto para os judeus, que os nazistas acusavam de ter levado a Alemanha ao desastre. Concordamos com o historiador quando afirma que "o terror é o reino universal e indefinido do arbitrário"[72], mas o abandonamos quando associa revolução e terror de maneira estrita e quando pretende que o terror seja "tão antigo quanto a política e a guerra, e não entretém nenhum laço particular com a modernidade"[73]. Se não há como negar que o uso da violência sempre fez parte da política, seria reduzir sua importância para nosso tempo, e sua novidade, compreendê-lo como parte inerente das estratégias de conservação do poder de todos os tempos. Ao dirigir a violência para o *inimigo objetivo* do Estado, o Terror imita em parte a estratégia da Inquisição, que fazia do herege o alvo de sua perseguição, mas se distancia dela na medida em que escolhe seu alvo no conjunto de uma população dividida em categorias abstratas como *os virtuosos* e *os viciosos*, *os bons* e *os maus*, *os puros* e *os impuros*. O terror não é apenas o instrumento de conservação de um grupo ou um homem no poder. Ele se serve da violência para fazer triunfar algo que transcende a compreensão dos homens comuns. Ele age não como um deus, que se situa além da condição humana, mas sim como algo que se esconde em suas dobras. Daí a necessidade de descobrir onde se encontram os inimigos da nação, de extirpá-los de seu interior, de cortar na carne de um corpo político poluído e corrompido.

71. Patrice Gueniffey, *op. cit.*, p. 24.
72. *Ibidem*, p. 32.
73. *Ibidem*, p. 28.

O terror não é o triunfo de uma forma política, de um governante tirânico, ou mesmo de um grupo dominante. Ele é o triunfo de uma ideia. Daí sua característica essencialmente moderna, pois depende do enfraquecimento da experiência religiosa e da perda das formas tradicionais de legitimação do poder, para se apresentar como uma figura da necessidade, seja natural, seja histórica. Forma radical da desrazão, o terror se constrói sobre ideologias que falsificam e ao mesmo tempo imitam a razão. Como opera no vazio, o terror não tem um fim em si mesmo. Ele é sempre circular. Por isso Robespierre não conseguia tirar as conclusões políticas de seu otimismo parcial do começo de 1793. Reconhecer que a revolução podia terminar seria o mesmo que dizer que se havia chegado ao tempo ideal da humanidade em paz, tal como as Luzes pareciam indicar. Tomando emprestada dos pensadores milenaristas a esperança de uma purgação no tempo presente dos males que afligem os homens, o que levaria ao reino perfeito, o terror sem Deus tem no movimento perpétuo sua forma de existência. O terror pode findar, como findou o poder jacobino, mas nunca decreta seu próprio fim. Os nazistas sonhavam com um reino de mil anos, mas só o vislumbravam depois de massacres sem fim, que teriam reduzido o mundo a senhores e escravos. Como isso não parecia possível, nunca imaginaram que o fim da guerra significaria também o fim do terror, mesmo na hipótese de saírem vencedores.

Animal simbólico, o homem é o único ser que mata por suas ideias. É claro que não foi o terror que inventou esse caminho. As guerras de religião eram a prova viva da força das crenças na vida das comunidades e abriam o caminho da violência sempre que o domínio simbólico de um grupo social era ameaçado. Com a revolução, no entanto, as paixões deixam de se ligar apenas aos sentimentos religiosos, à tradição, ou mesmo ao medo primário de se perder a vida, e passam a se originar na razão, em seus sonhos e em seus cálculos. É porque a Revolução Francesa era pensada como um passo à frente na história da humanidade que os meios violentos podiam ser empregados, quase sem limites. O terror marca o aparecimento de uma forma radical de desrazão na cena pública, mas ele inova porque pretende ser a ação necessária para o que alguns grupos políticos acreditam ser a expressão mesma da razão. Robespierre e seus companheiros não criaram o Tribunal Revolucionário para se vingar de seus inimigos, mas para eliminar da cena pública os inimigos da razão e de seus desdobramentos na revolução. O inimigo não é mais apenas os que ameaçam a vida dos revolucionários, como eram os soldados das forças que atacavam a França, mas os que de dentro sabotam o progresso das forças de renovação. O inimigo imaginário suplanta o inimigo real e faz da violência sem limites a forma do Estado de lidar com suas fraquezas, seus medos e seu desejo ilimitado de preservação.

OS HERDEIROS DE ROBESPIERRE

A figura de Robespierre até hoje fascina e horroriza os que se interessam por sua herança e pelos rumos que tomaram a política contemporânea e a presença da violência na cena pública. O jacobinismo é uma das figuras centrais do pensamento político posterior à Revolução Francesa, tendo gestado tantos adeptos quanto detratores. Não é nosso propósito mergulhar nesse tema, que já foi objeto de tantas investigações. Michel Vovelle, em particular, procurou esclarecer não apenas as raízes históricas do jacobinismo mas também acompanhar o percurso de uma herança que se mostrou extremamente fecunda ao influenciar tanto os que, como Lênin, se julgavam herdeiros críticos dessa corrente revolucionária, quanto os que viram nela o começo de uma história trágica, que colocaria no centro da vida contemporânea o recurso ao terror e à violência como parte integrante da cena pública[74]. Para nós, interessa o fato de que, depois da experiência do Terror jacobino, tornou-se quase obrigatório para o pensamento político refletir sobre a relação entre violência e política do ponto de vista do Estado. Como já observamos, não é a presença da violência e seu uso por diversos atores que constitui a novidade do terror, mas o fato de que à violência passou a ser associada a ideia da criação de novos mundos e de novas formas políticas. Criticada no passado como o apanágio dos tiranos ou aceita como parte necessária do ato de governar, a violência ganhou um novo estatuto, que modificou para sempre a maneira de considerá-la e analisá-la. Com o Terror surgiu o fascínio pela violência como força criativa e necessária da política. Essa fascinação persiste até hoje.

---

74. Michel Vovelle, *Jacobinos e jacobinismo*, Bauru: Edusc, 2000.

Se, como mostrou Chesnais[75], as práticas violentas têm uma história, é preciso reconhecer que o elogio da violência, enquanto força criadora da política, também o tem. Ela é complexa e multifacetada. Aparece no seio das reflexões de anarquistas no século XIX[76] e em grupos políticos radicais da atualidade, mas também fascina sociólogos como Georges Sorel[77] e pensadores como Sartre. Nosso desafio, nesta parte final do texto, é encontrar um referencial teórico que nos ajude a lidar com o fascínio e as paixões despertadas na cena pública por essa força demiúrgica, que parece brotar da ruptura com os padrões estabelecidos e as normas legais de uma dada sociedade, para indicar o caminho para um novo mundo. Nosso ponto de partida será a afirmação ao mesmo tempo lapidar e difícil de ser compreendida feita por Hannah Arendt em seu *Diário filosófico:* "O oposto da violência não é a não violência, mas o poder"[78].

Arendt teve ao longo de sua vida uma experiência variada e trágica com a violência política. Ao final de seu livro *Origens do totalitarismo*, ela demonstra como a combinação de uma ideologia com os instrumentos do terror esteve no coração da maior barbárie produzida pelo homem: a exterminação em massa de populações que eram simplesmente classificadas como *inimigos objetivos* por sua origem étnica, religiosa ou social.

Arendt aborda a questão do terror depois de ter esmiuçado o funcionamento dos regimes totalitários que haviam mergulhado o mundo no horror. Sua questão central não era, no entanto, de caráter historiográfico. Interessava-lhe saber se se podia falar de uma natureza do regime totalitário, assim como Montesquieu, autor que ela admirava, havia feito com todos os outros regimes[79]. Sua tese principal era a de que os regimes totalitários eram uma novidade na história e não podiam ser tratados com as mesmas ferramentas teóricas usadas até então para estudar as formas políticas conhecidas. É claro que com isso ela não descartava a tradição da filosofia política como manancial ao qual devemos recorrer para pensar as questões de nosso tempo. Mas, à luz das experiências vividas na primeira

---

75. Referimo-nos aqui ao já citado estudo *Histoire de la violence*.
76. Cf. Paul Avrich, *Los anarquistas rusos* (Os anarquistas russos), Madrid: Alianza Editorial, 1974.
77. Cf. Georges Sorel, *Réflexions sur la violence,* Paris: Librairie Marcel Rivière, 1946. Edição brasileira: *Reflexões sobre a violência*, Petrópolis: Vozes, 1993.
78. Hannah Arendt, *Diario filosófico, 1950-1973* (Diário filosófico, 1950-1973), Barcelona: Herder Editorial, 2006, p. 671.
79. Idem, *Origens do totalitarismo,* São Paulo: Companhia das Letras, 1998, p. 513.

metade do século XX, ela acreditava que seriam necessárias novas categorias teóricas para dar conta do acontecido. Um de seus pontos de partida foi o fato de que "na interpretação do totalitarismo, todas as leis se tornam leis de movimento"[80]. O terror é a forma de dar realidade a esse princípio. De maneira resumida, ela afirma: "O terror é a realização da lei do movimento"[81].

Essa nova forma de organizar a vida em comum é na verdade sua negação e, por isso, marca o aparecimento de um regime que, embora não se confunda com os até então conhecidos, tem ele também um princípio estruturador: "O terror torna-se total quando independe de toda oposição; reina supremo quando ninguém mais lhe barra o caminho. Se a legalidade é a essência do governo não tirânico, e a ilegalidade é a essência da tirania, então o terror é a essência do domínio totalitário"[82]. Ela estava pensando a partir do que o mundo acabara de viver, dos intermináveis massacres perpetrados em nome de ideologias que pretendiam explicar aos homens como poderiam ser seguidos os desígnios da natureza e da história. Mas ela intuiu também que se tratava de uma novidade na política o fato de o terror significar sua destruição e não sua afirmação sob nova roupagem, ainda que extrema. Tudo se passa como se de repente fosse possível viver normalmente, falando com outras pessoas, cumprindo obrigações burocráticas, comerciando objetos, num mundo que era mais parecido com o estado de natureza de Hobbes do que com qualquer outro que conhecemos no curso da história. Mas nesse reino, diz Arendt, "nem mesmo o medo pode aconselhar a conduta do cidadão, porque o terror escolhe as suas vítimas independentemente de ações ou pensamentos individuais, unicamente segundo a necessidade objetiva do processo natural ou histórico"[83]. O terror trouxe para a experiência contemporânea uma vida sem laços e sem limites, um turbilhão contínuo, que torna a vida terrena ainda mais miserável, mais sórdida, mais solitária, mais pobre do que imaginara Hobbes quando descreveu o estado natural, que devia ser abandonado para se criarem as sociedades políticas.

Mesmo sem pretender estabelecer um nexo causal direto entre o Terror, fase fundamental da Revolução Francesa, e o terror dos regimes

---

80. *Ibidem*, p. 515.
81. *Ibidem*, p. 517.
82. *Ibidem*.
83. *Ibidem*, p. 519.

totalitários, é mister reconhecer que a primeira experiência de afirmação de um regime que não pôde sair do turbilhão de seu próprio movimento para existir marcou o momento de aparecimento de uma espécie de brecha na modernidade. Por ela vão se infiltrar os atores, partidos e grupos que desde então pretendem revolucionar o mundo à luz de uma ideia e em perpétuo movimento. Para que o Terror seja considerado um paradigma inicial de uma nova forma de recurso da violência pelo Estado, é preciso relacioná-lo com as ideologias que o sustentaram. É a crença numa nova forma de absoluto, e no fato de que nem todos podem dele se aproximar, que torna o emprego da violência extrema contra os adversários algo tão natural e tão sem medidas.

Tendo vivido o reino do terror nazista e meditado sobre ele, Arendt sentiu ao longo de sua vida a necessidade de pensar a relação entre violência e política nas condições de nosso tempo. Em um belo texto dedicado ao problema, ela manifestou sua surpresa e certa indignação com o fato de que intelectuais como Sartre, Fanon e Sorel tenham se deixado encantar com o que consideravam a dimensão criativa da violência sem levar em conta a dimensão trágica, que se manifestou na história quando se acreditou que a violência podia ser a força principal das transformações sociais radicais e das revoluções[84]. Voltando à sua afirmação no *Diário filosófico*, podemos agora tentar esclarecer seu sentido.

Em primeiro lugar, cabe lembrar que Arendt define o poder da seguinte maneira: "O poder corresponde à capacidade humana não somente de agir mas de agir de comum acordo"[85]. Com isso, ela pretende afastar a ideia de que possa existir um regime inteiramente baseado na violência: "Mesmo o mandante totalitário, cujo maior instrumento de domínio é a tortura, precisa de uma base de poder – a polícia secreta e sua rede de informantes"[86]. Ao mesmo tempo, ela sabe que "poder e violência, ainda que fenômenos distintos, quase sempre aparecem juntos"[87]. Ora, o ponto essencial na argumentação de Arendt é a afirmação de que o poder, tal como ela o concebe, é o fato fundamental no estabelecimento das relações humanas. Se a violência, ou sua possibilidade, está sempre inscrita

---

84. Idem, "Da violência", *Crises da república*, São Paulo: Perspectiva, 1973, p. 101.
85. *Ibidem*, p. 123.
86. *Ibidem*, p. 128.
87. *Ibidem*, p. 129.

no horizonte das sociedades, ela é incapaz de fundar o que quer que seja, muito menos uma forma de governo estável e duradoura. O poder, ao contrário, só pode existir uma vez fundado o corpo político. Por essa razão, uma revolução precisa passar de sua fase inicial de questionamento do que era instituído para um novo arranjo de leis e instituições. Caso contrário, corre o risco de perpetuar a violência ao abdicar de realizar a passagem para o poder[88].

É comum encontrarmos em pensadores utópicos dos últimos séculos o desejo de construir uma sociedade na qual as relações entre os homens seriam reguladas pelos sentimentos, ou pela natureza, na medida em que ela poderia fornecer balizas para o convívio saudável entre as pessoas. Esse foi, por exemplo, um projeto comum entre pensadores anarquistas, que pretendiam criar formas de vida em comum que dispensassem o Estado em todas suas formas[89]. Objetivando resumir para seus leitores as crenças anarquistas, Malatesta afirmava: "Os anarquistas são contra a violência. Todos sabem. A ideia central da anarquia é a eliminação da violência da vida social, é a organização das relações sociais fundadas na vontade livre dos indivíduos sem a intervenção da polícia"[90]. Na lógica arendtiana, esse pode ser um belo sonho, mas dificilmente se tornará realidade. O ponto frágil desse mundo sonhado por pensadores anarquistas é o fato de que nele não há lugar para a violência e para seu uso no interior das sociedades humanas. Ora, Arendt era uma crítica do uso dos meios violentos de coerção; ela não cessa de dizer que a violência pode destruir o poder e que jamais, sozinha, pode construí-lo[91]. Ela é um limite da política. Mas, ao mesmo tempo, é preciso levar em conta que ela está inscrita na natureza dos homens de tal maneira que sempre pode se tornar presente, mesmo em sociedades que conseguiram se fundar por meio de um contrato, de uma Constituição, diríamos hoje, que limite ao máximo o uso da força. Nesse sentido, Arendt está mais próxima de Hobbes, ainda que para ela o *estado de natureza* seja apenas uma ficção teórica usada pelo filósofo inglês para guiar sua argumentação para seus fins.

---

88. Idem, *Essai sur la Révolution* (Ensaio sobre a Revolução), Paris: Gallimard, 1967, pp. 25-ss.
89. Para uma visão de conjunto do pensamento anarquista, ver Irving Horowitz, *Los anarquistas* (Os anarquistas), Madrid: Alianza Editorial, 1975, 2 vols.
90. Errico Malatesta *apud* Vernon Richards, *Malatesta, vida e ideas* (Malatesta, vida e ideias), Barcelona: Tusquets Editor, 1977, p. 73.
91. Hannah Arendt, "Da violência", *op. cit.*, p. 130.

O outro lado do sonho dos pensadores utópicos é o reino do terror, que foi implantado pelos regimes totalitários. Se o sonho de uma sociedade da não violência parece irrealizável para Arendt – e, por isso, ela afirma que o contrário da violência é o poder, ou seja, a organização das ações conjuntas dos homens em instituições capazes de gerir a vida em comum dos cidadãos –, a construção de uma sociedade da pura violência foi o fruto das ações dos governantes totalitários que, ao recorrer ao uso sem limites da força, acreditavam colocar em prática um domínio que nunca teria fim.

Se seria infundado afirmar que Robespierre desejava prolongar indefinidamente a revolução, ainda que ele pouco tenha contribuído para estabilizá-la, é certo que a ideia de que a revolução deve ser um movimento permanente tem suas raízes em pensadores como Saint-Just, que não viam como parar um processo que, a seus olhos, estava incompleto e precisaria primeiro exterminar todos os inimigos para então pensar em novas etapas. Em outubro de 1793, quando o Terror já se instalara na França e fazia suas vítimas em todo o território da nação, o jovem e audaz amigo de Robespierre radicalizava a ideia de que era preciso exterminar os *inimigos da nação* para passar para uma nova fase da revolução. Em um comunicado feito em nome do Comitê de Salvação Pública à Convenção, ele afirmava: "Vocês devem punir não apenas os traidores mas também os indiferentes; vocês devem punir quem é passivo na república e nada faz por ela"[92]. Ao defender a ideia de que os suspeitos podem estar em toda parte, ele praticamente destruiu a possibilidade de que a França tivesse naquele momento uma vida política normal, baseada num corpo de leis. Ao contrário, Saint-Just, que ao lado dos jacobinos fizera de tudo para recusar o projeto de Constituição redigido pelos girondinos, concluiu: "Nessas circunstâncias nas quais se encontra a república, a Constituição não pode ser estabelecida, ela seria destruída por ela mesma. Ela se transformaria na garantia dos atentados contra a liberdade, porque a ela faltaria a violência necessária para reprimi-los"[93]. A seu ver, restava aos revolucionários prolongar o uso da violência contra seus adversários, que

---

92. Saint-Just, "Rapport au nom du Comité de Salut Public sur le gouvernement – 10 octobre 1793" (Relatório em nome do Comitê de Salvação Pública ao governo – 10 de outubro de 1793), *Œuvres complètes* (Obras completas), Paris: Gallimard, 2004, p. 629.
93. *Ibidem*, p. 637.

ameaçavam a unidade da nação e impediam a revolução de chegar ao fim. O Terror se transformou na revolução.

Com a extensão da categoria de *inimigos da nação* a praticamente todos os cidadãos que não comungassem o mesmo credo dos jacobinos, ou melhor, de seu núcleo reduzido de dirigentes, a república enquanto regime de leis se transformou num sonho distante, que só seria alcançado num tempo que Saint-Just nem imaginava quando viria. Em 1794, o recurso à violência se radicalizou e o jovem revolucionário passou a conceber a polícia como o instrumento revolucionário imprescindível. Considerando as facções como o grande mal da vida pública, ele acreditava que a república só poderia se estabelecer depois que elas tivessem sido totalmente extirpadas da vida pública. Ao sair do terreno corriqueiro das disputas políticas entre grupos diversos para um mundo abstrato de inimigos absolutos, Saint-Just decretava praticamente o fim de toda esperança de que a França encontrasse um lugar para novas instituições. O Terror encontrou sua linguagem e instaurou um círculo do qual não podia sair, uma vez que a realidade banal dos conflitos desapareceu em nome de uma utopia irrealizável e do culto a um heroísmo nutrido pela moral do extermínio e da superação do passado. Falando dos que poderiam eventualmente contestar a violência contra os *inimigos da nação*, ele lançou um desafio em abril de 1794:

> Que eles se apresentem, os que ameaçam vingar os traidores que a lei atingiu. Nós os enfrentaremos. Eu os devolvo ao fundo de suas consciências: eles empalidecerão, se eles me escutam. Nós não temos a covardia dos culpados; veremos nossa pátria livre, seremos felizes e as facções morrerão![94]

Olhando para o que aconteceu nos governos totalitários, Arendt compreendeu que o que fora iniciado na Revolução Francesa se tornou uma forma radical de ação, cujo resultado final foi a destruição da política nos países nos quais a ideia da prolongação indefinida das práticas violentas se transformou na mola de ação dos atores políticos. "Terror", diz ela, "não é o mesmo que a violência; é, antes, a forma de governo que passa

---

94. *Idem*, "Rapport au nom du Comité de Salut Public et du Comité de Sûreté Générale –15 avril 1794" (Relatório em nome do Comitê de Salvação Pública e do Comitê de Segurança Geral – 15 de abril de 1794), *op. cit.*, p. 760.

a existir quando a violência, tendo destruído todo o poder, não abdica mas, ao contrário, permanece com o controle total"[95]. Os homens que em 1793 colocaram em marcha a máquina de punição e de medo que foi o Tribunal Revolucionário não tinham em seu horizonte a destruição total do poder. Acreditando estar no meio de um processo inédito, mas que podia conduzir a França a uma nova era de paz e prosperidade, viam no horizonte a possibilidade de viver num país profundamente renovado e distante de seu passado. Talvez não pudessem intuir que, em meio aos sonhos de um novo tempo e de um novo homem, haviam aberto o caminho para uma nova forma de relação entre a violência e a vida na cidade. Mais precisamente, abriram o caminho para a destruição total da política. Nos nossos dias, atormentados por problemas de todas as ordens, podemos ser tentados novamente pela ideia de que é preciso um processo de purgação violenta das sociedades para que elas se renovem. Se uma sociedade totalmente destituída de violência pode ser apenas o sonho bem-intencionado de grupos que desejam viver num mundo melhor, o elogio da violência, bem como o encantamento com seus efeitos imediatos na cena pública, pode esconder o desconhecimento das raízes das experiências terríveis de nossa época e da possibilidade de que elas venham a se repetir. Mesmo em condições de dificuldades no plano social e político, só nos resta desejar um poder capaz de lidar com nossas misérias e de conter a violência sempre latente dos seres humanos. Do contrário, corremos o risco de abrir as portas para os horrores do terror, na esperança de estarmos contribuindo para a renovação de nossas sociedades e de nós mesmos, como de certa forma aconteceu com os jacobinos na Revolução Francesa. Entre a violência e o poder, no sentido dado a esses termos por Arendt, resta-nos escolher o poder, com todas as suas limitações, se quisermos fugir da realidade mortífera gerada pela crença no caráter radical e transformador da pura violência.

---

[95]. Hannah Arendt, "Da violência", *op. cit.*, p. 131.

Qual "crise do espírito", de 1914 até hoje?[1]
Frédéric Worms

O objetivo desta exposição é responder a uma pergunta simples: pode-se retomar hoje, quando a situação internacional é novamente a de uma grave crise, o diagnóstico de uma crise do *espírito*, tal como foi feito então, há um século, por intelectuais que acabavam de viver a Primeira Guerra Mundial, como Paul Valéry na França e Edmund Husserl na Alemanha (um falando de *crise do espírito* em geral e o outro de uma crise do espírito *europeu*)?

Compreende-se que há nessa retomada, no duplo sentido de um retorno histórico e de uma reatualização contemporânea e pela dupla razão de um centenário e de uma urgência, uma certa tentação, mas também uma utilidade e quem sabe até mesmo uma necessidade.

No entanto, tentaremos mostrar que a retomada desse tema da crise do espírito só é possível hoje com *duas condições*: uma primeira que apenas evocaremos rapidamente na introdução e uma segunda que será o objeto da maior parte de nossa exposição.

A primeira condição é doravante bem conhecida e não faremos mais que enunciá-la com brevidade: importa hoje, talvez mais do que nunca, *ultrapassar as ambiguidades políticas* ligadas ao tema de uma crise do espírito. Para compreender essa condição necessária, basta voltarmos rapidamente aos textos de Edmund Husserl, mas também de Paul Valéry, que citamos ao começar. Com efeito, tanto para um quanto para o outro, trata-se, sob

---

1. A tradução do presente ensaio, incluindo as citações de obras feitas pelo autor, é de Paulo Neves.

o nome aparentemente universal de *crise do espírito*, de denunciar e deplorar o enfraquecimento de *um* espírito particular, certamente encarregado de representar e de testemunhar o universal, mas que é qualificado por um termo geopolítico (ou geofilosófico): o espírito *europeu*. É esse espírito que, para ambos, foi abalado pela guerra, e sua esperada restauração deve ser não apenas intelectual; é também, num sentido político, a ideia de um privilégio espiritual da Europa, luz originária e última do mundo, que subjaz a esses dois escritos. Essas questões são bem conhecidas e numerosas polêmicas cercam desde então os textos de Husserl sobre o assunto, em particular sua conferência de 1935 em Viena sobre a crise do espírito europeu e a ciência; mas isso acontece igualmente com o texto de Paul Valéry ("A crise do espírito", de 1919) no qual ele situa a Europa a meio caminho dos *negros* e dos *faquires*. Jacques Derrida, num livro essencial precisamente intitulado *Do espírito*, reconheceu, a propósito também de Heidegger e remontando a Hegel, esses pressupostos políticos da noção de espírito e, em particular, seus usos no entreguerras.

Tal seria, portanto, a primeira condição para falar hoje de uma crise do espírito: criticar as ambiguidades políticas desse tema, o que se torna ainda mais necessário dada a persistência ainda hoje da reivindicação identitária e espiritual. É uma tarefa que não se deve abandonar. No entanto, ela é bem conhecida por si só e é sobre outro aspecto que gostaríamos de insistir no que vamos expor.

Com efeito, a segunda condição para falar hoje de uma crise do espírito consiste, a nosso ver, num *retorno crítico às filosofias do espírito* que caracterizaram o que chamamos de *momento filosófico* da Primeira Guerra Mundial ou, de maneira mais ampla, o *momento 1900* da filosofia, que foi brutalmente abalada pela guerra de 1914-1918, mas também que tentou reagir a isso e foi seguido um pouco mais tarde de outro *momento*, um momento de ruptura violenta nos anos 1930. Sustentaremos (e é uma tese que seguramente vale também para Husserl e Valéry) que esse momento se caracterizou não pelo tema político vago, mas pelo *problema filosófico preciso* do espírito, e que, para além ou aquém de certos usos ideológicos como os que acabamos de constatar e aos quais muitos filósofos desse tempo não resistiram, alguns deles também formularam esse problema para tentar *pensar a violência e a guerra* recorrendo a um *retorno crítico*, na medida em que, se em alguns aspectos essa questão merece ser ultrapassada, em outros é preciso retomá-la. Esse esforço para pensar a violência e a guerra a partir, não do tema vago da crise, mas do problema preciso da *divisão e mesmo do dilaceramento do espírito humano* é o que gostaríamos hoje de examinar, considerado em seus limites e em suas contribuições, e isso principalmente em dois autores a nosso ver centrais sobre essa questão na França. Um deles é Alain (que, após participar voluntariamente da Primeira Guerra, escreveu vários livros, entre os quais *81 chapitres sur l'esprit et les passions* [81 capítulos sobre o espírito e as paixões], mais tarde intitulado *Éléments de philosophie* [Elementos de filosofia], e *Mars ou la guerre jugée* [Marte ou a guerra julgada]); o outro é Bergson (que pronunciou durante a guerra discursos políticos muito comprometedores, mas depois publicou em 1932 seu grande livro *As duas fontes da moral e da religião*).

Não se trata, porém, de voltar diretamente a essas obras, como se pudéssemos lê-las independentemente da história e retomá-las de imediato hoje. Houve uma ruptura que separou momentos filosóficos, e só depois de tê-la examinado é que poderemos nos perguntar se é possível retomar hoje um ensinamento essencial dessa *crise* entre o espírito e as *paixões*, ou entre as duas morais e as duas religiões que são, mais exatamente, dois aspectos ou duas formas de cada moral e de cada religião, fechadas ou abertas, que levam à guerra ou à paz.

O movimento desta exposição, portanto, será simples e comportará quatro momentos rápidos. Nos dois primeiros examinaremos as posições de Bergson e de Alain, não apenas em si mesmas mas através das críticas de que elas foram historicamente o objeto no entreguerras, na passagem não apenas de uma guerra a outra mas de um momento filosófico a outro (crítica de Bergson por Politzer e de Alain por Merleau-Ponty; portanto, também de uma geração por outra). Nos dois últimos momentos estudaremos o que deve ser retomado deles: uma análise das paixões e do poder, por um lado, do fechado e do aberto, por outro, e também uma relação com a guerra e a paz que deve ainda nos orientar no momento presente.

A VIRADA DO ENTREGUERRAS: POLITZER CRÍTICO DE BERGSON

Qual é então, em primeiro lugar e a propósito de Bergson, o episódio central de que devemos partir e que marcou a ruptura não só entre temas vagos ou filosofias singulares mas realmente entre dois *momentos* filosóficos, como se houvesse aí uma passagem do *espírito* de uma guerra mundial a outra?

Situaremos esse episódio entre duas datas e entre dois livros, entre 1929 e 1933, e na diferença entre os dois. Em 1932, quando Henri Bergson publica seu último grande livro, *As duas fontes da moral e da religião*, poderia se dizer, de fato, que era tarde demais ou (sem julgamento de valor) que o mal estava feito, ou ainda, com mais precisão, que a virada do século já acontecera e girara justamente em torno da guerra, da relação da filosofia – e das filosofias – com a guerra. Isso, no entanto, poderia surpreender. Não está a guerra no centro desse livro que logo passou a ser comumente chamado de *as duas fontes*? Sim, ela está. Deve-se mesmo ir mais longe e dizer que a guerra está no centro desse livro não só como uma ameaça ou até como uma *presença* (que irrompe em pessoa, no seu segundo capítulo, no escritório do autor, numa impressionante evocação) mas, sobretudo como um *critério*, filosófico, moral e mesmo religioso. A guerra é o que revela de súbito, de maneira brutal, a verdade habitualmente oculta da moral que pretende ter valor universal, mas que em realidade só vale (como o mostra justamente a guerra, que a desmascara) para uns *contra* os outros (mais aquém e não mais além dessa ou daquela fronteira) – moral, portanto, que na verdade é uma moral *fechada*.

> Quando afirmamos que o dever de respeitar [...] outrem é uma exigência fundamental da vida social, de que sociedade falamos? Para responder, basta considerar o que se passa em tempos de guerra. O assassinato e a pilhagem, como também a perfídia, a fraude e a mentira, não se tornam apenas lícitos; são meritórios [...]. Seria isso possível, a transformação se daria de maneira fácil, geral e instantânea, se fosse realmente uma certa atitude do homem para com o homem que a sociedade nos recomendou até então?[2]

É a guerra, portanto, que é uma prova de verdade para a moral. Ela não só leva à crítica da moral *fechada* como traz em si a exigência de *outra* moral, a menos que seja a partir já dessa outra moral (como afirma Bergson) que criticamos a guerra.

2. Citamos aqui a edição crítica organizada por F. Keck e G. Waterlot: Henri Bergson, *Les deux sources de la morale et de la religion* (As duas fontes da moral e da religião), Paris: PUF, 2008, p. 26, col. Quadrige.

Essa outra moral será de fato a moral universal; ou melhor, precisamente porque deve romper com um fechamento que não cessa de voltar, e porque sua universalidade não depende de uma lógica abstrata mas de um esforço concreto, ela será essa moral que Bergson chama de moral *aberta*.

A distinção entre *o fechado e o aberto* vale também, segundo Bergson, *para a religião*; mais ainda, é no apoio que a religião dá à abertura, mas também ao fechamento, que essa distinção encontrará sua maior prova.

> O contraste é impressionante em muitos casos, por exemplo, quando nações em guerra afirmam, tanto uma quanto a outra, contar com um deus que se revela então o deus nacional do paganismo, enquanto o Deus do qual elas imaginam falar é um Deus comum a todos os homens, a simples visão do qual significaria a abolição imediata da guerra[3].

Assim, é na prova da guerra que Bergson encontra o critério moral e religioso último, aquele que faz a diferença. A guerra é o critério para a filosofia que, em troca, pode e deve (segundo o termo já usado por Alain) *julgar* a guerra, julgar segundo o critério da guerra.

No entanto, como dissemos antes, talvez já fosse tarde demais.

Uma guerra não apenas *tinha acontecido* (como disse Merleau-Ponty), mas o próprio Bergson nela se envolvera e até se engajara; e um filósofo já o havia criticado duramente, recusando-lhe de antemão (e à filosofia em geral com ele) o direito de julgar a guerra, quando era antes a guerra, concreta, real e histórica que devia julgar a filosofia ou os filósofos. Portanto, não se trata aqui do problema teórico que, no pensamento mesmo de Bergson, é colocado pela ligação entre seus *discursos de guerra* e a mudança radical que lhes impôs o pensamento tão profundo de *As duas fontes*. Trata-se de uma mudança que aconteceu fora, noutro lugar, no debate político e na história.

O filósofo que lança assim um debate que ultrapassa de longe o ataque pessoal ou individual é Georges Politzer, em seu panfleto contra Bergson, que ele publica em 1929, tomando como pseudônimo o verdadeiro nome de Voltaire (François Arouet), com o título: *La fin d'une parade philosophi-*

---

3. Henri Bergson, *op. cit.*, p. 227.

que, le bergsonisme (O fim de um desfile filosófico, o bergsonismo). O final desse panfleto, ou melhor, o momento justamente em que essa crítica filosófica capital (que foi desconhecida nessa dimensão) vira um panfleto tem por objeto a atitude de Bergson durante a Primeira Guerra Mundial.

"*O sr. Bergson marchou*"[4], escreve Politzer, sublinhando ele próprio essa formulação que busca resumir (pela dupla imagem da manipulação e do desfile militar[5]) o que essas passagens querem ter de contundente.

E ele prossegue:

> O papel especialmente atribuído à filosofia da "profundidade" e da "sutileza" foi transpor em termos concretos e vitais o ópio da grande imprensa. "O maior filósofo desde Descartes" era encarregado de abençoar, em nome do concreto e da vida, as elucubrações dos redatores do Ministério da Guerra, do Interior e dos Assuntos Estrangeiros[6].

Não devemos aqui nos enganar. Não se trata apenas de uma retórica política ou, se preferirem, de um discurso de guerra contra outro. Certamente Politzer mobiliza as armas do debate político, e do militantismo comunista em particular, contra uma filosofia que havia de fato participado, como outras, mas não menos diretamente que outras, do engajamento partidário durante a guerra. Trata-se de algo diferente, de uma mudança bem mais profunda. Pois, ainda que Bergson tenha envolvido e arriscado sua filosofia na guerra, ainda que tenha a seguir, por 15 anos, submetido a guerra à sua filosofia (mas incluindo entre as duas, convém lembrar, uma intensa atividade diplomática a serviço da paz, da Sociedade das Nações e da comissão cultural e intelectual que presidiu em Paris, onde ela ainda existe sob o nome de Unesco), o essencial para ele, do começo ao fim, consistiu no julgamento da filosofia sobre a guerra, no critério e na crítica que a filosofia aplica à guerra. Ora, em realidade é isso que se inverte com o gesto de Politzer e que marca ou revela uma ruptura, histórica e filosófica, entre dois momentos filosóficos do século – e que marcará o século

---

4. Georges Politzer, *La fin d'une parade philosophique, le bergsonisme*, Paris: Pauvert, 1968, p. 163, col. Pamphlets.
5. No original: "*M. Bergson a marché*". Além do significado de marchar, o verbo *marcher* tem também os sentidos de consentir e enganar. [N.T.]
6. Georges Politzer, *op. cit.*, pp. 167-8.

inteiro. Para Politzer, com efeito – e o mesmo acontecerá com Nizan em seu próprio panfleto, publicado também em 1932 (*Les chiens de garde* [Os cães de guarda]) –, a guerra não julga apenas os filósofos, os atos desse ou daquele filósofo; ela julga *a filosofia*, que não deve colocar-se *acima* da guerra, pois encontra-se agora *dentro dela*, não mais além, portanto, mas, para usar a palavra que se torna então uma senha, na *história*.

É dessa mudança que cabe, a nosso ver, tirar todas as consequências ainda hoje. Mas, antes de esboçar algumas delas, convém apresentar desde já uma primeira confirmação.

OS DOIS "PÓS-GUERRA": MERLEAU-PONTY CRÍTICO DE ALAIN

Essa confirmação pode ser encontrada num outro confronto não menos importante que o primeiro e, quem sabe, até mais revelador – confronto, desta vez, entre dois textos filosóficos de pós-guerra, sem dúvida alguma os dois maiores textos filosóficos (na França, pelo menos) posteriores às duas grandes guerras, cada um deles tirando uma lição. Trata-se de dois textos a que já fizemos alusão: um é *Mars ou la guerre jugée*, que Alain publica em 1921, mas que é concebido, e com ele o princípio real de toda a sua filosofia[7], já em 1916, nas trincheiras onde ele voluntariamente se engajara; o outro é *La guerre a eu lieu* (A guerra aconteceu), que Maurice Merleau-Ponty publica em 1945 no primeiro número da revista *Les Temps modernes* (que ele acabava então de fundar com Sartre, Aron e alguns outros), texto tão capital que, por uma escolha reveladora e abrupta, Claude Lefort acaba de colocá-lo na abertura do volume das *Œuvres* (Obras) de Merleau-Ponty[8], numa clara homenagem àquele que foi seu mestre pouco antes de sua própria morte.

Pois aqui também o contraste é extremo e conduz às questões essenciais do século. E só poderemos apresentá-lo de maneira também concentrada e extrema.

Para Alain, não basta dizer que o espírito, o pensamento e a filosofia podem e devem julgar a guerra. Deve-se ir ainda mais longe. Deve-se di-

---

7. Insistimos nesse ponto em nossa contribuição a Michel Murat e Frédéric Worms (org.), *Alain, littérature et philosophie mêlées* (Alain, literatura e filosofia mescladas), Paris: Éditions Rue d'Ulm, 2012.
8. Maurice Merleau-Ponty, *Œuvres*, edição organizada e prefaciada por Claude Lefort, Paris: Gallimard, 2010, col. Quarto.

zer que esse julgamento, ou essa ausência de julgamento, da guerra pela filosofia, pelo pensamento e pelo espírito é que está na origem e é a causa real da guerra. A guerra não é apenas um objeto para o espírito que julga; ela acontece no espírito, o julgamento sendo então um ato, uma vitória ou uma derrota diante da guerra.

A seguinte formulação diz tudo: "A guerra só é guerra pelo espírito que consente"[9].

Há primeiro uma guerra do espírito *contra as paixões*, contra a imaginação que move o corpo. Mas isso não é metáfora; é ela que está no princípio da guerra real, entre os homens, no mundo, na história. É sempre a paixão que produz a guerra, se o espírito não resiste e a ela consente; e ele pode e deve sempre resistir. Alain certamente não é ingênuo. A guerra nem sempre poderá ser evitada quando as forças das paixões forem poderosas. Mas sempre se poderá e se deverá, por princípio, recusar-se a ela. É o que dizem as últimas palavras de *Mars*, suficientes para desfazer, segundo Alain, os prestígios desse deus: "Se somente um milhar de espectadores [ele fala de seus leitores] quisessem, em sua poltrona, consentir a si mesmos, que futuro! Não talvez sem guerra, mas pelo menos sem o consentimento do espírito"[10].

É o núcleo mesmo dessa posição, e não apenas um de seus aspectos entre outros, que será submetido a uma mudança radical pela prova da Segunda Guerra Mundial. Com efeito, não basta criticar o *pacifismo* de Alain, na medida em que o conduziu de fato, arrastado ele também pelas mais graves paixões do século, a consentir com o Pacto de Munique. Não foi somente essa posição que levou a uma ruptura irreversível com toda uma geração de seus mais brilhantes alunos: Canguilhem, Aron, Simone Weil. Foi também uma mudança filosófica subterrânea e total. Ninguém exprimiu mais claramente isso, logo após a Segunda Guerra, que Merleau-Ponty no texto citado acima.

Em *La guerre a eu lieu*, cujo título já responde com ironia às ilusões do pré-guerra, brutalmente desfeitas, de Alain e de Giraudoux, Merleau-Ponty não se contenta em criticar a indiferença aparente de seus mes-

---

9. Alain, *Mars ou la guerre jugée, suivi de De quelques-unes des causes réelles de la guerre entre les nations civilisées (1916)* (Marte ou a guerra julgada, seguido de algumas causas reais da guerra entre nações civilizadas [1916]), Paris: Gallimard, 1995, p. 263.
10. *Ibidem*, p. 273.

tres espiritualistas, como Bergson, Brunschvicg ou Alain, com relação à história. Não se contenta em fazer esta célebre afirmação: "Aprendemos com a história e afirmamos que não se deve esquecê-la"[11]. Tampouco mostra apenas, e isso em páginas admiráveis, como a guerra entrou na vida cotidiana e no espírito de cada um durante a ocupação. Consciente da profundidade da questão, ele mostra sobretudo que daí em diante não é mais o espírito que detém o julgamento ou a verdade da guerra, mas a guerra, por assim dizer, é que se tornou a verdade do espírito. Uma fórmula e um nome, dois anos mais tarde, vão se opor assim em outro texto de Merleau-Ponty, no mesmo terreno do consentimento, às palavras do seu mestre: "É preciso saber consentir a tudo, dizia Lênin"[12]. Pois esta é realmente a questão em jogo no século: a de um espírito que julga ou que é julgado, que paira acima do combate ou que é pego por ele, sem poder sair. É o debate das *mãos sujas* e dos *justos* no teatro de Sartre ou de Camus – debate que conduz não só os filósofos mas a filosofia como tal a uma questão crucial, cuja profundidade é mascarada então pelo termo *engajamento* (ou *não engajamento*), a partir do qual se deveria reescrever a história.

Em realidade, o debate já havia sido aberto na cena francesa pela intervenção decisiva de Kojève, que antes da Segunda Guerra, em seus cursos na École Pratique des Hautes Études, interpretou para toda uma geração de intelectuais franceses a luta de morte da *Fenomenologia do espírito* de Hegel como a verdade última da época e do pensamento ao mesmo tempo. Dessa vez a coisa parece clara. Não há mais saída fora desse combate. Portanto, não se trata apenas da gravidade da guerra, da destruição, dos massacres que aumentam de maneira ainda mais terrível de uma guerra a outra, da Primeira à Segunda Guerra Mundial. Trata-se da significação mesma da guerra que se metamorfoseia e revela assim a metamorfose da filosofia, de um momento de sua história para outro momento.

Precisamos registrar esse abalo, meditar sobre esse abalo. Mas podemos hoje nos restringir a isso? Na verdade, são duas séries de ensinamentos que devemos tirar desse abalo e que nos obrigam a ir mais adiante. É o que faremos através de duas séries de observações conclusivas sobre as

---

11. Maurice Merleau-Ponty, *op. cit.*, p. 11.
12. *Ibidem*, p. 280. Em 1955, em *As aventuras da dialética*, o primeiro autor citado será novamente Alain.

lições profundas das filosofias de Alain e de Bergson (as paixões e o poder, de um lado, as duas morais, de outro) e a herança delas no século, de Merleau-Ponty até hoje. Aliás, essas duas séries de conclusões são ligadas por uma tese simples: a das oposições vitais e morais, filosóficas e políticas mais fundamentais, que se verificam plenamente hoje. Poderia se mostrar como a crítica das paixões e do poder, que resistem ao julgamento em Alain, e sobretudo a oposição radical do fechado e do aberto, em Bergson, conservam toda a sua atualidade hoje, para se pensar a seguir sobre uma oposição entre a guerra e a paz que atravessou o século, de Merleau-Ponty até o presente, e fundar o que chamamos de *vitalismo crítico*. Mas faremos aqui apenas uma breve observação conclusiva sobre o que nos parece ser o ensinamento essencial dos dois autores que acabamos de evocar.

AS PAIXÕES E O PODER

No que se refere primeiro a Alain, em *Mars ou la guerre jugée*, seria um erro acreditar, como o título do livro dá a entender e também as análises que acabamos de resumir, que a vitória do *espírito* sobre as *paixões*, e portanto sobre a guerra, é tão simples assim. Em realidade, há outro elemento em Alain que se acrescenta à análise das paixões para dar toda a importância ao seu pensamento no século passado e hoje. É a tese (que estabelece também o plano do livro) segundo a qual as *paixões*, em seu combate contra o espírito, são reforçadas por um mecanismo fundamental que é o do *poder*. Por si sós, as paixões seriam apenas da alçada do julgamento e do espírito; mas o poder consiste em reforçar as paixões para assentar sobre elas a dominação política, e assim Alain não se contenta em retomar o grande tema clássico (Descartes e Espinosa) das paixões, mas introduz na filosofia francesa a crítica do poder. Se pode parecer surpreendente a retomada por seus discípulos do tema das paixões (Merleau-Ponty analisa ainda o antissemitismo, mesmo nazista, como uma *paixão*, e Sartre vê a vida humana como *paixão inútil*), deve-se reconhecer em toda a filosofia do século a herança da crítica do poder, tanto em Simone Weil (que opõe força e justiça) como em Foucault. *Le citoyen contre les pouvoirs* (O cidadão contra os poderes), título de uma célebre coletânea de Alain (organizada por Jean Prévost, seu discípulo e herói da guerra), traça uma linha crítica no século. E mesmo os limites da política de Alain não diminuem em nada essa dimensão política que a guerra acrescenta de maneira imprevisível à sua filosofia moral. *Mars ou la guerre jugée* compõe-se de uma série de 93 tópicos, mas pode-se facilmente mostrar como eles se ordenam em três partes: as paixões (1 a 22), o espírito (52 a 93) e entre os dois o poder (23 a 51).

O FECHADO E O ABERTO

Certamente poderíamos tirar consequências ainda mais radicais e críticas a partir da oposição do fechado e do aberto em Bergson.

Mas apenas sublinharemos aqui uma simples aproximação, inesperada talvez, com um texto mais tardio de outro autor, texto que tem afinidades com o de Bergson citado mais acima.

A nosso ver, não é por acaso que outro filósofo recupera em 1961, após o tempo que lhe foi necessário para avaliar todo o seu alcance, uma tese muito precisa sobre esse ponto e, de fato, muito próxima daquela que ouvimos Bergson enunciar em 1932. Trata-se de Lévinas, na abertura de *Totalité et infini* (Totalidade e infinito): "A guerra não se dispõe apenas como a maior dentre as provas de que vive a moral. Ela a torna irrisória"[13].

Mas o que a guerra torna irrisória não é qualquer moral. É somente aquela que *pretende* ser toda a moral, a moral da totalidade e do sistema que, por esquecimento do infinito que a ultrapassa também infinitamente, leva justamente à guerra! Em nome do infinito e contra a *totalidade* que ele lê em Hegel e seus discípulos contemporâneos, Levinas trava uma luta muito próxima daquela que Bergson esboçava sob o signo do *fechado* e do *aberto*. Ele a buscará no *rosto* do *outro homem*.

Não há como resolver aqui, entre versões diferentes, vigorosas, certamente inconciliáveis no fundo, essa tensão de princípio ou entre os princípios (fechado e aberto, totalidade e infinito, além de outras que a mantiveram ao longo do século). O que ela assim sublinha, indiretamente, é a própria persistência da tensão entre a filosofia e a guerra, entre a guerra e a filosofia, inclusive para além do século. A guerra faz parte das experiências que, como a violência ou a violação das relações humanas, fazem surgir entre os homens uma aspiração que os ultrapassa, um princí-

---

13. Emmanuel Levinas, *Totalité et infini*, Paris: Le Livre de Poche, 1961, p. 1, col. Biblio essais.

pio que os norteia, uma ética e uma política; mas estas só têm sentido para retornar a tais experiências, para (como dizia Péguy do pensamento de Bergson) combatê-las, mas não aceitando o combate tal e qual tampouco se furtando a ele, e sim dando-lhe outro sentido, seu verdadeiro sentido. Esse sentido será, não o de um combate entre a guerra e a filosofia, como se uma devesse *julgar* a outra, mas o de uma tensão entre guerra e filosofia que pode retornar *em ambas* ainda hoje. Tensão que envolve uma dupla tarefa: como se a guerra pudesse ainda atravessar a filosofia, exigindo os recursos da crítica e do pensamento, mas como se hoje também, no interior dos combates que dilaceram os homens, das violações mais íntimas aos conflitos mais amplos, houvesse um lugar decisivo para uma filosofia que surja deles para pensá-los, criticá-los e agir de volta.

Tal seria ainda hoje a nossa crise do *espírito*.

A guerra mecânica
Marcelo Coelho

Poucos eventos, ao longo do século xx, parecem adequar-se tão bem ao tema geral *Mutações* – que orienta esta e outras coleções de ensaios organizadas por Adauto Novaes – quanto a Primeira Guerra Mundial, cujo centenário se completou em 2014.

O conflito, de que resultaram pelo menos dez milhões de mortos, sem contar um imenso cortejo de mutilados, de cegos e enlouquecidos, marcou sem dúvida uma mutação nas formas conhecidas de violência entre os seres humanos. A guerra deixou de depender das investidas da infantaria e da cavalaria em campo aberto, para se tornar uma vasta empreitada técnico-industrial. Mobilizou e vitimou não apenas os corpos regulares do exército mas toda a população dos países nela envolvidos. Abalou violentamente a autoconfiança da sociedade europeia – que se acreditava no rumo de um progresso civilizacional constante. Rompendo um quadro que durava dois mil anos, expulsou o centro do poder mundial para fora da Europa – na direção dos Estados Unidos e da Rússia. Representou, ademais, um fator decisivo na dissolução de hierarquias e modelos de poder originários dos séculos anteriores. Pois, quando a guerra começou, somente França e Portugal adotavam a forma republicana de governo. Quatro anos mais tarde, o império russo, o império austro-húngaro, o império otomano e o *reich* alemão estavam depositados no museu das velharias históricas. Também o papel das mulheres na sociedade, que vinha se modificando com o próprio desenvolvimento industrial, conheceu depois da Primeira Guerra uma mutação profunda. Podemos citar várias estatísticas sobre a incorporação da mão de obra feminina na força de trabalho; basta pensar, entretanto, no que era a moda feminina de 1910 e no que se transformou em 1920: talvez a mudança de vestuário mais radical que já se tenha registrado na história em tão pouco tempo.

Não obstante todas essas modificações, a Primeira Guerra acaba sendo relativamente esquecida, ou pelo menos não desperta grande interesse hoje em dia; tendemos a encará-la como pouco mais do que um prólogo para todos os horrores subsequentes. Naturalmente, o nazismo elevaria os padrões de violência pessoal e mundial para um grau de intensidade ainda mais inimaginável. Desse relativo esquecimento da Primeira Guerra surge uma consequência perigosa, aliás, que pretendo mencionar no final deste texto.

Tentemos analisá-la, entretanto, do ângulo proposto no título do ciclo de conferências que deu origem a este livro – a saber, o das fontes passionais da violência. Sugere-se, como escreve Adauto Novaes em seu texto de apresentação, que, ademais das chamadas causas objetivas da violência – como interesses econômicos e políticos, por exemplo –, haveria a investigar também as fontes subjetivas, internas, psicológicas da violência. Nós, humanos, somos capazes de violência: paixões destrutivas existem em nós, nascem de nós. Impossível não reconhecer isso; alguma agressividade é necessária até para se comer um pudim de leite, e sem um mínimo de violência o habitante de uma ilha paradisíaca não conseguirá sequer quebrar um coco. Posso dizer, de mim mesmo, que já me vi tomado de fúria; não é menos verdadeiro que eu seja, quase todo o tempo, pacífico ao extremo, desfrutando da sorte de viver em constante estado de bom humor – o qual, tanto quanto o ódio ou a raiva, pode bem se tratar de uma paixão cultivável.

Deixando o plano da consideração pessoal, tentemos abordar a Primeira Guerra do prisma da *violência interior*. A menção a alguns episódios de combate talvez sirva para qualificar melhor esse tipo de experiência. Ao contrário do que parece, o ódio e o furor não eram constantes contra o inimigo, nem poderiam sê-lo no decorrer dos longos anos de conflito. Muitas paixões, e talvez nenhuma paixão, também cabiam no cotidiano da guerra.

Um primeiro episódio pode ser reconstituído a partir de um filme italiano, dirigido por Mario Monicelli em 1959, intitulado *A grande guerra*[1]. Dois malandros, vividos por Alberto Sordi e Vittorio Gassman, são alistados no exército, embora tentem escapar da guerra o tempo todo. De um ponto de partida bem pouco trágico, o filme apresenta situações que ilustram bem a aparição da violência no contexto da guerra.

Assim, vemos os dois amigos encarregados de fazer um reconhecimento do terreno, que é bastante montanhoso. Do alto da estrada, eles veem um soldado inimigo sozinho. É de manhã. O austríaco sai do seu abrigo e caminha até um pequeno fogareiro, onde há um bule de café. Ele assopra o fogo, tenta segurar o bule, que está muito quente, e procura um pano para não queimar a mão. Não sabe, obviamente, que está sendo observado.

Gassman e Sordi estão com os fuzis em punho: podem atirar. Eles se entreolham. "Atire você." "Não, atire você." Natural que estivessem hesitando. Aquilo não era um combate; seria um assassinato. Toda a humanidade do austríaco, fazendo seu café, estava diante dos olhos deles. Toda a sua inofensividade, toda a sua inocência, toda a sua *insciência*, por assim dizer, expunha-se aos olhos dos dois. Não era um inimigo, era uma pessoa. Os dois amigos estão paralisados, sem saber o que fazer. Atrás deles, entretanto, surge um grupo de outros cinco italianos, provavelmente liderados por um oficial. Esse grupo fuzila o austríaco na hora. Ele cai morto, e seu rosto atinge em cheio o fogareiro em brasa – como que mostrando, no filme, que não se pode olhar o rosto de ninguém. O oficial ainda repreende os nossos dois protagonistas, que não queriam matar o austríaco. "Se ele nos visse, iria correr até o acampamento, avisar seus companheiros, e todos nós estaríamos mortos agora."

O importante a notar nesse episódio, justamente, é que não parece estar em jogo nenhuma *paixão* guerreira. Se algo se verifica aqui, é um sentimento interno de humanidade, uma moral que se recusa ao assassinato puro e simples. E também um cálculo estratégico, uma necessidade de prudência, de autopreservação: é arriscado, em qualquer circunstância, deixar o inimigo vivo.

Em ponto microscópico, esse caso reproduz o raciocínio de muitas lideranças militares que foram decisivas para o desencadeamento da Pri-

---

[1]. *La grande guerra*, Mario Monicelli, Itália: Dino de Laurentis Cinematografica, 1959, 137 min, mono, PB, 35 mm.

meira Guerra. As discussões sobre a responsabilidade pelo conflito são infinitas, como se sabe, não cabendo desenvolver o ponto neste texto. Havia claramente, da parte de muitos envolvidos, o desejo de fazer uma guerra – espécie de antídoto contra a *decadência* e a *falta de energia* da civilização europeia. Havia igualmente o medo de que a guerra representasse o fim dessa mesma civilização. O ministro da Guerra alemão, von Moltke, aparentemente conciliava as duas opiniões em seu pensamento[2]; se a guerra era inevitável, e esse raciocínio era comum, o melhor era começá-la já, antes que um possível inimigo, como a Rússia, estivesse mais bem preparado que a Alemanha. Mate antes de ser morto, como diria o oficial italiano do filme de Monicelli. Não era outra a opinião do ministro da Guerra russo, Sukhomlinov, já em 1912: "Será mais vantajoso para nós começar a guerra o mais cedo possível"[3].

Podemos notar paixão *guerreira* na atitude de Sukhomlinov ou de Moltke? A subjetividade dos personagens está colocada, sem dúvida. Mas parece, ao mesmo tempo, uma atitude fria, estratégica: menos furor selvagem e mais razão de Estado. Mais um *realismo* do que um acesso impulsivo. "O que fazer? as coisas são assim mesmo", dizem esses homens de Estado. Podem mesmo dizer, com variados graus de sinceridade ou de cinismo, "não queremos a guerra, mas o outro quer": o clima, em julho de 1914, era certamente de paranoia. Mas em que medida podemos chamar a paranoia de *paixão*? A paranoia é cultivada, por certo; mas é um hábito intelectual, uma crença injustificada (ou pelo menos incapaz de refutação) na malignidade do inimigo. Nenhuma dessas atitudes, no contexto anterior à Primeira Guerra, parece necessariamente impulsiva, impensada ou passional. Sabemos que a paranoia envolve não apenas o medo mas também o medo de ter medo – e que este pode precipitar os homens à ação violenta. Será o ato de finalmente assinar uma declaração

---

2. A próxima guerra, dizia ele em 1906, "não será resolvida numa batalha singular, mas numa longa e cansativa disputa [...] que vai exaurir totalmente o nosso povo, mesmo se sairmos vitoriosos". Já em maio de 1914, diante da aceleração dos entendimentos navais entre a Inglaterra e a Rússia, Moltke afirmava que "qualquer adiamento [da guerra] terá o efeito de diminuir nossas chances de sucesso". Cf. Barbara Tuchman, *The Guns of August*, Toronto/New York: Bantam Books, 1980, pp. 38-ss. Edição brasileira: *Canhões de agosto*, Rio de Janeiro: Objetiva, 1994. [A tradução desse trecho e de outros citados ao longo do texto, extraídos de diferentes obras, foi feita por mim a partir do original em língua estrangeira.]

3. Christopher Clark, *The Sleepwalkers: How Europe Went to War in 1914*, New York: Harper & Collins, 2013, p. 220. Edição brasileira: *Os sonâmbulos: como eclodiu a Primeira Guerra Mundial*, São Paulo: Companhia das Letras, 2014.

de guerra ou um chamado de mobilização geral – coisa que as lideranças europeias fizeram com diferentes graus de hesitação – algo qualificável como irrupção passional de violência? Como em tantos eventos do século XX, os efeitos de um acontecimento parecem ser desproporcionais às suas causas[4].

Contra esse pano de fundo *realista*, que estabelece o pressuposto da inevitabilidade da guerra, há portanto a destacar um fator de ordem inversa: o impulso de decidir, o instinto ativista que parece tornar, para cada personagem do conflito, praticamente insuportável a situação da expectativa, da espera. "Agora ou nunca!": as decisões de cada representante das nações envolvidas no conflito, tomadas a partir de um caos de informações desencontradas e em meio ao rumor constante da catástrofe, são extremamente bem descritas por Sean McMeekin em seu livro *July 1914*[5]. Há sem dúvida um componente de violência, ou pelo menos de impaciência destrutiva e de alívio, quando o imperador da Áustria ou o gabinete britânico finalmente se decidem pela mobilização. Dos acessos explosivos (e quase instantâneos arrependimentos) do *kaiser* Guilherme II ao sistemático antipacifismo de um Churchill, lorde-geral do almirantado inglês, as variações subjetivas, os graus de desequilíbrio ou sanidade mental dos diversos personagens daquela conjuntura parecem engrenar-se uns aos outros num resultado cada vez mais previsível e fatal. Por mais extremada que seja a fraseologia de alguns personagens, ainda aqui podemos falar de *violência* apenas de forma metafórica. Violência retórica, violência simbólica, ódio, por vezes, ao estrangeiro, sem dúvida existiam; nada que se confunda, propriamente, com o desencadeamento de uma bestialidade interior, algo que pudéssemos atribuir às *fontes passionais* de uma violência, digamos, não apenas física mas pelo menos armada, assassina, destruidora de casas, cidades e vidas humanas.

Para buscar esse tipo de violência, que é característica de toda situação de guerra, iremos então recorrer a um segundo episódio, ou série de episódios, que ocorreu logo no início dos conflitos de 1914.

Os alemães, como se sabe, tinham desenvolvido por muitos anos um plano para o eventual conflito europeu, cientes de que teriam de

---

4. Agradeço a sugestão de Renato Lessa quanto a este ponto.
5. Sean McMeekin, *July 1914: Countdown to War* (Julho de 1914: contagem regressiva para a guerra), New York: Basic Books, 2013.

A guerra mecânica

enfrentar a França e a Rússia, aliados desde 1892. Não poderiam derrotá-los facilmente se os combatessem ao mesmo tempo. O chamado Plano Schlieffen estipulou, então, que tropas alemãs deveriam inicialmente atacar a França a toda velocidade, chegando a Paris depois de 15 dias – para só então, resolvida a questão no *front* ocidental, concentrarem-se na guerra com a Rússia. Dada essa necessidade estratégica *vital*, não seria sensato perder tempo tentando destruir as extensas fronteiras fortificadas que a França erigira para se proteger. O caminho mais curto para Paris seria passar pela Bélgica, país neutro, com poucas defesas. Assim, tomada a decisão de entrar em guerra (face à mobilização da Rússia na fronteira oriental), a Alemanha tinha de desencadear seu plano, pouco importando as razões *subjetivas* que pudesse invocar para invadir um país neutro. Com uma estupidez notável, a diplomacia alemã lançou um ultimato contra a Bélgica, garantindo que só usaria o país como um corredor, pagando por eventuais danos causados; chegou-se a prometer, em contatos que precederam em vários anos o início da guerra, que parte do território francês seria entregue aos belgas em caso de vitória.

A Bélgica preferiu resistir a se tornar uma espécie de protetorado alemão; evidentemente, as tropas do *kaiser* invadiram a Bélgica do mesmo modo, ocupando rapidamente o que lhes interessava do território – como a cidade de Louvain, com seus tesouros de arte medieval e sua biblioteca universitária (esta, fundada em 1426, era uma das mais valiosas da Europa, com 230 mil volumes).

O medo das tropas invasoras eram os franco-atiradores; na guerra com a França em 1870, diversos soldados alemães foram vitimados por cidadãos comuns, que se armavam e resistiam ao ocupante. Já em 5 de agosto de 1914, o primeiro dia da invasão da Bélgica, o exército alemão promoveu algumas execuções de civis, inclusive padres, por considerá-los capazes de liderar a resistência da população. A aldeia de Battice foi queimada. No mesmo dia, o general von Moltke reconhecia que seu avanço na Bélgica havia sido "certamente brutal, mas estamos lutando por nossas vidas e quem entra no nosso caminho tem de enfrentar as consequências"[6]. A resistência belga naturalmente aumentou a irritação dos alemães, que empreenderam o primeiro bombardeio aéreo de uma

---

6. Barbara Tuchman, *op. cit.*, pp. 199-ss.

cidade europeia, com uma carga de bombas jogadas de zepelim sobre Liège, no dia 6 de agosto, matando nove civis.

A destruição de Louvain aconteceria cerca de vinte dias depois. Quando os alemães entraram na cidade, rumores e realidades sobre franco-atiradores eram de conhecimento de toda a tropa. Os primeiros momentos, entretanto, foram tranquilíssimos, como narra Barbara Tuchman. Os soldados do *kaiser* eram bem-educados, compravam cartões-postais nas lojinhas (a cidade era muito turística). No dia seguinte, um soldado alemão foi atingido na perna, não se sabe direito por quem. O prefeito e um auxiliar foram presos como reféns. No dia 25 de agosto, tropas alemãs que estavam combatendo mais à frente recuaram em desordem até a fronteira da cidade: correram boatos de que os ingleses e os franceses já estavam no contra-ataque. Alguns soldados alemães dentro da cidade foram atingidos, novamente não se sabe se por franco-atiradores belgas ou por fogo amigo no meio da multidão. O general von Luttwitz, no dia 26 de agosto, informou então um diplomata americano e um espanhol, em Bruxelas, que "algo terrível aconteceu em Louvain". O filho do prefeito, disse ele, "matou um general nosso". "Teremos então, evidentemente, de destruir a cidade", acrescentou. Louvain inteira foi incendiada por soldados bêbados e ensandecidos. A biblioteca não foi poupada. O ministério das relações exteriores da Alemanha, depois que a notícia correu o mundo, afirmou que "a total responsabilidade pelo acontecido recai sobre o governo belga"[7].

Irrupção de barbárie, como se vê. O *animal interior* que existe em cada ser humano foi despertado. Pelo pânico, pelo álcool, pelo simples desejo de destruição, a maldade interna de cada pessoa encontrou-se à solta naqueles dias de terror; autorizada, o que é pior, pelos escalões superiores. Essa, naturalmente, é a reação que temos ao ler um relato desses.

Seria precipitado, contudo, identificar o fenômeno da guerra, em seu conjunto, com o tipo de emoções desencadeadas num episódio como o de Louvain. Uma guerra não se resume a tais eventos, e em especial a Primeira Guerra não se resumiu a isso. Casos semelhantes e diferentes, ocorridos entre 1914 e 1918, podem ser rememorados; mas será mais interessante, a partir daqui, interromper a narração dos fatos

---

7. *Ibidem*, pp. 347 ss.

e passar rapidamente à teorização que possam sugerir. Em especial, a ideia do *animal interior*, da *besta reprimida* que todos guardamos em nosso íntimo.

Um texto de Freud, escrito no começo de 1915, exemplifica bem essa teoria. Intitulado "Reflexões para os tempos de guerra e morte"[8], aborda, antes de tudo, o desencanto, a desilusão provocada pelo início da guerra europeia, "mais sanguinária e mais destrutiva do que qualquer guerra de outras eras, devido à perfeição enormemente aumentada das armas de ataque e defesa", mas também "tão cruel, tão encarniçada e tão implacável quanto qualquer outra que a tenha precedido"[9].

Todavia, não se justifica, diz Freud, que fiquemos desapontados.

> Rigorosamente falando, [o desapontamento] é a destruição de uma ilusão. Ilusões são bem-vindas para nós porque nos poupam da dor e nos permitem desfrutar de prazer em seu lugar. Temos assim de aceitar sem reclamar quando às vezes colidem numa porção de realidade contra a qual se fazem em pedaços[10].

Ele prossegue:

> Duas coisas nesta guerra despertaram nosso sentimento de desilusão: a baixa moralidade revelada externamente por Estados que, em suas relações internas [com a própria população], se intitulam guardiães dos padrões morais, e a brutalidade demonstrada por indivíduos que, enquanto participantes da mais alta civilização humana, não julgaríamos capazes de tal comportamento[11].

Freud passa imediatamente a analisar o segundo aspecto do problema, mais psicológico, deixando de lado a questão da *moralidade dos Estados* em suas relações uns com os outros. Analisando o problema a partir do indivíduo, ele se pergunta de que modo as pessoas atingem um *plano comparativamente alto de moralidade*.

---

8. Sigmund Freud, em: *A história do movimento psicanalítico, artigos sobre a metapsicologia e outros trabalhos*, Rio de Janeiro: Imago, 1996.
9. Ibidem, pp. 288-ss.
10. Ibidem, p. 290.
11. Ibidem.

Uma primeira resposta, diz Freud, seria a de que já nasceram assim, são boas e nobres por nascimento. Ele descarta a possibilidade como sequer merecedora de análise. Temos impulsos, diz ele, que não são necessariamente ruins ou bons. Alguns, como o egoísmo e a crueldade, são rejeitados pelo sistema social e têm de passar por uma transformação. A sociedade ensina o indivíduo que, para ser amado, ele deve renunciar a uma série de vantagens que o seu comportamento egoísta poderia trazer.

A *civilização*, diz ele, se baseia na renúncia à gratificação dos impulsos e exige isso de todo indivíduo que entra nela. O meio oferece não apenas amor a quem renuncia a seus impulsos mas também prêmios e punições. Assim, uma pessoa pode decidir-se por uma conduta *civilizada* sem que tenha mudado suas inclinações egoístas. Vale destacar um trecho importante do estudo de Freud:

> A sociedade civilizada, que exige uma boa conduta e não se preocupa com a base instintual dessa conduta, conquistou assim a obediência de muitas pessoas que, para tanto, deixam de seguir suas próprias naturezas. Estimulada por esse êxito, a sociedade se permitiu o engano de tornar maximamente rigoroso o padrão moral e assim forçou seus membros a um alheamento ainda maior de sua disposição instintual. Consequentemente, eles estão sujeitos a uma incessante supressão do instinto, e a tensão resultante disso se trai nos mais notáveis fenômenos de reação e compensação[12].

À medida que vamos lendo essa passagem, nossa tendência é concordar com o pensamento de Freud – com o qual, de resto, estamos acostumados. Tornou-se lugar-comum no nosso tempo (tão rousseauniano, em alguns aspectos, e tão antirrousseauniano em outros) a ideia que praticamente inverte o famoso adágio a ele atribuído. Aceita-se praticamente sem discussão a tese, com efeito, de que o homem nasce mau, e à sociedade cabe reprimi-lo.

Cumpre, todavia, interromper o raciocínio de Freud – de forma um tanto precipitada, talvez – para voltar à sua frase inicial, que merece ser relida. "A sociedade civilizada, que exige uma boa conduta do indivíduo

---

12. *Ibidem*, p. 293.

[...]", dizia Freud em 1915. Assinalemos, ainda que se trate de uma obviedade, a situação real em que se inseria essa inocente asserção do criador da psicanálise. Seria possível dizer, em 1915, que a sociedade civilizada exigia *uma boa conduta do indivíduo*? Se, com exceção da Inglaterra, o serviço militar obrigatório levava, depois de algum precário treinamento, milhões de soldados a caminho de matar seus semelhantes, não seria mais correto dizer exatamente o oposto, que a sociedade estava exigindo do indivíduo uma conduta bárbara, selvagem?

A pergunta não deriva de um mero jogo mental. Podemos concordar plenamente com a ideia de que o ser humano tem impulsos egoístas e cruéis. Pessoalmente, poucos terão problemas em admitir que seu impulso egoísta pode levar, em situações extremas, ao roubo, à traição, à violência, certamente à mentira. Mas dificilmente será impulso egoísta o que leva um cidadão a entrar numa guerra e arriscar a vida para defender um trecho de trincheira. Ao contrário. Seu egoísmo o levaria antes a ficar em casa, a fugir, a emigrar, do que a vestir um uniforme. Em 1915, a sociedade europeia não estava reprimindo nenhum instinto selvagem de seus cidadãos. Estava, isso sim, proibindo-os de ter instintos pacíficos – e egoístas. Quem se recusasse a se alistar poderia ser fuzilado. O lado do *dever*, da *moralidade*, não se opunha à guerra. Estavam-se *obrigando* as pessoas à barbárie – e, sem dúvida, estimulando seu comportamento guerreiro. Em outra inversão das supostas teorias de Rousseau, portanto, o raciocínio de Freud nos leva a uma conclusão paradoxal: é como se a teoria freudiana dissesse que a sociedade é boa, e o homem a estraga; e que a selvageria irrompe na guerra porque o indivíduo não consegue corresponder às exigências da sociedade civilizada. Cabe perguntar: com que direito se poderia falar de sociedade civilizada, quando um sistema longamente planejado de massacre – e de educação para a guerra – vinha sendo construído nos principais países europeus? Nesse sentido, o termo "civilização" indica, justamente, quanto era *insuficiente* confiar na eclosão de impulsos selvagens reprimidos para levar adiante um esforço bélico de tais proporções.

Voltemos ao caso de Louvain. Certamente, soldados bêbados puseram fogo na cidade, entrando numa orgia de destruição. O que os teria levado a isso? Segundo Freud, deu-se a libertação de instintos selvagens mal e mal reprimidos por uma civilização exigente demais em sua alta expectativa ética. É possível pensar de modo bastante diferente. Uma sociedade civilizada de menos, uma sociedade nas mãos de comandantes militares com históricos de vida certamente embrutecedores, impôs sobre pessoas normais, nem muito pacíficas nem muito guerreiras, uma pressão insuportável – em termos de risco de vida, de obediência, de privação, de medo. Ordenou, em seguida, que uma cidade ocupada fosse destruída – e esta é a frase do general alemão em Bruxelas: "evidentemente, a cidade terá de ser destruída". E os soldados, não apenas obedecendo a ordens mas também se vingando delas, se entregaram a essa tarefa.

A presença de paixões destrutivas, no caso de Louvain, é incontestável. Na maioria das vezes, a barbárie e a destrutividade da Primeira Guerra se caracterizaram, entretanto, precisamente pela dispensa de um espírito de saque ou de ódio. Tratava-se de seguir ordens, acompanhando um movimento estratégico de tropas decidido totalmente *a frio*, pela mais pura (e desumana) lógica militar. O *animal interior*, a besta que temos dentro de nós, pode fazer muitas coisas terríveis, sabemos disso. Mas a fabricação de dezenas de milhões de armamentos, a organização de milhões de soldados, o transporte de artilharia pesada, a elaboração de planos de guerra, a distribuição de mapas, de botas, de mochilas e baionetas, a publicação de jornais, de panfletos e notícias são um fenômeno muito diferente do tumulto e do caos de um batalhão de soldados bêbados numa cidade sitiada. Em Louvain, as feras estavam soltas – e talvez seja a esse tipo de acontecimentos que Freud estivesse se referindo quando falou em desilusão[13]. Eventos como aquele podem ser atribuídos, em parte, à quebra ou

---

13. É indisfarçável, aliás, a satisfação de Freud ao se dizer desiludido. No segundo texto de suas "Reflexões", o autor descreve o que seria a concepção do homem primitivo a respeito da morte: incapaz de concebê-la para si próprio e facilmente disposto a assassinar qualquer estranho. Essa atitude primitiva persiste em nosso inconsciente, diz Freud; seria chegado o momento em que nós, civilizados, não mais devemos negá-la. A guerra "compele-nos mais uma vez a sermos heróis que não podem crer em sua própria morte; estigmatiza os estranhos, cuja morte deve ser provocada ou desejada [...]. A guerra, entretanto, não pode ser abolida; enquanto as condições de existência entre as nações continuarem tão diferentes e sua repulsa mútua tão violenta, sempre haverá guerras. É então que surge a pergunta: não somos nós que devemos ceder, que devemos nos adaptar à guerra? Não devemos confessar que em nossa atitude civilizada para com a morte estamos mais uma vez vivendo psicologicamente acima de nossos meios e não devemos, antes, voltar atrás e reconhecer a verdade? [...] Isso dificilmente parece um progresso no sentido de uma realização mais elevada, mas antes, sob certos aspectos, um passo atrás – uma regressão; mas tem a vantagem de levar mais em conta a verdade e de novamente tornar a vida mais tolerável para nós" (*op. cit.*, pp. 309-10). Ou seja, dada a falsidade da civilização, melhor admitirmos nosso primitivismo. A aceitação dos fatos como naturais dispensaria, em última análise, maiores esforços de explicar o surgimento da barbárie em 1914; não por acaso, o início das hostilidades

ao enlouquecimento da disciplina militar. Foram também consequência de um pensamento em que tudo passava a ser válido – quebra de tratados, invasão de países neutros, bombardeamento da população civil. Se havia paixão nisso, tratava-se de paixão muito fria e pouco subjetiva – algo como um argumento em torno das necessidades da sobrevivência nacional. Em suma, estamos muito menos diante da desrazão do indivíduo e muito mais diante da razão de Estado.

Ganha especial pertinência, assim, o que dizia o poeta Paul Valéry no ensaio "A crise do espírito", escrito em 1919. Todos os horrores da Primeira Guerra, observa, "não teriam sido possíveis sem tantas virtudes: o trabalho mais consciencioso, a instrução mais sólida, a disciplina e a aplicação mais sérias foram adaptadas aos piores fins, e as grandes qualidades do povo alemão foram capazes de criar mais males do que todos os vícios que a ociosidade engendra"[14]. Saber e dever, sugere Valéry, teriam então se tornado suspeitos.

Eis a *mutação* crucial imposta à prática da guerra e da violência entre os homens a partir de 1914 – e que passa despercebida quando se tenta aplicar o modelo freudiano, do *selvagem interior*, à realidade que se desenrolava então. Diferentemente dos conflitos do século anterior, o de 1914 foi já plenamente industrializado. Os países não dependiam do ataque de cavalaria, da investida de milhares de soldados de infantaria correndo uns em direção aos outros. Essa imagem aventurosa terá seduzido muitos jovens que se alistaram pensando na rápida resolução do confronto.

Um dos paradoxos da Primeira Guerra, entretanto, é que o conflito pressupunha, na estratégia de seus condutores, avanços rápidos e agressivos – mas se deu num momento em que as armas de defesa estavam mais desenvolvidas do que as armas de ataque. A metralhadora fixa, apoiada num tripé, varria as tropas de ataque, fileira após fileira, à medida que tentavam se aproximar das forças inimigas. Em princípio, todo ataque era uma corrida em direção à morte, com mínimas chances de sucesso. Percebeu-se rapidamente que a única possibilidade de

---

austríacas contra a Sérvia recebera de Freud o seguinte comentário: "Pela primeira vez em trinta anos, tenho a sensação de ser um austríaco, gostando de dar a este não muito auspicioso império uma outra chance. Toda minha libido está dedicada à Áustria-Hungria" (Christopher Clark, *op. cit.*, p. 470).

14. Paul Valéry, "La crise de l'esprit", em: *Variété I: Essais quasi politiques* (Variedade I: ensaios quase políticos), Paris: Gallimard, 1957, p. 989.

evitar o mero suicídio coletivo estava na cuidadosa preparação prévia do ataque por meio de constantes fogos de artilharia pesada. Canhões cada vez maiores, colocados muito atrás da linha de conflito, disparavam seus tiros na direção da trincheira inimiga, forçando a retirada dos soldados ou exterminando-os, para que só depois disso a força atacante começasse a avançar. Cabe lembrar que, como os canhões eram cada vez mais pesados, tornava-se dificílimo o seu deslocamento, retardando naturalmente o ritmo do agressor. Os próprios tiros da artilharia, que iam sendo trocados dos dois lados, terminavam escavando o chão em crateras gigantescas – que se enchiam de água, lama e sangue. Ali se afogavam os soldados que não tinham sido metralhados ou atingidos pelos canhões. Nessa lama os próprios canhões não tinham como se deslocar; tecnicamente, por assim dizer, o resultado era o impasse. Acrescente-se outra invenção defensiva de extrema importância: os fios de arame farpado – imensos novelos que tornavam intransponíveis as extensões da terra de ninguém. A cada tentativa de invadir a trincheira inimiga, era necessário mandar soldados com alicates especiais para abrir o arame farpado durante a noite – expondo-os, naturalmente, às balas dos vigias.

Essa breve descrição das dificuldades típicas do *front* permite perceber de que modo a Primeira Guerra envolveu uma atitude, de parte dos combatentes, que nem de longe se assemelha à do selvagem desembestado[15]. Ao contrário, a rotina durante a guerra era, por longos períodos, muito semelhante à do trabalhador braçal. Impunha-se cavar trincheiras, construir postos de observação, cimentar abrigos, refazer pontes destruídas, voltar um ou dois quilômetros para trás, ir um quilômetro para a frente, deslocar-se lateralmente, instalar equipamentos telefônicos... Durante parte do tempo, seguia-se a organização de um trabalho industrial. Guerreava-se com máquinas, não com lanças e tacapes. Na outra parte do tempo, havia também períodos de imobilidade assustadores, em que se impunha esperar o fim dos ataques da artilharia inimiga, com os estilhaços de ferro, de madeira, de ossos humanos voando acima do precário abrigo em que cada um cuidava de se proteger.

---

15. Mesmo de parte de um notório entusiasta da guerra, Ernst Jünger, os momentos de verdadeira volúpia assassina se concentram apenas num embate decisivo, dentre os muitos confrontos de que participou (cf. Ernst Jünger, "A grande batalha", *Tempestades de aço*, São Paulo: Cosac Naify, 2013, pp. 269-ss.).

Trata-se de realidade totalmente diversa daquela em que um grupo de soldados bêbados barbariza uma aldeia ocupada. É também compreensível que, depois de semanas ou meses nesse tipo de vida, uma pessoa dê livre curso à sede de destruição e saque indisciplinado. Ainda assim, parece evidente que a guerra não nasce da liberação de instintos egoístas reprimidos pela vida civilizada, como queria Freud, e sim exatamente do contrário: a guerra industrial, a guerra do século XX, surge da mais fria disciplina, da mais calculada organização, que se volta *contra* os instintos ou os sentimentos comuns, nem bons nem maus, de uma população recrutada compulsoriamente.

Há paixões envolvidas nessa guerra? Certamente sim, paixões nacionalistas acumuladas ao longo de anos, ódios raciais estimulados pela propaganda e, principalmente, a paixão fria dos governantes que consideram, antes de tudo, *que não pode ser de outro modo*: fundamentam-se na certeza de que a guerra é inevitável, tem de acontecer e pode mesmo ser a salvação frente a alguma coisa pior.

Para analisar a origem dessas paixões, será necessário então abandonar o modelo freudiano e seguir outro autor, o filósofo francês Émile-Auguste Chartier, conhecido pelo pseudônimo de Alain. Pacifista, ele foi voluntário na Primeira Guerra, já com 46 anos, em obediência a um juramento que tinha feito muitos anos antes. Tendo sido dispensado do serviço militar na juventude, em circunstâncias que julgara injustas para com seus colegas, Alain prometeu a si mesmo alistar-se caso algum confronto eclodisse. A experiência de soldado em 1914 serviu-lhe para que escrevesse *Mars ou la guerre jugée* (Marte ou a guerra julgada), livro composto, como todos os de sua autoria, de capítulos muito curtos e extremamente densos. Alain aborda desde a atração estética dos desfiles militares até o efeito da privação de sono e de comida no espírito do soldado.

Acima de tudo, o que Alain vê no empreendimento guerreiro é o fenômeno que, depois de Foucault, se costuma identificar como de presença dos *micropoderes*. Os poderes do cabo, do sargento, do suboficial e assim por diante se organizam numa estrutura cujo sentido – e cujos prazeres – são de ordem ditatorial. O comandante tem poder de vida e morte sobre o comandado. Não poderia ser diferente: a punição para quem não quer enfrentar o inimigo só pode ser o pelotão de fuzilamento – uma morte mais certa do que a que lhe está reservada no campo de batalha. O desprezo do chefe pelo soldado também faz parte dessa estrutura: só quando se considera o comandado uma *peça* no jogo é que é possível não se importar em perder 15 mil vidas numa investida só. O funcionamento do exército se baseia, assim, no empenho de transformar o ser humano em coisa, em máquina, em robô, em animal amestrado. O próprio general, o próprio chefe de Estado, aliás, se veem como participantes involuntários de um acontecimento que não têm como dominar: o *choque das civilizações*, a *competição das raças*, a *disputa das nações*. Na guerra mecânica, tudo se maquiniza. Não há espaço, aqui, para o homem – nem mesmo, se quisermos, para o *animal interior* que existe dentro dele.

Não é o caso de resumir, em poucas linhas, toda a argumentação de Alain, feita de iluminações breves e sucessivas; será todavia sugestivo destacar um dos capítulos iniciais de seu livro, que serve como exemplo da originalidade e, mais do que isso, da humanidade do autor. O capítulo se intitula "La forge" (A forja).

> É bastante natural refletir do seguinte modo: "sejamos indulgentes [com os soldados da tropa]; eles sofreram demais, e sofrerão ainda". Mas esse raciocínio se revela sempre ruim, porque a menor nesga de liberdade é um convite à reflexão. O ponto de vista do homem prático é mais justo: "sejamos muito severos, pois eles sofreram bastante; eles não nos perdoarão nunca, se tiverem tempo de pensar". Então caem as marteladas sobre o ponto sensível; a menor liberdade é acuada. Os exercícios, as punições, tudo, até as concessões e os favores do chefe aos comandados têm por fim abolir a própria ideia de um direito e o menor movimento de esperança. Assim, quando queremos utilizar a força de um gás, nós o comprimimos. Com toda aquela força de jovens assim comprimida e contrariada continuamente, sem descanso, pela ação de um sistema perfeito, a única via de escape se torna então a de ir ao encalço do inimigo; ele é quem pagará [pelas brutalidades sofridas].
>
> Mas nem tudo é sombrio nessa epopeia. O homem não é tão simples. Quando ele se choca muitas vezes contra as grades, aprende a tocar nelas o menos possível; e como é a sua liberdade que está sendo contrariada, ele encontra em si mesmo bons motivos para desistir de ser livre. [Assim, depois do ataque], quem escapou dos perigos, quem se

vingou no inimigo como pôde, quem teve motivos para se espantar com a própria coragem terminará – com as cerimônias, medalhas e comemorações bem-feitas – adorando o sistema e o chefe, por um rápido momento, e em seguida pela lembrança. Assim, os sobreviventes acabam elogiando a guerra mais do que gostariam[16].

Note-se, nesse trecho, a variedade de raciocínios e acontecimentos *internos* que Alain examina. Há uma economia que envolve raiva e orgulho, vontade de liberdade e acomodação aos fatos, senso de justiça, desejo de reparação, medo, gratidão pelo opressor, esquecimento do perigo, alívio por ter sobrevivido... É uma breve amostra do que são capazes as *ciências do homem* (mesmo sem o recurso, certamente bem-vindo, da estatística, da enquete e da experimentação) quando confiadas a um espírito agudo e sem preconceitos sobre a própria espécie. Estamos em meio a um jogo, em todo caso, muito mais complexo do que o que se prevê na oposição *bárbaro/civilizado*, *violento/pacífico*. Diríamos que o soldado não é um bárbaro que se revela na guerra, mas sim um homem – submetido a um sistema de barbárie civilizada.

Um segundo trecho do livro completa esse rápido esquema explicativo. A guerra, diz Alain, é *paixão* nos diversos sentidos dessa *bela palavra*. Trata-se de algo que se *padece*, que se sofre em passividade, e também um estado anímico que nos transtorna interiormente. Do mesmo modo que a cólera, a melancolia, a amargura eram sentimentos vistos pela medicina antiga como resultados do desequilíbrio de humores internos, de refluxos de bile ou paralisias na circulação sanguínea, a guerra deve ser vista em seu transcurso próprio, que é também mecânico. Quem a viu de perto não se deixa contaminar pela imagem épica, diz Alain.

> O real da coisa é muito próximo de um ofício. Rapidamente o desabrochar das virtudes imaginárias [solidariedade, patriotismo, por exemplo] se estigmatiza pela ação de toda essa máquina rude, na qual o homem faz papel de coisa. Tudo se passa como numa fábrica, onde o objetivo é produzir, sem nunca perguntar por quê, e onde todos perdem a noção

---

16. Alain, "Mars ou la guerre jugée", em: *Les passions et la sagesse* (As paixões e a sabedoria), Paris: Gallimard, 1960, p. 558.

do objeto que está sendo produzido, pela divisão do trabalho. Nos primeiros atos de guerra, os fins transcendentes perecem imediatamente, como se fossem estranhos a essa mecânica, ajustada para funcionar sem eles, e mesmo sem o recurso à coragem. Os meios materiais regulam tudo de tal maneira, que a chegada de munição desperta a energia do combatente, e a falta de comida impõe uma indiferença filosófica. Tudo é exterior, e a alma se fortalece ou debilita conforme o fluxo e o refluxo dos víveres[17].

Desse modo, o soldado se infantiliza, estando completamente dependente de circunstâncias exteriores. Não adianta muito, acrescenta Alain, mandar livros de patriotismo nos momentos de desânimo. O *moral* do soldado se restabelece também de modo mecânico, material. "E assim se prolonga, pela estrutura própria do exército enfileirado, esse massacre mecânico, em que a força moral não é empregada para decidir nada, mas apenas, e sempre, para suportar."[18]

O que se descreve aqui é uma guerra, é um massacre, mas também uma rotina, uma disciplina, uma ordem, que reproduz as próprias regras do trabalho industrial. Já seria suficientemente terrível se a Segunda Guerra não tivesse trazido novos horrores a esse relato; o nazismo e os campos de extermínio ainda não estavam visíveis naqueles horizontes cortados de lança-chamas e disparos de gás letal.

Talvez estivessem, entretanto; e em mais de um sentido. Quando pensamos numa companhia de soldados estacionada diante do *front*, submetida a todo tipo de privações, à disciplina mais arbitrária, sem rota de fuga possível, carregando pedras e abrindo buracos, por vezes com as próprias mãos, no terreno endurecido pela neve, esperando apenas o momento de se dirigir para a morte inevitável, em levas e levas, como numa implacável fábrica de cadáveres – já não estamos nos aproximando do que seriam os campos nazistas? Soldados alemães, sobrevivendo à guerra, mas tendo-a perdido, talvez tenham inconscientemente reconstituído, num teatro macabro, a mesma experiência – voltando-a contra inocentes, contra velhos, mulheres e crianças. A experiência de ser derrotado no *front* não

---

17. *Ibidem*, p. 568.
18. *Ibidem*, p. 569.

seria vingada apenas no desencadeamento de uma nova guerra contra os inimigos; teria de ser refeita, com crueldade inimaginavelmente maior, e sem nenhuma sombra de lógica, num meticuloso ritual de sadismo e de expiação.

Matar sem culpa: algumas reflexões sobre os assassinatos coletivos[1]
Eugène Enriquez

Genocídios armênio, judeu, cigano, ruandês, bósnio etc. A lista poderia ser aumentada e por certo se estenderá. O século XX, após a grande carnificina de 1914-1918, terá sido marcado pelos genocídios. É verdade que os séculos precedentes também conheceram, no mundo dito civilizado, seus massacres. Quanto aos membros das tribos arcaicas que se designavam simplesmente como *os homens*, eles tampouco foram ternos com seus adversários. Mas o século XX deu ao reinado do assassinato de massa seu princípio de legitimidade. Devem desaparecer os seres diferentes (estranhos, estrangeiros) por causa de sua *impureza* e de sua *fraqueza* (ou de sua força fantasmática). Esses seres diferentes podem se agrupar ou ser agrupados em comunidade (judeus, ciganos etc.), fazer parte do conjunto nacional (comunistas, descrentes ou supostos quejandos, subversivos de todo gênero) ou de um conjunto qualificado de inimigo. Falar-se-á de genocídio propriamente dito no primeiro caso, de assassinatos que visam dar um exemplo e aterrorizar a população no segundo (eliminação de opositores no Chile ou na Argentina, massacres coletivos na Argélia), de humilhação e de destruição no terceiro (matança de poloneses ou de russos pelos alemães durante a Segunda Guerra Mundial). Esses casos não são redutíveis uns aos outros. No entanto, possuem um caráter comum:

---

1. A tradução do presente ensaio, incluindo as citações de obras feitas pelo autor, é de Paulo Neves. Este texto foi originalmente publicado em: "L'esprit du meurtre", *Innactuel*, Paris: 1999, n. 2. No Brasil, também foi publicado em: *História e Debate*, Curitiba: 2001, n. 35, tradução de: Marion Brephol de Magalhaes e Rafael de C. Beltrame.

a vontade de afirmar que a espécie humana não é una, que o humano pode, em certas circunstâncias, ser rebaixado à condição de animal, que pode ser sacrificado sem culpa se a *causa* transcendente o exige (pois ele não é mais que uma peça de engrenagem substituível) e que, quanto mais fracos forem os indivíduos (velhos, mulheres, crianças) ou alucinados como fortes, mesmo sendo fracos (como os judeus), tanto mais se pode utilizá-los, martirizá-los, eliminá-los sem remorso.

É esse caráter comum que será explorado neste estudo que se arrisca a mostrar-se lapidar e chocante. Somente num livro seria possível desenvolver os argumentos, examinar e confrontar as diversas teses. Assim, não me resta senão esperar que os leitores tirem proveito deste texto relativamente breve, embora amadurecido. A questão à qual tentarei responder é: por que esses assassinatos coletivos se impuseram tanto no século XX, a ponto de marcá-lo de forma indelével, e quais são as consequências disso para a sociedade e a psique? Trata-se aqui, portanto, de um ensaio de compreensão e de interpretação do mal radical. Alguns autores julgam que essa vontade de compreender já é um sinal de transigência com o mal e não pode senão reforçar seu poder[2]. Meu propósito situa-se numa perspectiva inversa: toda possibilidade de elucidação de um fenômeno social retira-lhe uma parte do seu mistério e permite, se não dominá-lo, pelo menos escapar um pouco de sua influência. Estudar os assassinatos coletivos não é ceder a um fascínio mortífero por esse objeto e encontrar escusas para tais condutas; é manifestar a capacidade de atacar frontalmente as ilusões das quais, em maior ou menor escala, nos alimentamos. Thomas Mann qualificava Freud de "sublime destruidor de ilusões". Participar de um trabalho de desmontagem das ilusões situa-me numa filiação que me honra.

Tentarei definir quatro tipos de razões que podem esclarecer um pouco o problema de que trato: razões antropológicas, sociológicas, psicossociológicas e psicológicas. No final do texto, evocarei algumas consequências do crescimento dos assassinatos coletivos para nossa sociedade e nosso aparelho psíquico.

---

2. Cf. especialmente Eliette Abécassis, *Petite Métaphysique du meurtre* (Pequena metafísica do assassinato), Paris: PUF, 1998.

RAZÕES ANTROPOLÓGICAS

De Hobbes a Freud ou Einstein, muitos apontaram a tendência do ser humano a matar seu próximo, humilhá-lo e fazer disso uma glória. Uma pulsão de destruição marcaria a *realidade humana* (E. Morin)[3]. Essa posição, porém, foi contestada: bondade do homem no estado de natureza (Rousseau), pulsão de morte suscitada unicamente pelo desenvolvimento do capitalismo (Marcuse), interrogação sobre a existência de uma pulsão de morte (numerosos analistas, que não vou citar, recusam ainda a hipótese freudiana). Não discutirei essa posição. Parto da ideia de que Hobbes e Freud, para citar apenas esses dois autores, tinham razão. Os que quiserem mais detalhes podem consultar dois de meus livros: *De la horde à l'État* (Da horda ao Estado) e *Les figures du maître* (As figuras do mestre)[4]. Da mesma maneira, dou todo o seu peso à tese freudiana do assassinato do pai primitivo, paradigma de todos os crimes cometidos em comum. Assassinato necessário para fazer advir o sentimento de culpa, as restrições morais e para instaurar o direito. Mas assassinato que legou à humanidade várias questões que ela se esforça por resolver sem conseguir: o que fazer do chefe morto? Sua entronização ou sua metamorfose como pai simbólico, que edita a lei e prega a pacificação, não impediu sua transformação em pai idealizado, em totem, em ídolo, em causa que reclama de seus filhos sacrifícios sangrentos (sacrifícios de Isaac, de Cristo, para mencionar apenas os mais célebres). Simbolização, idealização e sacrifício se juntaram (o que não é o caso da sublimação[5]) e não cessamos de pagar o preço disso. Que aconteceu com as instituições criadas tendo em vista a pacificação? Elas possibilitaram a existência de Estados de direito. Mas dizer Estado de direito nunca significou que todo ser humano tivesse os mesmos direitos, a mesma dignidade e devesse suscitar respeito e consideração. O Estado nazista ou o Estado soviético eram Estados de direito, ou seja, Estados nos quais as diferenças podiam ser institucionalizadas e sancionadas por lei. O que aparece na noção de Estado de direito, portanto, é primeiramente a

---

3. Edgar *apud* Barbara Michel, *Figures et métamorphoses du meurtre* (Figurações e metamorfoses do assassinato), Paris: PUF, 1991.
4. Eugène Enriquez, *De La Horde à l'État*, Paris: Gallimard, 1983. Edição brasileira: *Da horda ao Estado*, Rio de Janeiro: Zahar, 1990; *Les Figures du maître*, Paris: Arcantère, 1991. Edição brasileira: *As figuras do poder*, São Paulo: Via Lettera, 2007.
5. Esse ponto será retomado mais adiante.

sanção sempre forte (Durkheim não se enganou quanto a isso), isto é, a violência institucionalizada e codificada. As instituições não conseguem exorcizar totalmente o que presidiu ao seu nascimento: a violência originária. Assim, quando passam a permitir o que haviam interdito, o assassinato oficial e reivindicado (como nos casos que mencionei e que deram lugar ao assassinato psíquico e ao assassinato disfarçado em exploração e alienação), elas dão livre curso à violência que haviam contido e que pode, então, abater-se sobre todos aqueles entregues à vindita pública.

Sobre essa questão do interdito, conhece-se a oposição entre Freud e Bataille. Freud[6], inspirado em Frazer, diz que o interdito serve de barreira ao desejo de matar (proibir aquilo que as pessoas têm uma profunda tendência a realizar). Já Bataille[7], assim como Caillois[8] (em doutrina formulada no Collège de Sociologie), pensa que a transgressão está ligada à formulação do interdito[9]. Mauss, inspirador de Caillois e de Bataille, dizia em seus cursos: "os tabus são feitos para serem violados,[10]" e Bataille escreveu: "a transgressão não é a negação do interdito, mas o ultrapassa e o completa"[11]. Assim, se o sagrado (o interdito) deve provocar respeito, ele engendra necessariamente sua transgressão. Minha posição quanto a isso é simples: não se deve opor Freud e Bataille, mas, ao contrário, ligá-los. *O desejo traz o interdito que acarreta a transgressão.* Em relação ao nosso tema, o desejo de matar (que esteve, não esqueçamos, na origem da humanidade e que aflora sempre no sacrifício) engendra o interdito (interdito sempre limitado aos membros da tribo ou da nação, que não devem autodestruir-se, pois toda construção humana responde ao princípio da autoconservação). Mas esse interdito que impede a atualização de certas tendências ou pulsões induz à transgressão, já que o supremo gozo, de um lado, e de outro a inovação e a invenção sociais só são possíveis pelo ato de transgressão.

6. Cf. Sigmund Freud, *Totem et tabou* (1913), Paris: Gallimard, 1993. Edição brasileira: *Totem e tabu: contribuição à história do movimento psicanalítico e outros textos*, São Paulo: Companhia das Letras, 2012.
7. Georges Bataille, *L'Érotisme*, Paris: Minuit, 1951. Edição brasileira: *O erotismo*, Belo Horizonte: Autêntica, 2013.
8. Roger Caillois, *L'Homme et le sacré*, Paris: Gallimard, 1938. Edição em português: *O homem e o sagrado*, Lisboa: Edições 70, 1988.
9. Mais recentemente, alguns sociólogos da nova Escola de Chicago e certo número de psicossociólogos sociais experimentais dizem que as condutas dos grupos derivam da própria maneira com que estes foram designados, estigmatizados ou qualificados.
10. Marcel Mauss *apud* Alfred Metraux, "Rencontre avec les ethnologues" (Encontro com etnólogos), *Revue critique*, Paris: 1963, n. 195/196.
11. George Bataille, *op. cit.*

Sem transgressão, sem ataque ao interdito, os prazeres obedecem a uma codificação e a um ritual, e as sociedades são levadas à repetição (como as tribos indígenas estudadas por Clastres[12]). A sociedade torna-se plenamente humana, isto é, inventiva, capaz de progresso na civilização, graças à transgressão. É nesse sentido que a transgressão não nega o interdito (ela o conserva, pois ele impede a autodestruição), mas o ultrapassa e o completa, permitindo que a sociedade se coloque sempre novas questões e procure resolvê-las. O que significa (e convém examinar bem o caráter escandaloso desta proposição) que a transgressão do interdito de matar e, portanto, *o assassinato são parte integrante do trabalho civilizador*. Se se admitem, com Freud, ao lado das pulsões de vida, pulsões de morte das quais deriva a pulsão de destruição, deve-se aceitar que o trabalho civilizador não é apenas, como o mostra magistralmente Nathalie Zaltzman[13], cada um encarregar-se da espécie humana, responsabilizar-se em relação a outrem, mas é igualmente o não reconhecimento do conjunto humano, a violação do rosto do outro, a criação de estruturas de rejeição, de repulsa, que favorecem em cada grupo a construção de uma identidade própria. Eros e Tânatos compartilham entre si o trabalho civilizador. Não há civilização que não seja construída (pelo menos até o presente) sobre os escombros de outra ou que não tenha contribuído para o seu enfraquecimento ou sua liquidação. A comemoração da descoberta da América por Cristóvão Colombo tem valor exemplar. Devemos nos felicitar por essa revelação de um novo mundo que os povos europeus tentaram modelar à sua maneira e que resultou na criação de uma civilização americana (há menos contrastes entre a América do Norte e a do Sul do que se pensa habitualmente) ou devemos deplorar o desaparecimento das grandes civilizações asteca, maia, inca e outras – e a redução dos indígenas a povos mantidos em reservas e fadados à assimilação ou ao aniquilamento? Como ignorar, para ficarmos por um momento nesse exemplo, que um Las Casas[14], para proteger os indígenas, propôs aos europeus que fizessem vir escravos negros, o que resultou em dizimar a África? A civilização é o reinado da paz e da guerra. Ela é sempre fundada, como bem observou

---

12. Pierre Clastres, *La Société contre l'État*, Paris: Minuit, 1974. Edição brasileira: *A sociedade contra o Estado*, São Paulo: Cosac Naify, 2012.
13. Nathalie Zaltzman, *De La Guérison psychanalytique* (A cura psicanalítica), Paris: PUF, 1998.
14. Cf. Barbara Michel, *op. cit.*

Lévi-Strauss[15], na criação de diferenças e em critérios de classificação que foram sempre a base, como eu mesmo insisti[16], de sistemas de dominação.

Convém não esquecer que a civilização é a conjunção da cultura (da *Kulturarbeit*, do trabalho da cultura) e do social. A cultura visa, como enunciou Freud, a um progresso na espiritualidade. A vida do espírito se caracteriza pela predominância do processo de sublimação sobre todos os outros. Ora, sublimar quer dizer abandonar os laços de sangue para substituí-los pelos da paixão (importância do sentimento na sublimação) associados aos da razão – "nada se faz sem grandes paixões"[17], dizia Goethe –, ou seja, pelo reconhecimento em si e em todos os outros da qualidade de seres humanos, capazes de sentimentos fortes, temperados pela presença das luzes da razão e, portanto, dignos de respeito, pois indicam seu pertencimento comum à espécie humana. Lévinas[18] dirá que o rosto do outro nos chama e nos faz descobrir nosso próprio rosto e o direito de cada um a ter um rosto indestrutível. Sublimar é também ser movido pela busca de uma verdade a compartilhar sem vontade de dominação; é ser capaz de uma interrogação infinita e do trabalho do luto; portanto, é abandonar o mundo das certezas que nos leva a opor-nos aos outros, em favor de um saber que reúne e está sempre em obra, *"work in progress"*. É enfim (não pretendo ser exaustivo) querer criar, com outros, obras não idealizadas, não ideologizadas, mas que proclamem que um dos objetivos do homem é a edificação da beleza, beleza sempre frágil, ao mesmo tempo apaziguadora e representativa dos esforços e das incoerências do homem. Assim, sublimar nos obriga a entrar em contato com os outros, aos quais reconhecemos os mesmos direitos que os nossos na busca da verdade. O social, por sua vez, desenvolve um programa bem diferente: aquele em que a vontade de influência, quando não de controle, pode se exprimir completamente. Trata-se de organizar a natureza ou pelo menos de buscar fazer dela uma amiga; de ver no animal apenas um objeto a dominar e, progressivamente, depois do animal, de estender essa dominação sobre os mais fracos, mulheres, crianças, velhos, antes de exercer sua força sobre outros homens, outros *conjuntos*, ou o

---

15. Georges Charbonnier, *Entretiens avec Claude Lévi-Strauss*, Paris: Agora/Pocket, 1995. Edição brasileira: *Arte, linguagem, etnologia: entrevistas com Claude Lévi-Strauss*, Campinas: Papirus, 1989.
16. Eugène Enriquez, *De La Horde à l'État*, op. cit.
17. J. Wolfgang Goethe, *Conversations avec Eckermann* (Conversas com Eckermann), Paris: Gallimard, 1949.
18. Emmanuel Lévinas, *Humanisme de l'autre homme*, Paris: Livre de Poche, 1987. Edição brasileira: *Humanismo do outro homem*, Petrópolis: Vozes, 1993.

conjunto ao qual se pertence. E, para tanto, trata-se de criar instituições que provoquem o respeito, quando não o medo, para que a lei se exprima e o temor da sanção amordace as oposições. O social é o mundo da idealização, da mentira, do disfarce. (Por isso não existe boa sociedade, ainda que algumas sejam preferíveis a outras.) O social diz pacificada a sociedade e faz funcionar a violência. Constrói desigualdades, apoia-se sobre a exploração e a alienação, mesmo quando apregoa sua vontade igualitária e seu reconhecimento da liberdade do homem. Se a cultura está do lado de Eros, o social está sempre do lado de Tânatos. Mas, atenção! Um Tânatos infelizmente necessário. Pois não há cultura sem instituições, não há laços sem ataques contra os laços, não há desejo moderado que a sociedade não deveria controlar, embora saiba que um dia ele poderá ter a última palavra, encontrando para si um novo enfeite.

Portanto, amor e morte, laço social e assassinato permanecem indissoluvelmente ligados. Isso não quer dizer que as sociedades não possam proporcionar uma vida mais agradável e reconhecer a cada um o direito de viver como quiser. Toda sociedade é uma criação contínua dos homens e pelos homens. Sociedades melhores são então possíveis. Mas a cidade ideal continua sendo um fantasma cujas reincidências foram sempre mais mortíferas que criadoras. É o que vamos examinar agora.

De fato, é necessário sublinhar uma evidência que, como toda evidência, se oculta: o caráter fácil da destruição. Uma civilização leva séculos para construir seus fundamentos, seus monumentos, sua arte de viver. E leva apenas alguns anos ou dezenas de anos para se destruir (o exemplo nazista ou do Khmer Vermelho podem ser suficientes) e menos ainda para destruir outros. Por quê? Talvez porque, desde o início do cristianismo, os homens sejam obcecados pela cidade perfeita. Para purgar a sociedade de seus problemas, as antigas civilizações conheciam o sacrifício humano. Ao sacrificar alguns de seus membros (cuja designação era codificada), a sociedade se purificava de suas manchas. No mundo ocidental, o sacrifício humano desapareceu, foi substituído pelos assassinatos coletivos. O sacrifício era já um assassinato (L. Scubla[19]), mas um assassinato coletivo que

---

19. Lucien Scubla, "Ceci n'est pas un meurtre" (Isto não é um assassinato), em: Françoise Héritier (org.), *De La Violence II* (Da violência II), Paris: Odile Jacob, 1999.

permitia, como bem percebeu R. Girard[20], administrar a violência interna do grupo. Desde que esse mecanismo não existe mais (e não é o caso de lamentar sua falta), os homens adotaram outro: permitir, em momentos *privilegiados*, que a violência do grupo se exprima no exterior em guerras ou em massacres; expulsar os impuros do templo exterminando todos os que poderiam representar o antigo mundo condenado ao extermínio ou à redenção (os judeus, os bolchevistas ou, como para o Khmer Vermelho, todos os velhos, os pais, os que haviam conhecido o antigo mundo e puderam apreciá-lo, especialmente os intelectuais que tinham a petulância de querer pensar). Não é mais possível, portanto, selecionar. É preciso eliminar todos os que não querem ou não são capazes de querer a nova ordem ("O Reich que vai durar 1.000 anos!"). Ao transformá-los em *estrangeiros*, em *animais*, em *bichos nocivos*, pode-se mobilizar o povo contra eles ou, pelo menos, obter sua adesão muda e sua passividade. A cidade ideal revela seu verdadeiro rosto: o de um inferno para um grande número de pessoas, com a transformação de seus assassinos em indivíduos cada vez menos capazes de sublimação, assassinos de sua própria capacidade de contribuir para a vida do espírito.

RAZÕES SOCIOLÓGICAS

O período de 1914-1918 inaugurou a era dos grandes massacres. A partir do momento em que uma guerra, sem verdadeiro objeto de disputa e concluída de maneira sinistra (o Tratado de Versalhes e os outros tratados de paz), provocou a balcanização da Europa e causou milhões de mortes (mortes, portanto, sem causa), tudo passou a ser permitido. Essa guerra conseguiu acionar três elementos essenciais que foram os motores do século XX: a ligação estreita entre Estado moderno e guerra, o triunfo da racionalidade instrumental (e seu corolário, o declínio da transcendência dos valores) e a construção de um homem novo, oscilando entre a paranoia e a apatia.

A ligação estreita entre Estado moderno e guerra foi bem sublinhada por R. Caillois[21], de quem retomei ou prolonguei certas análises. A cria-

---

20. René Girard, *La Violence et le sacré*, Paris: Grasset, 1968. Edição brasileira: *A violência e o sagrado*, São Paulo: Paz e Terra, 2008.
21. Roger Caillois, *Bellone ou la pente de la guerre* (Belona ou a inclinação para a guerra), Paris: A. G. Nizet, 1936.

ção dos Estados-nações, em que todos os indivíduos se tornam cidadãos (mesmo que não se trate de repúblicas) e são chamados a defender sua pátria em perigo, permitiu a guerra de massa, a guerra totalitária (na qual o vencido é intimado a render-se sem condições), a guerra revolucionária (pela qual os homens querem criar um novo Estado), a guerra de extermínio, na qual os instintos mais mortíferos são desta vez aceitos e mesmo favorecidos. Sabemos, desde Clausewitz, que a guerra é a continuação da política por outros meios. Quando os Estados-nações conseguiram a adesão da grande maioria da população, esta viu-se presa nas malhas da política decidida por esses Estados e submetida com isso à lógica da guerra. Na medida em que os Estados-nações, na Europa principalmente, cederam à onda do nacionalismo viril e quiseram constituir comunidades homogêneas, eles só podiam colocar-se na problemática *amigo-inimigo*, definida por C. Schmitt, e recusar a seus membros qualquer desvio ou mesmo qualquer divergência. O outro (inimigo interno ou externo) tornava-se o homem a abater. Não era mais suficiente a imagem do combatente como adversário a suprimir. Os civis passaram então a ser os alvos privilegiados e, entre eles, os mais fracos, pois os mais inúteis. Bombardeios sem objetivo militar e destinados a suscitar o terror (Guernica, Coventry) se multiplicaram. Os campos de concentração e de extermínio tornaram-se os novos lugares onde se exprimia o poder nu, ilimitado e arbitrário dos mestres. Quanto mais os Estados-nações quiseram ser os representantes do povo unido, quanto mais desejaram exprimir sua essência, tanto mais recorreram aos assassinatos coletivos. (A Alemanha nazista continua sendo o exemplo mais probatório desse comportamento.) A segunda parte do século, na Europa ocidental, viu afrouxarem-se os laços entre o Estado e o cidadão (progressivamente, não mais se considerava que o indivíduo fora feito para a nação, mas sim a nação para o indivíduo, para retomar uma expressão de Marc Bloch[22]). A guerra entre nações da Europa ocidental foi então afastada, e impôs-se a ideia de uma Europa unida. Mas em outros países da Europa (Europa meridional, com a questão da Bósnia e agora do Kosovo), em países do Oriente Próximo e do Extremo Oriente ou na África, onde justamente estão nascendo Estados-nações, a guerra e os assassinatos de massa se

---

22. March Bloch, *L'Étrange défaite* (1940) (Estranha derrota), Paris: Gallimard, 1990.

alastram. Esses povos entraram no mundo do terror e não parece que possam abandoná-lo. Em todo caso, o Estado moderno, querendo organizar e controlar seus membros, revelou sua verdadeira natureza, sua violência constitutiva, indo da intolerância ao assassinato organizado. É o afrouxamento do laço social que afasta o assassinato coletivo. Esse afrouxamento, porém, se paga com o recrudescimento da violência interna.

O triunfo da racionalidade instrumental no século xx não significou a vitória das Luzes. Muito pelo contrário. A racionalidade, como evocamos antes, não é contraditória com a consideração das paixões. Além disso, ela coloca necessariamente a questão dos fins e dos valores, a simples e indispensável questão: por quê (por quais razões devemos perseguir certos fins e certos objetivos)? Só que a racionalidade instrumental esvazia tanto o problema das paixões (e, ao recalcá-las e ocultá-las, faz que ressurjam com toda a sua violência arcaica) quanto o problema dos fins, substituído pelo problema dos meios. A pergunta *como?* é a única que vale. Ao se colocar apenas a questão dos meios, não somente não se examina o valor dos fins buscados mas com muita frequência o meio acaba por se tornar o fim último. A matematização do mundo, os avanços da ciência e da tecnologia (e a ideologia a elas ligada) têm por resultado que somente os meios rentáveis e os de menor custo serão utilizados. Tudo se resume então ao confronto custo/benefício. A partir dessa ótica, meios *moralmente deploráveis*, como dizia Weber, podem e devem ser utilizados. Além do mais, nessa ótica, os seres humanos são esvaziados ou, se levados em conta, não passam de um elemento (que naturalmente se busca quantificar para que possa entrar num sistema de equações ou de inequações) *reificado* do cálculo. Portanto, se o cálculo revela um menor custo global, ele será escolhido mesmo se for dispendioso em vidas humanas.

A utilização da racionalidade instrumental teve como consequência o declínio dos valores transcendentais, pois estes são impossíveis de ponderar. Assim eles são, aos poucos, esquecidos ou mesmo ridicularizados, pois impedem o controle que o homem quer ter sobre a natureza e sobre outros homens. Os campos de extermínio são um dos exemplos mais inegáveis do esquecimento dos valores ligados às religiões monoteístas. Eles permitiram o desenvolvimento dos assassinatos de massa, já que os fuzilamentos eram menos *rentáveis* e às vezes se mostravam psicologicamente prejudiciais aos assassinos (C. Browning)[23]. Num nível menos violento, as demissões em massa por diretores que querem *enxugar, cortar a gordura* (expressões que ouvi várias vezes nas organizações industriais), criando excluídos e dejetos sociais, seres considerados como definitivamente inúteis, são uma manifestação da barbárie inerente à racionalidade instrumental. (Chamo bárbara toda decisão que quer retirar do homem seu pertencimento à espécie humana.) Essa constatação não significa que a racionalidade instrumental não possa ser utilizada. Nas ciências ditas *duras* e mesmo nas ciências sociais (desde que haja prudência e se interrogue sobre a ideologia subjacente a todo modo de formalização do real) ela se mostra indispensável. Mas, para não ter efeitos mortíferos, ela deve sempre ser a serva da racionalidade dos fins. O século xx fez a escolha inversa. Disso resulta um mundo em que somente têm direito de viver os que se enquadram nas categorias do *mesmo*, do conforme, do fiel, do integrado, capazes de encontrar seu lugar num universo funcionalizado. Quando essa racionalidade se torna pesada demais, então retorna o mundo *encantado* dos valores transcendentais mais regressivos. O fanatismo religioso ou político é o sinal do choque de retorno, que se torna mais violento quando não é esperado pela maioria. Ora, os decisores deveriam saber que todo triunfo é o pai natural do fracasso. Racionalidade instrumental e fanatismo são as duas faces da mesma moeda. Quando se completam em vez de se oporem, então o terror pode reinar, pois os fins mais aberrantes podem ser perseguidos através dos meios mais sofisticados.

O século xx deu origem a um homem novo. Certamente, a figura que será desenhada não é a de todo mundo. Alguns resistem. *O homem de pé* de E. Bloch não se vergou definitivamente. O que não impede que outro tipo de homem, diferente daquele desejado pelas Luzes e pelo século xix, tenha nascido e proliferado: um homem ora paranoico, ora apático, ou que oscila entre as duas posições. Ambos são, de qualquer maneira, assassinos em potencial, pois representam, segundo Micheline Enriquez[24], as duas faces do ódio.

---

23. Christopher Browning, *Ordinary Men: Reserve Police Batallion 101 and the Final Solution in Poland* (Homens ordinários: 101º Batalhão de Polícia de Reserva e a Solução Final na Polônia), New York: HarperCollins, 1992.
24. Micheline Enriquez, *Aux Carrefours de la haine: paranoia, masochisme et apathie*, Paris: Épi, 1984. Edição brasileira: *Nas encruzilhadas do ódio*, São Paulo: Escuta, 2000.

O paranoico. Querendo-se puras e condensando todas as marcas da perfeição, nossas sociedades sentem uma verdadeira repulsa em relação a tudo que poderia contaminar a boa ordem social e causar doenças perniciosas. Ora, o que é *unheimlich*, estranho, estrangeiro, exótico – no sentido dado a esse termo por V. Segalen – imigrante, não integrado, não conforme, é visto como suscetível de trazer a peste. *Piolhos* são lançados sobre a sociedade e é preciso livrar-se deles. Esses *piolhos* vêm do interior: os que não são como os outros são acusados dos piores complôs (por exemplo, os judeus tais como descritos nos "Protocolos dos Sábios de Sião"). Eles vêm do exterior: os soviéticos ou, para os iranianos atuais, os americanos, símbolos do grande Satã. Cada nação se arrisca a ser invadida, leiloada. É preciso então se defender. E não há nada melhor para se defender do que atacar e exterminar os que querem destruir a *felicidade conformista*. Nessas condições, profetas, messias e gurus de todo tipo serão facilmente escutados, pois predizem o apocalipse e indicam o caminho da redenção. Eles colocam as pessoas no imaginário e lhes asseguram a possibilidade de realizar seus sonhos mais desvairados. Mas com uma condição: matar ou eliminar de si o que poderia ser um obstáculo à criação de uma *raça de senhores*, ao *homem comunista* ou ao *combatente do islã*.

O apático. Desde Sade, conhecemos seu rosto. Ele teme todas as emoções, recusa deixar-se *tocar*, quer o repouso das paixões. Para ele, os outros seres humanos não passam de instrumentos possíveis de seu gozo. Considera-se como simplesmente dotado de um papel social. Caso se envolvesse pessoalmente, correria o risco de entusiasmar-se, de apaixonar-se, de vibrar e, portanto, de ser *perturbado*. Ele recusa a *agitação do pensamento* (Tocqueville) assim como a agitação emocional. Não que as recalque. Ao contrário, sabe que elas existem. Mas com a emoção se faz o mesmo que com uma tecla de piano. Pode-se tocá-la, mas não senti-la. O apático não detesta ninguém, mas é incapaz de amor. Na verdade, é um grande doente. Pelo menos é como Freud o via. Mas ele não sabe e sente-se muito bem assim. Indivíduo sem culpa, pode se envergonhar se o acusam de ter feito mal seu trabalho. Funcionário consciencioso, executa as ordens até mesmo com zelo. E sabe que será recompensado. Não se interroga sobre o valor da ordem, pois interiorizou perfeitamente os preceitos e os princípios da racionalidade instrumental. Imagina-se tanto mais indivíduo quanto mais funciona como elemento de uma massa, provando mais uma vez que o individualismo mais entranhado não é de modo algum contraditório com o processo de massificação. Ele crê, como dizia Reich, no que lhe dizem os poderosos, não crê em seu próprio pensamento. Assim poderá fazer o mal sem praticamente perceber. Eichmann foi um bom exemplo. E poderíamos encontrar exemplos franceses igualmente convincentes. No entanto ele detesta, inconscientemente, certas pessoas: as que pensam por si mesmas, as que são *causa de si*, como as denominou Micheline Enriquez[25]. Poderá assim despejar seu ódio inconsciente sobre todos os que parecem existir por si mesmos (os judeus, os ciganos, os velhos etc.). Quando dispõe de poder, constrange os outros e se necessário os destrói, mas apenas porque ameaçam, por sua originalidade, emperrar a máquina ou porque se mostram inúteis para a organização (caso das demissões em massa). Pode-se suspeitar (como o fez Devereux[26]) de que tenha instituído uma verdadeira clivagem em sua personalidade: de um lado a vida privada, na qual manifesta às vezes sentimentos; de outro a vida pública, na qual não é mais que um elemento de um conjunto que o ultrapassa. Nesse caso, não faz senão seguir os imperativos de uma sociedade burocrática que fez da separação da vida privada e da vida pública o alfa e o ômega de todas as condutas e que levou a racionalidade instrumental ao seu apogeu. A existência desse tipo de personagem foi seguidamente contestada. Claude Lanzmann[27], por exemplo, recusa a ideia da banalização do mal apresentada por Hannah Arendt[28]. Para ele, toda pessoa que faz o mal sabe muito bem o que faz. Ele certamente tem razão, exceto num ponto essencial: é possível fazer o mal, matar pessoas às centenas, sem experimentar a sensação de fazer o mal. Se o homem foi rebaixado à condição de animal (depois que o animal foi definitivamente separado do homem), não é grave nem matá-lo nem humilhá-lo. Como escreveu Florence Burgat:

> O que encadeia o desterro dos humanos ao dos animais foi especialmente analisado por Claude Lévi-Strauss ao constatar que "o mito da

---

25. Micheline Enriquez, *op. cit.*
26. Georges Devereux, *Essais d'ethnopsychiatrie générale* (Ensaios de etnopsiquiatria geral), Paris: Gallimard, 1973.
27. Claude Lanzmann, "Les non-lieux de la mémoire" (Os não lugares da memória), em: Jean-Bertrand Pontalis (org.), *L'Amour de la haine* (O amor do ódio), Paris: Gallimard, 1986.
28. Hannah Arendt, *Eichmann à Jerusalem*, Paris: Gallimard, 1966. Edição brasileira: *Eichmann em Jerusalém*, São Paulo: Companhia das Letras, 1999.

dignidade exclusiva da natureza humana" conduziu ao "ciclo maldito" de um processo pelo qual a fronteira entre a humanidade e a animalidade serviu para "afastar homens de outros homens e para reivindicar, em proveito de minorias sempre mais restritas, o privilégio de um humanismo, corrompido desde o nascimento por ter feito do amor-próprio seu princípio e sua noção"[29].

De minha parte, procurei também mostrar anteriormente[30] que a cisão entre o homem, de um lado, e os animais e as plantas, de outro, levou à dominação dos homens por outros homens. Predador nato, o homem se diverte na infância (muitas vezes) em massacrar insetos. Por que não massacraria outros homens sem remorsos? Sobretudo quando integrou a racionalidade instrumental, quando quer afastar toda preocupação e quando vive numa sociedade onde essa violência é aceita e favorecida.

No momento em que a posição paranoica, sempre um pouco tingida de sadismo, se une à posição apática perversa, então não há mais freios. O paranoico, seguro de seu direito, certo de lutar contra as forças do mal, vai colocar toda a sua energia e suas pulsões a serviço de sua causa. Se for ao mesmo tempo apático, perverso, fará esse *trabalho* também com a capacidade meticulosa do bom funcionário. Pude constatar essa conjunção num mesmo indivíduo em inúmeras empresas, nas quais os chefes utilizam refinamentos perversos para destruir moral e psiquicamente seus subordinados, pensando que agem pelo bem e pela causa (da empresa). De fato, a empresa está muito satisfeita com eles. Até o dia em que se volte contra eles e os liquide, por sua vez. Claro que não se trata aqui de assassinatos físicos explícitos. No entanto, quantos homens são *machucados* definitivamente por essa experiência que acaba por destruí-los e por retirar-lhes toda a capacidade de revolta. Ou seja, capacidade de falarem, de pé, em seu nome, mostrando ainda a vontade de serem homens.

Assim, o indivíduo novo criado pelo século xx está sempre disposto ao crime. E ainda mais quando deve resolver os problemas por si mesmo, quando seu eu é *um fardo* e ele vê os outros como causadores de dificuldades que podem partir seu ser e causar a angústia da fragmentação. A

---

29. Florence Burgat, "La logique de la légitimation de la violence" (A lógica da legitimação da violência), em: Françoise Héritier (org.), *op. cit.*
30. Eugène Enriquez, *De La Horde à l'État, op. cit.*

famosa frase "O inferno são os outros" torna-se o motor de sua ação. Que os outros morram, então! Eles bem que o merecem.

RAZÕES PSICOSSOCIOLÓGICAS

Os assassinatos coletivos se fazem sempre em grupo e testemunham a adesão das pessoas ao grupo de que fazem parte. Sabe-se há muito que, se os homens podem conduzir sua ação referindo-se a valores transcendentes, a uma ideologia, o fermento mais forte continua sendo, apesar de tudo, seu desejo de não infringir as normas do grupo, sobretudo quando este atingiu um alto grau de coesão e é dirigido por um líder no qual os homens têm confiança. Os estudos sobre a eficácia e o moral dos militares alemães durante a Primeira Guerra Mundial e dos militares americanos na Segunda Guerra dão o mesmo resultado: quanto mais coesas as ações de combate, tanto mais seus membros se entendem bem, tanto mais os chefes são investidos positivamente, tanto mais os soldados têm um moral sólido e combatem com toda a sua energia, mesmo quando não são motivados por uma ideologia e nem sempre sabem por que combatem. É ainda mais eloquente a história do 101º Batalhão de Polícia de Reserva de Hamburgo, analisada por Christopher Browning[31]. Mencionarei apenas dois fatos: antes do primeiro massacre de judeus em Josefow, o comandante do batalhão dá a seus homens a possibilidade de não participar das execuções. Somente 12 homens (em 1.800), que não serão incomodados por essa decisão, desistem. À medida que as *ações* de massacre se perpetuam e tendo os homens sempre a possibilidade de se subtrair à obrigação de matar (exceto uma vez, por ocasião da segunda execução em massa), há cada vez menos recusas e cada vez mais voluntários. Tratava-se, no entanto, de *homens comuns* e não de ss fanáticos. Em seu comentário desse livro, Georges Bensoussan escreve: "Recusar-se a obedecer pode fazer temer um castigo. Mas recusar se juntar ao grupo gera, mais ainda, um isolamento temido e raramente evocado. O conformismo, o gosto do consenso e a pressão do grupo desempenham no assassinato um papel capital"[32]. Assim *a pressão do grupo à uniformidade*, analisada na época por Wilhelm Reich e que foi o objeto de um grande

---

31. Cristopher Browning, *op. cit.*
32. Georges Bensoussan, *Auschwitz en héritage* (Auschwitz de herança), Paris: Mille et Une Nuits, 1998.

número de estudos de psicólogos sociais americanos e franceses, tem um peso decisivo. Ninguém quer ser tachado de covarde ou de fracote por seus companheiros. Mais ainda, ao agir como os outros, cada um obtém o reconhecimento deles (e sabemos o papel decisivo que o desejo de reconhecimento desempenha nos grupos[33]) e pode, sem muito custo, sentir-se um herói, pois teve a coragem de efetuar a tarefa, por mais horrível que fosse. Os membros do grupo cedem ao contágio das atitudes e dos comportamentos para não serem rejeitados, para não se sentirem *exilados*. Com isso, são pegos no fantasma da *ilusão grupal* definida por Didier Anzieu[34] e, mais ainda, no da *obsessão da plenitude* já descrita por mim[35], graças à qual o grupo funciona sob a égide de uma metáfora comum: a de um corpo pleno, sem fissura, sem temporalidade, verdadeira bolha fechada em si mesma que serve de proteção total. Essa metáfora se apoia numa doença da idealidade que busca transformar *este grupo*, *agora*, *neste espaço*, num grupo puro, perfeito, que funciona segundo a lei que atribui um papel a cada um, ao qual não se pode nem se deve furtar. Os membros do grupo adquirem assim uma identidade coletiva que substitui sua identidade própria. Eles afastam toda preocupação e certamente desaparecem como seres diferenciados. Podemos então lembrar aqui a bela reflexão de Georges Devereux:

> O ato de formular e de assumir uma identidade coletiva de massa e dominante – qualquer que seja essa identidade – constitui o primeiro passo para a renúncia "definitiva" à identidade real. Se não se é nada mais que um espartano, que um capitalista, que um proletário, que um budista, está-se muito perto de ser absolutamente nada e, portanto, de *simplesmente não ser*[36].

Mas, afinal, ser não é o mais difícil?

O grupo (exceto quando se trata de um grupo que pensa, isto é, que admite a variedade de seus membros e, portanto, não somente a discussão e o confronto mas também as dissensões e mesmo a polaridade nos extremos) serve de *eu-pele*, de *invólucro psíquico*, para retomar os termos

---

33. Cf. Eugène Enriquez, "Le lien groupal" (O lugar grupal), *Bulletin de Psychologie*, n. 360, 1960.
34. Didier Anzieu, *Le Groupe et l'inconscient* (O grupo e o inconsciente), Paris: Dunod, 1975.
35. Eugène Enriquez *et al.*, *La Formation psychosociale dans les organisations* (A formação psicossocial nas organizações), Paris: PUF, 1971.
36. Georges Devereux, *op. cit.* Grifo do autor.

de Anzieu[37]. O grupo protege e fecha. Ele tende, por definição, a querer transformar-se em *comunidade* compacta, em sociedade secreta, em seita, portanto, a absorver todos os indivíduos e a provê-los de um psiquismo coletivo. Essa tendência foi estudada magistralmente por Freud em "Psicologia das massas e análise do eu"[38], no qual ele mostrou como os membros do grupo se identificavam uns com os outros depois de terem colocado um objeto comum (chefe, causa) no lugar de seu ideal do eu. Para Freud, a coesão (termo que ele não utilizou) do grupo, sua unidade, a similitude dos comportamentos de seus membros, só eram possíveis (pelo menos no que concerne aos grupos que estudou) pela presença de um chefe, de um guia que amava cada um de seus homens com amor igual e recebia deles, em troca, seu amor. O que pudemos verificar, retomando o texto de Browning, é que os investimentos amorosos sobre o chefe e sua presença soberana entre os membros do grupo não asseguram necessariamente a *massificação* do grupo. É certo que um grupo guiado por um chefe carismático tem grandes chances de desenvolver condutas uniformes, mas não é menos certo que o contágio das atitudes e o conformismo no comportamento pode se apoiar em outros fundamentos mais diretamente ligados à dinâmica do próprio grupo. O grupo, mesmo que não se funda, incita à comunhão, mais ainda quando se trata da *comunhão dos fortes contra os fracos*. E, como diz o provérbio: o primeiro passo é que custa. Por isso (exceto casos raros), os membros do 101º Batalhão se tornaram aos poucos mais duros e continuaram os massacres. Ao darem o primeiro passo, tornaram-se irmãos semelhantes. Não podiam mais ter outra imagem de si mesmos. Haviam matado o *sentido* dentro deles, em vez de se verem como assassinos. Sacrificam-se inimigos a um chefe que encarna uma causa ou é porta-voz dela. Pode-se também sacrificar a si mesmo por um ideal. Assim, na maior parte do tempo é preciso repetir aos homens que eles não estão matando, mas apenas liquidando os inimigos da causa, do chefe e mesmo da humanidade. (Alguns chefes nazistas, e também Pol Pot, disseram que queriam criar as condições para um paraíso vindouro.) Não se trata mais

---

37. Cf. Didier Anzieu, *Le Moi-peau*, Paris: Dunod, 1985; e Didier Anzieu et al., *Les Envelopes psychiques*, Paris: Dunod, 1987.
38. Sigmund Freud, "Psychologie des foules et analyse du moi" (1921), em: *Essais de psychanalyse*, Paris: Payot, 1985. Edição brasileira: *Psicologia das massas e análise do eu e outros textos*, São Paulo: Companhia das Letras, 2011.

de assassinatos, mas de sacrifícios coletivos. Nessas condições, os sacrificadores sentem-se absolvidos. Ao sacrificar, eles mostram respeito ao sagrado, à lei promulgada pelo guia ou pelo texto divino e à qual todos devem obedecer. Eles mesmos tornam-se sagrados. Sabem disso conscientemente? É pouco provável. Mas eles têm o sentimento de agir pela causa. Os atiradores isolados no Líbano que utilizavam suas armas tão logo viam alguém, os *degoladores* argelinos (a julgar por suas declarações) não têm estado de alma nenhum. Trabalham ou trabalharam por sua pátria ou pela renovação do islã. Sob certo aspecto, são os sacerdotes que proclamam no sangue sua fé intangível. Cada um se comporta como o sacerdote de Nemi, figura emblemática em Frazer[39], ao mesmo tempo rei, sacerdote e assassino. São reis do mundo, pois matam os indefesos; são sacerdotes que oficiam e sacrificam; e são verdadeiros assassinos que, como o homem de Nemi, só têm um medo, o de também serem mortos. Para acalmar esse medo, só há uma solução: continuar matando. E sem culpa, porque a razão e a lei só podem estar do lado do mais forte. Poderíamos acrescentar outras características psicossociológicas: o narcisismo grupal resultante do *narcisismo das pequenas diferenças* estudado por Freud; a cultura do grupo que exclui a cultura de outros grupos vistos como portadores de sujeira e que vê na sua eliminação a única saída possível; o fato de cada um, no grupo que lhe serve de espelho, experimentar os limites de sua identidade e se aproximar dos outros para não sentir a angústia da fragmentação. Não insistirei: essas características são bem conhecidas. Quero apenas observar que a vida num grupo fechado em si mesmo (e os grupos assassinos são dessa ordem: o resto do mundo existe, mas eles mal percebem) é favorável ao desenvolvimento da tentação paranoica. Todo grupo é o mensageiro (às vezes sem que o saiba) de uma esperança messiânica. Quer salvar o mundo, lavá-lo de seus pecados, regenerá-lo (tema constante do Khmer Vermelho e dos comunistas chineses do tempo de Mao). Crê no impossível e em sua realização na Terra. Obedece ao mesmo tempo a um *imaginário enganador*[40] tecido pelos homens de poder, que dizem a seus discípulos que,

---

39. James George Frazer, *Le Rameau d'or*, Paris: Laffont, 1983, col. Bouquins. Edição brasileira: *O ramo de ouro*, Rio de Janeiro: Zahar, 1982. Sobre o sacerdote de Nemi, cf. o artigo de L. Scubla, *op. cit.*, e os textos do Collège de Sociologie reunidos por Denis Hollier, *Le Collège de Sociologie*, Paris: Gallimard, 1985.
40. Cf. Eugène Enriquez, "Imaginaire social, refoulement et répression dans les organisations" (Imaginário social, repulsão e repressão nas organizações), *Connexions*, Paris: EPI, 1972, n. 3, retomado em *Les Jeux du pouvoir et du désir dans l'entreprise* (Os jogos de poder e de desejo nas empresas), Paris: DDB, 1997.

quanto mais se identificarem, aderirem, se submeterem e renunciarem, tanto mais serão retribuídos, e a um *imaginário motor*[41] que lhe dá a força e a energia para empreender e prosseguir o combate, pois se trata de transformar o fantasma (*um mundo novo sem impureza*) em realidade. Ele não sabe que o fantasma não pode e não deve virar realidade, sob pena de criar, em vez do resultado esperado (um paraíso), um inferno tanto para os outros como para si, a alodestruição só podendo, com o tempo, engendrar a autodestruição. Também não sabe que os perseguidores não são os inimigos designados, mas que não há pior perseguidor que aquele interno, carregado do desejo de onipotência. Assim, a tentação paranoica que jaz em todo grupo (mesmo não sendo operante em todos) é um fator suplementar para a liquidação dos que se opõem ao grande desígnio de um mundo melhor onde só haverá amor entre os eleitos – os outros, seres odiosos e perseguidores, tendo desaparecido definitivamente da Terra, da nação ou do grupo que eles tentavam, por seu suposto complô, subjugar.

RAZÕES PSICOLÓGICAS

A psique do indivíduo não pode ser totalmente separada do contexto social. Freud insistiu suficientemente nesse ponto no início de "Psicologia das massas e análise do eu". Lembremos estas frases célebres: "Na vida psíquica do indivíduo tomado isoladamente, o Outro intervém de maneira regular enquanto modelo, apoio e adversário, e por isso a psicologia individual é também, desde o início e simultaneamente, uma psicologia social, nesse sentido ampliado, mas perfeitamente justificado"[42]. O pertencimento à espécie humana, à sociedade e aos grupos de que fazemos parte vai pesar muito, portanto, sobre a psique individual, conforme observei anteriormente. Vivendo num universo ultracompetitivo onde reinam a racionalidade instrumental e a pressão dos grupos à uniformidade, os homens se tornam cada vez mais insensíveis a outrem, criam uma *pequena sociedade de uso próprio* (para retomar a expressão de Tocqueville) e desenvolvem comportamentos perversos e paranoicos. No entanto, é possível isolar algumas razões de ordem estritamente psicológica para completar o quadro

---

41. *Ibidem*.
42. Sigmund Freud, "Psychologie des foules et analyse du moi", *op. cit.*

esboçado até agora. Cada indivíduo está em busca de sua identidade. Ele a deseja o mais unificada e o mais sólida possível, pois procura realizar o programa do princípio de prazer. Assim, tudo que for capaz de bloquear a realização de tal programa poderá ser visto como um obstáculo a superar, a contornar ou, se preciso, a destruir. Ora, o outrem generalizado (homens, grupo, sociedade) busca por todos os meios lembrar-lhe que não está sozinho, que existem coerções, que ele não pode pôr em prática seu fantasma de onipotência, que deve substituir seu eu-ideal por um ideal do eu mais conforme às exigências da vida humana e social. Portanto, o indivíduo é sempre passível de ser rejeitado, diminuído, abandonado. Mas, se o corpo social lhe permite subitamente empregar sua força, ter o sentimento de estar acima dos outros e de dominá-los, então ele pode manifestar sua pulsão de destruição com toda a impunidade. Escutemos um torturador:

> Quando pegávamos alguém, não era para entregá-lo à justiça, mas para eliminá-lo. Assim, torturávamos não como os que enviam seus prisioneiros ao tribunal. Estropiávamos o sujeito [...]. Havia uma espécie de loucura em nós, não éramos mais normais. Pensávamos que uma vida nada mais significava [...]. Sim, eu sentia um gozo. Depois de uma missão, você se sente como se tivesse se deitado com uma mulher. É pura adrenalina, você se sente esvaziado[43].

Sade foi o primeiro a mostrar que torturar corpos, queimar, retalhar, provocar dor podia engendrar o gozo, fazer de alguém um rei acima de todas as leis, a única lei que ele respeita sendo a lei do seu desejo e do seu prazer. E também, quando isso é possível, falar para racionalizar a violência. Assim, não apenas se faz o mal, mas se utiliza uma linguagem torturante, que desqualifica o outro e mostra que não há sentido. A identidade se fortalece na destruição do outro, o gozo aumenta à medida que o outro é apagado e reduzido a uma coisa que não pode mais se mexer e com quem não há nada a compartilhar. O fantasma de toda potência está prestes a se realizar e a virilidade tem livre curso.

Não se pode compreender tal violência sem ligar o ódio ao outro a um ódio mais fundamental: o ódio de si mesmo. Conhecemos o livro de

---

43. Citado num programa da televisão francesa, *Profession tortionnaire* (Profissão torturador).

Theodor Lessing sobre o ódio de si do judeu. Lessing formulou a hipótese de que muitos judeus em nossas sociedades eram imbuídos da recusa de ser judeus, recusa que tinha sua origem "na tendência do judeu a interpretar um mal que o atinge como a expiação de uma falta cometida"[44]. Ele identificou esse ódio em alguns de seus correligionários cujo retrato traçou, em particular Otto Weininger, autor desta frase famosa: "O judeu é penetrado por uma feminidade que não é senão a negação de todas as qualidades masculinas"[45]. Poderíamos completar seus retratos pelo de Maurice Sachs, judeu amigo de Cocteau, que acabou por se converter e por entrar na Gestapo. Mas esse ódio de si que Lessing atribuía somente aos judeus estende-se, na verdade, ao conjunto da humanidade. Por uma razão simples evocada tanto por C. Castoriadis[46] quanto pelo autor destas linhas: a impossibilidade, para cada um de nós, de poder realizar plenamente seus desejos e o papel da culpa ou da vergonha (os povos monoteístas são mais imbuídos de culpa, e os orientais, de vergonha) ensinada e inculcada pelos primeiros educadores, que obriga cada um a tomar consciência de seus limites em relação a si mesmo e em relação a outrem. Limites insuportáveis, pois mesmo não admitindo a concepção de Castoriadis segundo a qual existiria uma *mônada psíquica* que se insurgiria contra a realidade, não há como não verificar a importância das feridas narcísicas que o meio impõe à psique, por mais socializada que seja desde o nascimento. Feridas sempre numerosas, pois a educação é essencialmente violenta e vivida como arbitrária e incompreensível pelo *infans*. Essas feridas nos remetem à nossa pequenez, à nossa impotência (basta ver a raiva expressa por toda criança pequena quando os pais não cedem à realização imediata de seus desejos ou se opõem a eles), e nos indicam a obrigação de renunciar ou de recalcar nossos desejos, pois existe uma lei mais alta a respeitar.

Cada um, portanto, é movido por um ódio inconsciente de si, pois o si não é admirável, é um *anjo decaído* por causa dos outros e que sempre pede reparação. Então, quando o outro está ao nosso alcance, quando existe um sistema de tortura ou um sistema concentracionário que enuncia *ou eles ou nós*, o ódio pode enfim exteriorizar-se, atingir outro objeto,

---

44. Theodor Lessing, *La Haine de soi* (O ódio de si), Paris: Berg International, 1970.
45. Otto Weininger *apud* Eugène Enriquez, *Les Figures du maître, op. cit.*
46. Cornelius Castoriadis, "Notes sur le racisme" (Notas sobre o racismo), *Connexions*, Paris: EPI, 1987, n. 49.

mesmo que este seja um pobre substituto dos objetos-sujeitos que, de maneira fantasmática ou real, nos fizeram mal. O ódio ao outro não é senão o avesso do ódio a si, sempre primeiro, embora sempre tributário da existência do outro.

Sobre esse ponto, Freud hesitou longamente. Enquanto enuncia, em "Pulsões e seus destinos"[47], que o sadismo é originário e precede o masoquismo, em "O problema econômico do masoquismo" ele declara que o masoquismo é que é originário. "É aceito", ele escreve, "que a pessoa cometeu um crime, indeterminado, que deve ser expiado por todas as formas de dor e de tortura"[48]. Qual é esse crime? Nesse texto, Freud evoca a masturbação, o autoerotismo. Embora a hipótese seja plausível e se possa sustentá-la, ela não é satisfatória. No meu modo de ver, fiel nesse ponto ao Freud de *Mal-estar na civilização*[49], esse crime tem três origens: por um lado, o assassinato do pai primitivo que, se foi esquecido ou recalcado, persegue sempre os inconscientes (e talvez as consciências). Aliás, não há necessidade de apelar aqui, como o faz Freud, à ideia de que a ontogênese reproduz a filogênese; basta apresentar os princípios educativos que fazem de todo indivíduo um culpado ou um envergonhado em potência, para toda a eternidade. O discurso dos pais veicula preceitos morais, e não há preceito moral sem crime ou tentação de crime, ou sem que a criança tenha o sentimento de dever expiar uma falta, ligada à sua própria existência.

Por outro lado, há o fato de o *infans*, em seu amor, não saber distinguir o amor do ódio, destruindo o que ele ama. O *infans* devora e incorpora. Percebe seu ato como um crime que ele deve pagar. Portanto, sempre teme a recusa do amor de seus pais. Seu sentimento de culpa deriva de sua angústia diante da autoridade, angústia alimentada por seus próprios atos. Como não lembrar o que diz Pentesileia, rainha das amazonas, após ter cravado seus dentes no corpo ofegante de Aquiles? "Desejar... despedaçar... isso rima; quem ama pensa numa coisa e faz a

---

47. Sigmund Freud, "Pulsions et destins des pulsions", em: *Métapsychologie*, Paris: Gallimard, 1968. Edição brasileira: *As pulsões e seus destinos*, Belo Horizonte: Autêntica, 2013.
48. Idem, "Le Problème économique du masochisme", em: *Neurose, psychose et perversion*, Paris: PUF, 1973. Edição brasileira: "O problema econômico do masoquismo", em: *O eu e o id, "autobiografia" e outros textos*, São Paulo: Companhia das Letras, 2011.
49. Idem, *Malaise dans la civilisation*, Paris: PUF, 1967. Edição brasileira: *O mal-estar na civilização*, São Paulo: Penguin-Companhia das Letras, 2011.

outra"[50]. Ou então no verso de Oscar Wilde em "Balada do cárcere de Reading": "A gente sempre destrói o que ama"[51]. O amor arcaico é devorador. Toda criança o sente, todo homem o experimenta. Mas um dia é preciso pagar a conta. E não se deve omitir a severidade do superego: "Dada a impossibilidade de esconder do superego a persistência de desejos proibidos, a angústia diante do superego leva o sujeito a punir-se"[52]. O masoquismo é o preço a pagar pela violência do desejo; ele conduz ao ódio de si, pois esse desejo é reprimido e o homem sente culpa ou vergonha. Vemos então que, se o masoquismo é primeiro e o sadismo em relação ao outro não é mais que a projeção do ódio de si, a violência do desejo (de devoração) possui em si mesma conotações sádicas. Assim, sadismo e masoquismo não se opõem radicalmente[53]. Apenas levam o homem a desconfiar sempre dos outros, mesmo que os ame. Se a sociedade lhe der alimentos ideológicos para simplesmente odiá-los, a tarefa do sujeito se torna mais fácil. A dor do outro e o prazer de si e sua identidade (seu narcisismo) serão assim glorificados.

Não é necessário prosseguir. O resto é uma decorrência. Na psique jaz e atua o desejo de ser único, de não ser tocado, de ser um Narciso sem rugas e triunfante. É possível, então, submeter-se às ordens mais terríveis, à ideologia mais coercitiva, vivendo apenas num *estado de agente*, segundo a expressão de Milgram[54], e participando da *zona cinzenta* de que fala Primo Levi, se o narcisismo não for atingido e se, principalmente, for possível chegar ao gozo e sentir-se um mestre. Não é preciso ser um grande mestre, um grande carrasco; ser um pequeno carrasco tranquilo, que não pensa demais, pode fornecer satisfações intensas. Claro que nem todo mundo é assim e alguns são capazes de resistir. Mas, como diz Milgram: "Os humanos são levados ao assassinato sem grande dificuldade"[55].

Para terminar, é preciso esclarecer que essas razões diferenciadas que isolamos e tipificamos para a comodidade da análise interagem umas com

---

50. Heinrich von Kleist, *Penthesilee*, Paris: José Corti, 1954.
51. Oscar Wilde, *A balada do cárcere de Reading*, São Paulo: Nova Alexandria, 1997.
52. Sigmund Freud, *Malaise dans la civilisation*, Paris: PUF, 1971.
53. Cf., a esse respeito, Jean-Pierre Winter, "Tentative de 'viologie'" (Tentativa de *"viologie"*), em: Françoise Héritier (org.), *op. cit.*
54. Stanley Milgram, *Soumission à l'autorité*, Paris: Calmann-Lévy, 1974. Edição brasileira: *Obediência à autoridade*, Rio de Janeiro: Francisco Alves, 1983.
55. *Ibidem*.

as outras, sobrepõem-se para formar nós que permitam pegar o homem na armadilha de seu desejo. O indivíduo é ao mesmo tempo único, membro de um ou de vários grupos, da sociedade inteira e pertence ao gênero humano. É o que o torna tão maleável. Ele sempre pode encontrar boas (ou más) razões para suas ações. Deve encontrar sua identidade, ou admirar seu chefe, ou agradar seus companheiros, ou ser racional etc. Por isso os assassinos, mesmo se a culpa ou a vergonha estão na origem do desenvolvimento da humanidade, não se sentem culpados ou envergonhados por seus atos. Muito pelo contrário. É o caso de um dentista (cujo nome esqueci), auxiliar de Mengele em Auschwitz, que declarou há poucos meses, num jornal alemão, que havia encontrado *condições ótimas de trabalho em Auschwitz*, onde seu trabalho (!) consistia em injetar pus nas gengivas dos prisioneiros, e que ele não precisou mais que alguns dias para se adaptar totalmente a esse lugar, onde sabia muito bem que milhares de judeus ("verdadeiros ratos", ele disse) eram levados às câmaras de gás. Um criminoso solitário e com apenas uma ação criminosa em seu ativo pode sentir remorsos; um *serial killer*, mais raramente, pois a realização de seu fantasma relança sua propensão a matar[56]; mas um participante de assassinatos coletivos ou aqueles que os decidiram, praticamente nunca. A maioria deles mata a emoção, se a emoção ainda existe. Os processos Eichmann, Barbie, Touvier, Papon[57] apenas confirmam essa ausência de remorsos. Eles fizeram seu trabalho. Poderiam dizer: seu trabalho *civilizador*. Do que se pode acusá-los?

É incontestável que uma sociedade na qual se espalharam os genocídios, as *purificações étnicas*, a mortandade tornou-se uma sociedade indiferente. Há crimes demais para se ficar sensibilizado. No entanto, a violência se mostra cada vez mais nítida. Violência nos filmes americanos (sempre de grande sucesso), violência na televisão e em outros meios de comunicação, violência na internet e nos jogos eletrônicos nos quais se pode matar à vontade, violência no cotidiano que faz crescer o sentimento de insegurança, mas que também faz as pessoas se acostumarem com a violência. Se nas nações ocidentais (Estados Unidos, Canadá e Europa ocidental) os assassinatos coletivos desapareceram, os assassinatos indi-

---

56. Sophie de Mijolla-Mellor, "Le Meurtre: entre fortune et réalité" (O assassinato: entre fortuna e realidade), em: *Violences: lieux et cultures* (Violências: lugares e culturas), Association Rénovations, 1997.
57. Os três últimos foram colaboracionistas na França ocupada durante a Segunda Guerra. [N.T.]

viduais e os assassinatos psíquicos aumentaram. A guerra econômica se alastra. A violência sutil da empresa substituiu a exploração brutal, mas continua sendo insuportável para muitos. A desigualdade aumenta, cresce o número de miseráveis. Poucas pessoas ainda são capazes de reagir a essa tendência, embora pesquisadores e atores sociais busquem definir novos caminhos. Seja como for e apesar da literatura abundante sobre os assassinatos de massa, não parece que as sociedades e os sujeitos humanos tenham tomado consciência da amplitude das transformações. O arrependimento está na ordem do dia, mas não faz senão alimentar (mesmo sendo de boa-fé) a *boa consciência* e permitir que numerosos grupos ou organizações se redimam ou mostrem um rosto mais acolhedor e benevolente. O egoísmo, o cinismo (no sentido vulgar do termo), o ceticismo e o relativismo prosperam. As pessoas se perguntam cada vez menos como prosseguir a busca da verdade e cada vez mais como se safar e sobreviver. O *politicamente correto*, que tinha fundamentos humanistas evidentes, acabou se tornando uma acepção frouxa de todas as diferenças e de todas as opiniões. Os homens de convicção são raros, enquanto os bons e os maus administradores pululam. As pessoas apenas se aceitam, toleram-se, sem se amar. Se o crime passional diminui, diminui também o amor. Nossas sociedades vivem um *deficit* de libido. Assim, cada um pode não se comprometer e se proteger. Os homens vivem no efêmero e os projetos de longo prazo são desprezados. O desejo de revolução se extinguiu, quando se perceberam os danos causados pelas sociedades que quiseram refazer tudo desde a base. Os movimentos sociais radicais se debilitam.

Os indivíduos são agora mais átonos, mais transparentes, quase diáfanos, sem espessura. Quanto ao aparelho psíquico, se naturalmente continua o mesmo, ele funciona em baixa rotação. O *eu* adaptativo e adaptado é o objeto de todos os cuidados. Os ideais do eu assustam, as pulsões são canalizadas, asseptizadas; quanto ao superego, desde que foi comparado a *um policial* na cabeça, está desqualificado. Assim vemos surgirem muitas interdições repressivas e poucas interdições estruturadoras. Os educadores não sabem mais os limites e as exigências que devem impor. A referência à lei organizadora do social não está mais em uso. Pequenos e grandes delinquentes se multiplicam, pois nada é mais belo e mais esportivo do que contornar e ridicularizar a lei e as leis. Aliás, cada um se vê como vítima (da sociedade, dos capitalistas, dos imigrantes, dos delinquentes). O grande termo em moda é o sofrimento. Entramos numa civilização da queixa. Não se trata mais de lutar por suas ideias, pela democracia, de enfrentar os problemas e os obstáculos, mas de apontar a causa do mal, de exigir seu desaparecimento, de obter reparação[58]. Uma vítima não precisa de superego, de instância de interdição. Precisa apenas ser escutada, confortada, submetida a uma terapia, se necessário. Assim o mundo se divide. De um lado os dominadores, os capitalistas, os tubarões das finanças (os paranoicos e os apáticos) que exigem a submissão de outras vítimas, e no meio os trabalhadores sociais, os psicólogos, os psicanalistas, os sociólogos, os animadores de rua, os educadores etc., cujo papel é limitar as perdas e ajudar as vítimas. Mas, já que todo mundo pode um dia ser vítima, é necessário, como já indiquei, que cada um assegure para si a posse de um *eu* sólido, flexível, adaptável, que lhe permita fazer os esforços necessários para acompanhar as transformações econômicas e sociais. Ele não se sente mais portador da *Kulturarbeit*, do destino da civilização, da evolução social nem da violência do mundo. Quer a paz e quer consumir os objetos e os signos. Essa constatação pode parecer sinistra. Penso, porém, que deve ser feita. Aliás, o pior nem sempre é certo, e é no momento em que a esperança desaparece que surgem o imprevisto e a novidade. Esse imprevisível nos anuncia uma melhora da situação ou uma catástrofe suave. Sinto-me incapaz de enunciar uma hipótese. A única possibilidade que me resta é querer, apesar de tudo, continuar a pensar e a agir com outros, a reconhecê-los, a amá-los se possível. Se a aurora surgir, tanto melhor. Senão, o labor terá que prosseguir tranquila e pacientemente. Afinal, Moisés nunca viu a terra prometida e os hebreus tiveram que errar quarenta anos no deserto. Não temos razão alguma para acreditar que eles pagaram suficientemente por nós e que eram mais fortes e resistentes que nós. O caminho deve ser retomado. Cada época tem uma tarefa a cumprir.

---

58. Cf. Antoine Garapon, *Le Gardien des promesses*, Paris: Odile Jacob, 1996. Edição brasileira: *O juiz e a democracia: o guardião das promessas*, Rio de Janeiro: Revan, 1999; e Mireille Cifali, "Entre Psychanalyse et éducation: influence et responsabilité" (Entre psicanálise e educação: influência e responsabilidade), *Revue Française de Psychanalyse*, Paris, 1999, pp. 1011-20.

A negação do sujeito
Franklin Leopoldo e Silva

As razões pelas quais vários historiadores datam do ano de 1914 o início do século xx não se devem apenas a alguma diferença entre o tempo cronológico e o tempo da práxis. Certamente podemos constatar, no plano sociológico, um certo retardamento do novo século em virtude de um prolongamento do que chamamos *belle époque*. E essa expressão já nos diz algo significativo acerca das causas do fenômeno: uma *certa* aparência de serenidade vivida numa *certa* Europa que julgava desfrutar do progresso – crença que o século xix havia construído com base no avanço científico-tecnológico que expressava a racionalidade otimista herdada do Iluminismo. Como já havia dito Hegel, as feridas do espírito se fecham sem deixar cicatrizes. O progresso da razão e a marcha da história não são essencialmente perturbados por eventuais percalços que venham a ocorrer no caminho do espírito rumo à sua realização. *Tudo que é real é racional e tudo que é racional é real.*

Não é por acaso que o século xx começa quando esse lema emblemático do processo histórico adquire ressonâncias dramáticas – quando se percebe que as feridas e os traumas que acontecem na história são de fato sofridos por indivíduos e grupos humanos e que a sua superação não é só uma questão abstrata de necessidade histórica. Ela depende do modo como os seres humanos concretos lidam com a adversidade que os penetra na carne e não apenas como uma representação intelectual. A partir de então aparece, de modo dolorosamente nítido, que, por mais que o filósofo conceba uma *lógica* da história, esta é vivida subjetivamente e com tal intensidade que atinge não apenas o sujeito ideal, mas pode rasgar o coração do homem concreto. Como disse Sartre, há um momento em que a história desaba sobre as gerações que até então pensavam vivê-la numa espécie de participação platônica.

Quando a realidade se torna violência num nível que dificilmente se imaginava, a racionalidade de que ela se reveste para o filósofo se torna tragédia. O engendramento racional da realidade vivida se apresenta então como experiência traumática. Não se trata apenas de uma sucessão de fatos cujo sentido, sempre positivo, se compreenderá, afinal. Trata-se da significação imanente a cada fato, que torna o real e a violência inseparáveis. Quando isso acontece, a violência já não pode ser vista como o ardil de que se vale a história para que os seres humanos desenvolvam a *insociável sociabilidade* de que falava Kant. Pois, para a consciência vivida, a violência deixa de ser um predicado acidental e ocasional da realidade, e a relação passa a ser intrínseca. E esse caráter interno da violência no ser humano já não é mais uma hipótese antropológica, que concorre com uma ideia diversa acerca da *natureza* do homem, porque ela se torna *modo de viver*.

A Primeira Guerra Mundial inaugura o século xx colocando diante da humanidade uma representação de si mesma que o otimismo iluminista acreditava superada: a barbárie não é o passado longínquo em que se vivia sob a tutela da violência, mas uma presença maciça que torna odioso o rosto do outro. E o ódio é votado ao rosto que não se vê no anonimato das falanges que morrem nas trincheiras. Quanto mais difuso é o inimigo, mais intensamente concreta se torna a violência, como se ela já não visasse o indivíduo, mas a própria humanidade que nele se quer anular. E assim sobrevém a banalidade da morte, vivida como cotidiano e esvaziada de fatalidade. Como se a morte e o ódio já não tivessem protagonistas, como se cada um não tivesse mais que enfrentar a decisão do ato de matar ou de se expor à morte.

A tecnologia da guerra certamente está entre os fatores que determinam essa impessoalidade. Na Primeira Guerra se fez uso abundante do progresso tecnológico e científico, que era visto como fruto dos tempos de paz e que deveria garanti-los. A herança dessa guerra se mostrou e se mostra no esforço dos países centrais em desenvolver cada vez mais as tecnologias bélicas. Também nesse sentido a Primeira Guerra inaugurou o século XX, conferindo a ele a marca de uma racionalidade instrumental voltada para a destruição. No limite, a ausência da singularidade do matar e do morrer, como se a guerra tivesse o poder de transformar, paradoxalmente, a morte em critério universal de sobrevivência. Como se a violência houvesse transformado as relações humanas num trágico vazio. A guerra põe a humanidade em questão e nos leva à perplexidade diante do movimento da razão e dos sentimentos envolvidos nas causas do acontecimento.

É significativo que o exame das causas nos remeta a uma dualidade que torna difícil perceber as *razões* da guerra. A Primeira Guerra é exemplo disso. De um lado, os interesses das grandes nações da Europa em conservar seu poder, suas zonas de influência, sua hegemonia econômica, e em continuar ampliando seus territórios. De outro, a radicalidade patriótica e os ressentimentos derivados dos conflitos étnicos, isto é, as paixões humanas em jogo. Não é difícil perceber que há relação entre essas duas ordens de fatores: sabemos que os interesses político-econômicos podem mobilizar as paixões e fazer com que o indivíduo encarne, de modo ignorado, possibilidades externas à sua vida, agindo assim de forma inteiramente heterônoma. Mas, mesmo quando isso acontece, o indivíduo permanece sendo a origem de suas ações e de algum modo responsável por *apaixonar-se* pelo que não é nem nunca será seu: as ambições políticas daqueles que o dominam. Assim, o agir heterônomo não é explicação suficiente para o exercício da violência por alguém tomado por um ódio cujo sentido lhe é estranho, como se ele o exercesse sem o sentir.

Os fatores objetivos e a dimensão subjetiva se relacionam de modo complexo. No caso da Primeira Guerra, o convívio precário de 19 nacionalidades em territórios muitas vezes artificialmente demarcados, sob a pressão de países com fortes interesses na região, caracteriza de modo inevitável um quadro de instabilidade permanente com possibilidades de conflitos iminentes. É preciso notar que tal situação já configura por si mesma uma violência contra esses povos. A dominação das potências hegemônicas já configura uma tensão. A pressão a que esses povos estavam submetidos já permitiria prever o desastre. Assim, o assassinato do arquiduque herdeiro do trono do império austro-húngaro não foi um mero acidente que teria ocasionado a guerra; o episódio é expressão de uma conjuntura histórica e política na qual os protagonistas são também as vítimas. Uma conjuntura que, no âmbito social, é vivida conflitivamente e se manifesta em hostilidades, ódio racial, discriminação e intolerância. O nacionalismo, muitas vezes usado como instrumento de manipulação, é a expressão política dessa situação.

É possível viver passionalmente a política? Nas condições que descrevemos acima, a resposta é afirmativa. Note-se que os protagonistas não têm consciência clara nem da dimensão objetiva da política, que lhes escapa, nem do significado subjetivo das paixões, que são vividas como *algo que lhes acontece*, e não como exercício de liberdade pessoal. Assim, são ao mesmo tempo vítimas e algozes no exercício da violência. Trata-se de uma situação complexa, e temos dificuldade em compreender como aqueles que já são excluídos produzem, pela violência, a exclusão entre si mesmos. O que nos indica a relativa obscuridade em que são vividas as relações entre a subjetividade e as condições objetivas – embora nesse cruzamento se faça a história de todos e de cada um. As causas histórico--objetivas e as fontes passionais da violência não são nitidamente distinguíveis porque a situação vivida é sempre uma relação dialética entre as duas ordens de fatores. Essa dialética pode atingir o drama e a tragédia quando a violência torna-se constitutiva da relação que o indivíduo mantém consigo mesmo e com os outros. Instala-se uma reciprocidade cruel quando o sujeito, definindo o outro pela exclusão, é levado a definir a si mesmo pela violência.

Refletir sobre os variados aspectos dessa situação é o que pretendo fazer neste texto, e não apenas em relação à guerra, a pretexto dos cem anos da Primeira Guerra Mundial, mas também no que se refere a outros tópicos que podem ser abordados a propósito dos vínculos entre alteridade e violência – relação muito presente na contemporaneidade, inclusive na sociedade brasileira. A complexidade da questão nos impede de adotar visões unilaterais, afirmando, por exemplo, que a violência é constitutiva do ser humano e que o homem é o lobo do homem, como disse Hobbes, ou que o homem é inerentemente bondoso e pacífico, solidário e altruísta, tendo-se tornado violento graças à influência negativa da civilização e da sociedade, como queria Rousseau. Entre o egoísmo e a solidariedade, ou então entre a aceitação de disposições inteiramente constituídas, de um lado, e a *tabula rasa* que seria preenchida em cada indivíduo na medida em que ele apenas reflete a realidade histórica, de outro, seria necessário procurar as relações através das quais o sujeito histórico faz sua a história que lhe cabe viver.

É possível dizer que um significado fundamental da guerra é que os seres humanos tornam-se cegos para o que seria, no dizer de Hannah Arendt, o *mundo comum*, o espaço e o tempo compartilhados através das diferenças que me separam e me aproximam do outro. Podemos encontrar as condições de enraizamento cultural da intersubjetividade em crise nas determinações de origem do pensamento moderno.

A intersubjetividade é o problema crucial da filosofia moderna, desde que Descartes, ao fundamentar a intuição da própria existência na autoconsciência imune a qualquer dúvida, levantou, ao mesmo tempo, a dificuldade de constatar, como contrapartida, a existência do outro. O caráter introspectivo da reflexão que me permite chegar a mim mesmo é também o que inevitavelmente me separa do outro. Essa situação se caracteriza pelo pressuposto cartesiano da primazia do conhecimento, pois o que me impediria de intuir o outro é a impossibilidade de conhecê-lo da mesma forma que eu me conheço. Mas, se pensarmos que a relação cognitiva não é a única que mantemos com os outros, e talvez nem mesmo seja o modo privilegiado de estar com eles, então será possível supor, mesmo sem conhecer o outro, no sentido de evidenciar a substancialidade de sua consciência como faço com a minha, que ainda assim seria plausível alguma vinculação intersubjetiva diversa da certeza objetiva obtida intelectualmente. Assim, *saber* que existe o outro e que minha situação mundana consiste na relação mantida com ele não dependeria de uma posição teórico-metafísica a respeito da alteridade, mas sim de uma intersubjetividade vivida num nível pré-reflexivo, justamente aquele em que o estar-com-o-outro ocorre a partir da primazia do *mundo comum* e não da interioridade subjetiva. Assim, escaparíamos da dificuldade, talvez insuperável, que faz do outro uma projeção reflexiva de minha subjetividade, que nunca ultrapassará a esfera da probabilidade.

Mesmo supondo que as coisas se passem assim, isso ainda significaria a permanência da questão no plano cognitivo, embora se negue a ele a exclusividade da reflexão. Nesse sentido, escapar da reflexão seria, por mais paradoxal que possa parecer, *refletir eticamente* sobre o outro, ou seja, chegar a *saber* que existe o outro por via de uma relação mais primária e mais direta do que a reflexão cognitiva. Não me interessa, portanto, a posição *lógica* da existência do outro em relação à minha própria existência, pois não se trata de conferir-lhe um estatuto na esfera de minhas representações intelectuais, mas de aceitar uma existência que nunca poderá ser demonstrada tão consistentemente quanto a minha. Por outro lado, essa *aceitação* não é gratuita, pois ela é reveladora, por via do outro, do mundo comum compartilhado. É sobretudo pelo outro que me vejo no mundo, como um sujeito cercado de outros. Sartre entende que as dificuldades levantadas pela questão do outro se devem à primazia do conhecimento, pressuposto que me faz crer que só poderia conhecer o outro a partir de mim mesmo – o que o reduziria a uma representação tão problemática quanto as outras, num contexto cartesiano. Ele propõe então que o ser-para-si e o ser-para-outro ocorrem ao mesmo tempo e num único movimento.

Diríamos assim que é o reconhecimento ético do outro sobre o fundo do mundo comum que revelaria a sua existência – nesse sentido, tão certa quanto a minha. Entretanto, a noção de ser-para-outro pode trazer ambiguidades. Não é fácil separar-se de Descartes. Apesar de o ser-para-si e o ser-para-outro ocorrerem ao mesmo tempo, isso não anula a diferença entre o si-mesmo e o outro. Essa diferença é uma espécie de espaço ético em que o sujeito deve se mover em direção ao outro. A dificuldade oriunda do cartesianismo, como se sabe, consiste em que nunca poderei *chega*r ao outro como sujeito da mesma forma que conheço a mim mesmo, pela razão óbvia de que não posso habitar a subjetividade do outro. É por isso que a diferença entre eu e o outro pode se transformar num abismo; e é por isso também que a relação com o outro pode ser objetivação e reificação. Se a subjetividade do outro é algo que só posso constatar por analogia com a minha condição de sujeito, então haverá sempre não apenas a diferença mas a hierarquia que faz de mim o primeiro sujeito e, talvez, o único.

Não é difícil entender que essa situação pode levar à negação do outro como sujeito; e isso não precisa ser uma atitude deliberada de reduzir o outro à minha representação, mas uma decorrência do inevitável desconhecimento de sua condição de sujeito. Talvez se possa dizer que as relações humanas percorrem sempre esse caminho; que o amor e o ódio, a amizade e a indiferença seriam, antes de tudo, formas de projetar o outro e de me projetar nele. O sentimento de amor que nutro pelo outro não será um modo de me sustentar em minha subjetividade, através dele, e de encontrar a mim mesmo na relação que mantenho com ele? ("Eu não existo sem você", na mesma medida em que "não há você sem mim": nesses versos o poeta talvez revele, na própria confirmação do dom do amor, a reciprocidade da posse vivida pelos amantes, que pode unir e separar.) O ódio e a vingança não são muitas vezes um modo, e até mesmo o único, de viver e de ser eu mesmo, como se a aversão pelo outro fosse minha razão de viver? É nesse sentido que, como diz Sartre, ser-para-si e ser-para-outro estão em íntima relação; mas podemos suspeitar que isso talvez aconteça porque ser-para-outro é a forma de ser-para-mim. Não apenas porque as afinidades tendem a prevalecer sobre as diferenças mas, sobretudo, porque a existência do outro estaria primordialmente a serviço da minha identidade.

Não seria exagero afirmar que vivemos num mundo em que a alteridade é *controlada* pela identidade. E isso se deve a que no próprio termo "alteridade" está inclusa a ideia de *alterar*: entrar em relação com outro é alterar-se e, de algum modo, tornar-se diferente, *outro* em relação ao que éramos. Com efeito, a experiência intersubjetiva não deveria reforçar nossa subjetividade particular, mas colocá-la em questão a partir do contato com o outro. Encontrar o outro é viver a diferença – e isso afeta a representação absolutamente idêntica que faço de mim mesmo. Instaura-se uma "descontinuidade significante"[1] no encontro com o outro, o que pode ser extremamente incômodo e, no limite, pode despertar o ódio. Uma espécie de reflexão defensiva me põe, então, em guarda: só admito a alteridade do outro se ela se subordinar à minha identidade. É possível verificar, assim, como a dificuldade, em princípio ontológica, de sair do *cogito* se desdobra em conduta ética e pauta a relação intersubjetiva.

Bergson fala em *sociedade fechada*[2], referindo-se ao grupo que pretende permanecer numa coesão que garanta a identidade, vendo toda relação com o diferente, dentro e fora do grupo social, como risco de desagregação. Como se a relação primária com o outro fosse, em princípio, o contato com o inimigo. Podemos dizer que essa estabilidade social se

---

1. Jean-Pierre Lebrun, em entrevista concedida a Márcia Junges para a revista IHU On-line, disponível em: <www.ihuonline.unisinos.br/index.php?option=com_content&view=article&id=2642&secao=298>. Acesso em: out. 2014.
2. Henri Bergson, *As duas fontes da moral e da religião*, Rio de Janeiro: Zahar, 1978.

reflete nos indivíduos, que se conduzem então de forma *fechada* em relação a tudo que poderia alterar a identidade. Assim, seja do ponto de vista coletivo, seja no plano individual, essa tendência, que Bergson denomina *natural*, pode fazer do encontro com o outro ocasião de violência. Mesmo que admitamos, como Bergson, que o encontro do outro é positivo e se traduz, afinal, num ganho derivado de uma revisão dos valores habitualmente admitidos, o acontecimento é sempre traumático. Daí toda sorte de justificativas morais, sociais e jurídicas para a exclusão do elemento perturbador. E a justificativa da violência pode ser a simples presença do outro: outras ideias, outra tradição, outra religião, outra cultura e, principalmente, outros valores para julgar a vida são vistos como ameaça que, no limite, pode encorajar o *dever* da eliminação. Diz-se então que a violência começa pelo outro, o que faz com que me veja na injunção de eliminar a ameaça ou de prevenir as consequências da diferença. A violência seria vista sempre como uma resposta ou uma reação ao que o outro *é* e, portanto, ao que ele poderia fazer, ainda que não tenha feito nada. Em todos os conflitos, a origem da violência está sempre no outro. Isso se aplica às guerras entre países, à guerra civil e aos procedimentos repressivos no interior da sociedade. É preciso que o culpado seja o outro e é preciso que a violência se traduza em preservação.

René Girard falou, a propósito, da função estrutural do bode expiatório: trata-se menos de identificar em cada caso, ao longo de uma história imemorial, aquele que deverá pagar pela culpa do que de compreender a estratégia, o rito tão disseminado na cultura e tão visível nas religiões[3]. Toda forma de violência deriva do obscuro desejo pelo mesmo objeto, pelo qual competimos, como se desejássemos o desejo do outro. Pois todo objeto vale tanto quanto o desejo que desperta. Assim, sinto-me na posse de algo tanto mais valioso quanto maior o grau de violência que devo exercer para que outro não o tire de mim. E, ao julgar identificar aquele que desejaria fazê-lo, já me sinto autorizado a empregar a violência. O que tenho só é digno de minha posse se outro o deseja; portanto, procurarei sempre possuir o que é desejado pelo outro, o que perpetua a violência. Essa parece ser a função da *agressão* como elemento desen-

---

3. René Girard, *Coisas ocultas desde a fundação do mundo*, Rio de Janeiro: Paz e Terra, 2009. Nesse livro, o autor retoma e desenvolve temas tratados no clássico *A violência e o sagrado*.

cadeador dos conflitos: a violência que exerço será sempre resposta a alguma agressão que colocaria em risco minha existência ou denegriria os símbolos que a sustentam.

Um passo importante no equacionamento da questão da alteridade foi dado por Hegel, no célebre capítulo da *Fenomenologia do espírito* que trata da dialética entre o senhor e o escravo como luta pelo reconhecimento. Entretanto, essa concepção do conflito das consciências teria sido antecedida por outra tentativa de Hegel de elucidar a intersubjetividade, elaborada no período de Iena, no âmbito da *Realphilosophie*. Axel Honneth[4] se dedica a mostrar que a diferença entre os escritos de Iena e a *Fenomenologia do espírito* pode ser entendida como uma passagem do caráter moral do conflito social para a abordagem desse mesmo tema na *filosofia da consciência*, que marcaria doravante a trajetória de Hegel. O interesse de Honneth se concentra em recuperar aquele primeiro sentido da situação conflitiva, no qual ele vê elementos de *comunitarismo* que não teriam sobrevivido posteriormente. Verifica-se em Hegel o abandono da primazia das relações sociais e a adoção de uma perspectiva de formação da consciência individual. É evidente que os dois aspectos estão relacionados, mas a Honneth interessa mais as consequências da mudança para a concepção de autonomia no contexto intersubjetivo. "[...] Hegel pagou o ganho teórico de sua virada para a filosofia da consciência com a renúncia a um intersubjetivismo forte"[5]. Em outras palavras, a ênfase na formação da consciência individual obstruiu o tratamento dos aspectos *comunicacionais* no plano das relações sociais. Assim, na questão da luta por reconhecimento deve-se levar em conta também essa perspectiva, que não será mais retomada por Hegel.

O tratamento concreto da questão supõe uma intersecção entre a teoria sociológica e a psicologia social, razão pela qual Honneth julga que a perspectiva de Hegel, comprometida com o viés idealista, deve ser complementada pelas observações *empíricas* da psicologia, em particular os trabalhos de George Herbert Mead. Interessa-nos apenas uma apreciação geral das posições que Honneth extrai do jovem Hegel e de Mead

---

4. Axel Honneth, *Luta por reconhecimento: a gramática moral dos conflitos sociais*, São Paulo: Editora 34, 2011.
5. *Ibidem*, p. 66.

que permita configurar a questão do reconhecimento e, principalmente, a crise pela qual passa essa relação na contemporaneidade.

A primeira observação, propedêutica de qualquer tratamento da questão do reconhecimento, é que a subjetividade concreta só pode ser a identidade socialmente construída. A intersubjetividade é, então, o reconhecimento dessa identidade, razão pela qual a luta por reconhecimento é estruturante da intersubjetividade. Assim, o ponto de partida deve ser a visão dos conflitos sociais em suas configurações institucionais e em suas lógicas, para que se chegue a uma espécie de *universal concreto*[6]. Os conflitos sociais não se originam exclusivamente em projetos de poder, mas principalmente numa experiência moral na qual estão em jogo a identidade e o reconhecimento. Nesse sentido, toda teoria política que previne o conflito justifica o autoritarismo. Seja, em Maquiavel, a preservação do poder do príncipe, seja, em Hobbes, a inibição da expansão do egocentrismo por via de um contrato, em ambos os casos e em propostas análogas, o indivíduo se submete a um poder por ele mesmo instaurado, mas que só funciona se for estabelecido de forma autoritária. Quando a finalidade da política é impedir o conflito, o fim justifica todos os meios. Mas o que está realmente em jogo é a preservação do poder por via de sua imposição. Nesse caso, o único reconhecimento possível é o do soberano pelos súditos, já que estes se reconhecem entre si pela mediação do poder absoluto do soberano. Isso impede que se distinga o ato de reconhecer-se em outro da mera submissão ao poder. Na verdade, é o caráter horizontal do reconhecimento que permite sua estruturação nas relações sociais. A luta pelo reconhecimento é um processo social que deveria comportar, ao mesmo tempo, a *comunitarização* e a individuação, mas esses dois componentes não estão presentes no processo de modo equilibrado.

A definição aristotélica do ser humano como animal político pressupõe, de acordo com a experiência da pólis, algo como um princípio estruturante da relação entre indivíduo e comunidade que, sendo determinante da relação, seria anterior aos indivíduos. Quando essa relação é pensada no contexto moderno da filosofia da consciência, tal mediação já não pode mais vigorar, porque somente o indivíduo pode realizar a mediação. Daí a dificuldade que os modernos encontram na concepção da

---

6. Como está exposto na introdução de Marcos Nobre ao livro de Axel Honneth, *op. cit.*, pp. 17-ss.

intersubjetividade. É preciso deslocar a mediação *objetiva* para o terreno da automediação da consciência.

Note-se que a ausência da mediação objetiva anterior à relação indivíduo/comunidade levou à colocação da questão dos direitos do sujeito no terreno jurídico, em que ela não pode ser resolvida devido à vigência nesse domínio de uma universalidade abstrata, em que a afirmação da totalidade é ao mesmo tempo a ocasião para toda sorte de exceções e privilégios, como acontece com o destino histórico das proclamações de direitos: todos os homens são iguais; a nação é democrática; o homem brasileiro é pacífico. Essa concepção abstrata da alteridade é classificada por Honneth, seguindo Mead, de "o outro generalizado"[7]. *Todos* obedecem à mesma lei, *todos* são parceiros sociais; ou, então, *toda* a nação anseia... etc. Como mostrou Marx, devemos a Hegel a concepção abstrata de totalidade, uma aplicação ideal da categoria de universalidade. Isso está na origem da relação entre essa espécie de universalismo e o desrespeito ao sujeito, que pode chegar à negação da condição subjetiva, o que é concomitante à proclamação de todos os direitos. Podemos considerar o ser humano como fim em-si, de acordo com Kant; podemos considerá-lo como valor universal em sua *pessoa*; podemos vê-lo como afirmação da individualidade; e ainda assim podemos desrespeitá-lo.

O respeito só existe de fato quando respeitamos no indivíduo singular a universalidade que ele *encarna*, para usar um termo sartreano. Isso significa que a universalidade só ocorre *em situação*: *estimamos* o valor do ser humano quando o consideramos em sua existência concreta, que é sempre histórica e social, configurada nas diferentes situações em que ocorre de fato a relação intersubjetiva. Estimar o valor, nesse caso, não é efetuar um cálculo utilitário, mas considerar o outro digno de *estima*, o que representa a atribuição de uma significação ao outro que transcende o *fato* de ele existir. Isso não é necessário no campo das regras jurídicas ou na esfera das obrigações sociais consideradas em sua positividade natural e pragmática. Sartre afirma[8] que o grande empecilho que a tradição encontrou para romper o solipsismo foi o pressuposto do conhecimento, isto é, a predominância, de origem cartesiana, da relação cognitiva como

---

7. Axel Honneth, *op. cit.*, p. 179.
8. Jean-Paul Sartre, *O ser e o nada*, Petrópolis: Vozes, pp. 302-ss.

primária no contexto intersubjetivo. Trata-se, também aqui, do universalismo formal que privilegia o conhecimento. Isso significa, nos termos da nossa questão, que não haverá reconhecimento enquanto o julgarmos dependente da relação de conhecimento. Pois o reconhecimento do outro não é a reiteração de um saber que constituímos a seu respeito, mas uma forma primária de identificação. Quando Honneth fala de um entrecruzamento que consistiria na constituição moral das relações sociais, o que faria com que o reconhecimento do outro decorresse de um "saber moral"[9], cremos que isso significa que a percepção da universalidade constitutiva do outro passa por uma valoração que, longe de apenas constatar sua existência, imputa-lhe um valor, e é isso que permite constituí-lo concretamente como sujeito de valores. É no tecido das relações sociais que os direitos políticos ganham realidade, e aí está também a razão pela qual a afirmação de direitos políticos universais convive com o desprezo pela cidadania. Daí a importância de considerar as situações de reconhecimento como a ocasião da reciprocidade concreta da vida social.

Somente a subjetividade vivida em condições de reciprocidade que torne concretas as situações de intersubjetividade permitiria ir além da mera representação (subjetiva) do outro. Assim, as relações sociais não deveriam formar apenas um agregado de indivíduos movidos unicamente por interesses próprios, já que essa atomização impediria qualquer forma de reconhecimento e promoveria, ao contrário, a necessidade de conhecer o outro para melhor utilizá-lo como meio para a consecução de meus fins. É essa perspectiva instrumental, dominante na contemporaneidade, que faz do pressuposto filosófico da impossibilidade ontológica de conhecer o outro o pretexto oculto da vivência do social nas formas do egocentrismo e do narcisismo. Essa representação é tão forte que pode projetar no outro a imagem de si mesmo como carente de valor social, uma experiência radical de desrespeito, já que associa a ausência de estima por parte dos outros à ausência de estima por si mesmo, o que faz desmoronar a identidade. Trata-se de uma dupla agressão: o indivíduo que se vê como objeto de um *descontentamento social* passa a professar a crença em uma *inadequação pessoal* à realidade. Nessas condições, ele pode converter-se no maior inimigo de si mesmo, mas a consciência de sua inadequação

---

9. Axel Honneth, *op. cit.*, p. 188.

lhe foi imposta, no mais das vezes, pela projeção da representação que os outros fazem dele[10].

O que mostra que os limites entre o individual e o social não são fáceis de definir. Nesse sentido, pode-se falar do sequestro social da subjetividade, em primeiro lugar, como o clima geral da contemporaneidade, em que o enaltecimento liberal da vida privada já não consegue mais esconder o vazio das vidas pessoais determinadas pelos padrões de controle em todos os aspectos. Em segundo lugar, nos casos de exclusão explícita, em que o fracasso socialmente imposto ao indivíduo é vivido pessoalmente como culpa e revolta. Assim, o narcisismo não pode ser focalizado exclusivamente nem do ponto de vista sociológico nem do ponto de vista psicológico, mas como um cruzamento das duas instâncias, a partir do qual seria preciso considerar, de um lado, a construção social da subjetividade e, de outro, o indivíduo como sujeito da história e agente social. Essa relação dialética não é fácil de estabelecer numa época em que a dimensão social parece desconstruir a subjetividade. Se as carências sofridas forem consideradas apenas como desejos frustrados, a face social do problema se oculta e o indivíduo passa a se culpar pelo seu próprio fracasso. Por outro lado, existe a possibilidade de considerar as condições objetivas como o *mundo* que impõe inevitavelmente o sofrimento. Lasch acredita que a época em que vivemos encoraja a primeira escolha, conveniente na medida em que pode impedir que o sujeito pense em exigências políticas como algo inscrito na satisfação de suas carências. O declínio da vida pública e a ausência da política passam então a ser naturalizados, obscurecendo "as origens sociais do sofrimento"[11]. Assim se compreende como a falência da política e o empobrecimento da vida privada podem ser considerados como agressões, igualmente graves, à subjetividade. "A ética da autopreservação e da sobrevivência psíquica está, então, radicada não meramente nas condições objetivas da guerra econômica, nas elevadas taxas de crimes e no caos social, mas na experiência subjetiva do vazio e do isolamento"[12]. Essa confluência das experiências objetiva e subjetiva indica que o campo das relações pessoais não é refúgio para o

---

10. Cf. Christopher Lasch, *A cultura do narcisismo*, Rio de Janeiro: Imago, 1983, p. 48.
11. *Ibidem*, p. 54.
12. *Ibidem*, p. 77.

desencanto com a política. Pois as relações mais íntimas oferecem ocasião para a exploração e a dominação[13].

A *apoteose do individualismo* funciona como uma droga aparentemente apaziguadora da progressiva deterioração da vida e se expressa muitas vezes num hedonismo superficial, presente, de diferentes formas, tanto nos estamentos dominantes quanto nos grupos dominados e oprimidos, em consequência da insegurança e da incerteza. Essa atitude se revela numa espécie de *cálculo de prazeres* que substitui os critérios éticos. Encontramos aí condutas que vão desde o cinismo até o desespero. Trata-se de um fenômeno certamente decorrente da universalização da mercadoria e da reificação e que faz com que o capitalismo, aparentemente de modo contraditório, produza a aniquilação do indivíduo que ele mesmo exaltou. A política, em seu simulacro de técnica especializada, controla o processo de individuação. "O capitalismo rompeu os vínculos de dependência pessoal [feudalismo, por exemplo] somente para reviver a dependência sob a capa da racionalidade burocrática."[14] Na contemporaneidade, a própria solidão é administrada.

Acerca da geração que combateu na Primeira Guerra, Walter Benjamin observa: "Na época, já se podia notar que os combatentes tinham voltado silenciosos do campo de batalha. Mais pobres em experiências comunicáveis, e não mais ricos"[15]. A experiência não comunicável é intensamente pobre; ela nada acrescenta, mas rouba ao indivíduo parte de sua humanidade, o acervo pessoal que ele poderia transmitir aos outros, às novas gerações. A experiência do horror possui um teor de realidade que a impede de ser narrada. Não porque ela foi esquecida, mas sim porque ela aprisiona o indivíduo e o emudece. Como se narrar a guerra fosse falar do inumano, do que escapa à compreensão articulada. Afinal, o que lhes foi roubado foi a própria experiência, um sofrimento cuja proporção superava a própria capacidade de experimentar. Algo se sobrepôs ao homem, submergindo-o no silêncio. "Uma nova forma de miséria surgiu com esse monstruoso desenvolvimento da técnica, sobrepondo-se ao

---

13. Essa confluência está expressa na frase de Philip Rieff citada por Lasch (*op. cit.*, p. 79): "A história muda a expressão da neurose, ainda que não mude seus mecanismos subjacentes". Cf. o comentário de Honneth (*op. cit.*, p. 250) à noção de "neurose objetiva" desenvolvida por Sartre em *O idiota da família*.
14. Cristopher Lasch, *op. cit.*, p. 263.
15. Walter Benjamin, *Experiência e pobreza*, vol. 1, São Paulo: Brasiliense, 1985, pp. 114-5.

homem."[16] A impossibilidade de narrar a própria experiência descaracteriza o sujeito, que a constrói e nela se constitui. Miséria e barbárie: assim define Benjamin o homem e o mundo aos quais se sobrepõe o que não se pode sequer nomear. Mas não são palavras alusivas; são expressivas em sua profunda negatividade, que paradoxalmente engendra o que o autor denomina "um conceito novo e positivo de barbárie". A face do mal, com a qual se defrontam concretamente os homens em suas vidas. A negação da experiência é a negação do sujeito, o que não é mais do que uma constatação óbvia. Mas há algo mais a ser dito: a negação da experiência significa que esta *foi negada* aos sujeitos na forma de uma *experiência* absurda, de tal modo que não basta dizer que tiveram uma experiência que não chegaram a compreender, mas sim que viveram situações que não puderam ser humanamente assimiladas. Toda situação humana se constitui pela atribuição de significações a fatos, e é essa relação entre fatos e o que eles significam para alguém que permite a *representação*; caso contrário, a vida humana e sua história seriam apenas facticidade pura, o que, como indicou Sartre, não existe para o olhar subjetivo. Não são as coisas que veem outras coisas; são os olhos humanos que possuem essa prerrogativa. Assim, a impossibilidade de atribuir significação reduz a representação que o para-si faz do mundo à inércia do em-si, isto é, das coisas. Nesse sentido, a passagem ao em-si não é uma libertação, mas o aprisionamento na mudez das coisas.

Portanto, é exigência do *ethos* que a experiência seja vivida e interpretada, o que envolve o sujeito às voltas com a sua liberdade e com tudo que o determina. O quadro que se desenha na contemporaneidade, em que os indivíduos estão destituídos de sua subjetividade ou, no máximo, só podem exercê-la de modo intermitente e fragmentário por conta das condições objetivas e subjetivas que mencionamos, configura, a nosso ver, uma situação de experiência *negada*, o que se pode expressar também na banalização da experiência. A ausência da experiência da subjetividade, que altera profundamente o modo como o indivíduo recebe as impressões advindas do mundo objetivo, é causa da violência, em sua origem e em sua escalada. Lembremo-nos do que disse Hannah Arendt acerca de Eichmann: a incapacidade de julgar (que é o modo mais eminente de

---

16. *Ibidem*, p. 115.

pensar) torna o mal e a violência banais. Estamos talvez à beira da completa naturalização da violência, tanto aquela que é praticada próximo a nós quanto aquela de que temos apenas notícia. Continuamos a temer a violência, mas ela já não nos espanta. Isso significa que ela já está de tal modo incorporada ao nosso modo de vida, seja quando a exercemos, seja quando a sofremos, seja quando assistimos a ela como espetáculo ou quando dela falamos, que já nada tem do caráter intrinsecamente terrível que poderia qualificar sua experiência. Como diz Benjamin, o bárbaro "é impelido a ir em frente, a contentar-se com pouco, a construir com pouco, sem olhar nem para a direita nem para a esquerda"[17]. E é claro que não se trata da pobreza daquele que se despojou de si e das coisas, mas daqueles a quem a possibilidade de conferir significado à vida foi tirada, daqueles que foram demitidos da condição de sujeitos.

Sendo herdeiros de nossa história, trazemos conosco as marcas da violência inaugural do nosso tempo. E, se hoje ela é comentada, lamentada, enaltecida, mistificada e oportunistamente utilizada, esse falatório, tão diverso do silêncio dos combatentes a que se refere Benjamin, nada nos ensina sobre o seu verdadeiro caráter. Pois o *falatório*, como diria Heidegger, nada diz de significativo; ele é apenas a superficialidade automatizada de um excesso de vazio.

Seria preciso refletir sobre o fato de que nossas sociedades também possuem fronteiras internas, algo que constatamos cotidianamente em nosso país. E se toda guerra é sinal do fracasso do reconhecimento intersubjetivo, a violência interna à sociedade é o contínuo testemunho do fracasso social, isto é, da impossibilidade de desvincular a igualdade formal da desigualdade real e de superar a instância do reconhecimento subjetivo. A naturalização da desigualdade, e sua consequente legalização, é o reconhecimento social da iniquidade, a negação do "direito de ter direitos", conforme assinalou Hannah Arendt[18]. É profundamente equivocada a concepção liberal da neutralidade da justiça, pois ela só acontece quando se toma o partido do bem. Sabemos que os traumas do século xx contribuíram para a apatia que se expressa na indiferença política e

17. Ibidem, p. 116.
18. Cf. a respeito José Eisenberg, "Comunidade e república no pensamento de Hannah Arendt", em: Eduardo Jardim e Newton Bignotto (org.), *Hannah Arendt, diálogos, reflexões e memórias*, Belo Horizonte: Editora da UFMG, 2001.

na volta das relações humanas a um *estado de natureza*. A relativização dos afetos se torna, então, a desordem das paixões e a patologia social da sensibilidade: o total esquecimento de que o caráter agonístico da vida política era, na pólis, o único meio de evitar a violência.

Como disse Lévinas, a minha liberdade não se afirma por mim, mas sempre que solicitada pelo outro, porque só existe verdadeira liberdade como preservação e defesa da diferença. "Acolher o outro é pôr minha liberdade em questão."[19] A justiça só está de acordo com a liberdade quando considera o protagonismo da pessoa concreta na história e nas relações sociais. Assim, a paz estabelecida pelo poder e pela dominação, a paz que prescinde da justiça, é falsa, precária e perigosa; é o *imperialismo do mesmo*, uma guerra de conquista, algo essencialmente contrário à liberdade.

---

19. Emmanuel Lévinas, *Totalidade e infinito*, Lisboa: Edições 70, 2011, p. 75.

A ética da obediência[1]
Frédéric Gros

Pode parecer estranho, no quadro de um ciclo consagrado à violência, apresentar uma conferência cujo título é "A ética da obediência". Escuso-me de antemão por essa discrepância e, quase ia dizer, por essa contradição com o tema geral, uma vez que poderia também ter intitulado esta exposição de "As raízes não passionais da violência".

Já que estamos atualmente em pleno período de relembrar a Primeira Guerra Mundial, começarei por duas citações. A primeira é extraída de um livro já antigo de John Paul Scott que tem por título *Aggression* (Agressão):

> No começo da Primeira Guerra Mundial [escreve esse psicólogo] um arquiduque austríaco foi assassinado em Saravejo. Alguns dias mais tarde, soldados avançam dos quatro cantos da Europa em direção ao *front* – não porque reagissem ao destino trágico do arquiduque, mas porque foram treinados a obedecer[2].

A segunda se apresenta bem mais como um depoimento, dado numa correspondência por um soldado francês, Louis Mairet, que cairá sob as balas dos alemães em Craonne, em 16 de abril de 1917. Ele escreve:

---

1. A tradução do presente ensaio, incluindo as citações de obras feitas pelo autor, é de Paulo Neves.
2. John Paul Scott, *Aggression*, Chicago: University of Chicago Press, 1975.

> Sabem por que eles combatem? Pela Alsácia-Lorena [...]? Alguém ainda acredita que a Europa está em guerra por esse pedaço de terra? [...] Pela pátria? Eles não a conhecem. Pegue cem homens do povo, fale-lhes da pátria: metade deles rirá na sua cara, de estupor e incompreensão. Então por que combatem? [...] O soldado de 1916 não combate nem pela Alsácia, nem para arruinar a Alemanha, nem pela pátria. Combate por honestidade, por hábito e por força. Combate porque não pode fazer outra coisa. Ou então continua combatendo porque, depois do primeiro entusiasmo, depois do desânimo do primeiro inverno, veio [...] a resignação[3].

Vocês veem surgir aqui, portanto, a ideia de que as grandes violências guerreiras se alimentam de disposições passivas, como a docilidade ou o hábito, tanto quanto talvez – se não mais – de energias furiosas e destruidoras. E convém lembrar a contabilidade macabra feita sobre o século XX, que foi o século dos dois grandes conflitos mundiais. Os historiadores constataram, de maneira atroz, que no século XX as mortes violentas provocadas por esses conflitos, os mais terríveis da história humana, foram na verdade muito menos numerosas que aquelas perpetradas pelos Estados contra suas próprias populações. Ou seja, as violências policiais, legitimadas por atos administrativos, foram bem mais mortíferas que a loucura das guerras. Não seria então possível, com mais razão, reencontrar essa mesma obediência na raiz das grandes violências totalitárias, já que ela foi também denunciada como o que principalmente arrastou os soldados à guerra, ainda que evidentemente tenham existido e, poderíamos dizer, existam ainda paixões nacionalistas?

Antes de tentar compreender como se pode articular a violência a uma ética da obediência, gostaria de fazer algumas considerações gerais que poderão ser úteis para o desenrolar da minha apresentação. Com efeito, parece-me importante fazer uma distinção entre o que chamarei de violência *instrumental* e de violência *intransitiva*. Pode-se chamar de instrumental a violência que se exerce para produzir certo efeito exterior a ela, uma violência que não contém em si mesma, portanto, seu princípio

---

3. Louis Mairet, *Carnet d'un combattant (11 février 1915-16 avril 1917)* (Caderno de um combatente [11 de fevereiro 1915-16 de abril de 1917]), Paris: Éditions Georges Crès.

de justificação. Tomarei aqui como exemplo a filosofia de Hobbes. Como vocês sabem, Hobbes considera que a relação primeira, imediata e natural dos homens entre si é uma relação de guerra, o que ele chama de *guerra de todos contra todos*. Na ausência de uma autoridade política superior, antes da instauração de regras que valessem para todos e cujo respeito devia ser garantido por um aparelho judiciário e policial, os homens viviam num estado de anarquia caracterizado pela violência e a destrutividade mútuas. Esse estado de coisas se explica, para Hobbes, fundamentalmente pelo fato de o homem ser movido por três grandes paixões naturais, que seriam a cupidez, a desconfiança e a vaidade. A *cupidez* é a paixão de querer apoderar-se dos bens de outrem, a raiva de ver o outro proprietário de riquezas que se gostaria de possuir, a vontade irresistível de aumentar seus bens em detrimento dos outros. A *desconfiança* representa o medo instintivo da hostilidade dos outros. Teme-se *a priori* que o semelhante queira nos fazer mal. Assim, a violência tem na raiz uma irreprimível desconfiança: antecipa-se uma agressão possível tomando-se a ofensiva, ataca-se o outro por medo de ser atacado. Enfim, a *vaidade* significa a necessidade de mostrar ao outro que se é superior a ele. Ora, esse desejo de reconhecimento obriga a colocar-se a si mesmo em perigo colocando o outro em perigo. É desprezando a negatividade da morte que demonstro ao outro minha superioridade. Eis aí, com essas três paixões (o desejo de glória, a desconfiança e o amor às riquezas) que Hobbes diz serem naturais e que Rousseau denunciará como sendo sociais, as três grandes explicações das guerras que atravessaram a história humana. Quero aqui assinalar que a violência nunca é praticada por ela mesma, é simplesmente um meio para obter outra coisa: os bens materiais, a segurança ou a reputação. A violência está a serviço das três grandes paixões descritas por Hobbes, mas não constitui a identidade fundamental delas. Por outro lado, o que etólogos como Konrad Lorenz chamam de *agressividade* tem a ver, me parece, com essa violência instrumental, pois se trata, aqui também, de finalidades exteriores: a sobrevivência da espécie, a defesa do território, o estabelecimento de uma hierarquia dentro de um grupo.

Então certamente há um segundo registro passional, relacionado, desta vez, ao que chamarei de *violência intransitiva*. Refiro-me a uma violência sem outra justificação senão sua própria manifestação, violência que encontra na destruição do outro uma fonte de satisfação. E, nesse quadro, há outra tríade passional: a crueldade, o ódio e a cólera. Na cólera aparece sobretudo o tema da exasperação frente a uma realidade – por exemplo, política ou social – decepcionante, que não atende às nossas expectativas, que é até mesmo insuportável e cuja injustiça é denunciada. A violência da cólera supõe rancores passados, indignações contidas, que se exprimem na intensidade de um instante. Penso que há na cólera uma dimensão de pontualidade e talvez até uma reivindicação de justiça como a que se verifica, por exemplo, na violência revolucionária. A cólera é o que tenta, na magia de um instante, anular ou reverter o tempo. No ódio aparece mais outra coisa: é o desejo sombrio de destruir o outro, de eliminá-lo, na medida em que sua existência representa uma negação de minha existência. O outro, que é o objeto do meu ódio, é quem me impede de existir. Odiar é considerar que a própria presença do outro é um doloroso espinho plantado no centro de minha própria vida. Na crueldade, enfim, aparece a ideia de um gozo obtido, desta vez, do sofrimento do outro. Penso que a psicanálise, ao fazer a hipótese de uma pulsão de morte no núcleo do psiquismo humano, tornou ainda mais espesso esse mistério, criando algo como uma vontade cega e irredutível de autodestruição no indivíduo, como se a violência se explicasse por uma negatividade fundamental que estaria inscrita no mais profundo de nós mesmos.

Com essas duas grandes tríades passionais das violências instrumental e intransitiva, temos um registro causal relativamente extenso, e as grandes explicações filosóficas ou sociopsicológicas da violência vão sempre se referir, finalmente, à totalidade ou a uma parte desse conjunto. Aliás, penso que elas não são excludentes, podendo combinar-se entre si. Quero dizer, por exemplo, que se pode tomar a decisão política de entrar em uma guerra visando à conquista de territórios ou de riquezas naturais, à busca de uma glória militar, à defesa de uma integridade territorial que se crê ameaçada – e que essa decisão que vai animar, entre os combatentes, as paixões de cólera popular, alimentadas pela frustração ou o ressentimento, mas também pelo ódio contra um inimigo considerado responsável por nosso mal-estar e, por que não, por instintos baixamente cruéis.

No entanto, gostaria aqui de deslocar um pouco o olhar, buscando noutra parte, não nessas paixões hostis e sombrias, algo que esclareça a história das violências humanas e, particularmente, talvez, as violências terríveis ocasionadas pelos totalitarismos do século xx. Tão logo tentamos articular o conceito de obediência ao problema da violência, deparamos com o famoso experimento de Stanley Milgram, descrito em seu livro *Obedience to Authority* (Obediência à autoridade). Essa experiência, uma das mais conhecidas da psicologia social, é vista principalmente através de seus resultados. Gostaria de apresentá-la brevemente aqui (talvez alguns de vocês a conheçam), na tentativa sobretudo de recuperar sua dinâmica própria, esclarecê-la à luz das noções já definidas e, enfim, ver como ela pode nos ajudar a compreender o conceito de *banalidade do mal* de Arendt e a desenvolver uma ética da responsabilidade e da obediência.

Stanley Milgram é um psicólogo social da Universidade de Yale que começou a trabalhar sob orientação de Salomon Ash, outro psicólogo célebre que realizou experiências, no começo dos anos 1950, sobre o conformismo social e a influência do grupo. Ash chegou a demonstrar a existência da pressão do grupo sobre o indivíduo, organizando experimentos nos quais se apresentavam aos sujeitos folhas em branco em que estavam desenhadas três barras verticais de alturas diferentes, para que indicassem quantas dessas barras eram mais altas que uma barra de referência situada mais à esquerda. O exercício era de uma simplicidade infantil; bastava saber contar até três e enunciar o que se via. Ora, Salomon Ash mostra que um sujeito ingênuo, cercado de pessoas que declaram ver duas barras mais altas que a barra de referência, quando claramente há só uma, vai contrariar sua evidência perceptiva e afirmar que ele também vê duas. É tal a pressão do grupo, que ele preferirá contradizer sua certeza sensível mais imediata, mais elementar, para não correr o risco de ser o único a ver ou declarar ver o que, no entanto, vê com a maior clareza. Mas por ora ainda não se demonstrou senão uma coisa: a dificuldade que pode haver, para um indivíduo, de mostrar sua diferença em relação ao grupo ainda que não haja risco nenhum em jogo, como se o simples fato de enunciar a diferença no seio do grupo, mesmo composto de pessoas desconhecidas, representasse um perigo.

Vejamos agora o deslocamento que será operado por Milgram: primeiro, não interrogar o conformismo social, isto é, a tentação de fundir-se numa comunidade, a vontade de ocultar sua singularidade, a tentação de encontrar no anonimato um elemento de segurança. Milgram vai interrogar sobretudo a capacidade de se conformar a ordens provenientes de uma autoridade que possui pelo menos a aparência da legitimidade. Segundo deslocamento: não colocar em jogo uma simples relação entre o indivíduo e uma massa anônima, mas introduzir uma relação dupla com o outro; um outro como um semelhante ao mesmo tempo direto e individualizado, que se tratará de fazer sofrer; e um outro como a autoridade que dá as ordens de infligir sofrimentos ao meu semelhante. Portanto, dois parâmetros são introduzidos aqui em relação à experiência de Ash sobre o conformismo: a relação com a autoridade e a violência exercida contra um outro.

Milgram precisava criar um dispositivo de experiência bastante sofisticado e, quase se poderia dizer, diabólico. Ele planejou então pedir a indivíduos, recrutados por meio de pequenos anúncios de jornal, para participar de experiências científicas sobre a memória. Essas experiências eram remuneradas com quatro dólares por dia, o que representava pouco mais que o correspondente ao salário mínimo. Foram realizadas num prédio da prestigiosa Universidade de Yale. O suposto objetivo do experimento era compreender a importância da punição na aprendizagem. As condições concretas do experimento eram explicadas, àquele que doravante chamaremos de *indivíduo comum*, somente no início. Tratava-se de dar choques elétricos num aluno que devia tentar memorizar pares de palavras e reconhecê-las. A cada erro, o aluno recebia uma descarga elétrica, e a voltagem era cada vez maior se os erros de memorização se acumulassem.

É preciso então representar bem as coisas: um indivíduo comum dispõe diante de si de uma série de interruptores que vão de 15 a 450 volts, com indicações que vão de *choque muito leve* até *perigo*. A cada novo erro cometido pelo aluno em questão – na primeira série de experimentos esse aluno está invisível e é quase inaudível atrás de uma divisória (ouvem-se apenas ruídos de cadeira no momento de uma voltagem mais alta) –, o indivíduo comum deve passar ao interruptor seguinte. Um experimentador, vestindo um avental cinza, fica atrás dele e verifica se os interruptores são ativados corretamente. Às primeiras hesitações do indivíduo comum, o experimentador exige firmemente que ele continue, por meio de frases do tipo "O experimento exige que você continue" ou ainda "Você não tem escolha, o experimento deve continuar". Por outro lado, o experimentador lhe assegura que, embora os choques sejam de fato extremamente dolorosos, não ocasionarão lesões duradouras. É evidente que não se trata em realidade de sessões de tortura: nenhuma descarga elétrica é enviada e o aluno preso a uma cadeira com um eletrodo no punho é um ator.

O problema que Milgram colocava era o seguinte: primeiro, quantas pessoas aceitariam fazer essa experiência, quando tivessem compreendido que ela consistia em infligir choques elétricos a um semelhante em nome do progresso científico; em segundo lugar, como estava previsto que o aluno cometeria muitos erros e o experimentador não decidiria em momento algum parar a experiência, a questão era saber em qual nível de voltagem o indivíduo comum decidiria abandonar o dispositivo experimental e desobedecer, e quantos iriam até o fim, sem se deter.

Ora, o verdadeiro choque veio do resultado da primeira série de experimentos: ninguém, e esse fato permanecerá constante, recusou participar da experiência. Por outro lado, e sobretudo, 65% das pessoas vão até o choque máximo e aceitam dar choques elétricos apontados como extremamente perigosos. Mais uma vez, essa taxa muito significativa de obediência cega não era previsível. Milgram fez uma enquete com psiquiatras apresentando-lhes o protocolo do experimento, e esses especialistas da alma humana responderam que seria de esperar que de uma a duas pessoas em mil aceitassem acionar as alavancas com a menção "atenção: choque perigoso" e enviar descargas de 450 volts a um semelhante. Em vista disso, portanto, o resultado da experiência é cinco vezes mais elevado que suas estimativas.

Acrescento aqui um esclarecimento: um primeiro encontro fictício fora previsto entre o indivíduo comum e o aluno. Assim, o sujeito encontrou sua futura vítima que, na experiência de Milgram, é um homem de 47 anos, gordo e simpático quem se passa por vítima ao longo das experiências. Um sorteio, também forjado, fora organizado para saber quem ficaria atado à cadeira com um eletrodo no punho e quem estaria confortavelmente instalado diante do painel elétrico. O indivíduo comum, portanto, podia perfeitamente se identificar com a vítima e imaginar que poderia estar no lugar dela e receber choques elétricos violentos.

O problema de Milgram a partir daí é saber em que condições o indivíduo comum estaria pronto a desobedecer e o que o motiva a aceitar seu papel de carrasco. As primeiras variantes consistirão em introduzir maior proximidade entre o sujeito e a vítima, pois no início uma divisória opaca os separa, deixando filtrar apenas ruídos abafados. Talvez a abstração do dispositivo, o distanciamento da vítima, é o que impede o indivíduo comum de perceber concretamente a violência do seu gesto. Aliás, essa separação e o efeito de desresponsabilização que ela produz são interessantes. Elas colocam, como bem mostrou o filósofo Gunther Anders em vários de seus livros, o problema de uma certa monstruosidade da técnica. Com efeito, a técnica permite esse corte entre o sujeito que inflige choques elétricos e sua suposta vítima. Há como que uma desproporção entre, de um lado, a mão que ligeiramente e sem esforço manipula interruptores e, de outro lado, as dores atrozes que poderiam ter sido o efeito imediato e direto desses gestos. O laboratório, como foi dito, está situado numa universidade de prestígio, o aparelho é visto como uma máquina experimental muito respeitável, de tal modo que o movimento da imaginação ética, esse impulso de compaixão que Rousseau, por exemplo, descreveu longamente, através do qual naturalmente me descentro e sofro com o outro, é aqui impedido e bloqueado. Há também um segundo elemento, sobre o qual insiste Anders, no dispositivo técnico: é o da especialização das tarefas. O indivíduo comum pode se concentrar em sua tarefa, direi mesmo que pode se deixar fascinar por esse pequeno segmento de ação que lhe pedem para efetuar. O que deve fazer o indivíduo comum no experimento de Milgram? Articular corretamente listas de palavras, verificar conscienciosamente as correspondências e acionar um interruptor. O indivíduo pode então sentir-se dominado por uma maquinaria mais importante que ele e à qual não precisa responder. Pode imaginar que ele não passa de uma peça intercambiável de um dispositivo que tem sua legitimidade própria. É esse, se quiserem, o segredo da frase que o experimentador lhe dispara, quando o indivíduo comum tem dúvidas e hesita em passar a uma voltagem superior: "O experimento exige que continue". "O experimento", mas igualmente "Deus", "a pátria", "a raça", "a história" ou "as leis do mercado" são entidades abstratas impessoais, necessidades superiores diante das quais o indivíduo comum sente sua humildade, sua impotência e sua ilegitimidade e às quais, portanto, se submete, aceitando como dever e princípio de sua dignidade o fato de realizar da melhor maneira possível o que lhe pedem para fazer. Pode haver aí também outra alavanca poderosa de desresponsabilização: ler listas de palavras, pressionar com o dedo um botão, é algo que outro teria feito também em meu lugar. Ou seja, convenço-me de não ser um monstro, dizendo-me que outro, assim como eu, teria igualmente praticado esse ato monstruoso e que, portanto, esse *eu* que pressiona os botões não sou eu, é um sujeito anônimo, inexistente, intercambiável. Afinal, a experiência comum do trabalho num escritório ou numa fábrica mantém dentro de nós essa estrutura de desresponsabilidade.

Espantado com esses primeiros resultados, Milgram vai tentar variantes do experimento capazes de fazer baixar essa taxa de obediência. Num primeiro momento, ele faz gemer, depois gritar, suplicar e por fim uivar de dor o aluno, que exige que o soltem, que pede para acabarem com seu sofrimento, que alega mesmo problemas cardíacos. A partir de certa voltagem, o aluno não responde mais. O experimentador exige então do indivíduo comum que ele considere a ausência de resposta como um erro e então aumente a voltagem após dez segundos de silêncio.

Contudo, nada resolve. Certamente, ao ouvir os gritos de dor e, em seguida, o silêncio angustiante, o sujeito manifesta sinais de inquietação e de grande nervosismo. Fica ansioso, angustiado, trêmulo. Pede ao experimentador para verificar o estado de saúde de sua vítima, para ver se não lhe aconteceu alguma coisa. Mas, principalmente, busca assegurar-se com ele que não poderá ser responsabilizado pelo que acontece. Ora, a taxa de obediência não cai de maneira significativa, ainda que efetivamente diminua, quando se coloca o indivíduo comum na proximidade de sua vítima. A pressão imposta por uma autoridade legítima parece decididamente muito superior às capacidades de empatia do sujeito. Uma violência infligida a outro, a partir do momento em que se considera que se é apenas o agente e não o autor, a partir do momento também em que ela é intermediada por uma aparelhagem técnica e legitimada por uma autoridade superior, rompe facilmente a barreira dos sentimentos de empatia mais elementares.

As únicas variantes do experimento realmente decisivas, nas quais o indivíduo comum infligirá somente as descargas menos fortes, serão aquelas em que lhe for dada a livre escolha da sanção; quando, por exemplo, recebendo ordens por telefone, tiver a possibilidade de trapacear, ou então aquelas nas quais estará na companhia de dois ou três outros participantes que denunciarão vigorosamente o caráter intolerável da situação. É como se o que paralisasse a capacidade de desobediência fosse o confronto de um indivíduo sozinho com uma figura de autoridade, garantida por todo um aparato institucional e técnico e que, com voz neutra, tranquila, segura, dá ordens cujo caráter monstruoso é apagado pela legitimidade de sua fonte.

Há mais de meio século, esse experimento tem suscitado evidentemente numerosos comentários. Foi inclusive parcialmente reproduzido em todo o mundo, sob diferentes formas. A última grande repetição ocorreu na França, mas com uma transformação importante: o quadro não era mais o de um experimento científico, mas o de um programa de TV intitulado *Zône Xtrême* (Zona extrema), no qual um animador substituía o experimentador científico e o indivíduo comum era encorajado por um público numeroso e ruidoso a enviar descargas elétricas a outro participante do jogo que uivava de dor. E o resultado foi assustador, pois ultrapassou os 80% de obediência incondicional, como se a autoridade midiática fosse inclusive superior à autoridade científica, como se o jogo televisionado fosse ainda mais coercitivo.

Ora, o problema que se coloca é primeiro compreender se, por seu experimento, Milgram não oferecia precisamente um exutório àquelas paixões de destruição de que falamos acima. Será que Milgram não dava finalmente às paixões sádicas uma possibilidade de se exprimirem? No entanto, em relação às fontes tradicionais da violência que repertoriamos no início, o experimento parece claramente introduzir uma dimensão nova. Com efeito, parece difícil explicar a aceitação de dar descargas elétricas muito fortes invocando a crueldade, a cólera ou o ódio, uma vez que, quando o sujeito está sozinho, ele se limita às descargas mais fracas e se detém aos primeiros protestos da vítima. Julgo impossível, também, considerar que estariam em ação aqui as paixões descritas por Hobbes: a cupidez (mesmo para ganhar quatro dólares), o desejo de glória ou a desconfiança. Deve haver, portanto, outro registro de explicação, perturbador, que mostre uma forma particular de monstruosidade: a síndrome da criança ajuizada que obedece cegamente às ordens, como se, mais uma vez, o homem pudesse às vezes revelar-se mais perigoso por sua docilidade do que por sua crueldade.

Os experimentos realizados por Milgram são rigorosamente contemporâneos do processo Eichmann, que foi, como sabem, um dos principais atores da solução final, pois orquestrou sua terrível logística com uma aplicação atroz. Os experimentos e o processo, com poucos meses de diferença, se desenrolam no mesmo momento. Enquanto Eichmann enfrentava seus juízes e invocava, para se defender, sua lealdade e seu senso do dever, americanos comuns aceitavam sem protesto, num laboratório da Universidade de Yale, enviar descargas de 450 volts, extremamente dolorosas, a um compatriota simpático.

O problema, então, é saber até que ponto o experimento de Milgram ilustra o conceito arendtiano de banalidade do mal, desenvolvido por ocasião desse processo. Seria possível considerar que, na raiz do comportamento atroz de Eichmann, houvesse um conformismo de idêntica natureza, um mesmo tipo de submissão à autoridade? Evidentemente não penso que se possa estabelecer uma estrita continuidade entre Eichmann e modestos empregados de New Haven. Seria ao mesmo tempo injusto, indecente e escandaloso. Eichmann era um autêntico criminoso e a própria Hannah Arendt jamais duvidou disso. Jamais pensou em escusar o comportamento dele, dizendo que afinal havia apenas se mostrado um funcionário consciencioso, exemplar e terrivelmente eficiente. Mas o que Arendt observa é que a máquina de morte da barbárie nazista foi ainda mais eficaz e terrível porque foi praticada por funcionários zelosos e não por sádicos cruéis. Essa possibilidade de articular uma submissão cega e quase doce a violências ignóbeis constitui talvez o sinal de identidade mais obscuro da barbárie moderna. Quando se pergunta a um indivíduo que infligiu sevícias terríveis a outro por que ele fez isso, talvez cause mais pavor e arrepio, em vez de um diabólico "porque sinto prazer", ouvi-lo responder com a voz neutra e quase indiferente: "Bem, simplesmente porque me pediram para fazer". É como se, para além da selvageria caótica das pulsões, descobríssemos a inumanidade fria dos automatismos integrados; ou melhor, como se, após a inumanidade do bestial, fizéssemos a experiência da inumanidade do maquínico.

Poderíamos então propor aqui a hipótese do que chamaríamos *as duas modernidades*. A primeira é a das Luzes: a afirmação de uma razão universal que seja capaz de nos emancipar dos obscurantismos, dos preconceitos, dos instintos mais vis e das pulsões mais animais. No entanto, esse acesso à razão supõe um processo de educação que passa pela obediência. Pode-se acrescentar que essa valorização da obediência foi desde sempre favorecida pelo dogma cristão que assimila o pecado original a um ato de desobediência. Essa primeira modernidade, portanto, afirma que é pela disciplina, pela obediência às leis da cidade e pelo controle das pulsões interiores que cada um pode ter acesso a uma humanidade plena e integral. A desobediência é vista então como a manifestação de uma animalidade rebelde que convém absolutamente domar. Desobedecer é sempre manifestar uma certa selvageria inumana. No quadro dessa primeira modernidade, a obediência é humanizante e a desobediência procede do que em nós é uma animalidade rebelde.

A segunda modernidade, não mais a das Luzes, mas a da Revolução Industrial, apresenta outra figura da razão. Não mais a razão como exigência de universal, valor de justiça e de tolerância, mas a racionalidade fria das máquinas, a adaptação dos meios aos fins, o cálculo, a busca da eficácia máxima. É no quadro dessa segunda modernidade que se pôde assistir a esta mudança: a obediência adquire uma forma inumana, monstruosa, mecânica. O século xx produziu monstros de obediência ou criminosos de escritório: Eichmann na Alemanha, Duch no Camboja. E é somente então, nos sistemas de terror, que a humanidade de um indivíduo se manifesta pela desobediência.

Vou começar a apresentar aqui elementos de conclusão, lendo uma citação de Tácito que, como sabem, descreveu em seus *Anais* os horrores cometidos pelos imperadores romanos, particularmente Nero e Tibério. Isso permitirá ao mesmo tempo ultrapassar o quadro da modernidade técnica e perguntar se o problema não é simplesmente a dissociação entre responsabilidade e obediência. Essa dissociação é por certo acentuada pela técnica, mas no fundo todo regime despótico a mantém. Tácito escreve então, a propósito de certo número de ignomínias praticadas: "alguns quiseram; um pequeno número fez; todos deixaram que fosse feito". O que essa frase concisa e terrível de Tácito descreve é a engrenagem infernal pela qual um punhado de dirigentes pouco escrupulosos, dispondo do poder, encontrarão sempre executantes dóceis e cegos para pôr em prática, na indiferença geral, políticas criminosas ou, de modo mais simples ainda, socialmente injustas.

No entanto, invoquei no meu título a ética da obediência. Pois seria muito fácil e mesmo irresponsável fazer brutalmente da desobediência uma virtude em si. A desobediência sistemática é certamente tão irresponsável quanto a obediência cega. O verdadeiro problema não é a oposição entre obediência e desobediência, que é sempre uma oposição abstrata, mas entre registros de obediência, entre uma obediência ativa e uma obediência passiva.

O desafio ético seria fazer valer no núcleo da obediência política uma estrutura de comando para si mesmo. De fato, convém não esquecer que uma verdadeira ética da obediência é aquela que diria mais ou menos o seguinte: "Não esqueças nunca que, mesmo quando obedeces, é a ti mesmo que ordenas obedecer". Esse paradigma de uma obediência voluntária, responsabilizadora, que afirma a indissociabilidade do autor e do agente, está no centro da ética política grega e há expressões claras dela em Sócrates ou em Aristóteles. A ética política grega afirma claramente a diferença entre um homem livre e um escravo como a de dois regimes de obediência. O escravo executa, obedece pela simples razão de que lhe deram uma ordem. Já o homem livre obedece porque decidiu obedecer, porque ordenou a si mesmo obedecer. Ou seja, no fundamento de sua obediência há uma decisão livre e responsável. O problema, portanto, mais uma vez, não é a oposição entre obedecer e desobedecer, mas entre obediência passiva, automática, e obediência ativa e livre.

Ora, o que Milgram e Arendt procuram descrever e denunciar é precisamente a separação da responsabilidade e da obediência. No núcleo da docilidade administrativa, no centro da submissão maquínica, haveria este enunciado: "Não sou responsável, já que apenas obedeço". É o que Milgram chama *o estado de agente*, é o que Arendt chama *a ausência de pensamento* ou ainda *a estupidez*. A estupidez de Eichmann, denunciada por Arendt, não é exatamente uma falta de inteligência, não é uma burrice. É a capacidade de fazer coisas sem pensar nelas, de calcular as cotas de indivíduos que se deve fazer entrar em vagões sem pensar que se trata de enviar inocentes para morrer em condições atrozes, em nome de uma política ignóbil, como se não houvesse a menor diferença entre seres humanos e mercadorias inertes, pois o que importa é sempre um cálculo de quantidades. A estupidez é a capacidade de se refugiar por trás da submissão, de tomá-la como desculpa, e de pensar que ser conscencioso nos livra da tarefa de ter uma consciência. Ora, a estupidez é culpável. Cada um é responsável por sua estupidez, no sentido em que aceita, por conforto, num dado momento, parar de pensar e continuar a calcular.

Mas, de certa maneira, é menos inquietante pensar que Arendt estava errada e que Eichmann era antes de tudo um antissemita cheio de ódio e sedento de sangue. Mais uma vez, não se discute que Eichmann foi um antissemita notório. Só que é preciso compreender que a tese da crueldade bestial e do ódio visceral não tem exatamente o mesmo custo político que a do conformismo zeloso. Sim, Eichmann era um monstro, mas sua monstruosidade foi também a de uma modernidade que organiza sistematicamente a separação da obediência e da responsabilidade. Para nós, hoje, no momento em que vivemos cercados de máquinas para pensar e decidir em nosso lugar, trata-se de lembrar sempre que o sentido primeiro da democracia é construir, defender e supor um sujeito político cuja obediência é precisamente responsável.

Responsabilizar o sujeito político é lembrar-lhe que ele nunca pode se manter completamente isento do sistema do qual participa e das violências sociais e econômicas que esse sistema produz. Cabe lembrar aqui a enorme provocação que representou, na literatura política, o texto de La Boétie sobre a servidão voluntária. La Boétie opera o que poderíamos chamar de uma revolução copernicana na ordem da política. Copérnico demonstrou que não é o Sol que gira ao redor da Terra, mas o inverso. Kant, na *Crítica da razão pura*, afirma que é preciso aceitar uma revolução semelhante em epistemologia: o ponto fixo não é um objeto de conhecimento que um sujeito se esforçaria por analisar, mas um sujeito armado de suas categorias que desdobra em torno dele fenômenos a conhecer. Podemos dizer que La Boétie, por sua vez, causou uma revolução copernicana na política ao dizer mais ou menos o seguinte: não é o poder que cria a obediência, é a obediência que engendra o poder.

Penso que deveríamos voltar agora, mais precisamente, ao problema da violência e das paixões violentas. No fundo, após ter distinguido num primeiro momento a violência instrumental, que se alimenta das paixões do medo, da vaidade e da cupidez, e a violência intransitiva, que se alimenta da cólera, do ódio e da crueldade, o que tentei, tomando como ponto de apoio os experimentos de Milgram, foi esboçar o plano de uma violência que poderíamos chamar de *anônima*, que se alimenta de docilidade, obediência e submissão. O problema que essa referência a uma *violência anônima* coloca é que ela testemunha essencialmente a capacidade de cada um de obedecer cegamente quando se vê diante de uma autoridade legítima. O fato de se tratar de sofrimentos infligidos a um semelhante estava ali, sobretudo, para sublinhar a docilidade de cada um. Para estabelecer a extensão de nossa docilidade, era preciso demonstrar que essa submissão à autoridade podia se revelar majoritariamente mais forte, mais insistente que o sentimento geralmente aceito como o mais imediato, o mais natural, o mais humano: a compaixão, a piedade, a repugnância a fazer sofrer um semelhante. Ao mesmo tempo, parece-me que um limite do experimento de Milgram é que o dispositivo técnico simples (ouço uma resposta errada e aperto um botão) faz aparecer uma obediência automática, passiva, indiferente. Mas o título do ciclo de conferências proposto por Adauto Novaes me faz pensar que talvez eu tenha me adiantado muito ao afirmar que falaria das *raízes não passionais* da violência. Creio que a verdadeira crítica que se poderia fazer tanto a Milgram quanto a Arendt é a de não terem levado em conta uma lição que constitui o núcleo do texto de La Boétie de que lhes falei, uma de suas provocações mais ardentes: a paixão de obedecer. De fato, será evidente que, ao falar de obediência, deixamos o registro do passional? Freud certamente também se aproximou dessa paixão em seu texto sobre a psicologia das massas e a identificação com o líder. Penso que se pode efetivamente falar de uma paixão de obedecer – e aqui me afasto das conclusões do texto de Freud –, uma paixão que se alimentaria do medo da responsabilidade. Amo tanto mais a obediência quanto mais tenho medo da liberdade. E estou mais disposto a fazer violência a outro na medida em que, ao obedecer, efetuo dentro de mim a separação entre o corpo e a alma: não sou eu quem decide o que meus braços executam, não sou o autor, mas apenas o agente de execução passivo. A diferença da alma e do corpo não é somente um enigma metafísico, é também uma desculpa política.

Com isso quero dizer que, ao evocar a obediência esta noite com vocês, descrevi afinal uma paixão, mas uma paixão que nos torna menos diretamente autores das violências do que cúmplices delas. E essa cumplicidade reside inteiramente numa visão falseada da obediência, que nos mantém nas complacências do não comprometimento e nas delícias da submissão. A ética da obediência é aquela, mais uma vez, que nos repetiria incansavelmente: "Quando obedeces a outro, não esqueças jamais que antes de tudo, primordialmente, é a ti mesmo que ordenas obedecer". Não há outra definição, tampouco outra honra, para o sujeito político.

A Guerra de Troia não acontecerá: *pathos* antigo e tecnologia moderna
Olgária Matos

Primeira obra escrita no Ocidente, a *Ilíada* o inaugura em uma guerra, a de Troia, narrada por Homero, um acontecimento determinante na reflexão sobre a violência, pois nela se encontra *a verdade* das guerras, todas terminam com um vencedor e um vencido, com rendições, armistícios e tratados de paz. Contra conflitos e convenções que separam os homens convertendo-os em amigos e inimigos, Simone Weil, em 1937, escreve o ensaio "Não recomecemos a Guerra de Troia"[1], lembrando o Tratado de Versalhes ao final da Primeira Guerra Mundial, ou a *humilhação de Versalhes* para a Alemanha derrotada. Indenizações exorbitantes, desmilitarização da Alemanha, perda de territórios, questões de fronteiras materiais e simbólicas, a França republicana e a Alemanha imperial, entre outras questões, se encontrariam nas origens da Segunda Guerra Mundial[2]. Contra a escolha da violência na solução de conflitos, Walter Benjamin lembra Paul Scheebart que, pacifista, põe em questão a própria noção de guerra *mundial*, uma vez que *mundo* são todos os mundos, bem mais amplo o universo que este planeta na periferia do sistema astral,

---

1. Simone Weil, "Ne recommençons pas la Guerre de Troie", *Nouveaux Cahiers*, Paris, 1937. [Todas as citações, cujas referências bibliográficas estão em outro idioma, não havendo nota em contrário, foram traduzidas pela autora do ensaio.]
2. Sobre a continuidade da Primeira Guerra na segunda, cf. Bruno Cabanes, "Le vrai échec du Traité de Versailles" (O verdadeiro fracasso do Tratado de Versalhes), *L'Histoire*, junho de 2009, n. 343; Wolf Eribruch, *Das Versailler Diktat: vorgeschichte, Vollständiger Vertragstext, gegenvorschläge der deutschen Regierung* (O opróbrio de Versalhes: história prévia, texto completo do tratado, contrapropostas do governo alemão), Kiel: Arndt-Verlag, 1999; Elias Canetti, *Massa e poder*, São Paulo: Companhia das Letras, 1995.

em que a vida é passageira e as coisas são mortais. No horizonte da finitude de tudo o que é temporal, Scheebart, em 1914, escreve: "Protesto antes de mais nada contra a expressão 'guerra mundial'. Tenho certeza de que nenhum astro, por mais próximo que esteja, iria se enxerir nisso em que estamos envolvidos. Tudo leva a crer que uma profunda paz reina no universo estelar"[3]. Política da revanche e da vingança, nossa cultura nos faz herdeiros da arrogância do vencedor e do desprezo ao vencido, tributária de um imenso espaço concedido à violência através de tradições bélicas e heroicas, consideradas a virtude dos corajosos que superaram o medo arriscando a vida para defender alguma causa socialmente valorizada, como a justiça e a liberdade. Nesse sentido, a não violência[4] é a fraqueza dos covardes. Em seu ensaio "A Ilíada ou o poema da força", escrito nos anos da Segunda Guerra Mundial, Simone Weil observa que o culto da violência requer que a vitória seja sempre apresentada com a aura da glória, esquecendo "que nada está ao abrigo do acaso" e que a não violência necessita que os homens "deixem de admirar a força, odiar os inimigos e desprezar os infelizes"[5].

Diferenciam-se, no entanto, a violência antiga e a moderna, como o observa Walter Benjamin, ao se referir à Primeira Guerra Mundial: "Na época de Homero, a humanidade oferecia-se em espetáculo aos deuses olímpicos; agora, ela se transforma em espetáculo para si mesma"[6]. Se

3. Paul Scheebart *apud* Walter Benjamin, *Écrits français* (Escritos franceses), Paris: Gallimard, 1991, p. 252.
4. Foi Gandhi quem pela primeira vez traduziu por *não violência* o sânscrito *ahimsa*, em que o *a* é o privativo de *himsa*, o desejo de violência. Isso significa que nossa primeira relação com o outro frequentemente é de hostilidade, pois sua presença em nosso campo existencial nos incomoda, nos desorganiza e perturba quando se supõe que ele quer tomar nosso lugar ou de fato se dispõe a tanto. Gandhi indica assim a consciência de uma inclinação à violência que deve ser controlada, contida, recalcada ou sublimada, para que, de destrutiva, essa tendência se converta em uma energia apta à vida em comum: "A não violência perfeita é a total ausência de malevolência com respeito a tudo que é vivo". Por isso, para Gandhi, é preciso uma atenção ainda não enunciada para com os animais, aos quais se deve respeito – uma exigência de humanidade que, para ele, requer uma revolução cultural. O respeito à vaca sagrada não deve ser subestimado ou ironizado porque ele simboliza a atenção a todo ser privado de palavra e mudo. Essa consideração a tudo o que vive é a bondade que nos convida a dominar a predisposição à violência, para dar provas de respeito ao outro, homem ou animal, para transformar a hostilidade em hospitalidade. O jainismo ensina a compaixão por todas as criaturas e o dever de não violência. Cf. Elisabeth Fontainay, *Le silence des bêtes* (O silêncio dos bichos), Paris: Fayard, 1998; e Jacques Derrida, *L'animal que donc je suis* (O animal que sou então), Paris: Galilée, 2006.
5. Simone Weil, "A Ilíada ou o poema da força", em: *A condição operária e outros ensaios*, Rio de Janeiro: Paz e Terra, 1996, p. 407.
6. Walter Benjamin, "A obra de arte na era de sua reprodutibilidade técnica, em: *Obras escolhidas*, vol. 1, São Paulo: Brasiliense, 2008, p. 196.

é certo que o guerreiro antigo, por suas façanhas, tinha a morte que o atingia no fulgor dos anos compensada pela glória imorredoura, se essa eternidade se encontra na juventude inalterável das representações de guerreiros que sorriem mesmo quando arrancam do peito o dardo que os fere[7], a guerra antiga era um acontecimento em que concorriam as forças do cosmos, os deuses e os homens[8], face a um poder superior denominado destino, à mercê do qual estavam os próprios deuses, e ao qual o homem se inclinava. Por isso, a Guerra de Troia foi apresentada de maneira monumental por Homero, mas tratada como um acontecimento cheio de danos: a guerra é combate "afainado de penas", "multilacrimoso", "destruidor-de-homens". E Ares, o deus da guerra, das batalhas sangrentas e das lutas finais, jamais objeto de louvor, é "funesto aos mortais". O próprio Zeus dirige-se a Ares, dizendo: "Ó duas-caras, fica longe de mim com teus queixumes/Mais que nenhum deus, és para mim odioso"[9]. Se no ideário heroico o guerreiro ilustre terá distinções militares, o renome e a fama imperecíveis, no plano do divino ele traz sempre consigo o atributo da vulnerabilidade, pois, por mais grandiosas que as coisas sejam, tudo desaparece um dia. Pela miséria comum a toda a condição humana, vencedores e vencidos são tanto separados pela luta que os divide quanto unidos pelo sofrimento que ela causa: "Vencedores e vencidos são irmãos em uma mesma miséria"[10]. No episódio em que Aquiles ataca um dos filhos de Príamo, o adolescente Licaone, o poeta lamenta: "Aquiles feriu de morte o jovem que ele enviou contra a vontade dormir no Hades na morte, embora Licaone não quisesse descer para lá"[11]. A morte por meio da violência não pertence à finitude essencial de todas as criaturas e, não sendo um acontecimento da natureza, é a mais injusta de todas[12]. Aniquilamento artificial, na guerra a morte vem do próprio homem, mas por um jogo pendular que castiga o abuso da força de quem excede os limites de seu uso. Pois aqueles que a exercem têm

---

7. Conforme vemos nas representações da guerra nos episódios da *Ilíada* e nos vasos gregos antigos expostos no Museu do Louvre.
8. Cf. Jean-Pierre Vernant, "A bela morte e o cadáver ultrajado", *Discurso*, São Paulo: 1978, n. 9.
9. Homero, *Ilíada*, v. II, canto v, versos 890-891, São Paulo: ARX, 2008.
10. Simone Weil, *op. cit.*, p. 393.
11. Homero, *Ilíada*, v. II, canto XXI, versos 45-48, *op. cit.*, p. 325.
12. Cf. o capítulo XIII do *Leviatã* de Thomas Hobbes (São Paulo: Martins Fontes, 1996) sobre a consciência da morte menos como finitude e mais como aquela que advém de um perigo, fazendo o homem descobrir, quando ela está ameaçada, o valor inestimável da vida.

tão somente a embriagadora sensação de avançar sem resistências, até o instante em que experimentam a mesma condição de desventura que infligiram aos outros. Na *Ilíada,* todos os heróis querem parecer fortes e valorosos, mas a violência mostra-lhes sua fraqueza essencial, voltando-se contra quem a invoca: "na realidade, o homem se limita a sofrer a força e nunca a domina, seja qual for a situação. Ninguém é seu possuidor"[13].

Na guerra antiga, o herói expiava sua *hybris,* a violência praticada, diante dos deuses. Em *Os trabalhos e os dias,* Hesíodo aproxima *hybris* e *hyper,* nomeando Monotios, irmão de Prometeu e Epimeteu, hipergloriosos e *hybriotés* – cheio de *hybris* –, fulminado por Zeus por sua presunção e virilidade hiperarmada (*enoren hyperopeos*)[14]. Já a guerra moderna é a forma em que "a humanidade se transforma em espetáculo para si mesma. Sua autoalienação atingiu o ponto que lhe permite viver sua própria destruição como um prazer estético de primeira ordem"[15]. Se a destruição de Troia foi determinada pela *hybris* guerreira e pelo temor da vingança futura de algum sobrevivente, os heróis gregos eram punidos pelos deuses por seus excessos. Os crimes de guerra contemporâneos são os da *hybris,* mas uma *hybris* menos os deuses, pois são crimes sem culpa e sem temor da punição.

13. Simone Weil, *Cahiers,* vol. III, Paris: Plon, 1974, p. 198.
14. Os radicais *epi* e *bri* significam o peso, o esmagamento por derrota militar. *Obrimos* é pesado, poderoso, forte, utilizado em um contexto de guerra, atribuído a guerreiros e suas armas, à destruição e massacres, a ações militares contra uma cidade ou a genocídio: "A *hybris* é uma violência, sem dúvida uma ofensa que priva a vítima de sua honra, mas também em um sentido essencialmente físico corresponde a estupro, violências e ultraje. O aspecto social sempre esteve presente nela, enquanto o psicológico só se desenvolveu tardiamente na história da língua, embora seja o sentido enfatizado nas análises de Aristóteles". Cf. Jean-Marie Mathieu, "Hybris-demesure? Philologie et traduction", *Kreton,* 2004, n. 20, pp. 1-2.
15. Walter Benjamin, "A obra de arte na era de sua reprodutibilidade técnica", *op. cit.,* p. 196. A autodestruição se relaciona à barbárie, diferenciando-se da ideia de decadência. No "Arquivo N" de suas *Passagens* (Belo Horizonte/São Paulo: UFMG/IOESP, 2006), Benjamin critica o dualismo decadência/civilização. Com efeito, não se trata da alternância entre ambas, pois decadência não significa um declínio geral da civilização em todos os seus ordenamentos. Nela, as crises são localizadas e o crepúsculo de uma cultura é correlativo ao auge de uma outra; a capacidade de transformação do homem não sendo afetada, decadência e florescimento se relacionam como potências de diversificação de formas de vida. O diagnóstico do presente é, diferentemente, a *catástrofe irracional* em que toda cultura se encontra em desequilíbrio, tendo-se perdido o domínio sobre os fins do conhecimento, dos usos do tempo e da própria vida, sob o impulso da aceleração do tempo e do fetichismo das inovações e das avaliações de tudo, da atividade empresarial ao mundo do trabalho, do lazer à vida do espírito, a modernidade e a ciência desconhecendo para onde vão e que tipo de homem pretendem criar. A barbárie não é o início de uma civilização nem o seu apogeu. Ela chega posteriormente à cultura que ela destituiu e que perdeu seu fundamento. Segundo Benjamin, uma civilização é repleta de *experiências,* enquanto a barbárie representa a exaustão que anula a faculdade da experiência e a capacidade de pensar.

Circunstância sem exemplo no passado, agora é a guerra da técnica que impõe maneiras de viver, de agir e de pensar. Em seu ensaio "A obra de arte na era de sua reprodutibilidade técnica", de 1936, Benjamin apresenta uma concepção antropológica da técnica[16] na qual se vinculam guerra, técnica e aura[17], referindo-se ao elemento inédito da violência moderna: "[com a utilização dos gases letais, a guerra] encontrou uma forma nova de liquidar a aura"[18]. Para Benjamin, a aura, o elemento contemplativo e rememorativo das coisas não se restringe a objetos religiosos ou artísticos, podendo surgir em qualquer um deles como um *sopro* fugidio, como a *graça*, a *charis* que os toca ou envolve com uma auréola, conferindo-lhes uma *alma*, uma transcendência, o invisível da visibilidade, algo próximo da experiência de forças de ultrapassamento que caracterizam o sublime[19].

O espetáculo antigo, que se oferecia a um olhar especulativo e contemplativo[20], se perverte em pseudoaura na modernidade, como reação

---

16. O ensaio "A obra de arte...", em sua versão de 1936, foi redigido em alemão e francês. Sua primeira versão alemã é de 1935 e nela não há a referência a duas técnicas como na versão de 1936, referência que, por sugestão de Adorno, foi retirada na versão final alemã de 1939. Sobre essa questão, cf. Walter Benjamin, *A obra de arte na época de sua reprodutibilidade técnica*, segunda versão (1936), trad. Francisco d'Ambrosio Pinheiro Machado, São Paulo: Zouk, 2013; e *A obra de arte na era de sua reprodutibilidade técnica*, tradução e seleção das variantes de Gabriel Valladão Silva, organização, ensaio bibliográfico, prefácio, revisão técnica e seleção dos fragmentos de Márcio Seligmann-Silva, Porto Alegre: L&PM, 2014. Cf., sobre a questão da técnica como violência, Heidegger, *Introdução à metafísica*, Rio de Janeiro: Tempo Brasileiro, 1966.
17. Sobre o conceito de aura, cf., entre outros, Miriam Bratu Hansen, "Benjamin's Aura" (A aura de Benjamin), *Critical Inquiry* (Investigação crítica), 2008, v. 34, n. 2; e Taísa Palhares, *Aura: a crise da arte em Walter Benjamin*, São Paulo: Barracuda, 2006.
18. Walter Benjamin, "A obra de arte..." *op. cit.*, p. 196. Para Benjamin, a primeira formulação da perda da aura foi de Baudelaire, para quem o moderno nasce de um trauma, o do capitalismo do século XIX nos anos 1830. "Tal é a experiência vivida que Baudelaire erigiu à posição de uma sabedoria. Ele indicou o preço que é preciso pagar para aceder à sensação da modernidade: a destruição da aura na experiência do choque" (Walter Benjamin, *Sobre alguns temas em Baudelaire*, São Paulo: Abril, 1975, p. 62). O choque é a ruptura iniciada pela Revolução Francesa, que dividiu a história em dois tempos: o antigo regime e o tempo novo inaugurado pelo Ano I da república. O que foi, desapareceu por completo, porque suprimiu simultaneamente o rei e Deus, sem tempo para o luto, do que resultou o *spleen* baudelairiano, sofrimento cristalizado e tempo imobilizado que não passam e dos quais se perde a origem. Do trauma da perda da identidade anterior decorre que nada, pensamento teórico, modos de vida ou valores, tem permanência ou duração.
19. Sobre o sentimento do belo e do sublime, cf. Immanuel Kant, *Crítica da faculdade do juízo*, Rio de Janeiro: Forense, 2002.
20. Espetáculo e especulação possuem raiz comum. São inspeção, vista penetrante, de *in-spectare*, olhar interior, e *specio*, ver. *Spectare* é operação do olhar, de que deriva *re-spectare*, olhar de novo, com cuidado, manter uma certa distância para *cuidar*. Espetáculo é a palavra latina que traduz o grego *teo-orein*, o olhar de deus, olhar com cuidado. Cf. Joan Corominas, *Breve diccionario crítico etimológico castellano e hispánico* (Mini dicionário crítico etimológico castelhano e hispânico), Barcelona: Gredos, 1989.

distorcida decorrente do declínio histórico da *genuína aura*, sob a pregnância de forças de sua liquidação. A pseudoaura é produzida pela técnica e seus *efeitos auráticos* em escala de massa, simulados pela indústria e pelo fascismo. Benjamin atribui esse fenômeno ao colapso geral da educação e ao advento de um sistema de comunicação pela propaganda e pela publicidade, a aura assimilando-se assim a um culto fetichista da aparência, às fantasmagorias de entretenimentos espetaculares e à exposição de mercadorias no mercado mundial. Foram as reminiscências da genuína aura, aquela perdida, que ressurgiram na política nacional-populista e fascista, convertidas em *aura da destruição*, que foi sacralizada nas *tempestades de aço* dos aviões bombardeiros exaltados por Jünger no espetáculo das explosões e incêndios, nas ruínas e corpos de homens e animais despedaçados e como prodígios da técnica no futurismo italiano[21].

A Primeira Guerra Mundial foi a eclosão de uma modernidade em que o tempo se acelera sob o primado da excitação permanente e crescente, impulsionada pelas inovações técnicas. Diferenciando a técnica antiga da moderna[22], Benjamin observa que a primeira, fechada no círculo da natureza, se ligava a esta pelo mimetismo, confundindo-se com ela, e tinha o homem como centro, nela engajado por inteiro pela empatia ritual e violenta. Essa primeira técnica buscava, por meio de sacrifícios, obter os favores dos deuses para dominar a natureza e trazer a chuva esperada. Com a segunda, o homem se separa da natureza, mas a uma distância que permite uma comunicação pela *mímesis*. Próxima à concepção grega, a *mímesis* auxilia a natureza a se naturalizar, a se completar, sendo, assim, aberta ao novo, experimental e emancipadora das condições dolorosas do trabalho forçado e das forças naturais, técnica que reconcilia trabalho e natureza em uma relação que não seria mais de dominação e exploração. A segunda técnica é a do revolvimento (*Umwältzung*)[23], ou seja, ela revol-

21. Cf. Walter Benjamin, "Teorias sobre o fascismo alemão", em: *Obras escolhidas*, v. 1, *op. cit*.
22. Ver nota 15.
23. A tradução de *Umwältzung* por *revolvimento* por Francisco Pinheiro Machado é de grande importância para a compreensão da ideia de revolução no pensamento de Benjamin e para a de suas relações com o pensamento de Marx. Assim, o proletariado não poderia ser revolucionário enquanto for "massa" compacta, de onde a importância de "deixar passar o ar". Nesse sentido, ao traduzir o ensaio, Pinheiro Machado observa: "Não cabe detalhar as diferenças entre as versões, mas vale destacar alguns trechos relevantes que aparecem somente na segunda versão, a saber: uma teoria da mímese na arte pautada na relação entre aparência [*Schein*] e jogo [*Spiel*]; e uma teoria do afrouxamento [*Auflockerung*] da massa proletária compacta, que a transformaria em classe com consciência revolucionária [...]. *Umwältzung*,

ve as relações e a consciência, de modo que as forças sociais elementares sejam subjugadas para o estabelecimento de um jogo harmonioso entre as forças naturais e o homem: "a técnica era a força [...] que poderia ter feito aceder a natureza à linguagem" e, no entanto, "ela modelou [...] a face apocalíptica da natureza, reduzindo-a ao silêncio"[24]. No pensamento de Benjamin, a segunda técnica, não fechada como a primeira no ciclo da natureza e na repetição dos ritos, seria experimental e liberadora das virtualidades da natureza. Referindo-se à utopia de Fourier, Benjamin observa:

> Segundo [ele], o trabalho social bem organizado teria entre seus efeitos que quatro luas iluminariam a noite, que o gelo se retiraria dos polos, que a água do mar deixaria de ser salgada e que os animais predatórios entrariam a serviço do homem. Essas fantasias ilustram um tipo de trabalho que, longe de explorar a natureza, libera as criações que dormem, como virtualidades, em seu ventre[25].

Comentando o ensaio de Benjamin, Márcio Seligmann-Silva anota:

> A primeira técnica tinha o ser humano em seu centro e tinha como sua imagem paroxística o próprio *sacrifício humano*; já a segunda técnica tende a dispensar o trabalho humano. [Esta] se baseia na repetição lúdica e teria sua origem no *jogo*, visto por Benjamin como primeira modalidade de *tomada de distância* da natureza. Esta segunda técnica não visa domínio sobre a natureza, mas sim *jogar* com ela. O jogo aproxima mas também mantém a distância. A primeira técnica seria mais séria e a segunda lúdica[26].

A segunda técnica, porém, como a primeira, é também ela habitada pelo sacrifício que se corporificou nos aviões bombardeiros por controle

---

que é formado a partir do verbo *umwältzen* [revirar, revolver], na forma substantivada significa revolução, num sentido mais neutro, ou a transformação radical, por isso, optou-se aqui pelo termo correspondente em português, 'revolvimento'. O termo *Revolution* foi traduzido por 'revolução', e *revolutionär* por 'revolucionário'". (Cf. Walter Benjamin, *A obra de arte na época de sua reprodutibilidade técnica*, Porto Alegre: Zouk, 2012, p. 10, nota 11.)

24. Walter Benjamin, "Teorias do fascismo alemão", *op. cit.*, p. 70.
25. *Idem*, "Sobre o conceito de história", em: *Magia e técnica, arte e política: ensaios sobre literatura e história da cultura*, São Paulo: Brasiliense, 1996, p. 228.
26. *Idem*, *A obra de arte na era de sua reprodutibilidade técnica*, Porto Alegre: L&PM, 2004, p. 33.

remoto. Para Benjamin, toda técnica de produção ou reprodução é violenta, pois ambas são impulsionadas pelo desejo de poder sobre os homens e sobre toda a natureza, quando o homem deveria, diversamente, dominar as relações entre a técnica e a natureza. Reconhecendo aqui a matriz da violência que se estenderá a tudo o que é vivo, Benjamin, nas *Passagens*, cita Nietzsche: "Nem sempre a exploração da natureza foi vista como fundamento do trabalho humano. Com razão, Nietzsche achou significativo o fato de Descartes ter sido o primeiro físico filósofo a comparar as 'descobertas de um cientista a uma sequência de batalhas que se trava contra a natureza'"[27]. Não por acaso, para Descartes, a natureza é criação contínua de um Deus relojoeiro que pode ser dominada pela ciência e pela técnica. A concepção de um Deus relojoeiro instala o homem em uma subjetividade científica que torna possível a modernidade segundo uma mutação. Pois o cosmos que fora feito à imagem da divindade que criou a máquina do mundo, o Deus relojoeiro que põe em movimento perfeito o céu e outras estrelas, foi substituído por um cosmos que se assemelha não mais a Deus, mas a uma máquina criada pelo homem. Colocando-se no lugar de Deus, o homem pode conhecer o universo tal qual o intelecto divino o criara no passado medieval: a *lux divina* e o *lumen naturale* coincidindo, a luz natural é capaz do mesmo conhecimento que a *lux divina*.

Com a guerra da técnica, a natureza inteira foi reduzida à condição de coisa, transformada em *natureza morta*, pois, na guerra, os homens são sacrificados à técnica: "E então, povos e gerações lhe escapam tão pouco como se patenteou da maneira mais terrível na última guerra [a Primeira Guerra], que foi um ensaio de novos, inauditos esponsais com as potências cósmicas"[28]. Para Benjamin, a relação do homem com o cosmos antigo não era de conflito, a antiguidade sendo detentora de uma sabedoria hoje perdida, quando se mostrava reverência pela natureza e todas as riquezas que se retiravam dela, restituindo-lhe uma parte antes de se apropriar delas:

> Essa reverência se manifesta no antigo uso da *libatio*. Aliás, é talvez essa mesma antiquíssima experiência ética que se conserva, transformada, na proibição de juntar as espigas esquecidas ou recolher os cachos de

---

27. Idem, *Passagens*, Belo Horizonte/São Paulo: UFMG/IOESP, 2006, p. 415.
28. Idem, "A caminho do planetário", em: *Obras escolhidas*, v. 2, São Paulo: Brasiliense, 1987, p. 68.

uva caídos, uma vez que estes fazem proveito à terra ou aos antepassados dispensadores de bênçãos. Segundo o uso ateniense, o recolher de migalhas durante a refeição era interdito, porque pertenciam aos heróis. Uma vez degenerada a sociedade, sob desgraça e avidez, a tal ponto que ela só pode ainda receber os dons da natureza pela rapina, que ela arranca os frutos imaturos para poder trazê-los vantajosamente ao mercado e que ela tem de esvaziar toda bandeja somente para ficar saciada, sua terra empobrecerá e o campo trará más colheitas[29].

Com o fim da experiência antiga e das relações dionisíacas com o cosmos pela embriaguez, a comunhão com ele retorna pervertida em novas núpcias através da violência das explosões técnicas na guerra. Eis assim a primeira técnica na segunda, a mítica sacrificial no conflito de 1914-1918, que exigiu novos sacrifícios de sangue:

> E então massas humanas, gases, forças elétricas foram lançadas ao campo aberto, correntes de alta frequência atravessaram a paisagem, novos astros ergueram-se no céu, espaço aéreo e profundezas marítimas ferveram de propulsores e, por toda parte, cavaram-se poços sacrificiais na Mãe Terra. Essa grande corte feita ao cosmos cumpriu-se pela primeira vez em escala planetária, ou seja, no espírito da técnica[30].

Hybris da modernidade, a razão instrumental faz do mundo uma máquina que tende a só seguir sua própria regra maquínica, a funcionalidade de seu próprio funcionamento, porque seus conhecimentos são sem objetivo final.

Se a dominação da natureza caracteriza o ponto de vista da primeira técnica, na segunda a técnica se vincula à noção de progresso, encobridora da violência, como o *Jugendstil*. Benjamin o analisa em termos de uma filosofia da história, como uma *tentativa de regressão* de uma burguesia que se expressa na recusa da técnica em vez de se preocupar com sua assimilação social, o pensamento burguês retornando a um pseudonatural e ao biológico:

---

29. Idem, "Panorama imperial", em: *Obras escolhidas*, v. 2, *op. cit.*, p. 26.
30. Idem, "A caminho do planetário", *op. cit.*, pp. 68-9.

[o *Jugendstil*] é o estilo pelo qual a velha burguesia mascara o pressentimento de sua própria fraqueza, entregando-se em todos os domínios a uma exaltação cósmica e, embriagada de futuro, abusa da palavra "juventude" como uma fórmula de invocação [...]. Já se disse dos ornamentos torturados que cobriam nessa época as fachadas e os móveis, que eles eram uma tentativa de volta para trás que reintroduziria nas artes aplicadas formas surgidas na origem na técnica. O *Jugendstil* é, com efeito e à sua revelia, uma grande tentativa de regressão. Em sua linguagem de formas se exprime o desejo de escapar ao que o espera e o sentimento que se manifesta diante desta visão. O "movimento espiritual" [do círculo de poetas em torno de Stefan George] que visava uma regeneração da vida humana, sem se preocupar com a vida pública, também ele resulta em uma involução que transformou as contradições sociais nestas crispações e nestas tensões trágicas e sem saída características da vida em conventículos [...]. A imagem de mundo de George é a assustadora constância com a qual o poeta, em cada uma de suas experiências profundas da natureza, considera o próprio caos como a força fundamental de tudo o que ocorre[31].

Enfatizando a tentativa de George de associar o sagrado antigo e a guerra moderna, Benjamin, em ensaio de 1914-1915 dedicado aos poemas de Hölderlin, "Dichtermut" (Coragem de poeta) e "Blödigkeit" (Timidez), procura liberar o *povo* dos *Hinos* de Hölderlin e suas traduções de Píndaro da apropriação por George, que os ligava a um retorno dos deuses gregos e ao *helenismo eterno próprio da poesia alemã*. No círculo de George, o povo de Hölderlin torna-se sinônimo da *Alemanha secreta*, e esta, uma metáfora do Estado. Em um artigo posterior, "História literária e ciência da literatura", Benjamin anotou que a história literária praticada no círculo de George "associava um espírito antifilológico à manifestação das divindades do panteão alexandrino", e nas obras dessa escola "se emparelhavam Virtus e Genius, Kairos e Daimon, Fortuna e

---

31. *Idem*, "Rückblick auf Stefan George" (Olhar retrospectivo sobre Stefan George), em: *Gesammelte Schriften*, vol. III, Frankfurt: Suhrkamp, 1991, p. 394. Sobre o alcance epistemológico e crítico do pensamento de Benjamin sobre o *Jugendstil*, cf. Ernani Chaves, "Der zweite Versuch der Kunst, sich mit der Technik auseinanderzusetzen: Walter Benjamin e o Jugendstil" (A segunda tentativa da arte de conciliar-se com a técnica), *Artefilosofia*, Ouro Preto: abril de 2009, n. 6.

Psyché, combinação que só tem por função exorcizar a história"[32]. O círculo de George concebia a literatura alemã como um *bosque sagrado com seus templos devotados aos poetas imortais*, ideal pretensamente idílico que é tão somente o outro lado do apelo a uma guerra sagrada em nome de uma Alemanha mística. Razão pela qual Benjamin indica a proximidade entre a Alemanha secreta de George e os soldados nazistas[33], tornando manifesta a dimensão política do *exorcismo da história* e do apelo à *salvação do alemão*. Hölderlin, ao contrário dos poetas do círculo,

> não era da têmpera daqueles que ressuscitam, e o país onde os profetas têm visões de campos de cadáveres não é o seu. Esta terra não poderá voltar a ser a Alemanha antes de ser purificada, e ela não poderá ser purificada em nome da Alemanha e sobretudo não desta Alemanha secreta que não é senão [...] um arsenal em que o manto mágico se ergue ao lado do Capacete de Aço [organização paramilitar do nazismo][34].

Benjamin alerta para a *linguagem de seita* do círculo de George, que quer apropriar-se do passado não como objeto de estudo ou reflexão, mas como *origem elevada* e *paradigma*, as *runas de aço* de Jünger reunindo-se à organização paramilitar dos Capacetes de Aço e de todos os ruidosos movimentos do tipo neonibelungos, movimentos conservadores ou neoconservadores que prepararam o nazismo[35]. Benjamin os compreende como uma "guerra santa dos alemães contra o seu século"[36]. A guerra em nome do *espírito alemão* o reveste de uma pseudoaura, porque produzida como história, mas história historicista na qual o passado só permanece como vestígio e em um sentido específico – são rastros produzidos para evocar uma história e não reminiscências deixadas pela história. O nacional-socialismo, com sua arquitetura neoclássica fantasmática e que se pretendia grega, transforma as massas urbanas em descendentes de um passado imemorial que precederia seu surgimento atual. Essas massas, cuja origem se encontra ligada à produção industrial e ao mercado, convertem-se em

---

32. Idem, "História da literatura e ciência da literatura", em: *Gesammelte Schriften*, vol. III, *op. cit.*, p. 289.
33. Cf. Walter Benjamin, "Wider ein Meisterwerk", (Contra uma obra-prima), em: *Gesammelte Schriften*, vol. III, *op. cit.* "O escritor como guia na literatura clássica alemã", ensaio sobre Max Kommerell de 1928.
34. *Ibidem*, p. 259.
35. Cf. *Ibidem*.
36. *Ibidem*, p. 221.

povo alemão que atribui aos outros povos, também fantasmados, a causa das dificuldades sociais resultantes das crises da economia de mercado. Porque se deve legitimar a Alemanha unificada no século XIX por Bismarck, artistas voltam-se para a heroicização da nação e aos primeiros anos do século I. Com a expansão romana sob Júlio César, o império chegava ao Reno, até que o chefe da tribo germânica Arminius (Hermann) venceu o general romano Varius na floresta de Teutoburger. Seu herdeiro moderno é o nacionalismo. A heroicização da nação alemã, do guerreiro e do mito do combate dissimula a realidade da violência e a legitima:

> a memória da guerra foi [...] remodelada como uma experiência sagrada provedora de uma nova religião, que colocava à disposição um catálogo de santos, mártires e lugares de culto como uma herança a ser preservada [...]. O culto do soldado morto no campo de batalha tornou-se o núcleo da religião do nacionalismo que surgiu depois da guerra [...]. A guerra foi sacralizada ao mesmo tempo que banalizada no teatro popular e no turismo nos campos de batalha[37].

Por isso, nos poemas de George, Benjamin discerne analogias entre a transfiguração das massas urbanas em povo mítico e a história produzida para ser uma memória oficial, assim reconhecendo uma forma específica de violência que a *poesia da decadência* e o poeta como criador onipotente, por um lado, e a identidade entre poesia e vida, por outro, contêm. Em seu "Olhar retrospectivo sobre Stefan George", Benjamin apresenta o poeta como um profeta:

> isto não significa que George tenha previsto os acontecimentos históricos, e muito menos o que os impulsionara. Uma tal tarefa é do político, não do profeta [...]. A noite do mundo cuja aproximação escurecia seus dias chegou em 1914 [...]. George, a quem a rigorosa disciplina pessoal e a intuição inata das potências noturnas deram a presciência da catástrofe, [...] tinha uma imagem da natureza como um ser demoníaco [...] que ele não poderia jamais domar [...], contra a qual ele vive em luta,

---

37. L. G. Moses, *Fallen Soldiers: Reshaping Memory of World Wars* (Soldados caídos: remodelando a história das guerras mundiais), Oxford: Oxford University Press, 1990, p. 41.

da qual ele necessita se defender e se proteger. [...] A natureza lhe parece "degradada", tendo alcançado o limite absoluto da desdivinização [...]. A noite que, com a guerra, não fez senão concentrar sobre a cabeça [de seus seguidores] o que fervia há tempos em seu coração [...], lhes apareceu como o arquétipo de toda violência da natureza[38].

E a profecia de George se expressava na ideia de fim do mundo, que se inaugura em 1914 com a Primeira Guerra Mundial: "Stefan George se situa ao fim de um movimento intelectual que começara com Baudelaire"[39]. Com efeito, Baudelaire tematizou também ele o fim do mundo, mas não como um profeta: "Eu que sinto por vezes em mim o ridículo de um profeta", escreve no seu "Projéteis"[40]. Ao contrário do apocalipse do fim do mundo de George, o de Baudelaire é o da derrisão; o profeta moderno é o da poesia plutocrata que só dá o alarme do fim do mundo, não oferece nenhuma visão e só *faz pose* de profeta, é só um *poseur*. E o profeta é ridículo também, porque o fim do mundo já aconteceu. "A profecia", escreve Benjamin, "é um acontecimento do mundo moral. O que o profeta prediz são os castigos"[41]. Em seu ensaio "A felicidade do homem antigo", Benjamin identifica a culpa do herói antigo na *hybris*, a *louca soberba* de se acreditar maior que seus deuses, de esquecer que toda vitória é passageira e pela qual ele será punido:

> Para o grego, *hybris* é a tentativa de se exibir a si mesmo [...] como sujeito e proprietário da felicidade, *hybris* é a crença que a felicidade seja outra coisa que não um dom dos deuses que podem retirá-lo a qualquer momento, como a cada momento podem infligir ao vencedor uma imensa desventura (que se pense no retorno de Agamêmnon) [...]. Nenhum [herói] pode se vangloriar dos próprios méritos na luta, nem o melhor [deles] pode enfrentar aquele que os deuses enviaram contra ele e que, mais forte, o põe por terra, jogando-o no pó[42].

---

38. Walter Benjamin, "Olhar retrospectivo sobre Stefan George", *op. cit.*, pp. 392-3.
39. *Ibidem*, p. 399.
40. Charles Baudelaire, "Projéteis", em: *Poesia e prosa*, Rio de Janeiro: Nova Aguilar, 1995, p. 517.
41. Walter Benjamin, "Olhar retrospectivo sobre Stefan George", *op. cit.*, p. 393.
42. *Idem*, "Das Glück des antiken Menschen" (A felicidade do homem antigo), em: *Gesammelte Schriften*, vol. II, Frankfurt: Suhrkamp, 1999, p. 128.

Agamêmnon de Ésquilo narra os sofrimentos dos guerreiros, a morte das vítimas, a brutalidade do combate, a impiedade ligada ao júbilo da vitória e o retorno vitorioso de Agamêmnon logo convertido, pela vingança de Clitemnestra, em morte. O que os deuses punem é a *hamartia*, o erro, consequência da cegueira humana, das paixões que obscurecem a consciência e que, por sua potência, arrastam os homens para a catástrofe e as guerras: "[o destino] é o conjunto de relações que inscrevem o vivente no horizonte da culpa"[43]. A *hybris* é a arrogância que leva ao ultrapassamento de limites: "O que os deuses castigam é o orgulho desmedido (*hybris*), a pretensão de um homem ser mais que um homem. A narração histórica reencontra as lições da tragédia"[44]. Na Grécia antiga, a *hybris* era considerada um crime, porque é um sentimento violento impulsionado pelas paixões, a mais determinante delas sendo o orgulho, falta fundamental porque significa perda da moderação, da sobriedade, do *pan metron Ariston* (a medida em tudo), do "nunca em demasia" próprios da temperança, do "domínio racional sobre os desejos"[45]. Essa ponderação é o tempo para deliberar e a melhor maneira de lidar com os *futuros contingentes*. Mas, assim como o futuro é contingente, o passado também o é; ele guarda acontecimentos singulares, virtualidades não realizadas que o historiador benjaminiano reavê[46].

Nesse horizonte, *A Guerra de Troia não acontecerá*, de Giraudoux, apresenta Heitor desejoso de evitar o combate em Troia e o enfrentamento violento da guerra. Antecipando-se a Ulisses, embaixador dos gregos, Heitor procura persuadi-lo a receber Helena de volta, restituindo-lhe pacificamente o que ele viera recuperar pela força, esperando, assim, a contrapartida da paz. Heitor lhe pergunta: "Você quer a guerra?", e Ulisses responde: "Eu não. Mas estou menos seguro das intenções dela"[47]. Tudo se passa aqui como se a guerra fosse dotada de intenção, autônoma com respeito àqueles mesmos que irão fazê-la. A *hybris* guerreira é a violência

---

43. Idem, "Trauerspiel und Tragödie" (Trauerspiel e tragédia), em: *Gesammelte Schriften*, vol. II, op. cit., 1999, p. 135.
44. François Châtelet, *Les Idéologies* (As ideologias), Paris: Hachette, 1981, pp. 134-5.
45. Walter Benjamin, "Les Affinités électives de Goethe" (As afinidades eletivas de Goethe), *Œuvres*, Paris: Gallimard, 2000, p. 296.
46. Idem, "Arquivo N", em: *Passagens, op. cit*. Cf. também Clemens-Carl Haerle, "Walter Benjamin: sur le concept d'histoire" (Walter Benjamin: sobre o conceito de história), *Cahier du Collège International de Philosophie*, Paris: nov. 1987, n. 4.
47. Jean Giraudoux, *La Guerre de Troie n'aura pas lieu*, Paris: Librairie Générale Française, 1991, p. 55.

que atinge uma cidade considerada inimiga, oprimindo-a até a destruição, com uma virulência destruidora que não respeita as regras da medida, necessárias a qualquer relação. Na *Odisseia*, a pirataria e a pilhagem dos companheiros de Ulisses em Creta contrastam com a atitude do rei do Egito que, depois de sua vitória, recebeu o inimigo suplicante, em respeito, como hóspede[48]. Respeitar é *re-spectare*, voltar a olhar, olhar com cuidado, cuidar. Não por acaso, a Grécia dos trágicos conferiu centralidade às leis não escritas, apresentadas por Eurípides e Sófocles, em particular, como algo sagrado, pois não são "de ontem, nem de hoje", ninguém sabe quando surgiram; elas "vêm de Zeus" e por isso são imperecíveis:

> elas se manifestam sempre que se trata de um dever de humanidade com as vítimas: os suplicantes, aqueles que se refugiam em um santuário, homens que, em combate, se rendem, pessoas com funções de embaixadores e principalmente aqueles que querem enterrar seus mortos. Eis as regras em um mundo sem regras, em plena guerra, que recusa certas violências e as condena com veemência. Certamente essas regras foram frequentemente violadas [...]. Mas foi por ocasião delas que apareceram escritos eloquentes, destinados a lembrar sua existência e defendê-las. Elas definem um dever de humanidade e a solidariedade humana[49].

A compaixão na guerra são "momentos luminosos, breves e divinos em que os homens recuperam uma alma"[50].

O ideário do dever de respeito ao vencido[51] desaparece depois da Primeira Guerra Mundial, que representou o fim da *guerra clássica* com suas

---

48. Homero, *Odisseia*, livro XIV, versos 247-85 e 276-84, São Paulo: Editora 34, 2011.
49. Jacqueline de Romilly, *La Grèce antique contre la violence* (A Grécia antiga contra a violência), Paris: Éditions de Fallois, 2000, pp. 148-9.
50. Simone Weil, "A *Ilíada*, ou o poema da força", *op. cit.*, p. 399.
51. Na linhagem grega e de Montaigne, vencer um vencido não é coragem, mas covardia. O homem corajoso e virtuoso, ao contrário, perdoa o inimigo que ele venceu, enquanto o covarde o massacra quando ele está sem defesa. (Cf. Michel de Montaigne, "A covardia é a mãe da crueldade", em: *Ensaios*, São Paulo: Companhia das Letras, 2010.) O sentimento de compaixão é o sentimento de humanidade. Victor Hugo, em seu poema "Depois da Batalha", escreve sobre um episódio da conquista da Espanha por Napoleão: "Meu pai, aquele herói de sorriso sempre aberto/ Seguido de um hussardo que estimava decerto/ Mais que aos outros por ser bravo na luta/ Percorria a cavalo após uma disputa/ O campo do combate envolto pelo noturno breu/ Nisto um ruído a escuridão rompeu/ Era um belo espanhol do exército vencido/ Que, à beira do caminho, exânime, fremido/ Gemia agonizante, exausto e sem socorro/ E que a custo dizia: 'Água, água! Que eu morro!'/ Meu pai, contristado, estende a seu hussardo então/ O recipiente de rum pendurado no arção e diz-lhe/ 'Tome lá, dê-a ao pobre maltratado'/

leis cavalheirescas[52], destinadas a canalizar o exercício da violência, e o início da guerra total, a que destrui o inimigo graças a uma potência de

> De repente, no instante em que o hussardo, curvado, o ia socorrer/ Ele, um tipo de mouro que ainda agarrava a arma, arremessa um disparo à fronte de meu pai exclamando: 'caramba!'/ Tão perto lhe silva o tiro que descamba o chapéu/ E o cavalo acua e se retrai: 'Vá, dê-lhe de beber, embora', diz meu pai." (Trad. de Silva Ramos, modificada).
>
> 52. Nesse sentido, o filme *A grande ilusão*, de Jean Renoir (França, 1937), é exemplar do fim de uma era, a do combate baseado em valores opostos à crueldade guerreira. Em meio à Primeira Guerra Mundial, todos os personagens, sobretudo os alemães, parecem fazer a guerra contrafeitos. O capitão prussiano von Rauffenstein abate o avião do capitão francês de Boëldieu, que é convidado à mesa do vencedor antes de se tornar prisioneiro. Valores sociais e militares comuns aproximam os militares que se admiram e se respeitam reciprocamente. Durante uma tentativa de fuga de seus soldados, o capitão francês é ferido por Rauffenstein e morrerá amparado por ele. A morte do primeiro é, ao mesmo tempo, o desconsolo do segundo. A honra cavalheiresca, a do combate singular, tributária da tradição grega e dos romances de cavalaria, baseava-se no consentimento do adversário, maneira leal e aristocrática de guerrear que não resistiu à introdução da artilharia, no século XV, substituindo as armas brancas. Assim tiveram início os primeiros episódios de carnificina nos campos de batalha, provando que os meios técnicos acabam por escapar aos que os utilizam, dissipando qualquer ideal ético. Na cena final, em que soldados alemães na fronteira entre a França ocupada e a Suíça localizam os fugitivos franceses e se posicionam para os disparos, o comandante alemão suspende a ação dizendo a seus comandados, em um ato de clemência: "Não atirem; eles já estão na Suíça". Em *Em busca do tempo perdido*, Proust reconstitui instantâneos da vida social antes e durante a eclosão da Primeira Guerra Mundial, apresentando o espírito da guerra no âmbito da honra cavalheiresca. Desrealizando a violência da guerra bem como nomeando-a, a "Cavalgada das valquírias" evocada por Saint-Loup na *Recherche* condensa o discurso político e ideológico da *belle époque* com a sublimação das feridas do combate. Ao perceber uma cicatriz na testa de Saint-Loup, que estava de passagem por Paris em 1916, o narrador anota que ela lhe parece "mais augusta e misteriosa [...] que a marca deixada na terra pelos pés de um gigante". O próprio Saint-Loup descreve os aviões em sua elevação ao céu, aludindo à *Bíblia* e ao "Apocalipse" de João: "Admito que seja deslumbrante vê-los subir, formar uma 'constelação', obedecendo a leis tão precisas como as que regem os astros, pois o que aprecias como se fosse um espetáculo é na verdade a reunião das esquadrilhas, sua obediência às ordens, sua partida para a caça etc. Mas não preferes o momento em que, definitivamente incorporados às estrelas, delas se destacam para lançar-se à perseguição, ou para voltar ao soar o toque de recolher, fazendo tal movimento no céu que até os astros parecem mudar de lugar?". (Marcel Proust, *O tempo redescoberto*, São Paulo: Globo, 1988, p. 59.) Assimilando os aviões às estrelas, a imagem do Apocalipse não é apenas sinônimo de fim do mundo no combate aéreo entre dragões e anjos mas também da queda das estrelas que, no "Evangelho", sobrevém depois da abertura do sétimo selo. Mas, se a guerra é uma luta também simbólica que produz estereótipos nacionais para desvalorizar a cultura do inimigo e se legitimar segundo uma identidade nacional, Saint-Loup é, na visão do narrador, um patriota singular, patriota não nacionalista, que se rejubila com Wagner no céu de Paris e morre heroicamente no campo de batalha. Nesse horizonte bélico, a desvalorização de todos os valores é o prenúncio do desaparecimento, simultaneamente, da delicadeza e das formas tradicionais de convivência – a *sprezzatura* que permitia as relações sociais no refinamento dos costumes e da vida em comum não se encontrará mais: "Eu jamais fizera diferença entre os operários, os burgueses e os grão-senhores, e teria tomado indiferentemente a uns e outros como amigos. Com certa preferência pelos operários, e depois pelos grão-senhores não por gosto, mas por saber que se pode exigir destes mais polidez para com os operários do que da parte do burgueses, ou porque os grão-senhores não desdenham os operários como o fazem os burgueses, ou então porque são de bom grado atenciosos para com qualquer pessoa, como as mulheres bonitas se sentem felizes em dar um sorriso que sabem acolhido com tanta alegria". (Marcel Proust, *Sodoma e Gomorra*, São Paulo: Globo, 2008, p. 490). Em *O caminho de Guermantes* (São Paulo: Globo, 1990), o narrador se refere à maneira com que a princesa de Parma recebe homenagens, a elegância e a graça com as quais levanta aqueles que se ajoelham

armas mecanizadas sem precedentes no passado. A guerra da técnica dissolveu um sistema de valores vigentes até *a belle époque* e produziu o sentimento de *desamparo transcendental*: "uma geração que ainda fora à escola num bonde puxado a cavalos viu-se abandonada, sem teto, numa paisagem diferente em tudo, exceto nas nuvens, e em cujo centro, num campo de forças de correntes e explosões destruidoras, estava o frágil e minúsculo corpo humano"[53]. Referindo-se à utilização pela Alemanha do gás Ziklon, a primeira arma química de destruição em massa da história, Walter Benjamin indica a progressão da violência a partir das trincheiras da Primeira Guerra e do bombardeamento de populações civis desarmadas, com a utilização de gases letais que transformaram o mundo todo em trincheira. Sobre as armas químicas, Benjamin observa:

> No momento atual, conhecem-se 17, dentre as quais o gás mostarda e a lewisita são os [gases] mais importantes. As máscaras de gás são inúteis contra eles [...]. Nas regiões atacadas com o gás mostarda, mesmo muitos meses depois, dar um passo no chão, tocar em uma maçaneta de porta ou uma faca de cortar pão pode ser mortal. Os estrategistas militares pensam utilizar esta arma [...] cercando os centros estrategicamente importantes com uma parede de gás mostarda ou difenilamina cloroarsina. Em seu interior, tudo perece. Não se pode atravessá-la. Assim, chega-se a tratar as casas, cidades, paisagens de tal modo que [durante muito tempo] nenhuma vida animal ou vegetal possa nascer. É óbvio que, na guerra de gases [como também no terrorismo], a distinção entre população civil e militar desaparece[54].

Não por acaso, de Homero à contemporaneidade, Benjamin compreende a história do mundo como a "história do sofrimento do mundo", pois a política e as formas artísticas secretamente ou não correspondem

---

reverentes diante dela, nessa dialética aristocrática e cortês da deferência e da amabilidade, em vias de desaparecer na *nova sociedade*, a da *democratização da morte*.

53. Walter Benjamin, "Experiência e pobreza", em: *Obras escolhidas*, vol. I, *op. cit.*, p. 115.
54. *Idem*, *Gesammelte Schriften*, vol. VII, Frankfurt: Suhrkamp, 1991, pp. 473 e 475. Sobre a decisão inglesa de destruir 131 cidades alemãs em 1943, durante a Segunda Guerra, e a descrição dos incêndios, visíveis a 70 km de distância, e dos corpos de pessoas e animais transformados em chamas vivas e destroçados em todas as direções, cf. W. G. Sebald, *Luftkrieg und Literatur*, Munique/Viena: Carl Hanser-Verlag, 2001. Edição brasileira: *Guerra aérea e literatura*, São Paulo, Companhia das Letras, 2011.

a uma dor histórica, como se, a distância da ideologia de esquerda ou de direita, não houvesse nada de justo ou injusto, de verdadeiro ou falso, porque tudo é coberto de um véu de sofrimento. Foi esse *pathos* que criou um patrimônio durável da humanidade, destruído agora pela violência a que não sobreviveu a cultura, pois a guerra moderna instituiu o reino da violência pura. A despeito das incontáveis narrativas de guerra publicadas[55], Benjamin soube diagnosticar uma verdadeira *crise da narração* como crise da própria história, abandono em um mundo desfeito pela guerra; e contra todo patriotismo e todo heroísmo, ele preferiu evocar a *tragédia histórica como tragédia da cultura* que se extinguiu. Esta não diz respeito apenas à devastação e aos destroços deixados pela guerra, mas a uma guerra paralela à das armas, aquela da pobreza da experiência e a das *fronteiras do pensamento*, aquele entrincheiramento em *fronts* historiográficos, em pontos de vista excludentes, da *política do amigo e inimigo*, como Benjamin o reconheceu nas narrativas de Jünger e em sua glorificação dos *guerreiros de todos os tempos* e da guerra como experiência interior, enaltecendo-a como o advento de um mundo novo, o da técnica e de sua energia que conduzem a uma mobilização total no espírito do heroísmo[56]. As terríveis novidades técnicas manifestam, através dos bombardeios aéreos e armas químicas, as regressões da sociedade: "[a guerra], tão nova tecnicamente, criava um estado de psicose em que a arma química – as nuvens de gás – tornava-se um fantasma tão inapreensível quanto implacável"[57]. Quando os Estados em guerra, com suas estratégias econômicas e militares, se valem da técnica como instru-

---

55. Considere-se o número prodigioso de publicações, testemunhos, reflexões e narrativas consagradas à guerra já no próprio tempo em que ela acontecia, a ponto de se falar, na época, de "tempestades de papel" como o avesso das "tempestades de aço" de Jünger. Livros, jornais, cartazes, panfletos, cartas, mas também quadros, medalhas, cartões-postais, fotografias, música e cinema atestam uma intensa atividade de representação do período. Calcula-se em 50 mil o número de poemas sobre guerra que eram endereçados todas as manhãs aos jornais alemães. Ao final do primeiro ano do conflito, duzentos volumes de *Kriegslyrik* haviam sido publicados na Alemanha. Cf. Nicolas Detering, Michael Fischer e Aibe-Marlene Gerdes (orgs.), *Populäre Kriegslyrik im Ersten Weltkrieg* (Letras de músicas populares da Primeira Guerra Mundial), Munster: Waxmann Verlag GmbH, 2013.
56. Ideias semelhantes se encontram em Carl Schmitt, em particular, em sua obra *O conceito do político* (Petrópolis: Vozes, 1992), e no livro de Oswald Spengler intitulado *O homem e a técnica* (Lisboa: Editora Guimarães, 1993).
57. Walter Benjamin, "Les Armes de demain. Batailles au chloracétophénol, au chlorure de diphenylarsine ct au sulfure d'éthyle dichloré" (As armas do futuro. Batalhas de cloroacetofenona, de cloreto de difenilarsina e de sulfeto de etila diclorado), *Romantisme et critique de la civilisation* (Romantismo e crítica da civilização), Paris: Payot, 2010.

mento do assassinato em massa, eles estão em guerra contra sua própria cultura, quando deveriam estar em guerra contra *sua própria incultura*. Nesse sentido, desde 1909 e pouco antes de escrever *Os últimos dias da humanidade*, em 1933, Karl Kraus associou progresso e apocalipse: "Contra a política do inimigo dirigida por todos os nacionalismos europeus prontos para 'fechar suas fronteiras', ele encarnava na época [...] a via de uma verdadeira cosmopolítica, bem decidido a 'prescindir de qualquer direito de alfândega'"[58]. A esse alargamento das fronteiras respondiam os obstáculos que se opunham à possibilidade da experiência em uma guerra marcada pelo impensável. Pois a guerra moderna se faz com uma mistura mortífera de *pathos* antigo e técnica moderna.

A guerra da técnica, *desauratizadora* de todos os valores, promoveu uma forma de violência antes desconhecida, a dos crimes sem culpa, cuja análise se encontra, em particular, nas *Considerações atuais sobre a guerra e a morte*, de Freud:

> Quando a luta cruel desta guerra [a Primeira Guerra Mundial] tiver encontrado o seu desfecho, cada um dos combatentes vitoriosos regressará apressadamente a seu lar, reencontrará sua mulher e filhos sem que o perturbe o pensamento dos inimigos que ele matou no combate corpo a corpo ou com as armas de longo alcance[59].

Essa forma de barbárie é o simétrico oposto do homem dito primitivo ou do guerreiro antigo, conforme observa Freud:

> o selvagem não é de modo algum um assassino sem remorsos. Quando regressa vencedor da luta não lhe é lícito pisar a sua aldeia nem tocar sua mulher, antes de ter resgatado seus homicídios guerreiros com penitências, por vezes longas e penosas [...], o homem primitivo dando provas de delicadeza moral que se perdeu entre os civilizados[60].

---

58. Georges Didi-Hubermann, "Échantillonner le chaos: Aby Warburg et l'Atlas photographique de la Grande Guerre" (Dar amostra do caos: Aby Warburg e o Atlas fotográfico da Grande Guerra), *Études Philosophiques* (Estudos filosóficos), maio 2011, n. 27.
59. Sigmund Freud, *Considerações atuais sobre a guerra e a morte*, Covilhã: Universidade da Beira Interior, 2009, p. 26.
60. *Ibidem*, p. 27.

Sobre a culpa e o horror ao derramamento de sangue, pense-se nas hesitações de Hamlet na tragédia de Shakespeare e no significado do *ser ou não ser, eis a questão*, compreendidos por Peter Brooks a partir da ênfase nos dizeres do espírito do pai de Hamlet que lhe pede vingança. Diversamente de elas significarem um retardamento na ação que prejudicariam o andamento da peça, elas expressam o sentido do " ser ou não ser, eis a questão". Analisando este verso, enfatiza os dizeres do espírito do pai de Hamlet que lhe pede vingança: "Vinga-me, mas não manches com isso teu espírito", o que pode significar: "Vai, vinga-me e não penses mais nisso". O que o pai ordena, porém, a um jovem tão sensível, é algo impossível de ser feito, pois nenhum ser humano pode decidir-se a matar um outro homem sem manchar com isso seu espírito. Quem é puro de pensamento e de alma não pode matar. Como viver com esse mandamento contraditório? Longe de ser fraco e desorientado, as dúvidas de Hamlet levam ao sentido próprio da pergunta *ser ou não ser*, porque se trata ao mesmo tempo de matar sem se corromper e conservar um espírito sem manchas sendo um assassino – toda a angústia de Hamlet se encontra nisso. Ser ou não ser quer dizer *ser ou não ser um assassino*[61]. Assim, a obrigação de luto para aquele que matou um adversário não é simples superstição ou tradição de um tempo passado, mas a percepção da violência que mata como uma responsabilidade e uma infelicidade, como um drama sempre patético, uma forma de derrota que deve ser elaborada no luto.

Primitiva ou antiga, a guerra não desresponsabiliza os que combatem. Eis por que Agamêmnon, que provocara a cólera de Aquiles por ter se apropriado de Briseida, espólio de guerra de Aquiles, reflete sobre as

---

61. Cf. Peter Brooks, *The Quality of Mercy: Reflections on Shakespeare* (A qualidade da misericórdia: reflexões sobre Shakespeare), London: Nick Hern Books, 2013; e Michael Edwards, *Shakespeare et l'œuvre de la tragédie* (Shakespeare e a obra da tragédia), Paris: Belin, 2005. Trata-se de uma questão das mais contemporâneas para os chefes de Estado, generais e terroristas. É que o tempo está fora do eixo, os gonzos não funcionam mais, as portas não se abrem mais com eles. À semelhança do mundo novo a que pertence Shakespeare, das conquistas europeias no Renascimento, do fim do mundo finito de Ptolomeu e do novo cosmos infinito, a modernidade está também fora do eixo na violência das guerras, nos terrorismos, nos esportes, na criminalidade, nas mídias e entretenimentos, bem como nas técnicas e na ciência (eugenia, energia nuclear etc.). Refletindo sobre a Primeira Guerra Mundial, o filme *Agonia e glória* (EUA, 1980), de Samuel Fuller, põe em cena um sargento americano atormentado pela culpa de ter matado um soldado alemão sem saber que a guerra havia terminado. Em diálogo com o sacerdote que quer serenar seu espírito, este lhe diz que ele não deveria sentir-se culpado porque desconhecia o fim da guerra. Ao que o sargento exclama: "Eu não sabia que a guerra havia terminado, mas ele, ele sabia". Para sua consciência moral, o seu crime é sem remissão. Não foi responsável, mas nem por isso se sente menos culpado de um crime que cometeu sem saber que o estava cometendo.

causas que o levaram a agir mal, relacionando-as com a *áte*, a ruína e a perdição:

> muitas vezes os acaios tal coisa a mim me disseram,
> reprovando-me – porém eu mesmo não sou culpado
> mas antes Zeus, a Porção [as Parcas] e a Erínia que anda na névoa
> que me lançaram, na Ágora, a selvagem perdição,
> naquele dia em que eu próprio roubei de Aquiles seu prêmio.
> O que eu podia fazer? É o deus que tudo realiza. Velha filha de Zeus
> é perdição, que a todos perde, destruidora. Seus pés são macios, pois
> não se aproximam do chão: caminha por sobre as cabeças dos varões,
> a prejudicar os homens[62].

Agamêmnon atribui seu desatino à velha *áte*, expressando assim a dificuldade dos homens de poderem escapar dela, *áte* que os enleia em erros (*hamartia*) e enganos (*apate*). A velha *áte* o é, não em um sentido temporal, mas ontológico; ela está próxima das origens, de Zeus, de seu poder e autoridade. Porque caminha na névoa, na noite ou na escuridão, ela induz à má percepção ou ao obscurecimento da razão; por isso caminham juntos *apate* e *áte*, engano e perdição. Sob o desvario de *áte* "o mal parece ser o bem/para aquele cujo espírito/o deus conduz à ruína". Porém, mesmo dizendo que os deuses causaram sua perdição – Zeus, as Parcas, a Erínia –, o herói antigo não se exime da responsabilidade que é sua, revelando uma dupla causalidade, uma motivação cindida, ao mesmo tempo humana e divina. Por isso, n'*A República* de Platão, a Parca Lachesis, que apresenta diversas formas de vida a serem escolhidas pelas almas na reencarnação, exclama:

> Declaração da virgem Lachesis, filha da Necessidade. Almas efêmeras, ides recomeçar uma nova carreira e reentrar em um corpo mortal. Não vos escolherá um gênio [*daimon*], mas vós mesmas escolhereis vosso próprio *daimon*. A que for designada pela sorte será a primeira a escolher seu destino, e a escolha será irrevogável. A virtude não tem

---

62. Homero, *Ilíada*, vol. II, canto XIX, versos 84-94, *op. cit.*, p. 27.

senhor: adere a quem a honra e foge do que a menospreza. Cada qual responde por sua escolha. Quanto ao Deus, ele é inocente[63].

O que dá as bases e o fundamento da cultura da violência não é a violência, mas sua justificação, encobridora do crime porque a legitima como o direito de quem a venera como a virtude do homem forte. Contra isso, os gregos já haviam escrito suas tragédias, como Ésquilo, que compõe *Os persas* em pleno narcisismo da vitória grega na batalha de Salamina, mas escolhendo narrar os acontecimentos do ponto de vista dos vencidos. Longas lamentações das mulheres, listas de nomes de tantos guerreiros que partiram e jamais irão voltar. E a descrição do ataque:

> Impossível evitar o combate. Já as proas de bronze se chocavam; um navio grego iniciando a abordagem despedaça o equipamento de um barco fenício; a seguir a confusão. Nossa frota aguenta o primeiro encontro; porém, os navios numerosos demais, compridos no estreito, manobram dificilmente sem se poder prestar socorro, entrechocando-se os esporões de ferro. Os gregos, peritos nas manobras, atacam-nos por todos os lados, afundando-os; o mar desaparece sob os destroços e os mortos; as praias e os rochedos cobrem-se de cadáveres. Em breve toda a frota dos bárbaros põe-se desordenadamente em fuga. Nossos infelizes marinheiros, como atuns dispersos do cardume, ou peixes despejados da rede, são abatidos a golpes de remos e fragmentos de carcaças. Gritos e gemidos ecoam pelo mar aberto, até que a noite escura nos furta o olhar do vencedor e tudo detém. Não! dez dias inteiros não bastariam a pormenorizar tal perda. Saibam apenas que jamais tantos homens pereceram em um dia[64].

Mesmo não sendo pacifista, Ésquilo soube conjugar uma eventual necessidade da guerra – e mesmo uma nobreza que a ela se associasse[65]

---

63. Platão, *A república*, São Paulo: Edipro, 2000, pp. 415-6. Em *Ifigênia em Áulis*, Eurípides retrata o absurdo da violência do sacrifício iminente da jovem, preconizado pelo adivinho Calcas e pela disposição dos exércitos instigados à violência e à guerra por Ulisses em suas arengas aos soldados, indicando sua rivalidade em relação a Agamêmnon e a vileza que a guerra propicia. Simone Weil observa que o que mais atrai nas guerras é a licenciosidade e a impunidade.
64. Ésquilo, *Os persas*, versos 350-432, Coimbra: Almedina, 2005, p. 189.
65. Lembre-se aqui do diálogo entre Aquiles e Briseida. Depois de Aquiles ter assassinado os troianos e degolado aqueles que combatiam para salvá-la do guerreiro, que a toma como trunfo de guerra, Bri-

– com o sentimento agudo de seus horrores[66], como um apelo de não violência. E isso porque a violência (*bia*) é a ilimitação, o arbítrio e a desmedida que afetam a todos por seus efeitos de reversibilidade. Nesse sentido, Simone Weil escreve que a sujeição e a morte do vencido têm o efeito da desumanização tanto para o vencedor quanto para o vencido, privados ambos, pela relação de forças, de sua alma, isto é, da faculdade de pensar, da capacidade de respeitar e de amar. Se Homero trata o amigo e o inimigo com a mesma compaixão, sem neutralizar com isso sua oposição, é porque "a infelicidade dos inimigos talvez seja sentida mais dolorosamente – essa ideia ilustra [...] a graça suprema da guerra, quando ela agracia suas vítimas", e propõe uma paz "sem vencedores nem vencidos"[67], para pôr um fim aos massacres antes que um dos adversários tenha conseguido alcançar seus objetivos guerreiros. Por isso, Sócrates, n'*A República*, criticava o sofista que quer persuadir da necessidade das guerras, confundindo o que o filósofo separa: a necessidade e o bem. Não caberia aqui a ideia de que os fins justificam os meios, porque afirmá-la significa que os fins justificam todos os meios. Quem quer fins justos, deve querer meios justos, coerentes com seus fins[68].

seida contempla com horror os cadáveres, dizendo ser ele uma máquina de matar e que sente piedade por esses jovens que morreram por suas mãos. Ao que Aquiles responde: "Esses homens pelos quais tu tens compaixão morreram para te proteger. Eles merecem mais do que a tua piedade". (Agradeço a Lúcio Féres da Silva Telles pela lembrança dessa passagem, que condensa várias remissões a episódios da Guerra de Troia.) Sobre isso e sobre a fortuna literária da personagem, cf. Sergio Poli, "La Carrière littéraire d'une femme de fiction: le cas Briséis" (A carreira literária de uma mulher da ficção: o caso Briseida), *Femmes de parole, paroles des femmes*. *Hommage à Giorgio Piagg*, disponível em: <www.publifarum.farum.it/n03.php>, acesso em: 16 abr. 2015.
66. Cf. Jacqueline de Romilly, *op. cit.*
67. Simone Weil, "A Ilíada ou o poema da força", *op. cit.*, pp. 403-ss.
68. Na tradição grega, em particular no pensamento de Platão e Aristóteles, a guerra civil é o mal por excelência da vida política, porque ela implica a dissolução da pólis. Já a tradição moderna, a de Maquiavel e Marx, considerará a guerra civil o conflito armado que eclode em uma cidade como fonte de toda decisão e origem de toda constituição: "Ambos iriam inverter o paradoxo platônico (para eles a *stasis* não é a negação, mas, ao contrário, produção da *politeia*) [...], taxando de irrealismo esta busca por um 'estado' político fundado sobre a *mesotés*, a mediocridade, pretendendo demonstrar a vanidade [...] da politeia platônica. Jamais a 'constituição' platônica deduziria abstratamente do Princípio e a utopia de uma pólis-toda-uma, mas ela se pergunta em que condições é pensável uma pólis cuja multiplicidade não seja sempre também uma guerra civil potencial. A resposta pode suscitar 'uma saraivada de gargalhadas' (*República*, v, 473c78), ela pode parecer como uma espécie de *petteía*, de uma partida de gamão, que se joga não mais com peões, mas com discursos (vi, 487c2-3), mas é precisamente sua *distância*, sua distância *tragicômica* com respeito a todo 'estado' real, que permite apreender a aporia deste estado" (cf. Massimo Cacciari, *Déclinaisons de l'Europe* (Declinações da Europa), Paris: l'Éclat, 1996, pp. 44-5). Lembre-se também de Weber, que compreende a violência como uma necessidade incontornável da política: "aquele que quer fazer política se compromete com potências diabólicas

A violência que mata é sempre uma derrota e um drama do absurdo. Delírio contínuo, ela é a ininterrupta transgressão de limites, evocada pelos gregos com todos os seus nomes: *mênis, cholós, thymós, hybris*. Funesto destino, a exemplaridade da Guerra de Troia dá a conhecer que ela não foi o combate por uma mulher ou por uma cidade, mas por algo que escapa a qualquer lógica:

> Gregos e troianos se mataram durante dez anos, por causa de Helena [...]. Sua pessoa era tão evidentemente desproporcional em relação àquela gigantesca batalha que, aos olhos de todos, ela só representava o símbolo da verdadeira causa; mas esta ninguém a definia e ela não poderia ser definida porque não existia[69].

E, em *As suplicantes*, Eurípides escreve:

> Sabemos bem que a paz deve ser mais forte que a guerra, a paz amada das Musas [...]. Mas a seus bens nós preferimos a guerra e a submissão do fraco ao forte, do Estado ao Estado e do homem ao homem [...]. Miseráveis mortais, por que correr para as armas e vos entrematar? Basta, chega de combates! Ficai em vossas casas em paz, deixai em paz os outros! A existência é tão breve. Tentai viver sem transtornos e longe das desgraças[70].

A realização dos desígnios divinos como *necessidade* só se efetiva com a parte de liberdade que cabe a cada um. Que as guerras se façam pela honra de uma nação, em nome de uma religião, por fronteiras, razões

---

que espreitam sempre toda violência" (cf. Max Weber, "A política como vocação", em: *Ciência e política: duas vocações*, São Paulo: Cultrix, 2004). Daí decorrem as duas éticas, a da responsabilidade e a da convicção; a primeira se atém às "consequências previsíveis dos atos", a segunda só suscita a responsabilidade de "velar pela chama da pura doutrina para que ela não se apague". A escolha da não violência, diversamente, não se empenha em manter viva a doutrina da não violência, mas em buscar a justiça por meios coerentes com ela.

69. Simone Weil, "Ne Recommençons pas la Guerre de Troie" (Não recomecemos a Guerra de Troia), em: *Écrits politiques et historiques*, Œuvres complètes II (Escritos políticos e históricos, obras completas II), Paris: Gallimard, 1989, p. 50. Na tragédia de Eurípides, *Helena*, a rainha nunca estivera em Troia, pois se refugiara no Egito, e, assim, os gregos que combateram e se mataram na guerra o fizeram por nada.

70. Eurípides, *As suplicantes*, versos 481-ss e 950-ss, Coimbra: Festea, 2006. Cf. "Exhortation pour la paix" (Exortação à paz), composto por Pierre Ronsard em 1558.

militares ou econômicas; elas são sempre o resultado da arrogância[71] e da vontade de poder que os homens acabam por não mais dominar. Por isso o destino tem um significado diverso da fatalidade que se abate sem que se saiba nem como nem por quê. Uma guerra só acontece se o *destino* assim o quiser.

Na peça *A Guerra de Troia não acontecerá*, Andrômaca exclama: "Eu não sei o que é o destino", ao que Cassandra, a profetiza irmã de Heitor, responde: "Eu vou dizer: o destino é simplesmente a forma acelerada do tempo"[72]. Ao desmitificar a ideia de fatalidade, mas sem minimizar sua força, Cassandra associa o destino ao tempo que corre mais depressa que o pensamento dos homens, levando-os em direções que escapam à sua decisão e vontade. A forma acelerada do tempo produz, intensificando-a, uma crise das mediações entre as partes em disputa, fazendo do confronto dos rivais uma troca imediata, de tal modo que o estreitamento do tempo das negociações resulta na "troca de insultos, golpes e vingança": "Por isso mesmo as culturas tradicionais não valorizam a reciprocidade imediata demais"[73]. Para que a passagem ao ato possa ceder aos acordos pacíficos, é preciso a desaceleração do tempo das decisões e inversões na orientação temporal, pois, na pressa, cada um não faz mais do que reagir a um mal que o outro lhe causou. Porque a vingança olha sempre para trás, o resultado é uma corrida para frente. Assim, só há destino quando, dominados por paixões que obscurecem escolhas prudentes, os homens se perdem, e a má sorte e o erro se convertem em fatalidade: "o destino trágico vem à luz nos grandes momentos de passividade [do herói]: na decisão trágica [de aceitar a violência e a guerra], no momento retardatário

---

71. Não possuindo um significado unívoco, o orgulho desdobra-se em arrogância, prepotência, pretensão, vaidade, soberba, preconceito, racismo, fanatismo, presunção, arrivismo, sectarismo, narcisismo, megalomania, onipotência, vitória, ambição, sucesso, pedantismo, honra, alto sentimento de si, vontade de se fazer valer, luta pelo reconhecimento imposto à força, desprezo, dominação, desejo de poder, sentimento de superioridade, prestígio, notoriedade, certezas impostas aos outros. O arrogante pensa ter sempre razão. Quer impor suas ideias, seu modo de pensar e de agir como algo a ser adotado por todos. A etimologia revela a arrogância como desejo de elevar-se acima dos outros: o alemão *Überheblich* significa *ser arrogante com alguém, elevar-se acima*; o inglês *haughtiness* é *desprezo*. Do latim *rogum*, fogueira, a arrogância é o fogo do inferno, e ele é o pecado do orgulho que se origina em Lúcifer por não aceitar sua condição de criatura e querer fazer-se igual a Deus. Satã, invejoso da felicidade dos pais primordiais no paraíso terrestre, engana-os para desviá-los de Deus, acenando-lhes a igualdade com o Criador. Cf. Roland Barthes, *Le Neutre* (O neutro), Paris: Seuil, 2002; e Santo Tomás, *Suma teológica*, São Paulo: Loyola, 2002-2003.
72. Jean Giraudoux, *La Guerre de Troie n'aura pas lieu*, Paris: Pléiade, 1982, p. 482.
73. René Girard, *Le Bouc émissaire* (O bode expiatório), Paris: Grasset, 1982, p. 23.

[de visão do erro], na catástrofe"[74]. O destino é a lei do que é inapreensível e, dessa forma, se ninguém escapa ao destino é porque ninguém pode conhecê-lo. E, assim, quando as escolhas são inoportunas, elas causam infortúnio. Porque o destino impõe expiar as transgressões da medida humana, a *hybris* do herói resulta em uma imortalidade irônica, uma vez que a glória o privou da vida: "A felicidade do homem antigo se realiza na celebração da vitória: na glória de sua cidade, no orgulho de seu distrito e de sua família, na alegria dos deuses e no sono que o transporta ao céu dos heróis"[75]. Nesse sentido, a morte confere aura ao herói fazendo dele a mediação entre o profano e o Absoluto.

Não por acaso, Baudelaire compreende a modernidade como o desaparecimento do Absoluto ou dos vestígios do pecado original, sua maneira de fazer do presente o tempo da perda da experiência da transcendência, da aura da cultura e da auréola do poeta, sua substituição pelo nervosismo do mundo moderno. Razão pela qual Baudelaire observa que nas grandes cidades o homem é um caleidoscópio dotado de consciência, impulsionado por estímulos nervosos, cada vez mais intensos e violentos. Analisando as pinturas de batalha de Horace Vernet, Baudelaire escreve: "Confesso que o que mais me mortifica nesses espetáculos não é a profusão de ferimentos, a abundância hedionda de membros mutilados, mas sobretudo a imobilidade na violência e a espantosa e fria máscara de um furor paralisado"[76]. Vernet, por ser um militar que pretende praticar a pintura, só consegue borrar pinceladas militares:

> O Sr. Horace Vernet é um militar que faz pintura. – Eu odeio essa arte improvisada ao rufar dos tambores, estas telas borradas num golpe, esta pintura fabricada com tiros de pistola, assim como odeio o exército e as forças armadas, e tudo que carrega armas barulhentas para um lugar pacífico. Essa imensa popularidade que, aliás, não durará mais tempo que a guerra e diminuirá à medida que os povos tiverem outras alegrias – essa popularidade, repito, essa *vox populi, vox dei* é para mim uma opressão[77].

---

74. Walter Benjamin, "Trauerspiel und Tragödie", *op. cit.*, p. 137.
75. *Idem*, "Das Glück des antiken Menschen", *op. cit.*, p. 129.
76. Charles Baudelaire, "Horace Vernet, salão de 1846", em: *Poesia e prosa*, Rio de Janeiro: Nova Aguilar, p. 711.
77. *Ibidem*.

A violência se instala no âmbito do empobrecimento do mundo e da cultura. Como escreveu Baudelaire: "O mundo vai se acabar, não por uma guerra, mas pelo aviltamento dos corações"[78], de que a guerra moderna é a consequência. Em "As armas do futuro", de 1925, Benjamin escreve:

> A próxima guerra terá um *front* fantasmal. Um *front* que alcançará rapidamente todas as metrópoles, todas as ruas, todas as portas. Essa guerra, a guerra das bombas aéreas de gás, será, verdadeiramente, uma loteria de "cortar a respiração", em um sentido que até então não se conferira a esta expressão [...]. Contra os ataques aéreos com gás, nenhuma defesa é possível [...]. A que se assemelham esses gases tóxicos cuja utilização pressupõe o fim dos sentimentos humanos?[79]

Eis por que a Primeira Guerra é analisada por Benjamin como a época do aniquilamento da espiritualidade e da capacidade de pensar. Em suas *Passagens,* Benjamin cita Turgot: "Não é o erro que se opõe ao progresso da verdade, mas a indolência, a teimosia, o espírito de rotina. [...] Na Grécia [...], os espíritos estavam sempre em atividade, as luzes do pensamento cresciam a cada dia"[80]. Nesse sentido, a incapacidade de pensar por si mesmo, o bloqueio do pensamento reflexivo, é hoje mais ameaçador do que a energia atômica ou a manipulação genética. Pensar é ser capaz de duvidar, pois o dogmatismo é o contrário do pensamento livre. Assim, o discurso guerreiro mais sóbrio e frio pode não passar de violência diferida, como ilustra o episódio dos embaixadores atenienses que se dirigem aos melianos que desejavam permanecer neutros no ataque ateniense a Esparta na guerra do Peloponeso: "Palavras de morte pronunciadas com toda tranquilidade (*kath 'hesychían*)", sem emoção ou

---

78. *Ibidem.*
79. Walter Benjamin, "Les Armes de demain. Batailles au chloracétophénol, au chlorure de diphenylarsine et au sulfure d'éthyle dichloré", *op. cit.*, pp. 107-11.
80. *Idem*, "Arquivo N", *op. cit.*, pp. 519-20. No fragmento sobre Turgot, Benjamin cita-o indicando que na Grécia cada cidadão era um cidadão armado: "O progresso mesmo das artes mais pacíficas entre os povos antigos da Grécia e suas repúblicas era entremeado de guerras contínuas. Estavam ali como os judeus, construindo os muros de Jerusalém com uma mão e combatendo com a outra" (*Ibidem*, pp. 519-20). Desde a Antiguidade, passando pela Idade Média e o Renascimento até o Iluminismo, houve um processo de abrandamento dos costumes, com a substituição da violência privada e da vingança pela ideia de justiça, para que a sociedade progressivamente se desarmasse e o Estado se tornasse o detentor do exercício legítimo da violência, o que desaparece na modernidade, em que a violência abrange toda a sociedade.

furor, sem impaciência. "Tão somente aquele que está absolutamente seguro de estar com a verdade, absolutamente seguro de que sua ação se apoia em um fundamento *inconcussum*, inabalável, 'procede' assim"[81]. Aqui é a *hybris* que raciocina, é o logos que pretende ter valor de verdade incontestável, é a *delirante pretensão* de uma noção de justiça ser a única possível; os atenienses coagem os melianos ao combate, pois se consideram superiores a todos os limites. Ofuscados por sua *hybris*, "avançam para massacrar os melianos com 'orgulhosa segurança e certeza', mas também com o desprezo que nasce da absoluta confiança em sua própria superioridade"[82]. Diante da violência, a não violência – sem desconhecer que ela não poderia ser absoluta – não deixa de ser radical, pois é a exigência filosófica para a qual "quem quer os fins quer os meios, quem quer a justiça quer meios justos, quem quer a paz quer meios pacíficos, coerentes com seus fins".

Em 1957, ao receber o Prêmio Nobel, Camus fez a declaração que provoca ainda hoje polêmica: "Eu acredito na justiça, mas defenderei minha mãe antes da justiça". À época da Guerra da Argélia, então território francês, essa declaração foi tomada por seus detratores como defesa dos privilégios franceses contra a causa argelina e sua opressão. No horizonte da ocupação francesa na Argélia e do terrorismo da Frente de Libertação Nacional, porém, a ideia de justiça se encontrava por demais *politizada* e enraizada no desejo de conquista, de um lado, e no de vingança, de outro. Mas o que uma mãe tem a ver com a justiça? Camus declara:

> Eu sempre condenei o terror. Tenho que condenar também um terrorismo que se exerce cegamente nas ruas de Argel e que um dia poderá atingir minha mãe [...]. Eu acredito na justiça, mas defenderei minha mãe antes da justiça [...]. Neste momento bombas são lançadas nos bondes de Argel. Minha mãe pode estar num de seus compartimentos. Se é isso justiça, eu prefiro minha mãe[83].

---

81. Massimo Cacciari, *op. cit.*, p. 48.
82. *Ibidem*, p. 50.
83. Albert Camus *apud* David Carroll, "Justice maintenant" (Justiça atualmente), em: *Synergies inde*, Sylvains-les-Moulins: Gerflint, 2010, n. 5, pp. 61-72. Cf. também David Carroll, *Albert Camus, the Algerian: Colonialism, Terrorism, Justice* (Albert Camus, o argelino: colonialismo, terrorismo, justiça), New York: Columbia University Press, 2007.

A esse respeito, David Carroll escreve:

Ao defender sua própria mãe antes da justiça ou ao preferi-la e o que ela representa na luta pela justiça que exigiria ou justificaria o sacrifício de sua vida e da vida de outros inocentes civis, ao argumentar que sua vida tem um valor indiscutível e que uma mãe não deveria nunca ser sacrificada por nenhuma causa [...] isso significava que os inocentes não devem ser implicados em um conflito armado. Não se pode jamais justificar matar uma mãe[84].

Para Camus, em sua mãe encontram-se todas as mães e irmãos e outros irmãos e primos: "àqueles que continuam a pensar heroicamente que um irmão deve morrer mais que os princípios, eu me limitarei a admirá-los de longe. Eu não sou dessa raça"[85]. Camus afirma que a luta, por mais legítima que seja, não pode ser ilimitada e que o limite com o qual todos deveriam estar de acordo seria a segurança de uma mãe. Se uma mãe não conta, o que poderá realmente contar? O fato de se estar disposto a sacrificar a própria mãe impedirá que se detenha o ciclo cada vez mais violento do terrorismo e do contraterrorismo de tornar absoluto.

A violência é anti-intelectual; por isso o general Franco, nos anos da guerra civil espanhola, declarava que, quando ouvia falar em cultura,

---

84. David Carroll, "Justice maintenant", *op. cit.*, pp. 61-72.
85. *Ibidem*. Cf. também entrevista concedida pelo escritor israelense Amós Oz em 13 de março de 2014 a Jana Beris, correspondente do jornal colombiano *El Tiempo*: "Se você está se perguntando se sou pró--Palestina, pois lhe direi que não. Sou pró-paz. Creio que o conflito entre os israelenses e os palestinos é uma tragédia. Os palestinos não têm outra terra que não seja esta e nós não temos outra terra que não seja esta. Eles dizem que a terra é sua terra e têm razão. Nós dizemos que é nossa terra e temos razão. O choque entre duas justiças é trágico. Pode terminar em um meio-termo ou em uma catástrofe. Um meio-termo não é justo. Sempre tem algo de injusto. Um meio-termo nunca é o ideal nem faz ninguém feliz. Mas sempre acreditei e continuo acreditando que os palestinos devem ter tudo que nós temos: um Estado independente, um governo independente, com capital em Jerusalém, como nós. Acredito na solução de dois Estados que vivem um ao lado do outro, talvez não com um grande amor entre eles, mas sim com uma boa vizinhança". E quando a jornalista pergunta a ele se não é tarde demais para conseguir a paz, Amós responde: "Não. Não há nada irreversível, salvo a morte. Não é tarde para uma solução política, já que de fato não há nenhuma alternativa. Os palestinos não podem ir embora porque não têm para onde ir. Os judeus israelenses tampouco podem ir-se para outro lugar porque não têm para onde ir. Não podem converter-se em uma grande família feliz porque não são nem uma família nem são felizes. São duas famílias infelizes. Há que dividir a casa em duas partes menores. É a solução. Não há outra. Quanto tempo levará? Não sei, não sou profeta. Mas estou convencido de que não há outra solução". Disponível em: <www.eltiempo.com/entretenimiento/musica-y-libros/entrevista-con-el-escritor-israeli-amos-oz/13646295>. Acesso em: out. 2014.

sacava o seu revólver. E, em Auschwitz, as palavras de um soldado da SS, em resposta à pergunta de Primo Levi de por que lhe era recusado saciar a sede com a neve do chão, contêm a essência da crueldade: *"Hier ist kein warum"*. A violência é "sem porquê", uma vez que violência e crueldade obedecem, sempre, ao que é cego à reflexão e ao pensamento. Na cultura da violência, a não violência é julgada através do prisma da ideologia da violência; àquele que é morto em uma luta tendo optado pela não violência é creditada a ineficácia da não violência, enquanto o fracasso da violência é considerado não um argumento que prova sua ineficácia, mas um indicador de que a vitória exige mais violência, como se tão somente a violência desse a vitória. A não violência não nega o conflito, mas sim a violência e a arrogância de enfrentamentos unilaterais em desproporção de forças. Assim, a verdadeira oposição à paz não é o *polemos* – a luta que se realiza nos limites de uma *inimizade natural*[86] –, mas a *hybris,* a violência que ultrapassa todas as outras, que vai além de toda medida (*hyper = super = superbus*)[87].

Nesse universo guerreiro e viril, Hobbes inova, evocando o irrenunciável direito à vida que inclui o direito de não matar. Em seu *Leviatã* lê-se: "Nenhum homem está obrigado, pelas palavras [do pacto social], quer a matar-se a si mesmo ou a outrem"[88]. Assim, se o soberano mandar-me ferir alguém, não estou obrigado a fazê-lo:

> Há homens de coragem feminina de quem não se pode exigir – como tampouco das mulheres – o serviço militar [...]. Não apenas não é vergonhoso temer, como um direito ao medo decorre do direito à vida [...]. O fundamental em Hobbes é recortar [ao súdito] um espaço sem homicídio, de aversão ao sangue, de paz. O mesmo homem que não quer ser morto pode não querer matar. Há homens cujo caráter repugna ao sangue. Para eles – de compleição feminina – se constrói o Estado[89].

---

86. Cf. Platão, *op. cit.*, 470c.
87. Cf. Massimo Cacciari, *op. cit.*
88. Thomas Hobbes, *Leviatã*, v. 2, São Paulo: Abril Cultural, 1983, p. 133.
89. Renato Janine Ribeiro, *Ao leitor sem medo: Hobbes escrevendo contra o seu tempo*, São Paulo: Brasiliense, 1984, pp. 89 e 91. Isso não significa que em uma sociedade não haja o conflito. Ao contrário, o conflito tem uma função positiva e construtiva; pode ser o meio para a criação de relações de justiça e de respeito recíproco, de confiança e talvez de benevolência.

Benjamin, por sua vez, procura uma relação com o mundo natural e humano que seja de não dominação e de não violência[90]:

> Existiriam ligações entre as experiências da aura e as da astrologia? Haveria seres vivos e coisas na Terra cujo olhar nos é enviado pelas estrelas? Cujo olhar não se abre verdadeiramente senão no céu? As estrelas, com seu olhar distante, são elas o fenômeno originário da aura? Poder-se-ia pensar que o olhar foi o primeiro mentor da faculdade mimética? Que a primeira assimilação acontece sob o olhar? Pode-se por fim fechar o círculo supondo que as constelações têm relação com o nascimento do ornamento? Que o ornamento contém o olhar das estrelas?[91]

90. A dominação da natureza para fins de controle produtivo e de poder sobre ela através da ciência é violência que se expande por todo o universo orgânico e inorgânico. Assim, os escritos benjaminianos sobre a violência devem ser circunscritos aos períodos em que foram elaborados. Em primeiro lugar, os ensaios do final da Primeira Guerra Mundial: "Para uma crítica da violência" e "Fragmento teológico-político", de 1921; no início da Segunda, em 1940, as teses "Sobre o conceito de história". Estas não apresentam um sentido unívoco porque é a própria possibilidade da história que está em questão. Em carta a Gretel Adorno, de abril de 1940, Benjamin escreve: "Nada está mais longe de meu pensamento [...] que a ideia de publicar estas notas"; segundo ele, elas correriam o risco "de abrir comportas a mal-entendidos entusiastas" (Walter Benjamin, *Gesammelte Schriften*, vol. I-III, Frankfurt: Suhrkamp, 1972, p. 1.227). De resto, o próprio filósofo as compara a uma central de energia (*Kraftwerk*), uma central nuclear em que a fusão não está inteiramente sob controle, que transborda a função que poderia desempenhar se tivesse sido ajustada disciplinadamente no quadro preciso de um dos projetos aos quais tais notas são de um modo ou de outro associadas. A esse respeito, Gérard Raulet escreve: "Em abril de 1940 nada era claro, nem quanto à mensagem, nem quanto ao 'estatuto' das 'teses', e é evidentemente dessa nebulosidade que elas retiram sua aura mítica. Já que é assim, eu adotaria com facilidade a postura da 'barbárie positiva' que parece fornecer a chave do 'último Benjamin': tratemos, pois, as 'teses' por sua qualidade estética e não mais tentando a todo preço fixar seu conteúdo ideológico. Tratemo-las como monumentos mais que como documentos. Pois pode muito bem ser que sua 'mensagem' não esteja em seu conteúdo ideológico" (Gérard Raulet, "Archéologie d'un mythe: Les thèses 'Sur le concept d'histoire'" (Arqueologia de um mito: as teses "sobre o conceito de história"), *L'Herne, Cahier Benjamin*, Paris: out. 2013, pp. 256-7). Em carta a Scholem, Benjamin escreve seu projeto de escrever um livro sobre a não violência. O Messias chega discretamente, por uma porta estreita, e basta deslocar um pouquinho a xícara, a cortina de renda etc. Ver ainda seus escritos sobre Kafka e os animais, e sobre Karl Kraus. Para Walter Benjamin, existe o acordo não violento em que a cultura do coração concede à humanidade meios para o entendimento: cortesia, amor à paz e confiança são seus pressupostos subjetivos (cf. Walter Benjamin, "Para uma crítica da violência", em: *Escritos sobre mito e linguagem*, São Paulo: Livraria Duas Cidades/Editora 34, 2011.). Ver ainda Michel Löwy, *Walter Benjamin: aviso de incêndio*, São Paulo: Boitempo, 2005.

91. Walter Benjamin, "L'Ornement est une modèle pour la faculté mimétique..." (O ornamento é um modelo para a faculdade mimética), *L'Herne, Cahier Benjamin*, Paris: out. 2013, p. 126. Pode-se compreender o sentido do ornamento em suas relações com a aura e a graça, tanto entre os gregos quanto em Baudelaire. Jean-Pierre Vernant observa: "Para os gregos, a *cháris* não emana apenas da mulher ou de todo ser humano cuja beleza jovem faz 'brilhar' o corpo (especialmente os olhos) com um esplendor que provoca o amor; emana também das bijuterias cinzeladas, das joias trabalhadas e de certos tecidos preciosos; o cintilamento do metal, o reflexo das pedras nas águas diversas, a policromia da tecelagem,

Nem proximidade com a natureza dominada por ritos e mitos, nem distância que a domina pela técnica, mas um mundo comum de semelhanças, correspondências e afinidades com o qual se comunica através de sua aura. A aura benjaminiana contém a *charis*, a graça que, quando toca os humanos, torna-os mais belos e melhores e, assim, ela é útil à felicidade dos homens: "O ornamento é um modelo para a faculdade mimética. Essa abstração é a grande escola da empatia (*Einfühlung*)"[92]. Empatia, aura e amor se encontram nos ornamentos, cuja origem divina já fora compreendida pelos gregos na noção de graça (*charis*), própria do ouro e do dourado, atributos de Afrodite, a "deusa do amor. Afrodite é dita áurea. No *Hino homérico a Afrodite* a deusa é adornada de ouro, mas no sentido em que dela mesma emana o brilho"[93]. Para Adorno, o amor é uma relação não instrumental, uma *finalidade sem fim*, o *além dos fins*; é relação sem violência e sem dominação: "Só se é amado onde podemos nos mostrar fracos sem provocar a força"[94].

> a variedade dos desenhos que figuram, sob forma mais ou menos estilizada, uma decoração vegetal e animal que evoca muito diretamente as forças da vida, tudo concorre para fazer do trabalho de ourivesaria e do produto da tecelagem uma espécie de concentração de luz viva de onde irradia a *cháris*" (Jean-Pierre Vernant, *As origens do pensamento grego*, São Paulo: Difel, 1973, pp. 272-3). E também Baudelaire: "Sou levado a olhar os enfeites como um dos sinais da nobreza primitiva da alma humana. As raças que nossa civilização, confusa e pervertida, trata com desenvoltura de selvagens, com um orgulho e uma fatuidade inteiramente risíveis, compreendem, tanto quanto a criança, a alta espiritualidade da toalete. O selvagem e a criança testemunham, por sua ingênua aspiração do que é brilhante, das plumagens coloridas, dos tecidos salpicados de cores, da majestade superlativa das formas artificiais, sua aversão pelo real e provam, por assim revelia, a imaterialidade da alma" (Charles Baudelaire, "Le Peintre de la vie moderne" (O pintor da vida moderna), em: *Œuvres complètes* (Obras completas), vol. 2, Paris: Robert Laffont, 1980, pp. 715-6).

92. Cf. Walter Benjamin, "Fragment", Ms 931, *Gesammelte Schriften*, vol. v, 1983. Em Atenas, a arte oferecia aos cidadãos mais modestos, nos grandes monumentos que adornavam a cidade, o luxo público, o que lhes faltava em termos de beleza: "a vida cotidiana, que contava tanto para os gregos, devia ter formas, abertas a todos, de beleza e graça". Era Afrodite, a "deusa dos sorrisos", quem presidia a assembleia do povo. Cf. Christian Meier, *Política e graça*, Brasília: UnB, 1997, p. 13.

93. Cf. Adélia Bezerra de Meneses, "Garota de Mitilene", *Estudos avançados*, São Paulo: USP, 2012, vol. 26, n° 76, p. 303: "[Há] uma ênfase na luminosidade da deusa ou daqueles que são por ela tocados. Ouro e brilho são elementos ligados à sedução erótica; e Afrodite é a grande sedutora a que homens e deuses sucumbem. Diga-se, no entanto, que essa ligação do amor com o ouro é uma tradição poética da Antiguidade não apenas grega, mas também semítica – ou melhor, oriental (plausível sobretudo levando--se em conta a proximidade de Lesbos com a costa oriental, especialmente a Lídia). Não por acaso o Amado do 'Cântico dos Cânticos' bíblico, numa de suas descrições, é de ouro: 'Sua cabeça é ouro puro, uma copa de palmeiras seus cabelos [...]; Seus braços são torneados em ouro/incrustado com pedras de Társis. [...] Suas pernas, colunas de mármore/firmadas em base de ouro puro'".

94. Theodor Adorno, *Minima Moralia*, *Gesammelte Schriften*, vol. IV, Frankfurt: Suhrkamp-Verlag, 1996, p. 218. A qualidade de uma vida é função da capacidade de "amar". Em suas *Minima Moralia*, Adorno evoca a relação não instrumental, uma "finalidade sem fim", o "além dos fins" que é o amor: "Só se é

Eros é o oposto da violência guerreira, da *hybris* e do *hyper* que evocam o *peso e o esmagamento por derrota militar*, como *obrimos* – poderoso, forte – é sempre utilizado em um contexto de guerra, atribuído a guerreiros em armas, à destruição e a massacres de ações militares. Sua contrapartida, Benjamin a encontra em Safo, o feminino ligado à não violência. Benjamin volta à Grécia clássica, quando a relação com o corpo era determinada pela habilidade e destreza pessoais como condições da excelência guerreira masculina. Nos escritos de Benjamin a *conversação* feminina opõe-se ao *diálogo* masculino; Safo e suas amigas, a Sócrates e seus discípulos. Sócrates, como os homens em geral, usa as palavras como se fossem armas com as quais constrói um mundo lógico e racional. Seu discurso violenta o feminino, exila o sagrado, cuja guardiã é a mulher:

> Dois homens, um ao lado do outro, são sempre turbulentos [...]. As palavras de mesmo sentido se unem e se afirmam em sua atração secreta, gerando uma ambiguidade sem alma, mal dissimulada em sua dialética [...] [Entre mulheres, ao contrário,] o silêncio se ergue, majestoso, sobre o seu falar. A linguagem não confina a alma das mulheres [...]: ela gira em volta delas, tocando-as [...]. As mulheres que falam são possuídas por uma linguagem delirante [...] o delírio amoroso, o entusiasmo, *en-theos*, o divino que ingressa no humano], elas se calam, e o que ouvem são palavras não pronunciadas. Elas aproximam seus corpos, ousam se olhar. A reciprocidade do olhar revitaliza a respiração, enquanto as palavras se dissipam no espaço. O silêncio e a volúpia – eternamente separados no discurso – se uniram e se identificaram [...]. Irradiou-se a essência[95].

---

amado onde podemos nos mostrar fracos sem provocar a força" (*Minima Moralia*, *Gesammelte Schriften*, vol. IV, p 218). Estabelecendo uma relação entre as duas guerras mundiais, Adorno considera a perda da delicadeza e o fim da aura da cultura: "pois a formação cultural [...] é justamente aquilo para o qual não há usos adequados; ela deve ser obtida mediante esforços e interesse espontâneo, o que não se garante mediante cursos, mesmo os de *Studium generale*. Ou melhor, não se logra mediante esforços, mas segundo a receptividade, a capacidade de permitir que o espiritual chegue até nós, recebendo-o ativamente na própria consciência, em vez de submeter-se a ele como mero aprendizado, como um clichê. Se não temesse incorrer em sentimentalismos, diria que para a formação cultural é requerido o amor; [falta de cultura] é, por certo, defeito na capacidade de amar" (Theodor Adorno, "Filosofia e mestres", em: *Intervenciones: nueve modelos de crítica* (Intervenções: nove modelos de crítica), Caracas: Monte Ávila, 1969, p. 37).

95. Cf. Walter Benjamin, "Sokrate", em: *Gesammelte Schriften*, vol. II, 1, 1989, p. 232.

Para Benjamin, as mulheres são as guardiãs dessa grandeza e dessa experiência banida do mundo moderno pela linguagem lógica e viril do pensamento técnico[96].

O amor em vez da violência foi eternizado na lírica de Safo de Mitilene: "[...] agora traz-me Anactória à lembrança, a que está ausente,/ seu adorável caminhar quisera ver,/ e o brilho luminoso de seu rosto,/ a ver dos lídios as carruagens e a armada infantaria"[97].

---

96. Lembre-se aqui do feminino ligado à não violência em *Lisístrata ou a greve do sexo*, a recusa das mulheres gregas a procriarem para interromper a lógica viril da guerra: "Não é de maneira alguma útil fazer a guerra, afirma Lisístrata, aquela que dissolve os exércitos – uma vez que se poderia ser feliz. A paz como tempo último, a idade de ouro em que o lobo viverá com o cordeiro e que só os deuses poderiam nos dar, não seria mais uma ideologia de adivinhos embromadores? Não cabe a nós mesmos fazermos a paz e eliminar os horrores da guerra?" (cf. Massimo Cacciari, *op. cit.*, p. 79). Cf. também Pierre Clastres e suas análises das tribos ditas primitivas, em que as mulheres também se recusaram a ter filhos: "A mulher é um ser-para-a-vida e o homem guerreiro um ser-para-a-morte" (Pierre Clastres, "Infortúnio do guerreiro selvagem", em: *Arqueologia da violência e outros ensaios*, São Paulo: Brasiliense, 1983, p. 236). Na história moderna, lembre-se de Simone Weil, que vai à Espanha em apoio aos republicanos na guerra civil, mas recusa-se a pegar em armas, e Joana d'Arc, que troca a espada pela bandeira da França. E também do imaginário do feminino como não violência na sociedade andrógina de Herbert Marcuse: "A mulher é o futuro do homem" (cf. "Marxisme et Féminisme" (Marxismo e feminismo), em: *Actuels*, Paris: Alilée, 1976). Desenvolvida, a afirmação decorre do poeta Louis Aragon: "O futuro do homem é a mulher/Ela é a cor de sua alma/Ela é seu rumor e seu ruído" (Cf. Louis Aragon, *Le Fou d'Elsa* (O tolo de Elsa), Paris: Gallimard, 2002, p. 196). E Benjamin, ao comparar Safo e Sócrates em sua *Metafísica da juventude*, opõe a delicadeza da poesia e da dança à violência do logos masculino. Cf. também Olgária Matos, "O amor em três tempos", em: *Discretas esperanças: reflexões filosóficas sobre o mundo contemporâneo*, São Paulo: Nova Alexandria, 2006.
97. Paulo Martins, "Ode a Anactória", em: *Antologia dos poetas gregos e latinos*, São Paulo: Edusp, 2010, p. 9. Na tradução de Jaa Torrano lê-se: "Eros faz nosso pensamento revirar-se leve/ e faz-me lembrar agora Anactória longe/ Quisera eu ver o encanto de seu andar/ e a luz brilhante de seu rosto/ não carros de Lídios ou guerreiros com armas" (*Ibidem*, p. 9).

Os homens que amam a guerra
Marcelo Jasmin

1.

A associação entre guerra e violência é tão imediata que poucas vezes precisamos problematizá-la. Também associamos, sem maiores dificuldades, guerra e horror, apesar dos esforços contemporâneos de divulgação dos novos artefatos *assépticos* para uma guerra que parece ser travada a distância, embora só o seja em parte e, no mais das vezes, por uma das partes envolvidas. Com menos frequência, contudo, temos associado hoje violência e horror e, ainda que estejamos atentos a tal vínculo em situações definidas – os campos de concentração, os massacres genocidas etc. –, alguns de nós têm se permitido elaborar condições de legitimidade ou razoabilidade para o recurso à violência nas quais o nexo com o horror se atenua ou se perde.

Por mais que sejam conhecidas as motivações psicológicas e as explicações sociológicas das várias formas históricas do recurso à violência, e por mais que saibamos que a violência é parte integrante da vida humana, prefiro manter ativa uma desconfiança em relação às justificações e à adesão normativa às práticas deliberadas da violência. Ao afrouxarem os vínculos entre violência e horror, tais justificações desprezam o quanto fins eticamente justos são contaminados, quando não negados ou dissipados, pelos meios através dos quais a violência deliberada se exerce, ainda que evocada como necessária ou legítima. Penso que a violência perpetrada por um ser humano contra outro, para não falar de outras formas da violência humana, é um limite externo da política, no sentido de que a presença de uma exclui necessariamente a outra. E, ao contrário do conhecido dito clausewitziano, penso que a guerra não é a continuação da política por outros meios; pelo contrário, a guerra é a falência da política e a sua substituição pela pura instrumentalidade da força.

Temos também, com frequência, aproximado a violência produzida pelos seres humanos com as variadas formas da erupção de forças telúricas e catástrofes naturais, como se não houvesse qualquer distância entre elas. A linguagem comum, aliás, acomoda o desprezo pela diferença humana. Falamos da violência de um terremoto ou de uma porta que se fecha com a força do vento; dizemos que a natureza é violenta quando assistimos aos documentários sobre a vida animal ou sobre a destruição dos corpos celestes que precede o surgimento de novas galáxias, ou quando nos referimos à virulência de certas doenças etc. Que a destruição e a morte sejam condições do nascimento de vida nova no cosmos parece-nos algo estabelecido racional e documentalmente, mas algo bem mais problemático se insinua quando essa certeza se confunde com uma naturalização da violência que prescinde da diferença entre os mecanismos que não controlamos e o que decidimos fazer com nossos atos, como se os chifres de girafas machos em luta por suas fêmeas fossem da mesma natureza das mãos humanas.

Ao mesmo tempo, o tema das paixões nos impõe a instabilidade dos termos até aqui mobilizados: intenção, mecanismo, erupção... O passional é da ordem do furor e do incontrolável, exatamente daquilo que assalta a autonomia racional, que a domina e a anula. Talvez a conduta mais prudente para este ensaio fosse suspender o juízo e explorar, com maior afastamento, as dimensões históricas da emergência passional da violência sem pretender uma rejeição do violento. Mas esse não foi um caminho possível para mim. Quis manter ativa, mesmo correndo o risco do uso tradicional de termos instáveis e em questão, a recusa ética da violência humana, isto é, daquilo que nos é possível rejeitar, pois, como sabemos, sobre o que é inexorável não há o que decidir.

Dito assim, rápida e sucintamente, a recusa da violência parece ingênua. Mas penso, por vezes, que certa ingenuidade talvez seja necessária para que possamos sair, mesmo que por um instante, do envoltório brutal em que se transformou o nosso cotidiano, de modo a admitir que algo distinto possa ser imaginado no campo das relações contemporâneas. A banalização da violência e da perpetração da morte assumiu tal naturalidade nas relações políticas, nas instituições estatais, na manutenção da ordem pública, nas relações internacionais, nos movimentos de massa do século xx, que não parece impróprio chamar a atenção para os riscos de sua legitimação.

★ ★ ★

Bem antes que o século xix desenvolvesse sofisticadas explicações psicológicas e sociológicas para a emergência da violência entre os seres humanos, a guerra foi um expediente constante da resolução (como também da continuidade) de conflitos. Onipresente no século xx, quando foi turbinada por um inédito desenvolvimento tecnológico de destruição em massa, a guerra ainda parece representar, contemporaneamente, o paroxismo da violência perpetrada contra outros seres humanos, sob justificativas as mais diversas.

Ao longo da história, os relatos dos atos de bravura e da heroicidade deste ou daquele personagem em combate serviram de exemplos vívidos do que os seres humanos são capazes de suportar e de realizar, assim como da astúcia e da inteligência estratégica dos membros da espécie. Ainda que muitas vezes denunciada e condenada, a guerra triunfou na história humana por sua eficácia na determinação da superioridade entre contendores e na saciação de anseios menos nobres da vontade de poder. Gerações românticas apreciaram a guerra a partir de noções como as de grandeza e de glória nacionais, e certos círculos entediados com o cotidiano das sociedades burguesas do século xix conceberam e viveram a guerra como uma aventura e uma oportunidade de engrandecimento pessoal. Como fenômeno extremo da luta pela sobrevivência, a guerra recebeu elogios modernos quando se tornou evidente o seu potencial para a descoberta de soluções engenhosas de problemas diversos e para o incremento da invenção científica e tecnológica. Quando observamos nossos hábitos contemporâneos, não há dúvidas de que a parafernália de aparelhos que utilizamos todo dia, e as funções que nos disponibilizam, não estaria entre nós, pelo menos tão cedo, se não fossem os imensos esforços concentrados da inteligência nos períodos de guerra.

Há, portanto, muitos registros nos quais a guerra tornou-se historicamente louvável ou, pelo menos, aceita como parte do *progresso* da vida humana. No entanto, parece haver algo distinto na apreciação dos usos da violência na guerra quando adentramos as décadas iniciais do século xx, e é nesse período que, me parece, encontramos indícios eloquentes da banalização da violência que se difunde nos dias de hoje.

O que eu gostaria de fazer neste ensaio é, ao falar de homens que amam a guerra, vislumbrar algo dessa diferença contemporânea. Não me interessa recuperar o romantismo das noções de honra, grandeza e glória, nem lembrar o espírito de heroísmo ou de aventura que desde sempre animou indivíduos a viajarem milhares de quilômetros em busca de seus dias de Alexandre. Embora a história escrita tenha preenchido infindáveis volumes que nos lembram que a guerra está por todo lado, penso que sinais desse algo peculiar ao século xx podem ser encontrados quando homens comuns, a princípio não avariados em sua capacidade de expressão e de pensamento, declaram, sem maiores pudores, que entre os prazeres vividos na guerra estão, por exemplo, a emoção da destruição, a satisfação diante da morte do inimigo e ainda, mesmo que de modo mais acanhado, o prazer de matar. Interessa notar em tais testemunhos paixões, sentimentos e prazeres que nada têm a ver com os valores tradicionais da vitória, da pátria e de outros associados a eles. Pelo contrário, penso que as declarações que me interessam só foram passíveis de vir a público, sem qualquer mal-estar, a partir do momento em que a experiência da guerra transfigurou noções como as de honra e de glória tornando-as *coisas obscenas*, para parafrasearmos um personagem de Ernst Hemingway, em seu livro *Adeus às armas*, cuja narrativa é ambientada nas campanhas italianas da Primeira Guerra Mundial.

2.

Um exemplo notável dessa nova maneira de amar a guerra encontra-se no artigo publicado pelo ex-soldado norte-americano William Broyles Jr., no ano de 1984, na revista masculina *Esquire*, justamente com o título de *"Why men love war"* (Por que os homens amam a guerra)[1]. Broyles foi recrutado em 1968 para o Marine Corps e ascendeu à patente de primeiro-

---

1. William Broyles Jr., "Why men love war", *Esquire*, nov. 1984, pp. 54-65. Todas as citações a seguir foram livremente traduzidas por mim. Para uma exposição dos prazeres da guerra, veja-se, por exemplo, Joanna Bourke, *An Intimate History of Killing: Face to Face Killing in 20th Century Warfare* (Uma história íntima do matar: matar cara a cara no guerrear do século xx), New York: Basic Books, pp. 1-31.

-tenente durante seu serviço no Vietnã entre 1969 e 1971. Após uma carreira como jornalista, tornou-se roteirista de séries de TV e de cinema em Hollywood. Não importam aqui detalhes da vida do ex-soldado, senão para dizer que se trata de um cidadão plenamente integrado à vida civil, ao trabalho, à família etc. Em seu artigo, Broyles reconhece que "nenhuma guerra em nosso passado bárbaro chega perto da brutalidade das guerras geradas neste século [XX], na bela, ordeira e civilizada paisagem da Europa, onde todos são letrados e a música clássica toca em cada café" e, recusando qualquer associação com o romantismo das gerações que se inspiraram em Walter Scott, diz que seu objetivo é compreender "por que homens ponderados e amáveis [como ele próprio supõe sê-lo] podem amar a guerra mesmo quando a conhecem e a detestam".

Para o ex-tenente, existem inúmeras razões, algumas respeitáveis e outras nem tanto, que ajudam a compreender o amor à guerra. Dentre aquelas que considera respeitáveis, a primeira está na oportunidade oferecida pela guerra para o olhar atento às coisas não ordinárias do mundo. Lembrando o que no texto bíblico era condenado pela expressão *concupiscência* ou *luxúria dos olhos*, em geral associada ao interesse mundano pelos bens materiais e pela sensualidade da carne, Broyles reporta-se ao estranho deleite proveniente da experiência rebatizada pelos soldados com a expressão *"eye fucking"*, menos vinculada aos temas bíblicos e mais à curiosidade infinita do olhar humano para todas as coisas, o prazer de presenciar cenas fora do comum, mórbidas ou não, que se sucedem nas intermináveis vivências exóticas propiciadas pela imersão na luta[2]. A guerra é uma oportunidade de observar de perto o extraordinário, o que é frequentemente proibido, o que é censurado pela moralidade e pelos meios de comunicação.

Outra razão está na intensificação da liberdade individual gerada pela suspensão temporária dos laços sociais que mantêm homens e mulheres em obrigação nas responsabilidades na vida cotidiana – laços de família,

---

2. "Não ameis o mundo/ nem o que há no mundo,/ não está nele o amor do Pai./ Porque tudo o que há no mundo/ – a concupiscência da carne,/ a concupiscência dos olhos e/ o orgulho da riqueza/ não vem do Pai/ mas do mundo" (1 João 2:15-16), na tradução de *A Bíblia de Jerusalém* (São Paulo: Edições Paulinas, 1985). Vale lembrar que o termo *luxúria dos olhos* foi usado na mesma tradição cristã por Santo Agostinho, para condenar os esforços dos astrônomos para conhecer os céus. Ver Regina Schwartz, "Rethinking Voyeurism and Patriarchy: The Case of Paradise Lost" (Repensando o voyeurismo e o patriarcado: o caso do paraíso perdido), *Representations*, primavera de 1991, n. 34, pp. 85-103.

de trabalho, de comunidade etc. Na guerra, tais vínculos desaparecem e, se é verdade que observamos um receio generalizado entre os indivíduos quando se encontram tão completamente livres de seus encargos cotidianos, "a guerra suspende esse temor". Por isso mesmo, a guerra potencializa a exploração de "regiões da alma" que para a maioria dos civis permanecem encobertas e desconhecidas por toda a vida.

Ao mesmo tempo, por mais brutal que seja a guerra, ela foi vivida por muitos combatentes como uma espécie de jogo que, embora mortal, traz consigo muitas das características lúdicas. A atividade cotidiana dos soldados exige que saibam manejar com perícia os seus instrumentos segundo certos procedimentos e que se lancem à sorte do embate sem a certeza da vitória, mesmo quando há alguma segurança de sua superioridade – o que são características dos jogos. Além disso, como nos jogos, sabe-se com clareza quem é o amigo e quem é o inimigo, o que confere uma "soturna, mas serena clareza" aos movimentos dos combatentes que não se pode encontrar nas "áreas cinzentas e difíceis" que constituem o corriqueiro da vida ordinária nas ruas, nos empregos, na comunidade. E, se os homens adoram os jogos em geral, parecem apreciar ainda mais aqueles que lhes permitem uma "consciência profunda de seus limites físicos e emocionais", e esse é o caso da guerra. Como se vê, segundo Broyles (e, de fato, segundo vários depoimentos de ex-soldados), a guerra é uma via extrema para o autoconhecimento, para se entrar em contato com uma espécie de *eu profundo*, tido como mais verdadeiro, um eu que nos dias ordinários de paz, na família e no trabalho, permanece oculto sob a restrição das convenções sociais.

Finalmente, entre as razões ditas respeitáveis, encontramos o tema mais frequente entre os soldados que buscam relatar algo de positivo na sua experiência da guerra: a *camaradagem*, uma espécie de emoção duradoura que acompanha as tropas em ação de guerra, mesmo quando tudo o mais parece desfazer-se à sua volta. É um tipo de laço singular que, como lembrou o escritor Philip Caputo, também ex-fuzileiro naval no Vietnã, diferentemente de outros laços, como o casamento, "não pode ser dissolvido nem por uma palavra, pelo tédio ou pelo divórcio nem por nenhuma outra coisa senão pela morte"[3]. Para esse tipo de laço foi cunha-

---

3. Philip Caputo, *A Rumour of War* (Um rumor de guerra), London: Macmillan, 1977. [Tradução minha.]

da a difundida expressão *irmãos em armas ("brothers in arms")*, que marca um compartilhamento de experiências raras e de grande intensidade, nas quais a companhia torna-se a única referência ou, no dizer de Broyles, uma vivência em que o grupo é tudo, e o indivíduo, nada. Mesmo as posses e as vantagens individuais anteriores à guerra parecem não servir para nada na hora em que o combate se apresenta. O que cada um tem de seu acaba compartilhado entre os companheiros de armas. E não se trata de uma seleção de amigos ou de afinidades especiais, ainda que estas existam. Broyles descreve esse laço como "um amor que não precisa de razões, que transcende a raça, a personalidade e a educação – todas essas coisas que fazem a diferença na paz. É, simplesmente, um amor fraterno". Não à toa o maior medo do soldado em batalha é a solidão, o isolamento: "sentir-se só em combate é parar de funcionar; é o prelúdio aterrorizador da solidão final da morte".

Mas o que chama maior atenção para o que queremos tratar aqui é um segundo conjunto de razões, mais problemáticas como admite o autor, aquelas das quais pouco se fala, pelo menos fora do círculo dos que estiveram em combate. Broyles teoriza: "O amor à guerra brota da união profunda, no cerne de nosso ser, entre o sexo e a destruição, entre a beleza e o horror, o amor e a morte. A guerra pode ser o único caminho através do qual a maior parte dos homens toca o domínio mítico da alma", a "iniciação no poder da vida e da morte". É esse elemento iniciático, associado à convivência com a morte e o matar, que torna opaca a comunicação entre os que estiveram em combate e os que nunca se encontraram lá. E é por isso, diz o tenente, que a maior parte das histórias de guerra que encontramos publicadas é falsa e mentirosa. "Quanto melhor o relato de guerra, menos provável de ser verdadeiro."

Algumas das melhores histórias de guerra foram, segundo ele, compiladas no livro *Dispatches* (que quer dizer missiva, despacho, mas também ato de matar e pronta execução), do ex-correspondente de guerra e também roteirista Michael Herr. Uma delas, narrada ao autor do livro por um experiente soldado, membro das admiradas patrulhas de reconhecimento de longa distância[4], dizia assim: "A patrulha subiu a montanha.

---

4. Os patrulheiros conhecidos como *Lurps* – palavra que pronuncia a sigla LRRP (*Long-Range Reconnaissance Patrol*) – eram admirados entre os soldados norte-americanos no Vietnã em função do risco que

Um homem voltou. Ele morreu antes de poder contar o que aconteceu"[5]. Herr nos diz que esperou, por algum tempo, o soldado lhe contar o resto da história, mas, como este permanecia em silêncio, perguntou-lhe o que acontecera em seguida. A reação do soldado foi olhar para o jornalista como se sentisse pena dele, com a cara de quem estava bastante aborrecido por ter perdido o seu tempo com alguém tão tapado quanto ele, Herr. Sintomaticamente, diz Broyles, uma estória parecida com a do *Lurp* no Vietnã poderia ser ouvida dos participantes da batalha de Gettysburg, ocorrida em julho de 1863, a maior em número de vítimas durante a guerra civil dos Estados Unidos. Uma delas conta o seguinte: "Fomos todos para Gettysburg no verão de 1963. E alguns de nós voltamos de lá. E isso é tudo, exceto detalhes". A linguagem talvez seja outra, mas a estrutura da narrativa é a mesma, pois, como afirma o ex-tenente, tem os mesmos objetivos: o "seu propósito não é esclarecer [o que se passou], mas excluir [o ouvinte]; a sua mensagem dissipa o conteúdo, mas põe o ouvinte em seu [devido] lugar. [O relato diz:] Eu sofri, eu estava lá. E você não. E apenas esses fatos importam. Tudo o mais está além das palavras que narram".

Histórias de guerra são histórias sobre a morte e por isso parecem habitar o reino do mito. Com frequência, os relatos históricos e os documentos militares referem-se ao número de baixas e de mortos numa batalha, mas não há qualquer menção ao número de assassinos ou perpetradores dessas mortes. Pois os soldados não se veem nem são vistos, socialmente, como tal. Eles estão no cumprimento de uma missão, justificados e legitimados em sua violência. Mas sabemos que não há mortes numa guerra sem agentes que as executem. Broyles, certamente, sabe disso e considera que entre as mais problemáticas razões que levam homens a amar a guerra está o amor pela destruição, a excitação ou o frêmito de matar (*"the thrill of killing"*).

> Meu pelotão e eu atravessamos o Vietnã queimando *"hooches"* (notem como a linguagem nos liberta – nós não queimávamos casas e atirávamos em pessoas: queimávamos *"hooches"* e atirávamos em *"gooks"*), matando cães e porcos e galinhas, destruindo, porque, como diz meu

---

assumiam por terem a responsabilidade, praticamente diária, de adentrar as selvas para realizar emboscadas noturnas nos arredores das bases militares vietnamitas.

5. Michael Herr, *Dispatches*, New York: Alfred Knopf, 1977. [Tradução minha.]

amigo Hiers, "nós achávamos isso divertido naquela época". Como qualquer um que atirou com uma bazuca ou uma metralhadora M-60 deve saber, há algo especial nesse poder do seu dedo, o toque suave e sedutor do gatilho. É como uma espada mágica, uma Excalibur que grunhe: tudo o que você faz é mover aquele dedo tão imperceptivelmente como um desejo que faísca pela sua mente como uma sombra, não é sequer uma sinapse cerebral completa, e eu desfaço ("puf!"), numa rajada de som, energia e luz, um caminhão ou uma casa ou mesmo pessoas que desapareçam, tudo voando pelos ares e voltando ao pó.

Aqui se enuncia o prazer do jogo dos sobreviventes, o regozijo de estar vivo, que não se diferencia da alegria de ver o outro morto. No combate, a "linha entre a vida e a morte é extremamente tênue; há prazer. Prazer verdadeiro de estar vivo quando tantos à sua volta não estão mais. E do prazer de estar vivo na presença da morte ao prazer de causar a morte não há, infelizmente, uma grande distância".

O texto publicado pela *Esquire* é um manancial de elementos justificadores desse amor macabro pela guerra, assumidamente problemático. Eu gostaria de me ater, ainda, a dois dentre eles. O primeiro é apresentado por Broyles como uma estética da guerra, uma estética "divorciada daquela qualidade crucial da empatia que nos permite sentir o sofrimento alheio". A "elegância mecânica de uma metralhadora M-60" que é tudo aquilo que ela deve ser, um exemplo real e perfeito da sua forma, faz lembrar a excelência da fundição das espadas e das armaduras medievais que, no passado, vincularam a arte com a guerra. Os rastilhos luminosos e vermelhos das balas na escuridão fazem o soldado imaginar uma escrita no céu com uma caneta de luz e, com a resposta dos traços verdes das balas dos AK-47, formam um tecido luminoso com desenhos que parecem gravados na noite.

Nessa estética desprovida de empatia, há homens que amam o napalm pelo seu poder silencioso de fazer explodir casas e árvores como se queimassem por combustão espontânea. Mas o ex-tenente declara a sua predileção pela *elegância repugnante* do fósforo branco que explode abraçando o seu alvo com uma fumaça branca, intensa e ondulante, lançando ao ar cometas ardentes e vermelhos. E, embora a sua preferência por essa arma também se justifique pela sua excelência no exercício de sua função de destruir e de matar, Broyles insiste que "a sedução da guerra está em proporcionar tal beleza intensa, divorciada de todos os valores civilizados, mas ainda assim bela".

Finalmente, a guerra intensificaria a sexualidade num nível desconhecido aos civis pacíficos, familiares e trabalhadores. "A guerra é, para ser breve, uma ligação sexual ['*sexual turn on*'] [...] a intensidade que a guerra traz para o sexo, o 'vamos nos amar agora porque pode não haver amanhã', baseia-se na morte". "A guerra te lança no poço da solidão, com a morte respirando na tua orelha. E o sexo é um gancho que te tira de lá, acaba com o isolamento, te traz para a vida novamente." Por isso mesmo, poucas vezes na vida civil os homens que combateram puderam experimentar uma sexualidade tão intensificada quanto aquela vivida durante a guerra.

> A guerra intensifica todos os nossos apetites. Eu mal posso descrever a ânsia pelos doces, pelo sabor. Eu desejava uma barra de [chocolate] Mars mais do que qualquer outra coisa na vida. E essa fome só era mais fraca do que aquela que me empurrava em direção às mulheres, quaisquer mulheres: mulheres para as quais nem sequer olharíamos em tempos de paz flutuavam pelas nossas fantasias e ali se instalavam. Muitas vezes tornávamos nossas fantasias reais, só para nos frustrar e aumentar a nossa fome. As prostitutas mais medonhas, especializadas em negócios com grupos, passavam pela mão de muitos homens e mesmo de esquadrões inteiros, quase em comunhão, um compartilhamento mais que sexual. No sexo, ainda mais do que no ato de matar, eu podia ver a besta agachada e babando nas suas ancas, e podia vê-la zombando de mim por minhas fraquezas, sabendo que eu me odiava por elas, que eu nunca teria o bastante e que voltaria novamente, sem parar.

3.

Poderíamos nos perguntar o que está sendo liberado em tais experiências e analisar a apreciação dessa *conexão de sexo, excremento e morte*, para usar os termos de Broyles. Mas interrompo a reprodução dessas lembranças macabras e elogiosas das experiências da guerra, da violência, da destruição e da vontade de matar, para perguntar se há espanto genuíno quando ouvimos tais testemunhos hoje. Parece-me que estamos tão acostumados com a morte violenta, o assassinato e a destruição que afirmações como as de Broyles nos soam familiares ou, pelo menos, não tão distantes de uma intensificação do cotidiano ordinário. Será que ainda há algum estranhamento verdadeiro entre nós?

Talvez não haja mais lugar para tal nos dias de hoje, mas devemos reconhecer que nem sempre foi assim. Minha hipótese é a de que até a eclosão da Primeira Guerra Mundial, apesar de todos os horrores da história conhecida, ainda se fazia hegemônica a crença de que a humanidade, dados os seus desenvolvimentos até ali, poderia alcançar um patamar superior de convivência entre cidadãos de uma nação ou entre países. Até o início do século XX, ainda que pudéssemos encontrar dúvidas dispersas aqui e ali, pelo menos no centro da Europa vigiam versões de genuíno estranhamento em relação à manifestação de *maus instintos* em cidadãos tidos como civilizados. Pela mesma hipótese, foi no contexto da matança generalizada e da luta encarniçada entre nações europeias que iniciou a Primeira Guerra que tal estranhamento perdeu o seu vigor e que a elaboração de teorias alternativas àquelas que sustentavam o progresso da civilização ocidental passaram gradualmente a dominar, primeiro o cenário intelectual e, em seguida, a consciência difusa. Não há como desenvolver tal hipótese aqui, mas gostaria de apresentar dois textos fundamentais para o reconhecimento dessa virada na autoconsciência europeia acerca das capacidades humanas e das possibilidades da convivência social desprovida de violência[6].

O primeiro deles, um dos documentos mais interessantes a esse respeito, nos chega pela pena de Sigmund Freud, num texto intitulado "Considerações atuais sobre a guerra e a morte"[7], publicado no ano de 1915, meses após o início daquele conflito. O texto de Freud é especialmente precioso em nosso contexto, dado que parte justamente do reconhecimento da crença que predominava no mundo europeu acerca da impossibilidade de um conflito de grandes proporções entre países que eram

---

6. Optei por apresentar extensamente os textos, dado que os tomo num caráter documental, o que justificou uma transcrição mais ampla do que a rotineira num ensaio como o que apresento aqui.
7. Sigmund Freud, em: *Introdução ao narcisismo: estudos de metapsicologia e outros textos (1914-1916)*, vol. 12, São Paulo: Companhia das Letras, 2010, pp. 209-46 (Obras Completas). Todas as citações foram retiradas dessa edição.

considerados os portadores do mais alto grau de civilização. A pergunta que Freud se fazia então continua ressoando: por que, afinal, após séculos de aparente avanço civilizador, nos quais a cultura letrada e artística alcançou um alto grau de sofisticação, a ciência avançou enormemente e o mundo europeu pareceu caminhar, finalmente, para o progresso pleno da moral e da perfeição humanas, instaurou-se, justamente no seio das nações tidas por mais civilizadas, um conflito cuja brutalidade e barbárie não deixam a desejar em relação a nenhum antecedente? O que aconteceu ao homem europeu em inícios do século xx para que caísse na lama das trincheiras e prolongasse o conflito – embora Freud ainda não soubesse disso – por tantos anos seguidos?

A caracterização do contexto em que a pergunta se punha para Freud parece tão interessante e esclarecedora quanto as suas respostas. Freud parte daquilo que poderíamos chamar a ilusão do progresso:

> Esperávamos das nações de raça branca que dominam o mundo, às quais coube a condução do gênero humano, sabidamente empenhadas no cultivo de interesses mundiais e cujas criações incluem tanto os progressos técnicos no domínio da natureza como os valores culturais artísticos e científicos, desses povos esperávamos que soubessem resolver por outras vias as desinteligências e os conflitos de interesses.

Para essa consciência europeia de início do século xx, a guerra e a política não mantinham continuidade. Admitia-se a possibilidade do conflito entre povos civilizados e não civilizados, assim como, eventualmente, disputas localizadas em função de conflitos de fronteiras ou interesses locais, mas não participava do horizonte de expectativas europeu uma guerra generalizada entre nações tidas por civilizadas entre si[8].

Na eventualidade remota de uma guerra entre tais nações, continua Freud, ela se daria num contexto de respeito às regras do direito internacional e de circunscrição do conflito à determinação da superioridade militar. Mas o que se percebia com clareza já em 1915 era decepcionante para essa autorreferência civilizada, pois já estava claro que se tratava de

---

8. Embora difundida, essa crença não era compartilhada desse modo por integrantes de altos escalões políticos e militares, embora estes também acreditassem na brevidade de um eventual conflito.

uma guerra "mais sangrenta e devastadora do que as guerras anteriores, devido ao poderoso aperfeiçoamento das armas de ataque e de defesa", e de uma contenda "tão cruel, amargurada e impiedosa quanto qualquer uma que a precedeu". Já era possível àquela altura do conflito escrever:

> Ela transgride todos os limites que nos impusemos em tempos de paz, que havíamos chamado de Direito Internacional, não reconhece as prerrogativas dos feridos e dos médicos, a distinção entre a parte pacífica e a parte lutadora da população, nem os direitos de propriedade. Ela derruba o que se interpõe em seu caminho, em fúria enceguecida, como se depois dela não devesse existir nem futuro nem paz entre os homens.

Noutra passagem desse texto de extraordinária clareza, ganhamos uma perspectiva ainda melhor acerca daquilo que se acreditara ter sido conquistado entre as nações civilizadas: a própria ideia de uma Europa como uma *pátria nova e maior*. Supunha-se ser possível andar

> de uma sala a outra desse museu [europeu], [no qual se] podiam verificar imparcialmente os diversos tipos de perfeição que a história, a miscigenação e as peculiaridades da mãe Terra haviam produzido com seus novos compatriotas. Aqui [numa parte desse mundo então civilizado] se desenvolvera ao máximo a fria, inflexível energia; ali, [noutra ponta] a arte graciosa de embelezar a vida; acolá, o sentido da ordem e da lei ou alguma outra das características que fizeram do homem o senhor da Terra.

O mundo da *belle époque* desmoronava sob a virulência de um acontecimento perverso, assustador e inesperado que destruía os *bens preciosos da humanidade* e degradava *radicalmente o que era elevado*.

A tese central de Freud a respeito desse cenário não deve ter sido menos chocante a boa parte da opinião pública ilustrada na época. Ela se formulou pela afirmação de que a referida decepção, a rigor, não era justificada, pois a autorreferência civilizada daquela *belle époque*, vista pela ótica da psicanálise, era ilusória. A suposição de que o processo civilizador, pela via da educação e do ambiente cultural, pudesse substituir as más inclinações do ser humano – aí incluído o uso da violência para a resolução de divergências – por outras inclinações voltadas para o bem estava equivocada. Na mesma direção, a esperança da *extirpação do mal* era denunciada por sua falsidade e impossibilidade. Para o texto de 1915, importava salientar que os seres humanos são portadores de "impulsos instintuais de natureza elementar", que "são iguais em todos os indivíduos e [...] [que] objetivam a satisfação de certas necessidades originais". Tais impulsos não são, em si mesmos, bons ou ruins. Essa classificação adviria da relação de seus efeitos com "as necessidades e exigências da sociedade humana". Para aquela sociedade que se via como civilizada, impulsos primitivos – como os egoístas e cruéis – eram proibidos como maus em função de suas possíveis consequências.

A decepção iludiu-se, em última análise, com a própria imagem da civilização.

> A civilização foi adquirida pela renúncia à satisfação instintual e exige de cada "recém-chegado" essa mesma renúncia [...] é lícito supor que toda coação interna que se faz notar no desenvolvimento do ser humano era originalmente, ou seja, na *história da humanidade*, apenas coação externa.

O que a civilização europeia teria conquistado fora um alto grau de obediência cultural, especialmente em função de mecanismos de recompensa e castigo que impõem a coação externa aos indivíduos. Muito mais do que com seres verdadeiramente civilizados, as sociedades europeias contavam com um grande número de hipócritas – termo usado sem conotação moral, para referir-se àqueles indivíduos que são obrigados a reagir "continuamente segundo preceitos que não são expressão de seus pendores instintuais", obrigados a viver "acima de seus meios, psicologicamente falando". O sucesso inicial da sociedade civilizada moderna encorajou-a a elevar esses padrões morais, produzindo um distanciamento ainda maior, pela via da repressão, em relação aos impulsos instintuais primários.

Bastante interessante, nesse contexto de início de século xx, ainda dominado ideologicamente pela noção de progresso como progressão cumulativa e irreversível, é a teoria freudiana dos *desenvolvimentos psíquicos*. Diferentemente de outras formas evolutivas e temporais, no âmbito psíquico,

> todo estágio de desenvolvimento anterior permanece conservado junto àquele posterior, que se fez a partir dele; a sucessão também envolve

uma coexistência [...]. O estado anímico anterior pode não ter se manifestado durante anos, mas continua tão presente que um dia pode novamente se tornar a forma de expressão das forças anímicas, a única mesmo, como se todos os desenvolvimentos posteriores tivessem sido anulados, desfeitos.

Tal é a possibilidade da regressão pelo restabelecimento de estados primitivos, pois, segundo Freud, "o que é primitivo na alma é imperecível no mais pleno sentido".

Por isso mesmo, ao analisar o inconsciente dos civilizados, Freud denunciará a presença latente do desejo primitivo de matar. Numa análise extremamente crítica de perspectivas religiosas ou piedosas, o pai da psicanálise recusará qualquer impulso de bondade na proibição do assassinato, cuja fórmula civilizatória maior se encontra no mandamento "Não matarás!". Em seu enunciado absoluto e imperativo, o mandamento só poderia expressar a necessidade de conter um impulso igualmente poderoso. "O que nenhuma alma humana cobiça não é necessário proibir, exclui-se por si mesmo." Isso também quer dizer que os impulsos assassinos permanecem ativos, embora reprimidos, no inconsciente civilizado.

> Nosso inconsciente não executa o assassinato, apenas o imagina e deseja. Não seria justo, porém, subestimar tão completamente essa realidade *psíquica*, em comparação à *fática* [...]. Em nossos impulsos inconscientes eliminamos, a todo dia e momento, todos os que nos estorvam o caminho, que nos ofenderam e prejudicaram [...]. Sim, o nosso inconsciente mata por ninharias [...] e isso com certa coerência, pois cada ofensa ao nosso todo-poderoso e soberano Eu é no fundo um *crimen laesae majestatis*. [...] De modo que também nós, [tidos por civilizados,] se formos julgados por nossos desejos inconscientes, somos um bando de assassinos, tal como os homens primitivos.

A emergência desses impulsos primários na guerra recebe a sua explicação pela relação entre a ação dos Estados nacionais e a conduta de seus súditos. Quando os Estados, responsáveis pela manutenção da ordem dos impulsos instintuais pela via do *medo social*, afrouxam as relações morais entre si, a "comunidade suspende a recriminação, [e] também cessa a repressão dos apetites maus, e as pessoas cometem atos de crueldade, perfídia, traição e rudeza que pareciam impossíveis, devido à incompatibilidade com seu grau de civilização". A guerra nos "despe das camadas de cultura posteriormente acrescidas e faz de novo aparecer o homem primitivo em nós".

É nesse sentido que vemos na teoria de Freud acerca dos impulsos instintuais e transhistóricos dos membros da espécie um caminho que, simultaneamente, desfaz a ilusão progressista das filosofias da história e compreende a emergência da boçalidade daquela guerra. Temos aqui um instrumento rico para compreender o relato apaixonado do tenente Broyles.

4.

O segundo documento intelectual que apresento como significativo é o ensaio "A mobilização total", publicado em 1930, por Ernst Jünger. Logo na abertura Jünger comparou a experiência das guerras com aquela da erupção dos vulcões. "Participar de uma guerra não é sem analogia com o fato de se encontrar na zona ameaçadora de uma dessas montanhas que vomitam fogo."[9] Assim como os vulcões cospem sempre a mesma lava, mas as regiões em que ocorrem essas erupções *telúricas* são muito diferentes, a guerra é também sempre a mesma e sempre outra. Conforme nos aproximamos da boca ardente da cratera, diz Jünger, "lá onde irrompe a paixão em sentido próprio [...], na luta imediata e simples pela vida, é acessório conhecer a data do combate, as ideias que o justificam, ou o tipo de armas utilizadas". No entanto, quando olhamos a paisagem mais ampla da destruição, não há como desconhecer que o Hekla da Islândia permanece bastante distinto do Vesúvio que domina a baía de Nápoles. Ainda que pudéssemos imaginar uma forma pura ou um tipo ideal de guerra, sua realização no mundo é dependente das variações da geografia e da história humanas, e defi-

---

9. Ernst Jünger, *L'État universel suivi de La mobilisation totale* (O Estado universal seguido de A mobilização total). Paris: Gallimard, 1990, pp. 95-141. Todas as citações foram traduzidas por mim a partir dessa edição francesa. Utilizei como apoio a tradução brasileira de Vicente Sampaio: Ernst Jünger, "A mobilização total", *Natureza humana*, jan.-jun. 2002, v. 4, n. 1, pp. 189-216.

nitivamente marcada por elas, e não seria possível, neste registro, nos restringirmos ao que é comum aos seres humanos ou a todas as guerras. Faz-se, portanto, necessário conhecer o "caráter específico dessa grande catástrofe [que] consiste, sem dúvida, [na] estreita aliança entre o gênio da guerra e o espírito do progresso".

Se em Freud o progresso fora denunciado como ilusão, em Jünger ele aparece no centro da explicação da Primeira Guerra Mundial. Foi justamente o maior ou menor grau de progresso de cada contendor o elemento decisivo que determinou vencedores e perdedores. Mas temos que ter cuidado com os termos aqui e fazer um esforço suplementar de compreensão dessas afirmações de Jünger. Pois a natureza do que essa noção de progresso encobre se distingue do que foi imaginado comumente pelo século XIX. Para o autor, o progresso não se confunde com a *progressão* em direção a uma moralidade mais alta ou uma civilização mais refinada. A *máscara da razão* com a qual aparece na percepção tradicional dissimula o seu sentido verdadeiro. E isso pode ser observado pela frequência com que os movimentos do próprio progresso produzem resultados contrários aos efeitos intencionados – como é o caso da própria guerra mundial –, o que faz pressentir que há outras fontes, mais secretas, de progresso. Para Jünger, não se trata do aperfeiçoamento da razão, pois somente

> uma força cultural, [...] uma *fé* poderia ter a audácia necessária de abrir sobre o infinito a perspectiva finalista da utilidade [...]. E então quem poderia duvidar que o progresso seja a maior igreja popular do século XIX – a única que se pode gabar de uma autoridade real e de um *credo* [imune a] toda crítica?

Para compreender a natureza do que constituiu o verdadeiro progresso sob a máscara da razão, Jünger formula o conceito de *mobilização total*. Mobilização total refere-se ao fato de que, ao contrário da guerra tradicional que podia ser deliberada pelos príncipes, financiada por seus cofres e travada pelo seu exército regular, a guerra contemporânea exige uma imensa mobilização de recursos sociais de todo tipo. A nova guerra não é apenas mais um movimento armado; ela só pode ser compreendida com a "imagem amplificada de um gigantesco processo de trabalho".

Ao lado dos exércitos que se entrechocam nos campos de batalha, surgem os novos tipos de exército: o do trânsito, o da alimentação, o da indústria armamentista – o exército do trabalho em geral. Na última fase, que já se insinuava por volta do fim desta última guerra, não ocorreu mais nenhum movimento – mesmo o de uma dona de casa junto à sua máquina de costura – no qual não residisse ao menos uma função mediatamente bélica.

A guerra contemporânea reivindica energias de tal grandeza que

não basta mais armar o braço que carrega a espada; é preciso uma armação até a medula, até o mais fino nervo da vida. Realizá-la é a tarefa da mobilização total, de uma ação através da qual a rede elétrica da vida moderna, amplamente ramificada e cheia de dutos, é canalizada, por meio de uma única chave na caixa de luz, para a corrente da energia bélica.

E o que a máscara da razão do progresso escondia era exatamente esse desenvolvimento extraordinário do "talento humano para a organização [que] celebra o seu triunfo sanguinário". Note-se que o lado técnico da mobilização total, embora relevante, não é o decisivo. O que importa, mais que tudo, é a *prontidão* para a mobilização, a capacidade de rapidamente fazer com que toda a sociedade trabalhe em uníssono numa mesma direção, o que só é possível pela via da ideologia. Jünger não utiliza esse termo para se referir à mobilização que descreve e prescreve, mas deixa claro que não há explicações econômicas ou tecnológicas que possam dar conta do fenômeno. Este só pode ser explicado pela via de sua dimensão *cultual*.

Nessa captação absoluta da energia potencial, que transformou os Estados industriais beligerantes em vulcânicas oficinas siderúrgicas, anuncia-se, talvez do modo mais evidente, o despontar da era do trabalho – essa captação faz da guerra mundial um fenômeno histórico cujo significado é muito mais importante que o da Revolução Francesa.

Aqui se inaugura uma nova era, a era das massas, do trabalho, da cooperação entre a indústria e as Forças Armadas, da qual os planos quinquenais soviéticos aparecem como exemplares da negação de qualquer coisa que não seja uma engrenagem do Estado. Sem dúvida, o fascínio de Jünger por esse mundo novo aponta para a construção dos totalitarismos do século xx, com elogios ao que se passa na Rússia soviética e na Itália de Mussolini. Mas o exemplo dos Estados Unidos é sempre presente e determinante em sua análise.

> Se alguém estudar a correspondência diplomática que precedeu a entrada da América na guerra, nela encontrará um princípio de "liberdade dos mares" que oferece um bom exemplo da maneira como, num momento como esse, deve ser emprestado ao próprio interesse particular o valor de um postulado humanitário, de uma questão universal, que toca toda a humanidade.

Esse é o fenômeno ideológico por excelência, a capacidade de subsumir a categorias gerais e mobilizadoras os interesses particulares em questão. E em nenhum outro lugar a integração entre estrutura produtiva e Forças Armadas foi tão eficiente como nos Estados Unidos da América.

O diagnóstico jüngeriano sobre as causas da derrota alemã é preciso nesse sentido. Se olharmos para a geografia dos vencidos e dos vencedores, veremos como uma espécie de *automatismo darwinista* operou a seleção e fez prevalecer aqueles países que tinham melhores relações com o progresso assim redefinido. Daí porque, por exemplo, os Estados Unidos, com a sua Constituição democrática, puderam declarar a mobilização com medidas cujo rigor seria impensável num Estado militar, como na Prússia. Não importa que não seja um Estado militar; o fundamental é sua capacidade de se mobilizar totalmente. Já a mobilização apenas parcial das energias sociais aparece como o motivo da derrota alemã, mesmo que o país contasse com armas excelentes. "A Alemanha estaria destinada a perder a guerra mesmo que tivesse ganhado a batalha de Marne e a guerra submarina."

Há aqui a recusa definitiva do heroísmo e a sua substituição por algo que, segundo o autor, se aproxima da "precisa operação de uma turbina alimentada a sangue" própria à "marca dura de uma época cujo elemento fundamental é a guerra", e uma guerra em que se experimenta a democratização radical da morte.

> A época do tiro mirado, com efeito, já ficou para trás. O chefe de esquadra que, altas horas da noite, dá a ordem de ataque de bombas não conhece mais diferença alguma entre combatentes e não combatentes, e a nuvem de gás letal avança [...] sobre tudo que é vivo [com a indiferença de um fenômeno meteorológico].

Um novo mundo é anunciado por Jünger, o mundo da organização industrial, a era do trabalhador, dos sistemas políticos baseados na coação das liberdades individuais e na mobilização ideológica das massas, capazes de racionalizar a cadeia de energias para um objetivo único: a guerra. "Por trás de toda solução salvadora em que esteja desenhado o símbolo da felicidade, espreitam a dor e a morte. Bem-aventurado quem entra armado nesses espaços."

5.

Quando lemos essa literatura que tem origem na decepção civilizatória causada pela violência da Primeira Guerra Mundial, percebemos com clareza a derrocada da ideia iluminista de progresso, da noção de que a história universal teria alcançado um ritmo de elevação e que não se cairia mais nas trevas e na barbárie. Freud e Jünger, cada um a seu modo, denunciam essa ilusão do progresso e buscam explicações naquilo que subjaz ora no homem como espécie, ora na constituição de uma sociedade contemporânea que desenvolveu forças extraordinárias de organização e produção a despeito das intenções humanas em concretizá-las.

Se perguntássemos a Freud se "não seria melhor dar à morte o lugar que lhe cabe, na realidade e em nossos pensamentos, e pôr um pouco mais à mostra nossa atitude inconsciente ante a morte, que até agora reprimimos cuidadosamente", a resposta seria: "Isso não parece uma realização maior, seria antes um passo atrás em vários aspectos, uma regressão, mas tem a vantagem de levar mais em conta a verdade e tornar a vida novamente suportável. Suportar a vida continua a ser o primeiro dever dos vivos. A ilusão perde o valor se nos atrapalha nisso". O conhecimento da natureza instintual das pulsões humanas não deveria servir à destruição da civilização, mas ao seu aperfeiçoamento, à tarefa de conduzir os Estados a uma clareza maior acerca de suas responsabilidades políticas e as sociedades à sua maior autocompreensão.

Se perguntássemos a Jünger o que fazer com essa turbina da morte, ele responderia: aperfeiçoá-la. Se a Alemanha perdeu a guerra por sua incapacidade de mobilização total, ela sai do conflito purificada, conhecendo melhor a si mesma e, portanto, pronta para entrar na nova era demandada pelo tempo.

> O alemão conduziu a guerra com a ambição, demasiado barata para ele, de ser um bom europeu. Porém, uma vez que a Europa guerreou contra a Europa, quem poderia, senão a Europa, ser o vencedor? Entretanto, essa Europa, cujas superfícies ganharam, doravante, uma extensão planetária, tornou-se muito delgada, quase só verniz – ao seu ganho espacial corresponde uma perda em força persuasiva. Novos poderes emanarão dela.

Podemos nos perguntar até onde Jünger aderiu ao nascente nazismo, mas não temos dúvida de quanto o nazismo aderiu à mobilização total de Jünger[10].

6.

Após expor esse quadro sucinto da descrença no homem civilizado, que se expressa no pensamento e na literatura da Primeira Guerra, e reconhecer o quanto de verdade ele nos trouxe acerca do que viriam a ser as décadas seguintes do século XX, gostaria de encerrar o ensaio com a apresentação de dois momentos em que brechas nesse quadro, embora estreitíssimas, puderam se dar.

O primeiro deles se constitui de duas breves histórias narradas por soldados que viveram momentos de trégua espontânea no primeiro dezembro da guerra, em 1914. Tréguas breves e informais entre os contendores não foram infrequentes em setores particulares das trincheiras durante a

---

10. Esta última observação é uma interpretação daquilo que, numa conversa sobre Jünger e o nazismo, me disse o meu amigo Ricardo Benzaquen de Araújo.

Primeira Guerra. E há várias histórias extraordinárias que narram a interrupção momentânea da boçalidade da guerra, permitindo que respiremos na presença de outras pulsões e outras fontes passionais.

Uma das histórias, narrada por um capitão dos Royal Irish Fusiliers e da qual não tenho a referência precisa de data e local[II], conta que, no *front* ocupado pela sua companhia, entre a trincheira irlandesa e a alemã, encontrava-se um soldado ferido, contorcendo-se de dor, clamando por socorro numa voz cheia de angústia. Ele fora ferido num ataque às trincheiras alemãs na noite anterior.

As súplicas do soldado tornaram-se insuportáveis para os ouvidos de seus companheiros nas trincheiras e alguns fuzileiros foram ao capitão dizer-lhe que iriam resgatar o ferido mesmo sob o risco do fogo inimigo na terra de ninguém.

Nesse mesmo momento, um pequeno cachorro que transitava livremente entre as trincheiras, que fizera amigos e recebia comida tanto de alemães como de irlandeses, chegou à linha irlandesa em busca dos afagos. O capitão decidiu fazer do cão um mensageiro e amarrou no seu rabo uma mensagem aos inimigos, perguntando, em inglês (pois não sabia alemão), se poderia retirar o soldado ferido. O cão seguiu para a fronteira alemã e retornou com uma reposta, também escrita em inglês, que dizia aos irlandeses que eles teriam cinco minutos para retirarem o homem. O capitão e mais um soldado saíram da trincheira com uma maca em direção à terra de ninguém e trouxeram o ferido para as linhas irlandesas.

Com o soldado recolhido à trincheira irlandesa, o capitão, em pé no topo do parapeito, tirou o chapéu e ordenou aos seus soldados que dessem três vivas calorosos aos alemães. A resposta foi a mais entusiástica. Com os vivas ouviram-se gritos de "os Gerrys não são caras tão maus" e outras frases como "que o céu seja o leito daqueles que venhamos a matar". O incidente trouxe lágrimas para muitos olhos do lado irlandês; e talvez, diz o narrador, também para os alemães que responderam com vivas às saudações.

★ ★ ★

[II]. Essas informações foram colhidas na matéria "Romance in the Trenches" (Novela nas trincheiras), publicada no jornal *The Auckland Star*, 28 jul. 1917, vol. 48, n. 179. [Traduções minhas.]

As mais famosas histórias dessas tréguas espontâneas contam o que se passou no Natal de 1914, o primeiro vivido por soldados entrincheirados nos campos de batalhas. Há várias narrativas em diversos pontos dessa linha que se espalhou do mar do Norte aos Alpes, por centenas de quilômetros[12]. Escolho aqui uma delas, narrada por Henry Williamson, soldado da London Rifle Brigade, após a primeira batalha de Ypres[13].

Na véspera de Natal, um grupo de soldados recebeu a perigosa missão de montar uma cerca na chamada terra de ninguém, entre as trincheiras, na direção da linha alemã. O medo era grande, pois a noite estava enluarada e eles precisariam chegar a 40 jardas do inimigo para bater as estacas da cerca, o que atrairia os tiros dos *snipers*. Mas as ordens tinham de ser cumpridas e, saindo dos bosques e se expondo à luz da lua, as tarefas se iniciaram sem que houvesse qualquer tiro alemão.

Após um tempo em que se tornara ordinário o trabalho, o soldado viu o que parecia uma grande luz branca no topo de uma paliçada nas linhas alemãs e ouviu alguns vivas vindos dali. Rapidamente, os britânicos retrocederam e se agacharam com as mãos nos rifles, preparados para atirar. Após alguns minutos de silêncio, narra Williamson,

> nos levantamos e ficamos ali, em pequenos grupos, comentando aquilo. E outros vivas vieram da escuridão da terra de ninguém. Avistamos figuras tênues no parapeito inimigo, mais luzes; e com espanto vimos

---

12. Sobre esse famoso episódio das tréguas de Natal de 1914, o que há de histórico ou de mítico, assim como a sua extensão e variedade entre as muitas tropas em conflito, ver Marc Ferro *et al.*, *Meetings in No Man's Land: Christmas 1914 and Fraternization in the Great War* (Encontros na terra de ninguém: Natal de 1914 e fraternidade na Grande Guerra), London: Constable & Robinson, 2007.

13. Henry Williamson tinha 19 anos quando viveu o episódio da trégua de Natal enquanto servia na linha de frente perto de Ploegsteert Wood. O episódio marcou de tal modo a sua vida que ele reescreveu a história várias vezes. A primeira delas, de caráter mais documental, está na carta escrita das trincheiras para a sua mãe em 26 de dezembro de 1914 e apresenta um relato sucinto do que aconteceu. Partes da carta foram publicadas por seu pai no jornal *Daily Express* de 4 de janeiro de 1915. O *fac-símile* da carta pode ser consultado em: <www.henrywilliamson.co.uk/hw-and-the-first-world-war/57-uncategorised/158-henrywilliamson-and-the-christmas-truce>, acesso em: 20 jan. 2015. A versão que utilizo aqui, intitulada "The Christmas Truce" (A trégua de Natal), foi publicada em Barrie Pitt (org.), *History of the First World War* (História da Primeira Guerra Mundial), Paulton: Purnell, 1970, e traz uma memória posterior, retrabalhada pelo então escritor, com elementos que provavelmente não estavam na cena original presenciada pelo autor, mas que são encontrados em vários relatos imediatos da trégua. Essa versão está disponível em: <www.henrywilliamson.co.uk/hw-and-the-first-world-war/57-uncategorised/190-the-christmas-truce>, acesso em: 20 jan. 2015. [Traduções minhas.]

que uma árvore de Natal estava sendo montada ali, e em volta dela os alemães conversavam e riam.

Ouviram novos vivas seguidos de um brinde.

O comandante do pelotão avisou que eram 11h e que em uma hora estariam de volta às trincheiras. Deram-se conta de que, pela hora de Berlim, era meia-noite, e Williamson desejou um feliz Natal para os alemães, enquanto uma voz de barítono entoava uma canção que ele lembrava ser cantada por sua babá alemã: "Noite tranquila, noite sagrada"[14].

Na manhã seguinte, após receber o correio e um pacote de presentes da princesa real, um soldado dirigiu-se a Williamson, alarmado, porque havia centenas de alemães fora das trincheiras. Seguindo pelo bosque, cujas árvores estavam marcadas por balas que reconhecia terem vindo das armas inimigas, Williamson encontrou-se, face a face, com o inimigo. Alguns sorriram e falaram em inglês. Havia homens altos, mais calados, logo identificados como prussianos, e outros mais baixos e conversadores, que reconheceram como saxões. Um desses saxões, quieto num canto fumando seu cachimbo, "me viu olhando-o e tirando o cachimbo da boca disse com uma satisfação tranquila: 'Bom camarada'", em alemão, referindo-se ao príncipe que enviara os cachimbos de presente aos alemães.

Homens cavavam uma cova para enterrar os cadáveres enrijecidos dispostos no chão.

> [Com o túmulo cheio,] um oficial leu algo de um livro de orações, enquanto os homens permaneciam de pé, a sua volta, com seus chapéus cinza na mão esquerda. Vi-me em posição de sentido, com minha balaclava na mão. Quando o túmulo foi fechado, alguém escreveu a lápis, [em alemão,] na cruz feita com madeira das caixas de ração: "Aqui descansa em Deus um herói alemão desconhecido". Vi-me traduzindo e pensando como eram parecidas com as cruzes inglesas do pequeno cemitério na clareira dentro do bosque.

---

14. Em alemão, "*Stille Nacht! Heilige Nacht!*", traduzida por Williamson como: "*Tranquil night! Holy night!*". Ao que tudo indica trata-se da famosa "Noite feliz", conhecida em muitas línguas com a mesma melodia.

Soldados de ambos os lados conversaram, e os ingleses então perceberam como os alemães estavam enganados sobre a potência das armas e o número de soldados ingleses. Alguns trocaram endereços, prometendo escreverem e se visitarem após a guerra.

Nesse ponto das trincheiras, sob o cume da montanha de Messines, a trégua durou vários dias. O relato prossegue:

> No último dia de 1914, numa tarde, chegou uma mensagem pela terra de ninguém, trazida por um cabo saxão muito educado. Dizia que os oficiais de seu regimento viriam à meia-noite às suas linhas e que eles teriam de começar a atirar [...], mas que iriam mirar no alto, bem acima de nossas cabeças. E que nós fizéssemos o favor de nos manter cobertos para evitar acidentes indesejados.

Às 11h da noite, meia-noite no horário de Berlim, viram o clarão das metralhadoras Spandau bem acima da terra de ninguém.

Williamson termina o seu relato reconhecendo que suas esperanças sobre as possibilidades da paz naquele momento, eivadas de certo tom religioso, eram, de fato, ingênuas e que a volta do conflito sanguinário as levou embora sob o som das rajadas e das explosões que se seguiram pelos próximos anos.

7.

Para encerrar, quero trazer uma última história breve, uma representação da capacidade humana de se emocionar em meio à barbárie da guerra, capacidade que não podemos esquecer sob o risco de perder qualquer laço com o que já houve de belo na história humana. A história vem do cinema, encenada no filme *Paths of Glory* (traduzido como *Glória feita de sangue* no Brasil), dirigido por Stanley Kubrick e lançado em 1957, certamente um dos melhores filmes já produzidos sobre a Primeira Guerra e sobre a guerra em geral. Vale lembrar que, de tão extraordinário, o filme ficou impedido de ser projetado na democrática França até o ano de 1975, em função de suas denúncias da barbárie do conflito e da hipocrisia e indiferença *meteorológica* (para usarmos a expressão de Jünger) com a qual os escalões superiores franceses enviavam seus soldados à morte.

A história se passa no ano de 1916, na frente francesa, onde uma divisão ocupa uma trincheira numa posição em relação à qual os alemães, localizados alguns metros adiante, encontravam-se mais bem protegidos por ocuparem um monte chamado Anthill (Formigueiro). Não muito longe dali, no quartel-general instalado em um grande e confortável palácio, o general Broulard, do Comando Maior, chegado de Paris com novas ordens, convoca o seu subordinado local, também general, Mireau, para informar-lhe da decisão superior de uma grande ofensiva para tomar Anthill. Mireau imediatamente reage dizendo da impossibilidade das tropas disponíveis executarem aquela ação, mas Broulard diz que essas são as ordens, que há um cálculo de baixas em torno de 55% das tropas e que o ataque será feito. Ao mesmo tempo, acena cinicamente com uma promoção ao subordinado, que, tomado por sua ambição, decide que o ataque é viável.

Em inspeção às trincheiras, Mireau encontra o coronel Dax, o herói da trama encenado por Kirk Douglas, e lhe transmite as ordens. Após relutar frente ao absurdo militar da ordem, o coronel acaba por ceder, pois não tem outra saída: lutar ou abandonar o comando.

A partir daí a trama se desenvolve de maneira magistral, mas aqui tem de ser drasticamente resumida. O ataque é desferido, nenhum homem consegue chegar às linhas inimigas, pois morrem metralhados na terra de ninguém, e alguns poucos retornam às trincheiras – uma das companhias sequer sai delas, dada a notória impossibilidade de vencer. O general subordinado, frente ao recuo dos soldados, dá a ordem estapafúrdia de que a sua própria artilharia atire no setor das fronteiras francesas em que se encontra a companhia, para obrigá-la a avançar. O capitão encarregado da artilharia, com medo de ser responsabilizado pela morte de soldados franceses, se recusa a cumprir a ordem e só concordará em executá-la se vier por escrito, ainda que o general Mireau o ameace com a corte marcial.

O ataque é um fracasso. Numa reunião entre os dois generais e o coronel Dax, Mireau acusa o Regimento 701 de covardia e exige o fuzilamento exemplar de cem homens para garantir a futura obediência às ordens superiores, considerando ainda que essa seria a melhor maneira de manter alto o moral das tropas. Diante da resistência de Dax, Broulard decide que cada uma das três companhias do regimento deve escolher um homem para ser levado à corte marcial e julgado por covardia. O coronel Dax, advogado por formação, se prontifica a fazer a defesa dos seus soldados, o que produz a ira de Mireau.

Cada companhia faz a escolha dos soldados segundo critérios diferentes. Na primeira, um recruta é escolhido por sorteio; na segunda, um cabo é escolhido pelo tenente da companhia por ter presenciado, durante a patrulha na noite anterior ao ataque, o lançamento pelo tenente de uma granada que matou um dos soldados da própria patrulha francesa; e, na terceira, um recruta é escolhido por seu comandante, pois o considerava um *degenerado social*. Vale lembrar que há vários relatos verídicos de fuzilamento por escolhas tão aleatórias quanto essas ao longo da Primeira Guerra.

A corte marcial é retratada como uma farsa jurídica, e os três escolhidos são condenados sumariamente. Após as extraordinárias cenas da espera da execução e do fuzilamento, ocorre uma nova reunião entre os dois generais e o coronel, na qual Broulard informa ao subordinado Mireau de que há acusações documentadas sobre a sua ordem à artilharia de atirar por trás nas próprias tropas e que ele terá o direito de se defender no inquérito que se seguirá. Mireau se retira indignado e Broulard parabeniza o coronel Dax pela sua argúcia, oferecendo-lhe o comando agora vago de Mireau, como se ele, desde o início, tivesse agido para conseguir o posto. Dax responde com uma raiva que *desaponta* o general, que só ali percebe que o coronel agira, todo o tempo, por convicção e não por interesse. Após palavras duras que não devem ser ditas a um superior hierárquico, Dax se retira da sala e volta para a sede do seu regimento.

Antes de chegar, olha pela janela da taberna ao lado, onde vê os seus soldados bêbados, amontoados, gritando e batendo suas canecas de cerveja nas mesas, enquanto o tabuerneiro traz ao palco uma jovem loira, assustada, que, pelos comentários debochados do seu condutor, logo sabemos que é alemã. Após denunciar a falta de talento da moça para a língua francesa e louvar sua figura esbelta, ele a força a atuar no palco. Em meio a vaias e assovios ensurdecedores, a moça começa a cantar baixinho uma melodia que quase não se ouve, da canção folclórica alemã "O hussardo fiel", que fala da morte da amada de um hussardo em seus braços; mas os soldados franceses não entendem a letra da canção. Em alguns segundos, a turba vai se calando e a voz da jovem, muito suave e bela, invade a sala da taberna. Kubrick foca alguns dos rostos dos soldados, jovens e velhos, alguns murmurando a melodia, outros se emocionando até as lágrimas frente à doçura, à delicadeza, à fragilidade daquela moça com voz trêmula, numa cena que faz o espectador esquecer por um instante as atrocidades, o cinismo, a violência a que acaba de assistir nas cenas anteriores do filme.

Como se a brutalidade fosse ali suspensa, como se alguma coisa emergisse espontaneamente e possibilitasse um contato imediato com uma humanidade comum, conhecida por todos, com um mundo querido e agora submerso pelas camadas da bestialidade desenvolvida na guerra, que lembrasse aos homens algo precioso que estavam perdendo. O que acontece nessa cena corresponde de algum modo àquela brecha mínima aberta pela trégua de Natal, rachadura que será logo fechada na sequência da estupidez da violência e da guerra.

A brevidade dessa suspensão logo se anuncia no filme. Um ordenança vem avisar ao coronel Dax, que assistia à cena pelo lado de fora da janela, que as ordens eram para voltar ao *front*. O coronel responde que sim e pede mais alguns minutos para que os homens pudessem usufruir daquele momento soberbo.

★ ★ ★

O que há nessas duas brechas, a da trégua de Natal e a da cena final do filme de Kubrick, é algo que não sei qualificar ou nomear. Talvez seja da ordem daquela ingenuidade que, no início deste texto, afirmei ser necessária ao pensamento de outra ordem não fundada na violência. Seria algo que poderíamos aproximar da utopia, mas que traz consigo marcas de delicadeza, inocência, singeleza, todas essas palavras que se tornaram obscenas no mundo da turbina alimentada a sangue de que nos falava Jünger. De fato, não sei dizer, mas imagino que, sem o contato com esse algo que pode emergir aqui e ali para romper a banalidade da violência num instante transitório, ainda que se oculte logo depois, estaremos definitivamente largados à barbárie.

Violência sem paixão?[1]
Isabelle Delpla[2]

Apesar das aparências, a conexão entre violência e paixão não é evidente. Se ela se torna novamente um objeto de pesquisa de primeiro plano, é após um longo eclipse de várias décadas. É esse eclipse que eu gostaria de esclarecer e ajudar a ultrapassar. De fato, a explicação da violência pelas paixões revelou-se muito fraca e pouco pertinente para esclarecer as violências ordinárias ou extraordinárias. Por conseguinte, ela foi deixada de lado pelos pesquisadores de ciências sociais e pelos filósofos. Desde os anos 1960, foi a figura de uma violência sem paixão que se impôs. Ela é simbolizada por Adolf Eichmann como representante de um novo tipo de crime burocrático produzido por um sistema técnico e desumanizado. Seriam crimes sem paixão, sem intenção, sem homens.

No entanto, essa visão de uma violência sem paixão é igualmente insuficiente e ilusória. A bem dizer, convém desembaraçar-se da alternativa entre violência passional e violência sem paixão. Essa alternativa é uma construção enganadora e um obstáculo à compreensão dos fenômenos. Esta contribuição propõe-se a analisar algumas fontes e suas consequências.

---

1. A tradução do presente texto, incluindo as citações de obras feitas pela autora, é de Paulo Neves.
2. Agradeço a Adauto Novaes pelo convite para o ciclo de conferências sobre "Violência e paixão", por sua organização exemplar e sua acolhida calorosa, e também a Hermano Taruma pelos longos passeios no Rio, que ele me fez descobrir, assim como aos ouvintes das conferências do Rio e de São Paulo pela qualidade de suas objeções, perguntas e comentários.

DIÁLOGO ENTRE FILOSOFIA E CIÊNCIAS SOCIAIS

Para tanto me servirei de um diálogo entre filosofia e ciências sociais, particularmente necessário para abordar a violência política. Nesse domínio, mais que em outra parte, deve-se evitar o gesto platônico de unificação do múltiplo e a doença filosófica da generalização, tão justamente criticada por Wittgenstein. Pois há múltiplas formas de violência e de violência política. Seria ilusório buscar um conceito único. Quais paixões estão ou não estão presentes nessas violências? Há crimes de ódio, de fanatismo, mas o medo paranoico do próprio desaparecimento suscita também os assassinatos de massa, como o genocídio dos tútsis pelos hutus em 1994. No entanto, não foi por medo ligado à sobrevivência que o general alemão von Trotta decidiu o massacre dos hereros na Namíbia, em 1904. Há assassinatos em massa praticados por terror, outros por vingança ou orgulho dominador. Alguns são cometidos na euforia da vitória, como em Srebrenica, na Bósnia, em 1995; outros, na amargura da derrota, como na aldeia francesa de Oradour, em 1944. Foram as paixões determinantes? E, se sim, quais foram elas?

Não é a filosofia enquanto tal que pode dizer. É aos estudos empíricos das ciências sociais que cabe estabelecer as dinâmicas dessas violências que podem variar segundo os lugares, as épocas e os contextos. Mas o que é uma paixão? Onde classificar o fanatismo, no excesso passional ou no excesso ideológico? Onde se encontra a diferença entre sentimentos e concepções do mundo? Conforme as escolhas teóricas, pode-se descrever um mesmo comportamento de maneiras diversas, pondo o acento nas paixões, nos interesses ou nas ideologias. E é isso que a filosofia pode discutir, isto é, escolhas teóricas de delimitação, de classificação ou mesmo de eliminação das paixões.

Para maior clareza, informo que há 15 anos desenvolvo pesquisas sobre as violências de guerra e a justiça internacional através desse diálogo entre filosofia e ciências sociais. Assim, realizei várias pesquisas de campo na Bósnia-Herzegovina sobre as vítimas da guerra, as testemunhas e os criminosos no Tribunal Penal Internacional para a ex-Iugoslávia[3].

---

3. Isabelle Delpla, *La justice des gens: Enquêtes dans la Bosnie-Herzégovine des nouvelles après-guerres* (A justiça dos povos: pesquisas na Bósnia-Herzegovina de relatos pós-guertas), Rennes: Presses Universitaires de Rennes, 2014.

Também participei, com colegas historiadores, de um estudo sobre as violações em tempos de guerra[4]. Minhas reflexões vão se apoiar, portanto, em pesquisas empíricas e teóricas.

Após esse preâmbulo, voltemos à oposição entre violência essencialmente passional e violência sem paixão. Para ajudar a ultrapassá-la, mostrarei que ambas, assim como a alternativa entre elas, não são uma descrição dos fenômenos nem uma conceituação neutra. São antes de tudo construções judiciárias que pedem uma teorização da forma do processo.

O PARADIGMA DO CRIME PASSIONAL

Consideremos, em primeiro lugar, a ideia muito comum de que a paixão é a fonte da violência e a raiz do mal. Numa longa tradição que remonta à Antiguidade grega, o indivíduo se torna criminoso ou o homem político se torna um tirano, segundo Platão, quando se deixa dominar pelos desejos e as paixões que o conduzem ao excesso, à desmedida, ao roubo e ao homicídio. As mesmas temáticas aparecem, sob prismas religiosos ou artísticos, na tragédia e na literatura: Nero mata Britânico e sua própria mãe por uma sede devoradora de poder, Otelo mata Desdêmona por ciúme, Medeia mata seus filhos para se vingar do pai deles, o amor culpado de Fedra por seu enteado a conduz ao pior. A paixão é esse Amok descrito por Stefan Zweig na novela de mesmo nome, uma força obscura, delirante, incontrolável, que arrasta tudo em sua passagem e conduz à perdição os indivíduos e seus próximos.

Para simplificar: nessa concepção, um mundo sem paixão ou um mundo de paixões sabiamente controladas pela razão seria um mundo sem violência. Ao contrário, um mundo de paixão cairia necessariamente na violência mortífera. O crime passional é então a própria essência do crime, já que a violência criminal (em particular o homicídio) tem suas raízes nas paixões humanas.

Mas tais descrições ou a explicação da violência pelas paixões não explicam nem a violência extraordinária nem a violência ordinária. Dois fenô-

---

4. Em colaboração com Raphaëlle Branche, Fabrice Virgili, John Horne, Pieter Lagrou, Daniel Palmieri (dir.), *Viols en temps de guerre: Une histoire à écrire* (Violações em tempos de guerra: uma história a ser escrita), Paris: Payot, 2011. Tradução inglesa: *Rape in Wartime. A History to Be Written*, London: Palgrave-McMillan, 2012.

menos completamente diferentes o atestam: os crimes políticos de massa, que já evocamos, mas também os crimes passionais privados e individuais.

Pois o que é, precisamente, um crime passional? Em sua representação comum, consiste em matar a pessoa amada por amor ou ciúme. E, sempre nas representações comuns, esses crimes seriam mais frequentemente cometidos por mulheres.

O crime passional é com frequência o objeto de legislação específica, pois se considera que, nos casos extremos, a paixão amorosa faz perder o controle de si mesmo. Ele costuma ser menos severamente punido que outros tipos de assassinato, seja em virtude da lei, seja como circunstância atenuante[5].

UMA LEGITIMAÇÃO DA DOMINAÇÃO MASCULINA

Todavia, desde mais de vinte anos para cá, pesquisas de inspiração feminista lançaram uma nova luz sobre esses crimes ditos passionais, que são antes uma construção judiciária e social na qual a paixão serve de pretexto. Podemos mencionar, por exemplo, uma série de trabalhos realizados na França pelas psicólogas Patricia Mercader e Annik Houel e pela socióloga Helga Sobota[6].

O exame das circunstâncias de 337 homicídios passionais mostra uma forte *assimetria dos atores e das motivações*. Em vez de serem praticados por

5. No direito penal dos EUA, o fato de ter agido "no calor da paixão" (*heat of passion*) pode, em certas circunstâncias, ser reconhecido como uma atenuante que justifica a requalificação do ato de *murder* para *manslaughter*. O "homicídio passional" ainda existe no Código Penal suíço: "Se o delinquente tiver matado enquanto estava dominado por uma emoção violenta que as circunstâncias tornavam desculpável, ou se estava naquele momento do ato num estado de profunda aflição, será punido com uma pena privativa de liberdade de um a dez anos" (art. 113, disponível em: <http://www.ieb-eib.org/fr/pdf/code-penal-suisse.pdf>, acesso em: 23 jun. 2015). Na França, a categoria de "crime passional" desapareceu com a reforma penal de 1791, mas, até 1975, os crimes considerados como cometidos "no calor da paixão" podiam ser "desculpados". O Código Penal, art. 324, § 2, enunciava: "No caso de adultério, previsto no artigo 336, o homicídio cometido pelo marido contra a esposa, bem como contra o cúmplice, no instante em que os surpreende em flagrante delito no domicílio conjugal, é desculpável". Cf. a tese de direito de Habiba Touré, *Le crime passionnel: Étude du processus de passage à l'acte et de sa répression* (O crime passional: estudo do processo de passagem ao ato e de sua repressão), Paris VIII, 2007, disponível em: <http://1.static.e-corpus.org/download/notice_file/849457/ToureThese.pdf>.
6. Patricia Mercader, Annik Houel e Helga Sobota, "Asymétrie des comportements dans le crime dit passionnel: Violence et passions dans les crimes dits passionnels" (Assimetria de comportamentos do crime dito passional: violência e paixões nos crimes ditos passionais), *Sociétés contemporaines*, n. 55, 2004, pp. 91-113. Das mesmas autoras, ver *Crime passionnel, crime ordinaire* (Crime passional, crime ordinário), Paris: PUF, 2003, e *Psychosociologie du crime passionnel* (Psicossociologia do crime passional), Paris: PUF, 2008.

mulheres dominadas pela paixão, em sua grande maioria foram cometidos por homens contra suas mulheres e mesmo contra seus filhos. Em 78% dos casos, o assassino é um homem. Para os 22% dos casos em que são as mulheres que matam, importa considerar as circunstâncias do homicídio. Em sua maior parte, os homens atribuem seu gesto ao *ciúme* ou à recusa de *perder* a mulher, enquanto as mulheres invocam a necessidade de pôr fim à *tirania* do parceiro. Aliás, os homens frequentemente passam ao ato após a separação ou a partida da mulher, enquanto as mulheres agem antes no quadro de uma coabitação em curso. Para simplificar, os homens matam para *manter* as mulheres, e as mulheres matam para *se desembaraçar dos homens e se proteger da violência deles*. No encadeamento dos fatos, tudo começa com a violência masculina...

O *crime passional* derivaria então das tendências exageradamente patriarcais de alguns homens a quererem possuir e dominar inteiramente sua mulher e seus filhos. A violência feminina – quando se manifesta – seria apenas uma reação a esse abuso.

O crime passional pertence, na verdade, à categoria menos romântica das violências conjugais. "Ele faz parte de um conjunto de dispositivos legais que, como o crime de honra, legitima a violência dos homens e lhes dá o direito de matar suas esposas"[7]. A paixão não passa então, no melhor dos casos, de um epifenômeno, e falar de crime passional equivale a eufemizar e dissimular uma dominação masculina. Ele atribui uma causa apenas psicológica e excepcional a uma violência geralmente crônica e específica das relações de gênero. Aliás, somente a paixão e o ciúme amorosos aparecem como circunstâncias atenuantes ou móbiles aceitáveis de crimes passionais. Por mais violentos que sejam, o ciúme profissional e o amor voraz pelo poder jamais poderiam ser invocados para alegar um crime passional.

Insistir na paixão é descartar as dimensões sociais, institucionais e econômicas da violência. Nada de surpreendente nisso se considerarmos o modelo clássico dos desejos e da paixão, os de Nero, de Otelo, de Medeia ou do tirano de Platão. Existe aí uma visão monocausal e dessocializada

---

7. Cf. Ghislaine Guérard e Anne Lavender, "Le Fémicide conjugal, un phénomène ignoré: Une Analyse de la couverture journalistique de 1993 de trois quotidiens montréalais" (O femicídio conjugal, um fenômeno ignorado: uma análise da cobertura jornalística de 1993 de três diários montrealenses), *Recherches féministes*, v. 12, n. 2, 1999, p. 159-77.

da violência passional. A paixão é vista como fora da norma e excepcional, como um fenômeno individual e não coletivo, no qual se age, na maioria das vezes, sozinho e em segredo.

Trata-se de uma concepção ainda mais redutora e superficial quando é a mesma pessoa que experimenta a paixão e que comete o crime. Aqui a paixão não é uma construção social, e a violência não aparece como um fator de socialização.

Então não é nada surpreendente que a paixão tenha se tornado uma construção judiciária. Com efeito, para que haja crime é preciso haver três elementos: uma definição legal (não há crime sem lei), um elemento material (não há homicídio sem cadáver) e um elemento intencional (não há crime sem intenção, quando não se trata de um simples acidente ou quando o autor não é responsável por seu ato). É preciso, pois, determinar um motivo, e os mais comuns são os interesses e as paixões: atrativos de ganho, ciúme, vingança.

A paixão pode então ter uma posição dupla num processo judicial: de um lado, como motivo do crime, permite imputar o crime a um indivíduo. Ora, a individualização da responsabilidade está no fundamento do direito penal: julgam-se indivíduos e não sistemas e estruturas. A paixão pode então ser um meio de acusação. Mas a ideia de que a paixão seria incontrolável pode, por outro lado, servir à defesa do acusado para atenuar sua responsabilidade.

Evidentemente, esse quadro redutor das paixões foi complexificado e enriquecido na história da filosofia ao se levarem em conta as paixões mais ordinárias e coletivas: o medo é a paixão dominante para Hobbes; para os jansenistas, o egoísmo e o amor-próprio são a raiz de todas as nossas paixões, mas também de nossas virtudes aparentes; Bayle, Locke e Hume mostraram os perigos políticos da intolerância e do fanatismo religioso.

OS CRIMES DE MASSA

Mesmo enriquecido, porém, esse quadro das paixões não explica a violência política organizada. As explicações pelo ódio, a intolerância e o antissemitismo não fizeram compreender a evolução das perseguições nazistas e a decisão de eliminar os judeus. O mesmo acontece com as abordagens psicológicas ou psicanalíticas em sentido amplo (como a ideia de personalidades autoritárias, de Adorno). Ao contrário, foi pela análise do sistema burocrático e das dinâmicas de poder que os historiadores avançaram no conhecimento e na explicação[8].

O que é verdade para o nazismo o é também para outras situações menos extremas, como a purificação étnica na ex-Iugoslávia. Por ocasião da guerra, de 1991 a 1995, alguns diplomatas a explicaram por ódios ancestrais entre as diferentes nações, ódios que teriam sido abafados sob o poder de Tito e que teriam emergido com sua morte[9]. A violência da guerra era então apresentada como a consequência lógica de forças psicológicas clássicas (o ódio), acrescidas pela psicanálise (o retorno do recalcado). Especialistas em ciências sociais não cessaram de criticar essa visão simplista, mostrando que ela era duplamente enganadora: por um lado, o ódio não era o sentimento dominante entre as nações da ex-Iugoslávia; por outro, o esfacelamento desse país tinha causas políticas e econômicas mais profundas[10] (crise econômica, desequilíbrios demográficos e econômicos entre as repúblicas, desigualdades de repartição dos poderes na liga comunista, continuação do comunismo pelo nacionalismo). Aliás, os promotores do Tribunal Penal Internacional buscam mais reconstruir um sistema de poder e elos de comando do que sondar a psicologia dos acusados.

Sendo enganadora a explicação pelas paixões, há então a tentação de rejeitar inteiramente o paradigma do crime passional. Mas até que ponto se deve ir na ideia de um crime sem paixão nem emoção? Colocar entre parênteses as paixões em proveito de análises sistêmicas pode ser um método excelente. Mas algo bem distinto é fazer disso um ponto de vista ontológico ou psicológico sobre um novo tipo de criminoso. Pois a ideia de um crime de massa sem paixão nem emoção é tão ilusória quanto a ficção inversa do crime passional.

Foi o que mostrei num livro sobre o processo de Eichmann: *Le Mal en procès: Eichmann et les théodicées modernes* (O mal em julgamento: Eichmann e as teodiceias modernas), publicado em 2011. Adolf Eichmann,

---

8. Ver especialmente a obra de referência de Raul Hilberg, *La Destruction des juifs d'Europe* (A destruição dos judeus da Europa), Paris: Gallimard, 2006, 3 tomos.
9. Para esse ponto de vista, ver Robert D. Kaplan, *Balkan Ghosts: A Journey Through History* (Fantasmas balcânicos: uma jornada através da história), New York: Macmillan, 1993.
10. Ver especialmente Xavier Bougarel, *Bosnie: anatomie d'un conflit* (Bósnia: anatomia de um conflito), Paris: La Découverte, 1996, e Philipp Gagnon, *The Myth of Ethnic War: Serbia and Croatia in the 1990's* (O mito da guerra étnica: Sérvia e Croácia nos anos 1990), Ithaca: Cornell University Press, 2006.

oficial da ss, era um dos principais organizadores da *solução final*, a destruição dos judeus pelos nazistas. Ele se ocupava, em particular, da prisão e da deportação de judeus para os campos de extermínio. Encarregado por Heydrich da organização da conferência de Wannsee, em janeiro de 1942, torna-se a seguir o principal organizador da solução final em escala europeia. Na Hungria, em 1944, para poder prosseguir sua tarefa, ele se opôs inclusive a Himmler, que lhe deu a ordem de deter as deportações. Após sua captura na Argentina, foi julgado em Jerusalém em 1961.

EICHMANN VISTO POR ARENDT

A herança filosófica de seu processo é inseparável da visão dele dada por Hannah Arendt em *Eichmann em Jerusalém*. Ela viu Eichmann não como um monstro, mas como um ser medíocre, opaco e insignificante, que obedece cegamente às ordens, não tendo nada de especial a não ser seu zelo e seu carreirismo. Ele encarna para Arendt a banalidade do mal, um tipo novo de crime e de criminoso, não mais matadores, mas burocratas. Segundo Arendt, não sendo nem diabólico nem monstruoso, Eichmann não tinha sequer motivações nem intenções perversas ou monstruosas. Ele não pensava, isto é, não refletia, não julgava, não discernia o bem e o mal. Estava, segundo ela, encerrado em clichês que lhe ocultavam a realidade e o separavam dos outros. A raiz do mal, sua banalidade, consistiria precisamente nessa ausência de pensamento.

Arendt observa assim que "não se consegue descobrir em Eichmann a menor profundidade diabólica ou demoníaca"[11]. E ela explica: "Só falei da banalidade do mal no nível dos fatos, pondo em evidência um fenômeno que chamou a atenção durante o processo. Eichmann não era nem um Iago nem um Macbeth [...]"[12], nem um Ricardo III, e não lhe teria passado pela cabeça fazer o mal pelo mal. Segundo ela, Eichmann não é nem um perverso, nem um fanático, nem um iluminado, tendo mais o aspecto de um *clown* que de um demônio. Por essa banalidade, ela indica, ao mesmo tempo, uma normalidade humana, psicológica e jurídica: não se trata

---

11. Hannah Arendt, *Eichmann à Jérusalem*, Paris: Gallimard, 1997, p. 460. Edição brasileira: *Eichmann em Jerusalém*, São Paulo: Companhia das Letras, 1999.
12. *Ibidem*, p. 459.

de um monstro e os psiquiatras o julgaram normal. Eichmann não era nem louco nem irresponsável.

Mas Arendt não se contenta em sublinhar essa normalidade e essa aparência opaca de burocrata obtuso, tema que, aliás, não tinha nada de iconoclasta, por ser um lugar-comum jornalístico da época. Ela vai mais longe e apresenta Eichmann como uma coleção de defeitos e de deficiências. Eichmann é essencialmente qualificado por suas faltas. É descrito como um fracassado, socialmente desclassificado, sem educação e sem cultura, incapaz de tomar iniciativas, incapaz de pensar.

Segundo Arendt, Eichmann não seria animado nem por paixões intrinsecamente más e nocivas a outrem (como o sadismo) nem por disposições imorais comuns (como o egoísmo). Não seria tampouco animado por paixões políticas como o fanatismo ou a embriaguez da impunidade. Em suma, não é animado nem por motivos repreensíveis nem por "motivos quaisquer, pelo menor movimento de interesse ou de vontade"[13]. Essa visão rasa e inofensiva, estranhamente *desmotivada* e apolítica de Eichmann, permite a Arendt apresentar a banalidade do mal como em ruptura com a tradição ocidental, para a qual a raiz do mal está nos vícios, especialmente no egoísmo.

A ideia de um Eichmann banal e insignificante favoreceu a de que um genocida potencial estaria latente nos burocratas e executivos zelosos, talvez até em cada um de nós. Tornou-se uma visão do mal dos tempos modernos: esse Eichmann, movido por uma racionalidade puramente instrumental, virou assim o símbolo de uma desumanização técnica da morte, de crimes sem homens, os crimes de massa não sendo mais que uma questão administrativa, logística e técnica.

Essa representação dos crimes de massa com a ideia da banalidade do mal tornou-se um lugar-comum na filosofia e nas ciências sociais, até ser tomada como uma evidência.

No entanto, ela é falsa e enganadora. O Eichmann de Arendt não é o Eichmann histórico, como o mostraram os trabalhos dos historiadores do nazismo[14]. Eichmann não tinha nada de um *clown* ou de um executor insignificante, sem imaginação, sem iniciativa e intelectualmente limitado.

---

13. Hannah Arendt, *La Vie de l'esprit*, Paris: PUF, 1983, p. 21. Edição brasileira: *A vida do espírito*, Rio de Janeiro: Civilização Brasileira, 2009.
14. Ver especialmente David Cesarani, *Adolf Eichmann*, Paris: Tallandier, 2010.

A ideia de um Eichmann pequeno burocrata, desprovido de convicções ideológicas, que aplica as ordens sem refletir, é um mito. O Eichmann histórico era um homem de recursos, de iniciativa, um notável organizador, negociador e dirigente. Longe de ser um burocrata encerrado num escritório, era um homem de ação e um organizador que percorria a Europa para levar a cabo as expulsões e as deportações.

O retrato moral de Eichmann segundo Arendt não é, portanto, o do Eichmann histórico, mas uma construção judiciária. Os cronistas judiciários, que se amontoavam às centenas no processo, sublinharam, todos, sua aparência ordinária, nem diabólica nem monstruosa. Todavia, eles também viram um ou outros Eichmann revelarem-se durante o processo. Arendt deixou Jerusalém no começo da defesa de Eichmann[15]; mas somente Arendt viu nele um ser caracterizado por suas faltas. Viu apenas sua aparência insignificante que, aliás, era fruto do trabalho com seu advogado. Não percebeu que esse papel era um arranjo da defesa e deixou-se levar pelas aparências judiciárias.

E isso principalmente porque ela não assistiu ao longo contrainterrogatório no qual Eichmann surpreendeu a audiência por sua resistência, sua vivacidade e presença de espírito. Comparado ao Eichmann dos historiadores contemporâneos ou àquele dos cronistas da época, o Eichmann de Arendt é um personagem descontextualizado, privado da espessura do homem de ação, da dinâmica da história do nazismo e mesmo da dinâmica do processo judicial.

Quem é esse Eichmann desprovido de pensamento e de paixão? É, primeiro, o avesso do retrato do promotor e a reprodução da defesa de Eichmann; é também uma construção filosófica e a retomada da forma metafísica do processo judiciário.

O AUTÔMATO OBEDIENTE COMO CONSTRUÇÃO JUDICIÁRIA

Ele é, primeiro, o avesso do retrato do promotor. A acusação havia pintado Eichmann como criminoso de um novo gênero que exerce seu ofício atrás de uma mesa, mas também como o arquiteto-chefe da solução final, ani-

---

15. Como atesta seu passaporte, ela permaneceu lá de 9 de abril a 7 de maio, depois de 17 a 23 de junho, três dias após o início da defesa de Eichmann, sem que se saiba se assistiu a ela.

mado por um antissemitismo profundo e consubstancial que simbolizaria aquele inerente à Alemanha, um ser sanguinário, satânico, mentiroso, perverso, imbuído de uma sede intrínseca do mal, do prazer de destruir. O promotor ampliou indevidamente as acusações contra Eichmann para reconstruir uma narração global da destruição dos judeus pelos nazistas. Arendt se opunha fortemente ao governo de Israel, ao promotor e ao uso político do processo. Seu retrato de Eichmann como homem banal é o avesso do retrato do promotor e mostrou-se tão caricatural por carência quanto o da acusação o era por excesso. Para melhor se opor à visão do promotor, ela finalmente reproduziu a defesa de Eichmann sem perceber que esta também era uma construção judiciária.

A imagem de um Eichmann que não pensa é, de fato, uma criação da defesa de Eichmann. É a Eichmann que devemos creditar as temáticas principais da banalidade do mal que criaram, para sua defesa, esse autômato obediente, sem emoção nem pensamento.

Como todos os acusados, Eichmann tentou negar tudo: negar o crime, ou sua participação, ou sua intenção criminosa. Mas, diante da massa de documentos assinados por seu próprio punho, ele podia negar apenas o elemento intencional do crime. Retomando a estratégia de defesa dos nazistas acusados em Nuremberg, ele alegou, portanto, obediência cega às ordens, transferindo toda decisão criminal a seus chefes. No processo, Eichmann nega assim o motivo do crime e se defende de todo antissemitismo e de qualquer intenção de destruição dos judeus. Reconhece apenas ser cúmplice e instrumento nas mãos de outrem, para evitar ser reconhecido como autor do crime. Toda a sua estratégia consiste em se apequenar, em minimizar sua responsabilidade e em apresentar-se como simples peça de engrenagem na máquina, que nunca tomava iniciativa e aplicava as ordens de outrem. Forçado a reconhecer que assinou um documento, disse que sua assinatura equivalia a um carimbo automático num procedimento burocrático. Como poderia, medíocre burocrata que era, ser autor desse crime que o ultrapassa? Ele se apresenta assim como encerrado num escritório, cercado de documentos, distante dos acontecimentos e das vítimas.

Compreende-se o interesse de sua defesa em apequená-lo e distanciá-lo de seus crimes e de suas vítimas, mas por que negar qualquer emoção? A chave desse pretenso crime sem paixão se encontra nas acusações que pesavam contra ele. Acusado de crime contra o povo judeu, Eichmann devia primeiro negar todo ódio antissemita e toda disposição maléfica que teriam mostrado sua intenção criminosa. Assim, ele se refugiou por trás da obediência, como o fizeram também os acusados de Nuremberg ou da ditadura na Argentina. Ora, uma estratégia clássica de defesa pela obediência às ordens supõe que nunca se tenha demonstrado entusiasmo ou iniciativa.

Podia ele ir mais longe e alegar que, ao contrário de ser entusiasta, tinha repugnância por sua tarefa e detestava o assassinato de massa? Foi precisamente o que ele tentou fazer apresentando-se como um homem essencialmente virtuoso, sensível, horrorizado à visão do sangue e dos massacres. Eichmann alegou então que havia uma cisão entre seu eu físico, público, que obedecia maquinalmente às ordens, e seu ser íntimo, subjetivo, privado, que tinha sentimentos opostos à sua função.

Essa estratégia de defesa podia lhe dar a simpatia dos juízes (pelo menos era o que ele esperava), mas logo se revelou uma armadilha. De fato, desde os processos de Nuremberg e na jurisprudência israelense, a obediência às ordens não era mais considerada como uma circunstância atenuante se o acusado soubesse que as ordens eram manifestamente ilegais. E o critério da ilegalidade não era político ou jurídico, já que esses crimes podiam ser ordenados ou caucionados pelo Estado. O critério era moral: a obediência às ordens não podia mais servir de defesa se estas aparecessem como claramente imorais a uma consciência humana. Por conseguinte, quanto mais Eichmann se apresentava como um ser moral e sensível que tinha horror dos crimes, mais ele enfraquecia sua defesa pela obediência às ordens.

Eichmann mudou então seu ângulo de defesa e recusou-se a falar de sua consciência moral. O promotor o interrogou insistentemente para saber o que ele pensava da posição de Rudolph Hess, o comandante de Auschwitz, e o que teria feito em seu lugar. Eichmann recusou-se a responder e refugiou-se atrás da interioridade de suas emoções e de seus pensamentos. "Eu me examinei e me julguei", ele disse. "E o que concluiu?", perguntou-lhe o promotor. "Meus sentimentos privados são incomunicáveis e minha consciência privada só é acessível a mim", respondeu Eichmann. Ele retomava assim argumentos bastante clássicos na representação filosófica da consciência desde Descartes.

Exasperados por esse acusado que tergiversava e não se deixava pegar, os juízes tentaram outra tática em seu interrogatório final. "Se você não pode nos dizer o que lhe diz sua consciência", disse-lhe o juiz Raveh, "é porque há um Eichmann privado que podia ter alguma reserva mental em relação aos crimes". De maneira ainda mais direta, o juiz Landau o colocou diante da seguinte escolha, estritamente limitada a três possibilidades: "No momento em que se encarregou da solução final", perguntou-lhe o juiz, "você aprovava os crimes, você os desaprovava ou era indiferente?". Eichmann ficou *encurralado*. O que quer que respondesse condenaria a si próprio: se dissesse que os aprovava, compartilharia o elemento intencional dos crimes e então era culpado de crime contra o povo judeu; se os desaprovasse, minaria então a defesa pela obediência às ordens; se dissesse ser indiferente, condenar-se-ia humana e moralmente, pois que ser humano poderia ser indiferente à morte de milhões de pessoas, mulheres e crianças? E Eichmann queria também ganhar a batalha da história e oferecer de si mesmo uma imagem honrosa para sua família e para a posteridade.

Acuado, Eichmann encontra uma nova escapatória e responde ao juiz: "Eu não pensava". Puro autômato, apresenta-se como desprovido de opinião, de consciência, de julgamento, de emoções. Portanto, esse Eichmann que não pensa é uma criação judiciária. Eichmann pensava em sua defesa havia 15 anos, escreveu centenas de páginas após a guerra e travou em Jerusalém a última batalha para defender-se sem contradizer-se. E sabemos, através de seus escritos e entrevistas, que antes de ser capturado ele já tinha considerado vários tipos de defesa, inclusive a das olheiras e do espírito obtuso.

A DEFESA DOS ACUSADOS DO TPIY

Darei outro argumento, mais indireto, em apoio à ideia de que a peça de engrenagem na máquina, a ideia de um sistema totalitário mecânico, é claramente uma construção judiciária. Um fenômeno me intrigou por muito tempo em minhas pesquisas de campo. A ideia da peça de engrenagem na máquina, do crime burocrático e logístico, tornou-se tão comum que me espantei de não encontrá-la nos criminosos de guerra condenados no Tribunal Penal Internacional. No momento do julgamento ou em conversas comigo, nenhum deles alegou para sua defesa que era apenas uma peça de engrenagem na máquina, que era o sistema e não ele o responsável. Mais espantoso ainda, não acusavam uns aos outros.

Inversamente, o argumento do crime logístico, em que os transportes se tornam decisivos, não era mais invocado pela defesa, à maneira de Eichmann que alegava ocupar-se apenas dos trens e não dos judeus. Ao contrário, esse argumento foi usado pela acusação. Em Srebrenica, os promotores serviram-se dos registros de ônibus para mostrar a organização e o planejamento do crime.

Como explicar então a diferença? A resposta é muito simples: é preciso levar em conta as acusações que pesam contra os acusados e as provas disponíveis. Em Haia, todos eram acusados de iniciativa criminosa comum e, com frequência, vários estavam no banco dos acusados. Além disso, diferentemente do tribunal de Jerusalém, que dispunha dos arquivos do tribunal de Nuremberg, o tribunal de Haia não tinha base de prova alguma. Tudo estava para ser estabelecido. Os acusados de Haia, portanto, estavam numa situação muito diferente da de Eichmann (sem considerar aqui a diferença manifesta de amplitude e de gravidade dos crimes). Eichmann estava sozinho no banco dos acusados e tinha interesse em se esconder atrás de um sistema já provado, para atenuar sua responsabilidade. Já os acusados de Haia não tinham interesse nenhum em alegar o sistema ou a peça de engrenagem nem em acusar os outros, pois teriam então provado o sistema, a máquina, a implicação dos outros. Teriam assim contribuído para acusar a si mesmos.

Portanto, em vez de ser uma essência do crime moderno e burocrático, a ideia de peça de engrenagem na máquina e de crime burocrático é antes uma construção judiciária relativa a acusações e provas.

A FORMA METAFÍSICA DO PROCESSO

A ideia do crime sem paixão nem intenção é o produto da forma judiciária do processo. Vamos mais longe: é também o produto de uma forma metafísica do processo, isto é, uma moderna teodiceia. O que é uma teodiceia? Essa palavra inventada pelo filósofo Leibniz designa o processo em que Deus é acusado de ser o autor do mal. Os filósofos geralmente se colocaram na posição de advogado de defesa ou de juiz para mostrar que Deus não era culpado do mal no mundo. Num brilhante opúsculo, o filósofo Immanuel Kant ridicularizou essas tentativas de teodiceias, sempre frustradas e renovadas[16]. Ele mostrou que os filósofos, acreditando fazer metafísica, apenas replicavam as estratégias de defesa dos criminosos nos processos.

Como os advogados, os filósofos jogam com três possibilidades de defesa. A primeira consiste em dizer que o mal não existe, que não há homicídio ou, em termos filosóficos, que há realmente crimes, mas que o mal é um não ser, isto é, não tem a realidade de um ser, que Satã ou o diabo não existe. A segunda possibilidade de defesa consiste em dizer que o mal é inevitável e que, portanto, não é imputável a uma vontade humana. A terceira estratégia sustenta que o acusado é inocente e que outro é o culpado.

Eichmann também se serviu das três estratégias e tentou, é claro, acusar os outros. O mecanismo burocrático é a versão moderna da segunda estratégia de defesa, ou seja, o caráter inevitável do mal. E, como ele não podia negar os crimes, restava-lhe negar o mal em si: assim, a banalidade do mal, segundo meu parecer, não é senão a retomada da ideia do mal como não ser, isto é, a primeira estratégia de defesa. Em outros termos, é a retomada da velha ideia platônica ou socrática de que ninguém é mau voluntariamente, mas apenas por falta de conhecimento ou de pensamento. É a retomada da defesa de Deus pela ideia do mal como não ser. Esse Eichmann que não pensa, esse retrato em negativo, como uma coleção de carências ou de faltas, se esclarece se vemos Eichmann como a própria encarnação do não ser do mal. Ou seja, não como um personagem histórico, mas como um personagem metafísico.

De fato, se Eichmann não pensa, o pensamento é salvo e a filosofia pode nos proteger do mal. E, ao ler os textos de Arendt, fica claro que ela buscava salvar a filosofia, o pensamento e a cultura alemães e recusava qualquer tentativa de encontrar nessa filosofia e nessa cultura as raízes do nazismo[17]. Se Eichmann não pensa, pode-se então traçar uma linha clara entre os alemães e até mesmo entre os nazistas. Os que pensam, como

---

16. Immanuel Kant, "Sur l'insuccès de toutes les tentatives philosophiques en matière de théodicée" (Sobre o insucesso de todas as tentativas filosóficas a respeito de teodiceia), em: *Œuvres philosophiques*, t. II, Paris: Gallimard, 1985.
17. Carta a Jaspers de 4 de março de 1951; "Le 'cas Eichmann' et les allemands" (O "caso Eichmann" e os alemães), em: *Politique et pensée. Colloque Hannah Arendt* (Política e pensamento: Colóquio Hannah Arendt), Paris: Payot, 1989.

Heidegger, nada têm a ver com o mal, já que esse mal está na ausência de pensamento. E nós, os filósofos que pensamos, estamos protegidos do mal. Não surpreende que esse tipo de raciocínio tenha obtido grande sucesso entre os intelectuais, pelo menos na França.

Aliás, essa necessidade de salvação do mal é comum. Como todos os espectadores do processo Eichmann, Arendt reagiu: frente a um acusado insignificante e tergiversador, todos buscaram saber o que lhe faltava: alguns pensaram que era o caráter, outros, a coragem cívica, Arendt, o pensamento... Em todos os casos, as respostas nos informam sobre os valores mais altos aos olhos de cada um, mas certamente não sobre o próprio Eichmann. Portanto, que Arendt tenha sentido a necessidade de crer na superioridade do pensamento para seu próprio consolo e sua salvação é compreensível, mas nos guardemos de acreditar que ela falava de Eichmann ou do nazismo quando falava apenas de si mesma.

SAIR DA ALTERNATIVA DO DIABÓLICO E DO BANAL

Guardemo-nos também de projetar sobre os problemas da violência política categorias metafísicas que são antes um obstáculo à compreensão. Mas como sair dessa alternativa redutora entre o diabólico e o banal que continua sendo a herança de uma concepção metafísica ou teológica do mal como ser ou não ser?

Em primeiro lugar, desembaraçando-se de uma concepção grandiosa ou romântica da paixão e do mal. Os genocidas são homens comuns, mas, para compreender como esses homens podem cometer crimes extraordinários, não se deveria comparar Eichmann com Iago ou Satã. Certamente, o retrato de Eichmann rompe com a representação de Nero, ou do tirano segundo Platão, como um ser ávido, voraz, arrebatado pelos desejos mais incontroláveis e violentos, mas essas são construções literárias e não homens políticos reais. A reflexão filosófica sobre o mal político não se limita a figuras teológicas ou literárias do mal. Arendt permaneceu prisioneira de referências literárias ou religiosas, deixando de lado, aliás, toda uma tradição de filosofia política que, de Tucídides a Maquiavel, também analisou a frieza da violência política e paixões bem mais complexas que a simples exaltação.

Assim, para esclarecer o caso Eichmann, é preciso restituir mediações e compará-lo com seus potenciais homólogos: os acusados de Nuremberg, responsáveis militares, chefes de serviço secreto ou da polícia responsáveis por vastos *pogroms* ou repressão política. Ora, a experiência da violência por militares e policiais pode ser inteiramente prosaica: o mal pode ser visto como um trabalho sujo, pesado, um encargo opressivo ou uma dura necessidade, e não como uma transgressão romântica na qual eles se lançariam com a voracidade de um Nero ou do tirano de Platão. Que Eichmann, diferentemente do tirano segundo Platão ou de Nero, não tenha sido movido pelo atrativo de ganho ou pelo ódio parricida não implica que fosse desprovido de paixões. Aliás, é o que mostra a notável biografia de Eichmann escrita pelo historiador David Cesarani[18].

Cesarani não busca analisar como alguém se torna Eichmann. Eichmann não estava essencialmente, nem mesmo culturalmente, predestinado a tornar-se um ator determinante, intransigente e entusiasta do genocídio dos judeus, mas acabou se tornando. Cesarani restitui a parte de contingência do percurso de Eichmann, feito de uma série de escolhas pessoais e profissionais que o levaram finalmente a defender as posições mais radicais. Ele descreve a *evolução* de um homem no contexto da evolução de um sistema.

Seu livro busca desmitificar as interpretações que acabaram por mascarar a complexidade do Eichmann histórico. Em sua juventude, este não era nem um desclassificado social nem um fracassado, ao contrário das teorias de Adorno, de Reich ou de Arendt, nem um nazista que se filiou ao partido por acidente, nem um burocrata sem brilho que obedece sem tomar iniciativa. Foi no serviço de informação da ss dirigido por Himmler e Heydrich que ele desenvolveu um estilo racional, frio, calculador, *objetivo*, tecnocrático. Não era nem um ideólogo nem um antissemita histórico, mas isso não o impediu de ser um nazista convicto, que adere totalmente, bem antes da guerra, à visão dos judeus como inimigos da Alemanha, traiçoeiros e perigosos. Seu antissemitismo genérico e frio se baseava numa visão que se queria objetiva e racial do judeu como inimigo por excelência da Alemanha, que devia ser eliminado por necessidade *médica* e não por inclinação ou ódio pessoais.

---

18. David Cesarani, *Becoming Eichmann: Rethinking the Life, Crimes, and Trial of a "Desk Murderer"* (Tornando-se Eichmann: repensando a vida, os crimes e o julgamento de um "assassino de escritório"), Cambridge: Da Capo Press, 2006.

Não foi por obediência cega às ordens que ele cumpriu essa tarefa. Poderia ter sido dispensado desse encargo em proveito de outros serviços do Reich. Sua contribuição à solução final deve ser vista dentro da tentativa do seu serviço de conservar essa tarefa na competição entre as agências nazistas. Cesarani sublinha igualmente a importância da própria guerra para explicar a radicalização de Eichmann no quadro de uma radicalização mais geral do nazismo.

Assim, com uma energia obsessiva de não deixar escapar nenhum judeu, com uma intransigência crescente, Eichmann tornou-se um especialista das deportações para os campos de extermínio. Mas, mesmo na Hungria, as escolhas de Eichmann não se deviam apenas a um ódio irracional mas a uma tentativa de explorar os judeus, seus bens e sua força de trabalho.

Sem atribuir a Eichmann traços diabólicos, Cesarani restitui a parte de convicções, paixões ou disposições bem mais inquietantes que o simples zelo: o egocentrismo, a ambição e a intransigência podiam fazer dele um instrumento perigoso no sistema nazista. Ele era movido também por paixões propriamente políticas, um nacionalismo profundo, uma devoção a um ideal de Estado. Revelou-se cada vez mais arrogante, ávido de poder, comprazendo-se em humilhar e dominar os judeus. O poder ilimitado sobre outrem o exalta e o metamorfoseia. Na Hungria, em 1944, manifesta todos os sinais de fanatismo, de corrupção pelo poder e de desagregação moral. Ao restituir essa dimensão *política* do percurso de Eichmann, Cesarani nos permite sair das discussões estéreis a seu respeito, da alternativa entre o banal e o diabólico ou o monstruoso.

Eichmann, portanto, não era nem um louco nem um robô que obedece às ordens sem refletir, mas conscientemente colocou seus talentos de organizador e de dirigente a serviço do genocídio. Assim, Cesarani pode então concluir que Eichmann escolheu tornar-se genocida, mas que a chave de sua compreensão não se encontra no homem, mas em suas ideias, na sociedade que lhes deu livre curso, no sistema político que as produziu e nas circunstâncias que as fizeram aceitáveis.

Vê-se que as paixões de Eichmann não explicam o nazismo ou sua evolução, já que são igualmente um produto do nazismo, de sua formação na ss e de sua evolução. Seria o caso então de abster-se delas para explicar a evolução do nazismo? Tudo depende do que se quer explicar e da escala que se adota para fazê-lo. Podemos, obviamente, decidir descartar uma abordagem psicológica para descrever um sistema econômico ou fazer uma sociologia quantitativa dos percursos de carreira dos oficiais da ss ou dos militares e policiais encarregados da repressão nas ditaduras da América Latina. Tudo isso é legítimo, caso se trate de uma questão de método. Mas é preciso ter consciência de que também existem outros métodos e outras abordagens em que importa levar em conta emoções e paixões para esclarecer a evolução dos agentes.

O QUE ESCONDE O CRIME SEM PAIXÃO?

Já insisti sobre o que uma abordagem puramente passional da violência poderia ocultar. Precisamos agora, após esse longo desvio pelo processo Eichmann, ver o que uma abordagem pela violência sem paixão também oculta. A imagem do crime sem paixão, desumanizado, é em grande parte uma construção judiciária da defesa: falar do crime como produto de um sistema, de uma ordem superior, de uma logística fria e desumanizada, era um meio, para os acusados nos processos, de rejeitar sua própria participação, sua iniciativa, sua implicação voluntária e pessoal nos crimes. Portanto, ela oculta a parte de exaltação ideológica, nacionalista e racista suscitada pelo nazismo que também inflamou os intelectuais e os filósofos.

Ela também oculta a parcela de contingência, de interpretação e de escolha pessoal que existe em toda obediência às ordens: como apontava Wittgenstein, sempre existem várias maneiras de seguir uma regra, mesmo a mais rígida. Também existem várias maneiras de obedecer a uma ordem, pois sempre existem várias maneiras de recebê-la, de interpretá-la ou de pô-la em prática. Sempre há os rádios que não funcionam, uma nova apreciação das circunstâncias. Assim, em Srebrenica, o general Gobilliard ordenou aos capacetes azuis neerlandeses que defendessem a cidade, e eles não o fizeram. Então, para defender Zepa, um outro enclave sob sua responsabilidade, ele partiu com alguns homens apenas para opor-se ao general Mladic e defender a população[19]. No caminho, ele recebeu a ordem de dar meia-volta. Ele desligou o rádio e continuou. Ainda que

---

19. Isabelle Delpla, Xavier Bougarel e Jean-Louis Fournel (dir.), *Investigating Srebrenica: Institutions, Facts, Responsibilities* (Investigando Srebrenica: instituições, fatos, responsabilidades), New York, Berghahn, 2012, p. 155 e nota 73, pp. 174-5.

não tenha sido este o único motivo, a maior parte da população de Zepa foi salva. Quando eu lhe perguntei se ele tinha desobedecido às ordens, ele respondeu: "Claro que não, eu somente considerei que estava numa posição melhor para interpretá-las de outra forma".

Tal visão do crime sem paixão e desumanizado serve igualmente de anteparo à dimensão de crueldade, de tortura, de humilhação pessoal infligida às vítimas. Portanto, ela oculta a implicação humana dos agentes, a dimensão da passagem ao ato e do confronto com as vítimas. Por muito tempo essa visão fria e desapaixonada criou um fosso entre uma história dos carrascos e uma história das vítimas. De fato, as vítimas não se defrontaram com máquinas, mas com homens de carne e osso, com sua arrogância, seu desprezo, sua crueldade e às vezes sua fraqueza.

Essa visão fria e asséptica da violência contribuiu também para ocultar a dimensão dos crimes sexuais, igualmente presente no nazismo. No livro que organizei com colegas historiadores, analisamos os obstáculos que se apresentam à consideração dos estupros em tempos de guerra. De fato, durante muito tempo, a violência sexual e as violações não retiveram a atenção dos historiadores ou dos filósofos; eram um objeto indigno da grande história ou da grande filosofia. Quando muito, isso era considerado como um inevitável problema acessório da guerra, um repouso do guerreiro, um ato de irrupção de desejo entre soldados tomados pela violência do combate. É a versão em tempos de guerra do crime passional em tempos de paz, com a diferença de que essa visão do estupro de guerra considera normal a violência contra as mulheres dos outros, mas não contra sua própria mulher.

A essa visão da violação como expressão das paixões guerreiras se opôs, precisamente, uma visão do crime sem violação nem paixão. A visão do nazismo frio e desumanizado eliminou da guerra a violência extrema, a crueldade, a dimensão do corpo a corpo, não apenas a do combate, mas também a da violência sexual. E isso sobretudo porque a barreira racial supostamente proibia aos alemães tais relações com judias. No entanto, trabalhos de historiadores mais recentes mostraram que não era bem assim e que as perseguições nazistas comportavam igualmente violações e violências sexuais[20].

---

20. Ver especialmente, Regina Mühlhäuser, *Eroberungen: Sexuelle Gewalttaten und intime Beziehungen deut-*

É preciso, pois, desembaraçar-se da alternativa entre crime passional e violência ou, no que se refere à violação, da alternativa entre pulsões do guerreiro e sistema de perseguições assexuado. As violações e as violências sexuais podem fazer parte de estratégias políticas e militares de intimidação ou de perseguição. E somente quando for abandonada essa alternativa é que pode começar um verdadeiro trabalho de abordagem das ligações entre paixões e violência, capaz de articular os afetos e as estruturas e de considerar que as paixões são também construções sociais sempre suscetíveis de se transformarem, para o pior mas também para o melhor. E isso é especialmente verdadeiro para as paixões mais comuns, pretensamente masculinas ou femininas, não havendo fatalidade na violência masculina como tampouco, eventualmente, na violência feminina.

★ ★ ★

Nesta contribuição, tentei mostrar de que maneira categorias que a filosofia contemporânea seguidamente considera como universais ou universalizáveis são na verdade duplamente enganadoras. Trata-se de uma visão da paixão como fonte do crime passional ou, ao contrário, de uma visão do crime sem paixão nem intenção. Por um lado, elas são mal formadas em si mesmas. Por outro, ambas se revelam como construções judiciárias – e, mais particularmente, da defesa. A primeira é uma legitimação da dominação masculina que se esconde e se legaliza por trás de uma imagem dessocializada ou romântica da paixão. A segunda, o crime sem paixão, é na verdade uma construção judiciária de defesa dos criminosos de Estado e não uma conceituação dos crimes burocráticos ou um símbolo da modernidade. É também a retomada de uma forma do processo metafísico das teodiceias que tenta negar a realidade do mal e encontrar uma consolação na suposta superioridade do pensamento filosófico. E é preciso ter consciência da nossa necessidade de consolação para abordar a violência política; com frequência somos tentados a tomar como descrições objetivas ou como explicações dos fenômenos os valores que recusamos ou que queremos defender.

•

scher Soldaten in der Sowjetunion 1941-1945 (Conquistadas: a violência sexual e relacionamentos íntimos de soldados alemães na União Soviética 1941-1945), Hamburg: Hamburger Edition HIS, 2012.

Para concluir, gostaria de expor a vocês minha própria perplexidade. Eu me livrei há muito tempo dos falsos universalismos, aqueles que identificam os traços particulares de uma língua e de uma cultura com os princípios do pensamento em geral. Minhas pesquisas em filosofia por muito tempo se ocuparam da filosofia da linguagem e da tradução. Essa abordagem da filosofia é essencialmente crítica e, em particular, crítica do etnocentrismo de nossas categorias filosóficas. Wittgenstein, Quine e Vincent Descombes, filósofos que muito me influenciaram, colocam a filosofia numa relação essencial de tradução e de diálogo entre as culturas e, portanto, também entre filosofia e ciências sociais. Essa preocupação está sempre no centro das atitudes deles, justamente para evitar esse etnocentrismo. É preciso colocar-se no ponto de vista de outra cultura afastada da nossa para verificar que nossas categorias aparentemente universais são, na verdade, particulares e para buscar os meios de tradução de uma língua à outra.

Durante os longos passeios que pude fazer no Rio de Janeiro e em São Paulo, interroguei-me, mais ainda que de costume, sobre meu próprio etnocentrismo. Não seriam as categorias filosóficas, cujo retrato tracei para vocês, irremediavelmente marcadas por um eurocentrismo que as torna dificilmente generalizáveis?

Na Europa, as reflexões sobre a violência política ou os crimes de massa são, na filosofia e mesmo nas ciências sociais, em grande parte estruturadas por uma história que marcou a Europa, a América do Norte, uma parte da Ásia e da África. Mas essa história – as guerras de religiões, a Primeira e a Segunda Guerras Mundiais e genocídios do século xx – permanece secundária no Brasil. Quanto à prevalência dos processos judiciais na escrita da história, ela é determinante na Alemanha, na França, na Bósnia ou na Argentina, onde as violências políticas e os crimes de massa foram julgados, mas não é o caso do Brasil.

Pode-se ainda considerar que essa violência política foi também a forma extrema de fenômenos mais gerais do nacionalismo, do racismo e da construção estatal que elimina as minorias. E, já que o Estado se impôs como a forma política por excelência sobre o conjunto do planeta, as limpezas étnicas e os crimes de massa que acompanharam as construções estatais se tornaram uma verdade quase geral, com graus de violência diversos. Assim, os leitores devem recordar que a história brasileira também é marcada pela escravidão, pelas perseguições diversas contra os povos da Amazônia, pelas brutalidades da ditatura militar. Elas não foram objeto de processo e produziram outros modos de denegação ou legitimação.

Portanto, evitemos as generalizações apressadas: para apreender as dinâmicas da violência, compreender as diferenças pode ser mais importante que procurar um conceito único. Não existe universal além daquele que podemos alcançar pela crítica de nosso próprio etnocentrismo. E essa crítica passa por um trabalho contínuo e sempre renovado de diálogo e tradução. Para concluir, agradeço novamente aos organizadores destas conferências, aos tradutores e tradutoras desta intervenção e a meus diversos interlocutores brasileiros por terem contribuído para esta obra tão importante de troca e tradução que constitui o próprio fundamento da filosofia.

A violência da vida: Georges Canguilhem e a reconstrução da biopolítica[1]
Vladimir Safatle

Somos fecundos apenas ao preço de sermos ricos em antagonismos.

NIETZSCHE

"É a vida, muito mais que o direito, que se transformou no objeto de embate das lutas políticas, mesmo que estas se formulem através da afirmação de direitos."[2] Essa frase de Michel Foucault evidencia uma importante mutação na compreensão das estruturas de poder operada nas últimas décadas. Ela expressa a consciência de como as discussões a respeito dos mecanismos de "administração dos corpos e de gestão calculista da vida"[3] passaram a ocupar o cerne dos embates em torno dos efeitos da sujeição social. Mecanismos que mostravam como o fundamento da dimensão coercitiva do poder encontrava-se em sua capacidade de produzir horizontes disciplinares de formas de vida. Assim, desde que Foucault cunhou termos como *biopoder* e *biopolítica*[4], ficamos ainda mais

1. Este artigo é a versão inicial de um estudo mais amplo a respeito das relações entre o pensamento de Georges Canguilhem e a potência política do vitalismo.
2. Michel Foucault, *Histoire de la séxualité*, vol. 1, Paris: Gallimard, 1976, p. 191. Edição brasileira: *História da sexualidade 1: a vontade de saber*, São Paulo: Graal, 2010. [Todas as citações, cujas referências bibliográficas estão em outro idioma, não havendo nota em contrário, foram traduzidas pelo autor do ensaio].
3. *Ibidem*, p. 187.
4. *Biopolítica* é um termo cunhado provavelmente por Rudolph Kjellén, em 1920, para descrever sua concepção do Estado como forma vivente (*Lebenform*) provida da organicidade própria a uma forma biológica (cf. Rudolph Kjellén, *Grundriss zu einem System der Politik* (Esboço de um sistema da política), Leipzig: Rudolf Leipzig Hirtel, 1920, pp. 3-4). Para uma genealogia do conceito de biopolítica, ver Roberto Esposito, *Bios: Biopolitics and Philosophy* (Bios: biopolítica e filosofia), Minneapolis: University of Minnesota Press, 2008.

sensíveis à maneira com que discursos disciplinares sobre a sexualidade, as disposições corporais, a saúde e a doença, a experiência do envelhecimento e do autocontrole estabelecem as normatividades que produzem a ideia social de uma vida possível de ser vivida. Daí uma afirmação maior como: "Durante milênios, o homem permaneceu aquilo que ele era para Aristóteles, um animal vivente que, além disso, era capaz de uma existência política. O homem moderno é um animal na política do qual sua vida de ser vivente é uma questão"[5].

No entanto, dizer que a vida se transformou no objeto de embate das lutas políticas é, ao menos na perspectiva foucaultiana, ainda dizer um pouco mais. Pois se trata de afirmar que o biológico não poderia ser visto como um campo autônomo de produção de normatividades capazes de alguma forma de determinação de nossos possíveis sociais. Ele não deveria sequer ser um ponto de imbricação entre vida e história, pois quem diz *imbricação* pressupõe dois polos que se podem ontologicamente distinguir. Notemos, por exemplo, o sentido de uma afirmação como esta de Michel Foucault a respeito da noção de biopoder:

> Conjunto de mecanismos através dos quais o que, na espécie humana, constitui seus traços biológicos fundamentais poderá entrar no interior de uma política, de uma estratégia política, de uma estratégia geral do poder; dito de outra forma, como a sociedade, as sociedades ocidentais modernas, a partir do século XVIII, levaram em conta o fato biológico fundamental de que o ser humano constitui uma espécie humana[6].

Ao fazer tal afirmação, Foucault confirma que os traços biológicos fundamentais da espécie humana podem entrar no interior de uma estratégia política não porque a política está determinada, limitada por tais fundamentos biológicos, ou procura imitá-los, mas porque o biológico deve aparecer necessariamente como aquilo que não tem fundamento que lhe seja próprio[7]. Haveria uma plasticidade que lhe seria constitutiva,

---

5. Michel Foucault, *op. cit.*, p. 188.
6. Idem, *Sécurité, territoire, population*, Paris: Seuil, 2004, p. 3. Edição brasileira: *Segurança, território, população*, São Paulo: Martins Fontes, 2000.
7. Isso talvez explique, como perceberam alguns comentadores, por que o conceito de vida, em Foucault, nunca é explicitamente determinado, "permanecendo essencialmente implícito" (cf. Maria Muhle, *Eine Genealogie der Biopolitik: zum Begriff des Lebens bei Foucault und Canguilhem* (Uma genealogia da biopolíti-

permitindo ao biológico ser algo como uma história esquecida de sua própria natureza. Não por outra razão, já em *As palavras e as coisas,* as reflexões sobre o biológico são apresentadas estritamente como a exposição da vida como expressão de *epistémes* historicamente determinadas. O que permite a Foucault afirmar que, se a biologia era desconhecida no século XVIII, "havia uma razão bastante simples para isso: é que a vida como tal não existia. Havia apenas seres vivos que apareciam através uma grelha de saber constituído pela *história natural*"[8]. Dessa forma, a vida nunca aparecerá para Foucault como aquilo que força discursos voltados para transformações estruturais. Como consequência, será difícil não chegar ao fenômeno, bem descrito por Giorgio Agamben:

> É como se, a partir de um certo ponto, todo evento político decisivo tivesse sempre uma dupla face: os espaços, as liberdades e os direitos que os indivíduos adquirem no seu conflito com os poderes centrais simultaneamente preparam, a cada vez, uma tácita porém crescente inscrição de suas vidas na ordem estatal, oferecendo assim uma nova e mais temível instância[9].

Esse esvaziamento ontológico da vida no interior de reflexões sobre estratégias políticas faz com que todo reconhecimento de uma dimensão vital no interior do campo político seja compreendida como codificação na ordem estatal, como contínua modelagem da vida pelo poder. Isso abre as portas, ao menos no interior da leitura proposta por Agamben, para toda biopolítica possível tornar-se indiscernível das formas de gestão próprias a um poder soberano que opera através da completa desposses-

---

ca: sobre o conceito de vida em Foucault e Canguilhem), Bielefeld: Transcript, 2008, p. 10). Ele só pode permanecer implícito porque é, ao menos para Foucault, um conceito sem autonomia ontológica. Muhle defende outra hipótese, a saber, a de que, em Foucault, a vida tem um duplo papel: como objeto da biopolítica e como modelo funcional a ser imitado pela biopolítica. No entanto, há que insistir que a vida nunca é pensada por Foucault a partir de uma organização conceitual imanente, como vemos em Canguilhem (com os conceitos de errância, de normatividade vital, de organismo, de relação com o meio ambiente, entre outros). Por isso, a meu ver, pode-se dizer que, no máximo, há uma latência no pensamento de Foucault para, em certas situações, permitir que a vida apareça como modelo funcional a ser imitado. Mas uma latência é algo muito diferente de uma tarefa filosófica assumida.

8. Michel Foucault, *Les Mots et les choses,* Paris: Gallimard, 1966, p. 139. Edição brasileira: *As palavras e as coisas: uma arqueologia das ciências humanas,* São Paulo: Martins Fontes, 2000.
9. Giorgio Agamben, *Homo sacer: o poder soberano e a vida nua,* Belo Horizonte: Editora da UFMG, 2002, p. 127.

são dos sujeitos. Poder capaz de transformar espaços sociais em zonas de gestão da anomia. *A biopolítica, nesta leitura, não pode ser outra coisa que uma técnica do poder* soberano, pois descreve o impacto do poder soberano na constituição de uma vida sem predicados, de uma vida completamente desnudada de sua normatividade imanente.

Talvez a crença em tal esvaziamento ontológico da vida se justifique se lembrarmos o que foi, até há bem pouco tempo, o uso político do biológico. Não falo apenas dos usos do biológico para legitimar as políticas eugenistas e racistas (Rudolph Hess dizia, por exemplo, que o nacional-socialismo nada mais era que biologia aplicada) ou a brutalidade da espoliação econômica a partir do darwinismo social. Lembremos que a articulação entre biologia e política sempre teve em vista a defesa da *corporeidade do social*, da organização *natural* do social como um corpo unitário que expressaria a crença na simplicidade funcional das organizações vitais – crença que forneceria uma visão fortemente funcionalista e hierarquizada da estrutura social e que nos levaria a compreender, entre outras coisas, os conflitos sociais como expressões tendenciais de patologias que devem ser extirpadas, da mesma forma que se retira um tecido em necrose. Já em Hobbes, os antagonismos e conflitos sociais eram descritos como patologias cuja gramática era derivada das nosografias das doenças de um organismo biológico[10]. A política só pode aparecer aqui como imunização contra o adoecimento do corpo social.

Quando, séculos mais tarde, a sociologia de Émile Durkheim descreve as desregulações da normatividade como situações de patologias sociais, encontramos a permanência de uma perspectiva que se serve do biológico para legitimar que a vida social obedeça a dinâmicas previamente estabelecidas. Pois o paralelismo assumido entre indivíduo e sociedade através do uso sociológico de um vocabulário médico permite a Durkheim falar da última como de um *organismo* ou *corpo* que precisa de intervenções a fim de livrar-se de acontecimentos que a enfraquecem e a fazem adoecer. Tais analogias serão fundamentais para as primeiras discussões sobre a biopolítica, ainda no período anterior à Segunda Guer-

---

10. Basta lembrarmos aqui dos paralelismos presentes no capítulo xxix do *Leviatã*, no qual Hobbes descreve as enfermidades de um Estado a fim de nos alertar para "aquelas coisas que enfraquecem ou tendem à dissolução da república". Cf. Thomas Hobbes, *Leviatã*, São Paulo: Martins Fontes, 2002.

ra[11]. O termo foi, de fato, criado para inicialmente forçar a analogia entre biológico e social, entre normatividade vital e normatividade social, partindo da visão ideal da totalidade social para posteriormente projetá-la no interior da natureza, que começa a funcionar como a imagem duplicada do que setores hegemônicos da vida social procuram estabelecer como normalidade. Dessa forma, a biologização da política será o movimento complementar de uma verdadeira judicialização da vida, pois expressão da vida como o que se deixa pensar sob a forma das normas jurídicas e de nossos modelos de poder e legitimidade. A vida será o fundamento da lei porque a lei encontrará na vida sua própria imagem invertida. A vida social poderá, então, mascarar para si a profunda "convergência de soluções paralelas" própria às normatividades sociais, paralelismo que produz conflitos contínuos sobre normas e valores que demonstram como a sociedade é um "conjunto mal unificado de meios"[12].

Assim, é possível compreender por que uma peça fundamental da reconstrução do pensamento crítico nas últimas décadas passou pelo esvaziamento ontológico da vida produzido pelos desdobramentos desse conceito de biopolítica reconstruído pelas estratégias foucaultianas.

No entanto, podemos colocar atualmente em questão a necessidade real de tal estratégia. Pois mais eficaz do que esvaziar a realidade ontológica da vida talvez seja indagar se as figuras totalitárias produzidas pela aproximação dos discursos da política e da biologia, com suas metáforas da sociedade como um organismo no qual lugares e funções estariam funcionalmente determinados, ou ainda através das temáticas do darwinismo social, não seriam resultantes de uma compreensão completamente incorreta do que é uma normatividade vital. Assim, em vez de simplesmente cortar toda possibilidade de articulação entre os dois campos, há uma operação mais astuta que consiste em dar ao conceito de vida uma voltagem especulativa renovada.

Tal operação está claramente presente no professor de Foucault, a saber, Georges Canguilhem. Lembremos, por exemplo, o sentido de uma

---

11. Cf. Morley Roberts, *Bio-politics: An Essay in the Physiology, Pathology and Politics of the Social and Somatic Organism* (Biopolítica: um ensaio sobre a fisiologia, patologia e política do organismo social e somático), London: Dent, 1938; e Jacob von Uexküll, *Staatsbiologie: Anatomie, Phisiologie, Pathologie des Staates*, Berlin: Gedrüber Paetel, 1920.
12. Georges Canguilhem, *O normal e o patológico*, Rio de Janeiro: Forense, 2002, p. 229.

afirmação como: "Não é porque sou um ser pensante, não é porque sou sujeito, no sentido transcendental do termo, mas porque sou vivente que devo procurar na vida a referência da vida"[13]. Posso pensar a vida porque não fundamento o pensamento na abstração de um sujeito transcendental que se colocaria como condição prévia para a categorização do existente, nem como substância pensante. Posso pensar a vida porque ela se expressa em minha condição de existente, e por ser ela o que faz da minha existência uma expressão, o movimento conceitual do meu pensamento não pode distanciar-se por completo da reprodução do movimento da vida. O que elucida esta afirmação: "Não vemos como a normatividade essencial à consciência humana se explicaria se ela não estivesse, de alguma forma, em germe na vida"[14]. No entanto, se a normatividade essencial à consciência humana está *em germe na vida*, então nada impedirá Canguilhem de dar um passo politicamente prenhe de consequências ao afirmar: "Os fenômenos da organização social são como que uma imitação da organização vital, no sentido em que Aristóteles diz que a arte imita a natureza. Imitar, no caso, não é copiar, e sim procurar reencontrar o sentido de uma produção"[15].

Ao afirmar claramente que os fenômenos da organização social são como que uma imitação da organização vital, Canguilhem mostra como seu conceito de vida não tem direito de cidade apenas no interior de

---

13. Idem, *Études d'histoire et philosophie des sciences* (Estudos de história e filosofia das ciências), Paris: Vrin, 1983, p. 352. Tal proposição segue de perto uma ideia nietzscheana: "Ao falar de valores, falamos sob a inspiração, sob a ótica da vida: a vida mesma nos força a estabelecer valores, ela mesma valora através de nós, ao estabelecermos valores" (Friedrich Nietzsche, *Crepúsculo dos deuses*, São Paulo: Companhia das Letras, 2002, p. 36). Proposição distante de uma perspectiva biopolítica tipicamente foucaultiana por exigir que o conceito de vida seja dotado de potência produtiva autônoma do ponto de vista ontológico. Uma potência produtiva autônoma que pode nos levar à pergunta sobre as possibilidades de uma política que assuma certa posição vitalista. A respeito da influência de Nietzsche sobre Canguilhem, ver, entre outros, Georges Canguilhem, "Vie" (vida), em: *Enciclopaedia universalis*, Paris: Enciclopaedia Universalis France, 1990, pp. 16-7; Pierre Daled, "Santé, folie et vérité aux xixe et xxe siècles: Nietzsche, Canguilhem et Foucault" (Saúde, loucura e verdade nos séculos xix e xx: Nietzsche, Canguilhem e Foucault), em: Pierre Daled (org.), *L'Envers de la raison: alentour de Canguilhem* (O avesso da razão: em torno de Canguilhem), Paris: Vrin, 2008, pp. 115-40; e Pierre Fichant, "Georges Canguilhem et l'idée de philosophie" (Georges Canguilhem e a ideia de filosofia), *Georges Canguilhem: philosophe, historien des sciences* (Georges Canguilhem: filósofo, historiador das ciências), Paris: PUF, 1993, p. 48.
14. Georges Canguilhem, *O normal e o patológico, op. cit.*, p. 77.
15. *Ibidem*, p. 226. Pensando em afirmações dessa natureza, Pierre Macherey dirá: "Assim, encontra-se invertida a perspectiva tradicional relativa à relação entre vida e normas. Não é a vida que é submetida a normas, estas agindo sobre ela do exterior, mas são as normas que, de maneira completamente imanente, são produzidas pelo movimento mesmo da vida". Cf. Pierre Macherey, *De Canguilhem à Foucault: la force des normes* (De Canguilhem a Foucault: a força das normas), Paris: La Fabrique, p. 102.

discussões sobre clínica e ciências médicas. Na verdade, tal conceito tem uma forte ressonância para a crítica social, fornecendo uma espécie de horizonte biopolítico que não se resume à crítica foucaultiana da maneira com que a atividade vital é construída como categoria de normatização e legitimação de procedimentos disciplinares de *administração dos corpos e gestão calculista da vida*. Ele traz em seu bojo a perspectiva positiva de uma biopolítica vitalista transformadora[16]. Por partir de uma reflexão na qual a vida não aparece apenas como objeto reificado de práticas discursivas mas também como a potência que produz conceitos, Canguilhem pode colocar no horizonte regulador do pensamento crítico algo como um peculiar fundamento biológico. O biológico, ou seja, a dimensão da vida que provoca em nós o espanto cuja resposta é uma forma de arquitetura de conceitos, não se apresenta apenas como produto de um discurso. Ele aparece como experiência que produz discursos, principalmente discursos que nos permitem voltar-nos contra outros discursos que produzem em nós um profundo sentimento de limitação.

Por outro lado, apelar à vida como fundamento para a crítica social teria a vantagem de retirar o pensamento crítico da dependência a filosofias da história que se veriam na obrigação de justificar perspectivas teleológicas, assim como uma confiança finalista no conceito de progresso. Tal apelo foi estratégia maior no interior da filosofia francesa contemporânea e pode ser encontrado em experiências intelectuais tão distintas entre si quanto Henri Bergson, Georges Bataille, Gilbert Simondon e Gilles Deleuze[17].

---

16. Isso talvez se explique pelo fato de os conceitos sobre a vida não serem, em Canguilhem, objetos apenas de uma epistemologia genealógica, mas também de uma peculiar ontologia. O que François Dagonet compreendeu ao lembrar: "Enquanto Michel Foucault se engaja em um estudo genealógico, Georges Canguilhem explora menos o campo da história e se entrega mais a um exame ontológico (em que consiste a saúde?)". François Dagonet, *Georges Canguilhem: philosophie de la vie* (Georges Canguilhem: filosofia da vida), Paris: Les Empêcheurs de Penser en Rond, 1997, p. 15.

17. Ver, por exemplo, Henri Bergson, *L'Évolution créatrice*, Paris: PUF, 2007 (Edição brasileira: *A evolução criadora*, São Paulo: Editora Unesp, 2010), e toda a primeira parte de Georges Bataille, *A parte maldita, precedida de A noção de dispêndio*, Belo Horizonte: Autêntica, 2013. Cf. também Deleuze, que não verá problemas em dizer: "Há um vínculo profundo entre os signos, o acontecimento, a vida, o vitalismo. É a potência de uma vida não orgânica, esta que pode estar em uma linha de desenho, de escritura ou de música. São os organismos que morrem, não a vida [...]. Tudo o que escrevi era vitalista, ao menos eu espero, e constituía uma teoria dos signos e do acontecimento" (Gilles Deleuze, *Pourparlers*, Paris: Minuit, 1990, p. 196).

Claro que tal estratégia poderia ser, por sua vez, abstratamente criticada na medida em que potencialmente abriria as portas para a fascinação ideológica pela origem, uma origem agora naturalizada. A não ser que o conceito de vida tenha sido determinado de forma tal que tenha deixado de fornecer normas positivas de regulação das condutas, fornecendo apenas a descrição de um movimento processual imanente, ou seja, uma processualidade cuja teleologia encontra-se, de maneira imanente, no próprio processo. Processualidade que Canguilhem descreve, como veremos, ao pensar a vida como atividade marcada pela errância. Nesse caso, a vida não fornece determinações ontológicas de forte teor prescritivo; ela fornece a possibilidade sempre aberta do que poderíamos chamar de *mobilidade normativa* do existente. Mobilidade que traz em seu bojo um modelo paradoxal de auto-organização.

VIOLÊNCIA E DISRUPÇÃO

Gostaria de abordar este ponto a partir de uma inversão importante cujo eixo gira em torno da noção de violência. Normalmente, as metáforas biológicas do social foram construídas para justificar certas formas de violência e coerção, como aquela imposta pelo Estado contra os que parecem colocar em risco a unidade do corpo social ou ainda a violência de uns grupos contra outros dentro de uma dinâmica concorrencial pelo espaço vital. Ou seja, elas aparecem geralmente como estratégia para a justificativa da violência soberana, que seria, ao menos segundo tal visão, uma espécie de contraviolência preventiva diante da violência imanente das relações dos indivíduos entre si. Como resultado disso, desenvolvemos a crença tácita de que não deveria haver lugar para a violência em uma vida reconciliada. Pois a violência na vida social apareceria apenas como forma de coerção ou de submissão.

Mas uma reflexão sobre a biologia nos lembrará que, de certa forma, tal gramática da violência é radicalmente limitada e deveria ser alargada. Se conhecemos de fato a violência ligada à coerção, assim como conhecemos suas consequências, talvez seja necessário falar mais das violências que no fundo procuramos, ou seja, essas violências produzidas pelo desequilíbrio e pela desorganização das normatividades diante de acontecimentos e contingências – violências fundamentais ao movimento vital.

Pensar a produtividade de tal forma de violência e sua funcionalidade no interior de imagens renovadas da vida social é prioridade.

Tomemos, por exemplo, as reflexões de Canguilhem sobre as distinções entre normal e patológico. Partamos da seguinte afirmação: "Patológico implica *pathos*, sentimento direto e concreto de sofrimento e impotência, sentimento de vida contrariada"[18]. Enquanto modificação global de conduta, *a doença é indissociável da restrição da capacidade de ação*. Como dizia Goldstein, estar doente é "não estar em estado de atualizar a capacidade de rendimento que lhe pertence essencialmente"[19]. Ou seja, há uma especificidade da restrição da capacidade de ação na doença. Ela não é resultado de uma coerção externa, mas de uma impossibilidade interna ao organismo de atualizar seus possíveis, obrigando-se assim a *viver em contrariedade*. Por isso Canguilhem fala da doença como *abismo da impotência*[20].

Uma das consequências dessa ideia é a dissociação entre doença e anomalia. Uma anomalia vivenciada de maneira patológica por uma individualidade em determinada situação pode aparecer, para outra individualidade em outra situação, como ocasião para o desenvolvimento de novas normas. Daí porque a fronteira entre o normal e o patológico é imprecisa quando tomamos diversas individualidades consideradas simultaneamente, mas ela é absolutamente precisa quando tomamos uma individualidade considerada sucessivamente. Vem mais uma vez de Goldstein a ideia, presente em Canguilhem, de que a distinção entre normal e patológico exige uma norma individualizada. Não se trata aqui, no entanto, de uma concepção individualista de saúde, mas de uma concepção *que individualiza*. A saúde não é um padrão que conforma individualidades a um conjunto predeterminado de regularidades a serem observadas. Padrão disciplinar que visaria, no caso humano, produzir indivíduos como entidades capazes, por exemplo, de organizar sua conduta a partir de *regulações emotivas* e *processos cognitivos* socialmente normatizados. Ela é, na verdade, a capacidade de individualizar processos tendo em vista a constituição de inflexões singulares da vida. A saúde não é uma conformação, mas uma individuação que produz processos que, do ponto de

---

18. Georges Canguilhem, *O normal e o patológico*, op. cit., p. 76.
19. Kurt Goldstein, *La Structure de l'organisme* (A estrutura do organismo), Paris: Gallimard, 1983, p. 346.
20. Georges Canguilhem, *O normal e o patológico*, op. cit., p. 91.

vista dos interesses de autoconservação dos indivíduos de uma espécie, podem parecer irracionais.

Isso auxilia, entre outras coisas, a compreender a importância da desvinculação geral entre doença e anomalia[21]. Nem toda anomalia é patológica, o que não significa que inexistam anomalias patológicas. Mas quando *a vida não se contraria*, uma individualidade em mutação é o ponto de partida para outra espécie, pois exprime outras formas de vida possíveis que, caso demonstrem sua superioridade em relação à fecundidade, à variabilidade e à estabilidade da vida, serão novas normatividades.

> Não existe fato que seja normal ou patológico em si. A anomalia e a mutação não são, em si mesmas, patológicas. Elas exprimem outras normas de vida possíveis. Se essas normas forem inferiores às normas anteriores, serão chamadas patológicas. Se, eventualmente, se revelarem equivalentes – no mesmo meio – ou superiores – em outro meio – serão chamadas normais. Sua normalidade advirá de sua normatividade[22].

Assim, se a saúde pode produzir uma individuação que parece irracional da perspectiva da autoconservação dos indivíduos de uma espécie localmente configurada, é porque ela é a expressão da mobilidade da vida em sua procura por formas fora da espécie:

> Há uma polaridade dinâmica da vida. Enquanto as variações morfológicas ou funcionais sobre o tipo específico não contrariam ou não invertem esta polaridade, a anomalia é um fato tolerado; em caso contrário, a anomalia é experimentada como tendo valor vital negativo e se traduz externamente como tal[23].

Ou seja, a vida é uma atividade normativa polarizada contra tudo o que é valor negativo, tudo o que significa decréscimo e impotência.

---

21. O que não poderia ser diferente, já que, como veremos mais à frente: "A negatividade da doença (e principalmente da morte) não está ligada à modificação de uma norma propriamente originária, como fizeram teorias da degeneração. Ao contrário, ela está ligada à incapacidade do organismo de modificar a norma aprisionando-o, forçando-o a uma repetição infinita da norma". Cf. Roberto Esposito, *op. cit.*, p. 190.
22. Georges Canguilhem, *O normal e o patológico*, *op. cit.*, p. 113.
23. *Ibidem*, p. 105.

Quando a diversidade orgânica não implica tal polarização, a diferença não aparece como doença. Por isso, seres vivos que se afastam do tipo específico são, muitas vezes, inventores a caminho de novas formas. Se a saúde é norma que individualiza, é porque ela produz normas a partir de anomalias que se demonstraram produtivas. Na verdade, toda verdadeira saúde é uma espécie de anomalia produtiva, todas as formas vivas são *monstros normalizados*[24]. O que não poderia ser diferente, já que a vida, mesmo no animal, não é mera capacidade de evitar dissabores e se conservar. Ela é procura, atividade baseada na *capacidade de afrontar riscos e triunfar*[25], daí porque ela tolera monstruosidades.

Não estamos muito longe das afirmações de Nietzsche que procuram erigir a criação de valores em vontade de afirmação da vida a partir do conceito de *grande saúde*.

PATOLOGIAS SOCIAIS

Notemos, entre outras coisas, o impacto político de uma ideia dessa natureza. Ao utilizar os conceitos de normal e patológico para dar conta da vida social, Émile Durkheim dirá: "Para as sociedades como para os indivíduos, a saúde é boa e desejável, e a doença, ao contrário, é a coisa má que deve ser evitada"[26]. O paralelismo assumido entre indivíduo e sociedade através do uso sociológico de um vocabulário médico permite a Durkheim falar da última como de um *organismo* ou *corpo* que precisa de intervenções a fim de livrar-se de acontecimentos que a enfraque-

---

24. *Idem, La Connaissance de la vie*, Paris: Vrin 2003, p. 206. Edição brasileira: *O conhecimento da vida*, São Paulo, Forense Universitária, 2012. Sobre tal relação entre anomalia e produção de normatividades vitais, vale a pena ainda lembrar que: "Graças à perfeição conservadora do aparelho replicativo, toda mutação, considerada individualmente, é um acontecimento muito raro. Nas bactérias, únicos organismos dos quais temos dados numerosos e precisos a esse respeito, podemos admitir que a probabilidade, para um gene dado, de uma mutação que altera sensivelmente as propriedades funcionais da proteína correspondente é da ordem de 10^{-6} a 10^{-8} por geração celular. Mas em alguns mililitros de água uma população de vários bilhões de células pode se desenvolver. Em tal população, temos a certeza de que toda mutação dada é representada na ordem de 10, 100 ou 1.000 exemplares. Podemos igualmente estimar que o número total de mutantes de todas as espécies nessa população é da ordem de 10^5 a 10^6. Na escala de uma população, a mutação não é um fenômeno de exceção: é a regra". Jacques Monod, *Le Hasard et la nécessité: essai sur la philosophie naturelle de la biologie moderne*, Paris: Seuil, 1970, p. 157. Edição brasileira: *O acaso e a necessidade*, Petrópolis: Vozes, 2006.
25. *Ibidem*, p. 215.
26. Émile Durkheim, *Les Règles de la méthode sociologique*, Paris: Flammarion, 1988, p. 142. Edição brasileira: *As regras do método sociológico*, São Paulo: Martins Fontes, 2014.

cem e a fazem adoecer. Por outro lado, essa visão orgânica do social leva Durkheim a insistir na dependência profunda entre sofrimento psíquico e sofrimento social a partir da relação entre o todo e suas partes, como podemos ver nesta afirmação: "Os indivíduos participam muito estreitamente da vida da sociedade para que ela possa ficar doente sem que eles sejam tocados. De seu sofrimento advém necessariamente o sofrimento deles. Como ela é o todo, o mal que ela sente se comunica às partes que lhe compõem"[27].

Mas o ponto importante aqui é como se descobre a normalidade do organismo social. Ela é descoberta através da construção de um tipo médio derivado da ideia de média aritmética, o que leva à discussão sobre o patológico a derivar-se, em larga medida, da noção de desvio quantitativo em relação à norma[28]. O patológico será, assim, um problema de excesso ou de falta em relação ao tipo normal previamente definido através do recurso à média. Essa maneira de definir a normalidade a partir do tipo médio obriga Durkheim a estabelecer uma indistinção importante entre patológico e anomalia, como vemos nesta afirmação: "O mórbido é o anormal na ordem fisiológica tal como o teratológico é o anormal na ordem anatômica"[29]. Pois a anomalia é a figura privilegiada de um tipo que não pode mais ser descrito em conformidade aos padrões de uma estrutura média.

Aqui, devemos fazer uma precisão. A princípio, pode parecer estranho que Durkheim se recuse, por exemplo, a chamar o crime ou o suicídio de patologias. Ao contrário, "o crime é normal porque uma sociedade sem crime é impossível"[30]. Pois, através do crime, uma sociedade fortaleceria sentimentos coletivos ofendidos, principalmente em uma época na qual as trajetórias individuais significam, também, intensidades distintas da consciência moral. Por outro lado, "para que ela possa evoluir, faz-se necessário que a originalidade individual possa aparecer à luz do dia. Ora, para que a originalidade do idealista, que sonha ultrapassar seu século, possa se manifestar, é necessário que a do criminoso, que está atrás de

27. Idem, *Le Suicide*, Paris: PUF, 2000, p. 229. Edição brasileira: *O suicídio*, São Paulo: WMF Martins Fontes, 2011.
28. "Chamaremos de normais os fatos que apresentam as formas mais gerais, e daremos aos outros o nome de mórbidos ou de patológicos." Cf. Émile Durkheim, *Le Suicide*, op. cit., p. 149.
29. Émile Durkheim, *Les Règles de la pensée sociologique*, op. cit., p. 149.
30. Idem, *Le Suicide*, op. cit., p. 160.

seu tempo, seja possível. Uma não vai sem a outra"[31]. Essa compreensão dinâmica da sociedade permite a Durkheim afirmar que a liberdade nunca seria proclamada se as regras que a proibiam não fossem violadas antes de serem ab-rogadas. No entanto, naquele momento tal violação foi um crime. Da mesma forma, o suicídio é normal porque não há sociedade sem um certo nível de suicídio[32]. Através dos suicídios uma sociedade mostra sua força diante dos indivíduos (como no caso do suicídio altruísta) ou se fortalece contra um individualismo excessivo (como no caso do suicídio egoísta). Crime e suicídio são *imperfeições necessárias*, mas não doenças.

Se nem o crime nem o suicídio são, em si, patologias, é porque o conceito não se refere a fenômenos sociais específicos que encontram seu lugar no desenvolvimento dinâmico da vida social e que, pela via negativa, reforçam seus sistemas de crenças. Na verdade, a noção de patologia social é utilizada por Durkheim para descrever a desagregação da força de reprodução da vida social. Isso explica por que o conceito de anomia aparecerá como a patologia social por excelência. Ela descreve uma forma de desvio marcada pela falta e pela ausência, já que a desregulação das normas indica incapacidade a determinar sujeitos, internalizando sistemas de regras de conduta e crenças, devido à falta de força de coesão social. Dessa maneira, as normas sociais não seriam mais capazes de individualizar comportamentos e fundamentar funções sociais de maneira bem-sucedida.

Nesse sentido, é clara a forma com que Canguilhem praticamente coloca tal perspectiva de Durkheim de cabeça para baixo. Não sendo o normal aquilo derivado do nível médio presente nas *formas mais gerais*, nem sendo as anomalias necessariamente expressões de patologias, elas podem aparecer como a expressão da capacidade transitiva da vida em sua procura para deslocar-se de um meio a outro. Do ponto de vista da normatividade social vigente à procura de sua conservação, mesmo que através de uma dinâmica de fortalecimento que admite o desvio controlado, toda anomalia é um convite em potencial à anomia. Porque a anomalia é o indeterminável, o sem lugar. No entanto, essa ausência de lugar pode não ser simples desabamento da estrutura, mas possibilidade de um modelo diferente de produtividade.

31. Ibidem, p. 164.
32. Ibidem, p. 10.

Assim, patológico para Canguilhem não será o anormal, mas exatamente o deixar-se aprisionar na fixidez de uma configuração estática da estrutura das normas. Longe de impor uma normatividade reguladora única a nossas expectativas de realização, o conceito de vida permite expor a raiz da profunda anormatividade e indeterminação que parece nos guiar no interior dos embates na vida social. Pois "o que caracteriza a saúde é a capacidade de ultrapassar a norma que define o normal momentâneo, a possibilidade de tolerar infrações à norma habitual e de instituir novas normas em situações novas"[33]. Se quisermos explorar as possibilidades do uso de conceitos como *patológico* na análise da vida social, diremos que a saúde exige uma experiência na qual a capacidade de ultrapassar normas vigentes, de afirmar o que aparece como anômalo, assim como o poder de instituir novas normatividades, são fenômenos internos às dinâmicas sociais e políticas.

O QUE PODE SIGNIFICAR "DOMINAR"

Neste ponto, fica clara a importância dada por Canguilhem à dissociação entre saúde e adaptação ao meio. Importância sintetizada em afirmações como: "Normal é viver em um meio no qual flutuações e novos acontecimentos são possíveis"[34]. Ou ainda: "O homem só se sente em boa saúde – que é, precisamente a saúde – quando se sente mais do que normal, isto é, não apenas adaptado ao meio e às suas exigências, mas também normativo, capaz de seguir novas normas de vida"[35]. São maneiras de afirmar que a saúde dissocia *normalidade* e *normatividade* por ser atividade capaz de *colocar em questão normas fisiológicas usuais*, permitindo ao organismo viver em um mundo de acidentes possíveis[36]. Isso implica uma noção de relação entre organismo e meio ambiente que não pode ser compreendida como simples adaptação e conformação a um

---

33. Georges Canguilhem, *O normal e o patológico, op. cit.*, p. 151.
34. *Ibidem*, p. 146.
35. *Ibidem*, p. 161.
36. "A saúde, como expressão do corpo *produzido*, é uma segurança vivida em um duplo sentido de segurança contra o risco e de audácia para corrê-lo. É o sentimento de uma capacidade de superação das capacidades iniciais, capacidade de levar o corpo a fazer o que ele parecia inicialmente não ser capaz de prometer." Cf. Georges Canguilhem, *La Santé: concept vulgaire et question philosophique* (A saúde: conceito vulgar e questão filosófica), Toulouse: Sables, 1990, p. 26.

sistema meta-estável. Um organismo completamente adaptado e fixo é doente por não ter uma margem que lhe permita suportar as mudanças e infidelidades do meio. Por isso, compreendemos mal um organismo biológico quando vemos nele apenas um feixe de funções e órgãos que se submetem a padrões gerais de mensuração e quantificação, feixe de funções que responde a exigências de ajustamento a um meio causalmente fechado. Essa vida seria o exemplo de uma razão que se transformou em princípio de autoconservação; princípio que tem em vista apenas as ilusões mecanicistas de uma visão de natureza digna do século XIX. Vida mutilada por não reconhecer mais sua potência de produção de valores. Assim, *a doença aparece necessariamente como fidelidade a uma norma única.* Ela é o nome que damos a uma norma de vida que não tolera desvio algum das condições em que é válida. Daí esta definição: "Uma vida sã, uma vida confiante na sua existência, nos seus valores, é uma vida em flexão, uma vida flexível [...]. Viver é organizar o meio a partir de um centro de referência que não pode, ele mesmo, ser referido sem com isso perder sua significação original"[37].

Tentemos entender melhor o que pode vir a ser essa flexibilidade própria da vida. Ser flexível é, principalmente, ser capaz de mover-se. Se aceitarmos a teoria da degenerescência, seremos obrigados a admitir que a cura da doença implicaria necessariamente alguma forma de retorno a estados anteriores ao adoecer, estados nos quais funções vitais ligadas à preservação e geração poderiam voltar a funcionar a contento. No entanto, uma forma insidiosa da própria doença é a fixação em um estado anterior de saúde. Pois a vida não conhece reversibilidade, embora admita reparações que são inovações fisiológicas. Goldstein insistia em que "não se pode jamais reencontrar a antiga maneira de agir, a antiga adaptação ao antigo meio que correspondia à essência do organismo são"[38]. A nova saúde não é a saúde de outrora nem é a recuperação de determinações normativas anteriores. Mais importante, porém, é que ela é indissociável de uma compreensão renovada do que significa *seguir uma norma.* Pensemos, por exemplo, na seguinte afirmação de Canguilhem:

---

37. Idem, *La Connaissance de la vie, op. cit.*, p. 188.
38. Goldstein, *op. cit.*, p. 348.

Porque a saúde não é uma constante de satisfação, mas o *a priori* do poder de dominar situações perigosas, esse poder que é usado para dominar perigos sucessivos. A saúde, depois da cura, não é a saúde anterior. A consciência do fato de que curar não é retornar, ajuda o doente em busca de um estado de menor renúncia possível, liberando-o da fixação ao estado anterior[39].

O que pode ser, nesse contexto, "o *a priori* do poder de dominar situações perigosas"? Se entendermos *dominar* como submeter o funcionamento de uma situação à imagem de ordenamento estabelecida *a priori* ou previamente, dificilmente entenderemos o que Canguilhem tem em mente. Senão, seria impossível compreender por que curar não poderia ser, de alguma forma, retornar. No caso, retornar a imagens de ordenamento anteriormente estabelecidas.

Lembremos aqui uma afirmação astuta de Theodor Adorno, para quem só dominamos uma língua quando nos deixamos dominar por ela, ou seja, quando nosso raciocínio é levado, em certa medida, pela estrutura interna da língua. Talvez algo disso valha para o fenômeno que Canguilhem procura descrever. O poder de dominar situações perigosas está, de certa forma, indissociável da capacidade de se deixar dominar por perigos sucessivos. Se aceitarmos que tais perigos representam as situações que podem levar à desorganização e à desordem do organismo, até sua completa dissolução e morte, então diremos que dominar tais situações está indissociável da capacidade de ser "um sistema em desequilíbrio incessantemente compensado por empréstimos no exterior"[40]. Conceito aparentemente paradoxal, já que um sistema em desequilíbrio incessante é aquele que transforma o risco perpétuo de sua dissolução como sistema em operador de seu desenvolvimento; é aquele que cria e desenvolve habilidades a partir daquilo que pareceria refratário à toda criação técnica. Desequilíbrio que nos coloca diante de um dos conceitos fundamentais de Canguilhem, a saber, a noção de errância.

---

39. Georges Canguilhem, *Escritos sobre a medicina*, Rio de Janeiro: Forense, 2000, p. 70.
40. Idem, *La Santé: concept vulgaire et question philosophique*, op. cit.

O QUE ACONTECE QUANDO ENTRAMOS POR UMA PORTA ERRADA?

Canguilhem costumava dizer que a doença poderia ser definida como um erro, não no sentido de fazer uma conta errada, mas de entrar por uma porta errada. Se voltarmos à primeira definição de doença como restrição da capacidade de ação através da fixação a uma norma única, então é possível completar o raciocínio explorando um duplo movimento. A doença aparece como reação catastrófica à percepção da instabilidade do meio no qual o organismo se situa. Assim, o organismo erra por agir como se tomasse o meio a partir de sua imagem de estabilidade, ligada à perpetuação da situação anterior. Ele continua reagindo mecanicamente, como se o meio não houvesse se modificado, o que o leva a sobreviver apenas à condição de restringir radicalmente seu meio e a sucumbir quando essa restrição é impossível.

Mas o que pode significar aqui *entrar na porta errada*? Quem entra pela porta errada não apenas se perde, mas encontra o imprevisto, o imperceblido que só vem à existência quando mudamos a estrutura de nossa percepção. Entrar pela porta errada é condição para que mutações estruturais do organismo ocorram. No entanto, em uma afirmação importante a respeito de seu conceito de errância, Canguilhem dirá: "Nada acontece por acaso, mas tudo ocorre sob a forma de acontecimentos. É nisso que o meio é infiel. Sua infidelidade é exatamente seu devir, sua história"[41]. O que pode significar essa aparente negação do acaso e sua inusitada contraposição à noção de acontecimento? Podemos tentar contemporizar afirmando que talvez esse regime de negação do acaso deva ser mais bem qualificado, talvez seja simplesmente expressão da recusa em admitir acontecimentos desprovidos de relação. Não que Canguilhem procure assumir a submissão de todo acontecimento possível a relações de causalidade determinada. Caso assim fosse, eliminaríamos por completo a função da contingência no processo de desenvolvimento das formas vitais.

Nesse contexto, "nada acontece por acaso" significa simplesmente que nada acontece sem impor um devir que reconfigura as possibilidades do organismo, definindo retroativamente uma história. A necessidade não é uma determinação ontológica inscrita previamente no interior das

---

41. Idem, *O normal e o patológico, op. cit.*, p. 159.

formas vitais. Formas vitais não resultam de um projeto que se projetaria no tempo em vista de sua realização. A necessidade é uma determinação processual que fornece à historicidade a função de construir relações entre contingências. Pois a errância não é uma sucessão de contingências que não tecem entre si relação alguma, o que nos levaria à ideia de um sistema que vive em um tempo completamente descontínuo, um tempo pontilhista e instantaneísta no interior do qual habitariam organismos que seriam tábulas rasas perpétuas. Mesmo no nível das estruturas celulares, tal ideia do tempo da vida como um tempo descontínuo não se sustenta:

> [...] a resposta de uma célula às modificações de seu meio ambiente não é unívoca. Sua resposta depende, ao mesmo tempo, da natureza dos sinais [que ela recebe do exterior], do momento no qual ela os percebe e do estado no qual ela se encontra. Sua resposta depende, ao mesmo tempo, de seu presente e de sua história, dos sinais que ela recebeu no passado e da maneira com a qual ela os interpretou[42].

A vida tem memória, hábito, repetição, um pouco como um pianista cujos dedos ao piano relembram uma peça que a consciência é incapaz de recompor. As atividades anteriores ficam marcadas como pontos de um processo contínuo de recomposição dinâmica a partir das pressões do presente. Por isso, o trajeto vital de metamorfoses não é indiferente, mesmo que ele seja recontado *de frente para trás*.

No entanto, a errância não é movimento submetido a uma finalidade teleológica transcendente, e é para afirmar tal característica que devemos insistir na existência da contingência[43]. Nesse sentido, vale a pena lembrar a peculiaridade da processualidade interna à vida. Para assumirmos que

---

42. Jean-Claude Ameisen, *La Sculpture du vivant: le suicide cellulaire et la mort créatrice* (A escultura do vivente: o suicídio celular e a morte criadora), Paris: Seuil, 2003, p. 51.

43. Insistindo na natureza dos erros que modificam a instrução genética produzindo mutações que podem ter consequências importantes para a espécie, François Jacob dirá: "Todo o sistema é agenciado para produzir erros às cegas. Não há na célula constituinte algum para interpretar o programa em seu conjunto, para sequer 'compreender' uma sequência e modificá-la. Os elementos que traduzem o texto genético só compreendem a significação de trincas tomadas separadamente. Esses elementos que, ao reproduzi-los, poderiam modificar o programa, não o compreendem. Se existisse uma vontade para modificar o texto, ela não disporia de ação direta alguma. Seria-lhe necessário passar pelo longo desvio da seleção natural". Cf. François Jacob, *La Logique du vivant: une historie de l'hérédité*, Paris: Gallimard, 1970, p. 310. Edição brasileira: *A lógica da vida*, Rio de Janeiro: Graal, 2001.

organismos podem ter a experiência da contingência, devemos aceitar que o organismo biológico é uma organização dinâmica capaz de ser um processo de

> desorganização permanente seguido de reorganização com aparição de propriedades novas se a desorganização pôde ser suportada e não matou o sistema. Dito de outra forma, a morte do sistema faz parte da vida, não apenas sob a forma de uma potencialidade dialética mas como uma parte intrínseca de seu funcionamento e evolução: sem perturbação ou acaso, sem desorganização, não há reorganização adaptadora ao novo; sem processo de morte controlada, não há processo de vida[44].

Aqui se delineia a diferença ontológica fundamental entre um organismo e uma máquina artificial. Ao menos segundo Canguilhem: "Na máquina, há verificação estrita das regras de uma contabilidade racional. O todo é rigorosamente a soma das partes. O efeito é dependente da ordem das causas"[45]. Já o organismo não conhece contabilidade:

> Uma fiabilidade como esta do cérebro, capaz de funcionar com continuidade mesmo que células morram todos os dias sem serem substituídas, com mudanças inesperadas de irrigação sanguínea, flutuações de volume e pressão, sem falar da amputação de partes importantes que perturbam apenas de maneira muito limitada as *performances* do conjunto, não tem semelhança com qualquer autômato artificial[46].

Ou seja, há um princípio de auto-organização no organismo capaz de lidar com desestruturações profundas e desordens. Isso é possível porque um sistema reduzido a uma só via de contato (entre A e B) seria simplesmente dissolvido se tal via se desordenasse por completo. Mas organismos não são sistemas dessa natureza. Ao contrário, eles são compostos por vários subsistemas que permitem que completa independência entre A e B não se traduza na dissolução completa do organismo[47].

---

44. Henri Atlan, *Entre Le Cristal et la fumée: essai sur l'organisation du vivant*, Paris: Seuil, 1979, p. 280. Edição brasileira: *Entre o cristal e a fumaça: ensaio sobre a organização do ser vivo*, Rio de Janeiro: Jorge Zahar, 1992
45. Georges Canguilhem, *La Connaissance de la vie*, op. cit., p. 149.
46. Henri Atlan, *op. cit.*, p. 41.
47. Tendo tal modelo em mente, Atlan dirá a respeito do cérebro: "a determinação genética concerne

No entanto, a possibilidade da destruição do organismo como sistema é um dado real, e é necessário que tal dado seja real para que a ideia de errância possa realmente ser necessária. Errância implica poder se perder por completo, despender todo o processo acumulado em uma profunda irracionalidade econômica, o que explica por que a destruição do sistema é uma parte intrínseca de seu funcionamento. Pois apenas por poder perder-se por completo, ou seja, por poder deparar-se com a potência do que aparece como anormativo, que organismos são capazes de produzir formas qualitativamente novas, migrar para meios radicalmente distintos e, principalmente, viver em meios nos quais acontecimentos são possíveis, nos quais acontecimentos não são simplesmente o impossível que destrói todo princípio possível de auto-organização. Tal figura do acontecimento demonstra como as experiências do aleatório, do acaso e da contingência são aquilo que tensionam o organismo com o risco da decomposição. São tais experiência ligadas à errância que dão à vida sua *normatividade imanente*[48].

Não deixa de ser surpreendente que a vida se sirva dessa dinâmica para poder construir suas formas, o que talvez mostre como não se trata de um mero dado anedótico lembrar que "mais de 99% das espécies aparecidas desde quatro bilhões de anos foram provavelmente extintas para sempre"[49] . Essa é apenas uma maneira um pouco mais dramática de lembrar que os valores mobilizados pela atividade vital não podem ser *utilidade*, a *função* ou mesmo o *papel* a desempenhar. A vida ultrapassa essa contabilidade de balcão de supermercado. Não podemos sequer definir o desenvolvimento de órgãos a partir da necessidade de certas funções próprias a uma adaptação à configuração atual do meio. Como a biologia evolucionista nos mostra, mais correto seria dizer que muitos órgãos são

---

apenas à estrutura anatômica global do cérebro, sendo o detalhe das conexões fruto do acaso, modificando-se à medida de sua constituição pelo efeito de experiências adquiridas". Pois "se representamos um organismo em relação a um meio ambiente natural e impessoal, os efeitos deste só podem ser percebidos como aleatórios no que diz respeito à estrutura e às determinações anteriores do organismo. É por isso que a ideia de que uma parte importante seja deixada ao acaso na estrutura do detalhe da organização cerebral permite resolver esse paradoxo aparente relativo a um sistema organizado que parece ampliar a riqueza de sua organização sob efeito de fatores aleatórios". Cf. Henri Atlan, *L'Organisation biologique et la théorie de l'information*, Paris: Hermann, 1992, p. 165. Edição em português: *A organização biológica e a teoria da informação*, Lisboa: Instituto Piaget, 2008.

48. Maria Muhle, *op. cit.*, p. 106.
49. Jean-Claude Ameisen, *op. cit.*, p. 12.

inicialmente configurados para que, posteriormente, uma multiplicidade de funções deles se desenvolvam. A natureza paradoxal de um sistema que funciona através da errância vem do fato de ele estar assentado sob a ausência de uma tendência a *perseverar no próprio ser*. Para que haja uma errância que não seja simplesmente movimento de expressão do desenvolvimento biológico em direção ao progresso contínuo, devemos aceitar a existência de uma tendência à *dilapidação de si* interna aos organismos. O que talvez explique por que Canguilhem nunca viu reais dificuldades em admitir, por exemplo, o fundamento biológico de um conceito como a pulsão de morte freudiana[50]. Essa tendência à dilapidação de si foi descrita posteriormente através de fenômenos como a apoptose, ou seja, a morte celular produzida por um princípio interno:

> Durante muito tempo, pensamos que o desaparecimento de nossas células – assim como nossa própria desaparição como indivíduos – só podia resultar de acidentes e de destruições, de uma incapacidade fundamental a resistir à usura, à passagem do tempo e às agressões permanentes do meio ambiente [...]. Hoje, sabemos que todas as nossas células possuem o poder de se autodestruir em algumas horas [...]. E a sobrevivência de cada uma de nossas células depende, dia após dia, de sua capacidade de perceber no meio ambiente de nosso corpo os sinais emitidos por outras células, e apenas tais sinais lhe permitem reprimir o desencadeamento de sua autodestruição [...], um acontecimento percebido até aqui como positivo – a vida – parece resultar da negação de um acontecimento negativo – a autodestruição[51].

---

50. Como dirá Canguilhem: "Se é verdade que o vivente é um sistema em desequilíbrio incessantemente compensado por empréstimos ao exterior, se é verdade que a vida está em tensão com o meio inerte, o que haveria de estranho ou de contraditório na hipótese de um instinto de redução de tensões a zero, de uma tendência à morte". Cf. Georges Canguilhem, *La Santé: concept vulgaire et question philosophique, op. cit.* Canguilhem pensa, sobretudo, nas afirmações de Henri Atlan, para quem o único projeto possível dos organismos biológicos é morrer: "Ou seja, como em todo sistema físico, de alcançar um estado de equilíbrio. Os algoritmos do mundo vivente não podem ser inicialmente algoritmos de reprodução de estados de equilíbrio, mas de distâncias em relação ao equilíbrio, assim como de retorno a tal estado por desvios [...]. Como nota W. R. Ashby, o retorno ao equilíbrio só é banal e desinteressante, do ponto de vista de algoritmos de organização, em sistemas simples. Em sistemas complexos, unicamente devido ao grande número de parâmetros que podem variar ao mesmo tempo, os estados de estabilidade fora do equilíbrio e os caminhos utilizados para tornar ao equilíbrio oferecem possibilidades de organização muito mais ricas". Cf. Henri Atlan, *L'Organisation biologique et la théorie de l'information, op. cit.*, p. 224.
51. Jean-Claude Ameisen, *op. cit.*, p. 15.

Ou seja, viver, para cada célula, é ter conseguido reprimir o desencadeamento de seu suicídio, é negar uma negação (como dizia Rubens Rodrigues Torres Filho, quem um dia adoeceu de hegelianismo nunca se cura). Tal ideia produz consequências importantes para o conceito de auto-organização. Pois sistemas orgânicos, devido à constância dos erros de leitura, teriam uma tendência interna à decomposição e à desordem que pode levá-los ou à autodestruição ou a ser agenciados através da errância, com todos os seus riscos e suas reorganizações provisórias. Daí porque "viver, construindo-se em permanência, é utilizar instrumentos que podem provocar a autodestruição e ser, ao mesmo tempo, capaz de reprimir tal autodestruição"[52]. A mecanização da vida descrita através dos fenômenos de doença não é apenas uma reação catastrófica contra um meio ambiente em mutação. Ela é também incapacidade de agenciar tendências internas ao próprio organismo.

O CAPITALISMO DESCONHECE CONTINGÊNCIAS

Por fim, poderíamos perguntar se tal ideia de desorganização permanente seguida de reorganização não seria um conceito fraco de acaso e contingência, uma espécie bizarra de *contingência controlada* por estruturas de relações. Poderíamos mesmo perguntar se tal ideia não seria apenas um símile da realidade social do capitalismo avançado, marcada pela flexibilização constante e pela desorganização controlada pela processualidade dinâmica do capital[53]. Pois em que uma biopolítica da mobilidade normativa poderia servir de fundamento para uma crítica do capitalismo em sua fase de flexibilização geral de identidades e processos?

A fim de responder tal pergunta, seria importante lembrar que a desorganização produzida pelo capital é a condição para que um princípio geral de equivalência, encarnado na figura da forma-mercadoria, permaneça como uma espécie de axioma intocado. As características fundamentais do mundo flexível do capital são a intercambialidade e a reversibilidade. Circulação de intercâmbio e reversão que só podem operar por serem movimentos de uma estrutura marcada pela univocidade,

---

52. *Ibidem*, p. 316.
53. Devo essa crítica precisa a uma intervenção de Judith Butler em colóquio no qual apresentei pela primeira vez essa ideia, no ano de 2012, em Santiago do Chile.

mesmo se tal univocidade se fractalize em múltiplas formas. Trata-se da univocidade do capital. Tal univocidade se realiza por impor ao tempo um regime peculiar de esvaziamento. Pois o tempo do capital é a eternidade do eternamente reversível, o tempo das operações feitas sempre com termos intercambiáveis e que, por isso, tem como principal função a comensurabilidade. A diferença entre a flexibilização do capital e a atividade vital não é, assim, uma diferença de grau, na qual a primeira seria a versão *controlada* da segunda. Não chegaremos à atividade vital intensificando os processos internos ao capitalismo, mesmo que em sua dinâmica o capitalismo procure, à sua maneira, mimetizar a vida.

De fato, Marx já falava, ao discorrer sobre o fetichismo no livro III de *O capital*, que a capacidade de autovalorização do capital dava a impressão de estarmos diante de um organismo vivo. Ao aparecer como capital produtor de juros, temos a forma D-D', na qual o valor valoriza a si mesmo através das atividades financeiras, sem passar assim diretamente pela encarnação do dinheiro em mercadoria. Nesse contexto de autovalorização aparentemente *espontânea*, Marx dirá: "O dinheiro é agora um corpo vivo que quer multiplicar-se"[54]. Mas essa característica de quase *geração espontânea* da mais-valia através da autovalorização do capital nunca poderia se passar pela atividade vital.

Na verdade, a diferença entre a dinâmica do capital e a atividade vital é qualitativa. A atividade vital não conhece intercambialidade e reversibilidade, mesmo que conheça repetições. Como foi dito, contrariamente ao que alguns acreditam, um acontecimento contingente não é aquilo que poderia ter sido outro ou que simplesmente poderia não ter sido, como se o que é contingente fosse necessariamente intercambiável com seus opostos. Insistamos, tais definições são desprovidas de sentido. Só posso dizer que algo poderia ter sido outro a partir da perspectiva de uma relação de causalidade que previamente me aparece como necessária. Mas a questão filosófica relevante é se precisamos realmente continuar a conjugar causalidade determinada e necessidade.

Nesse sentido, é possível dizer que um acontecimento contingente é exatamente aquele que traz o imperceptido e o incomensurável à cena. Incomensurável não por ser infinitamente grande ou pequeno, mas por

---

54. Karl Marx, *O capital*, livro III, vol. 5, Rio de Janeiro: Civilização Brasileira, 1988, p. 522.

ser infinitamente outro. Por isso, ele quebra a redundância de um sistema de informações que sempre precisa encontrar, entre fatos dispersos, um denominador comum de contagem. Tal outra cena produzida pelo reconhecimento da contingência é o que nos leva a essa auto-organização paradoxal na qual os sistemas vitais estão em contínua reordenação, instituindo novas normatividades que podem mudar radicalmente o modelo de regulação do sistema, afirmando sua capacidade transitiva. Essa outra cena, será o caso sempre de lembrar, radicalmente fora do tempo do capital. Pois – e por que não dizer as coisas por completo? – é a vida em sua soberania insubmissa que nos puxa para fora desse tempo.

Do desejo à violência e reciprocidade[1]
Jean-Pierre Dupuy

Valentim e Proteu são dois jovens unidos por uma amizade profunda. Desde a mais tenra infância eles desenvolveram os mesmos gostos, as mesmas preferências e sempre convergem em seus julgamentos. Eles imitam um ao outro em todos os aspectos da vida. Um só encontra uma maneira desejável de fazer ou de ser se o outro aprovar, e assim reciprocamente. Eles parecem ilustrar com perfeição o adágio popular: quem se assemelha se une. Entretanto, Valentim apresenta ao seu amigo a jovem pela qual se apaixonou, Silvia. Mais uma vez ele quer que seu amigo Proteu confirme o valor de sua escolha.

O que aconteceu ultrapassa suas esperanças porque Proteu, por sua vez, se apaixona por Silvia. Aqui as coisas se desarranjam, porque o amigo se torna seu rival. Contrariamente à maneira de se vestir ou aos gostos musicais, não se partilha o objeto de desejo amoroso. Proteu torna-se um obstáculo ao desejo de seu amigo Valentim. A amizade se transforma em ódio seguindo o mesmo mecanismo que antes fazia convergirem seus desejos. Proteu não hesita em caluniar Valentim para o pai de Silvia, que é um poderoso magistrado, e Valentim se vê banido da cidade onde se desenvolve a ação.

Vocês talvez tenham reconhecido nesse breve resumo a primeira peça de William Shakespeare, *Os dois fidalgos de Verona*, que mostra a ambivalência radical da imitação. Fator de concórdia social, ela também pode

[1]. A tradução do presente ensaio é de Ana Maria Szapiro.

acabar em rivalidade, em conflito e em violência. A imitação é o cimento social por excelência. É através da imitação que a criança aprende as regras e os símbolos de sua sociedade, a começar pela linguagem. Mas, quando a imitação recai sobre o desejo por um objeto exclusivo, não partilhável, ela engendra automaticamente a rivalidade. A essa rivalidade, René Girard chamou *rivalidade mimética*.

Já apresentei a obra antropológica do filósofo franco-americano René Girard sobre as relações entre a violência e o sagrado por ocasião do ciclo *Mutações* de 2010, dedicado ao tema *A invenção das crenças*[2]. Naquela ocasião, assinalei que a teoria da origem violenta da cultura humana apoiava-se, por sua vez, numa teoria do desejo humano como *desejo mimético*. Para Girard, a origem do sagrado está na violência, e a origem da violência está no desejo. É esse primeiro fundamento que eu gostaria de discutir agora, o que me parece apropriado ao tema geral deste ano: *Fontes passionais da violência*.

Da ideia bastante simples do desejo mimético, Girard tira consequências de uma riqueza incrível. A forma mais simples do desejo é o triângulo, composto de um sujeito, um objeto e um terceiro termo, o modelo. Esse modelo é o *mediador* do desejo, no sentido de que o sujeito deseja *segundo ele*: o desejo do sujeito pelo objeto não é espontâneo, é um desejo imitado do desejo de seu modelo. Se a posse do objeto não pode ser partilhada, é mecanicamente, sem que haja a menor intenção nisso, que o modelo, carregado de um sinal positivo, se transforma em rival, carregado então de um sinal negativo, sem que por isso seu estatuto de modelo seja alterado. Ao contrário: quanto mais a rivalidade se acentua, mais o modelo se torna um obstáculo fascinante no caminho do objeto. Os papéis de modelo e de obstáculo reforçam um ao outro, enquanto o objeto adquire cada vez mais valor.

A rivalidade mimética é a figura de base que engendra todas aquelas outras que recobrem o conjunto das paixões ruins que agitam a humanidade desde o início dos tempos – inveja, ciúme, ressentimento, orgulho, individualismo desenfreado, ódio de si e dos outros –, mas que ameaçam hoje até mesmo a sobrevivência da espécie, porque se aliam a uma força tecnológica sem precedente.

2. Publicado pelas Edições Sesc em 2011.

A teoria de Girard se apresenta como explicação universal tanto para as querelas dos pátios escolares como para a rivalidade entre potências nucleares. Vou examinar algumas facetas dessa teoria, ilustrando com exemplos da atualidade, da literatura e do cinema.

O OBJETO DO DESEJO

Como tantos outros antes, Girard se esforçou para escapar à alternativa estéril entre realismo e idealismo. Um dia, ele reagiu a uma reflexão de Sartre, que tentava salvar a objetividade do objeto – etimologicamente, o que está colocado diante de si, exterior à mente – fazendo referência à fenomenologia de Husserl. Sartre escreveu: "[Husserl] limpou o terreno para um novo tratado das paixões que se inspiraria desta verdade tão simples e tão profundamente desconhecida por nossos refinados: se amamos uma mulher é porque ela é amável. Eis-nos libertados de Proust"[3].

Ora, reagiu Girard, não é verdade que Proust fosse idealista no sentido de dizer: se amamos uma mulher, é porque a achamos amável; e, se a achamos amável, é porque a amamos. Há um terceiro caso sobre o qual nem a filosofia nem as ciências humanas jamais refletiram verdadeiramente; enquanto a grande literatura, Proust em particular, não cessa de colocar em cena: se amamos uma mulher, é porque ela é amada por um terceiro (desejo mimético).

O que torna desejável o objeto de desejo é o desejo mimético em si e a rivalidade que o acompanha. O objeto não é desejável antes que se dispute sua posse. Eis aqui um exemplo literário que coloca em cena dois sujeitos em situação de rivalidade mimética, cada um constituindo para o outro um modelo a imitar. Trata-se das primeiras páginas do romance de Stendhal, *O vermelho e o negro*, em que encontramos três dos personagens centrais. Estamos no período da Restauração (da realeza), depois das perturbações da Revolução Francesa e do império de Napoleão. Em princípio, a aristocracia perdeu seus privilégios, mas os burgueses estão mais do que nunca fascinados por ela, enquanto os aristocratas estão fascinados pela burguesia. O prefeito do vilarejo de Verrière, onde se passa

---

3. Jean-Paul Sartre, "Uma ideia fundamental da fenomenologia de Husserl: a intencionalidade", em: *Situações 1*, São Paulo: Cosac Naify, 2005.

a ação, Sr. de Rênal, sonha em conseguir tomar um jovem, Julien Sorel, como preceptor dos seus filhos. Por que Julien, alguém sem qualidades notáveis a não ser o apego obsessivo à imagem de Napoleão? Stendhal nos faz compreender o verdadeiro motivo do projeto: esse cavalheiro-burguês, o Sr. de Rênal, acredita que Valenod tem a mesma ideia na cabeça. Valenod é um burguês-cavalheiro abastado, mas menos influente que o cavalheiro-burguês prefeito. Entretanto, o Sr. de Rênal é obcecado por Valenod que, por sua vez, é obcecado pelo Sr. de Rênal. Eles se imitam mutuamente, ainda que estejam em situação de rivalidade.

Parece que o Sr. de Rênal não se enganou. Com efeito, o romance nos mostra mais adiante Valenod fazendo investidas no pai de Julien. René Girard interroga: "Será que Stendhal confundiria o Valenod sonhado pelo Sr. de Rênal com o Valenod verdadeiro que nem mesmo pensa em Julien?". O romancista não comete esse erro. É a história do copiador copiado. Valenod é o modelo do Sr. de Rênal, mas, longe de suspeitar, ele imita os desejos do seu discípulo. Falta um dado crucial a duas pessoas que se imitam mutuamente no seu desejo de objeto: a identidade do objeto em questão. Mas isso não importa: eles a imaginam. Sejamos mais precisos: um dos dois é o primeiro a imaginá-lo *a respeito do outro*. O Sr. de Rênal se pergunta com angústia o que Valenod deseja. Ele inventa a resposta: Julien; e corre para tomar a frente. É o que nos revela Stendhal mais adiante no romance: o Sr. de Rênal foi quem deu o primeiro passo! Ele indicou ao seu *alter ego*, assim, qual o objeto da rivalidade. Quando este último manifesta, por sua vez, seu desejo imitado, a ilusão inicial torna-se realidade. O primeiro a sonhar, então, não sonhava: ele agora tem a prova. Girard escreveu: "O real brota da ilusão e fornece a esta uma caução enganosa. É por um processo análogo que povos e políticos rejeitam mutuamente, e com a melhor fé do mundo, a responsabilidade dos conflitos que os opõem"[4].

É assim que o insignificante Julien Sorel se torna o herói trágico do romance de Stendhal. Acreditamos ingenuamente que a violência dos conflitos humanos é tanto mais forte quanto mais importante é o que está em jogo. E, entretanto, a história nos mostra que frequentemente

---

4. René Girard, *Mensonge romantique et vérité romanesque*, Paris: Grasset, 1961, p. 63. Edição brasileira: *Mentira romântica e verdade romanesca*, São Paulo: Realizações, 2009. [A tradução desse trecho e de outros citados ao longo do texto, extraídos de diferentes obras, foi feita pela tradutora do artigo.]

é a propósito de objetos irrisórios que as nações e os povos se destroem. Um livro recente mostra muito bem que foi como sonâmbulas que as potências europeias entraram na Primeira Guerra Mundial[5]. Nada de objetivo as opunha entre si a não ser o ódio e o ressentimento que as motivavam. Ninguém queria a guerra. Contudo, foi suficiente um incidente local – o assassinato em Sarajevo do herdeiro do império austro-húngaro – para desencadear uma guerra mundial que acabou por fazer 15 milhões de vítimas, destruiu três impérios e preparou o terreno para uma guerra ainda mais atroz. Hoje, Japão e China se ameaçam de aniquilamento mútuo pela possessão das ilhas Sensaku, que, na verdade, são apenas alguns rochedos despovoados no mar da China oriental que não justificam nenhum interesse estratégico ou econômico. Por que o Irã quer a qualquer preço possuir arma atômica, arriscando-se a desestabilizar completamente o Oriente Próximo e o Oriente Médio e talvez provocar uma nova guerra mundial? Seria mesmo para eliminar Israel do mapa do mundo? Seus governantes dizem: uma grande civilização, saída do império persa, não pode atualmente deixar de ter um símbolo de poder por excelência: a bomba. A questão é o prestígio da nação iraniana. Mas a palavra *prestígio* revela a verdade daquilo que realmente está em jogo: ela provém do latim *præstigium*, que significa artifício, ilusão. Por questões ilusórias os homens estão dispostos a explodir o planeta. Vejam o comportamento aparentemente aberrante de Putin com relação à Ucrânia. Tudo se passa como se ele preferisse o caos na sua porta a uma Ucrânia estabilizada, unida à União Europeia. É o comportamento típico do invejoso: ele prefere destruir seu brinquedo a deixá-lo nas mãos do rival. Mas quem, nesse caso, é o rival mimético de Putin? Não é o presidente da Ucrânia, evidentemente. Trata-se de Obama que, ele sim, não teme estender a influência do império americano aos quatro cantos do globo.

A teoria de René Girard permite compreender esses comportamentos que se mostram profundamente irracionais. Mas é preciso ver e analisar bem o paradoxo que a constitui. Seu ponto de partida, repito, é a ambivalência da imitação: indispensável à constituição das relações humanas

---

5. Cf. Christopher Clark, *The Sleepwalkers: How Europe Went to War in 1914*, London: Harper, 2013. Edição brasileira: *Os sonâmbulos: como eclodiu a Primeira Guerra Mundial*, São Paulo: Companhia das Letras, 2014.

e do cimento social, a imitação pode também destruí-los quando se trata do desejo de apropriação de um objeto não partilhável. É isso que as teorias anteriores sobre a imitação – em grego *mimesis* –, a começar pelas de Platão e Aristóteles, não tinham visto, e é nesse ponto que reside a novidade radical da teoria do desejo mimético. Ora, acabo de dizer e ilustrar com exemplos que, quando a intensidade do conflito que a rivalidade mimética engendra chega a ultrapassar certos limites críticos, tudo acontece como se o objeto desaparecesse do campo de visão dos protagonistas. Eles passam a só se interessar por seu rival, este que eles odeiam e secretamente veneram. É absolutamente necessário que levem a melhor sobre ele, ainda que à custa de seu próprio interesse.

Espero que compreendam que aqui não há nenhuma contradição, porque o objeto de desejo, desde o início, não está apenas colocado diante dos sujeitos desejantes; ele é construído pela rivalidade mimética. Ele é de imediato transfigurado. (Pensem na insignificância de Julian Sorel no início.) O que a rivalidade mimética criou a partir do nada, por assim dizer, ela pode sempre destruir. É então o rival que, na atenção do sujeito, toma o lugar do objeto.

A geopolítica, esse ramo da ciência política que estuda as relações entre os Estados-nação, parece conhecer apenas um determinante das ações humanas que, em inglês, se chama *self-interest* e que traduzimos por *interesse egoísta*. Ora, inicialmente a palavra *interesse* significa outra coisa, como nos lembra Hannah Arendt. O interesse é aquilo que, colocando-se entre os seres (*inter-esse*), "reúne-nos na companhia uns dos outros e contudo evita que colidamos uns com os outros, por assim dizer". Ela acrescenta, recorrendo a uma metáfora que nos oferece muito para pensar: "Conviver no mundo significa essencialmente ter um mundo de coisas em comum interposto entre os que nele habitam, como uma mesa se interpõe entre os que se assentam ao seu redor; pois, como todo intermediário, o mundo ao mesmo tempo separa e une os homens"[6].

A violência é precisamente quando nada, nenhum interesse pelo mundo capaz de impedi-los de *colidirem uns com os outros*, se sustenta entre os homens. Sem mediação, é então a luta da pura violência, na qual os seres se afrontam diretamente, perdendo toda noção do seu interesse

---

6. Hannah Arendt, *A condição humana*, Rio de Janeiro: Forense Universitária, 2005, p. 62.

comum e até mesmo do seu interesse próprio. Como o mundo seria um lugar melhor para viver se os homens fossem verdadeiramente guiados pelos seus interesses bem compreendidos! Muitas vezes, os homens são movidos pelo ódio que os torna cegos e pelo ressentimento que retorna o ódio contra si mesmo.

O NARCISISMO E A VIOLÊNCIA DAS MULTIDÕES

Girard não poderia deixar de encontrar Freud no seu caminho. É a propósito do comportamento das multidões que vou confrontá-los. O fundador da psicanálise se interessava muito pelos fenômenos coletivos. Ele reconheceu que a invenção da psicanálise havia sido, para ele, um desvio que lhe permitiria abordar melhor o estudo desses fenômenos, estudo que realizou em seus últimos trabalhos. Ainda que isso possa parecer estranho *a priori*, o conceito psicanalítico central aqui é o de narcisismo. O livro no qual Freud coloca em relação o conceito de narcisismo com os fenômenos da multidão se intitula, de modo característico, *Massen Psychologie und Ich Analysis*[7] (Psicologia das massas e análise do eu). É esse livro que vou agora criticar à luz da teoria do desejo mimético de René Girard.

Comecemos pelo narcisismo. Fiel ao seu hábito (pensem no complexo de Édipo), Freud recorreu à mitologia grega para dar conta de uma deficiência psíquica que ele acreditava ter descoberto nos bebês, nos gatos e, sobretudo, nas mulheres[8]. Freud acreditava de verdade na existência de personalidades narcísicas, cheias de amor por si mesmas, inteiramente absorvidas por si mesmas, como as belas coquetes que passeavam na avenida principal de Viena, o Graben, sem que lhe lançassem nem sequer um olhar! Ora, a teoria do desejo mimético nos diz que o amor de si mesmo não pode existir, porque só se deseja pela mediação de um outro. O que Freud não viu, segundo Girard, mas que, entretanto, qualquer novato no domínio do amor sabe, é que essas coquetes jogam com um truque: elas

---

7. Publicado originalmente em 1921. Edição brasileira: *Psicologia das massas e análise do eu e outros textos (1920-1923)*, São Paulo: Companhia das Letras, 2011 (Obras completas, vol. 15).
8. Não estou inventando nada. Veja seu livro *Introdução ao narcisismo: ensaios de metapsicologia e outros textos (1914-1916)*, São Paulo: Companhia das Letras, 2010 (Obras completas, vol. 12)..

fingem indiferença para melhor atrair seu olhar. Em um texto cruel para Freud, Girard escreveu:

> A coquete sabe mais sobre o desejo do que Freud. Ela sabe que o desejo atrai o desejo. Para se fazer desejar, então, é preciso convencer os outros que se deseja a si mesmo. É assim que Freud definiu o desejo narcísico, o desejo de si para si. Se a mulher narcisista excita o desejo é porque, fingindo desejar-se, propondo a Freud esse desejo circular que jamais sai de si mesmo, ela apresenta [ao desejo mimético] dos outros uma tentação irresistível. Freud toma como uma descrição objetiva a armadilha na qual ele cai. Aquilo que ele chama de autossuficiência da coquete, seu estado psicológico feliz, sua posição libidinal inexpugnável, é, na realidade, a transfiguração metafísica do modelo rival.
>
> Se a coquete procura se fazer desejar, é porque ela precisa desses desejos masculinos, dirigidos a ela, para alimentar sua própria coqueteria, para comportar-se como coquete. Ela não tem mais autossuficiência do que tem o homem que a deseja, em outras palavras, mas o sucesso de sua estratégia lhe permite assim sustentar a aparência ao oferecer, também a ela, um desejo que ela pode copiar. Se o desejo dirigido a ela é precioso, é porque é ele que lhe fornece o alimento necessário à autossuficiência que desmoronaria se ela fosse totalmente privada de admiração. Em resumo, do mesmo modo que o admirador preso na armadilha da coqueteria imita o desejo que ele acredita ser realmente narcísico, a chama da coqueteria, para brilhar, precisa do combustível que lhe fornecem os desejos do outro[9].

O aparente amor de si da coquete é uma ilusão produzida pelo próprio desejo mimético. Como com a dupla Rênal-Valenod, mas segundo uma configuração diferente, dois desejos concorrentes se imitam e se excitam mutuamente. O amante imita o desejo da coquete desejando-a, pois a coquete dá a impressão de desejar a si mesma; a coquete imita o desejo de seu amante desejando a si mesma, pois seu amante a deseja.

---

9. René Girard, *Des Choses cachées depuis la fondation du monde*, Paris: Grasset, 1979. Edição brasileira: *Coisas ocultas desde a fundação do mundo*, São Paulo: Paz e Terra, 2009.

O amor de si só pode existir por imitação dos desejos que despertamos nos outros. Só amamos a nós mesmos se os outros nos amam. Esse *pseudonarcisismo*, como Girard o denomina, permite, por um tempo, ao que dele se beneficia, escapar ao domínio do desejo mimético, mas é ainda o desejo mimético que é a causa.

Em que essa discussão pode ter relação com a questão da violência das multidões? Na teoria freudiana dos fenômenos coletivos, a questão do narcisismo desempenha um papel essencial no que diz respeito a dois elementos-chave: a figura do chefe e a figura do pânico. De modo aparentemente estranho, a multidão, para Freud, é o modelo da ordem social. A desordem advém quando a multidão se decompõe em pânico. Ainda mais surpreendente, os dois exemplos de multidão que Freud considera são a Igreja e o Exército. Estes são, segundo a expressão de Freud, multidões *artificiais*, construídas em torno de e pela pessoa de um chefe. Entretanto, vamos ver que a relação entre a multidão e o pânico, quer dizer, entre a ordem e a desordem, não se faz sem paradoxos. É esclarecendo esses paradoxos que vamos encontrar a teoria girardiana.

Lembro, inicialmente, que Freud tomou emprestada a palavra latina *libido*, que significa desejo, para designar a energia geral dos instintos sexuais investida sobre o eu (narcisismo) ou sobre um objeto exterior, pessoa ou coisa (desejo do objeto).

Segundo Freud, a multidão se caracteriza por três traços.

a) Seu *princípio de coesão*, de natureza libidinal. "Para que a multidão preserve sua consistência", escreve Freud, "é preciso que ela seja mantida por uma força qualquer. E que força pode ser esta, senão Eros que assegura a unidade e a coesão de tudo que existe no mundo?"[10] O egoísmo – o narcisismo – é, para o pai da psicanálise, uma tendência fortemente antissocial. Ora, observa ele, "quando a vantagem pessoal constitui para o indivíduo isolado mais ou menos a única razão da ação, raramente determina a conduta das multidões". No interior destas não é raro ver os indivíduos sacrificarem seu interesse pessoal e seu amor de si em favor de um ideal coletivo que os ultrapassa. "Tal limitação do narcisismo", ele conclui, "só pode resultar da ação de um só fator: do laço libidinal a outras pessoas. O egoísmo só encontra limite no amor pelos outros, no amor pelos objetos".

---

10. Sigmund Freud, *Psychologie collective et analyse du moi*, Paris: PUF, 2010. [Original em alemão de 1921.]

b) O *ponto focal* desses laços libidinais, a pedra angular da multidão, a saber, a figura do chefe. A *comunidade afetiva* que caracteriza a multidão, escreve Freud, "é constituída pela natureza do laço que une cada indivíduo ao chefe". E mais adiante: "Cada indivíduo está, de uma parte, ligado por laços libidinais ao chefe [...] e, de outra parte, está ligado a todos os outros indivíduos que compõem a multidão"; e "é incontestável que o laço que une cada indivíduo (ao chefe) é *a causa* do laço que une cada indivíduo a todos os outros"[11]. Ora, o laço que liga cada indivíduo ao chefe participa dessa força afetiva que é a libido sob a forma de um *amor do objeto*, e é *porque* cada um assim renunciou ao seu narcisismo em proveito de um mesmo objeto libidinal que os membros da multidão podem identificar-se uns aos outros.

c) Daí a terceira grande característica da multidão: a multidão é, por excelência, o suporte de *fenômenos de contágio*. É o contágio que dá à multidão seus traços mais distintos: exagero da afetividade, exacerbação das paixões, ciclotimia, movimentos *irracionais*; é o contágio que torna os membros da multidão sempre mais semelhantes uns aos outros, que sacia sua sede de igualdade e de uniformidade; é também o contágio que, por vezes, funda a estabilidade da multidão, até mesmo a estimula e a totaliza até o totalitarismo, cada um encontrando seu caminho no passo decidido do líder. Antes do que a uma enigmática sugestão hipnótica, foi evidentemente à energia da libido que Freud recorreu para explicar esse contágio afetivo que faz com que "a carga afetiva dos indivíduos se intensifique por indução recíproca: encontramo-nos como levados e constrangidos a imitar os outros, a nos colocarmos em uníssono com os outros"[12].

Freud expôs muito claramente sua teoria da multidão, e é essa teoria que serve ainda hoje de base à psicossociologia dos fenômenos coletivos. Ora, ele vê em sua teoria dois enormes paradoxos com os quais não sabe o que fazer: o paradoxo do chefe e o paradoxo do pânico. Seus seguidores igualmente não o esclareceram mais.

Sobre o chefe citarei um dos fundadores da psicossociologia francesa, Serge Moscovici:

11. *Ibidem*.
12. *Ibidem*.

As multidões são compostas, em princípio, por indivíduos que, para participar delas, venceram suas tendências antissociais ou sacrificaram seu amor de si. E, entretanto, no seu centro se encontra um personagem que é o único a ter conservado essas tendências, até mesmo exagerando-as. Por um efeito, estranho mas explicável, do laço que as une, as massas não estão dispostas a reconhecer que elas renunciaram ao que o líder conservou intacto e que se torna seu foco: justamente o amor de si [...]. Todos os líderes simbolizam esse paradoxo da presença de um indivíduo antissocial no topo da sociedade[13].

Moscovici acrescenta, e isto é muito importante: "Porque a quem falta narcisismo falta também poder"[14].

Em outros termos, o chefe é chefe porque ele permaneceu narcísico: ele se ama. Todos os outros conseguiram ultrapassar seu narcisismo; sua libido está centrada em um objeto e este objeto é o mesmo para todos: é precisamente o chefe. O paradoxo seria que a pedra angular da multidão, logo, da sociedade, seu ponto fixo, não pertence de fato à sociedade. É um ponto singular na estrutura, em que somente ele permaneceu no narcisismo dos bebês, dos gatos e das coquetes.

Espero que tenham compreendido que esse paradoxo desaparece completamente e num só golpe se substituímos o conceito freudiano de narcisismo pelo de pseudonarcisismo de René Girard. Tudo aquilo que o chefe parece ter de particular vem da multidão que o ama. E se a multidão o ama, é pelo que ele tem de particular. O círculo está fechado. Para dizer de outro modo, se o chefe pode amar a si mesmo, é porque ele imita o amor que os outros têm por ele. Inversamente, os outros o amam porque imitam o amor que o chefe tem por si mesmo.

O pseudonarcisismo é produzido por aquilo mesmo que ele produz: o amor dos outros. Vê-se aqui como a substituição da oposição amor do objeto/narcisismo por um único princípio mimético faz emergir a distinção entre o chefe e a massa. A singularidade do chefe não se sustenta nas suas características individuais intrínsecas; não é uma causa, é um efeito. Historicamente, poderíamos multiplicar os exemplos em que, para

---

13. Serge Moscovici, *L'Age des foules* (A era das multidões), Paris: Fayard, 1981.
14. *Ibidem*.

o melhor ou para o pior, as circunstâncias transformaram em chefe um homem que não tinha de início *carisma* particular, para retomar a palavra do sociólogo alemão Max Weber.

Na teoria de Freud, o chefe aparece como um ponto fixo *exógeno*, no sentido de que são suas propriedades intrínsecas que o predestinam ao papel de chefe. Na reconstrução da teoria da multidão que acabo de apresentar, diremos que o chefe é um ponto fixo *endógeno*, quer dizer, que o coletivo humano toma por ponto de referência exterior uma coisa que provém de fato dele mesmo, pela composição das ações interdependentes dos seus membros. Em filosofia, essa figura recebeu o nome de *autoexteriorização* ou *autotranscendência*[15].

Ora, o mesmo mecanismo de formação de um ponto fixo endógeno está presente no pânico. Este só se opõe incompreensivelmente à multidão da qual se origina se considerarmos a multidão do modo artificialista de Freud.

Para Freud, a multidão se decompõe em pânico quando perde seu ponto fixo exógeno, chefe, general do exército, líder messiânico, dirigente fascista etc. É a um verdadeiro ressurgimento forte do narcisismo, do amor de si e dos interesses egoístas que se assiste, "cada um só se preocupa consigo mesmo, sem nenhum cuidado com os outros"[16]. Os laços afetivos que asseguravam a coesão da multidão se rompem. "Com os laços afetivos que lhes uniam ao chefe, desaparecem geralmente aqueles que uniam os indivíduos da multidão uns aos outros". Cada um "tem agora a sensação de encontrar-se sozinho diante do perigo". Freud insiste: "Não há nenhuma dúvida de que o pânico significa a desagregação da multidão e que tem por consequência o desaparecimento de toda ligação entre os seus membros". Sem centro regulador, composição anárquica de átomos que só olham sua vantagem privada, o pânico, por esses dois traços, aparece como a negação da multidão. E, entretanto, reconhece Freud – nós todos sabemos, evidentemente –, é nesse exato momento, quando tudo o que faz com que a multidão seja multidão desapareceu – o chefe, os laços afetivos –, é nesse momento que a multidão nos parece mais multidão. Chegamos assim a "este

---

15. Ver Jean-Pierre Dupuy, *Introduction aux sciences sociales: Logique des phénomènes collectifs*, Paris: Ellipses, 1995. Edição em português: *Introdução às ciências sociais*, Lisboa: Instituto Piaget, 1992.
16. Sigmund Freud, *op. cit.*, 2010.

resultado paradoxal onde a alma coletiva se dissolve no momento em que ela manifesta sua propriedade mais característica e a favor mesmo desta manifestação"[17].

Na outra visão que proponho, inspirada em Girard, a decomposição em pânico da multidão não causa nenhum paradoxo, porque ela se acompanha simplesmente da substituição de uma forma de ponto fixo endógeno por outra. No pânico, quando o líder foge, emerge no seu lugar outro representante da coletividade, aparentemente transcendente com relação aos seus membros. Não se trata de outra coisa senão do próprio movimento coletivo que se destaca, toma distância, toma autonomia com relação aos movimentos individuais, sem por isso deixar de ser a simples composição de ações e reações individuais. Como bem o percebeu o fundador da sociologia francesa, Émile Durkheim, a totalidade social apresenta, nesses momentos que ele dizia serem de *efervescência*, "todos os traços que os homens atribuem à divindade: exterioridade, transcendência, imprevisibilidade, inacessibilidade"[18]. No seu grande livro *Massa e poder*, o Prêmio Nobel de literatura de origem búlgara, Elias Canetti, observa que "a massa precisa de uma direção", de um objetivo que seja dado "fora de cada indivíduo", "idêntico para todos", pouco importa qual seja, desde que ele não tenha sido ainda alcançado[19]. Na fuga do pânico, é exatamente isso que realiza o processo de totalização.

Essa análise permite compreender e eliminar o que há de paradoxal na fenomenologia dos pânicos. Lembro que a palavra pânico é derivada de Pã, o deus grego dos pastores. Pã habitava a Arcádia, o país da felicidade calma e serena. Meio homem, meio cabra, ao mesmo tempo monstro e sedutor, virtuoso da flauta e insaciável amante de ninfas, ele possuía traços mais inquietantes: podia aparecer de repente atrás de um arvoredo e despertar um terror súbito, o pânico. Como escreveu o grande historiador das religiões Philippe Borgeaud nas suas belas *Recherches sur le dieu Pan* (Investigações sobre o Deus Pã):

---

17. Ibidem.
18. Émile Durkheim, *Les Formes élémentaires de la vie religieuse*, Paris: PUF, 1979. Edição brasileira: *As formas elementares da vida religiosa*, São Paulo: Martins Fontes, 2003.
19. Elias Canetti, *Masse et puissance*, Paris: Gallimard, 1966. Edição brasileira: *Massa e poder*, São Paulo: Companhia das Letras, 2005.

Herdeiro direto da noite original, o arcadiano tem o privilégio de poder, a todo instante, reviver seu nascimento como ser humano. Ele está, culturalmente, no limiar. Um passo adiante, ei-lo de fato grego e até mesmo, o que é importante aos olhos da história, democrata; um passo atrás eis que retorna selvagem. Essa posição limite lhe confere certo prestígio[20].

O filósofo Maurice Olender comenta:

A Arcádia parece então este centro nevrálgico de onde, e a todo instante, pode ressurgir a selvageria contida no seio da cidade. Também a "terra de Pã" evoca essa fragilidade inerente às instituições humanas, esta precariedade de toda ordem política, dos usos e das convenções que ela estabelece[21].

O mito grego nada nos diz sobre os mecanismos pelos quais essa "selvageria contida no seio da cidade" retorna. Ele nos apresenta um Pã cujas ações ou manifestações são enigmáticas – por exemplo, uma música de fonte desconhecida, como a de Eco; a ninfa que Pã persegue assiduamente e que, ela também, repete um som vindo não se sabe de onde; Eco que repudia Pã porque ela ama Narciso, que, por sua vez, ama sua imagem. Em suma, Pã é tão invisível quanto o laço social que ele destrói.

Os gregos faziam de Pã a causa presente-ausente de tudo aquilo que, aparentemente, não tem causa; a razão daquilo que não tem razão – em particular, das totalizações paradoxais nas quais uma coletividade de arcadianos pacíficos se transforma subitamente em horda selvagem, como aconteceu tantas vezes no curso da história humana. Pã, como se sabe, é, nas nossas línguas, o prefixo que designa uma totalidade (como em *pan-americano*). Não acreditamos mais nos deuses – ao menos nas nossas explicações científicas. O que propus aqui é uma tentativa de dar conta analiticamente da coexistência no pânico de traços completamente opostos.

De um lado, o pânico aparece como a formação de um novo ser, de natureza coletiva, quase um sujeito, dotado de autonomia, de personali-

---

20. Philippe Borgeaud, *Recherches sur le dieu Pan*, Genebra: Droz, 1982.
21. Maurice Olender, "Compte-rendu de l'ouvrage de P. Borgeaud: *Recherches sur le dieu Pan*" (Resenha da obra de P. Borgeaud: *Investigações sobre o deus Pã*), *Le Nouvel Observateur*, Paris, 25 set. 1982.

dade, de vontade, até de desejos próprios, transcendendo as consciências individuais, e que nada parece conseguir parar na sua marcha cega. Do outro lado, o pânico se apresenta como um processo de individualização violenta no qual tudo o que faz do indivíduo um ser social, com estatuto, filiações, papéis, ligado aos outros por múltiplos laços de conflitos e de cooperação socialmente regulados, tudo isso está rompido, aniquilado. Lá há um processo de *desindividualização* extremo; aqui há um processo de dessocialização não menos radical. A confusão das categorias analíticas usuais pode-se dizer de maneira inversa: lá se apresenta uma figura holística (quer dizer, onde o todo prevalece sobre os seus constituintes) inédita; aqui, um individualismo máximo.

Como estamos no Brasil, não posso deixar de dizer uma palavra sobre o Carnaval. O Carnaval é uma festa *pânica*, em três sentidos dessa palavra. Primeiro, ele imita o pânico; em seguida, é uma festa da totalidade social; enfim, descende das Lupercais romanas, que celebravam Luperco, o equivalente latino de Pã. No seu notável livro *Carnavais, malandros e heróis*, o antropólogo brasileiro Roberto da Matta descreve o Carnaval como "um processo violento de individualização". Entretanto, ele afirma simultaneamente que o Carnaval é um dos momentos em que o brasileiro sente mais profundamente o peso e a força da totalidade social. O Carnaval é uma cerimônia na qual todos comungam e se fundem em um caminho único, como se cada um quisesse dissolver sua individualidade na massa carnavalesca. No Carnaval, como no pânico, individualismo e holismo, esses dois contrários, tornam-se um.

Para terminar esta parte da minha exposição dedicada ao tema do pânico e ao conceito que introduzi de *ponto fixo endógeno*, produzido pela multidão quando a multidão o toma como guia ou referência, quero introduzir outra forma de tal ponto fixo, ao lado do chefe e do pânico. Isso vai me permitir fazer uma ligação com a primeira exposição sobre René Girard que fiz em *Mutações: A invenção das crenças*, de 2010.

Vou apresentar a vocês um extrato do primeiro filme que Fritz Lang realizou nos Estados Unidos depois de fugir da Alemanha nazista. Esse filme, intitulado *Fúria*, data do ano de 1936. Sua fonte imediata foi um caso de linchamento que aconteceu na Califórnia pouco antes da chegada de Lang, mas é claro que seu verdadeiro objeto foi o papel das massas alemãs na ascensão do nazismo. O trecho que vou projetar se situa exatamente na metade do filme. Para compreender a ação, basta saber o seguinte. Joe Wilson, interpretado de maneira esplêndida por Spencer Tracy, é um trabalhador americano honesto, noivo da linda Katherine. Seu objetivo é juntar dinheiro suficiente para poder se casar com ela. Para tal ele deve continuar a trabalhar na Califórnia, deixando Katherine retomar seu trabalho como professora numa cidade do Norte. Chega o momento em que Joe pode enfim juntar-se a sua amada. Ele consegue comprar um carro e lança-se na estrada americana. A tragédia acontece quando Joe atravessa uma pequena cidade, Strand, onde uma jovem havia sido raptada. Joe é preso pela polícia e, por infelicidade, encontraram com ele notas que eram parte do resgate. Sem dúvida, ele as recebera de troco ao pagar uma compra qualquer, mas não pode provar sua inocência e o xerife o coloca na prisão enquanto espera o julgamento.

Entretanto, a pequena cidade está inquieta, Durkheim diria em efervescência, e falta a ela ter um culpado. Joe Wilson, sendo suspeito, só pode ser culpado.

O que desempenha aqui o papel de ponto fixo endógeno, que permite à multidão alcançar a unidade? Existem, certamente, os líderes da multidão, mas eles são rapidamente engolidos na *fúria* dela. Há o xerife que representa a autoridade, mas ele é logo *neutralizado*. Não, é a vítima inocente (e, aparentemente, linchada) o bode expiatório da coletividade, que se torna a pedra angular da massa. As faces, típicas do expressionismo alemão, refletem um terror sagrado. Assistimos ao início da sacralização da vítima. Essa é a teoria girardiana da violência e do sagrado, a qual relatei em 2010.

O MASOQUISMO E O INFERNO DO CIÚME

O ciúme é uma das principais causas de homicídios no mundo inteiro, particularmente no Brasil. Como a teoria do desejo mimético pode explicar essa paixão universal?

Sempre que os homens tentam analisar suas paixões e emoções, eles se perguntam sobre a diferença entre a inveja e o ciúme. No quadro girardiano, a inveja não coloca nenhum problema: é a relação com o modelo que ao mesmo tempo nos designa o objeto desejável, aquele que deseja ou possui ele próprio, e nos barra o caminho. O ciúme é outra coisa.

É em Proust que Girard vai buscar a descrição mais profunda e mais rigorosa. O ciúme não se resume ao ciúme amoroso, mas ele se apresenta aí da forma mais pura, mais potente e mais dolorosa. Costumamos dizer que o ciúme é uma perversão do amor do qual ele deriva. Falso, nos diz Proust; a causalidade anda no sentido inverso: o ciúme precede o amor. Eis o que diz o filósofo Nicolas Grimaldi:

> Quase sempre o ciúme é como a sombra do amor. Ele o dobra, ele o acompanha, ele o segue. É por isso que se acredita que não pode haver ciúme sem amor. *Proust foi o único que inverteu essa relação* e fez do amor o duplo do ciúme. *O amor, em Proust, não precede o ciúme, ele o segue.* Isso porque o amor se caracteriza muito menos pelo prazer que nos proporciona a presença de uma pessoa do que pela dor que nos dá a sua ausência. É essa dor que faz então de sua presença uma necessidade, como do único analgésico que pode aplacar a angústia de não saber o que ela faz. Se não se pode sentir a violência do amor a não ser sentindo-se esmagado pela violência do ciúme, então é claro que tendo deixado de ter ciúmes se terá deixado de amar. Esse ciúme que vai suscitar o amor, mas que nenhum amor fez nascer, é uma psicopatologia do imaginário[22].

Do sofrimento produzido pelo ciúme, Nicolas Grimaldi ainda diz:

> Que tenhamos necessidade de estar sempre junto de uma pessoa, não pelo encanto que ela irradia ou pelo prazer que ela nos proporciona, mas unicamente para não ter que nos angustiar pela sua ausência sem saber o que ela está fazendo, é tudo o que faz, em Proust, o sentido do amor. É menos o amor que nos liga a uma pessoa do que o ciúme que a torna indispensável para nós. Nós desejamos bem menos o prazer que ela nos dá do que sofremos por imaginar o que outros poderiam lhe dar[23].

O ciúme não é da ordem do desejo como a inveja; ele é puro sofrimento. Entretanto, Nicolas Grimaldi se engana em um aspecto. Proust não foi o primeiro nem o único a ter invertido a relação entre amor e

---

22. Nicolas Grimaldi, *Essai sur la jalousie: L'enfer proustien*, Paris: PUF, 2010, p. 8. Edição brasileira: *Ciúme: estudo sobre o imaginário proustiano*, Rio de Janeiro: Paz e Terra, 1994.
23. *Ibidem*, p. 23.

ciúme. No seu *Don Juan*, Molière o precedeu em dois séculos e meio. Refiro-me à fala da cena 2 do ato I, em que Don Juan confidencia ao seu servo Sganarelle:

> Ah! Não pensemos no mal que pode nos atingir, pensemos somente naquilo que pode nos dar prazer. A pessoa de quem eu falo é uma jovem noiva, a mais agradável do mundo, que foi trazida aqui por aquele com quem ela vai se casar, e o acaso me fez ver esse casal de amantes três ou quatro dias antes de sua viagem. Eu nunca vi duas pessoas estarem tão contentes uma com a outra e manifestarem mais amor. A ternura visível dos seus mútuos entusiasmos me deu emoção; fui atingido no coração e *meu amor começou pelo ciúme*. Sim, de início eu não aguentei vê-los tão bem juntos; o despeito despertou meus desejos e eu senti um prazer extremo em poder perturbar a boa harmonia entre eles e romper essa relação, com a qual a delicadeza do meu coração se ofendeu; mas até aqui todos os meus esforços foram inúteis e eu vou buscar então recurso no último remédio.

Don Juan se sente afetado, depois ofendido, por um amor recíproco. Ele está mal, sofre, seu estômago se fecha: temos aqui, enfim, aquilo que tem efeito sobre ele, ele que produz tanto efeito nos outros. Do que ele sofre? De ser excluído de uma totalidade autônoma e fechada: porque nada pode dar-nos uma imagem melhor de autonomia e de autossuficiência do que a visão de um amor partilhado.

Don Juan só é atraído por mulheres que estão envolvidas em uma relação desse tipo: noivas prometidas, freiras unidas a Deus (Dona Elvira), mulheres casadas. É preciso admitir que aquilo que Don Juan busca é a totalidade que o exclui, pois ela o exclui. Toda uma tradição de comentários inspirados em Freud afirma que é o masoquismo, a pulsão de morte, que leva Don Juan a agir. E é verdade que tudo se passa como se ele corresse atrás da morte, que, com efeito, o acolhe em condições atrozes no fim da peça.

Que pode nos dizer sobre esse tema a teoria do desejo mimético? Uma armadilha se apresenta aqui sob os passos do aprendiz girardiano. Na ópera *Don Giovanni* que Mozart e seu libretista Da Ponte tiraram da peça de Molière, há a cena da sedução da camponesa Zerlina, sob os olhos do homem com que ela está para se casar, Masetto[24]. Essa cena é o equivalente da cena da peça de Molière que acabei de comentar.

Para quem guardou na memória a primeira figura do desejo mimético, o triângulo formado pelo sujeito, seu modelo – o mediador do desejo – e o objeto desejado, a tentação é grande de dizer que aqui temos esse triângulo, cujos vértices são Don Giovanni, Masetto e Zerlina. Um pouco de reflexão mostra, entretanto, que seria um absurdo raciocinar assim. Quem seria tão ingênuo a ponto de acreditar que Masetto é o mediador do desejo que Don Giovanni experimenta por Zerlina? Don Giovanni nutre apenas desprezo – um desprezo de classe – pelo camponês Masetto:

> *Don Giovanni*: Enfim, livres deste imbecil, bela Zerlina. Que acha você, minha querida, eu consegui despachá-lo?
> *Zerlina*: Senhor, é meu esposo!...
> *Don Giovanni*: Quem? Ele? Você acha que um homem honrado, um nobre cavalheiro, como eu me orgulho de ser, pode aceitar que este lindo rosto dourado, este rostinho de açúcar, seja maltratado por um camponês?
> *Zerlina*: Mas, senhor, eu dei a ele minha palavra.
> *Don Giovanni*: Tal palavra vale menos que zero.[25]

Não, o desejo triangular, como Girard às vezes denomina o desejo mimético, não nos ajuda a compreender Don Giovanni, ou Don Juan. Será preciso voltar à crítica que faz Girard dos conceitos freudianos de masoquismo e de pulsão de morte e à teoria do ciúme que se possa daí deduzir.

O problema de uma interpretação baseada na pulsão de morte é o estado muito insatisfatório no qual Freud deixou essa noção, tardia na sua obra. O texto em que ela aparece, *Para além do princípio do prazer* (1920), apresenta uma estranha tensão. Freud insiste aí, com certa obstinação, na necessidade de colocar, ao lado do princípio do prazer (e das pulsões sexuais, ou pulsões de vida, que a ele se ligam), uma pulsão de morte. Esta

---

24. O autor recomenda o trecho da adaptação da obra de Mozart que Joseph Losey fez para o cinema. *Don Giovanni*, Joseph Losey, EUA: Columbia Tristar, 1979. [N.E.]
25. Ato I, cena 9, recitativo.

se manifesta por uma *Wiederholungszwang*, ou compulsão à repetição, que faz com que o sujeito se coloque sistematicamente em situações que ele sabe que o conduzirão à derrota ou humilhação, como se ele buscasse na verdade o fracasso e o sofrimento pelo sofrimento. Ora, no texto de Freud, tudo se passa como se esse dualismo estivesse minado por uma força irresistível que o contradiz, levando Freud finalmente a concluir: "O princípio do prazer parece estar de fato a serviço das pulsões de morte"[26]. Apesar de si mesmo, Freud se aproxima de uma verdade desconcertante: as pulsões libidinais e as pulsões de morte são uma só. O desejo leva inevitavelmente à violência contra si mesmo. Em vez de pulsão de morte, é melhor utilizar um termo nietzscheano de origem francesa para designar essa violência: o *ressentimento*. Seja nos assuntos privados, seja nas relações internacionais, é o ressentimento que hoje conduz o mundo.

Com o conceito de *pseudomasoquismo*, Girard desconstruiu a teoria freudiana da pulsão de morte, da mesma maneira que, como vimos, desconstruiu com seu *pseudonarcisismo* a noção de narcisismo. Não é verdade, de modo algum, que o sujeito deseja o fracasso ou o sofrimento nem mesmo de maneira inconsciente. Trata-se aqui, ao contrário, de uma das mais extremas manifestações de orgulho, um amor-próprio exacerbado que vem a se confundir com um ódio a si mesmo.

Se o sujeito se despreza por sua insuficiência radical é porque acredita que a autossuficiência, quer dizer, a saída do inferno mimético, é acessível, pelo menos a certos outros seres que não ele. É a esperança vã de alcançar esse estado que o leva irresistivelmente em direção a esses outros, como que para absorver sua substância, precipitando-o no escândalo do modelo-rival. O mecanismo que faz aumentar sua fascinação pelo modelo confirma a inferioridade do sujeito a seus próprios olhos. Ele é então incitado, cada vez mais, a buscar fora dele aquilo que possa preencher a falta atroz que sente. O círculo se fecha; o desejo de chamar tudo para si e a fuga em direção ao outro se alimentam mutuamente.

Nesse jogo, toda vitória está destinada a se transformar em fracasso. Só a distância que separa o sujeito do modelo e do objeto é capaz de dar valor a esse modelo e a esse objeto. Ora, a vitória significa a anulação da

---

26. Sigmund Freud, *Au-delà du Principe de plaisir*, Paris: Payot, 2010. Edição brasileira: *Além do princípio do prazer, psicologia de grupo e outros trabalhos (1920-1922)*, vol. 18, Rio de Janeiro: Imago, 2006.

distância. O sujeito consegue possuir o objeto, ser ou coisa – o rival se submete fascinado. Os olhares que convergem então para o sujeito e, por sua vez, o designam como modelo ou objeto desejável perdem imediatamente, a seus olhos, o valor de referência. E, nesse mundo sem referências, só há uma coisa da qual ele está seguro: sua própria nulidade. Ele se odeia demais para não desprezar aquele que o admira ou que simplesmente lhe quer bem. Tal é a psicologia do subterrâneo que Dostoievski colocou em cena impiedosamente nas suas *Memórias do subsolo* (1864).

O sujeito percebe essa invariante do desejo que quer que todo modelo se transforme em obstáculo e que todo obstáculo vencido deixe um sentimento de fracasso. Decepcionado, ele muda de objeto, depois muda de modelo, em vão. Por uma lógica implacável, mas absurda, ele infere de seus fracassos que só poderá encontrar a plenitude avaliando-se através de um obstáculo invencível. O desejo mimético começa transformando os modelos em obstáculos, e ele acaba escolhendo, como modelos, obstáculos intransponíveis. Como Denis de Rougement descreveu magnificamente no seu *História do amor no Ocidente* (1939), livro que serviu de educação sentimental a muitas gerações de europeus, o amor-paixão, essa invenção do Ocidente, escolhe sempre objetos impossíveis de atingir. Rougement organiza sua análise em torno do mito de Tristão e Isolda, que não é menos constitutivo da cultura ocidental do que aquele de Don Juan. A versão que Richard Wagner deu, neste apogeu da música que é a ópera do mesmo nome, mostra maravilhosamente bem que o amor-paixão está destinado à morte e à paz que ela traz: a paz, quer dizer, a saída do inferno que chamamos de ciúme.

O sujeito deseja o fracasso? O que o sujeito deseja é a prova e o signo de autossuficiência divina do mediador. Ele deseja, então, seu sucesso. Não porque o sucesso marque seu próprio fracasso, mas, ao contrário, para dele se apropriar, para fazê-lo seu. O desgosto de si se confunde inextrincavelmente com um orgulho desmesurado, o sujeito irremediavelmente despedaçando-se entre o *eu* e o *outro*. Seria preciso ser o outro para sair do inferno. Não podendo sê-lo, é no desprezo que o mediador traz consigo, até no obstáculo do mecânico e do inanimado, que o sujeito vai buscar apropriar-se do divino. A vontade de autodivinização não se traduz mais, como no individualismo comum – essa mentira do pseudonarcisismo –, pela busca da admiração e da autoveneração; ela se manifesta na busca da humilhação e da autodestruição. A simetria é perfeita; a progressão, rigorosa: a procura da vida leva diretamente à morte. Não chegamos todos até aí, mas, segundo Girard, tudo o que denominamos o gosto pelo risco, a sede pelo infinito, o desejo de se superar, o sempre mais, o tema da fronteira, o infinito do desejo, tudo isso é a manifestação, sob diferentes formas socialmente aceitas, dessa mesma busca sempre destinada ao fracasso.

Voltemos a Don Juan. Evidentemente, não é a exclusão que ele busca ao confrontar-se de maneira sistemática com totalidades autônomas que o excluem. É porque o excluem que elas parecem a ele dignas de seu desejo. Lembremo-nos da piada de Groucho Marx: "Nunca aceitarei fazer parte de um clube que me aceite como membro". Sua infelicidade, seu sofrimento é que ele nunca consegue *possuir* uma mulher, no sentido de formar com ela o gênero de união que ele cobiça nos outros. Ele precisa então possuir todas, confundindo o que Hegel chamava de falso infinito, o infinito aritmético, e a plenitude do ser. Para isso, precisa destruir os laços que essas mulheres mantêm com os outros. Pascal denominava esse erro trágico *concupiscência*, que ele considerava levar inevitavelmente à morte – seja a mais indiferenciada totalidade, a mais incontrolável, da qual temos certeza de jamais sermos capazes de nos apropriar. É muito significativo que o guia que Don Juan tenha escolhido na sua última busca seja o Commendatore ressuscitado sob a forma de uma estátua animada, "móvel e falante", como o descreve Molière, um *autômato* – ou seja, a forma mais insignificante de autonomia, aquela que convém à idade racionalista. (Pensemos nas narrativas do nosso tempo, em que o herói, trágico e patético, morre de amor-paixão por uma boneca inflável.)

* * *

Como já mencionei no início, um dos dois cavalheiros de Verona se chama Proteu. Não por acaso. Para os gregos, Proteu era o deus das formas: ele era potencialmente todas as formas, mesmo que a cada momento tomasse apenas uma forma. Ele era *proteiforme*. Ora, esse é o caso do desejo mimético: ele pode se manifestar sob um grande número de formas diferentes, segundo as circunstâncias. Em filosofia das ciências, diríamos que ele é um princípio *morfogenético*. Descrevi algumas dessas formas. Para concluir, colocarei como questão saber o que essas diferentes formas têm em comum, além de sua origem. Nós as reencontramos uma após a outra: o mecanismo pelo qual os homens chegam a combater até a morte por nada, apenas por *prestígio*, o que dá no mesmo; as razões que os levam a fazer tudo para tomar o poder e que se resumem a uma só, ou seja, escapar aos tormentos do desejo mimético; a lógica do pânico, que rompe os laços afetivos e sociais para melhor levar os indivíduos desenraizados ao abismo; o inferno do ciúme, que conduz os sujeitos a buscar sua salvação nas condutas de fracasso que os levam diretamente à morte.

Duas citações que Girard gosta de fazer indicam o que essas figuras têm em comum. A primeira, do filósofo alemão Max Scheler, autor da obra *O homem do ressentimento* (1919), diz o seguinte: "O homem possui um Deus ou um ídolo". A segunda é de Dostoiévski, em *Os irmãos Karamazov*: "Se Deus está morto, então os homens serão deuses uns para os outros". Em termos girardianos, isso quer dizer: na ausência de transcendência, os homens caem em todas as armadilhas do desejo mimético, o que os leva a divinizar os modelos humanos que eles escolhem e que se tornam automaticamente obstáculos. O homem não é violento por natureza (como Konrad Lorentz pensava); ele não é violento porque deve lutar para ter acesso a recursos escassos (como Thomas Hobbes acreditava). Ele é violento porque é um ser de desejo.

Violência do pai, violência dos irmãos
Maria Rita Kehl

FREUD EM *TOTEM E TABU*: A VIOLÊNCIA COMO ATO DE LIBERTAÇÃO

Pode parecer paradoxal aos não psicanalistas que, de acordo com a hipótese freudiana, o assassinato de um pai tenha sido a condição para a criação da vida em sociedade tal como a conhecemos. A explicação do paradoxo é razoável: não se pode falar em *ordem social* em uma comunidade onde o mais forte seja capaz de impor a lei de seu desejo a todos os outros. A lei do mais forte reina na natureza; nas sociedades humanas, a força é substituída pela lei simbólica.

Em seu longo ensaio de 1914-15, "Totem e tabu"[1], Freud pesquisou a origem da única lei comum a todas as sociedades humanas: a lei que interdita o incesto do filho com a mãe. Para explicar a universalidade da interdição do incesto, Freud traçou uma hipótese teórica que, mesmo que não seja estritamente científica aos olhos da antropologia, tem para a psicanálise o lugar de um *mito de fundação* da cultura. De acordo com a hipótese freudiana, nos agrupamentos humanos primitivos, a ordem era imposta aos filhos a partir das conveniências da satisfação do pai. O *pai da horda primitiva* teria o privilégio de gozar de todas as mulheres e manter os filhos emasculados, submetidos a sua força.

A conquista da linguagem tem um papel importante na emancipação dos filhos. Assim como no século XVI Étienne de La Boétie, no *Discurso*

---

1. Sigmund Freud, "Totem e tabu", em: *Totem e tabu: contribuição à história do movimento psicanalítico e outros textos (1912-1914)*, São Paulo: Companhia das Letras, 2012. (Obras completas de Sigmund Freud, vol. 11)

*da servidão voluntária*², propõe que os súditos que podem comunicar-se entre si são capazes de unir-se contra o tirano, também os irmãos da horda freudiana deixam de temer a força bruta do pai no momento em que decidem juntar suas forças para eliminar o pai abusador. A violência intolerável estaria do lado do pai, não dos filhos que o mataram. Sem a ousadia de um ato destruidor da velha ordem, baseada no gozo selvagem do mais forte, não existiria a menor condição de liberdade individual entre os membros das coletividades primitivas. Ao eliminarem o pai, os filhos fazem cair também a lei do mais forte de que ele se servia.

Mas e depois? O simples assassinato do pai não resolveria o problema do convívio entre os membros da horda primitiva. Destituída a ordem imposta pelo pai tirano, os irmãos estariam à mercê da luta permanente de todos contra todos até que algum deles, pela força, dominasse os outros e reinstaurasse a lei baseada no direito ao gozo do mais forte. Para impedir o retorno da tirania do mais forte, no lugar do pai real assassinado, foi preciso erigir uma nova ordem. Esta seria sustentada a partir de: (1) uma figura totêmica do pai que preservasse a *dimensão imaginária* do poder e da ordem – qualquer ordem; (2) uma lei simbólica que organizasse as trocas e a economia do gozo entre os irmãos.

Em uma conferência sobre a *Alegria em psicanálise*, proferida em São Paulo em 2005, a psicanalista Radmila Zigouris localizou apenas três episódios alegres na teoria psicanalítica: (1) o júbilo da criança que inventa o jogo do *fort-da* para simbolizar a dinâmica da presença/ausência maternas, em "Além do princípio do prazer"³ (1920); (2) a alegre surpresa do bebê, por volta dos 18 meses, ao reconhecer sua imagem no espelho⁴; (3) a euforia dos irmãos recém-libertos da tirania, ao devorar o corpo do pai morto no *banquete totêmico* após o assassinato do tirano. Pode-se também pensar nesse assassinato libertador como paradigma da violência revolucionária.

Essa teria sido, para Freud, a origem da lei *universal* da interdição do incesto. Se o pai interditava o gozo dos filhos ao reservar todas as

---

2. Étienne de La Boétie, *Discurso da servidão voluntária*, São Paulo: Brasiliense, 1999.
3. Sigmund Freud, "Além do princípio do prazer", em: *História de uma neurose infantil ("O homem dos lobos"), além do princípio do prazer e outros textos (1917-1920)*, São Paulo: Companhia das Letras, 2010, pp. 161-239. (Obras completas de Sigmund Freud, vol. 14)
4. Cf. Jacques Lacan, "O estádio do espelho como formador da função do eu", em: *Escritos*, Rio de Janeiro: Zahar, 1998, pp. 96-103.

mulheres para si, após seu assassinato instaurou-se a lei que preservou seu lugar simbólico na forma de *podes ter acesso a todas as mulheres, menos a mulher do pai*. Para Freud, essa teria sido a origem do tabu que interditou, em *todas as sociedades humanas*, o acesso dos filhos ao corpo sexuado da mãe.

É importante observar que o gozo absoluto do retorno à unidade com o corpo materno é, na prática, impossível. Nem mesmo uma eventual relação sexual com a mãe restituiria esse gozo. O tabu do incesto, na prática, funciona para transformar *o impossível em proibido*. O que ele impede não é a conjunção carnal com aquela senhora que nos carregou no ventre, nos amamentou e aconchegou, proporcionando as experiências mais intensas e mais perdidas (porque anteriores à linguagem) de prazer. O que a lei barra é o acesso ao gozo sem limites – condição da loucura e de algumas psicopatias graves. Um gozo, aliás, muito mais associado à violência do que ao princípio do prazer.

O que a lei institui, na inauguração da nossa vida subjetiva, é a impossibilidade de retorno do *infans* (que ainda não é um sujeito) à *totalidade* (simbolizada pelo corpo materno) da qual o nascimento já o separou. A lei, em psicanálise, é o princípio que institui a separação entre o *infans* e a experiência de totalidade (uterina), a que chamamos gozo. Essa separação é condição da emergência do sujeito, que para a psicanálise é sempre um ser de falta. A falta é que move o desejo. Seu apagamento é condição da angústia, disparada pela *falta da falta*. Há uma relação estrutural entre gozo e angústia.

Todas as tentativas de fazer exceção à lei – alguns transportes de paixão, de poesia, de embriaguez religiosa, amorosa ou estética, de desmesura erótica, de alcoolismo, de drogadição, de delírio – apontam para a nostalgia da *não separação*, que é o modo como Lacan compreendeu a tendência da pulsão de morte.

FREUD EM "PSICOLOGIA DAS MASSAS E ANÁLISE DO EU": A VIOLÊNCIA COMO ATO DE SUBMISSÃO

Em 1921 Freud escreveu seu segundo grande ensaio dedicado ao que podemos chamar de *psicanálise de grupo*, em que aplica seu modelo do funcionamento psíquico a fenômenos da vida em sociedade. Em "Psicologia das massas e análise do eu"[5], o criador da psicanálise busca entender o comportamento dos indivíduos que participam de formações de massa, animados pelo *sentimento oceânico* de pertencimento a uma totalidade. Este seria o mesmo sentimento que se perdeu quando da instauração da lei que *separa* os membros de uma sociedade da possibilidade do gozo absoluto, conforme o próprio Freud propôs no texto de 1914 ("Totem e tabu"). O retorno do sentimento oceânico que o indivíduo busca ao se dissolver na massa – tanto faz se comício ou carnaval – anula temporariamente nossa condição faltante e nossa solidão fundamental. Em um texto anterior (1920), esse sentimento de diluição das tensões do *eu* seria uma das formas de satisfação da *pulsão de morte*. O que a pulsão de morte busca não é necessariamente a autodestruição, e sim a eliminação das tensões vitais – um estado a que chamamos de gozo (mais uma vez). O conceito de gozo é lacaniano, mas a fonte é puro Freud.

Ao escrever "Psicologia das massas", Freud inspirou-se em *Psicologia das multidões* de Gustave Le Bon[6], autor de diversos outros livros de psicologia e divulgação científica. A ideia mais importante do autor francês diz respeito à diluição das diferenças individuais que se produzem entre os membros do que ele chama de *multidão psicológica*. O grande achado, na primeira parte do livro de Le Bon ("A alma das multidões"), refere-se ao caráter inconsciente das motivações das massas, que *pensam por imagens* e agem guiadas pelo poder hipnótico de certos líderes. Daí a relação entre a psicologia das massas e a alienação – a ação cega do indivíduo que obedece ao desejo do líder e não se responsabiliza por suas escolhas.

Como se produz esse tipo de poder do líder de massas? Foi Freud, e não Le Bon, o grande teórico da psicologia de massas do século XX, ao propor que os membros da massa se apropriam do líder através de *mecanismos de identificação com os ideais (paternos) que ele representa*. Mas, ao se identificarem com o (pai) ideal, os membros das formações de massa sentem-se dispensados do julgamento de seu próprio *superego* – daí a disponibilidade das massas para a violência, para atos de caráter delinquente que nenhum de seus membros, isoladamente, teria coragem de praticar.

---

5. Sigmund Freud, "Psicologia das massas e análise do eu", em: *Psicologia das massas e análise do eu e outros textos (1920-1923)*, São Paulo, Companhia das Letras, 2011, pp. 13-113. (Obras completas de Sigmund Freud, vol. 15)
6. Gustave Le Bon, *Psicologia das multidões*, São Paulo: WMF Martins Fontes, 2008.

O gozo do sujeito que participa da massa e segue seu líder consiste em ser dispensado da responsabilidade de escolher. A violência da multidão é movida pela *paixão da submissão*.

O importante aqui, no que toca ao nosso tema, é que o "Psicologia das massas" foi escrito cerca de dez anos antes do advento do fascismo na Alemanha. Não sabemos se foi um texto premonitório, mas com segurança podemos afirmar que ele nos fornece um importante instrumento teórico para compreender o maior fenômeno de psicopatia coletiva que o mundo moderno já conheceu. As massas, fascinadas pelo líder delirante, autorizaram-se a participar da sinistra e criminosa caçada aos judeus, sem se indagar ou se responsabilizar pelo destino deles.

OUTRO EXEMPLO DE *SERVIDÃO VOLUNTÁRIA* A SERVIÇO DO MAL: A TORTURA DURANTE AS DITADURAS MILITARES DA AMÉRICA LATINA NO SÉCULO XX

O relatório da Comissão Nacional da Verdade[7], sobre os crimes praticados por responsabilidade do Estado brasileiro entre 1947 e 1988, assume que a tortura no Brasil foi uma política estatal. O Estado assumiu a prática do mal radical em nome de um bem que, como sempre ocorre quando se fala no bem absoluto, era o interesse de alguns. Vale lembrar a advertência feita por Lacan em seu famoso seminário sobre a ética em psicanálise[8]: *quando alguém diz que age em nome do bem, é sempre bom perguntar: o bem de quem?*

As investigações da CNV provaram que a tortura – muitas vezes seguida de morte – praticada em dependências das Forças Armadas (ou em muitos outros lugares improvisados), durante a ditadura militar, correspondeu a uma política de Estado, intensificada a partir de 1968, depois da promulgação do AI-5. Em nome de uma suposta *guerra*, se praticou, *cumprindo ordens*, uma violência covarde contra prisioneiros imobilizados e indefesos. O que nos escandaliza, hoje, é perceber que os torturadores daquela época, com raras exceções, continuam a se orgulhar do que fizeram. Os relatos de sobreviventes nos fazem saber que a sanha do tor-

---

7. Disponível para *download* em: <www.cnv.gov.br>.
8. Jacques Lacan, "A ética em psicanálise", em: *O seminário*, livro 7, Rio de Janeiro: Zahar, 1988.

turador logo perde o *foco* que supostamente a justificava (a obtenção de informações) para dar lugar ao gozo sádico que consiste em causar dor e humilhar quem se encontra submetido a seu poder.

O caso mais grave de covardia e crueldade praticado por agentes do Exército brasileiro foi a repressão ao projeto de guerrilha do Araguaia, assim como aos camponeses que mantinham relações de cooperação com os guerrilheiros: todos os combatentes capturados foram assassinados e seus corpos nunca foram entregues aos familiares. Nove deles foram executados na selva e dos quais só o corpo de Maria Lúcia Petit foi encontrado. Trinta e dois foram executados depois de passarem por prisão e tortura. Vinte e seis foram assassinados em combate, dos quais só o corpo de Bergson Gurjão Farias foi localizado. Apenas um militar, o Cabo Rosa, foi morto durante o confronto. Outros quatro foram mortos por *fogo amigo*.

É importante lembrar que, no final da década de 1970, o Brasil foi o único país da América Latina que perdoou os militares *sem exigir de parte deles nem reconhecimento dos crimes cometidos nem pedido de perdão*. Não me proponho aqui a discutir as condições da anistia *ampla, geral e irrestrita* articulada pelos militares antes de deixar o poder. Mas é escandaloso constatar que, muito recentemente, em 2005, quando o ministro Tarso Genro e o secretário de Direitos Humanos Paulo Vannuchi propuseram a reabertura do debate sobre a tortura no período militar, o engajamento da sociedade no debate tenha sido tíbio – sobretudo em comparação com a violenta reação de alguns setores militares. Reação que aliás se repetiu quando a Comissão da Verdade revelou os crimes cometidos por membros das Forças Armadas em suas dependências, afirmando, em seu relatório final, que a tortura durante a ditadura não foi cometida por agentes isolados em momentos de descontrole, mas constituiu uma *política de Estado* exercida com a finalidade de aniquilar todas as iniciativas de resistência aos governos militares.

O *esquecimento* da tortura produz, a meu ver, a naturalização da violência como grave sintoma social no Brasil. O texto do professor Paulo Arantes no livro *O que resta da ditadura?*[9] menciona pesquisa da norte-

---

9. Paulo Arantes, "1964, o ano que não terminou", em: Edson Telles e Vladimir Safatle (org.), *O que resta da ditadura?*, São Paulo: Boitempo, 2010, p. 10.

-americana Kathryn Sikkink[10], segundo a qual a polícia brasileira é a única na América Latina que comete mais assassinatos e crimes de tortura na atualidade do que durante todo o período da ditadura militar. Por coincidência, o Brasil foi o único país da AL que não puniu os torturadores (e mandantes) ao final da ditadura militar de 1964-85. A impunidade não produz apenas a repetição da barbárie: tende a provocar uma sinistra *escalada de práticas abusivas* por parte dos poderes públicos que deveriam proteger os cidadãos e garantir a paz.

Para a psicanálise, a autorização da violência e de outras práticas perversas, em nome de um suposto bem comum, transforma-se em *imperativo* de uso da violência em obediência à lei que rege o funcionamento do superego e que pode ser expressa nos termos que Slavoj Žižek[11] resumiu assim: se você *pode,* você *deve.*

Não é difícil entender a passagem do consentimento à compulsão. Que o sadismo seja uma forma de gozo, isso já aprendemos com o famoso marquês libertino. Ocorre que o trabalho do superego (isso é puro Freud) não se resume a representar a lei e interditar certas formas antissociais de gozo. O superego, como herdeiro do complexo de Édipo, representa também os restos do gozo que o sujeito perdeu ao se desprender do estado de completude em que vivia antes de se separar do Outro materno. O imperativo "não goza!" é, paradoxalmente, indissociável da interdição "não goza!".

Assim, se alguém que ocupe um lugar de autoridade (sucedâneo do lugar paterno, na infância) autoriza um sujeito a gozar de forma sádica do corpo de seu semelhante submetido a seu poder, esse convite à maldade é interpretado pelo superego como uma ordem. "Goza!", diz o superego do torturador. "Você pode! Se você pode... você deve!"

Isso não significa que qualquer um de nós, diante do mesmo imperativo e das mesmas condições facilitadoras, seja capaz de torturar nosso semelhante. Muitos não são capazes de torturar nem um camundongo. Para a maior parte dos membros de uma sociedade, a interdição do abuso sobre o corpo do outro tem um caráter sagrado. Isso vale para religiosos

---

10. Kathryn Sikkink e Carrie Booth Walling, "The Impact of Human Rights in Latin America" (O impacto dos Direitos Humanos na América Latina), *Journal of Peace Research,* Los Angeles: Sage Publications, v. 44, 2007, pp. 427-45.
11. Slavoj Žižek , *Bem vindo ao deserto do Real!*, São Paulo: Boitempo, 2005.

e ateus – da mesma forma, infelizmente, que o prazer em torturar. Mas essa interdição pode ser suspensa em condições excepcionais. E o sujeito normal se transforma em assassino ou em torturador – cumprindo ordens. Essa é a natureza da *banalidade do mal*, ideia pela qual Hannah Arendt[12] foi tão criticada e incompreendida ao analisar o caráter comum do assassino Eichmann, julgado em Jerusalém pelos crimes cometidos durante o Holocausto.

A relação estabelecida por Sikkink entre anistia aos torturadores e aumento da violência de agentes de Estado contra civis, no Brasil, tem relação com o fato de que nossa anistia *ampla, geral e irrestrita* funcionou como um convite ao rápido esquecimento dos crimes cometidos *por agentes do Estado* durante a ditadura. O esquecimento que produz sintoma não é da mesma ordem de uma perda circunstancial da memória pré-consciente: é da ordem do recalque. É possível, sim, considerar a existência de um *inconsciente social* cujas representações recalcadas produzem manifestações sintomáticas não só nos indivíduos, mas na sociedade.

A ideia de sintoma social é controversa na psicanálise. A sociedade não pode ser analisada do mesmo modo que um sujeito; por outro lado, o sintoma social não tem outra expressão senão aquela dos sujeitos que sofrem e manifestam, singularmente ou em grupo, os efeitos do desconhecimento da causa de seu sofrimento. O sintoma social se manifesta através de práticas e discursos que se automatizam, independentemente das estruturas psíquicas singulares de cada um de seus agentes. Assim como o sintoma individual tende a se cronificar se o sujeito não se trata, também o sintoma social tende a se agravar com o passar do tempo.

Depois de ter escutado, ao lado de meus companheiros da CNV, depoimentos de torturadores e assassinos de militantes políticos, cheguei à conclusão de que a licença para abusar, torturar e matar acaba por traumatizar *também* os agentes da barbárie. Não se ultrapassam certos limites impostos ao gozo impunemente. Assim como algumas experiências extremas com a droga e o álcool traumatizam o psiquismo pelo encontro que promovem com o gozo da pulsão de morte, o convívio *normal* com a crueldade traumatiza o sujeito que se autorizou a ser cruel e imagina

---

12. Hannah Arendt, *Eichmann em Jerusalém*, São Paulo: Companhia das Letras, 1999.

beneficiar-se disso. O sentimento de realidade – que para o homem é sempre uma construção *social* – se desorganiza, assim como o sentimento de identidade do sujeito.

Não é fácil efetivar a passagem do *sou um homem* para *sou um assassino de outros homens* – ela tem um preço alto. O efeito, para o próprio sujeito, é tão aterrorizante que ele se vê impelido a repetir seu ato mortífero até assimilar de vez sua nova hedionda identidade.

Não por acaso, somente algumas adesões fanáticas a crenças e rituais religiosos são capazes de redimir alguns assassinos cruéis, sejam eles policiais ou bandidos comuns: só a fé em uma instância onipotente é capaz de ressignificar a lei, quando esta foi desqualificada em sua função de barrar o gozo. Talvez sim o torturador arrependido precise se submeter a uma rigorosa disciplina – como a que algumas religiões propõem a seus adeptos – de modo a barrar o excesso de gozo experimentado ao praticar atos bárbaros *em nome do bem*.

Um exemplo que confirma essa hipótese é o do delegado aposentado Cláudio Guerra, autor do livro *Memórias de uma guerra suja*[13], no qual relata com minúcias os assassinatos que praticou ou dos quais participou, em nome da *lei e da ordem*, durante a ditadura militar, assim como a prática corrente de fazer queimar os corpos das vítimas no forno usado para fabricar cerâmica em uma fazenda na região de Campos dos Goytacazes, no Rio de Janeiro. Cláudio Guerra relatou com detalhes, à Comissão da Verdade, os crimes descritos em seu livro de memórias. Hoje o ex-delegado é membro da Igreja Evangélica. Usa uma cruz no peito. Um *irmão pastor* o acompanhou durante o depoimento dado à cnv.

CRUELDADE E CONSENTIMENTO SOCIAL

Se a possibilidade de gozar com a dor do outro está aberta para todo humano, por outro lado a tortura só existe – e, em certos casos, prolifera – porque a sociedade, explícita ou implicitamente, a admite. Por isso mesmo, porque se inscreve no laço social, não se pode considerar a tortura desumana. Ela é humana: não conhecemos nenhuma espécie

---

13. Cláudio Guerra, *Memórias de uma guerra suja*, Rio de Janeiro: Topbooks, 2010.

animal capaz de instrumentalizar o corpo de um indivíduo da mesma espécie e, além do mais, gozar com isso, a pretexto de certo amor à *verdade*. Sabemos que combater o terrorismo com práticas de tortura já é adotar o terrorismo; nesse caso, trata-se de terrorismo de Estado, que suspende aqueles direitos e liberdades que garantem a condição livre e responsável de todos os cidadãos. Que verdade se pode obter através de uma prática que destrói as condições de existência social da verdade? Que ordem pode ser defendida quando o Estado se torna detentor das mais graves formas de anomia?

Quando não é meio de gozo, a dor infligida ao outro deveria nos provocar repulsa. Um dos traços que distingue o humano de outros animais é a capacidade de identificação com a dor do outro. Por que, então, parece que o corpo torturado não diz respeito à maioria de nós? Talvez porque um corpo torturado seja um corpo momentaneamente dissociado de um sujeito, transformado em objeto nas mãos poderosas do outro – seja um agente do Estado ou um criminoso comum. A tortura refaz o dualismo corpo/mente, ou corpo/espírito, porque a condição do corpo entregue ao arbítrio e à crueldade do outro *separa o corpo e o sujeito*. Sob tortura, o corpo fica tão assujeitado ao gozo do outro que é como se a *alma* – isso que, no corpo, pensa, simboliza, ultrapassa os limites da carne pela via das representações – ficasse à deriva. A fala que representa o sujeito deixa de lhe pertencer, uma vez que o torturador pode arrancar de sua vítima a palavra que *ele quer ouvir*, e não a que o sujeito queria dizer e, menos ainda, aquela que ele se autorizaria a dizer. É justamente esta a palavra que o sujeito está determinado a *não dizer* (e muitos perderam a vida por sustentar essa recusa) a que interessa ao torturador. Resta ao sujeito, preso ao corpo que sofre nas mãos do outro, o silêncio, como última forma do domínio de si, até o limite da morte. Resta o grito involuntário, o urro de dor que o senso comum chama de *animalesco* – talvez para evitar o risco de identificação com o sujeito que urra de impotência e dor. E resta a mentira, para os poucos capazes de manter a frieza de mentir no momento do terror. Nesse caso, a mentira adquire o estatuto de ato político consciente e corajoso.

Apesar de todo o terrorismo de Estado praticado no Brasil por membros das polícias e das Forças Armadas, ainda é como se a ditadura por aqui tivesse terminado não com um estrondo, mas com um suspiro – já que os estrondos foram inaudíveis para os ouvidos dos que nada queriam escutar. Como se pudéssemos conviver tranquilamente com o esquecimento dos desaparecidos políticos. Como se nosso conceito de humanidade pudesse incluir tranquilamente o corpo torturado do outro, tornado – a partir de uma radical desidentificação – nosso *dessemelhante absoluto*. Aquele com quem não temos nada a ver.

Mas se vítimas dos torturadores, apesar da resistência geral, não se recusaram a elaborar publicamente sua experiência, de que lado está o apagamento da memória que produz a repetição sintomática da violência institucional brasileira?

A resposta é imediata: do lado dos remanescentes do próprio regime militar, seja qual for a posição de poder que ainda ocupam. São estes os que se recusam a enfrentar o debate público – com a espantosa conivência da maioria silenciosa, a mesma que escolheu permanecer alheia aos abusos cometidos no país, sobretudo no período pós-AI-5. Muita gente ainda insiste em pensar que a prática da tortura teria sido (ou ainda é) uma espécie de mal necessário imposto pelas condições excepcionais de regimes autocráticos e que, sob um regime democrático, não precisamos mais nos ocupar daqueles deslizes do passado.

Não, a tortura não foi praticada em segredo por indivíduos descontrolados, escondidos em compartimentos secretos das delegacias e dependências militares. A tortura foi uma política de Estado. E, enquanto o Estado não reconhecer isso, continuará a ser praticada – não mais contra militantes políticos, mas contra pequenos ladrões, traficantes e *suspeitos* inocentes, nas favelas, nas periferias, no campo (índios e posseiros), com a conivência de parte do Estado brasileiro.

A respeito do caráter supostamente excepcional da tortura, o cientista político Renato Lessa esclarece, em artigo publicado na revista *Ciência Hoje*:

> Quando pensamos no modo concreto e material de operação de um regime autocrático, é necessário ultrapassar uma percepção difusa que diz que nele as liberdades públicas são suprimidas. É certo que o são: é esta, mesmo, uma condição necessária para sua afirmação como forma política. No entanto, para que as liberdades sejam suprimidas deve operar uma exigência material precisa: é necessário que o regime au-

tocrático tenha a capacidade efetiva de causar sofrimentos físicos aos que a ele se opõem[14].

A tortura não seria uma prática excepcional tolerada em condições extremas, mas *o próprio fundamento do regime autocrático. Este, de forma não declarada, assenta-se exatamente na relação entre o torturado e o torturador: lugar de uma crueldade e de um sofrimento que ultrapassam propósitos pragmáticos de extração de informação*. Nesse caso, todo cidadão está potencialmente sujeito à tortura, sendo tal dessimetria aterrorizante entre dominadores e dominados a própria base dos regimes de exceção. Daí decorre, ainda segundo Lessa em outro artigo, publicado no jornal *O Estado de S. Paulo*,

> a vulnerabilidade de imensos contingentes da população brasileira à violência policial. Se somarmos a isto a desproteção desses mesmos segmentos diante do domínio de grupos paramilitares, nos quais a presença de "agentes da ordem" não é infrequente, temos um cenário de baixa concretização de direitos fundamentais. A cultura policial no país [...] abrange [...] a prática de chacinas e assassinatos justificados por "autos de resistência". [...] É o tema da tortura que segue vigente. A presença renitente da tortura e da crueldade física como prática das forças da ordem, apesar da constituição que temos, resulta de seu caráter "anistiável"[15].

Lessa conclui: "a pseudoanistia a torturadores revela uma dificuldade básica em lidar com os efeitos da crueldade produzidos pelo sistema de poder, em qualquer tempo"[16].

A incômoda investigação conduzida durante os dois anos e meio de vigência da Comissão da Verdade e a produção do relatório, que esperamos que seja lido por muitos brasileiros, buscam restabelecer alguma identificação das novas gerações, estas que nasceram e cresceram durante o período democrático, com os mortos e desaparecidos de algumas décadas atrás. Buscam também trazer de volta ao espaço público e democrático a memória dos mortos e dos desaparecidos durante a ditadura militar e

14. Renato Lessa, "Sobre a tortura", *Ciência Hoje*, São Paulo: 2008, n. 250.
15. *Idem*, "Quanto vale a vida dos outros", *O Estado de S. Paulo, Caderno Aliás*, São Paulo: 2008, 7 set.
16. *Ibidem*.

mais uma vez homenagear sua coragem. Como na canção de Milton Nascimento: "Morte bela, sentinela sou do corpo desse meu irmão, que já se foi / esqueço nesta hora tudo o que passou / memórias não vão voltar..."[17].

Mas a sociedade brasileira não só nunca se esqueceu da tortura praticada durante as duas ditaduras que sofreu – a de Vargas, entre 1935 e 1947, e a que sucedeu ao golpe militar de 31 de março de 1964 e durou até 1985 – como é obrigada a recordá-la com frequência, a cada vez que membros do Exército e da Polícia Militar assassinam um cidadão ou fazem desaparecer o corpo de alguém morto em decorrência de torturas praticadas por eles. Nós não recalcamos a memória da tortura nem nos separamos dela, como fatos de um passado que não deveria repetir-se. Ao contrário: assistimos, consternados e passivos, sua permanência. Assistimos a repetição da barbárie, dessa vez não contra militantes políticos, mas contra os negros pobres das periferias das cidades brasileiras. A imprensa livre – pelo menos nesse ponto a ditadura já passou – não nos deixa esquecer nossa violência social, passada e presente. Convivemos com ela o tempo todo, preocupamo-nos com ela e a tememos. O que ficou recalcado na sociedade brasileira, desde a tal pseudoanistia, é que somos nós os agentes sociais a quem cabe exterminar a tortura. Esquecemos que é possível viver sem ela. Só que essa mudança não se dará sem enfrentamento, sem conflito. Hoje a tortura resiste como sintoma social de nossa displicência histórica.

A criação da Comissão da Verdade deveu-se, antes de tudo, à insistência de vítimas e familiares de mortos e desaparecidos da ditadura militar – e foi necessário que uma ex-torturada chegasse à presidência da República para o esforço se concretizar. O torturado não é capaz de carregar sozinho, em seu corpo e sua memória, as marcas do horror que viveu. Precisa, para superar essa dor continuada, fazer circular sua experiência entre outros grupos sociais que a ignoravam e nomear publicamente os criminosos que o torturaram. Se a ditadura brasileira terminou com um suspiro de exaustão, e não com um confronto que levasse à justiça, as vítimas e os familiares dos desaparecidos lutaram, pelo menos, para que os crimes praticados contra eles fossem investigados e assumidos pelo Estado. Pois o relatório da Comissão da Verdade, embora produzido pelos seis membros e uma equipe de assessores, representa uma posição do

---

17. Milton Nascimento, "Sentinela", *Sentinela*, São Paulo: Ariola Discos, 1980.

Estado brasileiro. O Estado assume seus crimes. Essa talvez seja a única grande novidade que se produziu, dadas as dificuldades de se obterem informações novas em uma investigação feita quase trinta anos depois do final da ditadura.

INDIFERENÇA E CRUELDADE: O CASO DOS DESAPARECIDOS POLÍTICOS

Paradoxalmente, a maior maldade cometida pelos militares para tentar apagar certas pessoas e certas histórias da memória coletiva tornou-se a única realmente impossível de esquecer: o desaparecimento de corpos. A maior crueldade que se pode infligir a alguém – no caso, os familiares de militantes políticos – é essa recusa, que se estende até o período democrático, em revelar as condições da morte e a localização dos corpos das vítimas do aparato repressivo ditatorial.

Ao escutar depoimentos de familiares que até hoje procuram sinais do paradeiro de seus filhos, irmãos, pais e companheiros(as) desaparecidos(as), entendemos que essas pessoas estão, há trinta ou quarenta anos, submetidas a uma forma continuada de tortura emocional. Impedidas de realizar o rito de sepultamento, que distingue o homem de todos os outros animais, os familiares dos desaparecidos políticos vivem entre a esperança obstinada de encontrar seus parentes e o luto continuado dessas pessoas queridas cujo corpo nunca foi encontrado. Ao recusar informações sobre o paradeiro dos quase 150 desaparecidos políticos do período 1964-85, as autoridades brasileiras delegaram e *ainda delegam* a seus familiares a responsabilidade pela mais dolorosa das decisões: quando parar a busca? Quando desistir de encontrar a pessoa desaparecida ou seus restos mortais? O desaparecimento é uma forma fria de crueldade. Uma política de Estado sádica, que obriga os familiares a decidir por sua conta que uma pessoa querida está morta. Em 2013, em Recife, faleceu dona Elzita Santa Cruz, mãe de Fernando Santa Cruz, desaparecido junto com Eduardo Collier em 1974. Talvez a esperança e a obstinação em obter notícias do filho tenham contribuído para que dona Elzita suportasse viver até os 100 anos.

Outro familiar de desaparecidos políticos, o escritor Bernardo Kucinski, em uma audiência pública da Comissão Estadual da Verdade, em São Paulo, afirmou publicamente que desistiu de tentar obter informações sobre o paradeiro dos corpos de sua irmã e seu cunhado desaparecidos desde 1974. Para conseguir encerrar a busca inútil iniciada pelo pai, teve que registrar no belíssimo livro *K* toda a história de coragem, persistência e desilusão do velho que primeiro busca notícias da filha e do genro, depois tenta saber como foi que morreram e termina por participar da melancólica inauguração de duas ruas que levam os nomes de Ana Rosa Kuscinski e Wilson Silva, num conjunto habitacional da periferia do Rio de Janeiro.

Na volta de ônibus para São Paulo, o velho se espanta ao passar por um viaduto cujo nome homenageia um reconhecido torturador: Milton Tavares. O Brasil preserva essas homenagens – nem isso conseguimos mudar. Elevado Costa e Silva, rodovia Castelo Branco, entre outros. Enquanto isso, os Amarildos continuam a ser mortos e torturados nas favelas e a polícia continua a recusar aos familiares a localização de seus corpos a fim de que pelo menos possam lhes dar um enterro digno.

Da mesma forma, os/as companheiros/as e filhos/as de desaparecidos/as políticos, na ausência de um corpo diante do qual prestar as homenagens fúnebres, só puderam enterrar simbolicamente seus mortos ao velar em um espaço público a memória deles e tornar pública a indignação pelos atos bárbaros que causaram seu desaparecimento. Desde a década de 1990, a insistência de vítimas e familiares em divulgar as experiências e as lutas que a história esqueceu, ou recalcou, foi fundamental para a elaboração do trauma social causado pelo regime militar. No ano de 2014, a Secretaria Especial de Direitos Humanos da Prefeitura de São Paulo inaugurou um belo monumento em homenagem à memória dos desaparecidos políticos, no parque Ibirapuera. De todos os países que sofreram ditaduras no Cone Sul, nas décadas de 1960 e 1970, o Brasil foi o último a criar uma Comissão da Verdade e o último a erguer um monumento em homenagem às vítimas.

Urbanidade, fonte de violência?[1]
Pascal Dibie

> *Os movimentos do homem vão por explosão, sempre mais além das causas exteriores.*
>
> Alain

A história da urbanidade, que com a urbanização a todo custo passou a ser uma história de civilidade, portanto, de incivilidade, atravessa a história dos homens. Sabemos que se trata de uma história puramente humana de entendimento e desentendimento, mas com frequência ignoramos as violências que isso engendrou a cada mudança de época. A *urbanitas* qualificava as qualidades humanas adquiridas em sociedade e descrevia tanto o saber viver junto quanto uma elegância de vocabulário ligado especificamente à cidade. Gostaria, para começar, de voltar à etimologia dos conceitos de *civilidade* e de *urbanidade* para estabelecer o cenário, pois se trata de uma história para a qual a humanidade não cessou de mudar os cenários de seu vasto teatro. Com esses dois termos, civilidade e urbanidade, estamos de fato em relação com a vida civil e a cidade. *Civilis* designou primeiro tudo que concerne ao *civis*, o membro livre de uma *civitas*, a fim de exprimir tudo que é relativo à sua existência cívica, a saber, seus direitos, seus deveres e sua dignidade. Foi Cícero que empregou *civilis* para traduzir o grego *politikos* no sentido de sociável ou de socializado, isto é, um membro da cidade *capaz de viver em comum*. Há

---

[1]. A tradução do presente texto, incluindo as citações de obras feitas pelo autor, é de Paulo Neves.

nessa palavra algo de *suave*, de *afável*, como escreveu Alain Montandon[2], um sentido moral e psicológico que se impõe na época imperial e que é geralmente equiparado a *humanus*. Ovídio falará de *civiliter* no sentido de moderação, de brandura, ideia e orientações que reencontraremos mais tarde. Por enquanto, o latim designa por *civilitas* o *conjunto dos cidadãos* da cidade. Desde os gregos a cidade representa o espaço propriamente humano frente ao mundo selvagem que lhe é exterior, bem como ao mundo divino que lhe é superior e inacessível. Um mito conta que, se os homens possuíam todos os recursos necessários à vida com a habilidade técnica obtida de maneira desonesta por Prometeu, faltava-lhes, porém, a *arte política* que Zeus conservou ciosamente; assim, não havia cidades, e os homens não sabiam viver juntos. Inquieto com o devir de nossa espécie, ameaçada de desaparecer em curto prazo nessas más condições, Zeus mandou Hermes levar aos homens o pudor e a justiça para reparti-los entre todos, "a fim de que houvesse nas cidades", diz Platão, "uma ordem estabelecida e os laços criadores de amizade"[3]. E Platão acrescentará: "As cidades não poderiam subsistir se apenas alguns estivessem dotados deles", e "todo homem incapaz de participar do pudor e da justiça deve ser morto, por representar uma doença para a cidade". Eis aí, para começar, como a violência institucional conseguiu barrar a violência selvagem, ou seja, como se começou a lutar contra a infração e o ultraje, e como a força em ação, *vis* em latim – vigor, potência, extrema energia física, a violência, enfim –, foi exercida como recurso necessário à sobrevivência da cidade. Não pode haver cidade sem *aidôs*, palavra grega que designa o pudor em todas as suas formas: sentimento de honra, vergonha, temor, respeito e consideração pelos outros, modéstia no olhar, na atitude, isto é, sem que cada cidadão leve em conta o que os outros pensam dele e seja movido pelo *diké*, sentimento de justiça que consiste em respeitar a regra, a lei, a norma pública de conduta. *Aidôs* e *diké* são assim os sentimentos políticos por excelência, já que tornam possível a existência da cidade. E Montandon prossegue: "Eles são as formas da brandura, excluem a violência e a grosseria, tornam os gregos superiores aos bárbaros e os atenienses superiores aos outros gregos (aos espartanos, em particular, que

---

2. Alain Montandon (org.), *Hermès sans fil* (Hermes sem fio), Paris: Payot, 1995.
3. Platão, "Protágoras", *apud* Alain Montandon, *op. cit.*, p. 94.

possuem leis, mas não conhecem a brandura)"[4]. Assim, os atenienses se manifestam cotidianamente entre si pela benevolência, pela polidez, pela filantropia. Os atenienses têm a graça, *charis*, e a persuasão, *peithô*, cujo principal veículo é a palavra falada: para viver juntos os cidadãos se falam e é a palavra falada que constitui a civilidade. A cidade, o sentimento de estar na cidade, não é somente casas e edifícios concentrados; é também e sobretudo um modo de vida. Pertencer à Ática, ser de Atenas, é um estilo, que se manifesta em todos os domínios por suas características de fineza, de elegância, de agrado, por seu vocabulário, seu espírito vivo, mordaz, e principalmente por sua oposição ao que é exterior a Atenas, em particular o que é rural, grosseiro, rústico, *agroikos*. Mais ainda, é a *asteia* que faz *dignos do espírito de cidade* as palavras inesperadas, os gracejos finos, a capacidade de gracejar com espírito e *bom gosto* e de fazer rir com uma distinção completamente urbana.

Para voltar à civilidade, a definição que por muito tempo lhe será dada, além de denotar o caráter do bom cidadão, é a "arte de fazer aqueles com quem vivemos contentes consigo e conosco"[5], definição bastante urbanocentrada, não é mesmo? Em todo caso, somos remetidos a Roma e à *urbis*, que fazia o cidadão intocável no exterior pelo simples fato de pertencer a ela. Em Roma "a urbanidade não é senão uma civilidade elegante", diz Latena, e para os antigos romanos "é a polidez que permite o funcionamento do mundo". A palavra *civilis* vai se referir "ao que é relativo ao cidadão, a seus direitos, à sua existência", e o termo *civicus*, cívico, que se especializou no direito opondo-se a *criminalis*, bem como a *militaris* e a *hostis*, estrangeiro, inimigo, originou *civil* em francês (1290), *incivil* (1382) no sentido de violento, brutal, e, mais tarde, em 1568, *civilisé*, civilizado, no sentido de tornar civil, ser mais apto à vida civil, antes de adquirir o valor moderno de *civilização* que agitou o pensamento antropológico do século XVIII.

Assim, estamos em Roma, mãe do direito, onde ninguém pode ser obrigado a fazer o que a lei não prescreve e onde a justiça pública substitui a arbitrariedade. Do mesmo modo que há um direito de todos sobre a conduta de cada um, todo mundo pode dirigir-se a todo mundo e

---

4. Alain Montandon, *op. cit.*, p. 95.
5. *Grand Larousse du XIXᵉ siècle*.

julgar todo mundo[6]. Isso não impedia a ocorrência de alguns episódios de justiça popular e de espetáculos de rua nos quais a violência se fazia presente. Na verdade, o temor da opinião pública desempenhava um grande papel na vida dos romanos, da qual o público considerava-se o juiz legítimo. Cita-se como exemplo a história de um credor que, para obter um reembolso que tardava, utilizou um meio muito romano para forçar seu devedor: surpreendeu-o fora de casa e fez-lhe um *convicium*, convício, acompanhado de sarcasmos e de uma canção zombeteira em que o refrão reclamava a dívida não paga. Mas estamos em Roma e os juristas exigiam duas coisas no momento dessa vindita: não desnudar completamente o devedor e não usar palavras obscenas na canção, a fim de respeitar a coletividade que a testemunhava[7]! Às vezes havia tumultos: o recalcitrante era pego e atado a um carro fúnebre, simulando-se um cortejo do falso morto, que era acompanhado de choros e risadas, antes de deixá-lo fugir[8]. Acrescentemos que, em termos de violência verdadeira e mais urbana, havia em Roma o direito de bater na mulher, sobretudo na própria mulher, e essa *violência natural* só será posta em causa muito tardiamente – e olhe lá! Voltaremos a falar disso. Diz-se que os romanos não tinham a orgulhosa elegância helênica que fundava a vida pública e as atitudes privadas em maneiras igualmente corteses, o que não impedia que a urbanidade fosse um dever de *savoir-vivre* e que um homem educado não devesse jamais abandonar uma simplicidade familiar, que é o tom do orgulho cívico próprio de um homem livre[9]. Entre os romanos, o ridículo estará sempre associado ao *rusticus*, ao iletrado, àquele que não conhece as letras do *savoir-vivre*, embora o procedimento cômico fizesse parte de uma estética urbana e de um *ethos* ligado a uma postura retórica. A evolução dos termos *urbanus* e *urbanitas* põe em evidência as relações de alteridade e de identidade[10]. Havia de fato uma *atitude romana*, uma urbanidade que trabalhava o corpo, os gestos, a voz, a pronúncia, o vo-

---

6. Georges Duby e Phillippe Ariès, *Histoire de la vie privée: De l'Empire romain à l'an mil*, t. I, Paris: Seuil, 1985, p. 164. Edição brasileira: *História da vida privada: do Império Romano ao ano mil*, vol. 1, São Paulo: Companhia das Letras, 1990.
7. *Ibidem*, p. 167.
8. *Ibidem*, p. 268.
9. *Ibidem*, p. 179.
10. Daniel Vaillancourt, *Les urbanités parisiennes au XVIIe siècle: Le livre du trottoir* (As urbanidades parisienses do século XVII: o livro do passeio de rua), Paris: Hermann, 2013, p. 114.

cabulário e que devia ser vista como o fundamento mesmo de um grupo humano antes de tudo ligado a uma cidade. A *urbanitas* correspondia à síntese da arte retórica que permitia justamente identificar e reconhecer sem hesitação os que faziam parte desse grupo. Cícero fala mesmo de um *odor urbanitatis*, essa impressão geral criada pela urbanidade romana engenhosa, civilizada, que se distingue da periferia onde reina a incultura e a vulgaridade, e, nesse *odor*, o humor e o gracejo são a via por excelência do refinamento urbano – gracejo que nunca deve ultrapassar os limites e que mais tarde será traduzido por *elegans*, que não significa outra coisa senão: *que sabe escolher*, que tem *bom gosto*, um estilo, certo jeito de falar. O *urbanus homo* é bem nascido,

> abundante em palavras e em respostas bem ditas [escreve Quintiliano] e que em todas as circunstâncias saberá falar de uma maneira que suscite o riso e seja oportuna [...]. O bom-tom supõe que não haja nada que destoe, nada de camponês (agreste) nem de insípido, nada de estranho nem no pensamento nem nas palavras, nem na voz nem no gesto[11].

A *urbanitas*, portanto, é uma questão de bom-tom em que nada destoa, e o locutor tem a pesada tarefa de ao mesmo tempo se dissolver no anonimato do pertencimento a um grupo e de se destacar pela sutileza de suas palavras[12]. Ser um verdadeiro romano é manifestar seu fascínio pelo belo espírito, ou seja, desenvolver uma prática semiótica de alteridade na qual o outro é uma variável ajustada em função dos limites do estabelecimento humano; o espaço fechado, no qual a *urbis* e seu *poemorium* favorecem a discriminação em relação ao outro e à cidade, é por essência uma violência à terra, separa-se dela.

Quanto à questão da *civilidade* na Idade Média, gostaria de sublinhar que a vida era um pouco confusa e mesmo tão dura ou violenta que foi preciso, para temperar um pouco a *incivilidade* jamais punida dos homens, inventar o amor cortês, conforme relatei sobre o silêncio obrigatório das mulheres[13]. É preciso em todo caso lembrar que por muito tempo o Oci-

---

11. Quintiliano, "A instituição oratória", *apud* Daniel Vaillancourt, *op. cit.*, p. 116.
12. Daniel Vaillancourt, *op. cit.*, p. 117.
13. Pascal Dibie, "O silêncio dos amantes e, mais particularmente, das mulheres", em: Adauto Novaes (org.), *Mutações: o silêncio e a prosa do mundo*, São Paulo: Edições Sesc, 2014, pp. 351-82.

dente cristão confinou as mulheres atrás da porta para *respeitar a regra* de que uma mulher digna desse nome não podia, na cidade, viver no exterior. Tratava-se, antes de mais nada, de impedir o feminino de interferir nos assuntos públicos dos homens; era principalmente uma forma de preservar a pureza da *pólis*. Uma mulher que *andasse pelas ruas* punha em risco não apenas ela mesma, mas o resto da cidade, visto que o espaço político devia ser preservado da mácula potencial que toda mulher portava em seu corpo físico fora da vida privada, pois havia sempre o perigo de o *contágio feminino* poluir a cidade[14].

O século XVI veio corrigir um pouco essas condutas misóginas ou, pelo menos, atenuá-las. Em 1530, Erasmo publicou na Basileia, na Suíça, *A civilidade pueril*. Nesse curto tratado didático em latim, ele reformulava a noção de civilidade e plantava para os três séculos seguintes a pedagogia das *boas maneiras*. Certamente foi o momento de uma mudança social e cultural, no seio de um mundo mais complexo no qual as relações entre os grupos eram mais diversificadas. O começo da idade moderna constitui, segundo Norbert Elias, um momento de labilidade e de incerteza: a unidade católica é rompida, as rígidas hierarquias da Idade Média são abaladas (questionadas pela sociedade cortesã e cavalheiresca) e as relações entre os grupos diversos passam a ser mais complexas. Há novos desafios sociais e culturais. "A civilidade foi, como a de Erasmo, uma obra coletiva que respondia a uma necessidade cuja importância ela mesma apontou", observa Elias[15]. Na Basileia, assim como em Paris, Antuérpia, Frankfurt, Leipzig, Cracóvia e Grã-Bretanha, *A civilidade pueril* é um absoluto *best-seller* no século XVI. Faltavam uma linguagem comum e novas referências, e eis que o tratado de Erasmo responde a essa expectativa e lhe dá uma forma. Trata-se de um projeto humanista, um novo modelo de civilidade que vem na corrente das reformas protestantes, luteranas e calvinistas, cujos efeitos se farão sentir até meados do século XIX. Erasmo está convencido de que é pela imitação e pelo talento sociável próprio às crianças que os bons costumes se aprendem verdadeiramente[16]. Jean-

---

14. Pascal Dibie, *Ethnologie de la porte: Des passages et des seuils* (Etnologia da porta: passagens e umbrais), Paris: Métailié, 2012.
15. Norbert Elias, *La Civilisation des moeurs*, Paris: Calmann-Lévy, 1973.
16. Jacques Revel, "Les usages de la civilité" (Os usos da civilidade), em: Georges Duby e Phillippe Ariès, *Histoire de la vie privée: De la Renaissance aux Lumières*, t. III, Paris: Seuil, 1986, p. 174. Edição brasileira: *História da vida privada: da Renascença ao século das Luzes*, vol. 3, São Paulo: Companhia das Letras, 1991.

-Baptiste de La Salle (que fundou os Irmãos das Escolas Cristãs, em 1679) recupera o modelo erasmiano voltando-se para as crianças pobres das cidades. Faz disso um instrumento de controle sistemático e autoritário: o treinamento do corpo é acompanhado daí em diante por uma vigilância policial do tempo e do espaço infantis. Isso terá uma evolução carregada de consequências na aprendizagem dos comportamentos. O livro de Erasmo, que devia ser aprendido de cor e recitado como um catecismo, não cessará de se difundir nos séculos XVII e XVIII. A um homem que faltasse aos deveres mais elementares, dizia-se, proverbialmente, que ele não havia lido *A civilidade pueril*.

A transformação dos comportamentos atingirá plenamente seus efeitos quando cada um, esforçando-se por ser seu próprio mestre, passou a considerar a norma como uma segunda natureza e, mais: como a verdadeira natureza enfim redescoberta! Uma nova sociabilidade se instalou, cada vez mais insinuante e imperativa, situando todo ato individual sob o olhar de todos. Quanto aos espaços onde se cumpre o rito social, eles podem ser modestos e triviais, como a sala de aula, os jogos, a igreja, ou bem mais prestigiosos, como a corte, cujo modelo vai se impor. Da civilidade que era pueril se passa, de maneira mais geral, à civilidade cristã. Sobretudo, a elite mundana parte à conquista de si mesma. Com o tempo, o modelo do cortesão se opõe à civilidade erasmiana e a seu sonho de transparência social.

Sabemos que a sensibilidade de uma época é tecida pelo mundo que a cerca, e a cidade, o modelo urbano, a *urbanitas*, está de volta. Ao mesmo tempo a cidade se transforma: abandono das muralhas, portanto, dos meios de defesa e de ataque; os lugares adquirem múltiplas funções: bastiões convertidos numa espécie de esplanada útil tanto para a artilharia quanto para servir de passeio aos parisienses[17]. A urbanidade parisiense faz coincidirem a calçada, a regularidade das fachadas e a arte de passear; ela inventa um novo espaço: a época *clássica*, o espaço funcionando como uma ferramenta, um esquema que ajuda os sujeitos a fabricar o mundo e a nele intervir cientificamente mais do que moralmente, a ponto de instrumentalizá-lo[18]. Esse discurso vai gerar no final do século XVII

---

17. Daniel Vaillancourt, *op. cit.*, p. 6.
18. *Ibidem*, p. 6.

uma reação: a contraurbanidade que aparece sobretudo na filosofia de Rousseau, embora ele a visse como algo impensável... Enquanto isso, a violência está em toda parte nesse século XVII, em todos os estratos da sociedade. As cortesãs também vão buscar seu prazer no bordel[19]; são qualificadas, elas e seus acompanhantes, de *galantes honestos* que se fazem servir. Espaço idealmente modelado desde o reinado de Henrique II sobre a civilidade italiana de Castiglione[20], a corte torna-se o lugar do aparecer e do domínio dos corpos e das paixões[21]. Nos antípodas da galanteria e da magnificência pintadas por Madame de Lafayette, o Louvre, isto é, Paris, cumula todas as violências possíveis. Diferentemente de Versalhes, a urbanidade do Louvre, no sentido de modelo civilizado, nunca será legitimada[22]. As modificações das práticas culturais, o advento de uma nova visão do mundo, a renovação dos dogmas plurisseculares vão deslocar a relação com a linguagem, o mundo e o espaço[23].

Na verdade, é a cidade mesma que se configura de outro modo, os lugares de circulação são desobstruídos, os espaços utilitários se impõem, "o alinhamento dos fluxos", observa Daniel Vaillancourt em seu notável *Livre du trottoir* (Livro do passeio de rua), "desloca a coerção cívica". Uma *dobra utilitária*, um novo tipo de racionalidade protestante, se aplica às coisas e aos signos e permite a ascensão da ideologia burguesa, que vem repensar a pompa no mundo. A urbanidade em Guez de Balzac (em suas *Œuvres diverses* de 1644) supõe um movimento que diminua as fricções e os atritos, como uma conversa fluida e tranquila que otimize o agradável.

O espírito burguês se separa do estilo mundano e desenvolve uma estética da mediocridade. Constata-se já uma urbanização da mediocridade, um estado intermediário, um lugar neutro sem sobredeterminação que possa corresponder à postura de um sujeito qualquer na aglomeração urbana. O que importa é o prescritivo: trata-se de não cometer algo inverossímil, de não misturar as ordens, de não confundir os lugares e os níveis, para não tornar saliente um personagem ou uma réplica. Busca-se "o gênero medíocre", escreve Guez de Balzac, "que

---

19. O autor faz aqui um trocadilho, acrescentando, entre parênteses, *au bord d'elles* (na borda ou à margem delas). [N.T.]
20. Baldassare Castiglione (1478-1529), autor do famoso *Il libro del cortegiano*. [N.T.]
21. Daniel Vaillancourt, *op. cit.*, p. 40.
22. *Ibidem*, p. 57.
23. *Ibidem*, p. 96.

em algumas ocasiões é o gênero perfeito [...]. A eloquência não deve destacar-se e convém refrear a força da ação"[24]. Uma nova arte de falar está surgindo na logística do fato urbano. Ao mesmo tempo, a lama de Paris é retirada, os depósitos de lixo são cobertos. "O revestimento", observa Vaillancourt, "é uma maneira de vestir o solo, de fazer calar sua nudez, de livrar os habitantes de sua gangue"[25]. Busca-se afastar os lugares de podridão, de corrupção, lugares malsãos e desordenados como o Pátio dos Milagres, que agridem pelo simples fato de existirem. Fala-se muito nessa época dos *estorvos* de Paris, que representam o sintoma de uma urbanidade pouco urbanizada, mal ordenada. Paris é feita para os ricos, para os que podem circular tranquilamente, isto é, os que fazem circular o dinheiro ou o capital simbólico. La Bruyère se refere ao fenômeno do riso como fundamento da *urbanitas*: isso corresponde para ele a um limiar, a uma fronteira; aquele que por definição deveria se achar em terra conhecida conhece, com o riso, a afronta da rejeição por uma pessoa ridícula. La Bruyère lembra que a cidade permanece essencialmente burguesa ainda que o pessoal urbano da rua não se reduza à burguesia. O povo, ou melhor, a populaça instalada em pleno centro da cidade, atua nas margens e começa a depender de uma *higiene social* que a burguesia controla ou tenta controlar. É preciso fazer do pobre o lugar de investimento e de controle. O motivo da canalha ou do selvagem está sempre presente, deixando emergir o traço de uma natureza violenta que não poderia ser domesticada. Aliás, considera-se que a ausência de *civilização*, de *polícia*, condena esse povo à impiedade, à sensualidade, à libertinagem, contagiosa e mortalmente perigosa[26].

Há outra classe que comecei a evocar mais acima e que vive também na cidade: a nobreza. Nobreza que não se exibe na rua e habita ilhotas de segurança, círculos eruditos e salões mundanos, quando não está na corte de Versalhes. Se a urbanidade burguesa é feita de passantes, do que passa, de marchas e contramarchas, do que se empreende e do que se apreende, a nobreza se preocupa apenas com seu ser e seu aparecer[27]. No entanto, as couraças desaparecem e, nesse final do século XVII, não se brilha mais

---

24. *Ibidem*, p. 96.
25. *Ibidem*, p. 120.
26. *Ibidem*, p. 203.
27. *Ibidem*, p. 184.

apenas pelos ouropéis das armaduras, mas pela qualidade das réplicas. Para sobreviver à situação nova exposta anteriormente, o nobre deve se civilizar, familiarizar-se com os movimentos novos e principalmente favorecer as atividades de sublimação, substituindo sua espada de ponta acerada pela retórica e o espírito necessários às conversas de salão[28]. Mas a *polidez*, sinal de uma distinção superior na França, começará no século XVIII a ser o objeto de uma crítica moral e política. Ela é acusada de ser hipócrita, porque impede a sinceridade e é o instrumento de dominação de uma elite restrita que sublima seus privilégios pelo culto das belas maneiras. Uma reflexão sobre o valor moral das *maneiras* e sobre seu papel político se desenvolve. O prestígio da civilidade francesa, que por muito tempo fez dizer que "as maneiras da França agradam todas as nações" (Madame de Lafayette), desvaloriza-se frente à aspiração geral das grandes nações europeias à *civilidade* e à *civilização*. Isso significa que se começa a questionar a preeminência francesa. Pergunta-se mesmo se a *polidez* francesa não é a face brilhante de uma sociedade essencialmente corrupta. Quanto à *civilidade*, que não é a moralidade, ela diz respeito apenas às relações exteriores entre os homens. Para os filósofos das Luzes, ela tem por efeito limitar os efeitos do egoísmo e ampliar a sociabilidade humana, mas eles duvidam das formas de expressão mais sutis e mais refinadas, a chamada *polidez*, e perguntam se ela, ao ajudar os mais fortes a reforçar sua dominação, ao mesmo tempo em que fingem suavizá-la, e ao favorecer por toda parte a hipocrisia sob as aparências da beneficência, não pode tornar-se perigosa para a moralidade pública[29].

Sob a influência de Hume, aparece uma nova questão[30]. Para ele, o traço principal que distingue a sociedade francesa, tanto das repúblicas quanto dos regimes despóticos, reside no lugar das mulheres. É para elas que se transforma a polidez em galanteria, que se favorece a conversação e "se faz da *badinage* [o gracejo elegante] o caráter geral das nações". Fazer as mulheres aparecerem, depois de tanto tempo afastadas, é primeiro reconhecer o caráter misto da boa sociedade, mas também significa que

---

28. *Ibidem*, p. 211.
29. Philippe Raynaud, *La Politesse des Lumières: Les lois, les mœurs, les manières* (A polidez das Luzes: as leis, os costumes, as maneiras), Paris: Gallimard, 2013.
30. Hume, no Tratado de 1711, reconhece já a necessidade, para o filósofo cético, de mergulhar de novo na *common life* para atenuar as consequências práticas de sua filosofia.

"não se veem os homens tais como eles são, mas tais como são obrigados a ser". A *badinage*, espécie de desvirilização, teria se tornado assim uma norma imposta às profissões, às situações e às instituições mais sérias, mas que, tendo na base um erotismo que é o contrário ao do serralho, não é *natural*[31]. E Montesquieu insistirá, em suas *Cartas persas*: "Para agradar as mulheres é preciso certo talento diferente daquele que lhes agrada ainda mais; ele consiste numa espécie de elegância do espírito que as diverte, parecendo prometer-lhes a cada instante o que só se pode cumprir a intervalos muitos longos"[32]. Hume reconhece uma simpatia entre a França e a Grã-Bretanha, o que o leva a ver no comércio e na polidez duas formas concorrentes do que em breve será chamado de civilização. E ele reconhece na monarquia absoluta francesa, que considera uma *monarquia civilizada*, méritos não inferiores aos do regime quase republicano da Inglaterra. Para os filósofos das Luzes, a civilidade é vista como a atualização de uma disposição natural: pela prática das conveniências, o homem sociável conforma-se ao mesmo tempo aos outros e a si mesmo. Rousseau vai contestar essa ideia de civilidade e mostrar, no *Discurso sobre as ciências e as artes*, que o refinamento dos costumes é inseparável do declínio da virtude. Ele nega a sociabilidade natural e imputa o mal às instituições. Sabe-se que a questão da *civilidade* foi uma das grandes querelas com seus contemporâneos. Rousseau reivindica sua própria *rusticidade*, que é contra as "maneiras francesas, contra o conjunto das teorias da sociabilidade natural"[33].

Para compreender o que acontece na Europa a partir de 1789, é preciso também lembrar a maneira como a Revolução Francesa foi recebida e criticada na Inglaterra e na América, o que veremos mais adiante[34]. Por ora, eis que a *polidez* é posta em questão ou em julgamento pelos revolucionários, para quem "a polidez não é mais que um meio, criminoso e dissimulado, de se distinguir e de se colocar acima dos outros, e assim de humilhá-los e de rebaixá-los"[35]. A ofensiva revolucionária desenvolveu

---

31. Philippe Raynaud, *op. cit.*, p. 66.
32. Montesquieu, *Lettres persanes* (1721), Paris: Gallimard, 1999. Edição brasileira: *Cartas persas*, São Paulo: Escala, 2006.
33. *Apud* Philippe Raynaud, *op. cit.*, p. 123.
34. *Ibidem*, p. 219.
35. Frédéric Rouvillois, *Histoire de la politesse de 1789 à nos jours* (História da polidez de 1789 a nossos dias), Paris: Flammarion, 2008, p. 30.

uma violência extrema contra as conveniências, e a revolução no dia a dia é vista como "a derrota das pessoas convenientes"[36]. Ao regime desnaturado da ociosidade cortesã e da polidez, o verdadeiro republicano vai opor aquele, mais austero, da lei e dos costumes, confiando que através da lei poderão ser impostos os princípios revolucionários. A polidez é vista como contrária à igualdade, à fraternidade e à virtude, que a revolução quer tornar os fundamentos do novo regime e da humanidade regenerada. Saint-Just irá mais longe ao declarar que "a grosseria é uma espécie de resistência à opressão [...]. Lá onde se censuram as pessoas ridículas, há corrupção; lá onde se censuram os vícios, há virtude. O primeiro caso é o da Monarquia, o segundo é o da República"[37]. Um primeiro ataque contra a polidez é lançado em 14 de dezembro de 1790, quando se diz ser absurdo e ridículo o costume de chamar o superior de *vous* [vós, o senhor], em vez de *toi* [tu, você], como se fosse a coisa mais humilhante do mundo ser chamado assim. Eis aí, em todo caso, uma marca do caráter não igualitário das relações sociais na língua francesa e, em linguagem revolucionária, "uma das principais causas de nosso embrutecimento e de nossa subserviência". Portanto, é preciso sacrificar "prontamente um costume prejudicial aos princípios eternos da verdade [...] [restabelecendo] a língua pura e simples da natureza"[38]. Surge uma nova urbanidade: daí em diante, é por *cidadão* e *cidadã*, e chamando cada um por seu sobrenome, que a igualdade é restabelecida. Chega-se mesmo, no auge da ofensiva revolucionária contra a polidez do Antigo Regime, a proibir o tratamento por *vous* e o qualificativo de *monsieur* ou *madame*. Na assembleia geral dos *sans-culottes*, em 4 de dezembro de 1792, declara-se "*tu* como a verdadeira palavra digna dos homens livres". Do mesmo modo, a Sociedade Popular das Chancelas vota a seguinte moção numa assembleia geral: "Daqui por diante seus membros se tratarão de irmãos, se chamarão por *tu* e por cidadão, abjurando solenemente a palavra *Monsieur* [Senhor]". Os refratários são declarados suspeitos, prestando-se por esse meio "à arrogância que serve de pretexto à desigualdade". Em 22 de dezembro de 1792, logo após a abolição da monarquia, o cidadão Charlier proclama na conven-

36. *Ibidem*, p. 27.
37. Saint-Just, *Fragments sur les institutions républicaines* (Fragmentos sobre as instituições republicanas), Paris: UGE, 1963, p. 144.
38. *Apud* Frédéric Rouvillois, *op. cit.*, p. 34.

ção: "Quando a revolução tiver se completado nas coisas, ela deverá se completar também nas palavras. O título de cidadão deve ser o único a constar em todos os atos emanados por vocês. A palavra *monsieur* ou *sieur*, derivada de Monsenhor, não deve mais ser uma qualificação usada". Enfim, o todo-poderoso Comitê de Salvação Pública adotará oficiosamente, sem que isso nunca se torne uma lei, o costume de tratar todos por *tu*. O decreto de 8 de novembro de 1793 tende a impor o tratamento generalizado por *tu* a todos os cidadãos, decreto abolido em junho de 1795[39]. O debate já vinha se radicalizando desde agosto de 1792: tendo a revolução por objetivo assegurar a derrota *das pessoas que são convenientes e não como deveriam ser*, os elementos mais radicais não cessarão de pôr abaixo os costumes e as regras do Antigo Regime. Durante o terror, eliminam-se os girondinos, demasiadamente *polidos* de certa maneira. Ora, polir é civilizar os indivíduos, suas maneiras, sua linguagem, como observou Jean Starobinski[40]. O governo se declara a favor da grosseria e da trivialidade, dizendo que já há bastante *gente elegante, gente de fachada, gente conveniente*. Pierre-Sylvain Maréchal, que sempre tomou o partido do povo, emitiu esse julgamento a propósito das terríveis jornadas de setembro de 1792, dando uma ideia do que foi o espírito revolucionário e de como é difícil invocar um *civismo*, mesmo popular:

> O povo que, como Deus, vê tudo, está presente em toda parte, e sem a permissão dele nada acontece neste mundo. Foi ao tomar conhecimento dessa conspiração infernal [a conspiração das prisões] que ele tomou o partido extremo, mas o mais conveniente, de prevenir os horrores que lhe preparavam e de mostrar-se sem misericórdia com os que não estavam a favor dele... O instinto certo do povo desconcertará todas essas medidas[41].

---

39. Ph. d'Iribarne, "Société de rang, société d'égaux" (Sociedade de classe, sociedade de iguais), em: Philippe Raynaud e Claude Habib (org.), *Malaise dans la civilité?* (Mal-estar na civilidade?), Paris: Perrin, 2012, p. 51.
40. Jean Starobinski, *Le Remède dans le mal: Critique et légitimation de l'artifice à l'âge des Lumières* (O remédio para o mal: crítica e legitimação do artificio na era das Luzes), Paris: Gallimard, 1989, p. 29.
41. Pascal Dibie, "Le peuple fait le spectacle. Le théâtre révolutionnaire de Pierre Sylvain Maréchal", *Le peuple existe-t-il?*, Auxerre: Éditions Sciences Humaines, 2012.

De fato, como observa Albert Mathiez em sua história da Revolução Francesa, "o Terror não tinha mais vergonha de si mesmo, tornava-se um regime"[42]. A propósito dos massacres de 2 e 3 de setembro, Maréchal afirma que o povo exercia muito logicamente *suas virtudes e suas vinganças*, e ele prossegue a descrição atroz que nos dá uma ideia do que foi essa violência revolucionária inteiramente urbana:

> Durante um dia inteiro, de domingo a segunda-feira, houve condenações à morte e as sentenças eram executadas na hora [...]. O povo é humano, mas não conhece fraqueza. Em toda parte onde fareja o crime, lança-se em cima sem consideração de idade, sexo ou condição do culpado [...]. Juízes! Todo o sangue derramado de 2 a 3 de setembro deve recair sobre vós. Foi vossa lentidão criminosa que levou o povo aos extremos. O povo impaciente tomou de vossas mãos a espada da justiça por muito tempo ociosa e cumpriu vossos deveres[43].

Ele lamenta, porém, que não se tenha respeitado suficientemente os mortos:

> Era fácil envolver com panos as carroças de cadáveres e poupar esse espetáculo aos cidadãos durante o longo trajeto que foi preciso percorrer para transportá-los a descoberto até o cemitério de Clamart [...]. É assim que o povo de Paris limpa as prisões e outros lugares de reunião de malfeitores e de padres [...]. É assim que o povo-Hércules limpa as estrebarias de Áugias[44].

Ainda a propósito da violência intrínseca e inevitável do povo, reiteremos estas palavras que o representante do povo Collot d'Herbois escreveu em pleno Terror:

> As execuções mesmas não produzem todo o efeito que se deveria esperar. O cerco prolongado e os perigos diários que cada um enfrenta inspiraram uma espécie de indiferença pela vida, se não um completo

---

42. Albert Mathiez, *La Révolution française* (A Revolução Francesa), Paris: Denoel, 1985, 3 vols.
43. *Ibidem*.
44. *Ibidem*.

desprezo pela morte. Ontem, ao voltar de uma execução, um espectador dizia: não é bastante duro. Que farei eu para ser guilhotinado? Insultar os representantes?[45]

Collot d'Herbois, que era homem de teatro, tirou disso a conclusão inversa, diz Mathiez: devia haver um reforço à guilhotina. Daí por diante, para provar seu fervor revolucionário e obter seu título de *civismo*, basta o insulto! Quem fala como um aristocrata *aperta o nó da gravata fatal*, a guilhotina. Vê-se mesmo surgir uma comédia do cidadão Dorvigny, representada em 23 de setembro de 1793, sob o nome de *La Parfaite egalité, ou les Tu et Toi* (A perfeita igualdade, ou os Tu e Ti). O movimento enfim se esvaziará com o refluxo do partido dos *sans-culottes*, a queda dos hebertistas e a eliminação da extrema esquerda pelo Comitê de Salvação Pública no final de março de 1794.

Se a violência está em *tu* e em *ti*, ela também continua presente em relação às mulheres e seu lugar na sociedade. Como entrevimos mais acima, a questão da mulher permanece suspensa há muito tempo. Às vésperas da revolução, por exemplo, circulam em Paris publicações como o "Almanaque das mulheres honestas", texto semipornográfico escrito por Pierre-Sylvain Maréchal, no qual cada mulher da corte tinha seu dia, seu gênero e seu emblema sexuado[46]. Mas mulheres como Olympe de Gouges e Théroigne de Méricourt elevam a voz e reclamam pela palavra e a ação uma estrita igualdade dos sexos cidadãos. Théroigne de Méricourt, nascida em Marcourt, perto de Liège, em 1762, e cujo nome verdadeiro é Anne Josephe Terwagne, fundou em 1790 o Clube dos Amigos da Lei, em que as mulheres, como os homens, têm direito de voto. Ela julga que, se não há mais diferença nem hierarquia, a nova mulher não aceita mais a relação clássica com o homem de sedução/proteção que o século XVIII levou ao paroxismo. Ela propõe uma mudança completa dos códigos em vigor. Desenvolve um discurso utópico e violento, semelhante ao dos revolucionários mais radicais, como a ideia, por exemplo, de que o filho pertence à República, e não mais aos pais, a partir dos 5 anos de idade ou mesmo desde o nascimento. "A pátria se apodera do indivíduo que nasce

---

45. *Ibidem*.
46. *Ibidem*.

para só abandoná-lo em sua morte." Contra a autoridade paterna, o amor fraterno substituirá a relação filial. Um decreto da Comuna vai declarar que "não é mais permitido a professores, nem a pais e mães, aplicar corretivos corporais a seus filhos, o que faz com que os filhos se tornem muito maus"[47]. Do mesmo modo, deve-se substituir a hierarquia pela igualdade e, para prová-la, declara-se que "é insultar os amigos agradecê-los por alguma coisa", assim como "o supérfluo do vestuário" é um roubo ao Estado e o luxo é um crime contra a sociedade. Pode-se também citar a aventura da Conjuração dos Iguais, de 1796, que terminará com a decapitação de seu autor, Graco Babeuf, em maio de 1797[48]. A austeridade republicana se traduz pela exigência de discrição e seriedade, que se opõe ao excesso de urbanidade do espírito de gracejo, próprio igualmente do Antigo Regime. Aliás, entre os *bons costumes* a ensinar aos jovens republicanos, desconfia-se da *urbanitas* e recomenda-se nunca gracejar e evitar a ironia ou os ditos espirituosos: "Falar com modéstia, eis o que convém ao homem digno da liberdade". O pudor, que corresponde, como vimos, a uma lei intangível da cidade, está de volta.

Mas, apesar dessas recomendações revolucionárias, a violência dos gestos e a indecência ainda chocam (as mulheres) nas reuniões de homens... Théroigne de Méricourt pagará por criticá-los: depois de ser açoitada em público pelos adeptos da Montanha, que a acusavam de moderação, mergulhará na loucura e morrerá em Paris em 1817, no Hospital de la Salpêtrière, onde estava internada.

Olympe de Gouges, feminista que conhece hoje seu momento de glória – o novo prédio que abriga as ciências sociais na Universidade Paris-Diderot traz seu nome –, proclama em sua "Declaração dos Direitos da Mulher", publicada em 1791, que "a mulher é livre e permanece igual ao homem em direitos", acrescentando com razão que, "se a mulher tem o direito de subir ao cadafalso, deve ter igualmente o de subir à tribuna". Na prática e talvez sob o *efeito feminista* no plano matrimonial, a lei de 20 de setembro de 1792 introduziu o divórcio por consentimento mútuo. Olympe de Gouges, que ficara também revoltada com as jornadas de outubro de 1792, chamou Marat de *aborto da humanidade* e responsabili-

---

47. Frédéric Rouvillois, *op. cit.*, p. 43.
48. Pascal Dibie, *op. cit.*, 2012.

zou Robespierre pelo Terror. Foi detida em 20 de julho de 1793, julgada pelo *tribunal revolucionário* e guilhotinada em 3 de novembro daquele ano.

Outra mulher que levou a sério o racionalismo revolucionário e o defendeu à sua maneira foi Madame de Staël. Seguindo a crítica de Burke, um filósofo inglês que via na Revolução Francesa o fruto de uma interpretação funesta das Luzes que arruinaria a sociedade, era preciso mostrar que a revolução não engendrara necessariamente a violência e o terror[49]. Madame de Staël vai repensar o problema da civilidade num contexto novo; chegará mesmo a identificar, no *momento 1789*, o instante privilegiado em que o espírito das Luzes se juntou ao espírito da conversação, antes de sucumbir na vulgaridade e na violência[50]. Para a sociedade parisiense, de fato, o *acontecimento 1789* é o momento improvável em que o *espírito de conversação* separou-se de sua estreita base aristocrática para se colocar a serviço da liberdade política. Madame de Staël pensa que o poder das mulheres sobre a opinião favorece a liberdade, que a ausência da dominação brutal dos homens sobre o outro sexo é um dos traços que distingue uma monarquia, mesmo absoluta, de um regime despótico no qual a dominação não tem contrapeso. Passado o Terror, Madame de Staël considera-se uma filha da revolução e deseja a consolidação de um regime republicano ou pelo menos liberal, mas quer afastar todo risco de recair no Terror, ao mesmo tempo em que denuncia o perigo de uma confiança sem limites na glória militar. Em seu primeiro texto escrito em 1798 (que só será publicado em 1900), *Des circonstances actuelles qui peuvent terminer la Révolution* (Das circunstâncias atuais que podem acabar com a revolução), ela explica que o Terror se traduziu pelo triunfo de uma linguagem "cheia de expressões grosseiras ou ferozes", que tem por efeito tirar do homem "toda a sua dignidade, seu respeito pelos outros e por si mesmo, e que não pode ser combatida sem um mínimo de bom gosto; o ódio ao mau gosto de modo nenhum é uma opinião frívola". Em suma, ela busca, como muitos outros, um meio-termo entre a polidez monárquica e a vulgaridade revolucionária e parece-lhe que se deve chegar à invenção de uma *polidez revolucionária*. Essa polidez diferencia-se das formas de galanteria do século de Luís XIV, para se aproximar da *civilidade* na

---

49. Frédéric Rouvillois, *op. cit.*, 2008, p. 213.
50. Germaine de Staël, *Des circonstances actuelles qui peuvent terminer la Révolution*, Paris: Champion, 2009.

qual "a polidez é a justa medida das relações dos homens entre si"[51]. Ela deseja uma nova *urbanidade dos costumes* e, à sua maneira, também milita em favor do lugar das mulheres, "das mulheres de talento", esclarece, "as que escrevem", sabendo que "nas monarquias elas têm a temer o ridículo e nas repúblicas, o ódio"[52].

Com o século XIX chega o momento de uma redefinição geral da problemática civilidade/civilização, provocada pela ruptura revolucionária na França e, de maneira mais geral, pelo advento da democracia na América, bem conhecida na França graças aos testemunhos de emigrados como Talleyrand e Chateaubriand. Talleyrand, herdeiro cético e um tanto corrupto das Luzes, vê nos Estados Unidos da América "uma república mundana, que resolveu o problema religioso graças às suas múltiplas seitas, mas que por outro lado é terrivelmente aborrecida por causa de suas maneiras rústicas e virtuosas que são o contrário exato da polidez francesa"[53]. Chateaubriand vê igualmente na América uma nova república virtuosa, mas também "o país onde o selvagem encarna uma forma de nobreza primitiva"[54]. Mais interessante para nós é o julgamento do americano Franklin, que mostra um olhar muito benevolente em relação à França, mas considera que os franceses têm um real problema cívico. Ele se apoia na lenda da moral sexual francesa que faz com que as paixões mais fúteis prevaleçam sobre o interesse público e que, ao arruinar a virtude das mulheres, impede duradouramente na França a formação de um espírito republicano: "Sob o pretexto de espírito e de galanteria, as mulheres francesas têm um comportamento que confina com a indecência e, sob o pretexto de deixá-las brilhar nos salões, os homens se debilitam e elas próprias se tornam incapazes de serem mães virtuosas"[55]. Essa crítica é retomada por outro americano, John Adams, para quem "as maneiras das mulheres, que estão na moda e têm uma reputação na França, são tais que jamais poderão sustentar um governo republicano nem mesmo se conciliar com ele. Devemos ter muito cuidado para não importá-las para a América"[56]. Tanto em Adams como em Franklin, a questão das manei-

---

51. *Ibidem.*
52. *Ibidem.*
53. Cf. Philippe Raynaud, *op. cit.*, p. 219.
54. *Ibidem.*
55. *Ibidem*, p. 221.
56. John Adams, *apud* Frédéric Raynaud, *op. cit.*

ras francesas, portanto, é uma questão política americana que, para além do julgamento moral feito sobre os franceses, diz respeito em primeiro lugar ao tipo de formação desejável para as elites. A América e a França propõem claramente dois modelos de civilização política[57].

Voltando à França, o século XIX foi a época de ouro dos manuais de polidez, maneira de repetir e de afirmar que o mundo burguês não é um mundo sem educação. Após a devastação revolucionária, adquirir boas maneiras não é mais algo evidente; alguma coisa foi rompida que nada mais vai reparar, como a unidade do regime político e as maneiras que ele havia gerado. Constata-se, nessa França republicana, que finalmente as *melhores maneiras* são as do inimigo, esse Antigo Regime que a revolução pôs abaixo. A questão é saber, então, se o orgulho republicano deve se acomodar a um fato humilhante, se é possível ser *muito polido* e um honesto republicano[58]. O culto burguês, culto do homem cultivado, do homem normal e adulto frente ao outro, como observa Jean Starobinski, todo esse culto revela uma vertigem diante da abertura de uma sociedade indefinida[59]. "Começa-se a perceber que, num momento posterior, a civilização poderá se tornar um substituto laicizado da religião, uma parúsia da razão"[60]. Starobinski acrescenta que "o tratamento aplicado à substância das coisas e dos indivíduos não é isento, ele próprio, de certa violência"[61]. No fundo, o que vai surgir são as *classes*; os princípios e os pertencimentos de classe são os muros de resguardo para atingir esse *alto grau de civilização* que a burguesia representa. É a civilidade que nos faz civilizados, é o civilizado que é ou pode se tornar burguês, constata Béatrix Le Vita em sua abordagem etnográfica da cultura burguesa; a burguesia age na moita e faz malabarismos com seus parentes históricos[62].

A crise de descivilização que nos acompanha já há um bom tempo vai além da atitude *cool*, da qual proponho uma definição inspirada no trabalho de Claude Habib:

---

57. *Ibidem*, p. 222.
58. Philippe Raynaud e Claude Habib (org.), *op. cit.*, p. 8.
59. Jean Starobinski, *op. cit.*, p. 45.
60. *Ibidem*, p. 14.
61. *Ibidem*, p. 27.
62. Béatrix Le Vita, *Ni Vue, Ni Connue: Approche ethnographique de la culture bourgeoise* (Nem vista nem conhecida: aproximação etnográfica da cultura burguesa), Paris: MSH, 1988.

Cool é aquele que, numa tonalidade inapreensível entre ironia e atonia, buscando fazer os outros aderirem à sua desenvoltura, manifesta conivências sem agressividade e rejeita curvar-se a regras, infringindo as leis que lhe parecem absurdas, e que apresenta aos outros um eu negligente que evita ferir alguém[63].

Hoje, o que está trivial, mas profundamente em jogo, é sobretudo a violência anômica de indivíduos mal socializados. Há como que uma regressão da capacidade dos indivíduos de interiorizar suas emoções, de dominar suas expressões corporais, de controlar suas pulsões. Mais do que a civilidade, o que deve ser levado em conta, parece, não é tanto as inúmeras incivilidades cotidianas; e sim os *incivilizados* que nos agridem abertamente, a ponto de eles próprios lançarem na mídia sua violência, sua incivilidade manifesta ou mesmo sua barbárie assumida: linchamentos, sadismo, assassinatos filmados ou mostrados ao vivo na internet. Esses incivilizados, em nossas sociedades majoritariamente urbanas, são ao mesmo tempo carrascos de outrem e vítimas de sua própria incapacidade de se exprimir de maneira civil e, por essa razão, são dificilmente compreensíveis. Nathalie Heinrich vê inclusive quase uma postura estética, pelo menos um estilo de incivilidade nesses atos de violência que fragilizam a fronteira entre o lícito e o ilícito; atos que gostariam de se impor como uma legitimação do ilegítimo[64]. A novidade é que esse *incivilismo* não se revela como expressão de uma geração (os jovens), de uma categoria (os desfavorecidos), de uma topografia (as periferias) e está igualmente correlacionado à imigração. A incivilidade receberá sua definição apropriada nos anos 1990: "Um conjunto de delitos sociais extraordinariamente variados que não ferem fisicamente as pessoas, mas destroem as regras elementares da vida social que permitem a confiança"[65]. Entenda-se: a incivilidade é uma expressão, individual ou de pequenos grupos, que, mais do que uma *impolidez reivindicada*, participa da desestabilização das crenças cívicas. São atos violentos visíveis e geralmente significativos, como queimar brinquedotecas, creches e bibliotecas, cujo duplo símbolo,

---

63. Claude Habib, "Sur le cool" (Sobre o *cool*), em: Philippe Raynaud e Claude Habib, *op. cit.*, pp. 73-95.
64. Nathalie Heinrich, "Incivilité du regard ou éthique de la transparence?" (Incivilidade do olhar ou ética da transparência?), em: Philippe Raynaud e Claude Habib, *op. cit.*, pp. 27-49.
65. Sébastien J. Roché, *Incivilité et insecurité* (Incivilidade e insegurança), Paris: Seuil, 1996.

cultural e estatal, é legível por todos e prejudicial a todos[66]. Ou seja, a incivilidade cria a angústia e aumenta o sentimento de insegurança local. De fato, a impossibilidade de edificar hoje uma civilidade nova se deve com certeza a condições de mudança permanente, havendo, nos países onde existem direitos humanos, a necessidade de uma reforma constante das leis e dos costumes. No momento atual, é o estilo de transgressão que é o fator de unificação[67]. E digo que o estilo prevalece sobre o fundo quando a transmissão se torna impossível. Ora, como ensinar um estilo de transgressão comedida quando os *ultrajes* são quase uma regra de conduta? A fim de reforçar meu pessimismo quanto ao desaparecimento próximo de toda *civilidade cidadã*, na fragmentação atual e acelerada do vínculo social, gostaria de colocar a questão da *individualização* crescente, em que cada um se torna seu próprio mestre e só precisa prestar contas a si mesmo. David Le Breton, em seu livro recente, constata que "a velocidade, a fluidez dos acontecimentos, a precariedade do emprego, as mudanças múltiplas impedem a criação de relações privilegiadas e isolam o indivíduo [...]. O indivíduo hipermoderno é desengajado. Ele tem necessidade dos outros, mas também do distanciamento deles"[68]. "Hoje é a disjunção que prevalece, cada um tentando fazer valer sua particularidade."[69] As tecnologias eletrônicas *extinguiram a rua*, o cidadão dá lugar ao indivíduo e o indivíduo contemporâneo está antes conectado do que ligado, preferindo os contatos superficiais nos quais se entra ou sai à vontade, chegando às vezes a operar seu próprio apagamento, num estado de ausência de si que David Le Breton chama de *brancura*[70].

Para concluir, relaciono essas indagações à atualidade, para não falar do "agora da violência". Vejo-me confrontado às preocupações fundamentais de meus contemporâneos, à questão de nossa sobrevivência numa convivência cada vez menos localizável em nossas megalópoles ensandecidas. A revista *Le Nouvel Observateur*, em publicação de 14 de julho de 2014 anunciou "O triunfo dos mal-educados", ou seja, o artigo

---

66. Denis Merklen, *Pourquoi on brûle les bibliothèques* (Por que se queimam as bibliotecas), Paris: La Découverte, 2014.
67. Claude Habib, *op. cit.*, p. 81.
68. David Le Breton, *Disparaître de soi: Une tentation contemporaine* (A ausência de si: uma tentação contemporânea), Paris: Métailié, 2015.
69. Marcel Gauchet, "L'Enfant du désir" (A criança do desejo), *Le Débat*, 2004, n. 132, p. 106.
70. David Le Breton, *op. cit.*

também se interrogava sobre o fim da civilidade no sentido em que eu a defini. O filósofo Jean-Luc Nancy, em *Identidade*, faz uma constatação que eu gostaria de reproduzir aqui:

> Sem trabalho, sem lugar nem condições de vida a não ser os subprodutos da urbanização sem urbanidade, sem outra formação a não ser por remendos de modelos caducos, é impossível considerar um horizonte de identidade, mesmo quando não se deseja outra coisa. É natural então que as pessoas se fechem em pequenas identidades, superidentificadas por sua separação, endurecidas, exasperadas. [...] Uma identidade nacional é posta em perigo por outras identidades, provocando uma desidentificação geral do que chamamos de "civilizações"[71].

---

71. Jean-Luc Nancy, *Identité*, Paris: Galilée, 2010.

Violência na linguagem: a forma bruta dos protestos[1]
Eugênio Bucci

Tudo o que era vivido diretamente tornou-se uma representação.
Guy Debord[2]

PERGUNTAS INICIAIS

No dia 24 de julho, uma quinta-feira, na mesma edição cuja manchete principal era a morte do escritor Ariano Suassuna, a *Folha de S.Paulo* trouxe um artigo de Alan Gripp em que apareceram dois destes breves trechos interceptados por escuta policial. Gripp destaca uma das falas: "Botamos o Choque para correr, minha linda", diz o manifestante, em tom triunfal, em conversa grampeada pela polícia. "Foi muito lindo, amor, [você] perdeu"[3].

Em seguida, o articulista esclarece: "O rapaz se referia ao episódio que acabara de ser exibido numa reportagem de TV, no qual um grupo de *black blocs*, ele incluído, ataca PMs da Tropa de Choque do Rio com coquetéis molotov"[4].

Nas curtas falas capturadas pela escuta policial, os embates corporais com as tropas do Estado não eram descritos como eventos próprios da

---

1. Este texto é uma versão reduzida de um estudo, preparada para a conferência que resultou neste livro. A íntegra deste estudo será oportunamente publicada em livro.
2. Guy Debord, *A sociedade do espetáculo*, Rio de Janeiro: Contraponto, 1997, p. 13.
3. Alan Gripp, "Um drinque no inferno", *Folha de S.Paulo*, São Paulo: 24 jul. 2014, p. A2.
4. *Ibidem*.

ação política, nem mesmo como episódios militares ou marciais. Ele parecia falar de um filme de ação que lhe dava um prazer intenso e dá um depoimento de quem experimentou um gozo estético.

O apego à razão tem nos levado a crer que é por meio da linguagem que a civilização suplanta a barbárie. Acreditamos que a guerra principia onde o diálogo fracassa e que a paz só se constrói pela boa comunicação entre as partes. Entretanto, sem prejuízo dos ideais pacifistas, somos obrigados a admitir a contrapelo que não apenas pode haver violência *na* linguagem como a violência também se articula *como* linguagem.

Entre tantas outras evidências, os protestos de rua têm dado curso a essa possibilidade. Desde meados do século xx, eles se diferenciaram como um recurso a mais a serviço da propaganda política na pólis, mobilizando códigos que fazem alusão à violência e, em tensões extremas, são violentos em si mesmos, seja da parte dos que protestam, seja da parte dos que tentam reprimi-los. E mesmo aí, mesmo quando evoluem para escaramuças mais ou menos ásperas, mais ou menos desabridas, os protestos *são* comunicação. Um certo grau de violência, neles, funciona como publicidade. No rumor dos protestos, a violência é linguagem.

Marchando nas ruas, grupos e causas afirmam "nós existimos", "fazemos diferença", "temos o direito de ser ouvidos e vistos na paisagem urbana". A partir das ranhuras da cidade, projetam mensagens em signos que combinam palavras, imagens e coreografias próprias que podem incluir a pancadaria e escorrem nas praças e avenidas não como selvageria desgovernada – mas como linguagem. Os protestos assumem a forma de precipitados sígnicos líquidos em contraste direto com as cristalizações linguísticas fixas do espaço urbano, como uma estátua, um monumento ou uma catedral.

Observemos que, em nossos dias, a ordem urbana conforma, contém e expressa, ela também, uma linguagem própria, igualmente mediada por imagens. Das placas de trânsito às antenas luminosas que sinalizam a proximidade do aeroporto para os aviões, do traçado amplo das vias de alta velocidade às conexões elétricas ou digitais, quase microscópicas, dos fios subterrâneos, essa ordem obedece a protocolos linguísticos bem estabelecidos e, não nos esqueçamos, bastante globalizados: todas as cidades do mundo, cada vez mais, parecem falar uma mesma *língua* ordenadora. A cidade resulta de um complexo de signos interconectados uns aos outros em circuitos pelos quais os sentidos sociais se processam e se firmam, o que faz da urbe uma planta linguística.

O pulo do gato dos protestos de rua está nisto: eles compreenderam intuitivamente a gramática dessa urbe como linguagem e aprenderam a problematizá-la, a sabotar o fluxo de sentidos que aí tem lugar e atuar como um *vírus* que, se não é *anti-hegemônico* como gosta de se imaginar, é pelo menos contradiscursivo. Como num curto-circuito à revelia, como numa disfunção, os protestos desorganizam o ordenamento linguístico urbano para se afirmar como dissidência ou como crítica do poder. Ao problematizar a *língua* ordenadora da cidade, eles não se fecham em si mesmos, como gargalos antiurbanísticos ou caixas pretas indecifráveis e impenetráveis, mas despendem energia *enfartando* o fluxo dos sentidos na planta urbana para atrair o olhar, pois só quando atraem o olhar cumprem a meta de se afirmar como dissidência ou como crítica do poder. A linguagem que eles falam, então, é uma contralinguagem (contradiscursiva) em relação à linguagem ordenadora, uma competidora momentânea dessa linguagem ordenadora, uma vez que os protestos de rua só podem falar sua contralinguagem se forem vistos e, mais ainda, se forem vistos como postulam ser vistos (o que é aparentemente a mesma coisa, mas não é).

É nessa medida que os protestos se dirigem às câmeras do mundo. Querem capturar as formas de representação instituídas pelas instituições da comunicação social, pela mídia, pelo jornalismo e também pela indústria do entretenimento. Esse arsenal midiático, a exemplo do que se deu com a linguagem ordenadora da urbe, encontra-se irreversivelmente globalizado, homogeneizado nas metrópoles de todos os continentes. É apenas aí, na instância das câmeras – na instância da imagem ao vivo, como veremos adiante –, que os protestos de rua conseguem desordenar a narrativa urbana contra a qual se insurgem. Eles problematizam a cidade menos porque atrapalham o trânsito e mais, muito mais, porque alcançam lugar nas teles eletrônicas, onde estabelecem uma ligação direta (um *by-pass*) com a linguagem da imagem eletrônica dos meios de comunicação globais da era digital. Mais do que ferir a cidade como corpo físico, eles lancetam a representação da cidade na instância da imagem ao vivo. Os protestos, então, aglomeram-se como coisa corpórea, muito embora líquida, e, acima disso, acontecem como representação.

Se assim é, algumas interrogações se impõem.

Será que poderíamos identificar, nas manifestações de junho de 2013, momentos nos quais a violência fluiu como linguagem, tanto do lado dos manifestantes, como do lado dos que os retratavam e, ainda, do lado daqueles que os reprimiam? Os *black blocs* podem ser lidos como signos? De que natureza? A sua linguagem poderia ser vista como uma linguagem específica, regida por normas específicas? Essa linguagem específica teria servido de meio de produção, meio de expressão e meio de potencialização da própria violência?

Quanto aos meios de comunicação, de que modo as suas linguagens próprias, notadamente a linguagem audiovisual dos telejornais, contribuíram para exacerbar o emprego dos códigos violentos? Os signos visuais dos programas jornalísticos de televisão, que geram efeitos na indústria do entretenimento em geral, compareceram às ruas? De que modo? Teriam eles, no calor dos protestos, providenciado uma sintaxe para *glamurizar* o apedrejamento de policiais e a depredação de lojas e repartições públicas, uma vez que se deixaram monopolizar, como que magnetizados, pela apoteose do que tentavam condenar com a palavra "vandalismo"? Será que as câmeras não idolatraram aquilo que, nos microfones, os apresentadores rejeitavam?

Considerando que a linguagem pressupõe e opera recortes de ordem temporal, da duração de uma semínima no metrônomo ao presumido intervalo de silêncio entre uma interpelação e sua resposta, haveria nos enfrentamentos das ruas um sintoma de uma incompatibilidade de temporalidades entre o Estado e a sociedade, incompatibilidade posta por ordens temporais de duas linguagens que não conversam mais entre si ou, se é que conversam, mal se entendem? Teria havido um distanciamento entre as duas temporalidades a ponto de produzir um estranhamento tão grave entre suas linguagens (seus códigos)? Estaria o Estado ainda preso a ritos e processos lentos, que não recepcionam nem conseguem dialogar com as redes interconectadas da era digital que definem uma nova temporalidade na esfera pública? É possível pensar que esse descompasso temporal estaria no substrato de fenômenos semelhantes às manifestações de junho de 2013 no Brasil, como a Primavera Árabe e Los Indignados na Espanha?

Quer dizer: se a violência das ruas se desenvolveu como linguagem, tendo sido permeada, flechada e atravessada por vetores multidirecionais de outras linguagens, de que tipo ela foi? Uma linguagem performática? Estética? Que fundamentos, ainda que inconscientes, haveria naquela fala interceptada pela escuta telefônica no Rio de Janeiro que fala de uma *beleza* nas batalhas campais em que os manifestantes e a Polícia Militar tiveram parte? Por que o protagonista daquele ato fala do quebra-quebra como se fosse uma intervenção estética sobre a cidade, capaz de proporcionar um gozo sem igual aos presentes? Que gozo é esse?

No esforço de enfrentar essas perguntas, surgirá aqui um ângulo de análise pelo qual as manifestações de rua se descortinam como um confronto não entre forças políticas, não entre classes sociais, não necessariamente entre governo e oposicionistas, mas entre signos. Do lado dos manifestantes, há indicações enfáticas de que esses signos foram acionados por agentes fungíveis, aleatórios, que não guardavam entre si laços de organicidade política, mas apenas se integravam a uma sintaxe imagética já predefinida, como se vestissem às pressas uma fantasia pronta para entrar no cortejo que já se encontrava em andamento. De modo mais candente, esse se revelará o caso preciso da atuação dos *black blocs*.

O cortejo em andamento seguia um roteiro e uma partitura que vinham não de plataformas ou de programas partidários, mas dos atributos próprios dos signos em conflito. É claro que existiam intenções políticas no repertório imaginário dos agentes, mas este seria um aspecto acessório, não o motor principal. Veremos que o embate entre as imagens (signos) foi por vezes sangrento, mas ele se teria expressado (e evoluído) mais como cena do que como causa. A violência irrompia mais para dar curso às *performances* e menos para dar consequência a uma plataforma política. A violência estaria *na* linguagem e *a serviço da* linguagem, mais do que da política.

Em resumo: em junho de 2013, na hipótese que será aqui trabalhada, o jorro de linguagem implicado, em lugar de conter, desobstruiu a erupção da violência, que escreveu seu texto sobre o chão das cidades brasileiras. Para essa linguagem e para essa violência, o asfalto era a folha de papel e o corpo humano era a pena.

NAÇÃO EM FÚRIA

Da linguagem das ruas à estética dos confrontos, o caminho que se abre é traiçoeiro, crivado de armadilhas. Sejamos prudentes – não para evitá-las, mas para, de cada uma delas, extrair mais sabor. Deixemos para depois as tais belezas suspeitas e a discussão estética (embora, como se verá mais adiante, *beleza* e *estética* não constituam esferas necessariamente coincidentes). Para começar de um modo menos temerário, menos afoito, iniciemos por esses entes de pura vacuidade aos quais nos habituamos a dar o nome de fatos, esses entes que se prestam ao culto de uma credulidade positivista que se abriga, ainda hoje, no âmago do discurso jornalístico. (A crença nos fatos como alicerces e ao mesmo tempo motores de todos os acontecimentos é um dispositivo de potencial autodestruição do jornalismo, já que o conduz à miragem de que se ocupa não dos conflitos na linguagem, e sim de acontecimentos objetivos que estariam fora dela, que existiriam a despeito dela, e alimenta no cerne da instituição da imprensa e no nervo da prática jornalística a veleidade de que ele não é pura linguagem, apenas linguagem. Mas, no presente texto, deixaremos também isso de lado.)

Recapitulemos então as raízes do trauma. Elas são, também, raízes sígnicas, mas, agora, no início do raciocínio, façamos de conta, vibrando na mesma nota falsa do jornalismo que não se sabe linguagem (só linguagem), que são apenas fáticas (pois elas também são fáticas, em mais de um sentido). Quer dizer: comecemos pelos fatos.

Em junho de 2013, a nação roncava em fúria. Nas maiores capitais e, logo em seguida, nas cidades médias, protestos apareciam como que do nada e se adensavam de um dia para o outro. Inicialmente convocados por um grupo de pouca ou nenhuma inserção social, o Movimento Passe Livre (MPL), começaram pedindo o congelamento das tarifas dos transportes públicos. Era só o começo. Rapidamente, foram acolhendo outras demandas, até abraçar a todas. Isso mesmo: todas as outras e outras mais. As avenidas do Brasil sediavam atos públicos que eram "contra tudo", conforme noticiou a manchete garrafal da *Folha de S.Paulo* de 18 de junho de 2013: "Milhares vão às ruas 'contra tudo'; grupos atingem palácios".

A avalanche "contra tudo" tumultuou tudo, num ciclo prolongado de picos sucessivos. A intensidade chegou a tal ponto que consultores e estrategistas de empresas internacionais de segurança, dessas que prestam serviços de inteligência a governos sitiados e a organismos multinacionais que agenciam ou contratam mercenários, chegaram a falar, em conversas reservadas com senadores, que o quadro brasileiro corresponderia a modelos de crise aberta que em tese seriam passíveis de evoluir para uma guerra civil. Estavam equivocados, sem dúvida, mas, nos apalermados gabinetes oficiais daqueles dias, conseguiram impressionar.

Ninguém estava entendendo nada. Para as calçadas, viadutos e praças, afluía gente de todo lado. Era uma gente improvável e inesperada, que jamais tinha sido recrutada e preparada pelas cúpulas sindicais ou partidárias. Aquela gente não tinha descido do morro para o asfalto, como prometiam os sambas de antigamente; descia mesmo era dos apartamentos de alto padrão, ou, pelo menos, dos apartamentos confortáveis da classe média espaçosa. Adolescentes saíam dos colégios mais caros e rumavam para a passeata como quem vai à balada. Profissionais liberais de meia-idade saíam às pressas do escritório, punham um par de tênis e iam se juntar aos filhos. Quando o país se deu conta, viu que aqueles manifestantes de primeira viagem tinham assumido a linha de frente de uma vaga gigantesca que repudiava o poder público a plenos pulmões, contando apenas com as cordas vocais, uns poucos megafones e milhões de cartazes feitos em casa. A maioria silenciosa, quem diria, tinha tido seus 15 ou 20 dias de vanguarda do movimento de massas.

Nada daquilo parecia caber nas cartilhas de cabeceira dos que se supunham donos da agenda pública. Aquela gente era uma gente demasiadamente comum, comum até não poder mais, e por isso mesmo era uma gente improvável e inesperada. Prefeitos, governadores e ministros se perguntavam a portas fechadas sobre as intenções dos novíssimos agitadores. Quem os incendiou assim? A mando de quem eles marcham? Ninguém sabia responder direito. Muito menos prefeitos, governadores e ministros.

As respostas talvez pudessem vir de uma análise baseada na ciência política. Um estudo que leve em conta a carga dos signos linguísticos e visuais aí implicados poderá sugerir pistas menos óbvias. Com efeito, as ruas hospedavam uma guerra simbólica. Os que insultavam os representantes do poder eram os mesmos que se adornavam com os símbolos do Estado e da pátria. Os insatisfeitos que xingavam as autoridades desfraldavam bandeiras brasileiras nas janelas dos prédios e se adornavam de verde e amarelo, como a dizer que a pátria estava ali, no corpo de cada um deles, que a pátria estava nas ruas. "O povo acordou", gritavam, sem medo de serem bregas. A breguice não poderia faltar ao encontro das massas: a qualquer pretexto, os grupos saíam cantando o hino nacional sem errar a letra. Naqueles dias, uma anedota de um espirro no metrô fez sucesso nas rodas sociais. Dizia a piada que, numa tarde de trens superlotados, um passageiro espirrou alto dentro do vagão. Educadamente, alguém ao lado redarguiu: "Saúde". Ao ouvir a palavra *saúde* pronunciada de forma tão decidida, um sujeito a poucos metros da cena ergueu o punho e gritou: "Educação!". Ato contínuo, todos começaram a cantar o Hino Nacional. Esse era o Brasil em junho de 2013. Esse era o Brasil que as autoridades não conseguiam decifrar.

DA NATUREZA SÍGNICA DO *BLACK BLOC* (E DO PAPAI NOEL)

As sessões de quebra-quebra viraram arroz de festa. Os *black blocs* brasileiros – imitadores daqueles que se tornaram célebres quando espatifaram vitrines no encontro da OMC em Seattle em 1999, ou quando criaram os grupos de autodefesa das passeatas em Berlim, ou quando apedrejaram policiais em Milão – roubaram a cena. Desferiam pedradas nos capacetes da polícia e estilhaçavam vidros de agências bancárias. Além dos escudos transparentes da tropa de choque, símbolos da repressão, miravam os estabelecimentos que simbolizavam o capital (bancos), o luxo (concessionárias de automóveis importados) e o poder (prefeituras, palácios de governo e demais repartições vistosas). Signos do dinheiro, da ostentação e do Estado viraram alvos de guerra, guerra simbólica, guerra das imagens.

No começo, aquela gente comum presente aos protestos, que não queria saber de escoriações, não se incomodou tanto. Em lugar de medo, os manifestantes de primeira viagem experimentavam fagulhas de excitação cívica; olhavam aqueles rapazes, pouco mais que crianças, e viam neles candidatos a heróis exóticos. A zoeira meio descontrolada compunha uma ambiência de aventura nas ruas, fascinando os neófitos, que eram quase todos.

Mas a boa vontade durou pouco. Logo os neófitos se alinharam ao discurso televisivo e passaram a repelir as táticas mais duras. Os relatos noticiosos na televisão e nos jornais começaram a tachar os *black blocs* de "vândalos", contrapondo-os aos demais, designados de "manifestantes pacíficos". Os primeiros eram execrados na TV. Os segundos, adulados.

O propósito da operação semântica insistente era prevenir e educar os novatos em passeatas, para que não enveredassem pela pancadaria.

É claro que os meios de comunicação acabaram produzindo o contrário do que pretendiam. Os manifestantes pacíficos deixavam que suas objetivas se imantassem pelo histrionismo do vandalismo, que monopolizava as imagens na TV. Os vídeos e as fotografias abundantes consagravam os atos de depredação, emprestando a seus agentes uma aura de delinquentes românticos numa angulação que mais os edulcorava do que os desencorajava. Ocorre que os depredadores, de sua parte, também produziram o oposto do que pretendiam. Em lugar de fortalecer as passeatas, como almejavam, só conseguiram esvaziá-las. Tão logo a arruaça se tornou regra, aquela gente comum, que antes não ligava tanto, começou a ficar ressabiada. E vazou.

Mas o que eram esses tais *black blocs*, que tanta apreensão causavam? Eles entraram no circuito como uma tribo à parte, um signo muito bem marcado. O que os identificava, além da disposição de partir para as vias de fato, eram as roupas padronizadas, quase um uniforme: tecidos escuros, espessos, mangas compridas, botas resistentes, o rosto coberto por tecido ou máscaras de gás, às vezes acopladas a capacetes. Do ponto de vista do figurino, pode-se dizer que formavam um conjunto, mais ou menos como os aposentados que se vestem de Papai Noel em *shopping centers* também formam um conjunto.

A comparação não tem fins humorísticos, ainda que não os rejeite. As semelhanças entre uns e outros aparecem em profusão e em profundidade. São estruturantes. Os Papais Noéis e os *black blocs* podem ser lidos como dois significantes que ingressam na cena pública. A natureza de significante espelha os dois num feixe de equivalências que fala por si. Antes de qualquer outra consideração, façamos uma pergunta singela. Por que os Papais Noéis de *shopping*, quase todos, são personagens mascarados? Por que escondem a própria identidade sob barbas brancas de mentira? A resposta é muito simples: eles precisam suprimir momentaneamente suas identidades individuais para ficarem parecidos com o ser genérico em que se transubstanciam. O significante é assim: igual a si mesmo e diferente de todo o resto. Daí que o sujeito que interpreta na rua o papel de *black bloc* precisa se mascarar. Nem tanto para escapar à vigilância policial (isso também conta, por certo), mas principalmente para encarnar o ser genérico que o define. O *black bloc* é efetivamente um ser genérico, um Papai Noel das sombras. E o que nele é significante é o seu invólucro, não o seu "conteúdo".

Junho de 2013 foi para os *black blocs* o que as festas natalinas são para os aposentados que fazem bico suando sob o cetim vermelho e fazendo "hô-hô-hô" para as criancinhas. Alinhados em destacamentos uivantes, que às vezes até fizeram a polícia recuar, os *black blocs* davam a impressão de formar um pelotão unificado e bem treinado, mas nunca foram uma organização formal. Havia os que se dedicavam ao esporte com afinco excepcional, o que incluía exercícios de treinamento e algum preparo coletivo, mas eles nunca chegaram a compor uma falange disciplinada e centralizada. Também nisso guardam analogias com o pessoal da terceira idade que se veste de Papai Noel. Um Papai Noel não conhece os outros; talvez uns poucos sejam amigos entre si e se cumprimentem na hora do *trabalho*, mas isso é irrelevante. Não é preciso haver uma empresa monopolista de senhores que se fantasiam de Papai Noel para que, no fim do ano, o comércio seja invadido por um descomunal exército deles e para que eles se comportem exatamente de acordo com o figurino.

Com os *black blocs* é a mesma coisa. Um pode muito bem não ter a menor ideia de quem seja aquele mascarado ao lado arrancando a placa de trânsito para quebrar a porta da butique. Só o que unifica os *black blocs* é o figurino e o código gestual. A roupa instaura o significante, tanto no Papai Noel como no *black bloc*, embora as alterações que um e outro produzem na cidade sejam diversas ou mesmo opostas.

Fora isso, que não é pouco, o significante dos *black blocs* tem pouco a ver com a figura do bom velhinho. Na faixa etária, por exemplo, são antípodas. Os primeiros, ainda mal entrados na puberdade, até outro dia pediam para as mães levá-los ao *shopping* para se deleitar com os segundos. O personagem genérico do Papai Noel foi massificado pela máquina da propaganda da Coca-Cola, nos anos 1930, e daí ganhou vida própria como catalisador de publicidade. O personagem genérico do *black bloc* foi industrializado não pela publicidade, mas pelos noticiários de TV de estilo mais ou menos sensacionalista, hipnotizados pelas *performances* dos garotos que bagunçavam as praças em épocas das reuniões de cúpula dos países ricos.

Os dois significantes fincam raízes em tradições culturais anteriores à TV. Antes da Coca-Cola, o Papai Noel já tinha sido utilizado por outras marcas de bebidas doces, mas sua origem é ainda mais antiga. A lenda original remonta a santos e benfeitores do cristianismo, que jamais ouviram falar de Coca-Cola. A figura do *black bloc* também não foi inteiramente inventada no âmbito dos telejornais a partir das diatribes juvenis dos ativistas antiglobalização. É verdade que, logo no seu aparecimento, esse significante se estabeleceu como forma relativamente eficaz de chamar a atenção das câmeras de TV e logo ganhou vida própria como ser genérico. Mas é preciso desmontar com menos apressamento o processo de fabricação simbólica desse significante tão central em junho de 2013 no Brasil.

O figurino parece resultar de uma replicação puída do fardamento da própria polícia. É uma réplica um pouco mais andrajosa da armadura emborrachada da qual se paramentam os soldados das divisões encarregadas de dissolver aglomerações inflamadas. A sua semelhança antitética com os policiais da repressão é indispensável para que o significante fique de pé: em oposição às forças repressivas, como seu *outro em negativo*, os *black blocs* seriam o pelotão de defesa dos protestos, os brucutus do bem. O *black bloc* entra em ação como o antichoque, um anteparo de força física capaz de se igualar ao agente da lei. Mas não é só isso. A fantasia que o caracteriza incorpora uma mitologia que já tinha virado lugar-comum na indústria cultural: a dos heróis mascarados das histórias em quadrinhos de meados do século XX (muitos dos quais foram parar no cinema) que batiam nos vilões para defender oprimidos medrosos. O personagem genérico do *black bloc* encontrou eco no imaginário juvenil, moldado pela indústria do entretenimento, porque reencarnou personagens ficcionais que combinavam uma estranha *consciência social* com uma dose de sociopatia, mais ou menos como Zorro[5], Fantasma ou Durango Kid. A figura

---

5. A lenda do Zorro se inspira na biografia de um homem real, William Lamport, que nasceu em 1615 na Irlanda e morreu em 1659 no México. Era aventureiro, bom espadachim e poliglota. Segundo seus biógrafos, ele se envolveu com uma espanhola de família rica e teve que ir para o México como espião infiltrado entre os índios, mas, lá, aderiu à causa dos nativos e lutou ao lado deles. Foi quando se tornou El Zorro (que, em espanhol, significa raposa, homem astuto). Fazia justiça pelas próprias mãos e zombava dos soldados e da Igreja. Foi preso pela Inquisição duas vezes, sendo morto em 1659 na fogueira. Conta-se que, antes de ser queimado, teria se enforcado com a corda da fogueira. Em 1872, o general do Exército mexicano Vicente Riva Palacio (1832-1896) escreveu o livro *Memorias de un impostor: Don Guillén de Lampart, rey de México* (Memórias de um impostor: Dom Guillén de Lampart, rei do México), em que conta as aventuras do forasteiro europeu nas terras mexicanas. No romance, baseado em vasto material biográfico encontrado nos arquivos da Inquisição, Lamport ganhou uma alcunha bem ao gosto local: Diego de La Vega. O romance não ficou famoso, mas a obra do general serviu para a construção do herói mascarado. Em 1919, o Zorro surgiu em uma série no semanário

de Guido Fawkes, que viria a inspirar a máscara do Anonymous, tanto na internet como nas manifestações de rua, é outra referência[6]. Se existisse um *black bloc autêntico* à brasileira – coisa que não existe, pois o *black bloc* é sempre um decalque mimético – ele seria algo como um Batman abrasileirado, um Batman de esquerda.

Mas em outros países o sentido é inteiramente outro. O significante do *black bloc* se presta a significados sortidos, ou até opostos, conforme variam o tempo e o lugar. Se no Brasil o *black bloc* seria um Batman de esquerda, na Síria de 2011 ele seria um Capitão América de extrema direita. Um *black bloc* só tem ideologia na medida em que um revólver pode ter ideologia. Nessa perspectiva, o Papai Noel lhe é superior. Os significados revestidos pelo significante do bom velhinho costumam ser mais constantes e mais coerentes. O *black bloc* é um significante mais vazio e mais volátil.

O *black bloc*, a exemplo do Papai Noel, é um significante que se prolifera por meio da cópia imagética. Quando em ação, segue uma coreografia *prêt-à-porter*. Alonga os braços para atirar pedaços de pau. Desloca-se como num balé de avanços e retrocessos, vanguarda e retaguarda. Faz a delícia dos fotógrafos porque os fotógrafos foram adestrados a devorar o que é flamejante, pois o *black bloc*, esse significante da visualidade que se presta a significar o que contesta, foi desenhado pelo olhar domesticado pela indústria.

    americano *All-Story Weekly*. O nome da série era *The Curse of Capistrano* (A maldição de Capistrano), escrita pelo jornalista e romancista americano Johnston McCulley. Ver, a respeito, Gerard Ronan, *The Irish Zorro: The Extraordinary Adventures of William Lamport (1615-1659)* (O Zorro irlandês: as aventuras extraordinárias de William Lamport (1615-1659), Dublin: Mount Eagle Publications, 2004; e Fabio Troncarelli, *La spada e la croce: Guillén Lombardo e l'inquisizione in Messico* (A espada e a cruz: Guillén Lombardo e a Inquisição no México), Roma: Edizioni Salerno, 1999.

6. O inglês Guy Fawkes (1570-1606), também conhecido como Guido Fawkes, é outra referência notória dos anarquistas nas manifestações de rua e, indiretamente, também dos *black blocs*. Ele se converteu ao catolicismo aos 16 anos e, tendo se tornado um soldado inglês, especializou-se em explosivos. Em 1605, teve participação na Conspiração da Pólvora (*Gunpowder Plot*), um complô que pretendia assassinar o rei Jaime I da Inglaterra, que era protestante, e os membros do Parlamento. O plano era desfechar o ataque durante uma sessão da casa e o objetivo era promover um levante católico. Fawkes era o responsável por guardar os 36 barris de pólvora que seriam utilizados para explodir o Parlamento. Antes do ataque, porém, Fawkes foi preso, torturado e condenado à morte. Sua captura é lembrada ainda hoje, no dia 5 de novembro, na Noite das Fogueiras (*Bonfire Night*). Durante seu interrogatório, Fawkes resistiu e se identificou como John Johnson. Sua fibra despertou admiração no rei, que elogiou sua "resolução romana". A história em quadrinhos *V de Vingança*, lançada em 1982, com roteiro de Alan Moore e desenhos de David Lloyd, possui influências da Conspiração da Pólvora. Um personagem que utiliza o codinome V e usa uma máscara inspirada no rosto de Guy Fawkes tenta promover uma revolução na Inglaterra fictícia (década de 1990) onde é ambientada a história. O rosto de Guido Fawkes é o que aparece nas máscaras do Anonymous, que virou uma febre nas manifestações de rua no mundo todo a partir de 2003.

Tais atributos, invariavelmente exteriores, reforçam sua característica de ter na aparência a sua única essência. O que o define é o que o reveste: o figurino, a postura híbrida entre o marcial e o marginal, a coreografia padronizada, o teatro de manobras radicais matizadas por um timbre cênico entre o trágico, o heroico e o mambembe.

Quanto à sua função na sintaxe das manifestações, o *black bloc* prolonga em ato a violência que os códigos gestuais das passeatas convencionais apenas encenam (mas não praticam), como os soquinhos no ar, entre outros cacoetes. Ele dessublima o linguajar agressivo dos panfletos e das palavras de ordem por meio de uma coreografia que o transforma em *performance*. Do léxico panfletário de inspiração bélica (com palavras como *luta, derrota, trincheira, estratégia* etc.), extrai seu gestual pautado pela finalidade de representar (e ilustrar) o embate de ideias presentes no imaginário dos contestadores. O *black bloc* é protagonista (vocábulo de sua predileção) de uma representação da violência, sob a justificativa moral um tanto rasa de que sua atuação mais pirotécnica do que propriamente destrutiva serviria para desnudar e denunciar aquela que efetivamente é a violência maior (mas silenciosa, oculta, subliminar), qual seja, a violência materializada em rotina da ordem estabelecida.

Os *black blocs* de junho de 2013 eram uma imagem (supostamente de contestação) que se batia contra outra (de manutenção do *status quo*). Não eram um modo de *ativismo*, como teriam preferido dizer, mas uma hiperatividade que soube fazer do anonimato sua via narcisista. A essa figuração estrepitosa e maquinal eles chamavam de *tática*, uma *tática* que eles assimilavam não em grupos de estudo ou em sessões de doutrinação política, mas assistindo a vídeos nas telas eletrônicas, como acontece com os praticantes de skate ou com os músicos das bandas *cover*. Como os Papais Noéis de *shopping*.

O TEMPO DO ESTADO ATROPELADO PELO TEMPO DA SOCIEDADE

As chamadas *jornadas de junho* escancararam o descompasso entre a temporalidade da sociedade civil e a temporalidade do Estado. A evolução ultraveloz das práticas comunicativas da *esfera pública* e do *mundo da vida* deixou na poeira o andamento lento da burocracia estatal. O que as autoridades tardaram a perceber foi que as redes interconectadas deram mais substância, mais alcance e mais vigor para os processos naturais do mundo da vida, o que turbinou os ritmos próprios de formação e dissolução de consensos e dissensos na esfera pública.

As duas categorias são emprestadas de Jürgen Habermas. Ao conceber o mundo da vida como contíguo à esfera pública, ele desenvolve os dois conceitos de modo articulado e complementar. O mundo da vida pode ser entendido, para efeitos desta conferência, como o lugar em que a vida cotidiana acontece ou, se preferirmos, o lugar onde se dão os entendimentos entre os agentes (atores sociais) que fazem a vida acontecer. "Ao atuar comunicativamente", escreve Habermas, "os sujeitos se entendem sempre no horizonte de um mundo da vida. Seu mundo da vida está formado de convicções de fundo, mais ou menos difusas, mas sempre aproblemáticas"[7]. A base do mundo da vida "de modo algum se compõe somente de certezas culturais"[8] ("certeza" no sentido daquilo que não é tematizado como problema na comunicação entre os participantes da situação), mas incorpora também "habilidades individuais, o saber intuitivo e práticas socialmente arraigadas". Desse modo, além da cultura, "sociedade e personalidade atuam não só como restrições mas também como recursos"[9].

Sobre a esfera pública, Habermas diz que ela é "uma estrutura comunicacional enraizada no mundo da vida através da rede de associações da sociedade civil"[10]. Ele insiste reiteradamente que a esfera pública não é instituição formal, não é um arranjo posto pelo ordenamento jurídico, mas é um "espaço social gerado pela comunicação"[11]. Ela não é Estado, não se confunde com ele, embora o tangencie e tenha forças para agir sobre ele. A esfera pública é um espaço comunicacional mais amplo, mais dinâmico e mais ágil do que qualquer instituição a que possa dar origem ou abrigar. "Tal como o mundo da vida como um todo, a esfera pública também é reproduzida através da ação comunicativa."[12]

---

7. Jürgen Habermas, *Teoría de la acción comunicativa* (Teoria da ação comunicativa), vol. 1, Madrid: Taurus, 1987, p. 104.
8. *Ibidem*, vol. 2, p. 192.
9. *Ibidem*.
10. Idem, *Between Facts and Norms* (Entre fatos e normas), Cambridge: MIT Press, 1996, p. 359.
11. *Ibidem*, p. 360.
12. *Ibidem*, p. 360.

Para uma formulação um pouco mais fina, vejamos o que propõe o texto do próprio autor:

> Nas sociedades complexas, a esfera pública consiste numa estrutura intermediária entre o sistema político, de um lado, e os setores privados do mundo da vida [próprios da vida privada, que alcançam também aspectos da esfera íntima] e os sistemas funcionais [relativos ao Estado e ao capital, que não pertencem ao mundo da vida], de outro[13].

Em virtude dos padrões tecnológicos vigentes até há pouco tempo, o mundo da vida ficava mais distante da esfera pública. Os vasos comunicantes entre as duas categorias não eram tão desobstruídos. O que a eclosão de junho de 2013 jogou na cara de todos foi exatamente isto: o mundo da vida, tornado mais complexo, mais aparelhado e mais vigoroso, com mais capilarização comunicativa a oxigenar-lhe as células e a fortalecer-lhe o tecido, caía dentro da esfera pública praticamente sem mediações. O seu acesso à esfera pública parecia instantâneo, uma questão de um minuto. Ou menos. Os meios pelos quais os sujeitos se entendiam (ou se desentendiam) no horizonte de um mundo da vida tinham adquirido mais potência, de tal forma que a voz de um só homem pode ser a voz de um milhão em um intervalo exíguo, e isso sem depender de partidos, sindicatos, ONGs ou governos, sem depender dos órgãos convencionais de imprensa e praticamente sem depender de uma cadeia sequencial de mediações intercaladas. Sem depender, também, de um cérebro maquiavélico secreto que manipule as massas nos subterrâneos da *web* profunda – cérebro que, para desalento dos potentados, nunca foi localizado.

Junho de 2013 deixou patente que, no advento da internet, esse lugar chamado de *mundo da vida* tinha sido, por assim dizer, ligado a uma tomada de 220 volts ou mesmo energizado por fusões e fissões subatômicas com descargas quânticas de força inimaginável. A redefinição dos padrões tecnológicos alterou de vez não só o mundo da vida como a esfera pública e, principalmente, as conexões entre os dois.

É assim que os conceitos de mundo da vida e de esfera pública não apenas não se diluíram com a emergência das novas tecnologias mas

---

13. *Ibidem*, p. 373.

ganharam com ela uma nova altitude. A noção de esfera pública como espaço social gerado pela comunicação saiu fortalecida do advento da era digital. Tanto que surgiram entusiastas da esfera pública como uma fronteira capaz de realizar os projetos de emancipação que a antiga esfera pública burguesa, colonizada pelos meios de comunicação de massa, se viu forçada a abandonar. Um desses entusiastas é Yochai Benkler. Em *The Wealth of Networks* (A riqueza das redes), ele afirma:

> A esfera pública interconectada permite a muito mais indivíduos comunicar suas observações e seus pontos de vista para muitos outros e fazer isso de tal maneira que não pode ser controlada pelos proprietários dos meios de comunicação e não é fácil de ser corrompida pelo dinheiro como nos tempos dos meios de comunicação de massa[14].

Admitamos que talvez exista aí, nesse pensamento, uma ponta de ingenuidade ou até de deslumbramento. A esperança de que as redes interconectadas, ou a "esfera pública interconectada", traria consigo uma nova estrutura social, comunicativa e tecnológica que prescindiria das mediações típicas da indústria cultural e das ferramentas midiáticas da sociedade de massas talvez seja por demais otimista, mas o fato é que ela vem frutificando. Em diversos círculos acadêmicos, essa *nova* esfera pública é percebida pela teoria como um ambiente mais livre, mais arejado e mais protegido contra controles unilaterais (*sistêmicos*) urdidos pelo Estado ou pelo capital. A *nova* esfera pública estaria a salvo das *colonizações* e das *manipulações*. Seria, então, capaz de dar novo sopro de vida à própria democracia. Essa leitura entusiasmada da *nova* esfera pública não revogou o modelo de Habermas, mas o enraizou ainda mais.

Tentemos descrever a mesma figura – a esfera pública gerada pelas práticas comunicativas da era digital – de um modo um pouco mais crítico. As vias de expressão do que temos chamado de opinião pública ficaram mais inconstantes – e muito mais barulhentas. Os picos instantâneos que sinalizam o humor coletivo não precisam guardar laços de coerência entre si e deixam expostos deslizamentos inconscientes. Nesse contexto, é possível que a opinião pública tenha se *mundanizado* mais,

---

14. Yochai Benkler, *The Wealth of Networks*, New Haven: Yale University Press, 2006, p. 11.

alegremente entregue a se manifestar sobre passatempos do entretenimento como se fossem eventos políticos – e vice-versa. Em consequência disso, as distinções clássicas entre o mercado cultural e a arena política se dissolveram, em nuvens indefinidas, pesadas ou leves, cujas cargas elétricas mostram inclinações ambivalentes: podem relampejar tanto para um lado como para o outro. Nesse contexto, a esfera pública não está, de modo algum, imune aos códigos da indústria da diversão, que prosseguem potentes para pautar suas tematizações, assim como se abastecem, ainda mais, de suas flutuações. A expansão cultural do mundo da vida pela força das tecnologias digitais se afirma como um dado irrefutável, assim como as linhas comunicacionais constitutivas da esfera pública passam por uma multiplicação e uma aceleração vertiginosa, mas não se deu a emancipação sugerida por alguns dos novos autores. A esfera pública é claramente mais veloz e tem (muito) mais massa, mas não ficou necessariamente mais livre.

Em contraste, a máquina estatal segue lenta. Ainda não passou pelos reordenamentos estruturais que poderiam dar conta de conectá-la ao novo padrão tecnológico no qual já vive e respira a sociedade. A lentidão da burocracia estatal tem peso de chumbo e, quando comparada à aceleração dos processos comunicacionais do mundo da vida e da esfera pública, assume o aspecto de uma âncora exagerada, que puxa o navio para o fundo do mar. Esfera pública e Estado (ou sociedade civil e Estado, se quisermos) se põem, então, como *hardwares* incompatíveis. E isso não apenas no Brasil. O tema é indiscutivelmente mundial.

A percepção repentina desse descompasso não é simples do ponto de vista dos governantes. Eles tinham se acostumado a usar como passarela as cabeças estagnadas dos homens comuns. Quando elas se moverem, sentiram a terra tremer sob os seus pés.

NOTAS SOBRE UMA ESTÉTICA PEDESTRE

Do seu ponto de observação, no "olho da rua", o jornalista Bruno Torturra, líder da Mídia Ninja[15], enxergava junho de 2013 por ângulos

---

15. A palavra *Ninja*, um acrônimo de Narrativas Independentes, Jornalismo e Ação, deu nome a um grupo de ativistas que, munidos de celulares e alguns outros equipamentos instalados em carrinhos de supermercados, cobriam as manifestações *in loco*. Em julho de 2013, várias das reportagens dos ninjas, como

pouco usuais: "O *black bloc* não é um movimento. É uma estética, um código simples de reproduzir. Quando vão para a rua a sociedade identifica: o *black bloc* chegou. É um comportamento emergente. A ausência de liderança, que virou clichê, é ausência de mediação"[16].

A frase, dita no debate sem plateia organizado pelo jornal *Valor Econômico*, em São Paulo, e depois publicado no caderno *Eu&* na edição de 9 de agosto de 2013, deixou muita gente desconcertada. A ideia de que a violência rueira pudesse ser chamada de *estética* chocava os leitores de boa formação cultural e analistas ilustrados. Mas ele tinha seu ponto.

A despeito das alegadas intenções políticas benévolas de promover a "autodefesa" das passeatas, os *black blocs* parecem mesmo carregar alguns aspectos que poderiam ser chamados de *estéticos*. Vistos desse ângulo, eles descendem da escola das intervenções urbanas lançada por artistas de vanguarda do surrealismo, do dadaísmo e do neodadaísmo. O diferencial *black bloc* consiste em transpor a fronteira que separa o discurso do ato de destruição física dos símbolos da ordem: vitrines de lojas, agências bancárias, sedes do poder público. É bem verdade que um componente de quebra abrupta da normalidade, ou pelo menos da inércia, já se fazia sentir nas intervenções urbanas de inspiração surrealista. Elas desconstruíam a rotina dos ambientes em que se instalavam. Pode-se dizer que agrediam, simbolicamente, as pessoas que participavam daquela rotina, embora não lhes ferissem o corpo.

O que eles encenam é uma intervenção urbana, mesmo que adulterada, na qual a *agressão simbólica* vira mais do que isso. Arrastam a lógica da intervenção urbana – que, de resto, está necessariamente presente nos protestos de rua, que tumultuam a cidade para projetar uma causa – ao limiar do terrorismo. Se a intervenção urbana extraía da arte uma linguagem e, de posse dela, desmontava imposturas da própria arte ou os embustes de entidades como *cultura popular*, os *black blocs* se apossam da

passaram a ser chamados, ganharam espaço no horário nobre, em extensos minutos do *Jornal Nacional*. Eles registravam cenas que eram simplesmente inacessíveis às câmeras dos veículos convencionais, muitas vezes hostilizados pelos manifestantes.

16. Declaração de Bruno Torturra no debate "Longa jornada junho adentro", promovido, editado e publicado com exclusividade pelo caderno semanal *Eu&*, que circula nas edições de sextas-feiras do jornal *Valor Econômico*. Esse debate em particular contou com a participação de Bruno Torturra, José Álvaro Moisés, Jairo Nicolau e Eugênio Bucci, tendo sido conduzido e editado pelos jornalistas Bruno Yutaka Saito, Maria Cristina Fernandes, Robinson Borges e Viana de Oliveira.

linguagem da intervenção urbana para promover um ritual cujo clímax é o linchamento estridente dos signos do poder. Enquanto a intervenção urbana pretendia ressignificar a arte, os *black blocs* querem extirpar da epiderme da cidade as inscrições que sinalizam o predomínio do poder. Por meio dessa violência que presumem reativa, esperam desnudar a violência simbólica inscrita nos signos contra os quais se levantam. Ao torná-los um alvo físico da ira das massas em passeata, imaginam evidenciar, neles, que aparentemente são inertes, passivos e inofensivos, a violência real e oculta de uma ordem que oprime, explora e humilha os seres humanos. Ora, isso nada mais é que um procedimento da ordem da linguagem que tem sim componentes estéticos.

O que ocorre – e isso é que choca os homens de cultura – é que, nos *black blocs*, a estética vira loucura, descosturada da razão e da consciência. Sendo loucura, não tem como ser estética. A linha divisória entre uma e outra é tênue, como todos sabemos, mas, no caso dos *black blocs*, ela é claramente transposta. Ainda que traga algo de estético em sua roupagem e em sua coreografia *prêt-à-porter*, a irrupção dos vandalismos urbanos brinca com fogo, literalmente. Sua *tática* produz mortes. Sua agressividade gestual, que se pretende performática, deságua em violência comum, banal, criminosa. Não nos esqueçamos de que foi um rojão acionado por *black blocs*, apontado na direção de um grupo de potenciais vítimas, que matou o cinegrafista Santiago Ilídio Andrade, no dia 10 de fevereiro de 2014, no centro do Rio.

Nisso reside o curto-circuito ontológico do emprego da palavra estética para qualificar o *black bloc*: não há possibilidade conceitual de existência de uma área conexa entre o campo da estética, próprio da arte, e atos dolosos cujo objetivo inclui causar ferimentos ou a morte de alguém. O bloqueio lógico que se põe aí é, inicialmente, de fundo ético: a civilização, gerada pelo instinto de preservar a vida (a própria e a dos semelhantes) e consumada como obra da razão (ainda que fugaz), não tem como conceber no homicídio um fio de ligação (ainda que sumário) com o engenho humano de elaborar aquilo a que a razão mira com encantamento. Nesse plano, a criação estética é incompatível com a irrupção fanática. Se fosse pleitear uma estética no assassinato, a civilização imploriria todo o seu legado racional e desmoronaria sobre si mesma: teria que ver sua própria implosão como o suprassumo da beleza. Dos desvãos da história, em que maneirismos da arte se contrabandearam para a política e daí para a violência, a humanidade retém ainda úmido o odor do nazismo. Portanto, se os *black blocs* brincam com fogo, a crítica não pode brincar com qualquer ideia de *estética da morte*. Isso, de uma vez por todas, não existe.

Se existisse, teríamos de conceder que o atentado contra o World Trade Center em Nova York, no dia 11 de setembro de 2001, fulgurou no céu como uma obra de arte, e não uma qualquer, mas uma obra de arte acima de todas as demais. Alguns pensadores críticos investiram nessa provocação, mesmo cientes de que ela não se sustenta[17]. O que os confunde, talvez, é que o predomínio total daquelas imagens, por horas a fio, sobre todos os meios audiovisuais do planeta inscreveram sua existência suprema não no plano da suposta realidade, e sim no plano da representação – e, de novo, não no plano de uma representação qualquer mas no da representação midiática posta pela instância da imagem ao vivo. O golpe terrorista desferido contra o WTC em 2001 alcançou assim uma existência como representação cuja potência era equivalente ou superior a todas as demais. O atentado transcorreu ao vivo, queimando minuto a minuto o tecido de que é feito o olhar planetário, reduzindo todos os espectadores que o acompanharam a *mutilados de guerra*, mutilados imaginários. Com isso, abriu a era do terrorismo como intervenção urbana globalitária e irrecorrível. Aquelas torres em chamas, em franco derretimento, aprisionaram os olhos do mundo porque sua narrativa instantânea fez de Manhattan um altar de sacrifício da própria civilização. Cada lance – com mil reprises imediatas, em câmera lenta – transcorria como numa montagem desbragadamente estética, que incorporava não alguns, mas virtualmente *todos* os ingredientes da indústria do entretenimento. Daí que não foram poucos os que cederam à tentação de ver naquilo uma forma estética ao mesmo tempo suprema e catastrófica. Aliás, aqueles que, em 2001, transitavam com destreza pelos instrumentos teóricos que lhes permitiam discernir, nas fissuras da ordem mundial, as enfermidades letais que acometiam a civilização que oprimia e cegava, dificilmente tiveram como evitar de vivenciar aquelas imagens como uma estrondosa

---

17. Em *Bem-vindo ao deserto do real! Cinco ensaios sobre o 11 de setembro e datas relacionadas* (São Paulo: Boitempo, 2003, p. 26), Slavoj Žižek defende a polêmica ideia de Karl-Heinz Stockhausen, para quem os aviões que atingiram o World Trade Center teriam sido "a última obra de arte", pois os terroristas teriam planejado o ataque para causar um "efeito espetacular".

obra de arte apocalíptica, gerada pelo avesso de uma razão transfigurada em força bruta. Em violência tácita e massacrante.

Mas não. A despeito de sua inesquecível explosão de efeito estético, o ato terrorista de 11 de setembro não tinha nem teve nem tem nada, nada, nada de obra de arte. Afirmar que teve, ou que tem, implica incinerar o que a humanidade entendeu por arte – e o que a arte acalentou como ideal de civilização. Pelo prazer ocasional de um *boutade*, o preço é alto demais.

Não há como visualizar um caráter de obra de arte no ato material que destrói a vida, a razão ou a civilização. Há que reconhecer, contudo, que as narrativas violentas, posto que são representação, lançam mão de elementos estéticos, que se atiram nos olhos das plateias como estilhaços nos quais haveria, aí sim, rescaldos ou a memória destroçada de uma arte que se despedaçou antes de existir. É um pouco assim que podemos considerar a hipótese, não de que os *black blocs sejam* uma estética mas de que mobilizam, em suas arruaças juvenis, fragmentos recombinados de estéticas características não da cultura em geral mas da indústria do entretenimento em particular.

O GOZO ESTÉTICO QUE DISPENSA A ARTE

Assim como as guerras mais odiosas servem de insumo a obras-primas da literatura, as confluências, sobreposições e compartilhamentos de linguagem entre política e espetáculo (oratória, drama e teatralização) vêm, no mínimo, da Grécia antiga. Não percamos tempo com isso. No século XX, com os meios de comunicação de massa, essas confluências, sobreposições e compartilhamentos de linguagem passaram por uma espécie de *big bang*, envolvendo todo, absolutamente todo o horizonte do visível. Fazer política e instaurar *performances* são esportes inseparáveis.

A precedência de signos estéticos sobre o discurso político, ainda que este não se ocupe da arte ou do belo, vai se afirmando como irrefutável. O filósofo francês Jacques Rancière afirma que a estética, antes da política, propicia o caldo da identificação aos agrupamentos que vão às ruas protestar.

> Há uma espécie de convergência entre formas artísticas performáticas e formas propriamente políticas. [...] Atualmente, há uma partilha bas-

tante vasta das capacidades de experiência perceptiva, sensível, que passa por toda uma série de artes e cria uma espécie de tecido democrático capaz de ligar as pessoas que vão se reunir numa praça em Atenas ou Istambul. Efetivamente, isso passou pelo cinema, passou pela música, passou pela performance... [...] Hoje em dia, toda manifestação assume o jeito de uma performance artística tanto pela atitude física dos manifestantes quanto pelas palavras e imagens que eles vão mostrar na rua. Há uma espécie de aparição de uma democracia estética que se transforma, nas ruas, em democracia política[18].

Professor emérito de estética e política na Universidade de Paris VIII, na qual lecionou de 1969 a 2000, Rancière dá um nome a esse caldo comum que é próprio da experiência estética. Ele o chama de *partilha do sensível*[19]. O pensador explica que a partilha do sensível é "o sistema de evidências sensíveis que revela, ao mesmo tempo, a existência de um *comum* e dos recortes que nele definem lugares e partes respectivas"[20].

> Existe, portanto, na base da política, uma "estética" que não tem nada a ver com a "estetização da política" própria da "era das massas" de que fala Benjamin. Essa estética não deve ser entendida no sentido de uma captura perversa da política por uma vontade de arte, pelo pensamento do povo como obra de arte. [...] Pode-se entendê-la num sentido kantiano – eventualmente revisitado por Foucault – como o sistema das formas *a priori* determinando o que se dá a sentir. É um recorte dos tempos e dos espaços, do visível e do invisível, da palavra e do ruído que define ao mesmo tempo o lugar e o que está em jogo na política como forma de experiência. A política ocupa-se do que se vê e do que se pode dizer sobre o que é visto, de quem tem competência para ver e qualidade para dizer, das propriedades do espaço e dos possíveis do tempo[21].

---

18. Entrevista concedida a Patrícia Lavelle e publicada no caderno *Eu&* do jornal *Valor Econômico*, em 7 de novembro de 2014. Disponível em: <www.valor.com.br/cultura/3770152/um-filosofo-do-presente #ixzz3JRebNC6N>, acesso em: jun. 2015.
19. Jacques Rancière, *O desentendimento: política e filosofia*, São Paulo: Editora 34, 1996.
20. Idem, *A partilha do sensível: estética e política*, São Paulo: Editora 34, 2009, p. 15.
21. *Ibidem*, pp. 16-7.

Por certo, a ideia de estética e a evocação estética entram aqui não como uma discussão acerca da arte e das formas da beleza, mas como aquilo que simplesmente se refere ao sensível, um sensível que, por caminhos não muito racionais, não conduzidos pelo raciocínio típico do cálculo estratégico, insemina a ação política. Nesse mesmo registro proposto por Rancière, enxergar fragmentos de uma ou mais de uma estética nas manifestações de junho de 2013, ou em tantas outras que a elas se assemelham, não implica subordiná-las a nada que diga respeito a obra de arte e, acima disso, a nada que se possa acomodar no velho e temível rótulo da *estetização da política*.

A estética vai além, muito além da arte, e Jaques Rancière não deixa dúvidas a respeito: "A estética não existe enquanto teoria da arte, mas sim enquanto uma forma de experiência, um modo de visibilidade e um regime de interpretação. A experiência estética vai muito além da esfera da arte"[22].

Fiquemos atentos a isso. Como fator que propicia a partilha do sensível a partir do qual o discurso político toma forma, a estética vai nos interessar de perto no fôlego final deste ensaio.

Já vimos que a estética, entendida como um campo autônomo que se prolonga a partir da filosofia, se autonomiza em relação ao conceito de arte e ao ideal de beleza. A estética pode desaguar na política – sem que isso signifique "estetizar a política". Ela deságua na política nos termos de Jacques Rancière, a partir da ideia de "partilha do sensível". Numa perspectiva semelhante, ela pode desaguar também nos circuitos do mercado e banhar até mesmo o capital. Nessa direção, Wolfgang Fritz Haug identifica a "estética da mercadoria". Para ele, a estética incide na fabricação do fetiche da mercadoria. Em *Crítica da estética da mercadoria*, ele também argumenta que falar de estética não significa obrigatoriamente falar de arte.

> Uso o conceito de estético de um modo que poderia confundir alguns leitores que o associam firmemente à arte. A princípio, uso-o no sentido *cognitio sensitiva* – tal como foi introduzido na linguagem erudita –, como conceito para designar o conhecimento sensível. Além disso, utilizo o conceito com um duplo sentido, tal como o assunto exige:

---

22. Idem, "O que significa 'estética'". Disponível em: <www.proymago.pt>, acesso em: out. 2014.

ora tendendo mais para o lado da sensualidade subjetiva, ora tendendo mais para o lado do objeto sensual. [...] De um lado, a "beleza", isto é, a manifestação sensível que agrada aos sentidos; de outro, aquela beleza que se desenvolve a serviço da realização do valor de troca e que foi agregada à mercadoria[23].

Agora, o que está em pauta é o fetiche. Perfeitamente industrializado, ele consegue exponenciar o valor de uso para precipitar a realização do valor de troca da mercadoria. Para Haug, a fabricação da estética da mercadoria tem lugar num plano divorciado daquele em que se dá a fabricação do corpo da mercadoria, do objeto físico que a encerra: "O aspecto estético da mercadoria no sentido mais amplo – manifestação sensível e sentida de seu valor de uso – separa-se aqui do objeto"[24].

A imagem (estética) da mercadoria replica a ansiedade que move o consumo – e este, por sua vez, decorre do desejo que leva o sujeito a deslizar na direção da imagem da mercadoria à qual sente que precisa fixar-se, formando uma unidade com ela. Aos olhos dele (e ao desejo dele), naquela imagem está inscrita a narrativa que o explica para si mesmo. "Ansiosa pelo dinheiro, a mercadoria é criada na produção capitalista à imagem da ansiedade do público consumidor. Essa imagem será divulgada mais tarde pela propaganda, separada da mercadoria."[25]

Em outras palavras, o fetiche, mais do que embrulhar a mercadoria para presente, passa por uma expansão posta pela força da publicidade a partir da segunda metade do século XX. A mercadoria, dotada de sua estética industrializada, pode arvorar-se a tentar ocupar o lugar da arte, obstruindo qualquer rota de fuga. Haug sustenta que, com sua imagem imantada, a mercadoria reluz como se fosse um *ser*: representa um *ser* para o outro *ser* (vazio) que a deseja. Podemos dizer então que a mercadoria transubstanciada em imagem age como se tivesse o dom de revelar para o sujeito a verdade sobre ele, uma verdade que ele mesmo ignorava até então, uma verdade dita de um modo tal que ele mesmo seria incapaz de dizê-la. Nisso consiste a estética da mercadoria. Ela simula (emula) a arte, no instante mesmo em que inviabiliza a manifestação da arte.

23. Wolfgang Fritz Haug, *Crítica da estética da mercadoria*, São Paulo: Editora Unesp, 1997, p. 16.
24. *Ibidem*, p. 26.
25. *Ibidem*, p. 35.

Na ambiência de uma comunicação social com tais características, em que imagens visuais rebarbativas realizam – nem que seja parcialmente – funções próprias da linguagem, o nexo de sentido se aproxima mais do registro do sentir do que do pensar. Os processos de identificação (ou seja, os processos que levam um espectador a se *identificar* com uma imagem ou um personagem, numa interpelação que tem parte com o *sentir* e com a *emoção*) tendem a predominar sobre a argumentação (mais *racional*, por assim dizer). É nesse sentido que é correto afirmar que a ordem do imaginário (em que o gozo escópico induz à identificação prazerosa) avança sobre a ordem do simbólico (que se prende mais ao que ordena, que disciplina, que hierarquiza e que, no limite, é capaz de pensar em termos abstratos).

Vale recuperar a expressão usada por Jacques Lacan nos anos 1960: *valor de gozo*[26]. Ela foi invocada pela primeira vez pelo psicanalista francês no Seminário XIV, intitulado *A lógica do fantasma*. Diz ele que esse "problema é da ordem do valor, digo que tudo começa a se esclarecer, a dar seu nome ao princípio que o reforça, que o desdobra, em sua estrutura, o valor ao nível do inconsciente"[27].

Lacan prossegue:

> há algo que toma o lugar do valor de troca, tanto que da sua falsa identificação ao valor de uso resulta a fundação do objeto mercadoria. [...] Só que isso, na perspectiva da identificação, mostra um sujeito reduzido à sua função de intervalo, para que percebamos que se trata da equiparação de dois valores diferentes, valor de uso e, por que não, veremos isso sempre, valor de gozo. Sublinho valor de gozo, desempenhando ali o valor de troca[28].

Mais adiante, naquele mesmo seminário, Lacan afirmou que "o valor de gozo [...] estava no princípio da economia do inconsciente"[29]. Embora ele não tenha desenvolvido a constituição teórica dessa expressão e não

---

26. Ver Eugênio Bucci e Rafael Duarte Oliveira Venancio, "The Jouissance-Value: A Concept for Critical of Imaginary Industry" (O valor de gozo: um conceito para a crítica da indústria do imaginário), *Matrizes* (revista *on-line*), vol. 8, n. 1, 2014, p. 141. Disponível em: <www.revistas.usp.br/matrizes/article/view/82935>, acesso em: jun. 2015.
27. Jacques Lacan, *Seminário XIV – A lógica do fantasma*, 1966-1967, sessão de 12 de abril de 1967, mimeo.
28. *Ibidem*.
29. *Ibidem*, sessão de 19 de abril de 1967.

tenha descrito seus componentes intrínsecos, a ideia que ela encerra tem sido considerada por seus seguidores, como veremos a seguir, como uma das pedras centrais de seu pensamento.

Em outro trabalho, o próprio Lacan retoma o ponto, mas sem recorrer à mesma expressão. Ele fala ali em *utilização de gozo*. O sentido talvez não seja exatamente o mesmo, mas é muito próximo.

Falando "dessa coisa produzida", ou seja, a mercadoria, Lacan comenta: "Ora, nessa coisa, rara ou não, mas em todo caso produzida, no final das contas, nessa riqueza, sendo ela correlativa a qualquer pobreza que seja, há no início outra coisa além de seu valor de uso – há sua utilização de gozo"[30].

A relação entre gozo e mercadoria, como se nota, não poderia ser mais central. A tal ponto que Jacques Alain Miller, considerado o principal sistematizador do legado lacaniano, observou: "conciliar o valor de verdade com o valor de gozo é o problema do ensino de Lacan"[31].

Efetivamente, a noção de *valor de gozo* vai se tornando indispensável para a descrição econômica da indústria do imaginário, posto que esse valor é fabricado *fora* do corpo da mercadoria, pois se trata não da coisa corpórea, mas da imagem da mercadoria – e é essa imagem, por sua vez, que proporciona o gozo da completude ao sujeito que busca na mercadoria o seu sentido de existência. Assim, a mercadoria, por meio de sua imagem fabricada, consegue se oferecer ao sujeito como se fosse o sentido que o complementa.

Na era do espetáculo, o capitalismo pode ser descrito como um modo de produção de incontáveis objetos que oferecem sentido ao sujeito sem sentido. Eis por que o capitalismo passou a fabricar imagens, muito mais do que coisas corpóreas. Hoje, "essa coisa produzida" é imagética, não mais física. É a imagem que orienta a usina produtiva tanto dos meios de produção quanto dos meios de comunicação. É também *para* a imagem que aflui o valor das mercadorias (ou elas são imagens fortes, sedutoras e obliterantes de todo movimento do olhar, ou não carregarão valor).

Nisso consiste a indústria do entretenimento ou, de modo um pouco menos vago, a superindústria do imaginário. Aí está o imperativo

---

30. Idem, *O seminário, Livro 7: A ética da psicanálise*, Rio de Janeiro: Zahar, 1991, p. 279.
31. Jacques Alain Miller, *Silet: os paradoxos da pulsão, de Freud a Lacan,* Rio de Janeiro: Zahar, 2005, p. 52.

da fama, aí estão as celebridades, aí está tudo o que se vê na *instância da imagem ao vivo*.

Para o sujeito que se inclina a ser participante dos protestos, reconhecer-se aí, grudar-se como um carrapato na superfície luminescente da imagem que ele imagina ser o seu sentido, identificar-se nessa imagem e fazer-se identificar *por* ela são, numa palavra, gozar. Ver um *black bloc* e reconhecê-lo é gozar no olhar, por identificação ou repulsa, tanto faz. Vestir-se do significante *black bloc* é gozar *ainda mais* no olhar do mundo, ao sabor do olhar do mundo, diante do olhar do mundo, em exibicionismo para gozo em retorno do olhar do mundo. Vestir-se de manifestante pacífico, a depender do gosto (inconsciente) do freguês, é gozar mais, igualmente[32].

Também por isso, as imagens, mais entregues às demandas inconscientes (do desejo), costumam dizer o oposto do enunciado das palavras escritas, mais atadas à pretensa consciência, quer dizer, a propósitos formulados por intenções morais postas como ideário no plano da consciência.

MANIFESTAR-SE É DESEJAR O OLHAR QUE TRABALHA

A fabricação dessa imagem que se oferece ao sujeito como portadora do sentido que a ele falta não se dá apenas *no* olhar. Ela se dá também *pela força do olhar*. Na era dominada pela imagem, olhar não é apenas uma janela receptiva pela qual o cérebro vê o mundo que lhe é exterior. Não é apenas o aparelho para ler, recepcionar ou contemplar signos ou imagens. Olhar é trabalhar ativamente. O olhar é uma força que fabrica signos. Olhar é trabalhar para que aquelas imagens sejam incorporadas à *língua* que dá os laços sociais da sociedade, uma sociedade em que todas as relações sociais são mediadas por imagens[33]. Olhar é trabalhar na exata medida em que falar uma palavra é trabalhar por inscrevê-la no código dos falantes. Quem fala ativa palavras na língua. Olhar é a mesma coisa.

---

32. Apenas como curiosidade um tanto mórbida, vale destacar que temos aqui uma banalização atroz do método de interpretação preconizado por Constantin Stanislavski, para quem o simples ato de *vestir o personagem* levaria o ator a experimentar, de fora para dentro, o caráter do personagem. Ao vestir-se de *black bloc*, o sujeito se transfigurava no personagem genérico – e vazio, posto que tudo nele é a aparência que ele tem e exala – que desejaria ser.
33. Guy Debord, *op. cit.*, p. 14.

Olhar não é apenas tomar conhecimento de um sinal emitido por uma imagem, mas ativar essa imagem no repertório (*linguístico*) das imagens.

As evidências disso se fortalecem quando levamos em conta que a imagem, para ser capaz de significação, deve ser costurada no repositório comum dos significantes ativos do repertório visual disponível à sociedade. A linha e a agulha que promovem essa costura na colcha de retalhos do imaginário é nada menos que o olhar. Acrescentemos que, mais do que um adereço ou um acessório da comunicação social, a imagem é fabricada como mercadoria. Impossível a ela não ser mercadoria: se toda mercadoria precisa existir como imagem, toda imagem só pode circular desde que revestida da condição de mercadoria. Ao consumir com os olhos a imagem que o explica, imaginariamente, o sujeito a consome como mercadoria e, nesse ato (que também é ato de linguagem), recarrega o valor da imagem que olha, ativando nela mais potência de significação.

Adorno e Horkheimer escreveram que o fetiche preside a circulação e o sistema de atribuição de valor à obra de arte[34]. Agora se faz necessário escrever que, assim como o capitalismo se especializou em fabricar não mais coisas úteis, *valor de uso* para dar atendimento às *necessidades humanas* (nas palavras de Marx), mas signos desejáveis para interpelar e anestesiar o desejo, a mercadoria aprendeu a circular não mais como coisa corpórea, mas como imagem portadora de beleza (estética) e de sentido (ético) para o destino do sujeito sem sentido. Eis por que, enfim, toda mercadoria, emulada em imagem, circula como se fosse arte.

Toda mercadoria significa exatamente isto: toda mercadoria. Dizer que toda mercadoria, em sua forma de imagem, circula como se fosse arte significa afirmar que essa determinante vale também para as mercadorias aparentemente menos "charmosas", como os bens de produção, como os guindastes, um giz ao pé da lousa, e para as *commodities* mais insossas, como grãos de soja, uma vez que todas essas mercadorias, ainda que indiretamente, abastecem ou vertebram a mercadoria que, lá na ponta, há de se oferecer como arte, seja na peça publicitária de um prédio

---

34. "O valor de uso da arte, seu ser, é considerado como um fetiche, e o fetiche, a avaliação social que é erroneamente entendida como hierarquia das obras de arte, torna-se o seu único valor de uso, a única qualidade que elas desfrutam." Adorno e Horkheimer, *Dialética do esclarecimento*, Rio de Janeiro: Zahar, 1985, p. 131.

de apartamentos, na propaganda de uma lata de óleo que é consumida pelas celebridades da TV ou na campanha promocional de uma faculdade particular. Essas coisas insossas são acessórias do processo que fabrica a mercadoria como se fosse arte.

Pela mesma lógica, qualquer notícia se reveste – não tem como deixar de se revestir – de uma roupagem estética (de uma estética industrializada, sem dúvida, mas, ainda assim, uma estética), o que foi caudalosamente verificável nas notícias sobre as manifestações de junho de 2013. Assim como a imagem foi alçada à condição de âncora e centro da mercadoria, as notícias, principalmente na televisão, foram alçadas à condição de imagem (ou de construção imaginária), passando a circular como mercadorias dotadas de fetiche (a aura sintética). Olhemos o mundo olhável (outro não há). A fabricação da imagem não é mais uma etapa suplementar a turbinar a circulação da mercadoria como coisa corpórea, esse objeto físico meio pré-histórico, e a precipitar seu consumo; a fabricação da imagem é nada menos que o núcleo principal da mercadoria: a coisa corpórea é agora periférica, pois é a imagem da mercadoria que move o corpo da mercadoria, no caso das que ainda dispõem de um corpo físico.

Outro dado essencial para a compreensão do processo pelo qual a imagem (*da* mercadoria e *como* mercadoria) é fabricada está na relação de exploração que se estabelece. Uma vez que o olhar é um equivalente do trabalho em outro plano (no plano da imagem), o capital não tem como se esquivar de comprar o olhar para fabricar a imagem. Aí, o capital compra o olhar medido em unidades de tempo, por uma métrica análoga àquela que lhe permite comprar o trabalho fungível. Atenção: o olhar não é comprado para que os consumidores *fiquem sabendo* de um lançamento ou de uma oferta irresistível na rede de supermercados. É o oposto. O olhar é comprado para fabricar a imagem capaz de, depois, realizar essa função comunicativa. É como se, para expandir sua língua oficial, um soberano pudesse comprar falantes em outros países para que falassem o seu idioma, propagando-o. O olhar é comprado para que o signo se incorpore à linguagem visual, não para que o suposto consumidor potencial seja informado da existência de um bem de consumo ou outro (esse efeito informativo ocorrerá, é claro, mas como um subproduto da função principal da compra do olhar). Que a indústria publicitária não tenha consciência disso é absolutamente irrelevante.

Durante a cobertura intensa e intensiva das manifestações de junho, a exploração do olhar social como força constitutiva e força produtiva (força de fabricação) da significação da imagem permitiu o estabelecimento de signos como o de *manifestantes pacíficos* em oposição a *vândalos*. Mas isso também resultou na construção de auras românticas associadas a certos figurinos, principalmente o dos *black blocs*, e catapultou, em reação imediata, a adesão de multidões às passeatas ao fornecer a elas, na linguagem essencial da sociedade do espetáculo, os *objetos* que respondiam a cada sujeito sobre a razão de sua existência. Desse modo, num primeiro momento, vestir a fantasia (fetiche) de *black bloc* ou de *manifestante pacífico* proporcionou aos sujeitos um gozo (imaginário e estético) transitório em relação ao seu próprio sentido como sujeito. No caso dos *black blocs*, o gozo da violência tinha cargas mais explosivas, sem trocadilho, e dava a esse gozo imaginário um acesso perverso a um simulacro de gozo real. Depois essa relação finalmente se inverteu e o signo do *black bloc* operou mais como fator de repulsa do que de atração, mas, nas altas temperaturas daquele mês de junho, houve um pouco de estética da mercadoria (no dizer de Haug) na aura fabricada (involuntariamente) dos *black blocs*, assim como houve um pouco da estética típica da partilha do sensível (como prefere Rancière) que desaguou como aguaceiro na arena política.

Isso tudo para reiterar que o manifestante do Rio de Janeiro que confidenciou ao telefone que o enfrentamento físico com a Tropa de Choque "foi muito lindo, amor" estava dizendo a verdade.

As formas da violência mexicana no século XXI[1]
Gilles Bataillon

O México do início do século XXI se caracteriza por um aumento desconcertante da violência. Enquanto se assistira a uma baixa constante e regular da taxa de homicídios de 1997 a meados dos anos 2000, o país conheceu uma espetacular progressão dessa taxa de 2008 a 2011, seguida de um pequeno decréscimo em 2012 e em 2013.

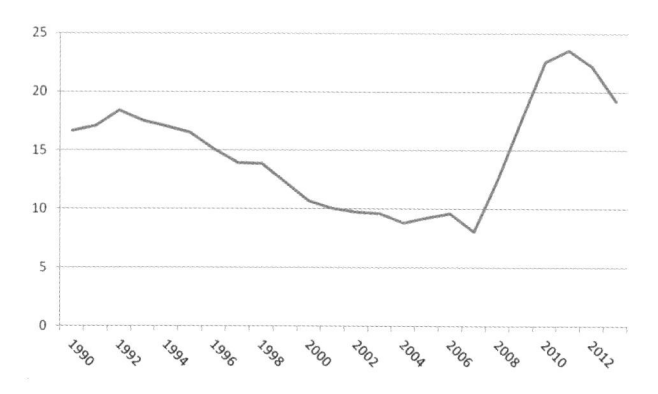

Figura 1. Taxas de homicídios por 100.000 habitantes em nível nacional (*Fonte:* Inegi)

Essa escalada da violência foi também acompanhada de numerosos casos de crueldades que pouco ou nada regrediram de 2011 até hoje. Esse rebrotar da violência está indiscutivelmente ligado ao aumento de po-

---

1. A tradução do presente texto, incluindo as citações de obras feitas pelo autor, é de Paulo Neves.

der e às ações de grupos criminosos implicados no narcotráfico e outras atividades ilícitas, que vão da extorsão e dos sequestros ao contrabando e à pirataria, assim como ao tráfico de pessoas. A violência se deve igualmente à *guerra* aos narcotraficantes e ao crime organizado declarada por Felipe Calderón no início de seu mandato em 2007. O clima de terror e de impunidade que reina no país abriu o caminho para uma banalização da violência corriqueira, que se multiplicou. Cumpre enfim notar que as violências e os abusos de poder das forças policiais e militares cresceram em proporções alarmantes sem que seus autores tenham sido responsabilizados, a não ser em raríssimas ocasiões. Se os policiais começam a ser incomodados pela justiça, os militares, que não são submetidos à justiça ordinária, não são nunca incomodados pelas jurisdições militares, salvo em raríssimas ocasiões. O massacre de Tlatlaya, ocorrido no Estado do México, em 30 de junho de 2014, é ainda um exemplo disso. Após uma primeira troca de tiros, 21 homens e uma mulher, supostos narcotraficantes, todos menores de idade, renderam-se ao exército. Em seguida, foram assassinados a sangue-frio[2].

A outra característica desses fenômenos é a importância que adquiriram nas representações coletivas e no debate público mexicano a partir do mandato de Vicente Fox (2000-2006), durante o de Felipe Calderón (2006-2012) e, mais ainda, após o massacre de Iguala, no estado de Guerrero. Lembremos os fatos, pois são característicos do confuso drama mexicano[3]. Em 26 de setembro de 2014, paralelamente ao comício da esposa do prefeito de Iguala, que lançava sua campanha para as próximas eleições municipais, estudantes radicais da Escola Normal de professores de uma localidade vizinha, Ayotzinapa, chegaram ao local. Segundo um roteiro tolerado ano após ano, eles vinham requisitar ônibus e táxis, e recolher doações destinadas a financiar sua viagem à capital, a fim de participar da comemoração de lembrança do massacre dos estudantes na Praça das

---

2. Jan Martínez Ahrens "EE UU se suma a la presión para esclarecer la matanza de Tlatlaya" (Estados Unidos aderem à pressão para esclarecer a chacina de Ilatlaya), *El País*, 19 set. 2014. Disponível em: <http://internacional.elpais.com/internacional/2014/09/19/actualidad/1411145417_763406.html>, acesso em: mar. 2015; Pablo Ferri Tórtola, '"Testigo revela ejecuciones en el Estado de México" (Testemunha revela execuções no Estado do México), *Esquire México*, 18 set. 2014. Disponível em: <http://aristeguinoticias.com/1909/mexico/militares-los-mataron-uno-por-uno-en-edomex-esquire/>, acesso em: mar. 2015.
3. Sobre esse assunto, leia o excelente artigo de Jorge Volpi, "El desamparo de Ayotzinapa" (O desamparo de Ayotzinapa), *El País*, Madrid: nov. 2014, e o do correspondente francês Frédéric Saliba, "Au nom des disparus d'Iguala" (Em nome dos desaparecidos de Iguala), *Le Monde*, Paris: nov. 2014.

Três Culturas em 2 de outubro de 1968, às vésperas dos Jogos Olímpicos. O prefeito pediu imediatamente ao chefe de polícia local que impedisse qualquer manifestação dos estudantes em Iguala. Este agiu com dureza, e três estudantes, mais três transeuntes tomados por estudantes, foram crivados de balas. Dois dos estudantes foram mortos de maneira extremamente cruel. Outros 43 foram detidos pela polícia municipal e entregues aos sicários de um grupo de narcotraficantes que dominam a região, os Guerreros Unidos – do qual o prefeito e sua mulher eram importantes figuras. Em seguida, os estudantes foram abatidos num aterro sanitário próximo à cidade. Depois desse sequestro, a polícia revelou-se incapaz de lançar luz sobre o destino dos quarenta e três desaparecidos. Pior ainda, suas múltiplas declarações deram a impressão de uma mistura de incompetência e vontade de deixar o caso apodrecer, por medo de questionar as Forças Armadas ou outros atores envolvidos nesse desaparecimento.

Se no final dos anos 1990 atos de violência como esses eram vistos sob o duplo registro da crônica policial ou de arcaísmos sociopolíticos fadados a desaparecer com o progresso da democratização e a modernização econômica do país, eles se tornaram, de certo modo, temas recorrentes do debate público e das conversas. Hoje, esse tipo de violência é abordado, geralmente de forma sensacionalista, nos canais de televisão e nas rádios. É também o objeto de inquirições regulares tanto na imprensa cotidiana, nacional e regional, como nos semanários: pensemos na corajosa revista de investigação *Proceso* ou no levantamento regular de homicídios e violências no jornal diário *Reforma*. Esses artigos, aliás, entram em ressonância com os da imprensa internacional, tanto de língua inglesa quanto espanhola. Muitos jornalistas mexicanos e anglo-saxões aprofundam ainda mais suas investigações em ensaios geralmente muito bem informados[4]. Se os cientistas sociais que trabalham com essas temáticas foram durante muito tempo raros ou ignorados pelas grandes revistas intelectuais como *Letras Libres* e *Nexos*, eles são agora mais numerosos, ao mesmo tempo em que as grandes revistas de ciências sociais organizam números especiais sobre a violência ou lhe dedicam estudos regulares. O mundo das artes também se apoderou do tema da violência e do narcotráfico. Os

---

4. Uma boa recensão desses trabalhos pode ser encontrada na bibliografia do livro de Ioan Grillo, *El narco*, New York: Bloomsbury Press, 2011.

primeiros a nele se inspirarem foram sem dúvida os cantores populares dos grupos ditos *norteños*, dos quais os mais famosos são os Tigres del Norte. Os escritores não ficaram atrás. Trata-se, é claro, de autores de romances policiais, como o Élmer Mendoza de *Balas de plata* (Balas de prata, 2008), mas também de autores particularmente inovadores, como Carlos Velázquez, de *La Biblia vaquera* (A Bíblia vaqueira, 2008), ou Yuri Herrera, cujos romances *Trabajos del reino* (Trabalhos do reino, 2004) ou *Señales del que precederán al fin del mundo* (Sinais que precederão o fim do mundo, 2009) foram traduzidos e publicados nos Estados Unidos e na Europa. O cinema igualmente se interessou pelo assunto, em filmes de autores que tiveram uma difusão internacional e foram apresentados nos maiores festivais internacionais, como *Amores perros*[5], *La Zona*[6], *El Infierno* (O inferno)[7] ou ainda *Miss Bala*[8] e *Colosio: el asesinato* (Colosio: o assassinato)[9]. Há também centenas de narcofilmes série B rodados com poucos recursos, personagens da vida real e alguns atores, vendidos em VHS e depois em DVD, como *Coca Inc.*, *La hummer negra* (A hummer preta) ou *Me chingaron los gringos* (Os gringos me xingaram)[10].

Mais que qualquer outro fenômeno político, essa escalada da violência abala a confiança que os mexicanos vinham depositando no futuro do país. Desde os anos 1930 reinava a ideia de que aos poucos, graças ao *desenvolvimento estabilizador*, à *abertura política* e à *democratização*, bem como ao tratado de livre comércio com a América do Norte, o país só podia progredir e acabaria por se integrar ao mundo dos países desenvolvidos. Mas, desde o final do mandato de Vicente Fox, essa ideia foi posta em dúvida. O futuro do país parece, ao contrário, muito incerto para um número cada vez maior de pessoas, e a emigração para a América do Norte ou a Europa apresenta-se para muitos, especialmente os jovens, como o único meio capaz de assegurar um futuro melhor.

5. Alejandro González Iñárritu, México: Altavista/Zeta 2000, 154 min, cor, 35 mm. Lançado no Brasil com o título *Amores brutos*.
6. Rodrigo Pla, Espanha: Morena/Buenaventura, 2007, 97 min, cor, 35 mm. Lançado no Brasil com o título *Zona do crime*.
7. Luís Estrada, México: Bandidos, 2010, 145 min, cor.
8. Gerardo Naranjo, México: Canana, 2011, 113 min, cor, 35 mm.
9. Carlos Bolado, México: Udachi/Alebrije, 2012, 100 min, cor.
10. Sobre esse ponto, ver Ioan Grillo, *op. cit.*, particularmente o capítulo "Culture" (Cultura).

Partindo dos trabalhos de jornalistas, de universitários e de ensaístas, tanto no México como no estrangeiro, gostaria de começar refletindo sobre a amplitude que esses fenômenos de violência adquiriram num contexto marcado, de início, por uma indiscutível renovação democrática. Começarei tentando traçar um panorama da violência, fazendo uma síntese dos numerosos dados fatuais acumulados sobre esses fenômenos. O que dizer dos homicídios em geral e, mais especificamente, daqueles ligados ao narcotráfico? O que pensar de suas evoluções? Como explicar esses números aproximando-os de outros fenômenos que não entram na contagem dos homicídios: sequestros, exposições ou desaparecimentos de cadáveres, torturas, ameaças, bloqueios nas estradas? De que maneira esse clima de violência reorganizou as condutas e as utilizações do espaço? Examinarei também como vieram à tona sentimentos de incerteza quanto ao futuro por causa da violência.

Num segundo momento, indagarei sobre as características sociais e a organização dos atores da violência, evidentemente os grupos criminosos e entre estes os *narcos*, mas também a polícia e as Forças Armadas, bem como outros meios sociais que vivem em contato e em conluio com o mundo da violência sem se mostrarem como parte ativa. Que relações esses meios estabeleceram uns com os outros, tanto na base da pirâmide social e na classe média como nos meios empresariais e nas elites políticas? Tomarei como exemplo Ciudad Juárez e províncias rurais como Michoacán ou Sonora.

Para concluir, examinarei um fenômeno que me parece central para compreender o contexto no qual a violência cresceu de forma notavelmente rápida nos anos 2007-2011: de que maneira as atividades dos narcotraficantes foram por muito tempo não apenas toleradas, mas aceitas e mesmo valorizadas por toda uma parte das elites, das classes médias e dos setores populares. De que maneira o enriquecimento ligado ao narcotráfico foi considerado uma forma legítima de ascensão social ou de enfrentar as dificuldades de situações socioeconômicas precárias. De que maneira o narcotráfico permitiu também a aquisição de bens de consumo que se tornaram marcas de reconhecimento social e de êxito. E de que maneira esses fenômenos revelam uma relação muito particular com a questão da igualdade socioeconômica e também com a questão do lugar da lei e da autoridade na comunidade política.

PANORAMA DA VIOLÊNCIA[11]

A elevação das taxas de homicídios que o México conhece de 2008 a 2011 oferece uma primeira ideia da amplitude da escalada dos fenômenos de violência. Enquanto desde 1992 a taxa de homicídios havia diminuído de forma regular e constante, tendo passado de 22 para 8 em cada 100 mil habitantes, ela triplicou de 2008 a 2011, atingindo a cifra de 24 em 100 mil. O fato é ainda mais impressionante porque essa taxa de homicídios não apenas aumentou brutalmente, mas atingiu níveis superiores ao dos anos 1970 e 1980 (Figura 2). Essa elevação não é um fenômeno isolado. Ao contrário, é acompanhada do crescimento de outras formas de criminalidade, como sequestros e roubos de carro, que aumentaram muito sensivelmente a partir de 2006, o último ano da presidência de Vicente Fox. Esse aumento do crime está em grande parte ligado à atividade do crime organizado. As estimativas do Sistema Nacional de Segurança Pública (SNSP) e as efetuadas por jornalistas do diário *Reforma* mostram que os assassinatos praticados pelos grupos criminosos duplicaram em quatro anos. Essa criminalidade em alta emparelha-se com maneiras novas de operar dos grupos criminosos: multiplicação dos atos de tortura (violações e mutilações), tanto durante os sequestros como antes de execuções, exposição de cadáveres (às vezes decapitados ou emasculados) ou de cabeças, jogadas no chão, abandonadas em veículos ou exibidas em outros locais. Enfim, em muitos casos os assassinos juntaram aos cadáveres mensagens, os famosos *narco mantas*, enunciando o motivo e as razões de seus crimes. Alguns divulgam também vídeos das torturas e das execuções das quais foram os autores, com uma crueldade e um senso de voyeurismo não muito diferentes daqueles exibidos nos sites da Al-Qaeda ou do Estado Islâmico[12].

De 2003 a 2010, toda uma parte do território conheceu taxas de homicídios nulas ou muito próximas das dos países europeus, ou seja, inferiores a 5 em 100 mil: no leste do país, a península do Yucatán; no sul, uma parte

---

11. Para redigir esse ponto me vali do estudo "Gestion politique des violences au Venezuela et au Mexique" (Gestão política das violências na Venezuela e no México), encomendado e financiado pelo Conseil Supérieur de la Formation et de la Recherche Stratégique e realizado por Julie Devineau, pesquisadora associada ao Centre d'Études Sociologiques et Politiques Raymond Aron (Cespra), a quem agradeço por ter generosamente permitido que eu utilizasse os dados de sua pesquisa, em particular os mapas, e pelas conversas que tivemos sobre o assunto.
12. Vários desses vídeos são encontrados no blog de informação <www.blogdelnarco.com>.

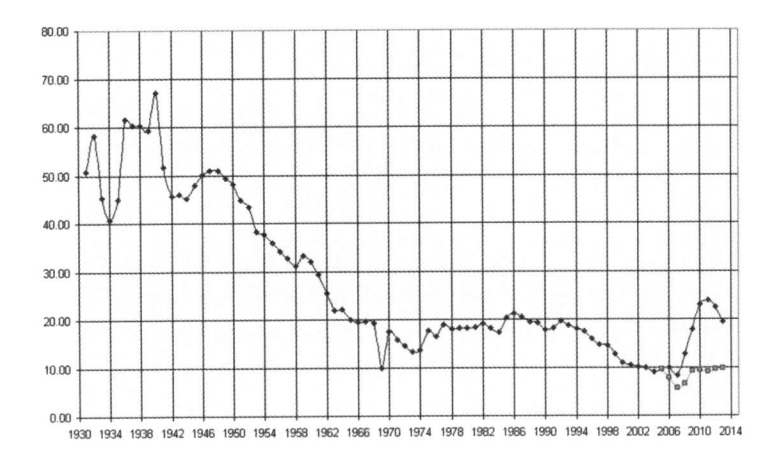

Figura 2. Taxa de homicídios por 100 mil habitantes em nível nacional (Fonte: Inegi)

dos estados de Chiapas e de Oaxaca; remontando em direção ao norte, os estados de Puebla, Tlaxcala, Hidalgo, Querétaro e, por fim, Coahuila, que faz fronteira com os Estados Unidos. Em contrapartida, a expansão da violência foi particularmente alta no terço noroeste do país, com exceção da maior parte da península da Baixa Califórnia, os estados de Sonora, Chihuahua, Sinaloa e Durango. Ela também se manifestou no nordeste do país, no Tamaulipas e nas partes norte e leste do estado de Nuevo León, vizinho do precedente. De 2003 a 2007, as zonas mais tocadas pela violência eram de dois tipos: 1) os maciços montanhosos da Sierra Madre e a costa do Pacífico, zonas de produção de entorpecentes (ópio e *cannabis*) e de passagem da cocaína que transita pelo mar desde a Colômbia; 2) as cidades da fronteira com os Estados Unidos, em disputa entre os diferentes cartéis. A partir de 2008 as lutas entre os cartéis ou as frações destes vão se acentuar e provocar lutas sem trégua pelo controle dos territórios em Sinaloa, Chihuahua e na cidade de Tijuana, na Baixa Califórnia. Elas prosseguem nos estados de Tamaulipas, Nuevo León, Michoacán e Guerrero a partir de 2010, tanto nas zonas urbanas quanto nas rurais.

Desde o início dos anos 2000, os narcotraficantes lançaram uma campanha de terror visando os jornalistas que relatavam seus crimes. Mais de uma centena deles foram sequestrados e assassinados, geralmente de maneira atroz. Foi tão grave a situação que, em alguns estados, os meios de comunicação locais desistiram de cobrir os atos de violência; apenas se arriscavam alguns correspondentes nacionais ou blogueiros que passaram a ser o objeto de uma perseguição implacável por parte do crime organizado. Um exemplo disso foi María del Rosario Fuentes Rubio, assassinada em 16 de outubro de 2014 em Tamaulipas. Esses jornalistas e blogueiros corajosos são cada vez mais vítimas de campanhas de difamação e de intimidação também por parte de autoridades que, em vez de protegê-los, procuram fazê-los calarem-se. A situação de violência é tal que o país se tornou, desde 2011, o mais perigoso do mundo para os jornalistas.

Outros alvos privilegiados dos criminosos foram homens políticos e policiais locais. Centenas deles foram assassinados sem que o Estado federal ou os governadores dos estados desenvolvessem ações de proteção em seu favor. Os responsáveis do Partido de Ação Nacional (PAN) e do Partido Revolucionário Institucional (PRI) só se alarmaram com esses homicídios quando as vítimas foram prefeitos de cidades importantes, candidatos a cargos de governador ou deputados federais, como Michel Gabriel Gómez, do PRI, e Braulio Zaragoza Magando, secretário-geral do PAN, ambos assassinados no final de setembro de 2014.

Nem todas as formas de violência estão ligadas ao narcotráfico, ainda que, a partir de 2008, essas ligações pareçam ter-se multiplicado. Assim, a capital, Cidade do México, e seus estados limítrofes, além do Michoacán, conheceram desde o final dos anos 1990 altas taxas de sequestros, mas os grupos criminosos responsáveis por eles geralmente não estavam implicados no narcotráfico. No norte do país (Chihuahua e Tamaulipas), o alto número de sequestros se deve ao fato de os narcotraficantes terem se lançado nessa atividade, deslocando ou integrando em suas redes criminosas os grupos que praticavam outrora sequestros. Os sequestros visam também migrantes centro e sul-americanos que passam por estradas mexicanas controladas por grupos criminosos ou quando atravessam a fronteira com os Estados Unidos. Às vezes esses sequestros resultam numa verdadeira escravidão, em que as vítimas são obrigadas a trabalhar para as redes criminosas. Quando elas se recusam a colaborar, são geralmente assassinadas, como foi o caso do massacre de San Fernando em Tamaulipas, em 2010, quando 72 centro-americanos foram friamente assassinados por membros do cartel dos Zetas[13].

---

13. Ver o *site* criado em memória das vítimas: <http://72migrantes.com/recorrido.php>.

As populações das zonas mais atingidas pela violência nos estados do norte do país reagiram primeiro pela migração, como prova o aumento espetacular de moradias vazias. Calcula-se que, de 2005 a 2010, nas regiões da Baixa Califórnia, Chihuahua, Nuevo Léon e Tamaulipas, pelo menos 420 mil pessoas abandonaram suas residências habituais. Em Sinaloa, 25 mil pessoas emigraram pelo mesmo motivo. Se os mais pobres são os mais expostos às violências dos *narcos* e às reações do exército, os ricos, mesmo contando com múltiplas formas de segurança privada, não se sentem mais protegidos. Assim, em Monterrey, muitos empresários se instalaram com suas famílias no Texas e agora só vêm ao México para curtas temporadas[14]. Além disso, todos os estados mexicanos atingidos pela violência viram seus habitantes limitarem seus deslocamentos ao mínimo necessário, ao mesmo tempo em que turistas mexicanos ou estrangeiros deixaram de frequentá-los.

No centro do país, especialmente nos estados de Michoacán e Guerrero[15], milícias de autodefesa surgiram a partir de 2011. Algumas, como em Cherán, se apoiaram na existência prévia de polícias comunitárias que foram reorganizadas e armadas nos municípios indígenas. Outras foram criadas por habitantes corajosos e exasperados pelas extorsões e violências dos *narcos*, sendo rapidamente financiadas por comerciantes e empresários locais e também por migrantes instalados nos Estados Unidos[16]. Como observou muito bem Salvador Maldonado a propósito da *tierra caliente* do Michoacán[17], o contexto no qual evoluem essas milícias é extremamente movediço. Em alguns lugares elas desferiram golpes muito duros nos sicários dos cartéis e se recusaram a qualquer negociação, como, por exemplo, integrar *narcos* arrependidos. Em outros, as situações são bem mais ambíguas por várias razões. Verificaram-se tentativas de

---

14. Séverine Durin, "Los desplazados por la guerra contra el crimen organizado en México. Reconocer, diagnosticar y atender" (Os deslocados pela guerra contra o crime organizado no México. Reconhecer, diagnosticar e atender), em: *El desplazamiento interno forzado en México: Un acercamiento para su análisis y reflexión* (A migração interna forçada no México: uma aproximação para sua análise e reflexão), Ciudad de México: Ciesas, 2013.
15. Ioan Grillo, "Autodefensas, héroes o villanos?" (Autodefesas, heróis ou vilões?), *Letras libres*, maio 2014. Ver também o artigo de Lourdes Cárdenas, "Michoacanos al grito de guerra" (Michoacanos em grito de guerra), disponível em: <www.nexos.com.mx/?p=23081>.
16. Lourdes Cárdenas, *op. cit.*
17. Salvador Maldonado, "El futuro de las autodefensas michoacanas" (O futuro das autodefesas michoacanas), *Nexos*, 3 abr. 2014, disponível em: <www.nexos.com.mx>.

infiltração, nas milícias, de gangues rivais daquelas diretamente combatidas e perseguidas. Alguns líderes milicianos são tentados a virar atores políticos locais, deixando de se ocupar estritamente da proteção contra o crime organizado. Os processos de negociação com os Estados regionais são dos mais complexos, como aconteceu recentemente no caso dos desaparecidos de Iguala; as elites políticas locais fazem, às vezes, verdadeiros pactos de conluio com os chefes dos *narcos*. Por fim, embora incapaz de proteger as populações locais, o Estado federal vê com maus olhos a ação dessas milícias. Procurando integrar à força essas milícias aos corpos de segurança nas zonas rurais, o Estado não hesitou em sancionar muito duramente alguns de seus líderes, como prova a prisão arbitrária e iníqua do doutor Mireles, no estado de Michoacán[18].

Paralelamente às milícias de autodefesa, apareceu em abril de 2011 o Movimento pela Paz e a Justiça na Dignidade (MPJD), lançado por Javier Sicilia, poeta e jornalista cujo filho foi assassinado junto a mais cinco outros jovens por narcotraficantes em Cuernavaca, no estado de Guerrero[19]. Toda a originalidade do MPJD e do eco que encontrou se devem a seus aspectos paradoxais. É ao mesmo tempo um movimento de reforma moral que apela a uma mudança de conduta e de orientação do Estado. Assim, Javier Sicilia pediu explicitamente ao presidente Peña Nieto para acabar com uma política baseada no confronto armado com os narcotraficantes e o crime organizado, em favor de uma ação pública que conjugue uma luta sistemática contra a corrupção e uma política de saúde pública para enfrentar os problemas desencadeados pela toxicomania. Do mesmo modo, pediu solenemente perdão aos migrantes centro-americanos por todas as violências que sofrem ao atravessar o país com destino aos Estados Unidos. O estilo das manifestações do MPJD, especialmente as marchas de Cuernavaca à Cidade do México, a Caravana do Sul ou sua turnê nos Estados Unidos, é uma mistura que lembra as marchas dos negros americanos contra a discriminação, os *happenings* e as procissões. Com isso o movimento fundou uma *comunidade memorial e reparadora*

---

18. Ver o retrato feito dele por Sanjuana Martínez, "Las batallas del doctor Mireles" (As batalhas do doutor Mireles), *Nexos*, jul. 2014, disponível em: <www.nexos.com.mx/?p=21605>.
19. Sigo aqui a análise feita por Marco Antonio Estrada Saavedra, "L'État et les mouvements sociaux durant la transition à la démocratie (2002-2012)" (O Estado e os movimentos sociais durante a transição à democracia [2002-2012]), *Problèmes d'Amérique Latine* (Problemas da América Latina), jan. 2014, n. 89.

que une, como nunca antes, as vítimas da violência e suas famílias. Seus ativistas, apesar das diferenças entre si, esforçaram-se para conscientizar a opinião pública mexicana, mas infelizmente não o governo, quanto ao fato de os milhares de mortos dos últimos anos não serem delinquentes, e sim pessoas vítimas de abusos monstruosos tolerados pelo governo e pelas elites em razão da impunidade dos criminosos. Tal movimento foi também o primeiro a sublinhar que a restauração do monopólio estatal em matéria de uso da violência não significava necessariamente a criação de um Estado de direito.

Enfim, os protestos que ocorreram após o sequestro dos alunos e professores de Ayotzinapa abalaram como nunca, desde os anos 1980, a legitimidade do presidente da República. A mistura de inépcia da polícia, incapaz de lançar luz sobre os fatos mesmo depois de quatro meses de investigação, de ausência total de compaixão das autoridades pelas famílias das vítimas e das revelações das condições escandalosas da compra de uma mansão de luxo pela esposa do presidente levaram milhares de jovens a se manifestarem pedindo a renúncia de Peña Nieto. Mesmo sem encampar suas reivindicações, certos intelectuais renomados, favoráveis às reformas econômicas lançadas no início do sexênio, como Enrique Krauze, não deixaram de conclamar o presidente "a reconhecer seus erros e a pedir desculpas ao povo mexicano"[20]. Até a ONU, que sempre se destacou por sua prudência diante da escalada da violência no México, ressaltou a incapacidade do governo de tomar medidas adequadas para dar fim tanto aos desaparecimentos, que se multiplicam no país, quanto à prática rotineira da tortura pelas múltiplas polícias e pelas Forças Armadas.

A VIOLÊNCIA ENDÊMICA

Embora o recrudescimento da violência seja incontestável, é preciso sublinhar que ela apareceu num contexto extremamente confuso e não pode ser avaliada apenas em função das variações das taxas de homicídios. Notemos, em primeiro lugar, quanto a violência política marcou com sua influência o final dos anos 1980. Pensemos nas intrigas contra ativistas

---

20. Enrique Krauze, "What Mexico's President Must Do" (O que o presidente do México deve fazer), *New York Times*, New York: dez. 2014.

políticos que pediam o respeito ao sufrágio e na eleição totalmente fraudulenta de Salinas de Gortari à presidência mexicana em 1988. Lembremos também as perseguições feitas a sindicalistas independentes. Cumpre notar ainda que, se as taxas de homicídios baixaram regularmente dos anos 1940 ao início dos anos 2000, o número de roubos, que diminuíra paralelamente ao dos assassinatos, voltou a crescer a partir de 1980. A redução de homicídios dos anos 1940 aos anos 2000 se deve primeiro à diminuição de homicídios entre pessoas que se conhecem, o que indica o recuo de uma violência social entre indivíduos próximos num mundo extremamente hierarquizado, no qual os habitantes rurais predominavam até os anos 1960. Em troca, houve pouca ou nenhuma redução de homicídios ditos aleatórios, que acontecem em consequência de roubos em via pública ou em assaltos. A diminuição geral do número de homicídios se deve, enfim, a um melhor acesso aos cuidados médicos; ferimentos antes mortais agora não o são mais[21].

Foi tal o aumento dessas agressões nos anos 1980-2000 que não há ninguém que não tenha sido vítima de um assalto à mão armada, às vezes acompanhado de brutalidades e violências sexuais contra mulheres, ou que não conheça pessoalmente a vítima desses infortúnios. O medo dos sequestros cresceu nos anos 1990 por conta do surgimento de bandos extremamente violentos, como o dos Mochaorejas (corta-orelhas) no Estado do México. E, de fato, o temor da criminalidade pesa sobre todos os comportamentos cotidianos. As empregadas domésticas escolhem o melhor lugar para dissimular o dinheiro da semana quando voltam para casa utilizando os transportes coletivos. Membros da classe média não usam mais roupas ou joias de valor por receio de serem roubados. Temendo um sequestro, evitam pegar um táxi qualquer na rua e vivem no terror de serem assaltados quando vão a um caixa eletrônico. Os ricos se encerram nas *cerradas*[22], não frequentam outros lugares públicos senão as áreas de comércio abastadas e protegidas. Os centros comerciais e suas galerias vigiadas por seguranças privados se tornaram locais de passeio das classes médias. Assustados não sem razão pelas ameaças de sequestro

---

21. Marcelo Bergman, "La violencia en México: algunas aproximaciones académicas" (A violência no México: algumas aproximações acadêmicas), *Desacatos*, Ciudad de México: Ciesas, set.-dez. 2012, n. 40.
22. As ruas onde proprietários instalam, na maior ilegalidade, guardas que filtram as entradas.

com pedido de resgate, os membros das classes superiores enviam seus filhos para estudar em países estrangeiros e vão até lá passar suas férias.

A violência assume formas ainda mais espetaculares, que contribuem para disseminar um sentimento de instabilidade e insegurança. Cito sem ordem: linchamentos ocorridos no final dos anos 1980 e nos anos 1990 nas comunidades rurais ou na periferia urbana[23]; centenas de assassinatos no mesmo período atingindo homens em 87% dos casos, em Ciudad Juarez[24]; em 1994, o assassinato de Ruiz Massieu, cunhado do presidente da República, por instigação do irmão deste, e o homicídio jamais elucidado do candidato do PRI à presidência, Luís Donaldo Colosio. Também houve massacres de camponeses, como em Acteal, em Chiapas em dezembro de 1997[25], ou em Aguas Frías, em Oaxaca em 2002[26]. Finalmente, note que certas formas de tortura dos narcotraficantes fizeram sua aparição muito cedo. Em 1985, um agente do Departamento de Narcóticos dos Estados Unidos (DEA – Drug Enforcement Administration), Enrique Camarena, foi sequestrado e, em seguida, encontrado morto, após ter sido estuprado. Em 1988, a mulher e os filhos do narcotraficante Luiz Hector Palma, que após sua detenção aceitara colaborar com o DEA, foram não apenas assassinados: sua mulher foi decapitada e seus filhos foram jogados de uma ponte. Em 1994, os *narcos* utilizaram carros-bomba, em Culiacán e Guadalajara, para eliminar seus rivais, sem se preocupar com danos possíveis aos transeuntes.

Embora alguns observadores tenham comparado os fenômenos de violência e de crueldade mexicanos com seus equivalentes colombianos, as duas situações são muito diferentes sob vários aspectos. Conforme mostrou Fernando Escalante em *Nexos*[27], as taxas de homicídios colom-

---

23. Carlos Vilas, "(In)Justicia por mano propia: linchamientos en el México contemporáneo" ([In]Justiça pelas próprias mãos: linchamentos no México contemporâneo), *Revista Mexicana de Sociologia*, Unam, 2001, vol. 63, n. 1, pp. 131-60.
24. Adam Jones, "Los muertos de Ciudad Juárez" (Os mortos de Ciudad Juárez), *Letras Libres*, abr. 2004, disponível em: <www.letraslibres.com/revista/letrillas/los-muertos-de-ciudad-juarez>. Notemos que, enquanto 37 mulheres foram mortas de 1985 a 1992 e 269 de 1993 a 2001, não são menos que 249 os homens mortos de 1990 a 1993 e 942 de 1994 a 1997.
25. Quarenta e cinco pessoas, na maioria mulheres e crianças, membros de uma organização próxima do Exército Zapatista de Libertação Nacional (EZLN) – Las Abejas –, foram mortas por uma milícia de camponeses do PRI.
26. Vinte e seis zapotecas foram assassinados por vizinhos em consequência de um litígio de terras.
27. Fernando Escalante, "Homicidios 1990-2007" (Homicídios em 1990-2007), *Nexos*, set. 2009, disponível em: <http://nexos.com.mx/?=13270>.

bianas sempre foram muito superiores às taxas mexicanas: são 35 por 100 mil em 1984 e aumentam regularmente até 1991, quando atingem 78 por 100 mil. Depois decrescem progressivamente: 60 por 100 mil em 2000 e 2001, 50 em 2003, 40 em 2007 e 32 desde 2010. Ou seja, as taxas mais baixas de homicídios colombianos correspondem às taxas mais altas registradas no México nos últimos anos. Além disso, a presença na cena política colombiana de atores como a guerrilha das Farc[28] ou os paramilitares não tem equivalente nenhum no México. Outra diferença importante: a Colômbia, graças a um estilo político descentralizado e a um Estado historicamente fraco, nunca conheceu um sistema de corrupção centralizado e hierarquizado como o que existiu durante o longo reinado do PRI; o que se concretizou lá foram múltiplos sistemas de arranjos locais.

É preciso enfim observar que, não obstante a legitimidade das inquietações e da angústia da opinião pública mexicana, as piores taxas de homicídios dos anos 2010 e 2011 ainda são muito inferiores às que prevaleciam de 1950 a 1962, por ocasião do início do *desenvolvimento estabilizador* no final da presidência de Aleman Valdés, na de Ruíz Cortines e nos quatro primeiros anos da gestão de López Mateos.

INCERTEZA E INSEGURANÇA

A grande novidade desses fenômenos de violência no México e um de seus aspectos mais devastadores residem no clima de insegurança e de incerteza que criaram para além da materialidade das experiências concretas e físicas da violência. Conforme vimos, muitos mexicanos se perguntam sobre o futuro e a viabilidade de seu país, perguntas que possuem três grandes formas. A primeira é sobre a capacidade do Estado de enfrentar a violência, de restabelecer sua autoridade sobre o conjunto do território e, por fim, de estancar o crime organizado. Essa interrogação surgiu em grande parte da frustração das esperanças suscitadas pela eleição de Vicente Fox à presidência da República em 2000. Pela primeira vez um líder da oposição, que falava uma linguagem nova e parecia próximo de seus eleitores, chegava ao poder. A maioria dos mexicanos, tanto eleitores do

---

28. Ver sobre esse assunto o livro extremamente útil de Daniel Pécaut, *Les Farc, une guérilla sans fin?* (As Farc, uma guerrilha sem fim?), Paris: Lignes de Repères, 2008.

pan quanto do Partido da Revolução Democrática (prd), de esquerda, esperava que a mudança política engendrasse uma reforma das instituições que poria fim às múltiplas formas de corrupção e barraria a violência que se alastrava no país. Ora, seja por causa da inabilidade política de Fox ou da relação de forças desfavoráveis ao pan nas duas câmaras, as reformas esperadas nunca aconteceram. Assim, os poderes judiciários continuam estreitamente dependentes do poder executivo em nível nacional ou dos governadores na federação, enquanto em matéria criminal a polícia não age a pedido de um ministério público independente, continuando amplamente instrumentalizada pelo poder executivo e os poderes locais[29]. Além disso, os sérios entraves à liberdade de associação, tanto em matéria política quanto sindical, impedem os eleitores de promover candidaturas que emanem da sociedade civil ou de criar novas formações políticas. Na melhor das hipóteses, eles podem se abster ou são condenados a votar, no nível nacional, em quatro partidos que, na prática, funcionam como um oligopólio detentor do monopólio legal do direito de concorrer ao sufrágio. Com isso, as velhas práticas de corrupção não só não desapareceram, como se tornaram moeda corrente no seio dos partidos de oposição ao pri, principalmente nas fileiras do pan, mas também nas do prd. Pensemos nas negociatas da esposa de Vicente Fox e dos filhos dela, assim como no tráfico de influência no distrito federal que pôs em causa o secretário das finanças ligado a Andrés Manuel López Obrador, prefeito da Cidade do México e principal dirigente do prd. Pior ainda, o novo governo não soube fazer frente à escalada da violência e dos narcotraficantes. A desconfiança em relação aos políticos foi crescendo à medida que estes pareciam antes de tudo desejosos de defender ou aumentar suas prebendas. Por fim, os primeiros efeitos desastrosos da *guerra* contra o crime organizado lançada por Felipe Calderón, no início de seu mandato (2006-2012), acabaram por persuadir os mexicanos de que o país estava preso numa espiral de violência em que a iniciativa pertencia aos grupos criminosos.

Essa perda de confiança no futuro do país foi alimentada também por dúvidas recorrentes, muitas vezes declaradas, de altos dirigentes dos Estados Unidos, assim como da mídia e de algumas ongs norte-americanas,

---

29. Edgardo Buscaglia oferece inúmeros e excelentes exemplos dessas práticas em seu recente ensaio *Vacíos de poder en México* (Vazios de poder no México), Ciudad de México: Penguin Random House/Debate, 2013.

quanto à capacidade do exército e da polícia mexicanos de enfrentar o crime organizado. Segundo eles, o México estaria prestes a se tornar um *failed state*, um Estado falido. No entanto, esses dirigentes estadunidenses nunca puseram em causa seu tipo de ação e de cooperação com o México. Tudo não passou de grito de ameaça. Uma segunda forma de duvidar do futuro do país consistiu em perguntar se a estratégia adequada para enfrentar a violência não seria negociar com os grupos criminosos. Esse tipo de raciocínio alimentava-se de uma nostalgia pela maneira como o PRI por muito tempo enfrentou o crime organizado e especialmente o narcotráfico: fazer alianças com eles através de toda uma série de pactos de corrupção. Essa solução permitia uma espécie de paz civil e ingressos de dinheiro que ajudariam a economia do país. Tal esquema gozou de certa boa vontade por parte da opinião pública, pois alguns jornalistas, muito bem informados[30], mas sem provas concretas[31], deram crédito à ideia de que a guerra contra o crime lançada pelo presidente Calderón visava também enfraquecer certos cartéis em proveito do mais antigo deles, o dos Sinaloans, para no final melhor pactuar com ele. Essa visão das coisas, aliás, pesou amplamente em favor da eleição do atual presidente da República. De fato, diante do incremento da violência após a guerra lançada por Calderón, muitos mexicanos apostaram que este voltaria às velhas práticas de conciliação com o crime organizado dos anos do PRI.

A dúvida sobre a viabilidade do país se alimentou também da ideia de atribuir aos narcotraficantes propósitos político-militares, considerando suas ações como momentos de uma *insurreição criminosa*. Como escreveu Ioan Grillo[32], ao exercerem um poder de fato em algumas regiões, os *narcos* seriam governos locais *fantasmas* que, com o tempo, poderiam transformar o Estado mexicano num *Estado cativo*. Tal sentimento se verifica particularmente nas regiões onde formas extremas de violência e crueldade se tornaram experiências cotidianas. Também aí, nada permite sustentar tais hipóteses. Os cartéis da droga não têm de modo algum um projeto global de refundação do país, como o tiveram em seu tempo as

---

30. Especialmente Anabel Hernández em alguns artigos de *Proceso*, bem como em seu livro *Los señores del narco* (Os senhores do tráfico), Ciudad de México: Penguin Random House/Grijalbo, 2011.
31. Ioan Grillo mostrou muito bem a fragilidade dessa tese em *El narco, op. cit.*
32. Ioan Grillo, *El narco, op. cit.*

Farc colombianas; querem apenas impor a qualquer preço e por todos os meios seus monopólios nas atividades de contrabando e extorsão[33].

Enfim, como vimos, a atitude do presidente Peña Nieto, após o massacre de Iguala, não se mostrou, para dizer o mínimo, condizente. O presidente foi incapaz de ir a Iguala para se solidarizar com as vítimas do massacre, por receio de ser vaiado pelos habitantes. A polícia foi particularmente ineficaz no seu inquérito e multiplicou os vícios jurídicos no momento da detenção dos autores intelectuais desse massacre. Além disso, a revelação simultânea das escandalosas condições de aquisição da moradia de sua esposa não apenas desacreditaram ainda mais o chefe de Estado mas confirmaram que ele era incapaz de encontrar os gestos adequados para restaurar a confiança no Estado.

A POROSIDADE DAS FRONTEIRAS ENTRE O MUNDO LEGAL E O ILEGAL

Se as ciências sociais por muito tempo se abstiveram de qualquer reflexão séria sobre a porosidade das fronteiras entre a polícia e o crime organizado, ou sobre a propensão à corrupção dos meios políticos e de negócios, a imprensa mexicana e ensaístas como Gabriel Zaid[34] vêm chamando a atenção para esses fenômenos e, de uma década para cá, as ciências sociais também se ocupam do tema. Diferentes inquéritos mostram que, durante a segunda metade do século xx, nem os altos dirigentes políticos nem os da polícia buscaram verdadeiramente erradicar o crime organizado. Ao contrário, tentaram controlá-lo e freá-lo por meio da corrupção e da negociação com as redes delinquentes[35]. O objetivo era duplo: enriquecer pessoalmente e utilizar os criminosos como agentes de operações da baixa polícia contra os opositores do PRI. De certo modo, o caso do chefe de polícia do presidente López Portillo (1976-1982), Arturo Durazo, um de seus velhos amigos e, sem dúvida, um dos mais corruptos chefes de polícia mexicanos, é exemplar dessa

---

33. Gabriel Zaid, "El negocio de los narcos" (O negócio dos narcos), *Contenido*, México: set. 2007.
34. *Idem*, "Por una ciencia de la mordida" (Por uma ciência do suborno), *El progreso improductivo* (O progresso improdutivo), Ciudad de México: Siglo XXI, 1979.
35. Wil G. Pansters (org.), *Violence, Coercion and State-Making in Twentieth-Century Mexico: The Other Half of the Centaur* (Violência, coerção e política de Estado no México do século xx: a outra metade do centauro), Stanford: Stanford University Press, 2013, e Edgardo Buscaglia, *op. cit.*, analisam muito bem esses mecanismos.

maneira de proceder. Sua única inovação, em relação aos predecessores ou aos sucessores, foi sistematizar e exacerbar práticas por muito tempo consideradas pelo conjunto da sociedade mexicana como inevitáveis, mas funcionais, pois asseguravam certa ordem pública. Partindo de uma frase de Durkheim, "o crime é normal porque uma sociedade isenta dele é totalmente impossível"[36], muitos responsáveis políticos fizeram disso um sofisma, justificando todas as acomodações e conluios com o crime organizado. Esses pactos eram moeda corrente do topo à base da escala político-administrativa. Os governadores acobertavam os prefeitos, desde que os conluios não fossem muito evidentes, e o poder federal agia do mesmo modo com os governadores.

A corrupção na polícia está longe de ser um exemplo circunscrito e atípico nos costumes em vigor no México. Pensemos num fenômeno que as ciências sociais e a imprensa também evitam abordar, o das fortunas dos homens políticos e seus familiares, principalmente dos presidentes da República. Até pouco tempo atrás, estes não tinham obrigação alguma de declarar o montante de seu patrimônio, nem no início nem no final do mandato. Segundo um adágio mexicano, no primeiro ano de seu mandato o presidente instala seus homens nos postos-chave e consolida seu poder, nos quatro anos seguintes governa e, no último, rouba. Parece algo deplorável, mas no final é aceito não só pelo presidente da República mas também por governadores, prefeitos e vereadores.

Até o final dos seis anos de Gortari (1994) reinava a ideia de que essas práticas permitiam o desenvolvimento com estabilidade e, por fim, o enriquecimento geral. A fortuna dos *de cima* contribuía para *aumentar* a fortuna de todos. Era uma ideia não muito diferente do fenômeno chamado *trickle down* por alguns economistas liberais[37]. O imaginário consensualista e de certa forma meritocrático do pri dava a entender que o grande sistema de negociações e ajustamentos desse corporativismo autoritário, mantido com mão de ferro pelo presidente da República, com o tempo daria a todos, ou aos mais merecedores, sua chance. Na pior das hipóteses, com o desenvolvimento ajudando, cada um teria sua parte. Foi preciso esperar

---

36. Émile Durkheim, "Distinction du normal et du pathologique" (Distinção do normal e do patológico), em: *Les règles de la méthode sociologique*, Paris: puf, p. 67. Edição brasileira: *As regras do método sociológico*, São Paulo: Martins Fontes, 2014.
37. Thierry Pech, *La Sécession des riches* (A secessão dos ricos), Paris: Seuil, 2011.

os escândalos no final da presidência de Salinas de Gortari para que esse enriquecimento ilícito fosse questionado e visto como um caminho para o caos e a imoralidade. Pois como acreditar que o irmão do presidente da República estivesse em conluio com poderosos narcotraficantes sem que seu irmão soubesse? É difícil imaginar que este último ignorasse o enriquecimento do outro. Na verdade, os poucos inquéritos, feitos sempre da forma mais discricionária contra *inimigos políticos* dos presidentes que entram em função e desejosos de mostrar seu poder, revelaram quanto a mistura de abusos de bens sociais, propinas e outros delitos constituem um hábito de boa parte da classe política mexicana.

A partir do final dos anos 1980, a abertura política e os progressos da oposição tanto de esquerda, o futuro PRD, quanto de centro-direita, o PAN, nas eleições municipais, mas também nas câmaras locais ou nacionais e nos cargos de governador, tiveram efeitos muito paradoxais. A corrupção deixou de ser o apanágio do PRI para espalhar-se por todos os partidos e em todos os níveis político-administrativos, enquanto paralelamente se manifestava o imaginário democrático da alternância e da transparência. O PAN e o PRD não tardaram a adquirir exatamente os mesmos hábitos clientelistas e prevaricadores que o PRI, embora muitos de seus eleitos tivessem inicialmente feito campanhas para acabar com eles, como, por exemplo, Vicente Fox no estado de Guanajuato[38]. Além disso, certas mudanças no modo de votação e em particular a introdução de determinada proporcionalidade nas eleições para a Câmara e o Senado – as listas plurinominais dos diferentes partidos – permitiram às vezes a entrada na classe política de figuras as mais duvidosas, representando, entre outros, o interesse de grupos monopolistas da televisão[39].

Dois fenômenos favoreceram ainda mais amplamente o conluio entre economia legal e ilegal: a assinatura do Tratado de Livre Comércio (TLC) com os Estados Unidos e o Canadá e as mudanças nas formas de introdução da cocaína nos Estados Unidos. A assinatura do TLC possibilitou o aumento do tráfico por caminhão entre México e Estados Unidos, tanto de produtos fabricados nas *maquiladoras* como também de certos produtos agrícolas. Além disso, os efeitos da política antidrogas dos Estados

---

38. Magali Modoux, *Démocratie et fédéralisme au Méxique, 1989-2000* (Democracia e federalismo no México, 1989-2000), Paris: Karthala, 2006.
39. Edgardo Buscaglia, *op. cit.*, pp. 109-10.

Unidos com a Colômbia foram duplos: tornaram mais difícil a introdução da cocaína via Flórida e ilhas do Caribe e enfraqueceram os cartéis colombianos, que se dividiram em entidades menores e menos poderosas. Como seu país virou então um ponto de passagem obrigatório, os transportadores mexicanos passaram a ser os atores dominantes do mercado. Esse novo contexto favoreceu um *boom* da economia da droga tanto nas zonas produtoras de ópio, maconha e drogas sintéticas quanto nas zonas de passagem entre o México e os Estados Unidos. Por fim, nos últimos anos da década de 1990, o fim do monopólio político do PRI e a eleição de governadores e prefeitos de oposição facilitaram o trabalho dos cartéis mexicanos. Estes não precisavam mais negociar com um partido-Estado, o PRI, que, como se dizia, dispunha do *serviço completo*, com plenos poderes em todos os níveis, mas poderes fragmentados e rivais, portanto, passíveis de corrupção com menor custo.

Esse *boom* não se limitou de maneira alguma aos meios criminosos, mas afetou amplos setores da sociedade mexicana. Como mostrou Sabine Guez[40], retomando uma imagem de Howard Becker, a produção ou o comércio internacional de entorpecentes necessita de *atividades de reforço* que mobilizam, a montante ou paralelamente, muitas outras profissões[41]. Parlamentares mexicanos calcularam, em 2013, que as atividades ligadas de uma maneira ou de outra ao tráfico de drogas representavam um quinto dos empregos no país; isso em comparação com a exploração petrolífera[42]. A jusante, os benefícios gerados pelo tráfico favorecem múltiplos setores de atividades, para alguns perfeitamente legais. Os traficantes precisam de motoristas e pilotos, veículos, barcos, aviões e pessoal encarregado de sua manutenção. Não podem agir sem cumplicidade nas aduanas e polícias tanto do México quanto dos Estados Unidos e também, quando o tráfico é aéreo ou marítimo, em organismos de controle desses espaços. Se os primeiros produtores de maconha e ópio, no Triângulo

---

40. Sabine Guez, "À la frontière du legal et de l'illégal, travail et narcotrafic à Ciudad Juárez (Mexique) et El Paso (États-Unis)" (Na fronteira do legal e do ilegal, trabalho e narcotráfico na Ciudad Juárez [México] e El Paso [Estados Unidos]), *Problèmes d'Amérique Latine*, n. 66-67, outono-inverno 2007; e "La frontière et au-delà: une enquête ethnographique sur le narcotrafic à Ciudad Juárez (Mexique) et El Paso (États-Unis)" (A fronteira e além: uma pesquisa etnográfica sobre o narcotráfico na Ciudad Juárez [México] e El Paso [Estados Unidos]), *Cultures & Conflits*, n. 72, inverno 2008.
41. Howard Becker, *Les Mondes de l'art* (Os mundos da arte), Paris: Flammarion, 1988.
42. *La Jornada*, 31 mar. 2013, *apud* Edgardo Buscaglia, *op. cit.*, p. 22.

de Ouro mexicano[43], eram camponeses iletrados recrutados no local, a coisa evoluiu muito desde então. Continua havendo a necessidade de uma mão de obra pouco qualificada que colha a maconha e o ópio, os quais depois são transportados nas costas por homens que atravessam o deserto da fronteira. Essa mão de obra é hoje bem mais numerosa e geralmente provém do sul do país ou mesmo da América Central. Mas ao lado dela surgiu um pessoal qualificado e às vezes saído das melhores escolas: engenheiros e técnicos agrícolas, químicos e contadores. Se muitos sicários ou guardas dos narcotraficantes têm pouca ou nenhuma formação, há outros que, como ex-militares guatemaltecos ou mexicanos, provêm de grupos de elite desses dois exércitos. São combatentes não apenas aguerridos mas também especialistas em transmissão e escuta. Além do mais, utilizam armas e sistemas de transmissão sofisticados, que nada ficam devendo aos da polícia e do exército. O comércio varejista da droga precisa também de distribuidores nos meios sociais os mais diversos, nos Estados Unidos e no México. Há, enfim, uma série de advogados penais talentosos que trabalham para o crime organizado. A essas profissões que participam diretamente da economia da droga, e sem as quais ela não poderia existir, juntam-se as que vivem dela a jusante. Bancos, casas de câmbio e indústria da construção, tanto no México como nos Estados Unidos, fizeram e continuam a fazer excelentes negócios[44]. As concessionárias de automóveis fornecem um número considerável de 4x4 de luxo nas zonas de produção ou de passagem da droga. As melhores vendas de caminhonetes Hummer ocorrem nessas regiões. Os joalheiros não vendem apenas armas com coronhas de ouro, mas também joias e enfeites de luxo aos membros das famílias de narcotraficantes. O mesmo se observa em relação aos vendedores de roupas ou de botas. Os confiscos efetuados no momento da prisão de certos narcotraficantes revelam a importância desse consumo ostentatório[45]. Músicos e vendedores de instrumentos musicais e material sonoro, donos de restaurantes e gerentes de bordéis vivem em grande parte dos movimentos da economia da droga. Enfim,

---

43. A região montanhosa situada no encontro dos estados de Durango, Chihuahua e Sinaloa.
44. Ver o documentário sobre o assunto feito por Agnès Gattegno, *Narco-finance, les impunis* (Narcofinanças, os impunes), divulgado em *Arte*, 24 out. 2014, ou o livro recente de Roberto Saviano, *Extra Pure* (Extra puro), Paris: Gallimard, 2014.
45. Julio Scherer Garcia, *La reina del Pacífico: es hora de contar* (A rainha do Pacífico: é hora de contar), Ciudad de México: Penguin Random House/Grijalbo, 2008.

o mundo das corridas de cavalos e das rinhas de galos também se vale de rendas obtidas do narcotráfico.

Esse *boom* do dinheiro sujo apagou amplamente as fronteiras entre as *pessoas decentes* e o mundo do crime, tanto nos vilarejos rurais quanto nas metrópoles da fronteira. Em localidades rurais como Altar, vilarejo de Sonora estudado por Natalia Mendoza Rockwell[46], as acomodações ocorreram sobre um fundo de sociabilidade próxima e relações de parentesco. A participação no narcotráfico de modo nenhum provocou sanções sociais contra os envolvidos, embora eles e suas famílias fossem conhecidos. A desconfiança e o estigma tinham por alvo os estrangeiros, gente vinda de estados vizinhos – por exemplo de Sinaloa para os habitantes de Sonora – ou de municípios afastados de San Gertrudis. Algumas organizações, como La Familia ou os Caballeros Templarios no Michoacán, usaram tal linguagem para desacreditar seus rivais quando eles quiseram se instalar na região[47]. Em vários municípios, a polícia e as autoridades locais fecharam os olhos para as atividades de gente *do lugar*, sem terem sido *compradas*. Às vezes, avisam *espontaneamente* parentes ou amigos da chegada de inspetores federais, a fim de preservar a tranquilidade da *comunidade*. O arranjo consiste geralmente em fechar os olhos, pedindo aos narcotraficantes para não criar problemas no município. Nas cidades maiores, a polícia local ou os vereadores mostram condutas semelhantes, avalizando atos de corrupção em boa e devida forma. O caso é ainda mais nítido na polícia federal, entre responsáveis do exército, das aduanas e do controle aéreo. As elites econômicas tradicionais também se aproveitam amplamente do maná da droga. Alguns trabalham na lavagem do dinheiro e participam, sem se questionar, das *atividades de reforço*. Para as classes populares, o trabalho ocasional de passar a droga aos Estados Unidos e outras pequenas tarefas permitem atenuar dificuldades financeiras ou melhorar seus rendimentos e entrar no mundo do consumo de aparelhos eletrodomésticos, motocicletas e automóveis. Aos poucos, nas cidades

---

46. Natalia Mendoza Rockwell, *Conversaciones del desierto: cultura moral y tráfico de drogas* (Conversas do deserto: cultura moral e tráfico de drogas), Ciudad de México: Cide, 2008, Colección Estudantil. A autora desse livro apresenta a vila onde realizou sua pesquisa com outro nome, "San Gertrudis"; posteriormente ela revelou o nome verdadeiro do município, "Altar", em vários outros artigos.
47. Salvador Maldonado, "Violence d'État et ordre criminel: Les coûts de la guerre perdue du Michoacán, Mexique" (Violência de Estado e ordem criminosa: os custos da guerra perdida de Michoacán, México)), *Problèmes d'Amérique Latine*, jan. 2014, n. 89.

da fronteira, no Triângulo de Ouro ou em certas zonas de Michoacán e de Guerrero, as atividades ligadas ao tráfico da droga se tornaram tão corriqueiras quanto qualquer outra. Interrogadas por suas professoras, crianças de Altar declararam sem pestanejar que quando crescessem queriam ser *mafiosos*. Nos bailes locais, os *narcos* deixaram de ser parceiros por princípio rejeitados pelas moças, e isso em todos os meios sociais, dos mais humildes aos mais abastados. Mesmo não tendo boas maneiras, eles podiam ser noivos ou maridos inteiramente aceitáveis.

Se o apagamento das fronteiras entre o legal e o ilegal atingiu o auge enquanto os confrontos entre os diferentes grupos de narcotraficantes permaneciam limitados e circunscritos, a multiplicação dos acertos de contas sangrentos e a *guerra* contra o crime organizado, lançada por Felipe Calderón e prosseguida por Peña Nieto, de modo nenhum puseram fim às imbricações entre a economia da droga e suas *atividades de reforço*. Essas imbricações apenas se tornaram mais discretas, e algumas delas mais difíceis. A *boa sociedade* já não aceita com o mesmo impudor o crime organizado. Como mostrou Salvador Maldonado num de seus mais recentes trabalhos sobre Michoacán[48], a escalada da violência durante o mandato de Felipe Calderón teve por efeito paradoxal apagar as fronteiras entre os detentores da autoridade legítima e certas organizações criminosas. Assim, na região de Uruapán, algumas delas instauraram uma ordem mínima contra seus rivais e, mais ainda, contra a pequena criminalidade. Temendo ao mesmo tempo essas organizações e aceitando-as em função das circunstâncias, as populações, em certos lugares, passaram não só a acomodar-se, mas a recorrer a elas. Assim, alguns não hesitam mais em indicar-lhes pessoas suspeitas de crime de direito comum para que sejam castigadas. Mulheres podem também recorrer a elas contra maridos violentos ou infiéis. Por outro lado, a mistura de arbitrariedade e violência desmedida com que as forças da ordem agem muitas vezes, o emprego quase sistemático da tortura contra os suspeitos, além da ausência total de proteção das testemunhas que denunciam os delitos dos *narcos* e daqueles ligados a eles[49], contribuíram para que as populações as julguem e ajam

---

48. Idem, op. cit.
49. Ver sobre esse ponto o relatório do Human Rights Watch, "Neither Rights Nor Security: Killings, Torture and Disappearances in Mexico's 'War on Drugs'" (Nem direitos nem segurança: assassinatos, tortura e desaparecimentos da "guerra contra as drogas" do México), 2011.

em relação a elas com o mesmo oportunismo desconfiado que costumam ter com os grupos criminosos.

HÁBITOS TRADICIONAIS E NOVA IDEOLOGIA DA GLOBALIZAÇÃO

As atividades ilegais e as violências a elas associadas de uns dez anos para cá permanecem incompreensíveis se não analisarmos suas afinidades eletivas com dois tipos de concepção da fortuna, do trabalho e do indivíduo, um muito enraizado nos hábitos latino-americanos, o outro amplamente promovido e sustentado pelas desregulações neoliberais e pela globalização.

Como explicou muito bem Danilo Martucelli num ensaio recente[50], se o modo de produção capitalista imprimiu claramente sua marca nas relações sociais do subcontinente latino-americano, o trabalho não teve um papel central nos processos de constituição e definição dos indivíduos. A comunidade de origem étnica ou regional e a religião são tão importantes para a definição dos sujeitos quanto o trabalho. Assim, nas regiões onde o narcotráfico se tornou uma atividade muito lucrativa, essa atividade não é suficiente para dar um *status* aos que fizeram dela sua profissão. O *status* de um indivíduo permanece antes de tudo definido por suas origens geográficas ou pela condição de sua família. Em Altar, um *mafioso* – termo que designa os narcotraficantes – será considerado um homem do lugar ou um membro de uma família rica. Se for estigmatizado como *narco*, esse qualificativo sublinhará sua condição de estrangeiro ao município ou seu pertencimento a uma família pobre, não sua participação numa profissão ilegítima. Martucelli observa que essa representação do trabalho se articula com uma representação da riqueza que faz desta não o fruto do labor, mas um dom da natureza. Os recursos naturais minerais, silvestres ou agrícolas são vistos como tesouros dos quais se tira proveito, nunca como ingredientes ligados a uma valorização que supõe uma soma de esforços pessoais. Assim, mesmo no mundo *ranchero* dos criadores de gado, em que o trabalho e o esforço são valorizados, a riqueza conserva intrinsecamente um caráter fortuito. As atividades ligadas ao narcotráfico

---

50. Danilo Martucelli, *Existen individuos en el sur?* (Existem indivíduos no sul?), Santiago: LOM, 2010. Ver especialmente a passagem intitulada "Un imaginario de la riqueza" (Um imaginário da riqueza), pp. 185-ss.

são vistas da mesma forma. Não são de modo algum atividades rotineiras e regulares, mas bons negócios nos quais a sorte desempenha um papel capital. As letras dos *narco-corridos*[51] põem em cena o imaginário do jogo e do desafio que caracteriza os contrabandistas. Essas canções exaltam homens audaciosos que arriscam tudo[52].

As atividades ligadas ao narcotráfico também se adequam perfeitamente a uma representação que considera o indivíduo como um *jogador assimétrico* ou um *oportunista vulnerável*. As pessoas agem num mundo instável em que as regras do jogo desfavorecem *os de baixo* e ainda por cima são constantemente refeitas em favor dos poderosos. Donde a necessidade imperiosa de se mostrar audacioso. É preciso ser sempre esperto para se impor e se proteger. As letras dos *narco-corridos* ou as imagens dos filmes *narcos*, em voga no norte do México ou entre os migrantes instalados nos Estados Unidos, são um excelente exemplo disso. Certa vigarice é de praxe e, em alguns casos, os comportamentos mais infames são aceitos, contanto que não se exerçam às custas de amigos e familiares, mas, senão, os beneficiem. Estamos num universo muito próximo do *amoralismo familiar* descrito por Edward Banfield na Sicília[53]. Aqui o indivíduo não é apoiado por instituições que fixam regras e produzem normas que se aplicam mecanicamente e protegem todos. Ao contrário, é apoiado por indivíduos que são membros de redes que fazem deles oportunistas. Desse ponto de vista, uma parte da classe empresarial mexicana e as empresas multinacionais prosperaram sem vergonha alguma num mundo de mercados desonestos, de subornos, buscando antes de tudo seus interesses de curtíssimo prazo[54].

O indivíduo, enfim, é, para retomar os termos de Martucelli, um "ator metonímico". A questão não é tanto, nota ele, a do surgimento do

---

51. Subgênero musical do *norteño-corrido* mexicano. [N.T.]
52. Pode ser lida com proveito sobre o assunto a pesquisa de Maria Luisa de la Garza, *Pero me gusta lo bueno: una lectura ética de los corridos que hablan del narcotráfico y de los narcotraficantes* (Mas gosto do que é bom: uma leitura ética dos *corridos* que tratam do narcotráfico e dos narcotraficantes), Ciudad de México: Miguel Ángel Porrúa, 2008.
53. Edward Banfield, *The Moral Basis of a Backward Society* (A base moral de uma sociedade retrógrada), Glencoe: The Free Press, 1958.
54. Um dos primeiros a refletir sobre esses fenômenos no México foi Gabriel Zaid, em "El progreso improductivo", *op. cit.*, depois em *La economía presidencial* (A economia presidencial), Ciudad de México: Debolsillo Random House, 2011, e enfim em *Empresarios oprimidos* (Empresários oprimidos), Ciudad de México: Debolsillo Random House, 2009.

indivíduo, mas a da radicalidade de sua presença. Os indivíduos estão, de certa forma, "à frente" das instituições, ausentes ou fracas. De fato, mesmo em situações autoritárias e ditatoriais, as hegemonias dos grupos dominantes nunca foram perfeitamente estabelecidas. Da mesma forma, os aparatos estatais tiveram, no mais das vezes, um funcionamento caótico e irregular. Estamos longe das burocracias eficientes e competentes teorizadas por Max Weber. A instituição de regimes democráticos que proclamam direitos e dão aos indivíduos o sentimento de terem "o direito de ter direitos" (H. Arendt) acentua as tensões entre os indivíduos e instituições tradicionalmente fracas que os protegem de modo insuficiente.

Eis aí todas as temáticas da *anomia cândida* e do *país à margem da lei* enunciadas pelo jurista argentino Carlos Nino em relação a seu país. Sendo as instituições deficientes ou simplesmente ausentes, fazem-se arranjos à margem destas, pois muitas vezes não se pode fazer outra coisa. Foi claramente o que se passou nas regiões rurais e fronteiriças, ou ainda no Triângulo de Ouro, em Guerrero e em Michoacán, quando começou a crescer o tráfico de drogas, mas também quando a polícia e o exército reagiram contra essas atividades. É o individualismo do *eu em primeiro lugar*, atitude que não é apanágio nem dos *narcos* nem da classe política ou das autoridades, mas que se difunde no conjunto do corpo social. Para todos, a moral é concêntrica: ela se aplica em função dos círculos de sociabilidades e das redes.

Esse *habitus* não constitui de maneira alguma uma cultura perene e atemporal; ele se renovou com as circunstâncias e o passar dos anos. E a *ideologia invisível*[55] que acompanhou a recente globalização lhe deu um novo impulso. Pensemos na valorização da *performance* do indivíduo, cujos emblemas são os esportistas de alto nível, os agentes financeiros ou os empresários. Os primeiros representam também indivíduos que valem apenas por si mesmos, indivíduos provenientes da base da escala social que chegam ao topo graças a uma mistura de esforços pessoais e de sorte, mas também de um senso de transgressão das regras. Pensemos no papel do *doping* que se tornou central em matéria de *performance* nas competições esportivas. No caso dos agentes financeiros, é uma profissão que valoriza qualidades de jogadores mas também de contumazes

---

55. Cf. Claude Lefort, "Esquisse d'une genèse de l'idéologie" (Esquema de uma gênese da ideologia), em: *Les Formes de l'histoire: Essais d'anthropologie politique* (As formas da história: ensaios de antropologia política), Paris: Gallimard, 1978.

fraudadores, como o mostraram diferentes escândalos das bolsas nos últimos anos. E o rosto dos empresários da época da globalização não é muito diferente. Foi-se o tempo da função social da empresa ou do papel social do empreendedor teorizado por Kenneth Galbraith[56]. Tudo é permitido, desde que bem-sucedido. Essas três profissões são também emblemáticas de um nivelamento das condições através do consumo e das despesas suntuárias. Seus membros passam a imagem de uma nova aristocracia do sucesso individual. Sob muitos aspectos, os atores do narcotráfico mostram há muito tempo esse perfil tanto no México quanto em outros países latino-americanos. São indivíduos que tiveram acesso a posições invejadas graças à sua astúcia e a seu senso dos negócios, imagem que tem sua origem distante naquelas veiculadas em filmes como *O poderoso chefão* (1972), de Francis Ford Coppola, ou *Scarface* (1983), de Brian de Palma.

CONCLUSÃO

O massacre ocorrido em 26 de setembro de 2014 em Iguala, no estado de Guerrero, é não apenas um resumo muito esclarecedor dos conluios entre o mundo do narcotráfico e o mundo político, mas as reações que suscitou na opinião pública mexicana indicam claramente um agravamento da desconfiança em relação à classe política, de todas as tendências e em todos os níveis. Recordemos os fatos, pois são característicos do confuso drama mexicano. A partir de novembro, as manifestações de protesto se multiplicaram em Guerrero e noutros lugares do país, tomando às vezes formas extremamente violentas. Mais ainda, o acontecimento originou uma desconfiança sem precedente em relação à classe política mexicana, cujas reações foram particularmente lamentáveis, cada um acusando os concorrentes de corrupção e de conluio com os *narcos* e inocentando-se de qualquer ligação com tais práticas, quando evidentemente as responsabilidades são coletivas. Pois todos, para além de suas bravatas, acobertaram as ligações entre seus eleitos e o crime organizado

---

56. John Kenneth Galbraith, *The New Industrial State* (O novo Estado industrial), New Jersey: Princeton University Press, 2007. Idem, *Economics and the Public Purpose* (Economia e o propósito político), Boston: Houghton Mifflin Company, 1973.

ou, pior ainda, como no caso de Iguala, aceitaram em suas fileiras, não políticos corruptos, mas criminosos que buscavam ser homens políticos.

Alguns editorialistas julgam, não sem razão, que o país está à beira do caos e que somente mudanças radicais na política de luta contra o crime organizado e no interior da classe política permitirão sair do impasse sangrento em que vive o país. Se o sobressalto da opinião pública e da sociedade civil é inegável, pode-se duvidar da capacidade e da vontade da classe política de uma mudança. Pois as reformas lançadas por Peña Nieto, no âmbito do Pacto pelo México, certamente abrem a possibilidade ao capital estrangeiro de participar em associação com empresas mexicanas da exploração de petróleo e de outras fontes de energia, mas abrem igualmente a possibilidade de vastas operações descentralizadas de corrupção. Enfim, se esse pacto lança as bases de uma tímida reforma fiscal e de uma lei contra os monopólios, e se pretende também reformar o sistema de recrutamento e de avaliação dos professores, tudo não passa ainda de efeitos retóricos, pois essas disposições não são acompanhadas de meios capazes de uma observação e uma avaliação imparciais de suas aplicações. Assim, essas reformas não contêm uma base judiciária ou administrativa que permita a criação de uma justiça independente ou de uma função pública digna desse nome. Elas tampouco questionam o funcionamento extremamente ineficaz e antiquado dos tribunais. Pior ainda, elas só puderam ser votadas graças a compromissos com o PAN, o partido do presidente anterior, já que o atual não conta com maioria nem na Câmara nem no Senado. O preço desse acordo entre o PRI e o PAN foi a decisão de não processar nenhum dos funcionários do governo precedente acusados de crimes no quadro da luta contra o narcotráfico. Como observou Jorge Castañeda, efêmero ministro das relações exteriores de Vicente Fox[57], tal decisão é não apenas imoral, mas também uma incitação aos membros das forças policiais cujas atrocidades proliferam e nas quais a tortura é uma prática rotineira[58].

A questão hoje é dupla, ao mesmo tempo mexicana e internacional. Saberá o México romper com sua velha política do *desenvolvimento estabilizador*, isto é, de um crescimento econômico que traria por milagre

---

57. Jorge Castañeda, "El rumbo que necesita México" (O rumo de que o México necessita), *El País*, Madrid: 14 nov. 2014.
58. Cf. o relatório da ONU (4/12/2014) redigido por Juan E. Meéndez.

hábitos democráticos, recusando ao mesmo tempo reformas em matéria de polícia e justiça que permitiriam uma luta eficaz, necessariamente de longo prazo, contra a corrupção, o crime organizado e a impunidade? Tal política de desenvolvimento a qualquer preço, como panaceia a todas as tensões sociopolíticas do país, foi a aposta de Salinas de Gortari ao criar, em 1994, o Tratado de Livre Comércio com a América do Norte. É preciso observar que essa aposta não deu certo, que o crescimento esperado e seus efeitos virtuosos não se manifestaram[59]. As tensões políticas foram tais que Salinas de Gortari foi obrigado a se exilar no final do seu mandato. E essa política do crescimento a qualquer preço como remédio a todos os males do México continua sendo a de Peña Nieto. Ele não quis levar em conta numerosas propostas, que emanavam tanto da sociedade civil como de organismos internacionais, para criar sistemas de regulações sistemáticas capazes de lutar contra a porosidade do mundo legal e do ilegal[60]. Desse ponto de vista, o projeto de criar uma polícia com a ajuda da França ou o de integrar o conjunto das polícias municipais nos corpos de polícia de cada um dos estados da federação não devem iludir. A questão é também internacional; ela concerne à ONU, aos Estados membros da Organização de Cooperação e de Desenvolvimento Econômico (OCDE) e à Organização dos Estados Americanos (OEA), mas também aos cientistas sociais que fazem pesquisas sobre o México. A ONU e a OCDE sempre foram de uma inacreditável complacência com a mistura de incúria e de corrupção dos governos mexicanos. Como escreveu sem floreios Edgardo Buscaglia[61], os funcionários das diferentes agências da ONU *brilharam por sua obsequiosidade*, evitando empregar os dispositivos regulamentares pregados por esse organismo para combater o crime organizado e a corrupção. Preferiram contar com as boas graças das autoridades mexicanas que financiam suas missões, portanto, seus altíssimos salários. Os países da OCDE se alinharam com a política dos Estados Unidos de buscar petróleo a baixo preço e favorecer a ação de suas grandes empresas, poupando críticas sobre os hábitos de corrupção, mesmo que estas últimas estivessem dispostas a fazê-las. E,

---

59. É muito esclarecedor o balanço de Gerardo Esquivel sobre o assunto em "La croissance économique mexicaine pendant les gouvernements du PAN et au-delà" (O crescimento econômico mexicano durante os governos do PAN e além), *Problèmes d'Amérique Latine*, jan. 2014, n. 89.
60. Pensemos, por exemplo, em Edgardo Buscaglia, *op. cit.*
61. *Ibidem*, p. 157.

se as questões do narcotráfico foram evidentemente abordadas, sempre se procedeu como se esse fenômeno pudesse ser isolado dos hábitos mais gerais no México e nos países da América Central, onde o consumo de entorpecentes cresce em todos os meios sociais. Assim, os diplomatas dos países da OCDE geralmente evitaram repetir ou levar a sério propostas inteligentes e refletidas do grupo de ex-presidentes latino-americanos, como também de Portugal e da Holanda, em matéria de descriminalização. A atitude da França, com exceção de algumas propostas corajosas como a de Daniel Valliant, ex-ministro do interior, é emblemática dessa miopia. Enfim, cumpre reconhecer que a grande maioria dos cientistas sociais teve o maior cuidado de não se envolver nos debates, seja para descrever a sério os fenômenos ou para analisá-los. Com raras exceções, preferiram conduzir pesquisas de acordo com as temáticas ou teorias dominantes no momento[62]. Com isso, pintam um México imaginário muito distante do México de *carne y hueso*, um México que permite fazer carreira, mas não compreender o que se passa no país, menos ainda ajudar para que emerja nesse país um reformismo democrático consequente.

---

62. Tomaremos como exemplo dois livros recentes emblemáticos desse tipo de abordagem, o de Hélène Combes, *Faire Parti: trajectoires de gauche au Mexique* (Tomar partido. trajetórias de esquerda no México), Paris: Karthala, 2011, e o de Paula López Caballero, *Les Indiens et la nation au Mexique* (Os indígenas e a nação no México), Paris: Karthala, 2012.

Mundo, obsolescência programada
Guilherme Wisnik

> *Num tempo em que concepções de arte pequeno-burguesas predominavam no governo, G. Keuner foi consultado por um arquiteto: deveria ele aceitar um grande empreendimento ou não? "Em nossa arte os erros e compromissos persistem por centenas de anos!", exclamou o desesperado. G. Keuner respondeu: "Não mais. Desde o enorme desenvolvimento dos meios de destruição, as construções de vocês são apenas tentativas, sugestões sem compromisso. Material de contemplação para discussões do público. E quanto aos pequenos, horríveis ornamentos, as colunas etc., utilize-os como coisa supérflua, de modo que uma picareta possa rapidamente ajudar as grandes linhas puras a impor seu direito. Confie nos nossos homens, no rápido desenvolvimento!".*
>
> BERTOLT BRECHT, *Histórias do sr. Keuner*

DESTRUIÇÃO CRIATIVA

A violência é, certamente, um dos motores essenciais da modernidade enquanto fenômeno histórico, tanto do ponto de vista político quanto cultural e filosófico. Investida de um *pathos* revolucionário, a violência aparece para muitos pensadores e artistas como instrumento legítimo de regeneração de uma sociedade ossificada e envelhecida, herdeira ainda da clausura medieval e do mercantilismo. "A violência é a parteira de toda velha sociedade que está grávida de uma nova", afirma Karl Marx em uma conhecida passagem do primeiro livro de *O capital*. E, se Marx admite que a burguesia é uma classe historicamente revolucionária, cujas conquistas

Figura 1. Chongqing, 2013. Foto: Valentina Tong.

não podem nem devem ser negadas, enxerga também, nela, um princípio autofágico destruidor. Quer dizer, a burguesia inaugura historicamente um processo de revolução ininterrupta – a modernidade –, que está, por isso mesmo, fadado a devorar a ela própria enquanto classe hegemônica. Por isso, afirma Marshall Berman, tomando uma expressão usada por Marx e Engels em *O manifesto comunista*, ser moderno é fazer parte de um universo no qual *tudo o que é sólido desmancha no ar*[1].

Para Nietzsche, a negação tanto da promessa de salvação metafísica, inscrita na religião, quanto da ilusão de estabilidade universal do Iluminismo é acompanhada por um sentimento trágico vitalista, em que a tresvaloração de todos os valores é movida por um "prazer no destruir"[2].

Essa vocação sacrificial da sua filosofia, essencialmente moderna e de inspiração dionisíaca, procura purificar a piedosa compaixão cristã através do elogio da dureza. "Por que tão moles, tão amolecidos e condescendentes?", pergunta ficticiamente o diamante ao carvão de cozinha, seu

1. Marshall Berman, *Tudo que é sólido desmancha no ar: a aventura da modernidade*, São Paulo: Companhia das Letras, 1986. A edição original em inglês é de 1982.
2. Friedrich Nietzsche, *Crepúsculo dos ídolos – ou como se filosofa com o martelo*, São Paulo: Companhia das Letras, 2006, p. 106.

parente próximo, no diálogo "Fala o martelo", de *Assim falou Zaratustra*. E em seguida afirma: "Se a vossa dureza não quer cintilar, cortar e retalhar: como podereis um dia comigo criar? Pois todos os que criam são duros"[3].

Assim, a *filosofia do martelo* de Nietzsche postula um mundo de ideias e de coisas em movimento, e não mais estático e conservador. Um mundo movido por um princípio de destruição alegre, uma vontade de potência regeneradora em meio a forças de desagregação e desordem. Assim, tal energia de aniquilação criadora é, em Nietzsche, o princípio que faz da modernidade um processo de permanente *destruição criativa*, termo tomado posteriormente pelo economista austríaco Schumpeter para descrever o processo de desenvolvimento capitalista, fazendo do empreendedor uma figura heroica, o "destruidor criativo *par excellence*", segundo observação de David Harvey, preparado "para levar a extremos vitais as consequências da inovação técnica e social" em um capitalismo benevolente[4].

Como poderia um novo mundo ser criado sem destruir boa parte do que veio antes? A afirmação algo aforística de que *não se pode fazer um omelete sem quebrar os ovos*, usada como forma de justificação da destruição enquanto ação construtiva, percorre autores e atores que vão de Goethe a Mao Tsé-Tung, como lembra Harvey, apontando para um dilema moderno que tem o seu arquétipo literário no *Fausto* de Goethe, tal como assinalaram Lukács e Marshall Berman.

A análise do *Fausto* de Goethe é a base do primeiro capítulo, intitulado "A tragédia do desenvolvimento", do livro de Berman sobre a *aventura da modernidade*. Escrito entre 1770 e 1831, o livro de Goethe atravessa, na própria história de sua redação, eventos históricos cruciais, como a Revolução Francesa. Assim, traduzindo literariamente a passagem do mundo estagnado e fechado do mercantilismo, com suas barreiras comerciais e monopólios, para a ampla liberdade do mercado liberal sem fronteiras, a história épica do *Fausto* descreve um mundo no qual o maior valor positivo é a mobilidade e a transformação, guiados pela livre-iniciativa e pela abertura de espaços para as novas construções.

---

3. *Ibidem*, p. 109. O diálogo "Fala o martelo" (*Assim falou Zaratustra*, 3, 90) foi republicado como epílogo em *Crepúsculo dos ídolos* cuja edição é a referida aqui.
4. David Harvey, *A condição pós-moderna: uma pesquisa sobre as origens da mudança cultural*, São Paulo: Loyola, 1993, p. 26.

Uma passagem crucial do livro, segundo Berman, ocorre quando Fausto e Mefisto se encontram no alto de uma montanha contemplando o espaço vazio e infinito a seus pés, e Fausto esbraveja de súbito, questionando furiosamente o fato de os homens deixarem as coisas tais como sempre foram. Em suas palavras: "Não é já o momento de o homem afirmar-se contra a arrogante tirania da natureza, de enfrentar as forças naturais em nome do 'livre espírito que protege todos os direitos'?". Afinal, prossegue ele, "é um absurdo que, despendendo toda essa energia, o mar se mova, para a frente e para trás, interminavelmente, 'sem nada realizar'!". E finalmente completa: "Aqui sim eu lutaria, para a tudo isso subjugar"[5].

Tornado um grande empreendedor da construção civil após o pacto com Mefisto, Fausto comanda grandes obras de aterro e terraplenagem, incluindo a construção de obras de infraestrutura em escala territorial, como portos, canais e barragens. Seu objetivo é a ampla dominação da natureza através da criação de uma nova paisagem técnica homogênea, mobilizando imensas equipes de trabalhadores e máquinas. Mas o sucesso pragmático dessas obras de planejamento vem acompanhado de um sentimento miraculoso e terrível, na descrição de personagens que acompanham esses canteiros de obras e que falam daquelas atividades de "cavar e esburacar" o chão incessantemente ao lado da imagem de "gritos de horror" fendendo a noite, em que *sacrifícios humanos sangravam*[6], mas ao final eram sempre saudados pela luz da manhã com o aparecimento de uma nova represa ou canal.

O primeiro episódio trágico da narrativa aparece quando Fausto lança sua mira furiosa sobre Filemo e Báucia, um casal de velhinhos que permanecem desde longa data morando em um pequeno chalé nas dunas, onde oferecem ajuda e hospitalidade a marinheiros náufragos e sonhadores. Ocupando uma pequena porção de terra encravada em meio àquelas grandes obras, o simpático e indefeso casal se coloca como obstáculo no caminho expansionista de Fausto, que programa removê-los para construir ali uma torre de observação, do alto da qual ele e os seus possam "contemplar a distância até o infinito"[7]. E, contrariado com o fato de eles não aceitarem um polpudo pagamento em troca do terreno em que mora-

---

5. Marshall Berman, *op. cit.*, p. 70. Os trechos citados do *Fausto* de Goethe são: 10 202-5 e 10 218-21.
6. *Ibidem*, p. 73.
7. *Ibidem*, p. 77.

vam, Fausto ordena a Mefisto que os retire dali imediatamente, liberando a terra para que as obras possam prosseguir. Porém, ao saber que Mefisto havia incendiado a casa, matando impiedosamente o casal de velhinhos, Fausto, ultrajado, o chama de monstro e o expulsa. Ao que o príncipe das trevas responde com uma risada antes de se retirar, explicitando o fato de que "Fausto vinha fingindo, não só para os outros mas para si mesmo, que podia criar um novo mundo com mãos limpas"[8].

Escrevendo seu livro nos albores da década de 1980, Marshall Berman cria uma potente reflexão a respeito da atualidade do pacto fáustico, sobre o fundo sombrio da crise energética da década anterior, da constante ameaça nuclear e dos traumas com a então recente Guerra do Vietnã. Pois o verdadeiro pacto fáustico, consumado historicamente com a Revolução Industrial, parecia dar sinais de que caminhava para seus capítulos decisivos, isto é, para seu desfecho trágico, o momento em que Mefisto vem cobrar o seu quinhão após ter dado a Fausto todo o poder do mundo, aumentando imensamente a sua *força produtiva*. Assim, segundo a penetrante análise que Berman faz daquilo que chamou de *tragédia do desenvolvimento*, o "peculiar ambiente que constitui o cenário do último ato do *Fausto* – o imenso canteiro de obras, ampliando-se em todas as direções, em constante mudança e forçando os próprios figurantes a mudar também – tornou-se o cenário da história mundial em nosso tempo"[9].

O marco zero da era fáustica nas cidades, em termos históricos, é a reforma de Paris conduzida pelo barão Haussmann entre 1853 e 1870, assunto também abordado no livro de Berman através da figura de Baudelaire. Conduzido à prefeitura de Paris por Luís Bonaparte durante o chamado Segundo Império francês, Haussmann governou a cidade com mãos de ferro, realizando um "urbanismo a golpes de martelo" – expressão que, como vimos, ecoaria depois em Nietzsche –, demolindo vastas áreas da cidade para reconstruí-las segundo uma nova feição moderna. Conhecido, por isso, como *o artista demolidor*, Georges-Eugène Haussmann foi o res-

---

8. *Ibidem*.
9. *Ibidem*, p. 85. Impossível não pensar que essa premonição se revela cada vez mais atual, assim como a ameaça da cobrança pelo pacto fáustico da industrialização, com a escassez de água e outros recursos naturais no planeta, bem como as violentas e recentes reações do planeta à dominação humana, como o buraco na camada de ozônio, o efeito estufa, as erupções vulcânicas, os tufões e *tsunamis* que assolam o mundo nos últimos anos.

Figura 2. Subúrbio de Xangai, 2013. Foto: Valentina Tong.

ponsável pelas grandes obras que transformaram drasticamente a face de Paris, construindo um vasto sistema de avenidas largas (os bulevares) que erradicaram o aspecto medieval da cidade, tornando-a a Cidade Luz, um novo centro de cultura, lazer e consumo que desembocaria na chamada *belle époque* do final do século e no surgimento da *art nouveau*.

A reforma de Paris, como se pode imaginar, foi extremamente violenta. Combatendo a revolução fracassada de 1848, o urbanismo higienista de Haussmann expulsou as classes populares das áreas centrais para regiões distantes e tornou a cidade muito menos suscetível a manifestações populares e guerrilhas de barricadas. Ao mesmo tempo, contudo, preparou Paris para a modernidade, para a escala das massas e para a euforia da vida metropolitana que vemos em muitas das pinturas impressionistas, com seus bulevares cheios de gente, suas pontes metálicas, gares, trens e fumaças. Modernidade plasmada na vida e na imagem da própria cidade, que por isso mesmo pode ser considerada, segundo a conhecida designação de Walter Benjamin, como a capital do século XIX.

Sabemos, no entanto, que o verdadeiro palco da *flânerie* benjaminiana, mirada em Baudelaire, ao contrário do que faz supor Marshall Berman, não é o espaço público convencional presente no bulevar haussmanniano, e sim a cidade de vielas que morre com a grande reforma e que ainda entrevemos hoje no ensaio fotográfico de Charles Marville (*Album du vieux Paris* [Álbum da velha Paris], 1865-68). A propósito, como nota Adrián Gorelik, para Walter Benjamin "Haussmann destrói a Paris onírica do *flâneur*, seus últimos rasgos de autenticidade, para formar a metrópole na qual não haveria mais lugar para a experiência"[10].

O ano de 1848, imediatamente antes da subida de Napoleão III ao poder, foi o marco de uma das primeiras crises em grande escala do capitalismo nascente, uma crise de capital não reinvestido e de desemprego em massa. Daí a tentativa fracassada de revolução, naquele ano, de trabalhadores desempregados e utopistas burgueses, que teve como desdobramento histórico contraditório a ascensão de Luís Bonaparte ao poder, através de um golpe de Estado, e sua autoproclamação como imperador em 1851. E, como mostra David Harvey, sua estratégia como governante se baseou na repressão aos movimentos de oposição, por um lado, e em um vasto programa de obras de infraestrutura, por outro, tais como ferrovias e portos, além da ampla reforma da capital. No caso da cidade de Paris, o imperador confiou o programa de estabilização econômica do sistema a Haussmann, que, segundo as palavras de Harvey, "entendeu claramente que sua missão era ajudar a resolver o problema do capital e do desemprego por meio da urbanização"[11].

Portanto, absorvendo enormes volumes de dinheiro e mão de obra, a reconstrução da cidade foi um poderoso veículo de estabilização social e econômica. Com efeito, para realizar tamanha empreitada, a prefeitura precisou do apoio de instituições financeiras e de crédito, criando, ainda segundo Harvey, "um sistema protokeynesiano de melhorias urbanas de infraestrutura financiadas por títulos de dívida"[12]. Como está claro, estava inventado aí o modelo de estabilização econômica do capitalismo em momentos de superprodução, através de uma aliança simbiótica entre mercado imobiliário e capital financeiro, tão poderosa até os dias de hoje, como sabemos.

---

10. Adrián Gorelik, "Políticas de representación urbana: el momento situacionista" (Políticas de representação urbana: o momento situacionista), em: *Correspondencias: arquitectura, ciudad, cultura* (Correspondências: arquitetura, cidade, cultura), Buenos Aires: Nobuko, 2011, p. 73.
11. David Harvey, "O direito à cidade", *Piauí*, n. 82, Rio de Janeiro, jul. 2013, p. 39.
12. *Ibidem*.

E, no caso da Paris do século XIX, a reforma criou empregos e mercado para a absorção da produção de excedentes, fazendo da cidade um centro de lazer e consumo, apto a absorver dinheiro e mercadorias em grande escala. Daí o narcisismo orgulhoso da *art nouveau*, o grande símbolo dessa nova cultura urbana. Esse foi o primeiro movimento artístico a se afirmar socialmente como *moda*, isto é, como arte nova, signo de privilégio e distinção social que se reafirma através de um desenho com valor passageiro, pronto a ser substituído. É por isso que, segundo Giulio Carlo Argan, a *art nouveau*, "enquanto estilo 'moderno', corresponde ao que, na história econômica da civilização industrial, é chamado de 'o fetichismo da mercadoria'"[13]. E também, poderíamos completar, corresponde ao que é chamado de obsolescência programada.

VIOLÊNCIA DESAPAIXONADA

Sabemos que essa interpretação positiva da destruição, por parte de muitos dos pensadores e artistas modernos do século XIX, encontra o seu limite histórico nas duas grandes guerras mundiais da primeira metade do século XX. Daí, inclusive, que a sua retomada altissonante e descalibrada em alguns dos movimentos de vanguarda do início do século – tal como no caso mais explícito dos futuristas, apologistas da guerra e da higiene étnica e social através da tecnologia – já nos pareça um embuste sinistro, destituído da complexa ambiguidade presente naquele *pathos* catártico da *destruição criativa*. Ao que tudo indica, no século XX, sob a égide da guerra técnica e da destruição em massa, a violência se naturaliza nas práticas sociais, instrumentaliza-se, perdendo aquele aspecto redentor e revolucionário que parecia ter antes. Sintomaticamente em 1923 – seis anos após a Revolução Russa – Le Corbusier propõe a arquitetura e o urbanismo como remédios à revolução social: "Arquitetura ou revolução. Podemos evitar a revolução", afirma[14]. Portanto, em uma perspectiva oposta à de Marx e espelhada em Haussmann, Corbusier entende a ar-

---

13. Giulio Carlo Argan, *Arte moderna: do Iluminismo aos movimentos contemporâneos*, São Paulo: Companhia das Letras, 1995, p. 199.
14. Le Corbusier, "Arquitetura ou revolução", em: *Por uma arquitetura*, São Paulo: Perspectiva, 2002, pp. 189-205.

quitetura como antídoto aos processos revolucionários instaurados pela modernidade. Um antídoto que, no entanto, assim como na reforma de Paris, se realizaria modernamente através de processos extremamente violentos, fazendo *tabula rasa* da cidade existente. Não por acaso, a sua *Ville Radieuse*, em 1935, é dedicada à autoridade.

Depois da Segunda Guerra Mundial, no período que Eric Hobsbawm qualificou como a *era de ouro* do século, o paradigma cultural do Ocidente vai deixando de ser a *destruição violenta* da guerra, tal como se pode ver no cubismo, para se tornar a *destruição lenta* do consumo, tal como aparece na *pop art*[15]. Nesse período começa a ocorrer o processo de grande suburbanização das cidades norte-americanas – modelo logo exportado para todo o mundo –, conduzida pela difusão do automóvel, o baixo preço do petróleo e o subsídio à compra de casas unifamiliares em áreas distantes. Associam-se, assim, a dispersão territorial, o culto à propriedade privada, o endividamento das famílias, a atomização social e o conservadorismo político. Paralelamente, os centros urbanos se esvaziam e passam a apresentar maiores problemas com violência e segregação social. Trata-se, como se vê, de um modelo urbano predatório, que, no entanto, se difundiu enormemente pelo globo.

Mais uma vez aqui, as grandes obras de urbanização apareceram para resolver exemplarmente o problema sistêmico de reinvestimento do capital. Problema que, na primeira metade dos anos 1940, no caso dos Estados Unidos, havia sido aplacado na ampla mobilização da economia do país para a guerra. E que permaneceu resolvido, no período seguinte, tanto pela manutenção do vínculo ao incremento da indústria armamentista em razão da Guerra Fria, por um lado, quanto pela enorme expansão urbana através dos subúrbios, por outro, mais uma vez articulada a uma ampla política de créditos junto a instituições financeiras. Dessa associação sobreviveu o capitalismo, em grande medida, em sua chamada era de ouro, até que a crise do petróleo, somada ao estouro da bolha imobiliária americana, em 1973, encerrassem essa fase histórica.

Bem se sabe que tal associação entre economia financeira e mercado imobiliário é a responsável não apenas pela estabilização do sistema capitalista em períodos de superprodução, como também, por outro

---

15. Giulio Carlo Argan, "A crise da arte como 'ciência europeia'", *op. cit.*, pp. 507-649.

lado, pela formação das chamadas *hipotecas podres* e pelo estouro das bolhas mais recentes do sistema capitalista mundial globalizado, que insistem em reaparecer como uma crise sistêmica não resolvida. Daí a insistência de David Harvey no papel central que a urbanização e o mercado imobiliário desempenham no funcionamento do capitalismo em sentido amplo. Papel que ganhou maior protagonismo ainda à medida que o investimento global na indústria bélica – o outro par importante na absorção da produção excedente – declinou após o fim da Guerra Fria. O que observamos, a partir de então, e em escala global, foi uma espécie de superinflação da construção civil e da especulação imobiliária, baseadas, em grande medida, em programas de demolição em grande escala, uma escala verdadeiramente fáustica. Tudo se passa, segundo a hipótese que proponho aqui, como se o antigo conceito de obsolescência programada das mercadorias, referido aos pequenos bens de uso cotidiano, se transferisse para o próprio território do planeta, fazendo com que os bens perenes sejam tratados como artigos de consumo. Agora, na voragem da hiperurbanização mundial, é a própria terra que tem a sua taxa de obsolescência imensamente acelerada. E a arquitetura, arte historicamente ligada à *firmitas*[16], à solidez, se vê diante de uma crise de identidade.

Não é possível supor, portanto, que a violência tenha deixado de desempenhar um papel central em nossa sociedade em tempos recentes. A diferença é que ela agora não parece mais investida nem de um poder catártico, tal como na primeira metade do século xx, durante as duas guerras mundiais, nem de uma força construtiva regeneradora, tal como suposto na destruição criativa da segunda metade do século xix. Naturalizada e infiltrada em todas as esferas da vida social de uma maneira muito mais banal e capilar, a violência, entre nós, se tornou desapaixonada. É a *destruição lenta do consumo* a que se refere Argan[17]. E o predomínio do consumo enquanto valor social hegemônico, tal como percebeu Hannah Arendt já no final dos anos 1950, materializado na vitória do *animal labo-*

---

16. A famosa tríade vitruviana é composta por: *firmitas* (estabilidade estrutural), *utilitas* (acomodação espacial adequada) e *venustas* (aparência atraente, beleza). Cf. Vitrúvio, *Da arquitetura*, São Paulo: Annablume/Hucitec, 2002.
17. Giulio Carlo Argan, *op. cit.*, p. 509.

Figura 3. Chongqing, 2013. Foto: Valentina Tong.

rans sobre o *homo faber*, significa a erosão da durabilidade das coisas, da durabilidade do mundo[18].

Nesse contexto, em que o par destruição-construção, associado à especulação e ao consumo, assume o comando da regulação econômica do sistema em escala global, é sintomático que eventos globais de massa os mais variados se tornem progressivamente, em essência, grandes negócios imobiliários. Refiro-me aqui a eventos originalmente esportivos, como a Copa do Mundo de futebol e os Jogos Olímpicos, que a partir dos anos 1990 começaram a abarcar uma série inteiramente nova de exigências técnicas e funcionais, com seus complexos aparatos logísticos, que redundaram em grandes obras de arquitetura e infraestrutura, acompanhadas de imensos custos e também, por que não, de imensos lucros. Pois se a sociedade é cada vez mais tratada como um grande mercado consumidor, a qualidade de vida nas cidades se tornou essencialmente

---

18. Segundo Hannah Arendt, promovido a sujeito social aquele que é, por definição, alienado do mundo, o *animal laborans* mina pelo consumo a durabilidade do artefato humano à sua volta, transformando objetos duráveis em mercadorias expostas a taxas de obsolescência simbólica cada vez mais altas. Cf. Hannah Arendt, *A condição humana*, Rio de Janeiro: Forense Universitária, 1995.

Figura 4. Kangbashi, Ordos, 2013. Foto: Valentina Tong.

uma mercadoria. Igualmente, as cidades também são entendidas cada vez mais, nesse contexto, como cidades-negócio que adotam estratégias competitivas de crescimento urbano. Isso faz com que o seu valor de uso, atributo histórico de definição das cidades enquanto tais, vá se tornando algo recessivo diante da hipertrofia do seu valor de troca. É a cidade entendida como "máquina de produzir riqueza", segundo a definição de Harvey Molotch e John Logan – a cidade como "máquina de crescimento"[19].

A valorização excessiva do valor de troca em detrimento do valor de uso das cidades é um fenômeno que tem gerado situações aberrantes nos dias atuais. Uma delas é a cidade de Kangbashi, em Ordos, situada na província chinesa da Mongólia Interior, no extremo norte do país.

Planejada e construída a partir de 2001 para uma população de um milhão de habitantes, a cidade tem apenas em torno de cinco mil ainda. Mas, aparentemente, a geração de empregos proporcionada pelas obras de construção da cidade, mais o papel simbólico que ela desempenha em uma região de fronteira (e de conflito), como um polo local de economia criativa, parecem bastar, pelo discurso do governo e dos investidores,

---

19. Harvey Molotch e John Logan, "The City as a Growth Machine" (A cidade como uma máquina de crescimento), *Urban Fortunes: The Political Economy of Place* (Fortunas urbanas: a economia política do lugar), Berkeley: University of California Press, 1987, pp. 50-98.

Figura 5. Kangbashi, Ordos, 2013. Foto: Valentina Tong.

para justificar o sucesso do empreendimento. Sintomaticamente, ao ser perguntado sobre o possível mau negócio que ele teria feito ao investir em imóveis de uma cidade-fantasma, um investidor pequinês, dono de propriedades em Ordos, respondeu tranquilamente o seguinte: "Foi um bom negócio. Estou investindo em uma cidade que não está sendo gasta"[20].

A transformação do planeta em um imenso e permanente canteiro de obras vem associada a um processo de grande mobilidade e flutuação populacional no mundo, em que enormes contingentes de pessoas pobres migram ou imigram sem cessar em busca de trabalho, empregando-se de forma cada vez mais precária na construção civil, tanto para obras de construção quanto de demolição. A China, nesse sentido, é o epicentro de um processo de urbanização que se tornou realmente global, devido à integração dos mercados financeiros mundiais. Consumindo desde a virada do milênio praticamente a metade de todo o cimento produzido no mundo, o país que Mao Tsé-Tung manteve muito pouco urbanizado até o final dos anos 1970 tem hoje mais de cem cidades com população acima de um milhão de habitantes. E apresenta espantosos fenômenos

---

20. Cf. Guilherme Wisnik *et al.*, "China, o mundo renderizado", *Monolito*, n. 17, x Bienal de Arquitetura de São Paulo, São Paulo, out.-nov. 2013, p. 55.

Figura 6. Shenzen, 2013. Foto: Valentina Tong.

de hiperurbanização quase instantânea, tais como os que ocorreram em Chongqing, Guangzhou e Shenzhen, por exemplo. Esta última, aliás, foi construída sobre uma antiga vila de pescadores no delta do rio Pérola, onde se criaram a partir dos anos 1980 as chamadas Zonas Econômicas Especiais. Após meros 35 anos de existência, Shenzhen abriga hoje 11 milhões de habitantes, um centro financeiro pujante, uma bolsa de valores (só Xangai também tem uma bolsa de valores no país) e um *skyline* com prédios altíssimos, sediando bancos e proeminentes companhias de tecnologia, hotéis de alto padrão e unidades habitacionais.

Cidade-oásis com o maior crescimento mundial do PIB ao longo da década de 2000 (com uma média de 28% a cada ano), Shenzhen é inteiramente composta por uma população de migrantes, com uma média etária abaixo de 30 anos, e aproximadamente 70% de população flutuante. Flutuação que, se por um lado confere um aspecto dinâmico à cidade, é também perversa por outro, gerando porções de cidade oficialmente inexistentes. Pois, apesar de os antigos vilarejos de pescadores terem sido englobados fisicamente pela cidade em seu processo de expansão, eles mantiveram legalmente um estatuto ambíguo, configurando-se como

Figura 7. Shenzen, 2013. Foto: Valentina Tong.

minienclaves rurais dentro da malha urbana, onde vieram a se instalar habitações precárias e muito densas, que nós associaríamos a cortiços ou favelas. Como não consta nos dados oficiais dos moradores de Shenzhen, boa parte dessa população flutuante, que constitui a mão de obra barata que trabalha na cidade, não tem acesso aos serviços públicos. Trata-se, é claro, de uma fórmula cruel de crescimento urbano, que financia a construção de uma cidade com baixos custos.

No interessante livro *How the City Moved to Mr. Sun: China's New Megacities* (Como a cidade mudou para o sr. Sun: as novas megacidades chinesas), Michiel Hulshof e Daan Roggeveen descrevem, entre outros casos, as desventuras de Sun Huanzong, um camponês, morador dos arredores de Shijiazhuang, no norte do país, que passou por processos seguidos e traumáticos de desapropriação já na terceira idade. Pois quando a primeira onda de urbanização chegou às suas terras, em meados dos anos 1990, Sun usou a baixa indenização que recebeu para construir um edifício multifuncional na cidade, misturando sua residência a comércio e apartamentos para aluguel, um *cibercafé* e uma cobertura-jardim com horta, miniaturizando sua antiga fazenda. É o que, como explicam os

Figura 8. Chongqing, 2013. Foto: Valentina Tong.

autores, se chama na China de "a aldeia na cidade"[21]. Trata-se de um estágio intermediário daquela selvagem urbanização capitalista em uma economia de Estado.

Nessa etapa, os antigos produtores rurais se tornam empreendedores imobiliários, dando origem a uma cidade marcada pela mistura de usos e por extensões informais e orgânicas dos edifícios. Ocorre que, em um segundo estágio, que não demora muito a chegar, o planejamento estatal *coletivista* vem derrubando essa cidade vibrante e caótica para erguer grandes empreendimentos estéreis no seu lugar, feitos de imensas torres e *shopping centers*.

No caso de Mr. Sun, como em muitos outros, o comitê da antiga aldeia foi subornado e, em 2009, os camponeses-empreendedores foram obrigados a entregar seus imóveis para a companhia urbanizadora em troca de dois apartamentos nas novas torres. As pessoas que resistiram foram espancadas por bandos de mercenários, como ocorre em muitos outros

---

21. Michiel Hulshof e Daan Roggeveen, *How the City Moved to Mr. Sun: China's New Megacities*, Amsterdã: Sun, 2011, p. 45.

casos, que deram origem a um popular *videogame* na China (*Stubborn Nail versus Gang of Thugs*), no qual o jogador, posto na posição dos moradores atacados, usa armas do exército para exterminar tais gangues[22].

A extrema atualidade das questões levantadas pela urbanização voraz da China de hoje, com suas contradições violentas, é a matéria-prima de muitos dos filmes do jovem e extraordinário diretor chinês Jia Zhangke. Especialmente em *Em busca da vida* (*Still Life*, 2006), ele flagra a situação de dramática transformação de Fengjie, um lugarejo milenar no sul do país, à beira do rio Yang-Tsé, que seria, a seguir, em grande parte alagado pela represa criada com a barragem de Três Gargantas, uma das obras mais fáusticas do nosso tempo. Os dois personagens principais do filme são desterrados, figuras de outras localidades que ali desembarcam em busca de pessoas que não encontram. Enquanto isso, enormes contingentes de homens trabalham em condições penosas – sem instrumentos adequados e sob condições de calor e umidade extenuantes – para demolir os edifícios da parte da cidade que será alagada. Eles estão empenhados em apagar a própria cidade. Suas ações são negativas. Todo o esforço é empregado na destruição, destituída, aqui, de qualquer caráter *criativo*. E, enquanto o cenário urbano é apocalíptico, a paisagem natural em volta é esplendorosa, edênica. Com grande poder poético, o filme trata da incomunicabilidade e da impermanência, mostrando o descompasso brutal entre a extrema mobilidade física das pessoas – migrantes de todas as partes que erram pelo país em busca de trabalho – e a sua atávica condição de imobilidade social e psicológica.

NOT TO BE

Quando olhamos para o vertiginoso fenômeno atual da hiperurbanização chinesa, em que aldeias rurais se tornam cidades com dois algarismos de milhões de habitantes em muito pouco tempo, enxergamos processos extremamente violentos, nos quais a destruição massiva, tanto de construções antigas quanto de vilas rurais ou paisagens naturais, parece completamente destituída de qualquer *pathos* heroico ou regenerador. A destruição da natureza e das pequenas e antigas construções é um

---

22. *Ibidem*, p. 57.

Figura 9. Xangai, 2013. Foto: Valentina Tong.

imperativo inteiramente fáustico: vamos começar tudo do zero! Com isso, o princípio da obsolescência programada parece deslocar-se dramaticamente das mercadorias de uso comum para o próprio território do planeta. Estamos consumindo tudo de maneira cada vez mais incessante e voraz e destruindo o mundo à nossa volta em nome da eterna abundância, valor supremo do *animal laborans*. "Perecibilidade é saber que vamos morrer", escreve o artista Cildo Meireles em um pequeno texto aforístico, enquanto a "descartabilidade é suicidarmo-nos por causa disso". E conclui: *"Not to be or not to be*, eis a questão"[23].

---

23. Cildo Meireles, "Obscura luz" (1984), em: Paulo Herkenhoff *et al.*, *Cildo Meireles*, São Paulo: Cosac Naify, 2000, p. 128.

A razão e suas vicissitudes
Luiz Alberto Oliveira

Duas vertentes de argumentação nos permitirão, talvez, abordar de modo adequado o tema: a primeira envolve a análise de certa mediação técnica contemporânea que, embora de todo racional, opera como uma paixão sobre o sujeito; a segunda, o exame de uma possível extensão dessa mediação passionalizante para a escala de toda a civilização.

A RAZÃO COMO PAIXÃO

Jean-Pierre Vernant, numa página notável – "A bela morte e o cadáver ultrajado"[1] –, observa que, para os aristocratas guerreiros representados na *Ilíada*, não há valor mais significativo que a excelência em combate – *kudos* – eternizada pela voz de um poeta – *kleos:* "Não, não irei perecer *akleios* [...]", diz a si mesmo Heitor, quando finalmente decide, sabendo-se já abandonado pelos deuses, confrontar o vingativo Aquiles. Com efeito, o poema de Homero nos revela a imbricação entre duas espécies de existência: a dos humanos comuns, mortais, e a dos deuses olímpicos, imortais. A guerra concreta, a violência física com que gregos e troianos mutuamente se acometem não é senão um reflexo de uma cisão anterior entre os deuses, sucedida quando o príncipe troiano Páris conferiu a Afrodite, em detrimento de Hera e Atena, o título de mais bela das

---

1. Jean-Pierre Vernant, "A bela morte e o cadáver ultrajado", *Discurso*, São Paulo: Editora Ciências Humanas, n. 9, v. 31 (1978).

divindades. Farto com a cizânia, Zeus, o soberano do Olimpo, convocou uma assembleia para que fosse decidido o destino do conflito, que já durava uma década sem que um adversário lograsse sobrepujar o outro. Perante ambos os partidos, realiza uma pesagem: num prato da balança está o valor de Heitor, o varão troiano; noutro, o de Aquiles, o herói grego. E, tal como estava prescrito desde sempre, tal como as Parcas, as fiandeiras da existência, tinham já medido, a balança pende contra Heitor. Zeus de imediato decreta que os deuses favoráveis aos troianos devem se abster de qualquer intervenção futura, ao passo que os favoráveis aos gregos têm campo livre para atuar.

Eis então o momento em que Aquiles, investido das novas armas que sua mãe, a titânide Tétis, obtivera do deus-artífice Hefesto, bate às portas de Troia para desafiar Heitor e assim vingar a morte de seu primo e companheiro Pátroclo. Ao sair a campo para enfrentá-lo, Heitor põe-se a correr, Aquiles o persegue, e sete voltas em torno das muralhas de Troia são completadas. É quando Atena, protetora dos gregos, intervém: revestindo-se com os traços de Deífobo, segundo melhor guerreiro de Troia e irmão de Heitor, exorta-o a interromper a carreira e promete apoiá-lo no combate. Decidido a enfrentar o inimigo, Heitor procede à troca protocolar de desafios e declaração de linhagens, pois tal era a tradição no enfrentamento entre nobres guerreiros de escol. Heitor atira sua lança, que é detida pelas sete camadas do escudo de Aquiles, forjado por Hefesto com a ajuda dos ciclopes. Mas, quando Heitor se volta para o aliado para pedir uma nova lança, vê o falso Deífobo desvanecer-se em névoa… Ele compreende de pronto que está condenado; os deuses que tanto o haviam honrado agora o abandonaram. É nesse momento, frente ao seu executor, que ele afirma que vai sim perecer, mas não sem glória. Aquiles desfere seu golpe. O dardo atravessa o escudo do rival, fere-o na garganta, e Heitor, príncipe valoroso, domador de cavalos, tomba no pó.

Vernant observa que, no protocolo de declarações, tanto ou mais que no desfecho sangrento em si, encontramos uma indicação para vislumbrar, não obstante o intervalo de milênios, a motivação que levava esses guerreiros formidáveis a buscar ativamente o enfrentamento mortal. O engajamento de todo o ser na luta era para esses heróis o mais alto signo de vitalidade, o metro absoluto em relação ao qual suas qualidades de homens e príncipes eram postas à prova e, afinal, medidas. Ao nominar-se e declarar suas estirpes, os duelantes trazem para o campo de batalha todo o peso de suas linhagens, os feitos lendários de seus ancestrais que lhes conferiram suas posições de realeza e prestígio e, sobretudo, abolem o anonimato, escapando da indistinção que confere à massa de soldados um lote comum: a efemeridade, a insignificância, o esquecimento. Assim, a realização do destino de herói requer dois elementos: o primeiro é o feito notável que o guerreiro, tomado pelo furor da batalha, é capaz de desempenhar na ação do combate, índice do valor individual que o fez capaz de sobrepujar um adversário tão temível quanto ele mesmo. *Kudos* é essa ação objetiva que conduz ao triunfo, é o valor em ato, demonstrado em combate. E *kleos* é o enaltecimento desse valor, cantado pelo poeta: ao converter-se em verso, em elemento de uma gesta, o fulgor momentâneo da vitória adquire a glória permanente da legenda; quando entoado pela voz do poeta, o feito abandona a crueza fugaz da concretude para alcançar a perenidade das coisas feitas de palavras – mais duradouras, diz Borges, que os mármores.

Dois aspectos nos serão importantes aqui. Primeiramente, o caráter intensamente individual do combate: Heitor, príncipe dos dardânios, apresenta-se perante Aquiles, príncipe dos mirmídones, e um procurará oferecer ao outro, ou dele receber, a graça suprema de uma medida de seu poder. O engajamento é rigorosamente pessoal, e seu desfecho mortífero inscreverá os nomes de ambos os combatentes, para sempre inseparáveis, na ordem semidivina dos acontecimentos que, poemizados, se tornam duráveis. Desde que nasceu, Aquiles sabe estar predestinado a escolher entre uma vida breve, mas gloriosa, e uma vida longa, mas anônima. Seu destino está entrelaçado com o de Heitor, Tétis adverte, e logo após matá-lo deverá ele também sucumbir. Mas, para o herói, importa sobretudo o que a forma individualizada de combate garante: uma morte perfeitamente nominada e, portanto, inesquecível.

Pois este é o segundo aspecto relevante: há, na palavra cantada do poeta, algo que escapa à dimensão costumeira da linguagem. O *logos*, o palavreado que usamos no cotidiano para nos comunicar, é um dizer equívoco, efêmero e quebradiço; desfaz-se em névoa a qualquer sopro do tempo. A enunciação do poeta, todavia, tem uma eficácia singular: opera não na dimensão horizontal das trocas da comunicação dos homens, mas é capaz de realizar uma conexão vertical, uma ponte ou passagem entre a transitoriedade humana e a perpetuidade divina. À diferença da palavra meramente precária que informa a algazarra inconsequente de nosso dia a dia, o *logos* do poeta tem uma produtividade objetiva: engendra duração, ordena o mundo, deságua o passado no coração do presente, transmuta o episódico em épico, transfigura o instante em eternidade. O termo grego *poiesis*, de que derivam poesia e poeta, significa precisamente *fazer*, isto é, produzir. O poeta é um produtor: ao nomear, produz tempo, produz mundo, produz ser.

Nos milênios que se seguiram, mudanças nos modos de realizar a guerra foram impondo transformações concomitantes nas personagens e personalidades guerreiras, embora por muito tempo ainda vigorasse a ressonância histórica dos nomes maiores: Alexandre, Júlio Cesar, Átila, Rolando, El Cid, Gengis Khan, Salahuddin, Bayard... A partir do Renascimento, porém, houve um processo de tecnificação acelerada da arte da guerra que resultou em mudança qualitativa em duas características essenciais do conflito bélico: seu distanciamento e sua abrangência. Se empreendermos uma espécie de fenomenologia da agressão, isto é, se classificarmos os gestos violentos por sua proximidade, o primeiro, o mais imediato de todos, é a agressão sexual: o estupro é a violência mais íntima e literalmente mais profunda que pode haver. A seguir, temos a luta corporal, o contato direto de um corpo com o outro. Depois, vêm as armas brancas, como punhais e adagas, tacapes e maças, espadas e machados, que ferem o adversário de perto. Surgem então as armas de projeção a distância: pedras, dardos, lanças, zarabatanas. Logo, as que têm o alcance aumentado por algum tipo de propulsão: a funda é um exemplo, mas o paradigma da arma de projétil é sem dúvida o arco – o tensionamento que os músculos do arqueiro impõem ao madeiro do arco (ou, mais tarde, às lâminas da besta) é convertido, quando a corda é solta, em impulso da flecha ou virote. Com a disseminação da pólvora, as armas de fogo vêm então potencializar a capacidade de impelir projéteis, tornando muito maiores o alcance, a precisão e a letalidade de arcabuzes, carabinas e fuzis, bem como a portabilidade de pistolas e revólveres. Contudo, todos esses equipamentos, mesmo os de alcance ampliado, são ainda singulares, ou seja, destinam-se a abater um único adversário por vez. Os ferimentos infligidos são sempre de um indivíduo contra o outro, tal como já ocorria na *Ilíada*; em contrapartida, o distanciamento entre os oponentes se acentuou cada vez mais.

Por outro lado, em paralelo ao aumento do alcance, observa-se uma expansão da abrangência dos instrumentos bélicos, isto é, de sua capacidade de atingir múltiplos alvos. As balistas e catapultas utilizadas na Antiguidade em cercos e grandes batalhas evoluíram para os formidáveis *trébuchets* medievais, capazes de demolir muralhas e produzir grandes estragos na soldadesca. A introdução da pólvora irá ampliar não só a propulsão mas também, na feição de petardos explosivos, a eficácia multiplamente letal de bombas, granadas e obuses, dando lugar, em substituição aos batalhões de arqueiros, aos artilheiros e granadeiros. A detonação de um único artefato pode doravante fazer saltar uma fortificação ou aniquilar uma multidão de adversários. Com o desenvolvimento dos rifles de repetição e, um pouco mais tarde, das metralhadoras, um combatente apenas concentra o poder de fogo de um esquadrão inteiro. Uma série de avanços técnicos sucessivos e cumulativos irão impor uma escalada cada vez mais rápida do alcance e da abrangência dos equipamentos, combinando de modo sempre mais efetivo esses dois atributos: temos o surgimento da artilharia, terrestre e embarcada; segue-se o aumento da mobilidade proporcionada pelos tanques, submarinos, aviões e destes passamos aos bombardeios aéreos, inaugurados na Grande Guerra; chegamos então aos tapetes de bombas, aos mísseis autopropulsados e às armas nucleares da Segunda Guerra; vem a era dos bombardeiros estratégicos e dos mísseis transcontinentais, cujo poderio passa a ameaçar a própria continuidade da civilização; desembocando, enfim, no armamento eletrônico, parcialmente autônomo e por vezes denominado "inteligente", de nossos dias.

Um dos aspectos marcantes desse processo de dissociação técnica entre ator e atuado, no campo de batalha, é a crescente impessoalidade da ação: o anonimato das vítimas tem como contrapartida a anomia do autor. O piloto de bombardeiro vê as pessoas em seu alvo como formigas, desembaraçadas de suas identidades humanas; quando libera a bomba atômica sobe Ḥiroshima e volatiliza, em frações de segundo, centenas de milhares de pessoas, é evidentemente impossível a Paul Tibbets vislumbrá-las sequer em conjunto, quanto mais individualmente, frente a frente. A violência tecnicamente ultracondensada da ação agressiva confere, perante seu autor, um absoluto anonimato a esse contingente dizimado em massa. Reciprocamente, o personagem decisivo desse evento militar, o nome que a história não esquecerá, não foi o de Tibbets ou outro tripulante qualquer do B-29 *Enola Gay*, mas *Little Boy*, a denominação em código da bomba de urânio enriquecido lançada sobre a cidade japonesa.

Recentemente, esse aspecto unilateral ou impessoal do confronto foi ainda mais acentuado por uma inovação técnica significativa: a criação de artefatos bélicos com recursos cognitivos. Isto é, além da habilidade tradicional de produzir, transportar e distribuir violência, a moderna tecnificação eletrônica conferiu a esse tipo de "armamento inteligente" – que se perdoe o oximoro – a capacidade de operar, com crescente autonomia, no tempo e no espaço. Essa nova modalidade de armamento exibe diversas características curiosas. Uma da primeiras, e mais pregnantes, imagens que se tem dessas "armas espertas" em ação é a de navios estadunidenses no golfo Pérsico disparando mísseis de cruzeiro sobre a Bagdá de Saddam Hussein. A cena parece retirada de um *videogame* – e, de fato, a coalescência das fontes das imagens na mesma mídia veiculadora torna indistinguíveis a notícia, apesar de sua natureza supostamente documental, e a ficção, os construtos da sequência de lances do jogo. Tudo o que vemos são disparos, traçados de luz que relampejam no céu noturno e então uma coleção de explosões. Surge em seguida, porém, uma visada radicalmente nova: estamos agora embarcados num míssil, nosso olhar se identifica com o "olho" da bomba, vemos um alvo que se aproxima, se aproxima... até que desaparece. A um estranho tipo de perpetrador da ação, que se autoaniquila no momento mesmo em que destrói o adversário, corresponde esse estranho espectador, que se autoabole no momento mesmo em que presencia. Esse ponto de vista "suicida", de um olhar que busca o alvo e, ao alcançá-lo, se extingue nele, parece profundamente inumano: não há experiência narrativa que o possa comunicar.

A artificialidade do acontecimento e a impessoalidade do outro irão convergir de forma extrema, na atualidade, com a introdução dos veículos voadores semiautônomos não tripulados: os *drones*. Controlados a distância por operadores, os *drones* concretizam de forma cabal o princípio teórico de que todo objeto técnico é, num certo sentido, uma prótese, ou seja, uma extensão das funções corporais humanas – quer se trate de ações mecânicas, de capacidades sensoriais e perceptivas ou até mesmo, como demonstram os sistemas computacionais contemporâneos, de faculdades cognitivas. Os *drones* são próteses peculiares, porém: não somente estendem ou magnificam as capacidades do operador mas o envolvem e incorporam – e, ao fazê-lo, modificam de modo irremediável sua própria humanidade. Vista desde muito alto, Dresden parece uma maquete, e seus habitantes são de tal modo insignificantes que nem mesmo três dias de incêndios bastam para iluminá-los, para torná-los visíveis para o piloto do Lancaster da RAF. Ainda assim, seu corpo está presente e investido, sua vida está em (remoto) risco, é seu rosto que se reflete nos mostradores dos instrumentos. O operador de *drones*, porém, é somente um elo na cadeia de atos técnicos de busca-identificação-autorização-eliminação. O paradoxo é que o alvo é (quase sempre) perfeitamente identificado, mas o executor é de todo impessoal: não há qualquer distinção, para ele, entre as telas dos *games* de treinamento e dos ataques de fato – exceto pelos frequentes "danos colaterais". Esse tipo de dissociação entre o sujeito da violência e seu objeto, a dupla despersonalização aí implicada, remete a um perfil de psicopatia. Não lhe reconheço qualquer pessoalidade; atuo arbitrariamente sobre a matéria de seu corpo; sua aniquilação é o reflexo de minha ausência.

Dois aspectos são decisivos aqui: o operador é parte de um dispositivo efetuante, mas sua qualidade de agente é inteiramente realizada, ou seja, relativizada, pelo fato de pertencer a esse dispositivo – pois, sem ele, não é um combatente. Não está presente no campo, atua desde 1.001 quilômetros de distância. Por outro lado, se o operador adquire o caráter de peça da engrenagem atuante, a imagem que lhe é transmitida pelo veículo voador não tripulado e que lhe permite agir no local onde o combate efetivamente se realiza não é uma imagem como qualquer outra. Ela não está apenas representando alguma coisa; é um elemento igualmente necessário do processo de atuação. Há assim uma teleportação do caráter de agente, ou da capacidade de agir, que vai nas duas direções, entre a imagem e o operador.

Harun Farocki[2], cineasta e investigador da natureza das imagens, examinou a questão do estatuto peculiar das imagens engajadas por esse tipo de dispositivo bélico "inteligente". Observou primeiramente a inu-

---

2. Harun Farocki, *Phantom Images* (Imagens fantasma), disponível em: <public.journals.yorku.ca/index.php/public/article/viewFile/30354/27882>.

manidade do olhar suicida da bomba que busca o alvo, portanto detectou seu ineditismo no domínio das visualizações; em seguida identificou nas imagens remotas dos *drones*, que convertem o operador distante em combatente atuante, um poder de atualização ou concretização que faz delas imagens autenticamente efetivas. Não visam representar, interpor-se entre o presenciador e o presenciado, mas sim agir, ser parte de uma cadeia de ações, de um acontecimento. De um lado temos o esmaecimento ou, no limite, a anulação da pessoalidade do piloto, reduzido a mera engrenagem de um sistema que em muito o ultrapassa; de outro, a intensificação ou, no limite, a materialização da imagem produzida pelo *drone*, que acaba por adquirir uma efetividade, um poder de transfiguração, que recorda a palavra do poeta. Assim como a palavra do poeta instituía e transformava o mundo, não era somente elocucional, a imagem do *drone* é instituinte e transformadora, não é somente representacional. Farocki, numa série de obras notáveis, explora as dimensões inovadoras dessa classe de imagens eficazes que os *drones* e armas telecontroladas passaram a produzir e constata que seu caráter virtual, que lhes permite transportar – ou antes, teletransportar – modalidades diversas de cognição, dá lugar a características muito curiosas.

Consideremos, convida Farocki, o processo de treinamento de um piloto de VANT (veículo aéreo não tripulado). Além de sua posição específica no final da cadeia de comando, é preciso acostumá-lo à perspectiva aérea, à movimentação específica das câmeras no voo, à capacidade de detecção longínqua, a uma variedade de sensores e seus mapeamentos – assinaturas térmicas, radar, processamento facial etc. – e a várias outras possíveis instâncias dos processos de busca e identificação. Deve também adestrar-se numa série de habilidades psicológicas. Ele pode ser requisitado, por exemplo, para acompanhar durante vários dias um possível alvo, observando cada um de seus gestos, num contato duradouro que, não fosse a distância física, seria quase íntimo, quase voyeurista, enquanto aguarda a ordem de atuar. Mas, quando recebe o comando, deve acionar seu armamento sem pestanejar, eliminando fisicamente a vítima (e algum incauto circunstante, por vezes) de quem havia sido, não obstante, um acompanhante invisível por todo esse tempo. E, logo após a ação de destruir o inimigo indicado, é rendido em seu posto, sai da base de operações e está em Idaho, e não no Afeganistão, está a vinte minutos de casa, para onde volta para encontrar seus filhos. Essa relação de proximidade e distância mutuamente reversível num só momento entre inimigo e familiares é, evidentemente, original.

Outro aspecto a destacar no âmbito psicológico do conflito, anota Farocki, diz respeito ao uso do mesmo tipo de recursos de "realidade virtual" que servem ao funcionamento dos *drones* tanto em simulações de treinamento quanto na terapia de combatentes traumatizados. Quer se trate de habituar os soldados a cenários "realistas" de conflito e prepará-los para situações específicas de combate – armadilhas, atiradores ocultos, guerrilha urbana etc. – ou de permitir que eventos traumáticos sejam revividos sem que um perigo verdadeiro seja enfrentado, dispositivos de simulação transformam vivências antecipadas ou recordadas em episódios de um *game*, que pode ser continuamente reiniciado. Contudo, a sensibilidade experimentada de cineasta levou Farocki a se dar conta de uma diferença marcante: nos cenários virtuais de treinamento, os veículos simulados têm sombra; nos cenários de tratamento, não têm – pois é dispendioso fazer sombras... Gasta-se mais para adestrar que para tratar – um signo exemplar, talvez, do espírito da guerra no capitalismo moderno.

Em resumo, dois paradoxos muito significativos parecem presidir o conflito eletrônico contemporâneo. O primeiro diz respeito à assimetria da visibilidade dos combatentes: o alvo pode ser muito bem identificado, mas o executor é sempre impessoal. A contrapartida dessa ausência é a impossibilidade de o operador distinguir simulação de acontecimento; tudo se passa, sempre, diante de telas eletrônicas, tudo a que ele tem acesso é essa "realidade" construída, eficaz, e lhe é impossível determinar, sem comprovação posterior, se de fato houve uma explosão real despedaçando algum corpo de verdade, em algum lugar que existe, ou apenas uma encenação num *game* de treinamento.

Essa indistinção, digamos, ontológica foi explorada premonitoriamente num conto de ficção científica de Orson Scott Card de 1997, denominado "O jogo do exterminador". A Terra está em guerra com uma espécie insetoide de um mundo distante, e o combate é travado por meio de frotas de naves telecomandadas, que se encontram a muitas unidades astronômicas de distância. Ora, os jovens são decerto os melhores candidatos a jogadores, e estabelece-se um processo mundial de recrutamento e seleção de jovens para treinamento no telecontrole das naves que estão na frente de batalha com o inimigo. Uma exaustiva série de testes de aptidão, de dificuldade crescente, é aplicada aos recrutas, até que o melhor time chega enfim às vésperas de se graduar: falta somente um teste a vencer, e estarão prontos para a guerra verdadeira. Com uma série de manobras ousadas, a equipe consegue triunfar e conquista a partida final. Recebem então a notícia de que a guerra já tinha sido vencida; o jogo derradeiro que tinham logrado vencer, ultrapassando as defesas e obstáculos mais difíceis, tinha ocorrido de fato e, sob seu comando, a frota telecomandada tinha já destruído o mundo insetoide. Não era mais um jogo, ou melhor, o jogo fora de verdade, e agora eram heróis... A ficção de Card soube antecipar, em algumas décadas, precisamente o tipo de vivência que os pilotos de *drones* podem hoje experimentar.

O segundo paradoxo é, naturalmente, a proximidade semivoyeurista entre o operador e o alvo. Farocki descreve um exemplo extremo: a experiência ensinou aos *marines*, no Iraque, que muitas vezes um ataque a bomba serve de prelúdio para outro – quando os circundantes se aproximam para auxiliar as vítimas do primeiro artefato, o segundo detona, atingindo exatamente os que acudiram para ajudar. O temor do ataque em segunda instância levou assim a uma experiência afetiva radicalmente nova para os teleoperadores dos *drones*: a de assistir inermes ao sofrimento. A dor dos populares despedaçados por um homem-bomba no mercado ou mesmo dos soldados atingidos numa emboscada deve ser somente testemunhada, abstendo-se os aliados de intervir, até a ameaça do segundo ataque ser afastada em definitivo. Tal impossibilidade perante o sofrimento do outro, correlata da alternância entre proximidade e distanciamento na relação entre alvo e agente, configura para Farocki uma figura próxima da psicopatia. Em qualquer outra situação corriqueira, um tal tipo de personalidade que age com violência sem se engajar, que se exime da solidariedade na dor, que assassina quem há pouco lhe era íntimo seria constituída como disfuncional. A dronotecnia e seus inéditos atributos parecem levar ao limite, quiçá até mesmo desfazer, de uma forma sem precedentes, o espírito dos homens em luta, uma certa relação ou grau mínimo de humanidade até então presente mesmo no coração violento da guerra.

Ora, os meios de se lograr essa abolição técnica da condição humana são de todo racionais. Caberia indagar, nesse caso, se a razão não atuaria ela mesma como fonte passional de violência.

O CÁLCULO E SEUS DESCAMINHOS

A impessoalidade crescente da ação bélica, propiciada pelas armas eletrônicas – ou antes, cibernéticas – da atualidade, pode talvez ser entendida como sintoma de uma desumanização em escala mais ampla, que poderíamos denominar geoestratégica. Dito de outro modo: seria legítimo encarar esses possíveis novos modos de desumanização, de reformatação da condição humana, trazidos à prática pelos meios recentes de intervir ciberneticamente em conflitos distantes, como sintoma de um campo de transformações mais amplas, de amplitude e consequência mais vastas? Essa linha de indagação requer que consideremos em mais detalhe a natureza e os atributos dos dispositivos cibernéticos autônomos, capazes de gerar e operar virtualidades eficazes, aptas a implementar funcionalidades práticas, dispositivos para os quais os telearmamentos analisados acima podem servir como paradigma inicial ou provisório; devemos então nos interrogar sobre a escala de atuação que esse gênero de dispositivo pode vir a alcançar. Trata-se de avaliar se já não poderíamos vislumbrar na atividade atual de um sem-número de dispositivos cognitivo-conceituais – especialmente os algoritmos de processamento maciço de dados que hoje definem, instantânea e autonomamente, os estados e humores do "mercado" – uma despersonalização, uma indiferença, rigorosamente simétricas às dos armamentos teleguiados, todavia com consequências que alcançam um contingente cada vez maior de indivíduos e populações.

Com efeito, um dos contextos mais ricos em inovações de grande significado nas últimas décadas é sem dúvida o domínio de acumulação digital de dados que passou a ser comumente chamado de *Big Data*. Trata-se de uma denominação aparentemente neutra para um campo de possibilidades quase ilimitadas, cujo objetivo aparentemente absurdo parece ser o de recolher, armazenar e explorar informação sobre tudo. Repetindo: *tudo*. A partir do surgimento da internet e da multiplicação de servidores computadorizados cada vez mais possantes, avançados e interligados, instaurou-se um processo cumulativo de armazenamento eletrônico de dados que, incorporando as mais variadas fontes de registro – sensores e câmeras, satélites, algoritmos de busca, bancos de dados de toda sorte, computadores pessoais e redes sociais, imagens, notícias, em suma, todos os fluxos de *bits* digitalizados que têm se tornado disponíveis –, tornou possível mensurar os aspectos mais variados da existência material, ambiental e humana nos planos individual, coletivo, nacional, econômico, social, psicológico etc. Essa capacidade de quantificar e metrificar setores tão amplos de atuação da sociedade contemporânea acaba por envolver as dimensões básicas de nossa experiência corporal, afetiva e cultural numa outra camada, abstrata e imaterial, mas inquestionavelmente efetiva, de dados na forma de *bits*.

O engajamento com diferentes instâncias cibernéticas pertinentes a essa proliferação abrangente de fluxos de dados vem acrescentar às práticas e concepções de cada um de nós, queira-se ou não, modalidades inovadoras de cognição, comunicação e ação que passaram a fazer parte significativa, e cada vez mais profunda, do estar no mundo de todas as populações associadas, direta ou indiretamente, à cultura hipertecnificada implantada pelo capitalismo planetário atual. Talvez o exemplo mais evidente do alcance e abrangência sem precedentes exibidos pelos dispositivos tecnocientíficos desenvolvidos e operados pelo sistema capitalista global sejam os famosos algoritmos de "mercado". Consideremos, por exemplo, o funcionamento dos entrepostos de mercadorias de Chicago – onde se concentra a distribuição dos grãos produzidos nas férteis planícies do Meio-Oeste estadunidense – no início do século XX. De posse de informações sobre, digamos, a carga de tabaco que chegou aos armazéns, os comerciantes podiam avaliar o valor dessa carga se vendida em Nova York ou São Francisco. Toda a operação do sistema de comércio se fundava nessa previsão de remuneração – bancos realizavam empréstimos às empresas, empreendedores planejavam suas próximas iniciativas, negócios bem-sucedidos lastreavam a emissão de títulos e bônus etc. Em breve, a organização do sistema de custos e lucros, financiamentos e investimentos que consubstanciava o comércio de mercadorias passou a girar em torno de centros agregados de informação e avaliação, as bolsas. A regulagem da distribuição de capital e recursos ampliou-se de empresas individuais para grupos e setores e, à medida que o sistema foi se expandindo, integrando e sofisticando, para economias inteiras.

Todo esse sistema se baseia, desde a origem, na transformação de informação em valor. Porém, com a crescente telematização da operação das empresas e dos pregões de compra e venda de mercadorias, a quantidade de dados sobre os fluxos de comércio multiplicou-se muitas vezes; em paralelo, os processos de decisão precisaram ser cada vez mais acelerados. Já por volta da década de 1980, tornou-se necessário recorrer a processos automatizados e computadorizados para dar conta da massa de informações necessária para o planejamento econômico e o controle executivo. Logo ficou claro que as equipes tradicionais de analistas e corretores precisariam ser subsidiadas por dispositivos técnicos capazes de incrementar o ritmo das trocas e reduzir os prazos de tomada de decisão – que se tornaram fatores cruciais no ambiente ultracompetitivo em que circulam volumes enormes de capitais internacionalizados e manejados de um continente para outro num átimo. Assim, físicos que trabalhavam em aceleradores de partículas de laboratórios de altas energias, habituados a lidar com quantidades astronômicas de dados, e programadores especializados em modelos matemáticos de simulação preditiva foram convocados para desenvolver a infraestrutura cibernética indispensável para o funcionamento eficaz do sistema integrado mundial das bolsas – ou, o que vem a ser a totalização de todo o processo, *da* bolsa. Pois não há mais separação real entre o pregão de Tóquio e o de São Paulo ou qualquer outra praça. Esse é um dos significados mais profundos do termo "globalização".

De fato, a disseminação das telecomunicações eletrônicas ao redor de todo o planeta determinou uma profunda mudança na natureza do espaço e do tempo tal como experienciados pelas civilizações anteriores: a transmissão instantânea – isto é, sem qualquer retardo significativo – de sinais permite que doravante todos os locais se intersecionem virtualmente com qualquer outro local, ou seja, em cada local cabem agora todos os locais. Essa abolição da distância geográfica pela constituição de uma *ágora* comum é concomitante à instauração de um momento presente autenticamente planetário: um *agora* imóvel, mundialmente compartilhado, referente absoluto sobre o qual se precipitam e se fundem as durações de todo acontecimento. É no âmbito de um tal colapso da geografia numa ágora e da cronografia num agora, compartidos em escala global, que transcorrem hoje os fluxos de informação e têm lugar as tomadas de decisões. Para que um tal sistema hipercomplexo de interações desterritorializadas e instantaneizadas possa ser operado, é preciso exponencializar a autonomização, quer dizer, a inteligência, de seus processos constitutivos. Cada novidade recebida pelos bancos de informações precisa ser correlacionada com outras variações e variáveis e ter estimado seu potencial de engendrar consequências, imediatas e de longo prazo.

Ora, o entendimento humano desarmado é incapaz de lidar com fluxos de signos de tal grandeza e intensidade. Somente recursos de inteligência artificial, encarnados em algoritmos matemáticos de extrema sofisticação, podem identificar informações relevantes e acionar as respostas apropriadas numa fração de segundo, o suficiente para superar outros competidores igualmente vorazes na corrida pelo lucro. Sem a atuação desses dispositivos de exploração e aproveitamento dos vastos oceanos de *Big Data*, não poderia funcionar o sistema que nós, um tanto curiosamente – em vista das modestas origens do conceito, nas trocas pessoais entre produtores nas antigas feiras –, persistimos em chamar de "mercado". Pois, no âmbito do capitalismo ultraconectado e megadinâmico de hoje, do qual se tornou o epígono (e, talvez, a nêmesis), o "mercado" atua como uma entidade desenraizada e assíncrona, capaz de ações globais e instantâneas, implementadas a partir de decisões tomadas por meios de cognição inumanos. Analistas (e acionistas) reagem às opções decididas por algoritmos otimizadores de oportunidades, tornando-se, qual os pilotos de telearmamentos, elementos de uma cadeia causal que em muito os ultrapassa.

O desenvolvimento desse tipo de agentes cognitivos artificiais extremamente poderosos terá, como é evidente, muitas outras consequências. Uma das mais notáveis diz respeito à inauguração de uma nova modalidade de ciência da história. Tradicionalmente, domínios de saber afeitos aos acontecimentos humanos, marcados, como se sabe, por acidentes naturais de toda ordem – geológicos, climáticos, ecológicos, biológicos – e pela imprevisível confusão característica dos negócios humanos – envolvendo fatores que vão do livre-arbítrio individual aos furores passionais de cônjuges e amantes, sem esquecer o puro e simples arrebatamento da loucura –, não se harmonizariam com modelagens preditivas de índole matemática, típicas das ciências modernas da natureza. De fato, a história não poderia ser nem mesmo retrovista! Pode-se decerto elencar forças e atores que participaram de dada sequência de eventos históricos, mas não haveria nenhuma maneira de proceder a uma história analítica, que, a partir da identificação de padrões consistentes, permitisse obter a segurança de que, caso se repetissem certos fatores condicionantes essenciais, a mesma cadeia de eventos se reproduziria. Esse entendimento tradicional, fundado numa dicotomia radical entre as ordens dos fenômenos naturais e das vicissitudes humanas, começou a ser superado com o desenvolvimento da chamada *Big History*. O ponto de partida dessa concepção inovadora foi a constatação de que a história humana se assenta em, ou antes, exprime, toda uma estrutura hierárquica de domínios evolutivos: o surgimento do *Homo sapiens*, e toda sua trajetória de vida, não é senão uma minúscula, e muito recente, ramificação da muitíssimo vasta árvore da vida – o conjunto da vida biológica, regida pela evolução por seleção natural –, que por sua vez se enraíza no processo de formação de nosso planeta, a Terra, e de nosso sistema estelar, que por sua vez são somente fragmentos de um processo ainda mais imenso, o da constituição da Via Láctea, o conjunto de estrelas a que pertence o Sistema Solar, cuja formação remete à evolução do próprio cosmo, a totalidade inacabada que é a expressão mais abrangente do existir material. Quando o conceito de evolução – de variação temporal de formas – é aplicado a essa sequência de sistemas de sistemas, a distinção ortodoxa entre história (e todas as demais humanidades) e natureza se esmaece e parece mesmo, em certos casos, se dissipar.

Ainda mais significativa que a conclusão de que, do ponto de vista dos saberes contemporâneos sobre os sistemas complexos, o domínio dos afazeres humanos não se distingue de modo especial dos processos evolutivos materiais mais básicos que o sustentam, foi a extensão da aplicação das técnicas de tratamento de dados quantitativos, das ciências naturais, onde já têm sido empregadas com imenso sucesso há tempos, para a descrição, mesmo que tentativa e exploratória, de processos dinâmicos exibidos por acontecimentos históricos. Através de modelagens de jogos entre predador e presa, por exemplo, é possível detectar padrões gerais de comportamento que definirão a continuidade ou a extinção de uma certa espécie num dado ecossistema. Ora, segue o argumento, se a elaboração de "trajetórias existenciais" desse tipo tem sido muito útil para a compreensão dos múltiplos aspectos que interferem no estado vital dos biomas, o mesmo instrumental de acúmulo e tratamento de enormes bases de dados de toda espécie – culturais, sociológicos, econômicos, ecológicos, climáticos – sobre uma determinada conjuntura histórica permitiria, por meio de sofisticados algoritmos de modelagem, estabelecer correlações entre essa situação particular e eventos similares ocorridos em outros locais, em outras épocas, com outras populações. Essas abordagens baseadas em *Big Data* poderiam servir para a definição da trajetória evolutiva de, digamos, uma civilização. E, tal como sucede em outras áreas dedicadas ao estudo do comportamento de sistemas complexos como o clima, essa projeção poderia ter sua eficiência descritiva aferida por comparação com casos reais. O registro histórico torna-se assim o contexto para a aferição de modelos descritivos dinâmicos, ou seja, a história pode ser entendida como um laboratório de "experimentos naturais" – perspectiva sem precedentes até décadas recentes.

Alguns autores sugeriram um nome específico para essa forma inovadora de abordar os temas históricos: "cliodinâmica", a partir de Clio, musa da história, e do foco no dinamismo de sistemas de muitas variáveis que, ao atuarem num dado contexto, podem transformar suas próprias configurações e engendrar comportamentos inesperados. O mesmo tipo de recursos conceituais usados para descrever a prosperidade ou o declínio de uma certa espécie perante as circunstâncias ambientais vigentes em seu ecossistema seria transladado para o domínio das transformações experimentadas por certa classe de sistemas – as civilizações – no âmbito de um dado conjunto de circunstâncias históricas. Em ambos os casos, padrões de evolução dinâmica dos sistemas em estudo podem ser estabelecidos pela comparação de intercorrências similares em diferentes conjunturas. Pode-se constatar, por exemplo, que, em civilizações não primitivas tão distintas entre si quanto o Império Han da China, o Império Romano, a França medieval, a Inglaterra em industrialização, a Alemanha dos *kaisers*, o aumento da população foi regularmente seguido por um período de turbulência sociopolítica. É tentador supor que essa cadeia comum de eventos tem uma mesma causa: um desequilíbrio nas relações de poder entre elites e plebeus comuns. Talvez, com numerosos candidatos ambicionando ascender à elite, a unidade do poder vigente seja tensionada e possa se fraturar. Diferentes analistas podem elaborar hipóteses distintas para dar conta do padrão observado, mas o que importa é a identificação do padrão, o discernimento de regularidades sistêmicas em meio a uma massa de dados referentes aos aspectos mais variados e inusitados que se possa imaginar.

As abordagens cliodinâmicas, com efeito, caracteristicamente procuram incorporar fatores diversificados – climáticos, geológicos, sanitários, epidemiológicos, ecológicos – ao conjunto das chamadas "condições históricas" pelas quais as vicissitudes de uma dada sociedade num dado período de seu percurso seriam compreendidas. Por meio de extensas bases de dados, técnicas estatísticas avançadas e modelagens computacionais poderosas oferecem uma visada científica de processos históricos sem paralelo até muito recentemente. Consideremos um exemplo específico e muito instrutivo: o projeto HANDY[3] (Human and Nature Dynamics). Trata-se de uma extensão dos tradicionais modelos de relação predador-presa num dado território, em que se pode controlar variáveis como taxas de natalidade, fertilidade e mortalidade das espécies analisadas, para assim traçar seus percursos existenciais, necessariamente interligados. O algoritmo desenvolvido para o modelo HANDY procura descrever a interação de um certo tipo de sistema – uma civilização – com seu ambiente pelo uso de quatro fatores: a abundância de recursos naturais e sua taxa de consumo, o crescimento da população, a riqueza acumulada (isto é, natureza transformada em recursos) e a proporção de desigualdade na distribuição desses recursos na sociedade, entre elite e plebeus.

O ponto de partida para o HANDY foram, como vimos, os modelos biológico-ecológicos predador-presa. Podemos pensar na população humana como o "predador", enquanto a natureza (os recursos naturais do meio ambiente) pode ser vista como a "presa", consumida por essa população de seres humanos. Genericamente, os recursos naturais existem em três formas: fontes não renováveis (combustíveis fósseis, depósitos minerais etc.), estoques que se regeneram (florestas, solos, rebanhos, cardumes, animais de caça, aquíferos etc.) e fluxos renováveis (ventos, sol, chuvas, rios etc.). Em modelos biológicos, a chamada "capacidade de carga" define um limite de sustentabilidade, essencialmente ligado ao tamanho da população da espécie em questão e a suas taxas de consumo, que os processos regenerativos do ambiente natural podem suportar. Quando a "predação" econômica supera a capacidade de carga, situações emergenciais de fome ou sede ou o recurso à migração podem trazer

---

3. S. Motesharrei, J. Rivas e E. Kalnay, "Human And Nature DYnamics (HANDY): Modeling inequality and use of resources in the collapse or sustainability of societies" (Dinâmica Humana e Natural [HANDY]: modelando desigualdade e uso de recursos no colapso ou sustentabilidade das sociedades), *Ecological Economics*, v. 101, n. 90-102, 2014. Disponível em: <www.sciencedirect.com/science/article/pii/S0921800914000615>.

a população de volta a um nível tolerável. No contexto das sociedades humanas, contudo, a população não necessariamente começa a diminuir após ultrapassar o limite de capacidade de carga ecológica porque, ao contrário dos animais, os seres humanos podem acumular grandes excedentes de recursos naturais transformados (ou seja, riqueza) e depois sacar esses recursos quando a produção deixa de atender às necessidades de consumo. A introdução desse hiato proporciona às sociedades um dinamismo muito mais complexo que o dos sistemas naturais, o que por sua vez implica alterações de fundo na elaboração do modelo dinâmico, seus comportamentos e resultados. Assim, o HANDY adiciona o componente do excedente acumulado de recursos sob a forma de riqueza para levar em conta essa resiliência suplementar dos sistemas humanos. Mas, empiricamente, há inúmeros casos históricos em que esse superávit acumulado não é isonomicamente distribuído em toda a sociedade, mas sim apropriado e controlado por uma elite. É o conjunto da população que produz a riqueza, mas as elites se definem precisamente pela apropriação de uma fração dessa riqueza desproporcional em relação a seu contingente numérico, e geralmente bem acima dos níveis gerais de subsistência. É com base nessa observação empírica, lastreada por casos históricos, que o HANDY separa a população em "elite" e "plebeus", introduzindo uma variável específica para a desigualdade entre os dois setores.

Como outros modelos econômico-ecológicos, o HANDY busca descrever o comportamento dinâmico de uma dada sociedade a partir da escolha de conjuntos de parâmetros descritivos, tanto da configuração do sistema numa ocasião determinada (tamanho da população, dimensões do território etc.) quanto das taxas de mudança vigentes (natalidade, mortalidade etc.), com vistas a desenvolver um perfil evolutivo – uma "trajetória existencial" – para essa sociedade. Assim como os ecossistemas, as sociedades podem prosperar, estagnar, decair, recuperar-se ou extinguir-se (nas palavras de Valéry: "Nós, as civilizações, sabemos agora que somos mortais"[4]). De acordo com o tipo de distribuição de riqueza, o HANDY examina três modalidades de sociedade: igualitária (sem elites), equitativa (há elites administrativas ou funcionais, mas sua participação

---

4. Paul Valéry, "La crise de l'esprit" (A crise do espírito) (1919), disponível em: <http://classiques.uqa.ca/classiques/Valery_paul/crise_de_lesprit/crise_de_lesprit.html>, acesso em: 21 maio 2015. [N.E.]

na riqueza é proporcional à dos plebeus) e desigual. A evolução dinâmica do modelo resultará, em longo prazo, em três estados possíveis: estabilidade, colapso reversível (após uma situação de crise, a estabilidade é recuperada), colapso irreversível.

As sociedades igualitárias teriam correspondente nos grupos de caçadores-coletores da Pré-História, bem como em algumas comunidades de povos ditos "primitivos". Sabemos, pelo registro histórico, que esse tipo de organização pôde manter-se estável por milênios, e seu colapso costuma estar associado a algum tipo de variação ambiental imprevisível, um cataclismo exterior ao grupo, que rompe suas condições de continuidade, ou então, mais recentemente, pelo contato usualmente devastador com um grupo estrangeiro mais "moderno". As sociedades equitativas, por sua vez, podem ser representadas pelas primeiras povoações agrícolas, em que a separação entre classes não é nítida e a distribuição dos bens e recursos entre produtores e administradores é fortemente isonômica. O esgotamento de recursos naturais cruciais – água, solo fértil, rebanhos saudáveis – pode causar a disrupção dessas sociedades, assim como a cobiça de invasores mais bem armados. As sociedades desiguais, por fim, exibem uma marcante assimetria de poder entre uma elite regente, que açambarca a maior parte dos recursos e deles usufrui de modo desproporcional, e uma maioria de plebeus, que realiza a maior parte da produção, mas tem acesso somente a uma fração dela. As sociedades históricas, desde a consolidação do Estado, organizam-se numa estrutura de classes profundamente desigual, e essa disparidade multiplicou-se a partir do advento do capitalismo.

Montado o "motor" algorítmico do HANDY e definidos os campos de parâmetros relevantes, os pesquisadores passaram a rodar simulações correspondentes a vários exemplos históricos: as cidades maias, no Yucatán; as povoações da ilha de Páscoa; as antigas cidades-Estado gregas; as colônias *vikings* na Groenlândia; os impérios Han, na China, e Gupta, na Índia; entre vários outros. Essas modelagens permitiram, dentre uma variedade de fatores (ecológicos, ambientais, econômicos, sociais), a identificação de certos conjuntos de valores dos parâmetros que são, presumivelmente, decisivos para a definição da trajetória evolutiva das sociedades a longo prazo, ou seja, na determinação de tendências rumo à continuidade, ao colapso reversível ou ao colapso definitivo. Quando articulados por um quantificador biológico, o tamanho da população, dois aspectos se revelaram preponderantes: no plano ambiental, o consumo excessivo de recursos ou, como chamamos hoje, a "pegada" ecológica; no plano socioeconômico, uma concentração disparatada da riqueza em favor da elite. Isto é, não obstante a diversidade de conjunturas históricas, geográficas e culturais dos exemplos examinados, foi possível identificar nessas simulações uma determinação comum bem definida: grandes populações, consumindo vorazmente seus recursos, numa estrutura social marcadamente desigual, parecem tender ao colapso. Como é evidente, esse tipo de "experimento histórico natural" é somente retrospectivo – trata-se de reproduzir a trajetória seguida por civilizações passadas, e os ajustes de parâmetros foram realizados sob essa perspectiva. Mas é inevitável que consideremos a indagação: o que essas modelagens sugerem acerca do desenrolar futuro de *nossa* civilização?

Uma observação preliminar, necessária antes de se empreender qualquer tentativa de prospecção, é a de que a civilização humana, hoje, se planetarizou. O simples fato de podermos designar uma "civilização humana" pressupõe uma integração intercontinental inexistente até a Revolução Industrial – basta recordar a "diplomacia das canhoneiras" do comodoro Perry na baía de Tóquio, em 1853. Ou seja, o império chinês podia prosperar, enquanto os maias declinavam; a cultura mexica podia expandir-se e dominar os povos vizinhos, enquanto a peste negra assolava a Europa medieval. Mas na atualidade não é possível examinar o desenvolvimento de uma nação, ou mesmo de um continente inteiro, isoladamente. A possibilidade – e o desafio – que se apresenta agora é a de modelar a evolução dinâmica de *toda* a humanidade. O agente a ser considerado será a espécie humana, seu contexto ambiental será o planeta inteiro, e seu percurso, nada menos que a própria história. Trata-se, em suma, de lançar mão de modalidades de cálculo que permitam definir tendências e explorar padrões estatísticos abrangendo o conjunto da atividade humana, realizar sondagens e extrapolações em escala planetária e tomar como cenários de análise e modelagem a evolução da civilização inteira.

Por demasiado ambicioso que seja (ou não), um tal projeto de investigação terá como ponto de partida precisamente a constatação de que, se a marca diferencial da atualidade é a interligação global do conjunto da ação humana, então vivemos hoje num mundo distinto daquele de nossos antepassados, mesmo muito próximos. Como corolário inevitável, nossos descendentes, mesmo os muito longínquos, viverão neste planeta transformado por nossa própria atividade. Houve sem dúvida, no passado, ocasiões em que ações empreendidas por umas poucas gerações tiveram consequências para muitas outras no futuro – como foi o caso do surgimento da cidade, a maior invenção humana para Lewis Mumford[5]. Nenhuma ocasião, porém, em que essas atividades lograssem alcançar, durante essas mesmas poucas gerações, a escala de todo o planeta e envolvessem a humanidade como um todo. Para dar conta da peculiaridade deste novo mundo em que vivemos e viveremos, Paul Crutzen, Prêmio Nobel de Química de 1995, sugeriu o conceito de *Antropoceno*. Conjunção de *anthropos* (homem) e *cenos* (período), o significado do termo é, literalmente, a Era do Humano. A proposta visa assinalar a ocasião em que a humanidade, pelo uso de suas ciências, veio a adquirir o entendimento de que o conjunto de suas ações, ou seja, a variedade das atividades humanas tomadas como um todo, tornou-se uma força transformadora de abrangência planetária e de duração geológica. De fato, não há mais recanto na superfície da Terra que não esteja sendo afetado, direta ou indiretamente, pela presença humana. Em termos biogeográficos, nos tornamos uma espécie cosmopolita – signo de sucesso biológico que compartilhamos com alguns gêneros de baratas, não por acaso denominados de *Periplaneta* (recordemos que a ordem *Blattaria* tem cerca de 200 milhões de anos de evolução, o gênero *Homo* pouco mais de um centésimo disso, e a civilização humana existe somente desde meio centésimo deste último prazo; em termos evolutivos, estarmos empatados com as baratas é, por certo, uma honrosa conquista).

Por sua vez, em maio de 1945 dois cientistas do Projeto Manhattan apostaram quanto a se a detonação de Trinity, a primeira arma nuclear do mundo, no campo de testes de Alamogordo, no Novo México, produziria uma chama quente o bastante para incendiar a atmosfera (e, por conseguinte, incinerar a superfície do planeta; um deles, ao que consta, perdeu a aposta). Os elementos radioativos encontrados na Terra – assim como os demais elementos da tabela periódica – foram produzidos em explosões de estrelas de grandes dimensões, anteriores à formação do próprio Sistema Solar. Esses materiais encontram-se dispersos na crosta

---

5. Lewis Mumford, *A cidade e a história*, Rio de Janeiro/Brasília: Martins Fontes/EdUnB, 1982.

terrestre e, pelo calor que geram quando se cindem, ajudam a manter fluido o núcleo metálico do planeta. Para obter combustível nuclear para reatores (ou explosivo para bombas), é preciso coletar o minério bruto, refiná-lo e condensá-lo no teor apropriado, para em seguida usiná-lo e enfim fabricar os componentes de uma reação em cadeia controlada (reatores) ou exponencial (bombas). Ou seja, a concentração de materiais físseis (com a possível, mas controversa, exceção de um "reator nuclear natural" em Oklo, no Gabão) é essencialmente artificial, uma produção humana. Ora, o plutônio, por exemplo, material físsil empregado como explosivo nuclear nesse teste e, meses mais tarde, no artefato lançado sobre Nagasaki, tem uma vida média de cerca de 24 mil anos. Isso significa que, se temos agora uma amostra com cem átomos de Pu^{239}, em 24 mil anos teremos 50 (pois metade da amostra terá se transformado, por decaimento, em outras substâncias), em 48 mil anos teremos 25 e assim por diante. A detonação em Alamogordo, bem como as que ocorreram nas quatro décadas seguintes (a França realizou testes no Pacífico em 1990!), lançaram na atmosfera terrestre sucessivas levas de isótopos de estrôncio e outros elementos radioativos que os ventos distribuíram e depositaram por todo o globo. Esses materiais poderão ser detectados por centenas de milhares de anos, ou seja, durante um prazo equivalente ao da existência do próprio *Homo sapiens*.

Como é bem sabido, os processos ambientais em grande escala, sejam tectônicos, geológicos ou climáticos, são muito morosos, vastos e poderosos, se comparados com os feitos usuais do engenho humano, e incidiram episódica, mas crucialmente, em diversos momentos da história: a erupção de um supervulcão em Toba, na Indonésia, há 75 mil anos, que teria praticamente dizimado nossos ancestrais (fazendo com que todos sejamos hoje descendentes de um número muito reduzido de ancestrais); a detonação de um vulcão submarino em Santorini, no Mediterrâneo, causando um *tsunami* de grandes proporções que devastou a próspera civilização minoica, há 12 mil anos; o terremoto de 1775 com epicentro ao largo de Lisboa, que matou um terço da população da cidade, desarticulando o império ultramarino português e afetando profundamente os destinos do Brasil colônia. Não faltam exemplos de incursões abruptas, e via de regra brutais, da geologia na história. Mas o reconhecimento de que entramos no Antropoceno diz respeito ao processo inverso – a história começa a fazer-se geologia. Estudiosos do futuro que porventura se debrucem sobre o período iniciado com a Revolução Industrial – a partir de meados do século XVIII, digamos – irão deparar-se, talvez não sem espanto, com uma série de evidências indicando que entrou em cena um novo agente, capaz de produzir efeitos de grande abrangência e alcance duradouro.

Observarão, para além dos depósitos mais ou menos uniformes de radionuclídeos de origem artificial por todo o orbe, que os padrões de sedimentação de todas as grandes bacias hidrográficas, em todos os continentes, foram modificados num mesmo século. Que agente titânico seria esse, capaz de intervir em tantos e tão grandes corpos de água, ao redor de todo o globo, num prazo tão curto? Dinamismo de placas tectônicas? Vulcanismos em série? Não, a causa foi o conjunto da atividade humana. Medirão as variações da composição de gases da atmosfera, examinando gotículas de ar aprisionadas nos gelos polares ou avaliando os registros do crescimento das árvores de acordo com a espessura dos anéis de seus troncos, e verificarão, entre outras mudanças significativas, um crescimento cada vez mais acelerado da proporção de gás carbônico – como se houvesse um incêndio constante, ardendo sem parar, por séculos. Esse incêndio não é senão o resultado do aumento incessante do consumo de combustíveis fósseis desde a Era Moderna, cuja consequência é a própria atmosfera passando a funcionar com outra química (variações na camada de ozônio, por exemplo) e com outra física (vide o aumento do efeito estufa, que provoca o aquecimento global). Aferirão também que o regime de comportamento do clima, em escala global, experimentou mudanças importantes e muito rápidas, consubstanciadas na crescente extremização do ciclo hídrico (o volume médio das chuvas muda lentamente, mas a partir de um momento distribui-se em períodos de estiagem prolongada e outros de precipitação concentrada) e no aumento significativo de eventos radicais, como furacões, secas e enchentes. Constatarão, por fim, que um grande número de biomas, nos mais variados *habitat* terrestres e também nos oceanos, tem passado por situações de estresse vital em virtude, sobretudo, da crescente ocupação de territórios e demanda de recursos por populações humanas sempre maiores, tendo aumentado a taxa de desaparição de espécies de diversas ordens e a realocação de inúmeras outras, em função também das alterações climáticas.

O registro fóssil indica que, ao longo da extensa presença da vida na Terra, ocorreram cinco grandes extinções, em que diversos fatores, alguns bem conhecidos, outros não, fizeram com que um largo número de espécies desaparecesse num prazo muito breve. Há estudiosos que temem já estar em curso uma sexta extinção – alguns estimam uma perda de cerca de 30% da biodiversidade atual até o final do presente século –, mas, caso venha a ocorrer, sua causa será bem identificada.

Timothy Morton[6] observa que as ciências contemporâneas têm revelado uma classe de eventos de grande porte e longa duração que, à diferença das imensidões do espaço e do tempo cósmicos, sucedem muito próximo de nós, nos envolvem, penetram e constituem. O aquecimento global é um exemplo desse tipo de hiperobjeto – a percepção desarmada e o senso comum cotidiano não nos permitem apreender seus contornos, extensão ou modos de funcionamento, e não obstante ele está aqui, estamos envolvidos nele, embebidos dele. O significado mais profundo da descoberta de que vivemos entre hiperobjetos, argumenta Morton, é a abolição definitiva das antigas fronteiras ontológicas que pretendiam distinguir seres da natureza de entes da cultura. Toda a vida na Terra está entrando no Antropoceno, inseparável de nós. Em consequência de termos nos convertido numa força natural, nossa atividade passa a ter como contexto e horizonte imediatos as demais forças naturais. Dito de outro modo: o Antropoceno implica que a civilização humana e seu regime dominante de produção econômica, isto é, de transformação material, o "mercado" capitalista global, terão doravante de confrontar-se com a circulação dos ventos na alta atmosfera, a taxa de refletividade dos oceanos, os ciclos dos nutrientes nos solos, o reabastecimento dos aquíferos, a polinização das flores, a multiplicação dos patógenos. As leis inflexíveis do "mercado" confrontam as leis incontrastáveis da física, da química, da biologia. A economia converge com a ecologia – se não como projeto racional, então como paixão avassaladora.

O desafio seria assim o de elaborar modelagens prospectivas que nos permitissem avaliar possíveis trajetórias existenciais futuras do peculiar sistema complexo *"Terra Civilis"*, agora que a ação humana tornou-se componente significativo do metabolismo material, energético e funcio-

---

6. Timothy Morton, *Hyperobjects* (Hiperobjetos), Minneapolis: University of Minnesota Press, 2013.

nal do planeta (o ativista Bill McKibben sugere, para melhor designarmos o estado de coisas global nos tempos do Antropoceno, trocarmos o nome do astro em que viveremos para algo como "Teerra"[7]). Se a inspiração do projeto HANDY puder nos servir de diretriz, isto é, se admitirmos que índices elevados de população, consumo e desigualdade são signos perigosos de percursos insustentáveis, as perspectivas não parecem exatamente animadoras. Somos hoje, na segunda década do século XXI, cerca de 7 bilhões de almas; as projeções da ONU indicam que por volta de 2050 deveremos ser 10 bilhões de habitantes, sendo os 3 bilhões suplementares nascidos principalmente num cinturão tropical de países pobres – se não houver medidas redistributivas, a tendência será decerto a de um aumento ainda maior da desigualdade. Mas, segundo relatório da Oxfam, a distribuição desigual de recursos na atualidade já é simplesmente assombrosa: os oitenta indivíduos mais ricos do mundo hoje detêm mais valores que *metade* da humanidade, 3,5 bilhões de pessoas. E, em particular, o principal vetor de transformação ambiental na atualidade, a mudança do clima global, deverá gerar crescentes e profundos impactos no sustento e nos modos de vida de legiões desses despossuídos.

De fato, para diversos pensadores o cenário é bem pouco animador. James Lovelock[8], o notável climatologista britânico, formulou nos anos 1980 a famosa hipótese Gaia, segundo a qual a Terra se comporta como um único organismo, cujo *habitat* é a luz e a gravidade do Sol. Segundo a proposta, o funcionamento conjunto dos seres vivos operando ao longo dos éons da evolução não somente se adaptaria continuamente às condições físicas do planeta como também levaria a modificações do próprio suporte físico da vida, influenciando em fatores que abrangem desde os regimes do clima, passando pela composição da atmosfera, até a formação das plataformas continentais sedimentares na orla dos continentes. Ainda que a comparação do sistema Terra com um único organismo não tenha sido aceita, o conceito de um dinamismo mútuo entre os biomas e seus ambientes, na escala de todo o globo, abriu caminho para um entendimento mais aperfeiçoado do comportamento complexo do planeta vivo. Ora, já há alguns anos Lovelock definiu seu ponto de vista: a

---

7. Bill McKibben, *Eaarth* (Teerra), New York: Times Books, 2010.
8. James Lovelock, *A vingança de Gaia*, Rio de Janeiro: Intrínseca, 2006.

crise climática é irreversível e não existe reforma do setor produtivo ou milagre tecnológico que a possa evitar; problemas de abastecimento de alimentos e de água se tornarão críticos em breve, levando diversas regiões a experimentar convulsões sociopolíticas profundas; é provável, em consequência, a deflagração de conflitos armados em escala regional e global, inclusive com o emprego de armas nucleares; sua previsão é que, ao cabo de décadas de turbulência, a humanidade enfim se reassentará num planeta castigado, reduzida a cerca de 500 milhões de habitantes – um quatorze avos do contingente atual, o mesmo que existia por volta do ano 1000.

Não é indispensável conformar-se com as tintas dramáticas do cenário que Lovelock nos augura. O ativista Paul Gilding[9] defende que, num prazo curto – sua aposta é o ano de 2018, curiosamente, ou não, um século exato após o fim da Grande Guerra –, o entendimento sobre o real significado de estarmos no Antropoceno, até aqui praticamente restrito às academias de ciências e a uns poucos círculos ilustrados, será disseminado para as lideranças políticas e empresariais e para a população em geral, na maioria dos países. Os próprios mandatários do sistema capitalista compreenderão que a continuidade do *business as usual* será a garantia final de que, em breve, deixará de haver o *usual* e, quem sabe, pouco restará até mesmo do *business*. Para os que vislumbram na crise global uma oportunidade de grandes lucros – sim, há agências financeiras que preveem vantagens estupendas para quem investir na derrocada da civilização –, Gilding apresenta o cristalino exemplo dos colonizadores *vikings* da Groenlândia: com o esfriamento do clima, os camponeses pereceram de fome, e os nobres abastados, que ainda tinham alimentos estocados, demoraram um pouco mais para morrer de desnutrição. O atual regime de funcionamento da produção econômica sob a regência de um capitalismo financeirizado, oligopolizado e globalizado não é sustentável, e esse não é um fato que advirá em 200 anos: não é sustentável *agora*. Será necessário um autêntico choque de realidade para que as forças políticas e sociais superem a inércia habitual, choque que provavelmente será ministrado por um rosário de desastres e catástrofes que apontarão clara e insofismavelmente o custo exorbitante de não se fazer nada. Num prazo muito

---

9. Paul Gilding, *The Great Disruption* (A grande disrupção), New York: Bloomsbury Press, 2011.

breve, a imensa capacidade produtiva da tecnociência contemporânea será direcionada para preparar e conduzir a inevitável transição para um novo estado de coisas civilizacional, a par do esforço para a manutenção da própria sociedade. Gilding toma como exemplo concreto de uma tal reorganização em grande escala e da incrível rapidez de setores produtivos inteiros o esforço bélico dos EUA quando de sua entrada na Segunda Guerra Mundial: em três meses, as fábricas de automóveis haviam trocado a produção de carros pela de tanques; nos estaleiros, navios que demoravam 12 semanas para ser construídos passaram a ser aparelhados em um dia. Mudanças de tal amplitude, em tal brevidade, nunca são perfeitamente eficientes nem completamente indolores, mas Gilding acredita que um esforço coletivo mundial, motivado pela premência e pelos enormes riscos da situação, poderia pavimentar o caminho para uma adaptação da humanidade como um todo a esse novo estado de coisas do qual ela mesma foi causadora, de modo que, apesar de percalços e turbulências, cheguemos ao final do século XXI numa trajetória estável.

O conceito de Antropoceno nos induz a refletir a partir de um novo ponto de vista: se nos tornamos uma espécie planetária, se o que está em jogo são os modos e as consequências das práticas produtivas do conjunto da humanidade, a começar pelo consumo total de recursos e pela geração total de resíduos, então os destinos da espécie e do planeta estão inextricavelmente coligados. O crescimento exponencial do conhecimento que hoje logramos – superado somente pelo desenvolvimento ainda mais acelerado de suas consequências práticas, isto é, dos avanços técnicos – é rigorosamente paralelo e síncrono ao desequilíbrio igualmente exponencial que estamos impondo a uma variedade de ciclos vitais que sustentam nossa existência e a de inúmeras outras formas de vida. É pelo emprego da razão que podemos identificar fatores que, com muito grande probabilidade, participarão da construção da continuidade estável da civilização ou de sua derrapagem rumo ao colapso. Hoje, pela primeira vez na história, mais da metade da humanidade é letrada – e, dessa metade, mais da metade são mulheres; se recordarmos que, no começo do século passado, o percentual de alfabetização feminina era próximo de um traço, podemos concluir que, em pouco mais de quatro gerações, uma colossal redistribuição de poder cognitivo foi alcançada. Pela primeira vez, a maior parte da humanidade pode ter acesso às formas mais duradouras e elevadas das diferentes culturas humanas, pode usufruir do repertório comum de sabedorias legado por nossos ancestrais, pode comunicar-se e refletir em conjunto sobre os aspectos essenciais da manutenção de nossa existência e da construção de nosso porvir. Nunca dantes houve os meios objetivos, materiais, para que se concretizasse uma comunidade humana verdadeiramente planetária. Nunca essa comunidade foi tão necessária.

Mas não temos ilusões, a esta altura, de que discernimento científico e poderio técnico impliquem lucidez ética. A grande aceleração das últimas seis décadas, quando o Antropoceno efetivamente se consolidou numa realidade irreversível, foi a ocasião de triunfos científicos e técnicos indiscutíveis, expressões incomparáveis da imaginação criadora do *Homo sapiens* e, no entanto, o emprego generalizado de instrumentos e procedimentos racionais nos levou aos grandes desafios da atualidade: as mudanças ambientais, a população imensa, a desigualdade intolerável. Há setores ativos e empreendedores da sociedade contemporânea, operando desde o coração mesmo do capitalismo, que parecem dispostos a encarar o grosso da humanidade e o corpo do planeta com uma impessoalidade análoga à dos pilotos de *drone* em relação a seus indivíduos-alvo. Basta considerar por um momento uma conjuntura global em que uma população cada vez mais numerosa passa a ser vista como obstáculo para a manutenção ou extensão do *status quo* civilizacional, profundamente desigual e injusto; mais que apenas inconveniente, porém, essa vasta maioria de despossuídos poderia não ser mais considerada, a longo prazo, *necessária*. Justificar-se-ia, em boa razão, o câmbio de atributos para essa gente toda: de excessiva para excedente. Já se vê a que conclusão esse raciocínio especulativo irá conduzir... O horizonte de abrangência de diversas capacidades técnicas presentemente em desenvolvimento parece suficientemente amplo para incluir todo o globo e, por conseguinte, toda a humanidade: terraformação, administração de populações, inteligência artificial, biologia sintética... Dados os meios de intervenção em tal escala, pode-se avaliar as medidas estratégicas requeridas para que se logre alcançar este ou aquele desígnio "racional". Mais uma vez, os alvos poderão ser perfeitamente identificados e os perpetradores, inteiramente impessoais. De diferente, somente a dimensão aterradora – a da própria espécie. A mera consideração dessas possibilidades sugere a reavaliação urgente dos quadros habituais de debate e ação política.

Pois o fato decisivo é que somos hoje demandados, como pessoas, como cidadãos, como agentes políticos, como seres humanos, a participar do ingresso neste novo e desconhecido hiperobjeto, o Antropoceno. Podemos, se quisermos, tentar ser indiferentes a ele, mas ele decerto não será indiferente a nós. Somos assim convocados a elaborar e praticar novas formas de cidadania, de ação política e de postura ética, invenções que nos permitam tripular a nave chamada Civilização rumo à superação dos estreitos turbulentos que se avizinham. Se lograrmos estabilizar nosso percurso, nossos descendentes verão descortinar-se à sua frente rotas de aventura que nem sequer podemos imaginar, e então estaremos justificados, teremos florescido. E os habitantes desse amanhã nos louvarão por termos sido uma ponte, um meio, um modo para a vida prosperar, e seus poetas nos celebrarão com saudade.

BIBLIOGRAFIA

BENNETT, Jane. *Vibrant Matter*. Durham: Duke University Press, 2010.
BOSTROM, Nick; ĆIRKOVIĆ, Milan. *Global Catastrophic Risks*. Oxford: Oxford University Press, 2008.
CHRISTIAN, David. *Maps of Time*. Berkeley: University of California Press, 2011.
CLASTRES, Pierre. *A sociedade contra o Estado*. Rio de Janeiro: Francisco Alves, 1978.
CONNOLLY, William E. *The Fragility of Things*. Durham: Duke University Press, 2013.
DIAMOND, Jared; ROBINSON, James A. *Natural Experiments in History*. Cambridge: Harvard University Press, 2010.
DIAMOND, Jared. *Colapso*. Rio de Janeiro: Record, 2005.
DUMANOSKI, Dianne. *The End of the Long Summer*. New York: Three Rivers Press, 2009.
GREGORY, Derek. "Theory of the Drone". Disponível em: <geographicalimaginations.com/2013/09/15/theory-of-the-drone-10-killing-at-a-distance/>.
KEEGAN, John. *The Price of Admiralty*. London: Viking Press, 1988.
LANDA, Manuel de. *A Thousand Years of Nonlinear History*. New York: Swerve Editions, 2000.
MCNEILL, J. R. *Something New Under The Sun*. New York: Norton, 2001.
NOWAK, Martin A. *Evolutionary Dynamics*. Cambridge: Harvard University Press, 2006.
RAFFLES, Hugh. *Insectopedia*. New York: Pantheon Books, 2010.
REES, Martin. *Hora final*. São Paulo: Companhia das Letras, 2005.
SHUBIN, Neil. *The Universe Within*. New York: Pantheon Books, 2013.
STEWART, Ian. *The Mathematics of Life*. New York: Basic Books, 2011.
TURCHIN, Peter. "Arise 'Cliodynamics'". *Nature*. 2008, v. 454, n. 34.
_____. *Historical Dynamics*. Princeton: Princeton University Press, 2003.

Sobre os autores

ADAUTO NOVAES é jornalista e professor. Foi diretor do Centro de Estudos e Pesquisas da Fundação Nacional de Arte, Ministério da Cultura, por vinte anos. Em 2000, fundou a empresa de produção cultural Artepensamento. Os ciclos de conferências que organizou resultaram nos seguintes livros de ensaios: *Os sentidos da paixão*; *O olhar*; *O desejo*; *Ética*; *Tempo e história* (Prêmio Jabuti); *Rede imaginária: televisão e democracia*; *Artepensamento*; *A crise da razão*; *Libertinos/libertários*; *A descoberta do homem e do mundo*; *A outra margem do Ocidente*; *O avesso da liberdade*; *Poetas que pensaram o mundo*; *O homem-máquina*; *Civilização e barbárie*; *O silêncio dos intelectuais*, todos editados pela Companhia das Letras. Publicou ainda *Muito além do espetáculo* (Editora Senac São Paulo, 2004); *A crise do Estado-nação* (Record, 2003); *Oito visões da América Latina* (Editora Senac São Paulo, 2006); *Ensaios sobre o medo* (Edições Sesc SP/Senac São Paulo, 2007); *O esquecimento da política* (Agir, 2007); *Mutações: ensaios sobre as novas configurações do mundo* (Edições Sesc SP/Agir, 2008); *Vida, vício, virtude* (Edições Sesc SP/Senac São Paulo, 2009); *A condição humana* (Edições Sesc SP/Agir, 2009); *Mutações: a experiência do pensamento* (Edições Sesc SP, 2010); *Mutações: a invenção das crenças* (Edições Sesc SP, 2011); *Mutações: elogio à preguiça* (Edições Sesc SP, 2012, e ganhador do Prêmio Jabuti), *Mutações: o futuro não é mais o que era* (Edições Sesc SP, 2013); *Mutações: o silêncio e a prosa do mundo* (Edições Sesc SP, 2014).

DAVID LAPOUJADE é coordenador de conferências junto à Universidade Paris I (Panthéon-Sorbonne). É editor póstumo de Gilles Deleuze com os livros: *L'Ile déserte* (Éditions de Minuit, 2001) e *Deux Régime de fous* (Éditions de Minuit, 2003). Escreveu livros sobre o pragmatismo: *William James, empirisme et pragmatisme* (PUF, 1997/2007), *Fictions du pragmatisme, William e Henry James* (Éditions de Minuit, 2008) e *Bergson, puissances du temps* (Éditions de Minuit, 2010). Participou com um ensaio das coletâneas *Mutações: o futuro não é mais o que era* (Edições Sesc SP, 2013) e *Mutações: o silêncio e a prosa do mundo* (Edições Sesc SP, 2013).

EUGÈNE ENRIQUEZ é professor emérito de sociologia na Universidade de Paris VII. Foi presidente do comitê de pesquisas de sociologia clínica da Associação Internacional de Sociologia. É autor de muitos artigos e dos livros: *De La Horde à l'État* (Gallimard, 2003), tradução brasileira: *Da horda ao Estado* (Jorge Zahar, 1999); *As figuras do poder* (Via Lettera, 2007); *Le Gout de l'altérité* (Desclée de Brouwer, 1999); *A organização em análise* (Vozes, 1999); *La Face obscure des démocraties modernes* (com Claudine Haroche, Eres, 2002*)*; *Clinique du pouvoir* (Eres, 2007) e *Désir et resistance: la construction du sujet* (com Claudine Haroche e Joël Birman, Parangon, 2010). Contribuiu com um artigo para os livros *Mutações: ensaios sobre as novas configurações do mundo* (Edições Sesc SP/Agir, 2008); *Mutações: a experiência do pensamento* (Edições Sesc SP, 2010); *Mutações: elogio à preguiça* (Edições Sesc SP, 2012), *Mutações: o futuro não é mais o que era* (Edições Sesc SP, 2013) e *Mutações: o silêncio e a prosa do mundo* (Edições Sesc SP, 2014).

EUGÊNIO BUCCI é professor livre-docente da Escola de Comunicações e Artes (ECA) e assessor sênior do Reitor da Universidade de São Paulo (USP). Escreve quinzenalmente na "Página 2" do jornal *O Estado de S. Paulo*. É colunista quinzenal da revista *Época*. Recentemente, ganhou o Prêmio Luiz Beltrão de Ciências de Comunicação, na categoria Liderança Emergente (2011); Excelência Jornalística 2011, da Sociedade Interamericana de Imprensa (SIP); e o Prêmio Esso de Melhor Contribuição à Imprensa (2013), concedido à *Revista de Jornalismo ESPM*, da qual é diretor de redação. Publicou, entre outros livros e ensaios: *Brasil em tempo de TV* (Boitempo, 1996); *Sobre ética na imprensa* (Companhia das Letras, 2000), *Do B: crônicas críticas para o Caderno B do Jornal do Brasil* (Record, 2003) e *O Estado de Nar-*

ciso: a comunicação pública a serviço da vaidade particular (Companhia das Letras, 2015). Participou com ensaios em diversas coletâneas organizadas por Adauto Novaes.

FRANCISCO BOSCO é ensaísta. Autor de *E livre seja este infortúnio* (Azougue, 2010), *Banalogias* (Objetiva, 2007), *Dorival Caymmi* (Publifolha, 2006), *Da amizade* (7 Letras, 2003) e, como organizador, lançou *Antonio Risério* (Azougue, 2008). Mestre e doutor em teoria da literatura pela Universidade Federal do Rio de Janeiro (UFRJ). Foi colunista da revista *Cult* entre 2006 e 2010. Atualmente, é membro da comissão editorial da revista *Serrote*. Escreve uma coluna semanal no jornal *O Globo*. Contribuiu com um ensaio para os livros: *Mutações: elogio à preguiça* (Edições Sesc SP, 2012); *Mutações: o futuro não é mais o que era* (Edições Sesc SP, 2013) e *Mutações: o silêncio e a prosa do mundo* (Edições Sesc SP, 2014).

FRANKLIN LEOPOLDO E SILVA é professor aposentado do Departamento de Filosofia da Universidade de São Paulo (USP) e professor visitante no Departamento de Filosofia da Universidade Federal de São Carlos (Ufscar). Publicou: *Descartes, metafísica da modernidade* (Moderna, 2005); *Bergson: intuição e discurso filosófico* (Loyola, 1994); *Ética e literatura em Sartre* (Editora Unesp, 2004); e *Felicidade: dos pré-socráticos aos contemporâneos* (Claridade, 2007), além de ensaios nos livros *A crise da razão* (Companhia das Letras, 1996); *Tempo e história* (Companhia das Letras, 1992); *O avesso da liberdade* (Companhia das Letras, 2002); *Muito além do espetáculo* (Editora Senac São Paulo, 2004); *O silêncio dos intelectuais* (Companhia das Letras, 2006); *O esquecimento da política* (Agir, 2007); *Mutações: ensaios sobre as novas configurações do mundo* (Edições Sesc SP/Agir, 2008); *Vida, vício, virtude* (Edições Sesc SP/Editora Senac São Paulo, 2009); *A condição humana* (Edições Sesc SP/Agir, 2009); *Mutações: a experiência do pensamento* (Edições Sesc SP, 2010); *Mutações: a invenção das crenças* (Edições Sesc SP, 2011); *Mutações: elogio à preguiça* (Edições Sesc SP, 2012); *Mutações: o futuro não é mais o que era* (Edições Sesc SP, 2013) e *Mutações: o silêncio e a prosa do mundo* (Edições Sesc SP, 2014).

FRÉDÉRIC GROS é professor da Universidade Paris-Est Créteil (UPEC) e editor dos últimos cursos de Michel Foucault no Collège de France. É autor de livros sobre a história da psiquiatria e filosofia penal. Estabeleceu, com Arnold Davidson, uma antologia de textos de Foucault: *Philosophie* (Folio Essais 443/Gallimard, 2004). Escreveu ainda: *Caminhar, uma filosofia* (É Relizações, 2010) e *États de violence – Essai sur la fin de la guerre* (Gallimard, 2006). Participou das coletâneas: *Mutações: ensaios sobre as novas configurações do mundo* (Edições Sesc SP/Agir, 2008); *Mutações: a experiência do pensamento* (Edições Sesc SP, 2010); *Mutações: a invenção das crenças* (Edições Sesc SP, 2011); *Mutações: elogio à preguiça* (Edições Sesc SP, 2012); *Mutações: o futuro não é mais o que era* (Edições Sesc SP, 2013) e *Mutações: o silêncio e a prosa do mundo* (Edições Sesc SP, 2014).

Frédéric Worms é professor de filosofia na universidade Lille-III e diretor do Centro Internacional de Estudo da Filosofia Francesa Contemporânea junto à École Normale Supérieure (ENS/Paris). Dedica-se à obra de Bergson, à filosofia contemporânea e à ética.

Gilles Bataillon é diretor do Centro de Estudos Sociológicos e políticos da Escola de Altos Estudos de Paris e professor associado da Divisão de História do Centro de Investigação Econômica do México. Participou de várias coletâneas de ensaios sobre violência na América Latina.

Guilherme Wisnik é crítico de arte e arquitetura. Doutorou-se pela FAU-USP, onde atualmente é professor. Foi curador da X Bienal de Arquitetura de São Paulo (2013). É autor de *Lucio Costa* (Cosac Naify, 2001); *Caetano Veloso* (Publifolha, 2005) e *Estado crítico: a deriva nas cidades* (Publifolha, 2009), além de organizador do volume 54 da revista espanhola *2G* (Gustavo Gili, 2010) sobre a obra de Vilanova Artigas. Suas publicações também incluem o ensaio "Modernidade congênita", em *Arquitetura moderna brasileira* (Phaidon, 2004), "Hipóteses acerca da relação entre a obra de Álvaro Siza e o Brasil", em *Álvaro Siza modern redux* (Hatje Cantz, 2008), e "Brasília: a cidade como escultura", em *O desejo da forma* (Berlin Akademie der Künste, 2010). É colaborador do jornal *Folha de S.Paulo* e curador do projeto de Arte Pública Margem (2010), pelo Itaú Cultural. Participou com um texto nos livros: *Mutações: elogio à preguiça* (Edições Sesc SP, 2012); *Mutações: o futuro não é mais o que era* (Edições Sesc SP, 2013) e *Mutações: o silêncio e a prosa do mundo* (Edições Sesc SP, 2014).

Isabelle Delpla é professora do IRPhil-Lyon III (Instituto de Pesquisas Filosóficas de Lyon III) e membro do Labex Comod (Constituição da Modernidade), que integra o Instituto de História do Pensamento Clássico (IHPC). Escreveu os seguintes livros: *Le Principe de charité, Quine, Davidson* (Collection Philosophie, PUF, 2001); *Le Mal en procès: Eichmann et les théodicées modernes* (Collection l'Avocat du diable, Hermann Éditeur, 2011) e *La Justice des gens: Enquêtes dans la Bosnie-Herzégovine des nouvelles après-guerres* (Collection Res Publica, Presses Universitaires de Rennes, 2014).

Jean-Pierre Dupuy é professor na Escola Politécnica de Paris e na Universidade de Stanford, da qual é também pesquisador e membro do Programa de Ciência-Tecnologia-Sociedade e do Fórum de Sistemas Simbólicos. Publicou *The Mechanization of the Mind: On the Origins of Cognitive Science* (Princeton University Press); *Self-Deception and Paradoxes of Rationality* (CSLI Publications); *La Panique* (Collection Les empêcheurs de penser en rond, Laboratoires Delagrange, 1991); *Pour Un Catastrophisme éclairé* (Seuil, 2002); *Avions-Nous Oublié Le Mal? Penser la politique aprés le 11 septembre* (Bayard, 2002); *Petite Métaphysique des tsunamis* (Seuil, 2005) e *Retour de Tchernobyl* (Seuil, 2006). Participou das coletâneas: *Mutações: ensaios sobre as novas configurações do mundo* (Edições Sesc SP/Agir, 2008); *A condição humana* (Edições Sesc SP/Agir, 2009); *Mutações: a experiência do pensamento* (Edições Sesc SP, 2010); *Mutações: a invenção das crenças* (Edições Sesc SP, 2011); *Mutações: elogio à preguiça* (Edições Sesc SP, 2012); *Mutações: o futuro não é mais o que era* (Edições Sesc SP, 2013) e *Mutações: o silêncio e a prosa do mundo* (Edições Sesc SP, 2014).

Luiz Alberto Oliveira é físico, doutor em cosmologia, pesquisador do Instituto de Cosmologia, Relatividade e Astrofísica (ICRA), do Centro Brasileiro de Pesquisas Físicas (CBPF/MCT), onde também atua como professor de história e filosofia da ciência. É ainda curador de ciências do Museu do Amanhã (em implantação) e professor convidado da Casa do Saber, no Rio de Janeiro, e do Escritório Oscar Niemeyer. Escreveu ensaios para os livros *Tempo e história, A crise da razão, O avesso da liberdade, O homem-máquina; Ensaios sobre o medo* (Edições Sesc SP/Senac São Paulo, 2007), *Mutações: ensaios sobre as novas configurações do mundo* (Edições Sesc SP/Agir, 2008), *Mutações: a condição humana,* (Edições Sesc SP/Agir, 2009),

Mutações: a experiência do pensamento, (Edições Sesc SP, 2010), *Mutações: elogio à preguiça* (Edições Sesc SP, 2012; ganhador do Prêmio Jabuti em 2013) e *Mutações: o futuro não é mais o que era* (Edições Sesc SP, 2013).

MARCELO COELHO é mestre em sociologia pela Universidade de São Paulo (USP) e membro do Conselho Editorial da *Folha de S.Paulo*, jornal para o qual contribui regularmente. Escreveu os livros: *Noturno* (Iluminuras, 1992); *Gosto se discute* (Ática, 1994); *A professora de desenho e outras histórias* (Companhia das Letrinhas, 1995); *Trivial variado: crônicas* (Revan, 1997); *Patópolis* (Iluminuras, 2010). Participou de: *A crise da razão* (Companhia das Letras, 1996); *O silêncio dos intelectuais* (Companhia das Letras, 2006); *Ensaios sobre o medo* (Edições Sesc SP/Editora Senac São Paulo, 2007); *O esquecimento da política* (Agir, 2007), *Vida, vício, virtude* (Edições Sesc SP/Editora Senac São Paulo, 2009); *Mutações: a invenção das crenças* (Edições Sesc SP, 2011) e *Mutações: o silêncio e a prosa do mundo* (Edições Sesc SP, 2014).

MARCELO JASMIN é historiador, mestre e doutor em ciência política. É professor no Departamento de História da PUC-Rio, onde leciona disciplinas de Teoria da História, e no Programa de Pós-Graduação em Ciência Política do IESP-UERJ, onde ensina Teoria Política e História do Pensamento Político. Publicou os livros *Alexis de Tocqueville: a historiografia como ciência da política* (Access, 1997/Editora da UFMG, 2005); *Racionalidade e história na teoria política* (Editora da UFMG, 1998); *Modernas tradições: percursos da cultura ocidental (séculos XV-XVII)*, com Berenice Cavalcante, João Masao Kamita e Silvia Patuzzi (Access/Faperj, 2002), e *História dos conceitos: debates e perspectivas*, com João Feres Júnior (PUC-Rio/Loyola/Iuperj, 2006), além de ensaios sobre as relações entre história e teoria política em periódicos e livros, como *Ensaios sobre o medo* (Edições Sesc SP/Editora Senac São Paulo, 2007); *O esquecimento da política* (Agir, 2007); *Mutações: a invenção das crenças* (Edições Sesc SP, 2011); *Mutações: elogio à preguiça* (Edições Sesc SP, 2012); *Mutações: o futuro não é mais o que era* (Edições Sesc SP, 2013) e *Mutações: o silêncio e a prosa do mundo* (Edições Sesc SP, 2014). É pesquisador do CNPq.

MARIA RITA KEHL é doutora em psicanálise pela PUC, psicanalista, integrou o grupo de trabalho da Comissão Nacional da Verdade. Atuante na imprensa brasileira desde 1974 e autora de diversos livros, entre eles: *O tempo e o cão* (Boitempo, 2009; Prêmio Jabuti em 2010), *Ressentimento* (Casa do Psicólogo, 2004), *Videologias* (em parceria com Eugenio Bucci, Boitempo, 2004), *Sobre ética e psicanálise* (Companhia das Letras, 2001), além de ensaios para os livros: *Ensaios sobre o medo* (Edições Sesc SP/Senac São Paulo, 2007), *Mutações: ensaios sobre as novas configurações do mundo* (Edições Sesc SP/Agir, 2008), *Vida, vício, virtude* (Edições Sesc SP/Senac São Paulo, 2009), *Mutações: a condição humana* (Edições Sesc SP/Agir, 2009) e *Mutações: elogio à preguiça* (Edições Sesc SP, 2012; ganhador do Prêmio Jabuti em 2013).

NEWTON BIGNOTTO é doutor em filosofia pela École des Hautes Études en Sciences Sociales, Paris, e ensina filosofia política na Universidade Federal de Minas Gerais (UFMG). Publicou: *As aventuras da virtude: as ideias republicanas na França do século XVIII* (Companhia das Letras, 2010); *Republicanismo e realismo: um perfil de Francesco Guicciardini* (Editora da UFMG, 2006); *Maquiavel* (Zahar, 2003); *Origens do republicanismo moderno* (Editora da UFMG, 2001); *O tirano e a cidade* (Discurso Editorial, 1998) e *Maquiavel republicano* (Loyola, 1991). Participou como ensaísta dos livros: *Ética* (Companhia das Letras, 2007); *Tempo e história* (Companhia das Letras, 1992); *A crise da razão* (Companhia das Letras, 1996); *A descoberta do homem e do mundo* (Companhia das Letras, 1998); *O avesso da liberdade* (Companhia das Letras, 2002); *Civilização e barbárie* (Companhia das Letras, 2004); *A crise do Estado-nação* (Civilização Brasileira, 2003); *O silêncio dos intelectuais* (Companhia das Letras, 2006); *O esquecimento da política* (Agir, 2007); *Mutações: ensaios sobre as novas configurações do mundo* (Edições Sesc SP/Agir, 2008); *A condição humana* (Edições Sesc SP/Agir, 2009); *Mutações: a experiência do pensamento* (Edições Sesc SP, 2010); *Mutações: a invenção das crenças* (Edições Sesc SP, 2011); *Mutações: o futuro não é mais o que era* (Edições Sesc SP, 2013) e *Mutações: o silêncio e a prosa do mundo* (Edições Sesc SP, 2014).

OLGÁRIA MATOS é doutora pela École des Hautes Études, Paris, e pelo Departamento de Filosofia da Faculdade de Filosofia, Letras e Ciências Humanas da Universidade de São Paulo (FFLCH-USP). É professora titular do Departamentos de Filosofia da USP e da Unifesp. Escreveu: *Rousseau: uma arqueologia da desigualdade* (Editores Associados, 1978); *Os arcanos do inteiramente outro: a Escola de Frankfurt, a melancolia, a revolução* (Brasiliense, 1989); *A Escola de Frankfurt: sombras e luzes do iluminismo* (Moderna, 1993) e *Discretas esperanças: reflexões filosóficas sobre o mundo contemporâneo* (Nova Alexandria, 2006). Colaborou na edição brasileira de *Passagens*, de Walter Benjamin, e prefaciou *Auf klârung na Metrópole – Paris e a Via Láctea*. Participou das coletâneas: *Mutações: ensaios sobre as novas configurações do mundo* (Edições Sesc SP/Agir, 2008); *Mutações: a experiência do pensamento* (Edições Sesc SP, 2010); *Mutações: a invenção das crenças* (Edições Sesc SP, 2011); *Mutações: elogio à preguiça* (Edições Sesc SP, 2012); *Mutações: o futuro não é mais o que era* (Edições Sesc SP, 2013) e *Mutações: o silêncio e a prosa do mundo* (Edições Sesc SP, 2014).

OSWALDO GIACOIA JUNIOR é professor do Departamento de Filosofia da Unicamp. Doutor em filosofia com tese sobre a filosofia da cultura de Friedrich Nietzsche na Universidade Livre de Berlim. Publicou, entre outros livros: *Os labirintos da alma* (Unicamp, 1997); *Nietzsche como psicólogo* (Unisinos, 2004) e *Sonhos e pesadelos da razão esclarecida* (UPF Editora, 2005). Participou das coletâneas: *Mutações: ensaios sobre as novas configurações do mundo* (Edições Sesc SP/Agir, 2008); *A condição humana* (Edições Sesc SP/Agir, 2009); *Mutações: a experiência do pensamento* (Edições Sesc SP, 2010); *Mutações: a invenção das crenças* (Edições Sesc SP, 2011); *Mutações: elogio à preguiça* (Edições Sesc SP, 2012); *Mutações: o futuro não é mais o que era* (Edições Sesc SP, 2013) e *Mutações: o silêncio e a prosa do mundo* (Edições Sesc SP, 2014).

PASCAL DIBIE é professor de antropologia na Universidade de Paris-Diderot, codiretor do Pôle des Sciences de la Ville e membro do laboratório Urmis. Diretor da coleção Traversées, das Éditions Métailié, escreveu os livros: *Ethnologie de la chambre à coucher* (Éditions Métailié, 2000; edição brasileira: *O quarto de dormir*, Globo, 1988); *La Tribu sacrée: ethnologie des prêtres* (B. Grasset, 1993); *La Passion du regard: essai contre les sciences froides* (Éditions Métailié, 1998). Participou com ensaios nos livros *A condição humana* (Edições Sesc SP/Agir, 2009); *Mutações: a invenção das crenças* (Edições Sesc SP, 2011) e *Mutações: o silêncio e a prosa do mundo* (Edições Sesc SP, 2014).

Pedro Duarte é doutor e mestre em filosofia pela PUC-Rio, onde atualmente é professor na graduação, pós-graduação e especialização (em Arte e filosofia). Ainda como professor, colabora para o mestrado em Filosofia da arte na Universidade Federal Fluminense (UFF). Autor do livro *Estio do tempo: Romantismo e estética moderna* (Zahar, 2011). Tem diversos artigos publicados em periódicos acadêmicos e na grande mídia, com ênfase de pesquisa em estética, filosofia contemporânea, cultura brasileira e história da filosofia.

Vladimir Safatle é professor livre-docente do Departamento de Filosofia da Universidade de São Paulo (USP), professor visitante das Universidades de Paris VII, Paris VIII, Toulouse e Louvain, bolsista de produtividade do CNPq. Autor de: *Fetichismo: colonizar o outro* (Civilização Brasileira, 2010), *La Passion du négatif: Lacan et la dialectique* (Georg Olms, 2010), *Cinismo e falência da crítica* (Boitempo, 2008), *Lacan* (Publifolha, 2007) e *A paixão do negativo: Lacan e a dialética* (Editora Unesp, 2006). Desenvolve pesquisas nas áreas de epistemologia da psicanálise, desdobramentos da tradição dialética hegeliana na filosofia do século XX e filosofia da música. Participou das coletâneas: *A condição humana* (Edições Sesc SP/Agir, 2009); *Mutações: a experiência do pensamento* (Edições Sesc SP, 2010); *Mutações: a invenção das crenças* (Edições Sesc SP, 2011); *Mutações: elogio à preguiça* (Edições Sesc SP, 2012); *Mutações: o futuro não é mais o que era* (Edições Sesc SP, 2013) e *Mutações: o silêncio e a prosa do mundo* (Edições Sesc SP, 2014).

Índice onomástico

A

Abécassis, Eliette, 178
Adams, John, 404
Adorno, Gretel, 267
Adorno, Theodor, 241, 268, 269, 305, 315, 338, 436
Afrodite, 268, 487
Agamben, Giorgio, 74, 86, 325
Agamêmnon, 249, 250, 256, 257, 258
Agostinho, (santo), 275
Ahrens, Jan Martínez, 440
Ajax, 87
Alain (pseudônimo de Émile-Auguste Chartier), 17, 18, 19, 20, 26, 149, 151, 153, 154, 155, 156, 157, 172, 173, 174, 175, 387
Alberti, Leon Battista, 392
Alexandre (o Grande), 274, 490
Ameisen, Jean-Claude, 340, 342, 343
Anders, Günther, 53, 228
Andrade, Santiago Ilídio, 427
Andrômaca, 261
Anzieu, Didier, 192, 193
Aquiles, 87, 198, 239, 256, 257, 258, 487, 488, 489
Arantes, Paulo, 376
Araújo, Ricardo Benzaquen de, 291
Arendt, Hannah, 61, 63, 68, 72, 73, 74, 75, 122, 140, 141, 142, 143, 144, 145, 146, 189, 207, 217, 218, 225, 231, 233, 235, 306, 307, 308, 309, 313, 314, 315, 352, 378, 464, 478
Ares, 239
Argan, Giulio Carlo, 476, 477, 478
Ariès, Phillippe, 390, 392
Aristóteles, 61, 233, 240, 259, 324, 328, 352
Aron, Raymond, 153, 154
Artigas, Vilanova, 520
Ash, Salomon, 225, 226
Ashby, William Ross, 343
Atena, 487, 488
Átila (o Huno), 490
Atlan, Henri, 341, 342, 343
Avrich, Paul, 140

B

Babeuf, Graco, 402
Baczko, Bronislaw, 129, 131, 136, 137
Baker, Keith, 123, 136
Bamford, James, 20, 21
Banfield, Edward, 463
Barbie, Klaus, 200
Barthes, Roland, 261
Bataille, Georges, 180, 254, 329
Bataillon, Gilles, 439, 520
Báucia (personagem de Goethe), 472
Baudelaire, Charles, 241, 249, 262, 263, 267, 268, 473, 474

Baudrillard, Jean, 14, 22
Bauman, Zygmunt, 21
Bayard, 490
Bayle, Pierre, 304
Becker, Howard, 458
Benjamin, Walter, 53, 71, 72, 75, 76, 216, 218, 237, 238, 240, 241, 242, 243, 244, 245, 246, 247, 248, 249, 250, 253, 254, 262, 263, 267, 268, 269, 270, 430, 475, 477, 524
Benkler, Yochai, 424
Bennett, Jane, 515
Bensoussan, Georges, 191
Bergman, Marcelo, 450
Bergson, Henri, 149, 150, 151, 152, 155, 156, 157, 158, 209, 210, 329, 518, 520
Beris, Jana, 265
Berman, Marshall, 470, 471, 472, 473, 474
Bignotto, Newton, 111, 132, 218, 523
Birman, Joël, 518
Bismarck, Otto von, 248
Blanchot, Maurice, 22
Bloch, Ernst, 187
Bloch, Marc, 185
Boëldieu (personagem de Jean Renoir), 252
Bolado, Carlos, 444
Bonaparte, Luís, 473, 475 (ver também Napoleão III)
Bonaparte, Napoleão, 251, 349, 350
Borgeaud, Philippe, 359, 360
Borges, Jorge Luis, 89
Borges, Robinson, 426
Bosco, Francisco, 35, 52, 519
Bostrom, Nick, 515
Bougarel, Xavier, 305, 317
Bourke, Joanna, 274
Bouveresse, Jacques, 14, 15, 23
Branche, Raphaëlle, 301
Braudel, Fernand, 88, 89
Brecht, Bertolt, 35, 469
Breton, David Le, 407
Bretonne, Restif de la (Restif), 118, 119, 120, 121, 122
Briseida, 256, 258
Britanico, 301

Brooks, Peter, 255, 256
Browning, Christopher, 186, 191, 193
Broyles Jr., William, 274, 275, 276, 277, 278, 279, 280, 281, 286
Brunschvicg, León, 154
Bruyère, Jean La, 395
Bucci, Eugênio, 45, 49, 409, 426, 433, 518
Burgat, Florence, 189,
Burke, Edmund, 403
Buscaglia, Edgardo, 453, 455, 457, 458, 467
Butler, Judith, 344

C

Caballero, Paula Loópez, 468
Cabanes, Bruno, 237
Cacciari, M., 259, 264, 266, 270
Caillois, Roger, 180, 184
Calcas, 257
Calderón, Felipe, 440, 453, 454, 461
Camarena, Enrique, 451
Camus, Albert, 155, 264, 265
Canetti, Elias, 237, 359
Canguilhem, Georges, 154, 323, 324, 325, 327, 328, 329, 330, 331, 332, 335, 336, 337, 338, 339, 341, 342, 343
Capitão América (personagem), 420
Caputo, Philip, 276
Card, Orson Scott, 495, 496
Cárdenas, Lourdes, 447
Carlos, Nino, 464
Carneiro Leão, Emanuel, 62
Carroll, David, 265
Cassandra, 261
Castañeda, Jorge, 466
Castiglione, Baldassare, 394
Castoriadis, Cornelius, 197
Cavalcante, Berenice, 522
Cesarani, David, 307, 315, 316
Chamayou, Grégoire, 91
Chandor, Jeffrey, 87
Charbonnier, Georges, 181
Charlier, Louis Joseph, 398
Chateaubriand, François-René de, 404
Châtelet, François, 250

Chaves, Ernani, 246
Chesnais, Jean-Claude, 112, 140
Christian, David, 515
Churchill, Winston, 163
Cícero, 387, 391
Cifali, Mireille, 201
Ćirković, Milan, 515
Clark, Christopher, 162, 170, 351
Clastres, Pierre, 82, 180, 270, 515
Clausewitz, Carl von, 76, 185
Clio, 502
Clitemnestra, 250
Coelho, Marcelo, 159, 522
Colli, Giorgio, 95, 96, 98, 99
Collier, Eduardo, 384
Colombo, Cristóvão, 181
Colosio, Luís Donaldo, 451
Combes, Hélène, 468
Condorcet, (Marquês de), 23
Connolly, William E., 515
Copérnico, 234
Coppola, Francis Ford, 465
Corominas, Joan, 241
Cortines, Ruíz, 452
Coutinho, Eduardo, 51
Crutzen, Paul, 507

D

d'Hondt, Jacques, 74
d'Arc, Joana, 270
d'Herbois, Collot, 400, 401
Da Ponte, Lorenzo, 364
Dagonet, François, 329
Daled, Pierre, 328
Danton, Georges Jacques, 116, 130
Datena, José Luiz, 54
Davidson, Arnold, 520
Dax, (personagem de Stanley Kubrick), 295, 296, 297
Debord, Guy, 44, 47, 48, 49, 50, 409, 435
Deífobo, 488
Deleuze, Gilles, 83, 84, 87, 88, 90, 93, 329, 520
Delpla, Isabelle, 299, 317, 521
Derrida, Jacques, 25, 27, 148, 238

Descartes, René, 152, 156, 207, 208, 244, 310
Descombes, Vincent, 320
Desdêmona, 301
Desmoulins, Camille, 133
Devereux, Georges, 189, 192
Devineau, Julie, 444
Diamond, Jared, 515
Dibie, Pascal, 387, 391, 392, 399, 402, 524
Dickens, Charles, 26
Didi-Hubermann, Georges, 255
Diego de La Vega, *ver* Zorro
Don Giovanni (pesonagem de Mozart), 364, 365
Don Juan (personagem de Molière), 364, 365, 368
Dorvigny (Louis-François Archambault), 401
Dostoievski, Fiódor, 367, 369
Douglas, Kirk, 295
Duarte, Pedro, 59, 525
Duby, Georges, 390, 392
Duch (Kang Kek Iew), 232
Dumanoski, Dianne, 515
Dumézil, Georges, 83, 86
Dupuy, Jean-Pierre, 347, 358, 521
Dupuy, Roger, 129, 132, 136
Durango Kid (personagem), 419
Durazo, Arturo, 455
Durin, Séverine, 447
Durkheim, Émile, 180, 326, 333, 334, 335, 359, 362, 456

E

Eco, 360
Edwards, Michael, 256
Eichmann, Adolf, 73, 74, 189 200, 217, 230, 231, 232, 233, 299, 305, 306, 307, 308, 309, 310, 311, 312, 313, 314, 315, 316, 317, 378
Einstein, Albert, 17, 178
Eisemberg, José, 218
El Cid, 490
Elias, Norbert, 392
Ellison, Ralph, 35, 36, 38, 40

Enriquez, Eugène, 177, 179, 182, 190, 191, 192, 194, 197, 518
Enriquez, Micheline, 187, 189
Enzensberger, Hans Magnus, 13
Epimeteu, 240
Erasmo, 392, 393
Eribruch, Wolf, 237
Eros, 181, 183, 269, 355
Escalante, Fernando, 451
Espinoza (Spinoza), Baruch de, 18, 59, 156
Esposito, Roberto, 323, 332
Ésquilo, 249, 258
Esquivel, Gerardo, 467
Estrada, Luís, 442
Eurípides, 251, 257, 260

F

Fanon, Frantz, 142
Fantasma (personagem), 419
Farias, Bergson Gurjão, 376
Farocki, Harun, 493, 494, 495, 496
Fausto (livro e personagem de Goethe), 471, 472, 473
Fawkes, Guido (Guy), 420
Fedra, 301
Feres Júnior, João, 522
Fernandes, Maria Cristina, 426
Ferro, Marc, 292
Feuerbach, Ludwig, 65
Fichant, Pierre, 328
Filemo (personagem de Goethe), 472
Fiocchi, Claudio, 125
Fontainay, Elisabeth, 238
Foucault, Michel, 98, 99, 103, 108, 114, 156, 172, 323, 324, 325, 327, 328, 329, 430, 519
Foulatier, François, 19
Fournel, Jean-Louis, 317
Fox, Vicente, 440, 442, 444, 452, 453, 457, 468
Franco, Francisco (general), 266
Frazer, George, 180, 194
Freud, Sigmund, 17, 18, 166, 167, 168, 169, 172, 178, 179, 180, 181, 182, 188, 192, 193, 194, 195, 197, 198, 235, 255, 281, 282, 283, 285, 286, 290, 353, 354, 355, 356, 358, 364, 365, 366, 371, 372, 373, 374, 377, 434
Fuller, Samuel, 256
Furet, François, 116, 129

G

G. Keuner, (personagem de Brecht), 469
Gaède, Édouard, 32
Gagnon, Philipp, 305
Galbraith, Kenneth, 465
Gandhi, Mahatma 238
Garapon, Antoine, 201
Garcia, Julio Scherer, 459
Garza, Maria Luisa de La, 463
Gassman, Vittorio, 161
Gattegno, Agnès, 459
Gauchet, Marcel, 407
Genro, Tarso, 376
George, Stefan, 246, 247, 248, 249
Georges Broulard, (personagem de Stanley Kubrick), 295, 296
Giacoia Junior, Oswaldo, 70, 95, 524
Gilding, Paul, 512, 513
Girard, René, 105, 107, 108, 184, 210, 261, 348, 349, 350, 351, 353, 354, 357, 359, 361, 362, 365, 366, 368, 369
Giraudoux, Jean, 154, 250, 261
Gobilliard, Hérve, 317
Goethe, Johann Wolfgang von, 182, 250, 471, 472
Goldsmith, Kenneth, 51
Goldstein, Kurt, 331, 337
Gómez, Michel Gabriel, 446
Gorelik, Adrián, 475
Gortari, Salinas de, 450, 456, 457, 467
Gouges, Olympe de, 401, 402
Gregory, Derek, 515
Grillo, Ioan, 441, 442, 447, 454
Grimaldi, Nicolas, 362, 363
Gripp, Alan, 409
Gros, Frédéric, 21, 221, 519
Grotius, Hugo, 104,
Grouxo Marx (pseudônimo de Julius Henry Marx), 368

Guattari, Félix, 83, 84, 87, 88, 90, 93
Gueniffey, Patrice, 129, 137
Guérard, Ghislaine, 303
Guerra, Cláudio, 379
Guez de Balzac, Jean-Louis, 394
Guez, Sabine, 458
Guilherme II (kaiser), 163

H

Habermas, Jürgen, 422, 424
Habib, Claude, 399, 405, 406, 407
Haerle, Clemens-Carl, 250
Hamlet (personagem de Shakespeare), 255, 256
Hansen, Miriam Bratu, 241
Haroche, Claudine 518
Harvey, David, 471, 475, 478, 480
Haug, Wolfgang Fritz, 431, 432, 438
Haussmann, Georges-Eugène (barão), 473, 474, 475, 476
Hefesto, 488
Hegel, Georg Friedrich, 36, 37, 39, 42, 43, 66, 67, 68, 69, 70, 74, 148, 155, 157, 203, 211, 213, 368
Heidegger, Martin, 13, 16, 23, 24, 76, 77, 148, 218, 241, 313
Heinrich, Nathalie, 406
Heitor, 250, 261, 487, 488, 489
Helena, 250, 260
Hemingway, Ernst, 274
Henrique II (rei), 394
Hera, 487
Heráclito, 62, 69, 72
Héritier, Françoise, 183, 189, 199
Hermann (chefe de tribo germânica), 248
Hermes, 388
Hernández, Anabel, 454
Herr, Michael, 277, 278
Herrera, Yuri, 442
Hesíodo, 240
Hess, Rudolph, 310, 326
Heydrich, Reinhard, 306, 315
Hiers, 279
Hilberg, Raul, 305

Himmler, Heinrich, 306, 315
Hobbes, Thomas, 82, 104, 111, 112, 113, 115, 135, 141, 143, 178, 179, 206, 212, 222, 223, 230, 239, 266, 267, 304, 326, 369
Hobsbawm, Eric, 477
Hölderlin, Friedrich, 246, 247
Hollier, Denis, 194
Homer, Sean, 39
Homero, 95, 237, 238, 239, 251, 253, 257, 259, 487
Honneth, Axel, 42, 43, 44, 56, 211, 212, 213, 214, 216
Horkheimer, Max, 436
Horne, John, 301
Horowitz, Irving, 143
Houel, Annik, 302
Huanzong, Sun (Mr. Sun), 483
Hugo, Victor, 251
Hulshof, Michiel, 483, 484
Hume, David, 304, 396, 397
Hussein, Saddam, 492
Husserl, Edmund, 130, 147, 148, 349

I

Iago (personagem de Shakespeare), 306, 314
Iñarritu, Alejandro González, 442

J

Jacob, François, 340
Jaime I (rei), 420
Janine Ribeiro, Renato, 267
Jardim, Eduardo, 218
Jasmin, Marcelo, 271, 522
Jaspers, 313
Johnson, John (pseudônimo de Guido Fawles), 420
Jones, Adam, 451
Julien Sorel (personagem de Stendhal), 350, 352
Júlio César (imperador), 248, 490
Jünger, Ernest, 23, 29, 171, 242, 247, 254, 286, 287, 288, 290, 291, 295, 298
Junges, Márcia, 209

K

Kafka, Franz, 86, 267
Kalnay, Eugenia 503
Kamita, João Masao, 522
Kangbashi, Ordos, 480, 481
Kant, Immanuel, 75, 204, 213, 234, 241, 312, 313
Kaplan, Robert D., 305
Katherine (personagem de Fritz Lang), 361
Keck, F., 150
Keegan, John, 515
Khan, Gengis, 88, 490
Kierkegaard, Søren, 23
Kjellén, Rudolph, 323
Kojève, Alexandre, 36, 37, 38, 39, 43, 155
Kommerell, Max, 247
Kraus, Karl, 22, 23, 24, 254, 267
Krauze, Enrique, 449
Kubrick, Stanley, 295, 297, 298
Kuscinski, Ana Rosa, 385
Kuscinski, Bernardo, 384

L

La Boétie, Étienne de, 234, 235, 371, 372
La Salle, Jean-Baptiste de, 393
Lacan, Jacques, 38, 39, 40, 47, 372, 373, 375, 433, 434
Lacerda, Felipe, 55
Lafayette, Madame de, 394, 396
Lagrou, Pieter, 301
Lamport, William, 419, 420
Landa, Manuel de, 515
Landau, Moshe, 311
Lang, Fritz, 361
Lanzmann, Claude, 189
Lapoujade, David, 79, 518
Lasch, Christopher, 45, 46, 47, 215, 216
Latena, 389
Lavelle, Patrícia, 430
Lavender, Anne, 303
Le Bon, Gustave, 374
Le Corbusier (pseudônimo de Charles-Edouard Jeanneret-Gris), 476
Lebrun, Jean Pierre, 209
Lefort, Claude, 153, 464
Leibniz, Gottfried Wilhelm, 312
Lênin, Vladimir, 139, 155
Lessa, Renato, 163, 381, 382
Lessing, Theodor, 196, 197
Levi, Primo, 199, 266,
Lévinas, Emmanuel, 157, 182, 219
Lévi-Strauss, Claude, 181, 189
Licaone, 239
Lisístrata, 270
Lloyd, David, 420
Locke, John, 104, 304
Logan, John, 480
Loraux, Nicole, 115
Lorentz, Konrad, 369
Lovelock, James, 511, 512
Löwy, Michel, 267
Lucas, Colin, 123, 124, 125
Luís XIV (rei), 127, 403
Luis XVI (rei), 116
Lukács, Georg, 471
Luperco, 361

M

Macbeth (personagem de Shakespeare), 306
Machado, Francisco d´Ambrosio Pinheiro, 241, 242
Macherey, Pierre, 328
Magando, Braulio Zaragoza, 446
Magno, Alberto, 125
Mairet, Louis, 222
Malatesta, Errico, 143
Maldonado, Salvador, 447, 460, 461
Mann, Thomas, 178
Maquiavel, Nicolau, 135, 212, 259, 314
Marat, Jean-Paul, 123, 125, 402
Marcuse, Herbert, 179, 270
Maréchal, Pierre-Sylvain, 399, 400, 401
Marinetti, Filippo Tommaso, 71
Martínez, Sanjuana, 448
Martins, Paulo, 270
Martucelli, Danilo, 462, 463
Marville, Charles, 475

Marx, Karl, 51, 65, 66, 68, 69, 70, 81, 84, 213, 242, 259, 345, 436, 469, 470, 470
Masetto (pesonagem de Mozart), 364, 365
Massieu, Ruiz, 451
Mateos, López, 452
Mathieu, Jean-Marie, 240
Mathiez, Albert, 400, 401
Matos, Olgária, 237, 523
Matta, Roberto da, 361
Mauss, Marcel, 180
McCulley, Johnston, 420
McKibben, Bill, 511
McMeekin, Sean, 163
McNeill, J. R., 515
Mead, George Herbert, 43, 211, 213
Medeia, 301, 303
Meéndez, Juan E., 466
Mefisto (personagem de Goethe), 472, 473
Meier, Christian, 268
Meireles, Cildo, 486
Mendoza, Élmer, 442
Meneses, Adélia Bezerra de, 268
Mengele, Josef, 199
Mercader, Patricia, 302
Méricourt, Théroigne de (Anne Josephe Terwagne), 401, 402
Merklen, Denis, 407
Merleau-Ponty, Maurice, 23, 31, 149, 151, 153, 154, 155, 156
Michaud, Yves, 113
Michel, Barbara, 179, 181
Mijolla-Mellor, Sophie de, 200
Milgram, Stanley, 199, 224, 225, 226, 227, 228, 229, 230, 231, 233, 234, 235
Miller, Jacques Alain, 436
Miranda, Danilo Santos de, 9
Mirabeau, Honoré Gabriel Riqueti de, 130
Mireau, Paul (personagem de Stanley Kubrick), 295, 296, 297
Mireles, José Manuel (doutor), 448
Mladic, Ratko, 317
Modoux, Magali, 457
Moisés, 202
Moisés, José Álvaro, 426

Molière, 363, 364, 368
Molotch, Harvey, 480
Moltke, Helmuth von, 162, 164
Monicelli, Mario, 161, 162
Monod, Jacques, 333
Monotios, 240
Montaigne, Michel Eyquem de, 22, 25, 26, 251
Montandon, Alain, 388, 389
Montes, Wagner, 54
Montesquieu, 134, 140, 398
Montinari, Mazzino, 95, 96, 98, 99
Moore, Alan, 420
Moore, Michael, 54
Morfino, Vittorio, 68
Morin, Edgar, 16, 179
Morton, Timothy, 510
Moscovici, Serge, 356, 357
Moses, L. G., 248
Motesharrei, Safa, 503
Mozart, Wolfgang Amadeus, 364
Muhle, Maria, 324, 325, 342
Mumford, Lewis, 507
Murat, Michel, 153
Musil, Robert, 17, 23, 27, 28, 31
Mussolini, Benito, 289

N

Nancy, Jean-Luc, 16, 407
Napoleão III (Carlos Luís Napoleão Bonaparte), 475
Naranjo, Gerardo, 442
Narciso, 199, 360
Nascimento, Milton, 382
Nascimento, Sandro Barbosa do, 56
Nero, 232, 301, 303, 314
Neves, Paulo, 79, 147, 177, 221, 299, 387, 439
Nicolau, Jairo, 428
Nieto, Peña, 448, 449, 455, 461, 466
Nietzsche, Friedrich, 20, 32, 69, 70, 71, 72, 80, 81, 84, 86, 95, 96, 97, 99, 101, 103, 104, 108, 244, 323, 328, 333, 366, 470, 471, 473, 524
Nizan, Paul-Yves, 153
Nobre, Marcos, 212

Novaes, Adauto, 11, 52, 89, 159, 160, 235, 299, 391, 517, 519
Nowak, Martin A., 515

O
Obama, Barack, 351
Obrador, Andrés Manuel López, 453
Olender, Maurice, 360
Oliveira, Luiz Alberto, 489, 521
Oliveira, Viana de, 426
Otelo (personagem de Shakespeare), 301, 303
Ovídio, 388
Oz, Amos, 265

P
Pã (ver também Luperco), 359, 360
Padilha, José, 55
Palacio, Vicente Riva (general), 419
Palhares, Taísa, 241
Palma, Brian de, 465
Palma, Luiz Hector, 453
Palmieri, Daniel, 301
Pansters, Wil G., 455
Papon, Maurice, 200
Páris, 486
Pascal, Blaise, 368
Pátroclo, 490
Patuzzi, Silvia, 522
Paz, Octavio, 64
Pécaut, Daniel, 452
Pech, Thierry, 456
Péguy, Charles, 17, 158
Pentesileia, 198
Perry, Matthew Calbraith (comodoro), 506
Petit, Maria Lúcia, 376
Piagg, Giorgio, 258
Pitt, Barrie, 293
Pla, Rodrigo, 442
Platão, 62, 63, 65, 70, 75, 102, 257, 259, 266, 301, 303, 314, 315, 352, 388
Poli, Sergio, 258
Politzer, Georges, 149, 151, 152
Pontalis, Jean-Bertrand, 189
Portillo, López, 455
Pot, Pol (Saloth Sar), 193
Prévost, Jean, 156
Príamo, 239
Prometeu, 240, 388
Proteu (personagem de Shakespeare), 347, 368
Proust, Marcel, 252, 349, 362, 363
Ptolomeu, 256
Putin, Vladimir, 351

Q
Quine, Edgar, 136, 319
Quinet, Edgar, 136
Quintiliano, 391

R
Rab, Julius, 254
Raffles, Hugh, 515
Ramos, Silva, 251
Rancière, Jacques, 429, 430, 431, 438
Rauffenstein (personagem de Jean Renoir), 252
Raulet, Gérard, 267
Raveh, Yitzhak, 311
Raynaud, Philippe, 396, 397, 399, 404, 405, 406
Rees, Martin, 515
Reich, Wilhelm, 188, 191, 315
Renoir, Jean, 252
Revel, Jacques, 394
Richards, Vernon, 143
Richet, Denis, 116
Rieff, Philip, 216
Rita Kehl, Maria, 42, 45, 49, 50, 54, 55, 56, 371, 522
Rivas, Jorge, 503
Roberts, Morley, 327
Robespierre, Maximilien de, 123, 126, 127, 130, 131, 132, 133, 134, 135, 137, 138, 139, 144, 402
Robinson, James A., 515
Roché, Sébastien J., 406
Rockwell, Natalia Mendoza, 460
Roggeveen, Daan, 483, 484

Romano, Egídio, 125
Romilly, Jacqueline, 251, 258
Ronan, Gerard, 420
Rosa, Odilo Cruz (Cabo), 376
Rosnard, Pierre, 260
Rougement, Denis de, 367
Rousseau, Jean-Jacques, 104, 122, 124, 125, 131, 135, 168, 179, 206, 223, 228, 397, 523
Rouvillois, Frédéric, 397, 402, 403
Rubio, María del Rosario Fuentes, 446

S

Saavedra, Marco Antonio Estrada, 448
Sachs, Maurice, 197
Sade, (Marquês de), 188, 196
Safatle, Vladimir, 323, 525
Safo de Mitilene, 269, 270
Saint-Just, Louis de, 126, 130, 144, 145, 399
Saint-Loup (Marc Augier), 252
Saito, Bruno Yutaka, 428
Salahuddin (Saladino), 490
Saliba, Frédéric, 440
Sampaio, Vicente, 286
Santa Cruz, Elzita, 384
Santa Cruz, Fernando, 384
Sartre, Jean-Paul, 67, 140, 142, 153, 155, 156, 204, 208, 209, 213, 216, 217, 349
Saviano, Roberto, 459
Scheebart, Paul, 237, 238
Scheler, Max, 369
Schmitt, Carl, 185, 254
Scholem, Gershom, 267
Schwartz, Regina, 275
Scott, John Paul, 221
Scott, Walter, 275
Scubla, Lucien, 183, 194
Sebald, W. G., 253
Segalen, Victor, 187
Seligmann-Silva, Márcio, 241, 243
Sève, Bernard, 25, 26
Sganarelle (personagem de Molière), 363
Shakespeare, William, 255, 256, 347
Shubin, Neil, 515
Sicilia, Javier, 448

Sikkink, Kathryn, 376
Silva, Franklin Leopoldo e, 11, 203, 519
Silva, Wilson, 385
Silvia (personagem de Shakespeare), 347
Simondon, Gilbert, 329
Soares, Luiz Eduardo, 56
Sobota, Helga, 302
Soboul, Albert, 116, 128
Sócrates, 63, 233, 259, 269, 270
Sófocles, 60, 61, 77, 251
Sordi, Alberto, 161
Sorel, Georges, 140, 142
Spengler, Oswald, 23, 254
Sr. de Rênal (personagem de Stendhal), 350, 354
Staël, Madame de, 403
Stanislavski, Constantin, 435
Starobinski, Jean, 399, 405
Steiner, George, 12, 76
Stendhal, 349, 350
Stewart, Ian, 515
Stockhausen, Karl-Heinz, 428
Streeck, Wolfgang, 45, 46
Suassuna, Ariano, 409
Sukhomlinov, Vladimir, 162
Szapiro, Ana Maria, 347
Szpacenkopf, Maria Izabel, 41

T

Tácito, Públio Cornélio, 232
Tackett, Thimoty, 124
Talleyrand (Charles-Maurice de Talleyrand-Périgord), 404
Tamerlão, 88
Tânatos, 181, 183
Taruma, Hermano, 320
Tavares, Milton, 385
Teles, Gilberto Mendonça, 71
Telles, Lúcio Féres da Silva, 258
Tétis, 489
Thompson, Edward Palmer (E.P.), 43
Tibbets, Paul, 491, 492
Tibério, 232
Timms, Edward, 14

Tito, Josip Broz, 305
Tocqueville, Alexis de, 188, 195
Tomás, Santo, 261
Torres Filho, Rubens Rodrigues, 343
Torturra, Bruno, 425, 426
Touré, Habiba, 302
Touvier, Paul, 200
Tracy, Spencer, 361
Trotta, Lothar von, 300
Tsé-Tung, Mao, 471, 481
Tuchman, Barbara, 162, 164, 165
Tucídides, 102, 314
Turchin, Peter, 515
Türcke, Christoph, 53, 54
Turgot, Anne Robert Jacques, 263

U

Uexküll, Jacob von, 327
Ulisses, 250

V

Vaillancourt, Daniel, 390, 391, 394, 395, 396
Valdés, Aleman, 452
Valenod (personagem de Stendhal), 350, 354
Valentim (personagem de Shakespeare), 347
Valéry, Paul, 11, 12, 16, 20, 23, 24, 25, 26, 28, 29, 31, 32, 33, 147, 148, 170, 504
Valladão Silva, Gabriel, 241
Valliant, Daniel, 468
Vannuchi, Paulo, 376
Vargas, Getúlio, 383
Varius (general romano), 248
Velázquez, Carlos, 442
Venancio, Rafael Duarte Oliveira, 433
Vernant, Jean-Pierre, 239, 267, 268, 487
Vernet, Horace, 262
Verona (personagem de Shakespeare), 368
Vilas, Carlos, 451

Virgili, Fabrice, 301
Volpi, Jorge, 440
von Luttwitz (general alemão), 165
Vovelle, Miche, 139,

W

Wagner, Richard, 252, 367
Walter, Gérard, 130, 131, 133
Walzer, Michael, 126, 129
Warburg, Aby, 255
Warhol, Andy, 41
Waterlot, G., 150
Weber, Max, 186, 259, 358, 464
Weil, Simone, 154, 156, 237, 238, 239, 240, 251, 257, 259, 260, 270
Weininger, Otto, 196
Wilde, Oscar, 198
Williamson, Henry, 292, 293, 294
Wilson, Joe (personagem de Fritz Lang), 361, 362
Winter, Jean-Pierre, 199
Wisnik, Guilherme, 471, 520
Wittgenstein, Ludwig, 17, 23, 24, 30, 300, 317
Worms, Frédéric, 153, 520

Z

Zaid, Gabriel, 455, 463
Zaltzman, Nathalie, 181
Zaratustra, 109, 471
Zerlina (pesonagem de Mozart), 364, 365
Zeus, 239, 240, 251, 256, 257, 388, 488
Zhangke, Jia, 485
Zigouris, Radmila, 372
Žižek, Slavoj, 67, 377, 428
Zorro (personagem de Johnston McCulley), 419, 420
Zweig, Stefan, 23, 301

FONTES DANTE E UNIVERS | *PAPEL* AVENA 80G/M²
DATA JULHO 2015 | *IMPRESSÃO* CROMOSETE GRÁFICA E EDITORA